本书为科技部国家重点研发计划专项“生态环保类案件
知识体系研究”（2020YFC0832701）阶段性成果

生态环境保护

典型案例评析

李玉华◎ 主编

中国法制出版社
CHINA LEGAL PUBLISHING HOUSE

序　言

本书为科技部国家重点研发计划专项“生态环保类案件知识体系研究”（2020YFC0832701）的阶段性成果。中国人民公安大学法学院为该课题的承接单位，本人为该课题负责人。课题组整理、搜集了大量的生态环保案例，在进行类型化后，梳理出可供广泛应用的裁判标准，为生态环保案件智能审判辅助系统的构建奠定基础。本书选取了其中具有代表性的案例，分为民事篇、刑事篇，尝试用案例解析的形式，将生态环保案件民事、刑事审判中的重难点问题进行集中，客观呈现我国法院针对这些重难点问题的司法裁判标准。本书所选取的案例包括最高人民法院公布的指导性案例，以及最高人民法院、地方各级人民法院公布的典型案例和课题组精选的具有代表意义的案例。由于时间紧张，难免有所疏漏，不足之处敬请读者批评指正。在本书编写的过程中，编写、校对人员付出了辛勤的劳动，在此一并表示感谢。

本书编写人员：

李玉华，中国人民公安大学法学院院长、教授、博士生导师。

施小雪，中国人民公安大学法学院副教授，硕士生导师。

宋维彬，中国人民公安大学法学院副教授，硕士生导师。

李华晨，中国人民公安大学法学院博士研究生。

李芳宁，北京市通州区人民检察院干部。

冯泳琦，广州番禺职业技术学院辅导员。

秦　聪，北京市公安局西城分局府右街派出所民警。

刘祎铭，中国人民公安大学法学院博士研究生。

王　莎，中国人民公安大学法学院硕士研究生。

姚薇薇，中国人民公安大学法学院硕士研究生。

焦呈玲，中国人民公安大学法学院硕士研究生。

王建君，中国人民公安大学法学院硕士研究生。

赵林峰，中国人民公安大学法学院硕士研究生。

本书校对人员：

刘　娜，温州商学院教师。

焦　娜，中国人民公安大学法学院教师。

李玉华

2023 年 8 月

目　录

Contents

上篇　民事案件篇

第一章　环境侵权民事责任构成的司法认定

第二章　环境侵权民事损害赔偿的司法认定

第三章 环境侵权民事公益诉讼实务

下篇 刑事案件篇

第四章 固体废物污染环境典型刑事案例

第五章 长江黄河流域生态环境保护典型刑事案例

上篇　民事案件篇

第一章　环境侵权民事责任构成的司法认定

第一节　环境污染重大危害行为的认定

——中华环保联合会诉德州晶华集团振华有限公司大气污染责任民事公益诉讼案评析

【案例级别】指导性案例

【案例来源】最高人民法院指导性案例 131 号

【案件类型】民事

【文书类型】判决书

【审理程序】一审（终审）

【案　　号】(2015）德中环公民初字第 1 号

【关 键 词】民事；大气污染责任；损害社会公共利益；重大危害行为；停止侵害

【裁判要旨】

环境权益具有公共权益的属性，在环境民事公益诉讼中，企业事业单位和其他生产经营者超过污染物排放标准或者重点污染物排放总量控制指标排放污染物的行为可以视为是具有损害社会公共利益重大风险的行为。专门从事环境保护公益活动连续五年以上且无违法记录的社会组织可以就此向人民法院提起诉讼。

【基本案情】[①]

被告德州晶华集团振华有限公司（以下简称振华公司）成立于2000年，经营范围包括电力生产、平板玻璃、玻璃空心砖、玻璃深加工、玻璃制品制造等。根据德州市环境保护监测中心站的监测，振华公司于2013年11月、2014年1月、5月、6月、11月以及2015年2月存在超标排放二氧化硫、氮氧化物及烟粉尘的情况。对此，德州市环境保护局分别于2013年12月、2014年9月、2014年11月和2015年2月对振华公司进行行政处罚，处罚数额均为10万元。2014年12月，山东省环境保护厅对其进行行政处罚，处罚数额为10万元。2015年3月23日，德州市环境保护局依法责令振华公司立即停产整治，要求其2015年4月1日之前全部停产，停止超标排放废气污染物。原告中华环保联合会起诉之后，2015年3月27日，振华公司生产线全部放水停产，并准备搬迁至新厂址。

本案审理阶段，为证明被告振华公司超标排放造成的损失，2015年12月，原告中华环保联合会委托环境保护部环境规划院对振华公司排放大气污染物致使公私财产遭受损失的数额进行鉴定，鉴定内容包括污染行为直接造成的财产损坏、减少的实际价值，以及为防止污染扩大、消除污染而采取必要合理措施所产生的费用。2016年5月，环境保护部环境规划院环境风险与损害鉴定评估研究中心根据已经双方质证的人民法院调取的证据作出评估意见，鉴定结果为：1. 污染物的性质主要为烟粉尘、二氧化硫和氮氧化物。2. 污染物超标排放时长分别为，二氧化硫共计超标排放68天（2014年6月10日-2014年8月17日）；氮氧化物共计超标排放327天——（2013年11月5日-2014年6月23日、2014年10月22日-2015年1月27日）；烟粉尘共计超标排放230天（2013年11月5日-2014年6月23日）。3. 鉴定时段内的污染物排放量分别为，二氧化硫255吨，氮氧化物589吨，烟粉尘19吨。4. 单位污染物处理成本，根据数据库资料，二氧化硫单位治理成本为0.56万元/吨，氮氧化物单位治理成本为0.68万元/吨，烟粉尘单位治理成本为0.33万元/吨。5. 虚

---

① 本书【基本案情】部分根据案例生效的裁判文书整理，下文对此不再提示。

拟治理成本，根据《环境空气质量标准》《环境损害鉴定评估推荐方法（第Ⅱ版）》《突发环境事件应急处置阶段环境损害评估技术规范》，本案项目处环境功能二类区，生态环境损害数额为虚拟治理成本的3-5倍，本报告取参数5，二氧化硫虚拟治理成本共计713万元，氮氧化物虚拟治理成本2002万元，烟粉尘虚拟治理成本31万元。鉴定结论：被告企业在鉴定期间超标向空气排放二氧化硫共计255吨、氮氧化物共计589吨、烟粉尘共计19吨，单位治理成本分别按0.56万元/吨、0.68万元/吨、0.33万元/吨计算，虚拟治理成本分别为713万元、2002万元、31万元，共计2746万元。

【争议焦点】

1. 原告中华环保联合会、被告振华公司是否适格；

2. 被告振华公司应当承担何种民事责任，损害赔偿数额如何计算。

【裁判说理】

一、关于本案原、被告主体是否适格问题

首先，关于原告的主体适格问题。《中华人民共和国环境保护法》① 第五十八条规定，对污染环境、破坏生态、损害社会公共利益的行为，符合下列条件的社会组织可以向人民法院提起诉讼：（1）依法在设区的市级以上人民政府民政部门登记；（2）专门从事环境保护公益活动连续五年以上且无违法记录。经查，原告中华环保联合会系2005年4月22日在民政部登记成立的社会组织，自登记之日至本案起诉之日成立满五年，从事环境保护公益活动满五年，并无违法记录。庭审中，被告振华公司对原告中华环保联合会作为环保公益组织提起本案诉讼亦无异议。因此，原告中华环保联合会是本案的适格主体。

其次，关于被告的主体适格问题。根据《最高人民法院关于审理环境民事公益诉讼案件适用法律若干问题的解释》（以下简称环境民事公益诉讼司法解释）第一条规定，法律规定的机关和有关组织依据民事诉讼法第五十五条、

① 本书引用的法条均为案件裁判当时有效，下文对此不再提示。

环境保护法第五十八条等法律的规定，对已经损害社会公共利益或者具有损害社会公共利益重大风险的污染环境、破坏生态的行为提起诉讼，符合民事诉讼法第一百一十九条第二项、第三项、第四项规定的，人民法院应予受理；第十八条规定，对污染环境、破坏生态，已经损害社会公共利益或者具有损害社会公共利益重大风险的行为，原告可以请求被告承担停止侵害、排除妨碍、消除危险、恢复原状、赔偿损失、赔礼道歉等民事责任。本院认为，企业事业单位和其他生产经营者超过污染物排放标准或者重点污染物排放总量控制指标排放污染物的行为可以视为是具有损害社会公共利益重大风险的行为。被告振华公司超量排放的二氧化硫、氮氧化物、烟粉尘会影响大气的服务价值功能。其中，二氧化硫、氮氧化物是酸雨的前导物，超量排放可至酸雨从而造成财产及人身损害，烟粉尘的超量排放将影响大气能见度及清洁度，亦会造成财产及人身损害。被告振华公司自 2013 年 11 月起，多次超标向大气排放二氧化硫、氮氧化物、烟粉尘等污染物，经环境保护行政管理部门多次行政处罚仍未改正，其行为属于法律规定的“具有有损害社会公共利益重大风险的行为”，故被告振华公司是本案的适格被告。

二、关于被告振华公司应承担何种民事责任，损害赔偿数额如何计算问题

根据环境民事公益诉讼司法解释十八条的规定，环境民事公益诉讼案件承担责任的方式主要包括“停止侵害、排除妨碍、消除危险、恢复原状、赔偿损失、赔礼道歉”六种。因此，原告中华环保联合会关于被告振华公司立即停止超标向大气排放污染物以及在省级以上媒体向社会公开赔礼道歉的诉讼请求于法有据。首先，根据本院查明的事实，被告振华公司已于 2015 年 3 月 27 日放水停产，停止使用原厂区，可认定被告振华公司已经停止侵害。其次，环境权益具有公共权益的属性，从经济学角度而言，环境资源是一种综合性的财产，在美学层面上，优良的环境可以成为人的精神活动的对象，因被告振华公司超标向大气排放污染物，其行为侵害了社会公共的精神性环境权益，应当承担赔礼道歉的民事责任。

关于生态损害赔偿费用。为证明被告振华公司因其行为应当承担的生态损害赔偿数额，原告中华环保联合会以双方提交的证据以及本院向环境保护

机关调取的证据为依据，委托环境保护部环境规划院进行鉴定评估，经评估，二氧化硫单位治理成本为0.56万元/吨，超标排放255吨，虚拟治理成本为142.8万元（0.56万元/吨×255吨）；氮氧化物单位治理成本为0.68万元/吨，超标排放589吨，虚拟治理成本400.52万元（0.68万元/吨×589吨）；烟粉尘单位治理成本为0.33万元/吨，超标排放19吨，虚拟治理成本6.27万元（0.33万元/吨×19吨）。本院认为，一、原告中华环保联合会提交的鉴定评估报告虽系单方委托作出，评估机构具有法定资质，评估事项与待证事实有关，评估依据均已经过原、被告双方的质证，具备证据的真实性、客观性、关联性，且被告振华公司未举出相反证据推翻该鉴定评估报告，本院认为该报告可以作为认定事实的依据；二、根据德州市环境保护局《关于德州晶华集团振华有限公司高档优质汽车玻璃原片项目环境影响评价执行标准的意见》、《环境空气质量标准》（GB3095-2012）、《环境损害鉴定评估推荐方法（第Ⅱ版）》、《突发环境事件应急处置阶段环境损害评估技术规范》的规定，利用虚拟治理成本法计算得到的环境损害可以作为生态环境损害赔偿的依据，被告振华公司所在区域为空气功能区为二类，按照规定，环境空气二类区生态损害数额为虚拟治理成本的3-5倍，本院认定按虚拟治理成本的4倍计算生态损害数额，即：2198.36万元（142.8万元×4+400.52万元×4+6.27万元×4）；三、《中华人民共和国侵权责任法》第六十六条规定，因污染环境发生纠纷，污染者应当就法律规定的不承担责任或者减轻责任的情形及其行为与损害之间不存在因果关系承担举证责任。《最高人民法院关于审理环境侵权责任纠纷案件适用法律若干问题的解释》第七条规定，污染者举证证明下列情形之一的，人民法院应当认定其污染行为与损害之间不存在因果关系：（一）排放的污染物没有造成该损害可能的；（二）排放的可造成该损害的污染物未到达该损害发生地的；（三）该损害于排放污染物之前已经发生的；（四）其他可以认定污染行为与损害之间不存在因果关系的情形。被告振华公司主张因其已投入脱硫设备，运营成本1815万元，应当据此减轻责任。本院认为，鉴定评估报告是对被告振华公司现有脱硫、除尘设备予以确认的情况下对污染物超标排放量及治理成本进行了认定，被告振华公司该项请求不属于法律规定的不承担责任或者减轻责任的情形，故对被告振华公司该项抗辩本院不予认可。

关于原告中华环保联合会要求被告振华公司赔偿因超标排放污染物造成的损失 780 万元。本院认为，原告中华环保联合会该项诉讼请求的依据是《中华人民共和国大气污染防治法》第九十九条及《中华人民共和国环境保护法》第五十九条，该两条规定的是行政处罚而非民事责任，且环境民事公益诉讼司法解释中并未规定惩罚性赔偿，故原告中华环保联合会该项诉讼请求法律依据不足，本院不予支持。

关于原告中华环保联合会“增设大气污染防治设施，经环境保护行政主管部门验收合格并投入使用后方可进行生产经营活动”的诉讼请求，因该项诉讼请求不属于环境民事公益诉讼司法解释规定的承担责任的方式中的任何一种，加之被告振华公司已经放水停产，原厂停止使用，另选新厂址，故对原告中华环保联合会该项诉讼请求本院不予支持。

关于评估费用、律师费以及为诉讼支出的其他合理费用问题。根据环境民事公益诉讼司法解释第二十二条规定，原告请求被告承担检验、鉴定费用，合理的律师费以及为诉讼支出的其他合理费用的，人民法院可以予以支持。原告中华环保联合会主张的评估费用 10 万元，属于为诉讼合理支出，本院予以支持；其主张律师费 40 万元及其他诉讼支出费用 1 万元，原告中华环保联合会承认关于律师费仅订立委托合同，未实际支付，且未就诉讼支出 1 万元提交支付凭证，关于此项请求本院不予支持。

【裁判结果】

德州市中级人民法院于 2016 年 7 月 20 日作出（2015）德中环公民初字第 1 号民事判决：

一、被告德州晶华集团振华有限公司于本判决生效之日起 30 日内赔偿因超标排放污染物造成的损失 2198.36 万元，支付至德州市专项基金账户，用于德州市大气环境质量修复；

二、被告德州晶华集团振华有限公司在省级以上媒体向社会公开赔礼道歉；

三、被告德州晶华集团振华有限公司于本判决生效之日起 10 日内支付原告中华环保联合会所支出的评估费10万元；

四、驳回原告中华环保联合会其他诉讼请求。

【相关规定】

《中华人民共和国民法典》第1229条（原《中华人民共和国民法通则》第124条）、第1230条（原《中华人民共和国侵权责任法》第66条）

《中华人民共和国环境保护法》第58条

《最高人民法院关于审理环境侵权责任纠纷案件适用法律若干问题的解释》第8条

《最高人民法院关于审理环境民事公益诉讼案件适用法律若干问题的解释》第1条、第2条、第18条、第20条、第22条、第23条

案例整编人：李华晨

附已公开生效判决文书[①]：

山东省德州市中级人民法院
民事判决书

（2015）德中环公民初字第1号

原告：中华环保联合会

被告：德州晶华集团振华有限公司

原告中华环保联合会与被告德州晶华集团振华有限公司（以下简称振华公司）大气环境污染责任纠纷公益诉讼一案，本院于2015年3月24日受理后，于2015年3月25日公告案件受理情况。在公告期满后，未收到其他机关

① 本书引用的生效判决文书均载中国裁判文书网，并对原文书进行了一定加工，下文对此不再提示。

或社会组织参加诉讼的申请。本院依法组成合议庭，于2016年6月24日公开开庭进行了审理，原告中华环保联合会的委托代理人李树森、张猛，被告振华公司的委托代理人张顺华、刘洪赞到庭参加了诉讼。本案现已审理终结。

原告中华环保联合会诉称，振华公司原有三条浮法玻璃生产线，1#线已于2011年全面停产，2#线、3#线因玻璃生产特殊工艺要求及冬季供暖，一直继续生产，振华公司虽已投入资金建设了两线脱硫除尘设施，但2#、3#线两个烟囱向大气长期超标外排放污染物，造成了严重的大气污染，严重影响了周围居民生活，被环境保护主管部门多次处罚后仍未整改，继续超标向大气排放污染物，根据《最高人民法院关于审理环境民事公益诉讼案件适用法律若干问题的解释》，特提起诉讼，请求法院判令：一、被告立即停止超标向大气排放污染物，增设大气污染防治设施，经环境保护行政主管部门验收合格并投入使用后方可进行生产经营活动；二、被告赔偿因超标排放污染物造成的损失2040万元（按照被告大气污染防治设施投入及运营的成本计算得出）；三、被告赔偿因拒不改正超标排放污染物行为造成的损失780万元（以10万为基数，自2015年1月1日开始暂计算至2015年3月19日）；四、被告在省级及以上媒体向社会公开赔礼道歉；五、本案诉讼、检验、鉴定、专家证人、律师及诉讼支出的费用由被告承担。上述第二、三项诉讼请求中的赔偿款项支付至地方政府财政专户，用于德州市大气污染的治理。后原告中华环保联合会将诉讼请求第二项变更为判令被告赔偿因超标排放污染物造成的损失2746万元。

被告振华公司答辩称，一、被告已经停止侵害；二、原告所诉因果关系难以判定，大气污染是动态的，无法确定大气污染是由被告一家企业造成的；三、对原告单方作出的鉴定评估意见不认可，原告所诉损害赔偿金额及要求在媒体公开道歉没有事实依据，原告在索赔时应当考虑被告已经实际投入的运营成本；四、同意原告要求被告将赔偿款项放置专项财政账户的诉讼请求。

经审理查明，原告中华环保联合会于2005年4月22日经民政部登记注册，宗旨为围绕可持续发展战略，围绕实现国家环境保护目标，围绕维护公众环境权益，发挥政府与社会之间的桥梁和纽带作用，推动资源节约型、环境友好型社会建设，推动中国及全人类环境事业的进步与发展。业务范围：围绕国家环境与发展的目标和任务，充分发挥政府与社会之间的桥梁和纽带作用，为各级政府及其有关行政主管部门提供决策建议；组织开展环境与发展论坛、环保新技术推介等活动，受政府委托承办或根据环境保护需要开展相关成果展览，推动资源节约型、环境友好型社会建设；组织开展维护环境权益的理论研究和实践活动，积极推动维护环境权益的立法和执法，建立健全环境权益保障体系，为环境权益受到侵害的弱势群体提供法律帮助，维护其合法环境权益；开展环境领域公众参与、社会监督，多渠道多角度为环境领域公众参与和社会监督创造条件，构建环境领域公众参与和社会监督的平台；开展环境政策、法律、法规和环保科技咨询服务；开展环境保护的宣传教育活动，普及环境保护和维护环境权益知识，提高全民的环保意识和环境维权意识；组织开展国际民间环境交流与合作，接受委托，组织和承担环境保护国际合作项目；开展环境公益活动，促进环境公益活动社会化，承办政府及有关组织委托的其他工作。经民政部年度检查，2009 年度合格、2010 年度合格、2011 年度基本合格、2012 年度基本合格、2013 年度合格。原告中华环保联合会提供了 2009 年至 2013 年各年度工作报告，内容主要体现从事环境问题调研、提供环境保护咨询服务、承接国家课题、召开理论研讨会、交流会，并声明自成立以来无违法记录。

被告振华公司成立于 2000 年，经营范围包括电力生产、平板玻璃、玻璃空心砖、玻璃深加工、玻璃制品制造等。2002 年 12 月，该公司 600T/D 优质超厚玻璃项目通过环境影响评价的审批，2003 年 11 月，通过“三同时”验收。2007 年 11 月，该公司高档优质汽车原片项目通过环境影响评价的审批，2009 年 2 月，通过“三同时”验收。

根据德州市环境保护监测中心站的监测，2012 年 3 月、5 月、8 月、12 月，2013 年 1 月、5 月、8 月，振华公司废气排放均能达标。2013 年 11 月、2014 年 1 月、5 月、6 月、11 月，2015 年 2 月排放二氧化硫、氮氧化物及烟粉尘存在超标排放情况。德州市环境保护局分别于 2013 年 12 月、2014 年 9 月、2014 年 11 月、2015 年 2 月对振华公司进行行政处罚，处罚数额均为 10 万元。2014 年 12 月，山东省环境保护厅对其进行行政处罚。处罚数额 10 万元。2015 年 3 月 23 日，德州市环境保护局责令振华公司立即停产整治，2015 年 4 月 1 日之前全部停产，停止超标排放废气污染物。原告中华环保联合会起诉之后，2015年3月27日，振华公司生产线全部放水停产，并于德城区天衢工业园以北养马村新选厂址，原厂区准备搬迁。

本案审理阶段，为证明被告振华公司超标排放造成的损失，2015年12月，原告中华环保联合会与环境保护部环境规划院订立技术咨询合同，委托其对振华公司排放大气污染物致使公私财产遭受损失的数额，包括污染行为直接造成的财产损坏、减少的实际价值，以及为防止污染扩大、消除污染而采取必要合理措施所产生的费用进行鉴定。2016年5月，环境保护部环境规划院环境风险与损害鉴定评估研究中心根据已经双方质证的本院调取的证据作出评估意见，鉴定结果为：振华公司位于德州市德城区市区内，周围多为居民小区，原有浮法玻璃生产线三条，1#浮法玻璃生产线已于2011年10月全面停产，2#生产线600t/d优质超厚玻璃生产线和3#生产线400t/d高档优质汽车玻璃原片生产线仍在生产。1. 污染物性质，主要为烟粉尘、二氧化硫和氮氧化物。根据《德州晶华集团振华有限公司关于落实整改工作的情况汇报》有关资料显示：截止2015年3月17日，振华公司浮法二线未安装或未运行脱硫和脱硝治理设施；浮法三线除尘、脱硫设施已于2014年9月投入运行；2. 污染物超标排放时段的确认，二氧化硫超标排放时段为2014年6月10日–2014年8月17日，共计68天，氮氧化物超标排放时段为2013年11月5日–2014年6月23日、2014年10月22日–2015年1月27日，共计327天，烟粉尘超标排放时段为2013年11月5日–2014年6月23日，共计230天；3. 污染物排放量，在鉴定时段内，由于企业未安装脱硫设施造成二氧化硫全部直接排放进入大气的超标排放量为255吨，由于企业未安装脱硝设施造成氮氧化物全部直接排放进入大气的排放量为589吨，由于企业未安装除尘设施或除尘设施处理能力不够造成烟粉尘部分直接排放进入大气的排放量为19吨；4. 单位污染物处理成本，根据数据库资料，二氧化硫单位治理成本为0.56万元/吨，氮氧化物单位治理成本为0.68万元/吨，烟粉尘单位治理成本为0.33万元/吨；5. 虚拟治理成本，根据《环境空气质量标准》、《环境损害鉴定评估推荐方法（第II版）》、《突发环境事件应急处置阶段环境损害评估技术规范》，本案项目处环境功能二类区，生态环境损害数额为虚拟治理成本的3–5倍，本报告取参数5，二氧化硫虚拟治理成本共计713万元，氮氧化物虚拟治理成本2002万元，烟粉尘虚拟治理成本31万元；鉴定结论，被告企业在鉴定期间超标向空气排放二氧化硫共计255吨、氮氧化物共计589吨、烟粉尘共计19吨，单位治理成本分别按0.56万元/吨、0.68万元/吨、0.33万元/吨计算，虚拟治理成本分别为713万元、2002万元、31万元，共计2746万元。

在本案审理过程中，原告中华环保联合会申请环境保护部环境规划院专家吴琼出庭，就二氧化硫、氮氧化物、烟粉尘超标排放给大气造成的损害、污染物排放时间、污染物排放量、单位治理成本、虚拟治理成本、生态损害赔偿数额的确定以及被告投入运营设备是否会对虚拟治理成本产生影响提出专家意见，本院予以准许。吴琼认为，二氧化硫、氮氧化物以及烟粉尘是酸雨的前导物，超标排放肯定会对财产及人身造成损害，进而对生态环境造成损害，使大气环境的生态服务价值功能受到损害，影响大气环境的清洁程度和生态服务价值功能；因被告单位项目区域周围多为居民社区、属于环境保护域内保护的敏感点，按照环境损害评估推荐方法虚拟治理成本可取3-5倍，可取较高值为参数5；被告已经投入的运营设备对虚拟治理成本的计算不会产生影响，且虚拟治理成本中不包含惩罚性赔偿因素。

另查明，原告中华环保联合会支付技术咨询合同费用10万元；原告中华环保联合会与山东康桥律师事务所于2016年4月20日订立委托代理合同，约定按照诉讼标的2746万元计算代理费，为436100元，但未提交交款凭证或发票，原告中华环保联合会亦承认至开庭之日该费用未发生；原告中华环保联合会主张为诉讼支出交通住宿等费用1万元，但未提交支付凭证。

还查明，被告振华公司曾分别与德州峰骋液压机械有限公司、张家港市锦明环保工程装备有限公司、德州海山水电暖设备安装有限公司等公司订立施工合同或购销合同，就2#生产线、3#生产线脱硫除尘项目供货、施工、安装、制作等进行了约定，各合同约定价款总计为1815万元，被告振华公司要求将此费用从赔偿数额中扣除。

以上事实，有中华环保联合会章程、声明、2009年度-2013年度报告书、振华公司600t/d优质超厚玻璃生产线项目环境影响评价报告表及审批意见、振华公司高档优质汽车玻璃原片项目环境影响报告表及审批意见、振华公司

600t/d优质超厚玻璃生产线项目及天然气替代重油燃烧节能改造工程竣工环境保护验收监测表及审批意见、振华公司高档优质汽车玻璃原片项目竣工环境保护验收监测报告表及验收的批复、振华公司废气监测报告、德州市环境保护局行政处罚决定书、技术咨询合同、鉴定评估意见、合同、调查笔录、庭前会议笔录、勘验笔录及开庭笔录在卷证实。

本院认为，根据双方的起诉与答辩，双方争议焦点为：一、本案原、被告主体是否适格？二、被告振华公司应承担何种民事责任，损害赔偿数额如何计算？

关于焦点一，本案原、被告主体是否适格？

《中华人民共和国环境保护法》第五十八条规定，对污染环境、破坏生态、损害社会公共利益的行为，符合下列条件的社会组织可以向人民法院提起诉讼：(一) 依法在设区的市级以上人民政府民政部门登记；(二) 专门从事环境保护公益活动连续五年以上且无违法记录。原告中华环保联合会系2005年4月22日在民政部登记成立的社会组织，自登记之日至本案起诉之日成立满五年，从事环境保护公益活动满五年，并无违法记录。庭审中，被告振华公司对原告中华环保联合会作为环保公益组织提起本案诉讼亦无异议。因此，原告中华环保联合会是本案的适格主体。

根据《最高人民法院关于审理环境民事公益诉讼案件适用法律若干问题的解释》(以下简称环境民事公益诉讼司法解释) 第一条规定，法律规定的机关和有关组织依据民事诉讼法第五十五条、环境保护法第五十八条等法律的规定，对已经损害社会公共利益或者具有损害社会公共利益重大风险的污染环境、破坏生态的行为提起诉讼，符合民事诉讼法第一百一十九条第二项、第三项、第四项规定的，人民法院应予受理；第十八条规定，对污染环境、破坏生态，已经损害社会公共利益或者具有损害社会公共利益重大风险的行为，原告可以请求被告承担停止侵害、排除妨碍、消除危险、恢复原状、赔偿损失、赔礼道歉等民事责任。本院认为，企业事业单位和其他生产经营者超过污染物排放标准或者重点污染物排放总量控制指标排放污染物的行为可以视为是具有损害社会公共利益重大风险的行为。被告振华公司超量排放的二氧化硫、氮氧化物、烟粉尘会影响大气的服务价值功能。其中，二氧化硫、氮氧化物是酸雨的前导物，超量排放可至酸雨从而造成财产及人身损害，烟粉尘的超量排放将影响大气能见度及清洁度，亦会造成财产及人身损害。被告振华公司自2013年11月起，多次超标向大气排放二氧化硫、氮氧化物、烟粉尘等污染物，经环境保护行政管理部门多次行政处罚仍未改正，其行为属于法律规定的“具有有损害社会公共利益重大风险的行为”，故被告振华公司是本案的适格被告。

关于焦点二，被告振华公司应承担何种民事责任，损害赔偿数额如何计算？

根据环境民事公益诉讼司法解释十八条的规定，环境民事公益诉讼案件承担责任的方式包括六种：停止侵害、排除妨碍、消除危险、恢复原状、赔偿损失、赔礼道歉。原告中华环保联合会关于被告振华公司立即停止超标向大气排放污染物以及在省级以上媒体向社会公开赔礼道歉的诉讼请求于法有据。根据本院查明的事实，被告振华公司已于2015年3月27日放水停产，停止使用原厂区，可认定被告振华公司已经停止侵害。环境权益具有公共权益的属性，从经济学角度而言，环境资源是一种综合性的财产，在美学层面上，优良的环境可以成为人的精神活动的对象，因被告振华公司超标向大气排放污染物，其行为侵害了社会公共的精神性环境权益，应当承担赔礼道歉的民事责任。

关于生态损害赔偿费用。为证明被告振华公司因其行为应当承担的生态损害赔偿数额，原告中华环保联合会以双方提交的证据以及本院向环境保护机关调取的证据为依据，委托环境保护部环境规划院进行鉴定评估，经评估，二氧化硫单位治理成本为0.56万元/吨，超标排放255吨，虚拟治理成本为142.8万元（0.56万元/吨×255吨）；氮氧化物单位治理成本为0.68万元/吨，超标排放589吨，虚拟治理成本400.52万元（0.68万元/吨×589吨）；烟粉尘单位治理成本为0.33万元/吨，超标排放19吨，虚拟治理成本6.27万元（0.33万元/吨×19吨）。本院认为，一、原告中华环保联合会提交的鉴定评估报告虽系单方委托作出，评估机构具有法定资质，评估事项与待证事实有关，评估依据均已经过原、被告双方的质证，具备证据的真实性、客观性、关联性，且被告振华公司未举出相反证据推翻该鉴定评估报告，本院认为该报告可以作为认定事实的依据；二、根据德州市环境保护局《关于德州晶华集团振华有限公司高档优质汽车玻璃原片项目环境影响评价执行标准的意见》、《环境空气质量标准》（GB3095-2012）、《环境损害鉴定评估推荐方法（第Ⅱ版）》、《突发环境事件应急处置阶段环境损害评估技术规范》的规定，利用虚拟治理成本法计算得到的环境损害可以作为生态环境损害赔偿的依据，被告振华公司所在区域为空气功能区为二类，按照规定，环境空气二类区生态损害数额为虚拟治理成本的3-5倍，本院认定按虚拟治理成本的4倍计算生态损害数额，即：2198.36万元（142.8万元×4+400.52万元×4+6.27万元×4）；三、《中华人民共和国侵权责任法》第六十六条规定，因污染环境发生纠纷，污染者应当就法律规定的不承担责任或者减轻责任的情形及其行为与损害之间不存在因果关系承担举证责任。《最高人民法院关于审理环境侵权责任纠纷案件适用法律若干问题的解释》第七条规定，污染者举证证明下列情形之一的，人民法院应当认定其污染行为与损害之间不存在因果关系：（一）排放的污染物没有造成该损害可能的；（二）排放的可造成该损害的污染物未到达该损害发生地的；（三）该损害于排放污染物之前已经发生的；（四）其他可以认定污染行为与损害之间不存在因果关系的情形。被告振华公司主张因其已投入脱硫设备，运营成本1815万元，应当据此减轻责任。本院认为，鉴定评估报告是对被告振华公司现有脱硫、除尘设备予以确认的情况下对污染物超标排放量及治理成本进行了认定，被告振华公司该项请求不属于法律规定的不承担责任或者减轻责任的情形，故对被告振华公司该项抗辩本院不予认可。

关于原告中华环保联合会要求被告振华公司赔偿因超标排放污染物造成的损失780万元。本院认为，原告中华环保联合会该项诉讼请求的依据是《中华人民共和国大气污染防治法》第九十九条及《中华人民共和国环境保护法》第五十九条，该两条规定的是行政处罚而非民事责任，且环境民事公益诉讼司法解释中并未规定惩罚性赔偿，故原告中华环保联合会该项诉讼请求法律依据不足，本院不予支持。

关于原告中华环保联合会“增设大气污染防治设施，经环境保护行政主管部门验收合格并投入使用后方可进行生产经营活动”的诉讼请求，因该项诉讼请求不属于环境民事公益诉讼司法解释规定的承担责任的方式中的任何一种，加之被告振华公司已经放水停产，原厂停止使用，另选新厂址，故对原告中华环保联合会该项诉讼请求本院不予支持。

关于评估费用、律师费以及为诉讼支出的其他合理费用问题。根据环境民事公益诉讼司法解释第二十二条规定，原告请求被告承担检验、鉴定费用，合理的律师费以及为诉讼支出的其他合理费用的，人民法院可以予以支持。原告中华环保联合会主张的评估费用10万元，属于为诉讼合理支出，本院予以支持；其主张律师费40万元及其他诉讼支出费用1万元，原告中华环保联合会承认关于律师费仅订立委托合同，未实际支付，且未就诉讼支出1万元提交支付凭证，关于此项请求本院不予支持。

综上所述，依照《中华人民共和国民法通则》第一百二十四条、《中华人民共和国侵权责任法》第六十六条，《中华人民共和国环境保护法》第五十八条，《最高人民法院关于审理环境侵权责任纠纷案件适用法律若干问题的解释》第八条，《最高人民法院关于审理环境民事公益诉讼案件适用法律若干问题的解释》第一条、第二条、第十八条、第二十条、第二十二条、第二十三条判决如下：

一、被告德州晶华集团振华有限公司于本判决生效之日起30日内赔偿因超标排放污染物造成的损失2198.36万元，支付至德州市专项基金账户，用于德州市大气环境质量修复；

二、被告德州晶华集团振华有限公司在省级以上媒体向社会公开赔礼道歉；

三、被告德州晶华集团振华有限公司于本判决生效之日起10日内支付原告中华环保联合会所支出的评估费10万元；

四、驳回原告中华环保联合会其他诉讼请求。

如未按本判决指定的期间履行给付金钱义务，应当依照《中华人民共和国民事诉讼法》第二百五十三条之规定，加倍支付迟延履行期间的债务利息。

案件受理费182000元，由被告德州晶华集团振华有限公司负担。

如不服本判决，可在判决书送达之日起十五日之内向本院递交上诉状，并按对方当事人的人数或者代表人的人数提出副本，上诉于山东省高级人民法院。

第二节 未列入环境标准的污染物造成环境损害仍需承担赔偿责任

——吕金奎等79人诉山海关船舶重工有限责任公司海上污染损害责任纠纷案评析

【案例级别】指导性案例

【案例来源】最高人民法院指导性案例127号

【案件类型】民事

【文书类型】判决书

【审理程序】二审（终审）

【案　　号】(2014) 津高民四终字第22号

【关 键 词】民事；海洋环境污染损害；污水排放；海事类司法鉴定；非法养殖

【裁判要旨】

环境标准属于技术规范，应随着经济、社会、科学技术的不断发展以及环境保护目标的不断提高及时修订和更新。在国家和地方尚未对某类物质的排放控制要求予以规定的情况下，现有环境标准并非判断某类物质是否造成污染损害的唯一依据，只要行为人将物质或者能量引入海洋造成损害，即视为污染，行为人就应当承担赔偿责任。

【基本案情】

2010年，吕金国、胡红艳、张海、周金荣、吕金鹏、王丽荣、胡起玉、周井忠、吕忠、赵淑清、张桂荣、梁宏岐、李井斌、李岩、姜长岐、姜秋军、杨立海、孔令江、张凤祥、梅英春、姜帅、李忠伏、齐振有、齐永、张强、杨立霞、王英会、解宝君、温立勇等29人（以下简称吕金国等29人）在秦皇岛海域进行扇贝养殖。2010年8月2日上午11时30分，秦皇岛市环境保护局接到举报，称秦皇岛山海关老龙头东海域海水出现异常，随安排环境监察、监测人员协同秦皇岛市山海关区渤海乡副书记、纪委书记等相关工作人员到现场对海岸情况进行巡查。巡查显示，海水呈红褐色、浑浊。秦皇岛市环境保护局工作人员随即对海水进行取样监测，并于8月3日作出《监测报告》对海水水质进行分析。随后，吕金奎等79人（包含吕金国等29人）以山船重工公司排放污水造成扇贝大量死亡使其受到重大经济损失为由诉至法院，请求判令山船重工公司赔偿。

经吕金奎等79人申请，一审法院委托大连海事大学海事司法鉴定中心（以下简称司法鉴定中心）就涉案海域污染状况以及污染造成的养殖损失等问题进行鉴定。经鉴定，司法鉴定中心制作《鉴定意见》，其主要内容如下：（一）关于海域污染鉴定。1. 鉴定人采取卫星遥感技术，选取NOAA卫星2010年8月2日北京时间5时44分和9时51分两幅图像，其中5时44分图像显示山海关船舶重工有限责任公司（以下简称山船重工公司）附近海域存在一片污染海水异常区，面积约5平方千米；9时51分图像显示距山船重工公司以南约4千米海域存在污染海水异常区，面积约10平方千米。2. 对污染源进行分析，通过排除赤潮、大面积的海洋溢油等污染事故，确定卫星图像上污染海水异常区应由大型企业污水排放或泄漏引起。根据山船重工公司系山海关老龙头附近临海唯一大型企业，修造船舶会产生大量污水，船坞刨锈污水中铁含量很高，一旦泄漏将严重污染附近海域，推测出污染海水源地系山船重工公司，泄漏时间约在2010年8月2日北京时间00时至04时之间。3. 对养殖区受污染海水进行分析，确定了王丽荣等21人的养殖区地理坐标，并将上述当事人的养殖区地理坐标和污染水域的地理坐标一起显示在电子海图上，得出污染水域覆盖了全部养殖区的结论。（二）关于养殖损失分析。涉案海域水质中悬浮物、铁及石油类含量较高，已远远超过《渔业水质标准》和《海水水质标准》，污染最严重的因子为铁，对渔业和养殖水域危害程度较大。同时，确定吕金国等人存在养殖损失。

在一审法院审理期间，鉴定人还就《鉴定意见》提交《分析报告》，对分析方法进行介绍并对涉案海域污水污染事故进行分析。

关于《鉴定意见》中有关海域污染的相关内容，山船重工公司申请专家辅助人在原审审理时出庭，并根据专家辅助人的意见发表如下质证意见：(一)《鉴定意见》引用数据不准确、不完整、不规范。(二)《鉴定意见》在没有任何事实根据的情况下，将温度异常的海水片面归结为污染海水，或是将卫星图像灰度值异常片面归结为污染造成，存在明显的预设前提。同时，《鉴定意见》将“海水异常区”错误定义为“海水污染区”，存在概念混淆。(三)鉴定方法的理论和实践依据不足，无法得到确定的结论。运用卫星遥感技术监测和图像数据解译的方法对污染事故，特别是锈水污染事故作出鉴定，缺乏鉴定操作过程中的作业标准，也不存在相应的行业、研究领域所公认的理论依据作为参照，由此得出的结论不具有科学性。(四)不存在红褐色铁锈污染海域。

关于《鉴定意见》中有关养殖损失的部分，山船重工公司质证认为，认定“海水存在铁含量超标污染”无任何事实根据和鉴定依据。主要理由如下：1. 鉴定人评价养殖区水质环境的唯一依据是秦皇岛市环境保护局出具的《监测报告》，而该报告在格式和内容上均不符合《海洋监测规范》的要求，分析铁含量所采用的标准是针对地面水、地下水及工业废水的规定，《监测报告》对污染事实无任何证明力；2.《鉴定意见》采用的《渔业水质标准》和《海水水质标准》中，不存在对海水中铁含量的规定和限制，故铁含量不是判断海洋渔业水质标准的指标。即使铁含量是指标之一，其达到多少才能构成污染损害，亦无相关标准。

另外，经一审法院查明，吕金国等29人未依法取得《海域使用权证书》和《养殖许可证书》。

【争议焦点】

1. 被上诉人山船重工公司是否实施了污染行为；
2. 上诉人吕金奎等79人是否受到损害；
3. 污染行为与损害之间是否具有因果关系；
4. 被上诉人山船重工公司的责任范围如何确定。

【裁判说理】

一、关于山船重工公司是否实施污染行为

首先，关于是否存在污染事实。吕金奎等 79 人为证明污染事实发生，提交了《鉴定意见》、《分析报告》、《监测报告》以及秦皇岛市环境保护局出具的函件等予以证明。关于上述证据对涉案污染事实的证明力，天津市高级人民法院作如下分析：第一，本案审理期间，原审法院依据吕金奎等 79 人的申请委托司法鉴定中心进行鉴定，该司法鉴定中心业务范围包含海事类司法鉴定，三位鉴定人均具有相应的鉴定资质，天津市高级人民法院对鉴定单位和鉴定人的资质予以确认。《鉴定意见》选用卫星遥感监测技术，采取多种解译方法对卫星图像进行判读，根据普通海水与污染海水之间的灰度差值分析污染是否发生，进而确定污染海水位置以及漂移动态等信息，该鉴定方法已多次运用于海洋环境监测研究，得到了相关部门的认可，具有科学性。第二，《鉴定意见》虽将卫星图像上显示的 UTC 时间认定为北京时间，并据此作出结论，但其后负责海域污染部分的鉴定人张永宁提供《分析报告》对上述问题进行了更正和说明。《分析报告》将《鉴定意见》中的两幅 NOAA 卫星图像上的 UTC 时间更正为北京时间，并增加了更早时间的一幅 NOAA 卫星图像。通过对三幅图像进行处理，分析得出秦皇岛山海关老龙头海域于 2010 年 8 月 2 日北京时间 6 时 29 分未发现海水异常区，于同日北京时间 13 时 44 分在山船重工公司西南部附近海域发现海水异常区，于同日北京时间 17 时 51 分海水异常区向南漂移 4 千米且面积扩大一倍的结论。其后，结合污染海水在近海潮作用下随时间向退潮流方向漂移、面积不断扩散增大的基本规律，通过分析海水异常区的漂移、扩散情况，确定海水异常区即为污染海水区的事实。《分析报告》选取的美国 NOAA 卫星 AVHRR 资料客观真实、鉴定方法科学可靠，且能够对《鉴定意见》中出现的将 UTC 时间认定为北京时间的错误予以更正，并进行合理地解释。而且，《分析报告》能够与秦皇岛市山海关区渤海乡副书记刘爱民、纪委书记张凤贤在《询问笔录》中的陈述以及秦皇岛市环境保护局出具的函件相互佐证，上述证据可以证实秦皇岛山海关老龙头海域在 2010 年 8 月 2 日发生污染的事实。

其次，关于污染行为是否由山船重工公司实施。《中华人民共和国海洋环境保护法》第九十五条规定："海洋环境污染损害系直接或者间接地把物质或者能量引入海洋环境，产生损害海洋生物资源、危害人体健康、妨害渔业和海上其他合法活动、损害海水使用素质和减损环境质量等有害影响。"吕金奎等79人主张污染行为系由山船重工公司实施，故应审查该公司是否实施了将物质或能量引入海洋的行为。《鉴定意见》根据污染海水异常区灰度值比周围海水稍低的现象，排除海洋赤潮的可能；通过山海关老龙头海域无油井平台以及2010年8月2日未发生大型船舶碰撞、触礁搁浅等事实，排除海洋溢油的可能；进而，根据《监测报告》中海水呈红褐色、浑浊，铁含量为13.1mg/L的监测结果，得出涉案污染事故系严重污水排放或泄漏导致的推论。同时，根据山船重工公司为临海唯一大型企业以及公司的主营业务为船舶修造的事实，得出污染系山船重工公司在修造大型船舶过程中泄漏含铁量较高的刨锈污水导致的结论。山船重工公司虽不认可《鉴定意见》的上述结论，但未能提出足以反驳的相反证据和理由，故天津市高级人民法院对《鉴定意见》中关于污染源分析部分的证明力予以确认，并据此认定山船重工公司实施了向海水中泄漏含铁量较高污水的污染行为。

二、关于吕金奎等79人是否受到损害

吕金奎等79人主张受到损害，需证明其从事了养殖行为且养殖区域受到了污染。《鉴定意见》中海域污染鉴定部分在确定了王丽荣等21人养殖区域的基础上，进一步通过将养殖区地理坐标与污染海水区地理坐标一起显示在电子海图上的方式，得出污染海水区全部覆盖养殖区的结论。据此，天津市高级人民法院认定王丽荣等21人从事养殖且养殖区域受到了污染。由于《鉴定意见》仅确认吕金国、胡红艳、张海、王少良、吕金鹏、吕忠、赵淑清、齐振财、孔令江等9人存在养殖损失，但未确认上述人员的养殖行为发生在污染海域范围内，故本院对上述9人提出的因涉案污染受到损害的主张不予支持。由于《鉴定意见》未确认吕金奎、周绍权、吕妮明、邓春会、贺学伟、贺学武、王建民、王白云、吕有、胡淑洁、胡长江、胡颖、胡起森、胡国松、温立勇、温立洋、王建国、温丽君、温树本，吕金良、李云彬、贺文斌、胡起德、胡国彬、胡淑娟、贺秋霞、贺文利、周景会、王贵、杨磊、王永鹏、邓春林、常国富、常国良、吕民、王记成、贺志国、贺文军、温志刚、胡起均、夏元军、贺文贵、贺志强、胡淑娥、陈振国、刘秀英、温树成、周丽丽等49人从事养殖行为，故天津市高级人民法院对上述49人提出的因涉案污染受到损害的主张亦不予支持。

三、关于污染行为和损害之间的因果关系

王丽荣等21人在完成上述证明责任的基础上，还应提交证明污染行为和损害之间可能存在因果关系的初步证据。《鉴定意见》对山海关老龙头海域水质进行分析，其依据秦皇岛市环境保护局出具的《监测报告》将该海域水质评价为悬浮物、铁物质及石油含量较高，污染最严重的因子为铁，对渔业和养殖水域危害程度较大。至此，王丽荣等21人已完成海上污染损害赔偿纠纷案件的证明责任。山船重工公司主张其非侵权行为人，应就法律规定的不承担责任或者减轻责任的情形及行为与损害之间不存在因果关系承担举证责任。山船重工公司主张因《鉴定意见》采用的评价标准中不存在对海水中铁含量的规定和限制，故铁不是评价海水水质的标准；且即使铁含量是标准之一，其达到多少才能构成污染损害亦无相关指标。对此，天津市高级人民法院认为：第一，《中华人民共和国海洋环境保护法》第九十五条明确规定，只要行为人将物质或者能量引入海洋造成损害，即视为污染；《中华人民共和国侵权责任法》第六十五条亦未将环境污染责任限定为排污超过国家标准或者地方标准。故，无论国家或地方标准中是否规定了某类物质的排放控制要求，或排污是否符合国家或地方规定的标准，只要能够确定污染行为造成环境损害，行为人就须承担赔偿责任。第二，环境标准是一种技术规范，应随着经济、社会、科学技术的不断发展以及环境保护目标的不断提高，适时修订和更新。我国现行有效评价海水水质的《渔业水质标准》和《海水水质标准》实施后长期未进行修订，其中列举的项目已不足以涵盖当今可能造成污染的全部物质。且，上述标准多作为具有环境资源保护职能的行政部门的执法依据，产生后果多系行政责任。据此，《渔业水质标准》和《海水水质标准》并非判断某类物质是否造成污染损害的唯一依据。第三，秦皇岛市环境保护局亦在《秦皇岛市环保局复核意见》中表示，因国家对海水中铁物质含量未明确规定污染物排放标准，故是否影响海水养殖需相关部门专家进一步论证。本案中，出具《鉴定意见》的鉴定人具备海洋污染鉴定的专业知识，其通过对相关背景资料进行分析判断，作出涉案海域水质中铁物质对渔业和养殖水域危害程度较大的评价，具有科学性，应当作为认定涉案海域被铁物质污染的依据。综上，山船重工公司的上述主张，理由不能成立，天津市高级人民法院不予支持。

四、关于山船重工公司的责任范围

王丽荣等 21 人要求以同期扇贝市场价格计算养殖损失。对此，天津市高级人民法院认为：第一，关于养殖损害的赔偿范围，根据《中华人民共和国海域使用管理法》和《中华人民共和国渔业法》的相关规定，个人使用海域进行养殖的，必须依法取得《海域使用权证书》和《养殖许可证书》。本案中，王丽荣等 21 人均未取得《养殖许可证书》，21 人中仅有吕金鹏、张海、张桂荣 3 人取得《海域使用权证书》，但海域使用权均于污染事故发生前到期。同时，《海域使用权证书》的"发证机关"秦皇岛市人民政府的信访事项复核复查办公室以及"填证机关"秦皇岛市国土资源管理局亦出具意见，确定王丽荣等 21 人的养殖系非法养殖。据此，应认定王丽荣等 21 人的养殖行为不具有合法性。在此情形下，王丽荣等 21 人养殖损害的赔偿范围应仅限于成本损失，对其主张的收入损失，不应予以支持。第二，关于养殖损失计算问题，《鉴定意见》采取了"扇贝全损成本计算"以及"扇贝部分损失成本及利润计算"两种计算方式。由于王丽荣等 21 人在原审中提交的损失说明中，均认可扇贝未全部死亡，故《鉴定意见》选取的扇贝全损成本的计算方式，与事实不符，不予采纳；由于王丽荣等 21 人主张的收入损失不应予以支持，故《鉴定意见》选取的扇贝成本及利润的计算方式，与事实不符，亦不予采纳。鉴于此，天津市高级人民法院根据案件现有事实和证据，在采纳《鉴定意见》确定的养殖台筏数量、应养殖数量、养殖损害成本损失的计算方式的基础上，选取对扇贝部分损失成本进行计算的方式，确定王丽荣等 21 人的养殖损失数额。具体的计算方法为：1. 根据《鉴定意见》第三部分养殖户区域分布表格确定王丽荣等 21 人的养殖范围及养殖面积；2. 根据《鉴定意见》确定的公式计算养殖台筏数量和应养殖数量；3. 根据养殖户提交的损失说明，确定其主张的养殖数量；4. 将应养殖数量与养殖户主张的养殖数量比较，确定养殖户实际养殖数量，具体方法是以应养殖数量为基准，如养殖户主张的养殖数量小于应养殖数量，则以其主张的养殖数量为准；5. 根据《鉴定意见》确定的公式，结合实际养殖数量，计算养殖损失数量；6. 根据《鉴定意见》确定的每笼 16. 95 元的养殖成本损失，计算养殖损失总额。经计算，王丽荣等 21 人的养殖损失总额为 3444240 元。(内容见判决附表)

由于《鉴定意见》确定的污染物为悬浮物、铁物质及石油，并非仅为山船重工公司泄漏的含铁物质的污水，故天津市高级人民法院结合《鉴定意见》中水质污染最严重的为铁物质的评价，酌定由山船重工公司对王丽荣等 21 人的养殖损失承担 40% 的污染损害赔偿责任，共计 1377696 元（3444240 元 ×40%)。

【裁判结果】

天津市高级人民法院于 2014 年 11 月 11 日作出（2014）津高民四终字第 22 号民事判决：

一、撤销天津海事法院（2011）津海法事初字第 115 号民事判决；

二、山海关船舶重工有限责任公司于本判决送达之日起十五日内赔偿王丽荣、胡起玉、周井忠、梁宏歧、李井斌、李岩、姜长岐、姜秋军、杨立海、张凤祥、梅英春、姜帅、李忠伏、齐振有、齐永、张强、杨立霞、王英会、解宝君、周金荣、张桂荣 21 人养殖损失共计 1377696 元；

三、驳回吕金奎等 79 人的其他诉讼请求。如果未按本判决指定的期间履行给付金钱义务，应当按照《中华人民共和国民事诉讼法》第二百五十三条之规定，加倍支付迟延履行期间的债务利息。一审案件受理费 142225 元，减半收取计 71112 元，由吕金奎等 79 人承担 66234 元，由山海关船舶重工有限责任公司承担 4878 元，鉴定费 400000 元，由吕金奎等 79 人承担 372563 元，由山海关船舶重工有限责任公司承担 27437 元。二审案件受理费 142225 元，减半收取计 71112 元，由吕金奎等 79 人承担 66234 元，由山海关船舶重工有限责任公司承担 4878 元。

【相关规定】

《中华人民共和国民法典》第 1229 条（原《中华人民共和国侵权责任

法》第 65 条)、第 1230 条（原《中华人民共和国侵权责任法》第 66 条）

《中华人民共和国海洋环境保护法》第 94 条［原《中华人民共和国海洋环境保护法》（2013 年修订）第 95 条］

《中华人民共和国民事诉讼法》第 177 条［原《中华人民共和国民事诉讼法》（2012 年修订）第 170 条］

案例整编人：李华晨

附已公开生效判决文书：

天津市高级人民法院
民事判决书

（2014）津高民四终字第 22 号

上诉人（原审原告）：吕金奎等

被上诉人（原审被告）：山海关船舶重工有限责任公司

上诉人吕金奎等 79 人为与被上诉人山海关船舶重工有限责任公司（以下简称山船重工公司）海上污染损害赔偿纠纷一案，不服天津海事法院（以下简称原审法院）（2011）津海法事初字第 115 号民事判决（以下简称原审判决），向本院提起上诉。本院于 2014 年 2 月 10 日受理后，依法组成由审判员耿小宁担任审判长，代理审判员唐娜、代理审判员李善川参加的合议庭，书记员孙超担任法庭记录，于 2014 年 2 月 28 日公开开庭进行了审理。上诉人吕金奎等 79 人的诉讼代表人胡起玉、梅英春、齐振有、刘秀英以及委托代理人方国庆等，被上诉人山船重工公司的委托代理人徐富斌、吴倩到庭参加诉讼。本案现已审理终结。

原审法院经审理查明：2010 年，吕金国、胡红艳、张海、周金荣、吕金鹏、王丽荣、胡起玉、周井忠、吕忠、赵淑清、张桂荣、梁宏歧、李井斌、李岩、姜长岐、姜秋军、杨立海、孔令江、张凤祥、梅英春、姜帅、李忠伏、齐振有、齐永、张强、杨立霞、王英会、解宝君、温立勇等 29 人（以下简称吕金国等 29 人）在秦皇岛海域进行扇贝养殖。2010 年 8 月 2 日上午 9 时许，岸边及附近海面出现红色的异常物质。秦皇岛市环境保护局接群众举报，组织环境监察、监测人员对该海域沿岸的企业进行了排查和海水水质监测，经排查未发现非法排污企业。秦皇岛市环境保护局对岸边海水抽样监测结果是：海水中污染因子均达到国家海水二类标准。此外，在秦皇岛海事局山海关海事处 2010 年 8 月 2 日的工作巡查记录中，没有涉案海域发生海水污染情况的记载。

原审法院另查明，吕金国等 29 人未依法取得《海域使用权证书》和《养殖许可证书》。

吕金奎等 79 人（包含吕金国等 29 人）以山船重工公司排放的大量红色污水造成扇贝大量死亡，使其受到重大经济损失为由，诉至原审法院，请求依法判令山船重工公司赔偿其扇贝损失人民币 20084940 元（以下币种均为人民币）并承担上述款项自 2010 年 9 月 1 日起至实际赔偿之日止，按中国人民银行同期贷款利率计算的利息损失，案件受理费用由山船重工公司承担。

原审法院认为，本案为海上污染损害赔偿纠纷，吕金国等 29 人在秦皇岛海域进行扇贝养殖，该海域是渔民习惯上的养殖扇贝区域。吕金国等 29 人各自的养殖区域曾由相关部门予以测定，上述个人亦提交了各自养殖区的具体坐标位置予以佐证，据此，应认定吕金国等 29 人于 2010 年 8 月在涉案海域进行了扇贝养殖。由于吕金国等 29 人未依法取得《海域使用权证书》和《养殖许可证书》，故其养殖行为不具有合法性。

庭审过程中，证人山海关旅游局工作人员赵某称其于 2010 年 8 月 2 日上午 10 时许，在养殖区内钓鱼时发现有大量红色污水从东面涌进养殖区，并用手机拍摄三张照片。但对照片背景观察可知，上述照片系在面对养殖区西偏北或西偏南方向的山海关老龙头景区拍摄，并未显示出大量红色污水从养殖区东面涌进养殖区的场景，也未显示红色污水的来源方向，且照片上亦未显示拍摄时间，故上述三张照片不能佐证证人证言的真实性，证人赵某的证言不能证明红色污水来源于山船重工公司厂区。吕金国等 29 人提交的其他照片均显示在涉案海域岸边存在红色污染物，但未能证明养殖区内存在红色污染物。在吕金国等29人的委托代理人于2011年5月4日、2012年4月18日对9位被调查人所做的笔录中，被调查人均称亲眼看见从山船重工公司厂区流出大量红色污水以及吕金国等29人养殖区域内有大量红色污水的事实，但因被调查人均未提供现场实时的客观记录予以佐证，故其在事后凭回忆所做的陈述不具有证据效力。大连海事大学海事司法鉴定中心（以下简称司法鉴定中心）出具的《鉴定意见》中，在污染事实方面，《鉴定意见》所依据的卫星图像不能证明吕金国等29人的养殖区域在2010年8月2日上午10时许遭受山船重工公司污染的事实，《鉴定意见》与证人赵某的证言亦不相吻合。在污染损失方面，《鉴定意见》所依据的数据主要来源于吕金国等29人的主张，不能确定其损失，同时，该意见缺乏科学的依据和分析计算过程，不具有说服力。由于吕金国等29人提交的包括证人证言、照片、笔录以及《鉴定意见》等现有证据，均不能证明其养殖区在2010年8月2日上午10时许，因山船重工公司原因遭受污染，并产生扇贝死亡损失的事实，故原审法院对吕金国等29人的诉讼请求不予支持。

吕金奎、周绍权、吕妮明、邓春会、贺学伟、贺学武、王建民、王白云、吕有、胡淑洁、胡长江、胡颖、胡起森、胡国松、温立洋、王建国、温丽君、温树本、吕金良、李云彬、贺文斌、胡起德、胡国彬、胡淑娟、贺秋霞、贺文利、周景会、王贵、张桂荣、杨磊、王永鹏、邓春林、常国富、常国良、吕民、王记成、贺志国、贺文军、温志刚、胡起均、夏元军、贺文贵、贺志强、胡淑娥、陈振国、刘秀英、温树成、周金荣、周丽丽（以下简称吕金奎等50人）主张在相同海域从事扇贝养殖，但未提交证据证明其各自的养殖区域位置，不能证明其在涉案海域进行养殖，故原审法院对吕金奎等50人关于在涉案海域进行扇贝养殖的主张，不予认定。

综上，原审法院认为吕金国等29人在涉案海域进行扇贝养殖不具有合法性，吕金奎等50人不能证明在涉案海域进行扇贝养殖，以上79人共同提交的证据不足以证明扇贝养殖区域遭受山船重工公司污染的事实，其所主张的扇贝损失亦与山船重工公司无关。据此，原审法院根据《中华人民共和国民事诉讼法》第六十四条第一款之规定，判决驳回吕金奎等79人的诉讼请求。一审案件受理费71112元，由吕金奎等79人承担。

吕金奎等79人不服原审判决，向本院提起上诉，请求撤销原审判决，依法改判山船重工公司承担海上污染损害赔偿责任或发回重审。事实及理由：（一）原审法院关于“吕金奎等79人提交的包括《鉴定意见》在内的证据不能证明涉案养殖区于2010年8月2日上午10时许，因山船重工公司原因遭受污染，并导致扇贝死亡”的认定，存在偏颇。首先，吕金奎等79人提交了大量照片和证人证言证明2010年8月2日上午有红色污水从山船重工公司厂区方向流向养殖区；其次，涉案海域被污染的事实系吕金奎等79人在2010年8月2日上午发现，并不代表污染事实仅发生在此时间段内，原审判决仅指出“均不能证明吕金奎等79人养殖区在2010年8月2日上午10时左右的时间段内，受到由于山船重工公司原因的污染，而产生扇贝死亡损失的事故发生”存在错误；最后，在原审法院委托的司法鉴定中心出具的《鉴定意见》中，鉴定人根据卫星图像得出污染海水源地为山船重工公司以及提供给鉴定人的全部养殖区均处于污染海水范围内的结论，原审法院在未经严谨科学论证的情形下，全面否定《鉴定意见》的结论，属主观臆断，无事实及法律依据。（二）吕金奎等79人养殖合法，原审法院仅因其未持有《海域使用权证书》和《养殖许可证书》而确认养殖行为不具有合法性，有失公允。吕金奎等79人提交了各自养殖区域的具体坐标图以及由政府主管部门公示的关于“蓬莱19-3”污染补偿情况，证明政府主管部门对吕金奎等79人的养殖行为完全认可。（三）山船重工公司排放的红色污水致使吕金奎等79人养殖的扇贝死亡，造成重大经济损失，应承担损害赔偿责任。

山船重工公司答辩称：（一）吕金奎等79人提交的证据以及《鉴定意见》均不能证明其诉称的养殖区域内发生了污染事实，亦不能证明山船重工公司将污水排放至上述养殖区域内，原审判决对此分析认定正确。首先，吕金奎等79人提供的照片存在无时间记载、显示地点不明、无底片予以复核等问题，证人证言存在与相对应照片显示场景不吻合、证人身份不明、无实时记录现场的客观证据予以佐证等问题，上述证据无法证明在2010年8月2日上午10时左右其诉称的养殖区域发生污染损害，亦无法证明污染来源于山船重工公司。其次，吕金奎等79人关于涉案海域被污染的事实系其在2010年8月2日上午发现，并不代表污染事实仅发生在此时间段内的主张，与其在起诉状及原审庭审过程中的陈述相互矛盾，原审法院对污染事故是否发生于2010年8月2日上午10时左右进行审理并作出分析，并无不当。最后，山船重工公司对原审司法鉴定程序的合法性无异议，但《鉴定意见》在引用数据、基础理论、实践依据、分析逻辑上存在诸多严重谬误和不严谨之处，其对污染事实和养殖损失的分析无确凿的事实根据和科学的鉴定依据。《鉴定意见》将两幅卫星数据图显示的UTC（协调世界时）时间错误地认定为与之相差8小时的北京时间，导致所有与该图时间变化的推理无效；根据《鉴定意见》对所谓污染海水异常区进行地理经纬度定位，亦不能得出其诉称的养殖区发生污染损害的结论。（二）吕金奎等79人不能证明其在诉称的养殖区域内进行养殖的事实；即使存在养殖行为，吕金奎等79人亦不具有合法有效的《海域使用权证书》和《养殖许可证书》，系非法养殖，其权利不应受到法律保护。原审法院认定吕金国等29人于2010年8月在上述海域进行扇贝养殖，缺乏事实依据。原审法院关于吕金奎等50人不能证明在涉案海域进行扇贝养殖事实的认定正确。（三）吕金奎等79人不能证明诉称的污染损失。《鉴定意见》对污染损失进行的鉴定分析无任何事实根据和法律认可的计算标准，计算损失所采用的成本和利润等单位数据、扇贝死亡率等损失比例亦无任何确切的根据和科学的分析。综上，山船重工公司请求驳回吕金奎等79人的上诉请求，维持原审判决。

吕金奎等79人于二审期间补充提交如下证据：证据一、《鉴定意见》鉴定人之一张永宁出具的《利用卫星遥感技术对秦皇岛老龙头海域污水污染事故分析意见报告》（以下简称《分析报告》），意图证明经对卫星图像分析解译，2010年8月2日秦皇岛山海关老龙头近海海域发现的污染海水源地是山船重工公司，具有地理坐标位置的全部养殖区均处在污染海水范围内的事实。证据二、胡起玉与秦皇岛经济技术开发区管理委员会签订的《蓬莱19-3油田溢油事故海水养殖损失补偿和解协议》及胡起玉出具的《关于康菲公司污染一事情况说明》，意图证明秦皇岛当地政府认可胡起玉的养殖行为。

山船重工公司质证认为：对证据一表面的真实性予以认可，对合法性、关联性不予认可；对《蓬莱19-3油田溢油事故海水养殖损失补偿和解协议》

的真实性予以认可，但因和解协议未记载养殖的位置及经纬度，不能确定与胡起玉诉称的养殖区域有关，且蓬莱19-3油田溢油事故发生于2011年5月，事后的养殖行为得到赔偿亦不能证明事前养殖行为的合法性，故对和解协议的关联性不予认可；对《关于康菲公司污染一事情况说明》的真实性不予认可。

本院在综合分析当事人的举证、质证意见后认为，对吕金奎等79人提交的证据一及证据二《蓬莱19-3油田溢油事故海水养殖损失补偿和解协议》的真实性予以认定，虽然山船重工公司对《关于康菲公司污染一事情况说明》的真实性提出异议，但因该证据属于当事人的陈述且为原件，故本院对其真实性予以认定。

山船重工公司未补充提交证据。

本院经审理查明：2010年8月2日上午，秦皇岛山海关老龙头东海域海水出现异常。当日11时30分，秦皇岛市环境保护局接到举报，安排环境监察、监测人员，协同秦皇岛市山海关区渤海乡副书记刘爱民、纪委书记张凤贤等相关人员到达现场，对海岸情况进行巡查。根据现场巡查情况，海水呈红褐色、浑浊。秦皇岛市环境保护局的工作人员同时对东姜庄村南沿岸的海水进行取样监测，并于8月3日作出《监测报告》对海水水质进行分析，分析结果显示海水pH值8.28、悬浮物24mg/L、石油类0.082mg/L、化学需氧量2.4mg/L、亚硝酸盐氮0.032mg/L、氨氮0.018mg/L、硝酸盐氮0.223mg/L、无机氮0.273mg/L、活性磷酸盐0.006mg/L、铁13.1mg/L。

另查明，在原审法院审理期间，经吕金奎等79人申请，原审法院委托司法鉴定中心就涉案海域污染状况以及污染造成的养殖损失等问题进行鉴定、评估。司法鉴定中心依委托作出《鉴定意见》，主要内容：（一）关于海域污染鉴定：1. 鉴定人采取卫星遥感技术，选取NOAA卫星2010年8月2日北京时间5时44分和9时51分两幅图像，其中5时44分图像显示山船重工公司附近海域存在一片污染海水异常区，面积约5平方千米；9时51分图像显示距山船重工公司以南约4千米海域存在污染海水异常区，面积约10平方千米。2. 对污染源进行分析，通过排除赤潮、大面积的海洋溢油等污染事故，确定卫星图像上污染海水异常区应由大型企业污水排放或泄漏引起。根据山船重工公司系临海唯一大型企业，修造船舶会产生大量污水，船坞刨锈污水中铁含量很高，一旦泄漏将严重污染附近海域，推测出污染海水源地系山船重工公司，泄漏时间约在2010年8月2日北京时间00时至04时之间。3. 对养殖区受污染海水进行分析，确定了王丽荣、胡起玉、周井忠、梁宏岐、李井斌、李岩、姜长岐、姜秋军、杨立海、张凤祥、梅英春、姜帅、李忠伏、齐振有、齐永、张强、杨立霞、王英会、解宝君、周金荣、张桂荣（以下简称王丽荣等21人）的养殖区地理坐标，并将上述当事人的养殖区地理坐标和污染水域的地理坐标一起显示在电子海图上，得出污染水域覆盖了全部养殖区的结论。（二）关于养殖损失分析：1. 鉴定人对水质环境进行评价，得出涉案海域水质中悬浮物、铁及石油类含量较高，已远远超过《渔业水质标准》和《海水水质标准》，污染最严重的因子为铁，对渔业和养殖水域危害程度较大。2. 根据《无公害食品海湾扇贝养殖技术规范》确定应养殖数量（个，每笼10层计）=养殖台筏数×养殖笼数/台筏；根据《2010年河北省海湾扇贝养殖业调查报告》，确定养殖成本损失=［（人工费+养殖器材折旧费+燃油费+其他开支）×0.5+苗种费+海区使用费］/笼，即每笼16.95元。3. 确定吕金国、胡红艳、张海、王少良、吕金鹏、王丽荣、胡起玉、周井忠、吕忠、赵淑清、齐振财、梁宏岐、李井斌、李岩、姜长岐、姜秋军、杨立海、孔令江、张凤祥、梅英春、姜帅、李忠伏、齐振有、齐永、张强、杨立霞、王英会、解宝君等28人存在养殖损失；确定上述当事人的养殖损失，按照扇贝全损成本计算损失合计8573240元，按照扇贝部分损失成本及利润计算损失合计13546912.5元。

山船重工公司申请专家辅助人中国海洋大学教师方国强在原审审理时出庭，并根据专家辅助人的意见，对《鉴定意见》中有关海域污染的相关内容发表如下质证意见：（一）《鉴定意见》引用数据不准确、不完整、不规范。1. 其中引用卫星数据仅局限于NOAA卫星的AVHRR数据，存在片面性，引用NOAA卫星的AVHRR数据亦不完整；2. 两幅AVHRR数据在《鉴定意见》中显示的采集时间为2010年8月2日北京时间5时44分和9时51分，实际上该时间在系统中显示为UTC时间，并非北京时间，与北京时间相差8小时；3.《鉴定意见》根据两幅AVHRR数据进行污染海水异常区的地理经纬度定标，专家辅助人据此定位后发现，前者显示区域有近75%在陆地上；4.《鉴定意见》对王少良的养殖区纬度标示存在常识性错误。（二）《鉴定意见》在没有任何事实根据的情况下，将温度异常的海水片面归结为污染海水，或是将卫星图像灰度值异常片面归结为污染造成，存在明显的预设前提。同时，《鉴定意见》将“海水异常区”错误定义为“海水污染区”，存在概念混淆。（三）鉴定方法的理论和实践依据不足，无法得到确定的结论。运用卫星遥感技术监测和图像数据解译的方法对污染事故，特别是锈水污染事故作出鉴定，缺乏鉴定操作过程中的作业标准，也不存在相应的行业、研究领域所公认的理论依据作为参照，由此得出的结论不具有科学性。（四）不存在红褐色铁锈污染海域。专家辅助人调取了当天更为直观的MODIS250m高分辨率卫星数据，在严格采用规范的合成技术后得到的卫星图像中，并未看到任何污染区域。同时，按照AVHRR卫星数据，将其显示红色可见光部分的红外通道进行可视化后，也未发现污染区域。

山船重工公司对《鉴定意见》养殖损失部分发表质证意见，主要内容：（一）认定海水存在铁含量超标的污染无任何事实根据和鉴定依据。1. 鉴定人评价养殖区水质环境的唯一依据是秦皇岛市环境保护局出具的《监测报告》，而该报告在格式和内容上均不符合《海洋监测规范》的要求，分析铁含量所采用的标准是针对地面水、地下水及工业废水的规定，《监测报告》对污染事实无任何证明力；2.《鉴定意见》采用的《渔业水质标准》和《海水水质标准》中，不存在对海水中铁含量的规定和限制，故铁含量不是判断海洋渔业水质标准的指标。且，即使铁含量是指标之一，其达到多少才能构成污染损害，亦无相关标准。（二）养殖损失的计算无任何事实基础。《鉴定意见》对扇贝全损成本和扇贝部分损失成本、利润分别计算，无任何事实基础；评估依据《无公害食品海湾扇贝养殖技术规范》与本案无关联性；《鉴定意见》所称的80%扇贝死亡率和损失比例无任何事实依据。

又查明，《鉴定意见》鉴定人之一张永宁在本院审理期间提交《分析报告》，主要内容：（一）介绍分析方法。利用卫星遥感监测海洋污染状况，采取直接判定法、对比分析法、逻辑推理法对卫星图像进行判读，解译过程包括：1. 根据图像色调和灰度值直接判定异常区；2. 采用海图和地理信息基础数据对灰度值异常区进行定位分析；3. 利用连续几次的卫星图像资料，分析灰度值异常区是否随时空在漂移、扩散，从而确定是否为污染物；4. 参照相关部门调查报告、现场记录、影像资料、当时海域的海洋气象环境以及海洋水文基础资料进行分析。（二）对涉案海域污水污染事故进行分析。1. 对山海关老龙头海域卫星图像分析和解译。《鉴定意见》中确实将卫星图像上显示的UTC时间认定为北京时间，两者相差8小时。将时间更正后，有2010年8月2日北京时间6时29分、8月2日北京时间13时44分（即《鉴定意见》中表述为北京时间5时44分的图像）、8月2日北京时间17时51分（即《鉴定意见》中表述为北京时间9时51分的图像）等3幅NOAA卫星AVHRR资料可用。对上述图像解译如下：(1) 2010年8月2日北京时间6时29分卫星图像显示，山海关老龙头海域未发现海水异常区。(2) 8月2日北京时间13时44分卫星图像显示，在山海关老龙头海域（靠近山船重工公司）发现海水异常区，灰度值比周围海水稍低，面积约为5平方千米。(3) 8月2日北京时间17时51分卫星图像显示，海水异常区位于北京时间13时44分的海水异常区以南约4千米的海域，面积约为10平方千米。(4) 调用8月2日北京时间10时55分美国MODIS卫星资料，图中显示有三块海水异常区域，其中中部的海水异常区位于海域，与前文利用NOAA卫星资料分析的异常区基本吻合。2. 污染海水漂移扩散分析。8月2日，山海关老龙头海域的污染物漂移主要受潮流影响。起诉书提到在8月2日上午10时左右，山海关老龙头海域出现大片红色污染海水，由于该片海水在8月2日北京时间13时34分之前处于涨潮期，故应在近岸海域，即为8月2日北京时间13时44分卫星图像中显示在山船重工公司西南部附近海域的异常海水区。此后，在落潮流作用下，污染海水区向南漂移、范围逐渐扩大，按平均流速0.5节计算，4小时向南漂移2海里（近4千米）。8月2日北京时间17时51分卫星图像显示的海水异常区位于山船重工公司以南约4千米的海域，范围扩大一倍。上述变化，符合污染海水在近海潮流作用下随时间向退潮流方向漂移、面积不断扩散增大的规律。3. 污染源分析。因卫星图像上污染海水异常区灰度值比周围海水稍低，故排除海洋赤潮可能；因山海关老龙头海域无油井平台，且8月2日前后未发生大型船舶碰撞、触礁搁浅事故，故排除海洋溢油可能。据此，推测污染海水区应由大型企业污水排放或泄漏引起，山船重工公司为临海唯一大型企业，修造船舶会产生大量污水，船坞刨锈污水中铁含量较高，向外泄漏将造成附近海域严重污染。4. 养殖区受污染海水分析。将养殖区地理坐标和污染水域地理坐标一起显示在电子海图上，得出污染水域覆盖全部养殖区的结论。

山船重工公司依据中国海洋大学教师方国强出具的《对大连海事大学海事司法鉴定中心“利用卫星遥感技术对秦皇岛老龙头海域污水污染事故分析意见报告”的质疑报告》，发表对《分析报告》的如下质证意见：（一）吕金奎等 79 人主张《分析报告》系对《鉴定意见》的补充鉴定。从鉴定程序上看，该《分析报告》的启动程序及形式均不符合《司法鉴定程序规则》的相关规定，程序严重违法，不应作为证据采信。（二）从内容上看，《分析报告》出现多处矛盾和错误之处，且不能证明吕金奎等 79 人诉称的污染系源自山船重工公司。1.《分析报告》中提到的污染迁移的地理坐标信息按照时间顺序排列，可以看出所谓污染源并非直接来自山船重工公司，而是更远的外海方向，且污染区域的扩散面积时大时小，不符合物理常识。2.《分析报告》仅凭灰度值和海洋温度的高低判断是否为海水异常区并排除赤潮可能性，无科学依据。灰度值高低受多种因素影响，与赤潮并非简单的对应关系，无法简单凭灰度值高低排除赤潮可能性。沿岸海水部分海域的海温低于其周边海温的情况非常常见，不能据此简单判断为异常区。3.《分析报告》增加了 MODIS 数据并在其上显示污染区域，但相似性质的区域共有 3 处，而《分析报告》仅确定中间一处为污染区域。无论 AVHRR 数据还是 MODIS 数据，均存在很高误检率，鉴定方法值得商榷。同时，MODIS 数据中 RGB 波段俱全，若 2012 年 8 月 2 日上午 10 时左右涉案海域存在大面积红褐色污染，则简单利用 MODIS 的 RGB 合成图像即会一目了然，无须复杂的数据处理。4.《鉴定意见》和《分析报告》对卫星数据的地理校正均存在重大问题。鉴定人主张因投影方式导致定位差异，存在错误。无论哪种投影方式，在处理同一问题时，均应将所有地理数据统一到同一系统中。涉案海区的地理坐标，无论在哪种投影方式下，均应在海区，而不应移动到陆地上。据此，《鉴定意见》和《分析报告》得出的地理坐标是错误的，由此推导的污染源来自山船重工公司的结论亦是错误的。

再查明，原审法院依职权调取了三份证据，其中《秦皇岛市国土资源局关于开发区刘秀英等反映海水污染造成养殖受损的复核意见》（以下简称《秦皇岛市国土局复核意见》）记载，经市政府同意，在此区域海岸线1000米以外进行养殖，收取海域使用金，颁发期限为1年期的海域使用权证书。截至2008年12月31日，该区域养殖用海海域使用权证书均全部到期，根据《中华人民共和国海域使用管理法》有关规定，信访人的用海属于非法用海，养殖属于非法养殖。《秦皇岛市环境保护局关于开发区刘秀英等人反映因海水污染造成养殖受损的复核意见》（以下简称《秦皇岛市环保局复核意见》）记载，经对沿岸企业排查，没有发现非法排污企业；海水中红褐色物质为铁物质，国家对海水中铁物质含量没有明确的污染物排放标准，故是否影响海水养殖需相关部门专家进一步论证。秦皇岛市人民政府信访事项复查复核办公室出具的《信访事项复核答复意见书》中记载，秦皇岛市环境保护局于2010年8月2日对东姜村南沿岸海水进行监测，海水污染因子均达国家海水二类标准；截至2008年12月31日，该区域养殖用海海域使用权证书均全部到期，复核申请人的用海属于非法用海，养殖属于非法养殖。

以上事实，有《鉴定意见》、《分析报告》、《监测报告》、秦皇岛市环境保护局出具的函件、《秦皇岛市国土局复核意见》、《秦皇岛市环保局复核意见》、《信访事项复核答复意见书》、原审法院询问笔录以及双方当事人的陈述，予以证明。

本院认为，本案系海上污染损害赔偿纠纷，争议焦点为：一、山船重工公司是否实施了污染行为；二、吕金奎等79人是否受到损害；三、污染行为与损害之间的因果关系；四、山船重工公司的责任范围。

《中华人民共和国侵权责任法》第六十六条规定，因污染环境发生纠纷，污染者应当就法律规定的不承担责任或者减轻责任的情形及其行为与损害之间不存在因果关系承担举证责任。就本案而言，吕金奎等79人应当就山船重工公司实施了污染行为、该行为使自己受到了损害之事实承担举证责任，并提交污染行为和损害之间可能存在因果关系的初步证据；山船重工公司应当就法律规定的不承担责任或者减轻责任的情形及行为与损害之间不存在因果关系承担举证责任。

首先，关于山船重工公司是否实施污染行为。

关于是否存在污染事实。吕金奎等79人为证明污染事实发生，提交了《鉴定意见》、《分析报告》、《监测报告》以及秦皇岛市环境保护局出具的函件等予以证明。关于上述证据对涉案污染事实的证明力，本院作如下分析：第一，本案审理期间，原审法院依据吕金奎等79人的申请委托司法鉴定中心进行鉴定，该司法鉴定中心业务范围包含海事类司法鉴定，三位鉴定人均具有相应的鉴定资质，本院对鉴定单位和鉴定人的资质予以确认。《鉴定意见》选用卫星遥感监测技术，采取多种解译方法对卫星图像进行判读，根据普通海水与污染海水之间的灰度差值分析污染是否发生，进而确定污染海水位置以及漂移动态等信息，该鉴定方法已多次运用于海洋环境监测研究，得到了相关部门的认可，具有科学性。第二，《鉴定意见》虽将卫星图像上显示的UTC时间认定为北京时间，并据此作出结论，但其后负责海域污染部分的鉴定人张永宁提供《分析报告》对上述问题进行了更正和说明。《分析报告》将《鉴定意见》中的两幅NOAA卫星图像上的UTC时间更正为北京时间，并增加了更早时间的一幅NOAA卫星图像。通过对三幅图像进行处理，分析得出秦皇岛山海关老龙头海域于2010年8月2日北京时间6时29分未发现海水异常区，于同日北京时间13时44分在山船重工公司西南部附近海域发现海水异常区，于同日北京时间17时51分海水异常区向南漂移4千米且面积扩大一倍的结论。其后，结合污染海水在近海潮作用下随时间向退潮流方向漂移、面积不断扩散增大的基本规律，通过分析海水异常区的漂移、扩散情况，确定海水异常区即为污染海水区的事实。《分析报告》选取的美国NOAA卫星AVHRR资料客观真实、鉴定方法科学可靠，且能够对《鉴定意见》中出现的将UTC时间认定为北京时间的错误予以更正，并进行合理地解释。而且，《分析报告》能够与秦皇岛市山海关区渤海乡副书记刘爱民、纪委书记张凤贤在《询问笔录》中的陈述以及秦皇岛市环境保护局出具的函件相互佐证，上述证据可以证实秦皇岛山海关老龙头海域在2010年8月2日发生污染的事实。

关于污染行为是否由山船重工公司实施。《中华人民共和国海洋环境保护法》第九十五条规定："海洋环境污染损害系直接或者间接地把物质或者能量引入海洋环境，产生损害海洋生物资源、危害人体健康、妨害渔业和海上其他合法活动、损害海水使用素质和减损环境质量等有害影响。”吕金奎等79人主张污染行为系由山船重工公司实施，故应审查该公司是否实施了将物质或能量引入海洋的行为。《鉴定意见》根据污染海水异常区灰度值比周围海水稍低的现象，排除海洋赤潮的可能；通过山海关老龙头海域无油井平台以及2010年8月2日未发生大型船舶碰撞、触礁搁浅等事实，排除海洋溢油的可能；进而，根据《监测报告》中海水呈红褐色、浑浊，铁含量为13.1mg/L的监测结果，得出涉案污染事故系严重污水排放或泄漏导致的推论。同时，根据山船重工公司为临海唯一大型企业以及公司的主营业务为船舶修造的事实，得出污染系山船重工公司在修造大型船舶过程中泄漏含铁量较高的刨锈污水导致的结论。山船重工公司虽不认可《鉴定意见》的上述结论，但未能提出足以反驳的相反证据和理由，故本院对《鉴定意见》中关于污染源分析部分的证明力予以确认，并据此认定山船重工公司实施了向海水中泄漏含铁量较高污水的污染行为。

其次，关于吕金奎等79人是否受到损害。

吕金奎等79人主张受到损害，需证明其从事了养殖行为且养殖区域受到了污染。《鉴定意见》中海域污染鉴定部分在确定了王丽荣等21人养殖区域的基础上，进一步通过将养殖区地理坐标与污染海水区地理坐标一起显示在电子海图上的方式，得出污染海水区全部覆盖养殖区的结论。据此，本院认定王丽荣等21人从事养殖且养殖区域受到了污染。由于《鉴定意见》仅确认吕金国、胡红艳、张海、王少良、吕金鹏、吕忠、赵淑清、齐振财、孔令江等9人存在养殖损失，但未确认上述人员的养殖行为发生在污染海域范围内，故本院对上述9人提出的因涉案污染受到损害的主张不予支持。由于《鉴定意见》未确认吕金奎、周绍权、吕妮明、邓春会、贺学伟、贺学武、王建民、王白云、吕有、胡淑洁、胡长江、胡颖、胡起森、胡国松、温立勇、温立洋、王建国、温丽君、温树本，吕金良、李云彬、贺文斌、胡起德、胡国彬、胡淑娟、贺秋霞、贺文利、周景会、王贵、杨磊、王永鹏、邓春林、常国富、常国良、吕民、王记成、贺志国、贺文军、温志刚、胡起均、夏元军、贺文贵、贺志强、胡淑娥、陈振国、刘秀英、温树成、周丽丽等49人从事养殖行为，故本院对上述49人提出的因涉案污染受到损害的主张亦不予支持。

再次，关于污染行为和损害之间的因果关系。

王丽荣等21人在完成上述证明责任的基础上，还应提交证明污染行为和损害之间可能存在因果关系的初步证据。《鉴定意见》对山海关老龙头海域水质进行分析，其依据秦皇岛市环境保护局出具的《监测报告》将该海域水质评价为悬浮物、铁物质及石油含量较高，污染最严重的因子为铁，对渔业和养殖水域危害程度较大。至此，王丽荣等21人已完成海上污染损害赔偿纠纷案件的证明责任。山船重工公司主张其非侵权行为人，应就法律规定的不承担责任或者减轻责任的情形及行为与损害之间不存在因果关系承担举证责任。山船重工公司主张因《鉴定意见》采用的评价标准中不存在对海水中铁含量的规定和限制，故铁不是评价海水水质的标准；且即使铁含量是标准之一，其达到多少才能构成污染损害亦无相关指标。对此，本院认为：第一，《中华人民共和国海洋环境保护法》第九十五条明确规定，只要行为人将物质或者能量引入海洋造成损害，即视为污染；《中华人民共和国侵权责任法》第六十五条亦未将环境污染责任限定为排污超过国家标准或者地方标准。故，无论国家或地方标准中是否规定了某类物质的排放控制要求，或排污是否符合国家或地方规定的标准，只要能够确定污染行为造成环境损害，行为人就须承担赔偿责任。第二，环境标准是一种技术规范，应随着经济、社会、科学技术的不断发展以及环境保护目标的不断提高，适时修订和更新。我国现行有效评价海水水质的《渔业水质标准》和《海水水质标准》实施后长期未进行修订，其中列举的项目已不足以涵盖当今可能造成污染的全部物质。且，上述标准多作为具有环境资源保护职能的行政部门的执法依据，产生后果多系行政责任。据此，《渔业水质标准》和《海水水质标准》并非判断某类物质是否造成污染损害的唯一依据。第三，秦皇岛市环境保护局亦在《秦皇岛市环保局复核意见》中表示，因国家对海水中铁物质含量未明确规定污染物排放标准，故是否影响海水养殖需相关部门专家进一步论证。本案中，出具《鉴定意见》的鉴定人具备海洋污染鉴定的专业知识，其通过对相关背景资料进行分析判断，作出涉案海域水质中铁物质对渔业和养殖水域危害程度较大的评价，具有科学性，应当作为认定涉案海域被铁物质污染的依据。综上，山船重工公司的上述主张，理由不能成立，本院不予支持。

最后，关于山船重工公司的责任范围。

王丽荣等21人要求以同期扇贝市场价格计算养殖损失。对此，本院认为：第一，关于养殖损害的赔偿范围，根据《中华人民共和国海域使用管理法》和《中华人民共和国渔业法》的相关规定，个人使用海域进行养殖的，必须依法取得《海域使用权证书》和《养殖许可证书》。本案中，王丽荣等21人均未取得《养殖许可证书》，21人中仅有吕金鹏、张海、张桂荣3人取得《海域使用权证书》，但海域使用权均于污染事故发生前到期。同时，《海域使用权证书》的“发证机关”秦皇岛市人民政府的信访事项复核复查办公室以及“填证机关”秦皇岛市国土资源管理局亦出具意见，确定王丽荣等21人的养殖系非法养殖。据此，应认定王丽荣等21人的养殖行为不具有合法性。在此情形下，王丽荣等21人养殖损害的赔偿范围应仅限于成本损失，对其主张的收入损失，不应予以支持。第二，关于养殖损失计算问题，《鉴定意见》采取了“扇贝全损成本计算”以及“扇贝部分损失成本及利润计算”两种计算方式。由于王丽荣等21人在原审中提交的损失说明中，均认可扇贝未全部死亡，故《鉴定意见》选取的扇贝全损成本的计算方式，与事实不符，不予采纳；由于王丽荣等21人主张的收入损失不应予以支持，故《鉴定意见》选取的扇贝成本及利润的计算方式，与事实不符，亦不予采纳。鉴于此，本院根据案件现有事实和证据，在采纳《鉴定意见》确定的养殖台筏数量、应养殖数量、养殖损害成本损失的计算方式的基础上，选取对扇贝部分损失成本进行计算的方式，确定王丽荣等21人的养殖损失数额。具体的计算方法为：1. 根据《鉴定意见》第三部分养殖户区域分布表格确定王丽荣等21人的养殖范围及养殖面积；2. 根据《鉴定意见》确定的公式计算养殖台筏数量和应养殖数量；3. 根据养殖户提交的损失说明，确定其主张的养殖数量；4. 将应养殖数量与养殖户主张的养殖数量比较，确定养殖户实际养殖数量，具体方法是以应养殖数量为基准，如养殖户主张的养殖数量小于应养殖数量，则以其主张的养殖数量为准；5. 根据《鉴定意见》确定的公式，结合实际养殖数量，计算养殖损失数量；6. 根据《鉴定意见》确定的每笼16.95元的养殖成本损失，计算养殖损失总额。经计算，王丽荣等21人的养殖损失总额为3444240元。（内容见判决附表）

由于《鉴定意见》确定的污染物为悬浮物、铁物质及石油，并非仅为山船重工公司泄漏的含铁物质的污水，故本院结合《鉴定意见》中水质污染最严重的为铁物质的评价，酌定由山船重工公司对王丽荣等21人的养殖损失承担40%的污染损害赔偿责任，共计1377696元（3444240元×40%）。

综上，原审判决查明事实不清，处理结果错误，本院予以纠正。依照《中华人民共和国侵权责任法》第六十五条、第六十六条，《中华人民共和国海洋环境保护法》第九十五条，《中华人民共和国民事诉讼法》第一百七十条第一款第（二）项之规定，判决如下：

一、撤销天津海事法院（2011）津海法事初字第115号民事判决；

二、山海关船舶重工有限责任公司于本判决送达之日起十五日内赔偿王丽荣、胡起玉、周井忠、梁宏岐、李井斌、李岩、姜长岐、姜秋军、杨立海、张凤祥、梅英春、姜帅、李忠伏、齐振有、齐永、张强、杨立霞、王英会、解宝君、周金荣、张桂荣21人养殖损失共计1377696元；

三、驳回吕金奎等79人的其他诉讼请求。

如果未按本判决指定的期间履行给付金钱义务，应当按照《中华人民共和国民事诉讼法》第二百五十三条之规定，加倍支付迟延履行期间的债务利息。

一审案件受理费142225元，减半收取计71112元，由吕金奎等79人承担66234元，由山海关船舶重工有限责任公司承担4878元，鉴定费400000元，由吕金奎等79人承担372563元，由山海关船舶重工有限责任公司承担27437元。二审案件受理费142225元，减半收取计71112元，由吕金奎等79人承担66234元，由山海关船舶重工有限责任公司承担4878元。

本判决为终审判决。

附：王丽荣等21人养殖损失计算表

序号	姓名	面积（亩）	台筏（台）	应养殖数（吊）	主张养殖数（吊））	存活数量（吊）	损失数量（吊）	养殖损失（元）
1	王丽荣	140	140	14000	8000	1600	6400	108480
2	胡起玉	386.1	386	38600	18000	3600	14400	244080
3	周井忠	227.7	228	22800	20000	4000	16000	271200
4	梁宏歧	100	100	10000	8000	1600	6400	108480
5	李井斌	330	330	33000	20000	4000	16000	271200
6	李岩	461.6	462	46200	25000	2500	22500	381375
7	姜长岐	200	200	20000	11000	2200	8800	149160
8	姜秋军	200	200	20000	10000	2000	8000	135600
9	杨立海	80	80	8000	10000	2000	6000	101700
10	张凤祥	100	100	10000	6000	1200	4800	81360
11	梅英春	180	180	18000	9000	1800	7200	122040
12	姜帅	90	90	9000	5000	1000	4000	67800
13	李忠伏	140	140	14000	10000	2000	8000	135600
14	齐振有	361	361	36100	35000	3500	31500	533925
15	齐永	145.8	146	14600	10000	2000	8000	135600
16	张强	100	100	10000	8000	1600	6400	108480
17	杨立霞	200	200	20000	10000	2000	8000	135600
18	王英会	100	100	10000	6000	1200	4800	81360
19	解宝君	200	200	20000	10000	2000	8000	135600
20	周金荣	200	200	20000	10000	2000	8000	135600
21	张桂荣	15	15	1500	10000	2000	0	0
	合 计							3444240

注：因张桂荣主张的扇贝存活数量高于其应养殖数量，故不存在损失数量和养殖损失。

第三节　可以根据客观存在的光污染行为认定侵权

——李劲诉华润置地（重庆）有限公司环境污染责任纠纷案评析

【案例级别】指导性案例

【案例来源】最高人民法院指导性案例128号

【案件类型】民事

【文书类型】判决书

【审理程序】一审（终审）

【案　　号】（2018）渝0116民初6093号

【关 键 词】民事；光污染；环境权益；停止侵害；排除妨碍；作息时间；可容忍度

【裁判要旨】

光污染所造成的人身损害具有潜在性和隐蔽性，被侵权人往往暂时无法用精确的计量方法来反映。尽管被侵权人往往在开始受害时显露不出明显的受损害症状，但光污染行为对被侵权人所造成的损害是客观存在的，例如，有些损害体现为影响周边居民正常的生活休息质量，行为人应当对此承担污染环境的侵权责任。关于光污染的具体整改方法，可结合大多数普通群众的休息习惯，采取调低亮度、调整播放时间等方式进行适当限制和整改。

【基本案情】

原告李劲的住宅位于重庆市九龙坡区谢家湾正街×小区×幢×-×-×室，与被告华润置地（重庆）有限公司开发建设的万象城购物中心相隔一条双向六车道的公路，双向六车道中间为轻轨线路，除此之外，万象城购物中心与原告住宅之间并无其他遮挡物。在正对原告住宅的万象城购物中心外墙上安装有一块LED显示屏①用于播放广告等，该LED显示屏广告位从2014年建成后开始投入运营，每天播放宣传资料及视频广告等，其产生强光直射入原告住宅房间，给原告的正常生活造成影响。

据查，2014年5月-2018年2月期间，原告所在小区以及黄杨路××小区的部分住户先后三次向市政府公开信箱投诉反映万象城LED显示屏广告音量太大且产生严重光污染、影响居民日常生活休息的情况，希望相关部门尽快对其进行整改。

本案审理过程中，人民法院组织原、被告双方于2018年8月11日晚到原告住宅进行现场查看，发现正对原告住宅的一块LED显示屏正在播放广告视频，产生的光线较强，可直射入原告住宅居室，当晚该LED显示屏播放广告视频至20时58分关闭。被告公司员工称该LED显示屏面积为160m^2。

就案涉光污染问题是否能进行环境监测的问题，人民法院向重庆市九龙坡区生态环境监测站进行了咨询，该站负责人表示，国家与重庆市均无光污染环境监测方面的规范及技术指标，所以监测站无法对光污染问题开展环境监测。重庆法院参与环境资源审判专家库专家、重庆市永川区生态环境监测站副站长也表示从环保方面光污染没有具体的标准，但从民事法律关系的角度，可以综合其他证据判断是否造成光污染。从本案原告提交的证据看，万象城电子显示屏对原告的损害客观存在，主要体现为影响原告的正常休息。就LED显示屏产生的光辐射相关问题，法院向重庆大学建筑城规学院教授、中国照明学会副理事长以及重庆大学建筑城规学院高级工程师、中国照明学会理事等专家作了咨询，专家表示，LED的光辐射一是对人有视觉影响，其中失能眩光和不舒适眩光对人的眼睛有影响；另一方面是生物影响：如果光辐射太强，使人生物钟紊乱，长期就会有影响。另外LED的白光中有蓝光成分，蓝光对人的视网膜有损害，而且不可修复。但户外蓝光危害很难检测，时间、强度的标准是多少，有待标准出台确定。

---

① 一种平板显示器，由一个个小的LED模块面板组成，用来显示文字、图像、视频等各种信息的设备，下文对此不再提示。

【争议焦点】

1. 被告华润置地（重庆）有限公司是否存在污染环境的行为；
2. 被侵权人李劲的损害事实包括哪些；
3. 被告华润置地（重庆）有限公司是否应承担污染环境的侵权责任；
4. 被告华润置地（重庆）有限公司承担责任的具体方式。

【裁判说理】

一、关于被告是否有污染环境的行为

被告华润置地（重庆）有限公司作为万象城购物中心的建设方和经营管理方，其在正对原告住宅的购物中心外墙上设置 LED 显示屏播放广告、宣传资料等，产生的强光直射进入原告的住宅居室。根据原告提供的照片、视频资料等证据，以及本院组织双方当事人到现场查看的情况，可以认定被告使用 LED 显示屏播放广告、宣传资料等所产生的强光已超出了一般公众普遍可容忍的范围，就大众的认知规律和切身感受而言，该强光会严重影响相邻人群的正常工作和学习，干扰周围居民正常生活和休息，已构成由强光引起的光污染。被告使用 LED 显示屏播放广告、宣传资料等造成光污染的行为已构成污染环境的行为。

二、关于被侵权人的损害事实

环境污染的损害事实，主要包含了污染环境的行为致使当事人的财产、人身受到损害以及环境受到损害的事实。环境污染侵权的损害后果不同于一般侵权的损害后果，不仅包括症状明显并可计量的损害结果，还包括那些症状不明显或者暂时无症状且暂时无法用计量方法反映的损害结果。本案系光污染纠纷，光污染对人身的伤害具有潜在性和隐蔽性等特点，被侵权人往往在开始受害时显露不出明显的受损害症状，其所遭受的损害往往暂时无法用精确的计量方法来反映。但随着时间的推移，损害会逐渐显露。参考本案专家意见，光污染对人的影响除了能够感知的对视觉的影响外，太强的光辐射会造成人生物钟紊乱，短时间看不出影响，但长期会带来影响。本案中，被告使用 LED 显示屏播放广告、宣传资料等所产生的强光，已超出了一般人可容忍的程度，影响了相邻居住的原告等居民的正常生活和休息。根据日常生活经验法则，被告运行 LED 显示屏产生的光污染势必会给原告等人的身心健康造成损害，这也为公众普遍认可。根据《最高人民法院关于适用〈中华人民共和国民事诉讼法〉的解释》第九十三条“下列事实，当事人无须举证证明：(一) 自然规律以及定理、定律；(二) 众所周知的事实；(三) 根据法律规定推定的事实；(四) 根据已知的事实和日常生活经验法则推定出的另一事实……”的规定，被告运行 LED 显示屏产生的强光造成的光污染致使原告等人身心健康受到损害可推定属实。此外，因被告运行 LED 显示屏产生的光污染改变了原告等人生活的环境，致使原告等人的环境权益受到损害亦是客观事实。综上，被告运行 LED 显示屏产生的光污染已致使原告居住的环境权益受损，并导致原告的身心健康受到损害。

三、关于被告是否应承担污染环境的侵权责任

《中华人民共和国侵权责任法》第六十六条规定：“因污染环境发生纠纷，污染者应当就法律规定的不承担责任或者减轻责任的情形及其行为与损害之间不存在因果关系承担举证责任。”本案中，原告已举证证明被告有污染环境的行为及原告的损害事实。被告需对其在本案中存在法律规定的不承担责任或者减轻责任的情形，或被告污染行为与损害之间不存在因果关系承担举证责任，但被告并未提交证据对前述情形予以证实，对此被告应承担举证不能的不利后果，应承担污染环境的侵权责任。根据《最高人民法院关于审理环境侵权责任纠纷案件适用法律若干问题的解释》第十三条规定：“人民法院应当根据被侵权人的诉讼请求以及具体案情，合理判定污染者承担停止侵害、排除妨碍、消除危险、恢复原状、赔礼道歉、赔偿损失等民事责任。”环境侵权的损害不同于一般的人身损害和财产损害，对侵权行为人承担的侵权责任有其独特的要求。由于环境侵权是通过环境这一媒介侵害到相当地区不特定的多数人的人身、财产等权益，而且一旦出现可用计量方法反映的损害，其后果往往已无法弥补和消除。因此在环境侵权中，侵权行为人实施了污染环境的行为，即使还未出现可计量的损害后果，即应承担相应的侵权责任。本案中，从市民的投诉反映看，被告作为万象城购物中心的经营管理者，其在生产经营过程中，理应认识到使用 LED 显示屏播放广告、宣传资料等发出的

强光会对居住在对面以及周围住宅小区的原告等人造成影响，并负有采取必要措施以减少对原告等人影响的义务。但被告仍然一直使用 LED 显示屏播放广告、宣传资料等，其产生的强光明显超出了一般人可容忍的程度，构成光污染，严重干扰了周边人群的正常生活，对原告等人的环境权益造成损害，进而损害了原告等人的身心健康。因此即使原告尚未出现明显症状，其生活受到光污染侵扰、环境权益受到损害也是客观存在的事实，故被告应承担停止侵害、排除妨碍等民事责任。

四、关于被告承担责任的具体方式

原告请求被告对案涉电子显示屏的运行时间、亮度、播放方式予以调整，排除其对原告造成的光污染侵害。就其请求“1. 按被告 2014 年 9 月在市城管委协调处理下承诺的整改措施履行义务，每天 21∶00 至次日 10∶00 期间关屏，中午 12∶00 至 14∶00 期间关屏”的问题，根据本案查明的事实，案涉 LED 显示屏的运行时间并不固定，被告在庭审中虽未认可 2014 年 9 月的承诺，但考虑到在夜间人们需要休息，如果在夜间仍有亮光持续照射，势必会影响人们的正常休息，损害人们的身心健康。因此被告不得在夜间使用 LED 显示屏实施光污染行为。关于夜间的时间范畴，《中华人民共和国环境噪声污染防治法》六十三条规定，“夜间”是指晚二十二点至晨六点之间的期间。对于光污染的“夜间”时间，目前尚无可依照的相关规范，考虑到光污染与噪声污染具有一定的相似性，给受害人身心健康造成损害均具有潜在性和隐蔽性等特点，因此本院参照噪声污染相关规范，确定“夜间”为晚二十二点至晨六点之间。被告在庭审中认可的案涉 LED 显示屏运行时间，即实行夏时制（8∶30-22∶00）和冬时制（8∶30-21∶50），均未处于相关法律规定的“夜间”。考虑到不同季节人们习惯的作息时间的变化，本院根据原告的请求以及被告的自认，确定被告在运行案涉 LED 显示屏时，在每年 5 月 1 日至 9 月 30 日期间开启时间应在 8∶30 之后，关闭时间应在 22∶00 之前；在每年 10 月 1 日至 4 月 30 日期间开启时间应在 8∶30 之后，关闭时间应在 21∶50 之前。因此对原告要求被告案涉 LED 显示屏每天 21∶00 至次日 10∶00 期间关屏的诉讼请求，本院部分予以支持。关于原告要求被告在 12∶00-14∶00 关屏的问题，综合考量人们的休息习惯以及白天 LED 显示屏光线对人的影响较夜晚来说相对较小等因素，对原告要求被告在 12：00-14：00 关屏的请求，本院难以支持。关于原告请求“2. 按被告 2018 年 3 月在市城管委协调处理下承诺的整改措施履行义务，即 19：00-21：00 亮度为 25%，但不高于《城市夜景照明设计规范》（JGJ/T163-2008）确定的 400cd/m^2”的问题，按照一般规律，在 19：00 后，人们逐渐开始进入夜晚休息时段，外界自然环境也逐渐变暗，夜晚人们更习惯在暗光环境下休息，将 LED 显示屏的亮度调低，有利于减少 LED 显示屏光线对居住在对面的原告等人的影响，更容易为一般大众所容忍。关于 LED 显示屏的亮度的具体限值，《城市夜景照明设计规范》（JGJ/T163-2008）规定，在城市中心和商业区等高亮度环境区，广告与标识照明面积大于 10m^2 时，标识照明的平均亮度最大允许值为 400cd/m^2；《LED 显示屏干扰光评价要求》（GB/T36101-2018）对 LED 显示屏在夜间干扰光的分类和要求作了规定，其中在城市中心区、商业区，全彩色或多色 LED 显示屏亮度限值为 600cd/m^2，LED 显示屏朝向居室时亮度限值也应符合该规定。前述行业标准、国家标准对亮度值作出了不同规定，本案所涉 LED 显示屏位于商业区，参考照明专家意见，考虑到 LED 显示屏光与直射的照明灯光有所不同，综合本案的具体情况，本院对原告请求的案涉 LED 显示屏在 19：00 后的亮度限值确定为 600cd/m^2。原告请求被告在 19：00 后将 LED 显示屏亮度调至 25%，对于亮度的百分比值，相关规范均未作规定，且案涉 LED 显示屏亮度的百分比值所对应的亮度值也无法确定，在本案已对案涉 LED 显示屏亮度值进行了限定的情况下，对其亮度的百分比值不再另行限定。关于原告请求“3. 涉案显示屏不得播放活动画面，原则上每个固定画面的播放时间应当大于等于 15 秒，画面切换应采取慢转换方式”的问题，本案中已通过对案涉 LED 显示屏的播放时间、亮度等方面的限定来减轻案涉 LED 显示屏对原告等人的影响，原告提出的该项请求缺乏相关依据，本院难以支持。

关于原告请求“判令被告对案涉户外电子显示屏安装设置‘具备按照日照强度变化，调节显示亮度’的功能”的问题，因在被告修建设置案涉 LED 显示屏时我国及我市尚无安装户外电子显示屏的相关规范，且 LED 显示屏是否具备该项功能，并不必然导致或者避免电子显示屏产生光污染，故对原告的该项诉讼请求，本院不予支持。

关于原告请求“被告在判决生效后一年内，定期向法院报告涉案显示屏运行时间、亮度和播放方式的情况，法院委托本地环境保护主管部门检测”的问题，该项内容实质系判决后履行的问题，不是法律规定的承担侵权责任的方式，对此本院在判决时不予处理。

关于被告辩称其安装使用LED显示屏是经过行政部门审批同意，且根据行政部门的要求播放公益广告，对此原告不予认可，并要求被告出示建设时市政局（城市管理局）、规划局的行政审批文件，但被告对此并未提交相关证据，根据《中华人民共和国民事诉讼法》及其司法解释的相关规定，当事人对自己提出的主张，有责任提供证据。当事人未能提供证据或者证据不足以证明其事实主张的，由负有举证证明责任的当事人承担不利的后果。且根据《最高人民法院关于审理环境侵权责任纠纷案件适用法律若干问题的解释》第一条规定：“因污染环境造成损害，不论污染者有无过错，污染者应当承担侵权责任。污染者以排污符合国家或者地方污染物排放标准为由主张不承担责任的，人民法院不予支持。”故无论被告安装使用LED显示屏是否经过相关部门审批同意，只要其排放了污染物，均应承担相应的民事责任。对被告的该辩称意见，本院不予采纳。

【裁判结果】

重庆市江津区人民法院于2018年12月28日作出（2018）渝0116民初6093号判决：

一、被告华润置地（重庆）有限公司从本判决生效之日起，立即停止其在运行重庆市九龙坡区谢家湾正街万象城购物中心正对原告李劲位于重庆市九龙坡区谢家湾正街×小区×幢住宅外墙上的一块LED显示屏时对原告李劲的光污染侵害：1. 前述LED显示屏在5月1日至9月30日期间开启时间应在8∶30之后，关闭时间应在22∶00之前；在10月1日至4月30日期间开启时间应在8∶30之后，关闭时间应在21∶50之前。2. 前述LED显示屏在每日19∶00后的亮度值不得高于600cd/m^2；

二、驳回原告李劲的其余诉讼请求。

【相关规定】

《中华人民共和国民法典》第 9 条（原《中华人民共和国民法总则》第 9 条）

《中华人民共和国环境保护法》第 4 条第 1 款、第 6 条第 1 款、第 42 条第 1 款

《中华人民共和国民法典》第 1229 条（原《中华人民共和国侵权责任法》第 65 条）、第 1230 条（原《中华人民共和国侵权责任法》第 66 条）

《中华人民共和国民法典》第 294 条（原《中华人民共和国物权法》第 90 条）

《中华人民共和国噪声污染防治法》第 88 条（原《中华人民共和国环境噪声污染防治法》第 63 条）

《最高人民法院关于审理环境侵权责任纠纷案件适用法律若干问题的解释》第 1 条、第 13 条

《中华人民共和国民事诉讼法》第 67 条［原《中华人民共和国民事诉讼法》（2017 年修订）第 64 条］

《最高人民法院关于适用〈中华人民共和国民事诉讼法〉的解释》第 90 条、第 93 条

案例整编人：李华晨

附已公开生效判决文书：

重庆市江津区人民法院民事判决书

（2018）渝0116民初6093号

原告：李劲

被告：华润置地（重庆）有限公司

委托诉讼代理人：邓娟，系被告公司员工

原告李劲与被告华润置地（重庆）有限公司环境污染责任纠纷一案，本院于2018年5月14日立案后，依法适用普通程序公开开庭进行了审理。原告李劲及其委托诉讼代理人鲁俨、朱剑杭，被告华润置地（重庆）有限公司的委托诉讼代理人邓娟到庭参加了诉讼。本案现已审理终结。

原告李劲向本院提出诉讼请求：一、判令被告对位于九龙坡区谢家湾正街万象城购物中心户外电子显示屏，安装设置"具备按照日照强度变化，调节显示亮度"的功能。二、判令被告对位于九龙坡区谢家湾正街万象城购物中心户外电子显示屏，就其运行时间、亮度、播放方式予以调整，排除该户外电子显示屏对原告造成的光污染侵害，具体请求为：1. 按被告2014年9月在市城管委协调处理下承诺的整改措施履行义务，即12∶00-14∶00不能使用，21∶00前关屏（庭审中明确为每天21∶00至次日10∶00期间关屏，中午12∶00至14∶00期间关屏）；2. 按被告2018年3月在市城管委协调处理下承诺的整改措施履行义务（即19∶00-21∶00亮度为25%），但不高于有关规范（《城市夜景照明设计规范》JGJ/T163-2008）确定的400cd/m^2；3. 涉案显示屏不得播放活动画面，原则上每个固定画面的播放时间应当大于等于15秒，画面切换应采取慢转换方式。三、判令被告在判决生效后一年内，定期向法院报告涉案显示屏运行时间、亮度和播放方式的情况，法院委托本地环境保护主管部门检测。四、本案诉讼费用由被告承担。事实和理由：原告系×小区业主，其住宅与被告经营的万象城购物中心仅隔一条公路。2014年5月以来，被告经营的万象城购物中心外墙上安装了大型户外显示屏，每天约 8∶30 开启，22∶00 关闭，该户外电子显示屏正对原告居室方向，在晚间，户外显示屏频繁闪烁的强烈亮光直入原告居室，严重影响原告及家人的正常作息。在此期间，小区及周边业主曾多次向市政委及市城管委等相关职能部门投诉，杨家坪商圈办亦协调相关职能主管部门与被告进行过多次沟通，被告亦承诺采取诸多整改措施，但被告并未履行承诺。周边居民仍然长期遭到光污染侵害，本朝向多数业主均采取在每个房间长期拉窗帘方式避光，但仍然无法避免强烈的光线穿透，严重影响上班族、小孩、老人等休息。光污染在损害眼睛、诱发癌症、产生不利情绪、生态问题上所产生的危害已被科学界所认可。被告的行为干扰了原告作息，影响到原告的身心健康，构成光污染侵害，请求判如所请。同时诉请法院确认被告出示建设时市政局（现城市管理局）、规划局的行政审批文件。需要说明的是，我市虽暂没有广告显示屏管理规定，北京市是全国对户外广告监管最为先进的城市，其相关规范能够成为其他省市的参照，同为直辖市，所以本案原告诉请第一项、第二项第 3 小项，是参照《北京市户外电子显示屏设置规范》所列。

被告华润置地（重庆）有限公司辩称：本案作为环境污染侵权纠纷，原告应举证证明被告存在环境污染行为且对其进行了损害。原告诉称的在市城管委的承诺，不能作为本案侵权责任纠纷的依据。原告无任何证据表明被告存在光污染行为，原告的诉请无法律依据。被告安装使用 LED 显示屏的行为是一个行政行为，行政部门监督审批，原告的诉讼请求不属于司法调整范围。被告安装使用 LED 显示屏是经过行政部门审批同意的，且根据行政部门的要求播放公益广告。如果将公益广告放在中午或者 21∶00 播放那侵权责任应该是政府部门。请求法院驳回原告诉讼请求。

本院经审理认定事实如下：原告李劲购买有位于重庆市九龙坡区谢家湾正街×小区×幢×-×-×的住宅一套，并从 2005 年入住至今。被告华润置地（重庆）有限公司开发建设的万象城购物中心与原告住宅相隔一条双向六车道的公路，双向六车道中间为轻轨线路。万象城购物中心与原告住宅之间无其他遮挡物。在正对原告住宅的万象城购物中心外墙上安装有一块 LED 显示屏用于播放广告等，该 LED 显示屏广告位从 2014 年建成后开始投入运营，每天播放宣传资料及视频广告等，其产生强光直射入原告住宅房间，给原告的正常生活造成影响。

2014年5月，原告小区的业主向市政府公开信箱投诉反映：从5月3日开始，谢家湾华润二十四城的万象城的巨型LED屏幕开始工作，LED巨屏的强光直射进其房间，造成严重的光污染，并且宣传片的音量巨大，影响了其日常生活，希望有关部门让万象城减小音量并且调低LED屏幕亮度。2014年9月，黄杨路×小区居民向市政府公开信箱投诉反映：万象城有块巨型LED屏幕通宵播放资料广告，产生太强光线，导致夜间无法睡眠，无法正常休息。万象城大屏夜间光污染严重影响周边小区高层住户，请相关部门解决，要不禁止夜间播放，或者实在要放不要通宵的放，放到晚上八点就可以了，亮度调低点。2018年2月，原告小区的住户向市政府公开信箱投诉反映：我家对面万象城户外广告大屏就是我们住户的噩梦，该广告屏每天播放视频广告，光线极强不说还频繁闪动，我们这些住在对面的业主家里如同白昼，严重影响老人和小孩的休息。希望相关部门尽快对其进行整改。对市民的该次投诉，重庆市城市管理委员会在办理情况中载明经过协调被告决定采取整改措施，其中包括在运行时间上实行夏时制（8∶30–22∶00）和冬时制（8∶30–21∶50）。庭审中，被告陈述LED显示屏的播放时间应当按照夏时制（8∶30–22∶00）和冬时制（8∶30–21∶50）执行。对原告诉讼请求中所涉及的被告承诺的其他整改措施，被告在庭审中均未认可。

本案审理过程中，本院组织原、被告双方于2018年8月11日晚到现场进行了查看，正对原告住宅的一块LED显示屏正在播放广告视频，产生的光线较强，可直射入原告住宅居室，当晚该LED显示屏播放广告视频至20时58分关闭。被告公司员工称该LED显示屏面积为160m^2。

审理中，本院就案涉光污染问题是否能进行环境监测的问题向重庆市九龙坡区生态环境监测站负责人进行了咨询，该负责人表示，《中华人民共和国环境保护法》虽然规定了排放污染物的企业应当采取措施，防治产生光辐射等对环境的污染和危害，但国家与重庆市均无光污染环境监测方面的规范及技术指标，所以监测站无法对光污染问题开展环境监测。

此外，就光污染相关问题，本院还向重庆法院参与环境资源审判专家库专家、重庆市永川区生态环境监测站副站长张样盛作了咨询，该专家认为从环保方面光污染没有具体的标准，但其个人认为从民事法律关系的角度，可以综合其余证据判断是否造成光污染。从本案原告提交的证据看，万象城电子显示屏对原告的损害应该是客观存在的，这种损害主要体现为影响原告的正常休息。关于光污染的具体整改方法，可结合大多数普通群众的休息习惯，采取调低亮度、调整播放时间等方式进行适当限制和整改。

就LED显示屏产生的光辐射相关问题，本院向重庆大学建筑城规学院教授、博士生导师、中国照明学会副理事长、重庆市照明学会理事长、国家科技奖评审专家杨春宇，重庆大学建筑城规学院高级工程师、中国照明学会理事、重庆市照明学会副理事长张青文作了咨询，二位专家表示，LED的光辐射对人的影响一是对人的视觉的影响，其中眩光对人的眼睛有影响，有失能眩光和不舒适眩光；另一方面是对生物的影响，人到晚上随着光照强度下降，渐渐入睡，是两种激素，褪黑素和皮质醇起作用，褪黑素晚上上升、白天下降，皮质醇相反，这是人进化的结果。如果光辐射太强，使人生物钟紊乱，短时间看不出影响，但长期会有影响。另外LED的白光中有蓝光成分，蓝光对人的视网膜有损害，而且是不可修复的。但户外蓝光危害很难检测，时间、强度的标准是多少，有待标准出台确定。关于光照亮度对人的影响，有研究结论认为一般在400cd/m^2以下对人的影响会小一点，但动态广告屏很难适用。对于亮度的规范，不同部门编制的规范对亮度的限值不同，但LED显示屏与直射的照明灯光还是有区别，以LED显示屏的相关国家标准来认定比较合适。

上述事实，有双方当事人的陈述，有原告提交的房地产权证、重庆晨裕物业管理有限公司证明、照片、视频、投诉材料等证据以及本院制作的现场查看笔录、现场照片、访谈笔录、专家访谈笔录等经庭审质证，在卷佐证。

本院认为，保护环境是我国的基本国策，一切单位和个人都有保护环境的义务。《中华人民共和国民法总则》第九条规定："民事主体从事民事活动，应当有利于节约资源、保护生态环境。"《中华人民共和国物权法》第九十条规定："不动产权利人不得违反国家规定弃置固体废物，排放大气污染物、水污染物、噪声、光、电磁波辐射等有害物质。"《中华人民共和国环境保护法》第四十二条第一款规定："排放污染物的企业事业单位和其他生产经营者，应当采取措施，防治在生产建设或者其他活动中产生的废气、废水、废渣、医疗废物、粉尘、恶臭气体、放射性物质以及噪声、振动、光辐射、电磁辐射等对环境的污染和危害。”本案系环境污染责任纠纷，根据《中华人民共和国侵权责任法》第六十五条规定：“因污染环境造成损害的，污染者应当承担侵权责任。”环境污染侵权责任属特殊侵权责任，其构成要件包括以下三个方面：一是污染者有污染环境的行为；二是被侵权人有损害事实；三是污染者污染环境的行为与被侵权人的损害之间有因果关系。

（一）关于被告是否有污染环境的行为

被告华润置地（重庆）有限公司作为万象城购物中心的建设方和经营管理方，其在正对原告住宅的购物中心外墙上设置LED显示屏播放广告、宣传资料等，产生的强光直射进入原告的住宅居室。根据原告提供的照片、视频资料等证据，以及本院组织双方当事人到现场查看的情况，可以认定被告使用LED显示屏播放广告、宣传资料等所产生的强光已超出了一般公众普遍可容忍的范围，就大众的认知规律和切身感受而言，该强光会严重影响相邻人群的正常工作和学习，干扰周围居民正常生活和休息，已构成由强光引起的光污染。被告使用LED显示屏播放广告、宣传资料等造成光污染的行为已构成污染环境的行为。

（二）关于被侵权人的损害事实

环境污染的损害事实，主要包含了污染环境的行为致使当事人的财产、人身受到损害以及环境受到损害的事实。环境污染侵权的损害后果不同于一般侵权的损害后果，不仅包括症状明显并可计量的损害结果，还包括那些症状不明显或者暂时无症状且暂时无法用计量方法反映的损害结果。本案系光污染纠纷，光污染对人身的伤害具有潜在性和隐蔽性等特点，被侵权人往往在开始受害时显露不出明显的受损害症状，其所遭受的损害往往暂时无法用精确的计量方法来反映。但随着时间的推移，损害会逐渐显露。参考本案专家意见，光污染对人的影响除了能够感知的对视觉的影响外，太强的光辐射会造成人生物钟紊乱，短时间看不出影响，但长期会带来影响。本案中，被告使用LED显示屏播放广告、宣传资料等所产生的强光，已超出了一般人可容忍的程度，影响了相邻居住的原告等居民的正常生活和休息。根据日常生活经验法则，被告运行LED显示屏产生的光污染势必会给原告等人的身心健康造成损害，这也为公众普遍认可。根据《最高人民法院关于适用〈中华人民共和国民事诉讼法〉的解释》第九十三条“下列事实，当事人无须举证证明：（一）自然规律以及定理、定律；（二）众所周知的事实；（三）根据法律规定推定的事实；（四）根据已知的事实和日常生活经验法则推定出的另一事实……”的规定，被告运行LED显示屏产生的强光造成的光污染致使原告等人身心健康受到损害可推定属实。此外，因被告运行LED显示屏产生的光污染改变了原告等人生活的环境，致使原告等人的环境权益受到损害亦是客观事实。综上，被告运行LED显示屏产生的光污染已致使原告居住的环境权益受损，并导致原告的身心健康受到损害。

（三）被告是否应承担污染环境的侵权责任

《中华人民共和国侵权责任法》第六十六条规定：“因污染环境发生纠纷，污染者应当就法律规定的不承担责任或者减轻责任的情形及其行为与损害之间不存在因果关系承担举证责任。”本案中，原告已举证证明被告有污染环境的行为及原告的损害事实。被告需对其在本案中存在法律规定的不承担责任或者减轻责任的情形，或被告污染行为与损害之间不存在因果关系承担举证责任，但被告并未提交证据对前述情形予以证实，对此被告应承担举证不能的不利后果，应承担污染环境的侵权责任。根据《最高人民法院关于审理环境侵权责任纠纷案件适用法律若干问题的解释》第十三条规定：“人民法院应当根据被侵权人的诉讼请求以及具体案情，合理判定污染者承担停止侵害、排除妨碍、消除危险、恢复原状、赔礼道歉、赔偿损失等民事责任。”环境侵权的损害不同于一般的人身损害和财产损害，对侵权行为人承担的侵权责任有其独特的要求。由于环境侵权是通过环境这一媒介侵害到相当地区不特定的多数人的人身、财产等权益，而且一旦出现可用计量方法反映的损害，其后果往往已无法弥补和消除。因此在环境侵权中，侵权行为人实施了污染环境的行为，即使还未出现可计量的损害后果，即应承担相应的侵权责任。本案中，从市民的投诉反映看，被告作为万象城购物中心的经营管理者，其在生产经营过程中，理应认识到使用LED显示屏播放广告、宣传资料等发出的强光会对居住在对面以及周围住宅小区的原告等人造成影响，并负有采取必要措施以减少对原告等人影响的义务。但被告仍然一直使用LED显示屏播放广告、宣传资料等，其产生的强光明显超出了一般人可容忍的程度，构成光污染，严重干扰了周边人群的正常生活，对原告等人的环境权益造成损害，进而损害了原告等人的身心健康。因此即使原告尚未出现明显症状，其生活受到光污染侵扰、环境权益受到损害也是客观存在的事实，故被告应承担停止侵害、排除妨碍等民事责任。

（四）关于被告承担责任的具体方式

原告请求被告对案涉电子显示屏的运行时间、亮度、播放方式予以调整，排除其对原告造成的光污染侵害。就其请求“1. 按被告2014年9月在市城管委协调处理下承诺的整改措施履行义务，每天21：00至次日10：00期间关屏，中午12：00至14：00期间关屏”的问题，根据本案查明的事实，案涉LED显示屏的运行时间并不固定，被告在庭审中虽未认可2014年9月的承诺，但考虑到在夜间人们需要休息，如果在夜间仍有亮光持续照射，势必会影响人们的正常休息，损害人们的身心健康。因此被告不得在夜间使用LED显示屏实施光污染行为。关于夜间的时间范畴，《中华人民共和国环境噪声污染防治法》六十三条规定，“夜间”是指晚二十二点至晨六点之间的期间。对于光污染的“夜间”时间，目前尚无可依照的相关规范，考虑到光污染与噪声污染具有一定的相似性，给受害人身心健康造成损害均具有潜在性和隐蔽性等特点，因此本院参照噪声污染相关规范，确定“夜间”为晚二十二点至晨六点之间。被告在庭审中认可的案涉LED显示屏运行时间，即实行夏时制（8：30-22：00）和冬时制（8：30-21：50），均未处于相关法律规定的“夜间”。考虑到不同季节人们习惯的作息时间的变化，本院根据原告的请求以及被告的自认，确定被告在运行案涉LED显示屏时，在每年5月1日至9月30日期间开启时间应在8：30之后，关闭时间应在22：00之前；在每年10月1日至4月30日期间开启时间应在8：30之后，关闭时间应在21：50之前。因此对原告要求被告案涉LED显示屏每天21：00至次日10：00期间关屏的诉讼请求，本院部分予以支持。关于原告要求被告在12：00-14：00关屏的问题，综合考量人们的休息习惯以及白天LED显示屏光线对人的影响较夜晚来说相对较小等因素，对原告要求被告在12：00-14：00关屏的请求，本院难以支持。关于原告请求“2. 按被告2018年3月在市城管委协调处理下承诺的整改措施履行义务，即19∶00–21∶00亮度为25%，但不高于《城市夜景照明设计规范》（JGJ/T163-2008）确定的400cd/m²”的问题，按照一般规律，在19∶00后，人们逐渐开始进入夜晚休息时段，外界自然环境也逐渐变暗，夜晚人们更习惯在暗光环境下休息，将LED显示屏的亮度调低，有利于减少LED显示屏光线对居住在对面的原告等人的影响，更容易为一般大众所容忍。关于LED显示屏的亮度的具体限值，《城市夜景照明设计规范》（JGJ/T163-2008）规定，在城市中心和商业区等高亮度环境区，广告与标识照明面积大于10m²时，标识照明的平均亮度最大允许值为400cd/m²；《LED显示屏干扰光评价要求》（GB/T36101-2018）对LED显示屏在夜间干扰光的分类和要求作了规定，其中在城市中心区、商业区，全彩色或多色LED显示屏亮度限值为600cd/m²，LED显示屏朝向居室时亮度限值也应符合该规定。前述行业标准、国家标准对亮度值作出了不同规定，本案所涉LED显示屏位于商业区，参考照明专家意见，考虑到LED显示屏光与直射的照明灯光有所不同，综合本案的具体情况，本院对原告请求的案涉LED显示屏在19∶00后的亮度限值确定为600cd/m²。原告请求被告在19∶00后将LED显示屏亮度调至25%，对于亮度的百分比值，相关规范均未作规定，且案涉LED显示屏亮度的百分比值所对应的亮度值也无法确定，在本案已对案涉LED显示屏亮度值进行了限定的情况下，对其亮度的百分比值不再另行限定。关于原告请求“3. 涉案显示屏不得播放活动画面，原则上每个固定画面的播放时间应当大于等于15秒，画面切换应采取慢转换方式”的问题，本案中已通过对案涉LED显示屏的播放时间、亮度等方面的限定来减轻案涉LED显示屏对原告等人的影响，原告提出的该项请求缺乏相关依据，本院难以支持。

关于原告请求“判令被告对案涉户外电子显示屏安装设置‘具备按照日照强度变化，调节显示亮度’的功能”的问题，因在被告修建设置案涉LED显示屏时我国及我市尚无安装户外电子显示屏的相关规范，且LED显示屏是否具备该项功能，并不必然导致或者避免电子显示屏产生光污染，故对原告的该项诉讼请求，本院不予支持。

关于原告请求“被告在判决生效后一年内，定期向法院报告涉案显示屏运行时间、亮度和播放方式的情况，法院委托本地环境保护主管部门检测”的问题，该项内容实质系判决后履行的问题，不是法律规定的承担侵权责任的方式，对此本院在判决时不予处理。

被告辩称其安装使用LED显示屏是经过行政部门审批同意，且根据行政部门的要求播放公益广告，对此原告不予认可，并要求被告出示建设时市政局（城市管理局）、规划局的行政审批文件，但被告对此并未提交相关证据，根据《中华人民共和国民事诉讼法》及其司法解释的相关规定，当事人对自己提出的主张，有责任提供证据。当事人未能提供证据或者证据不足以证明其事实主张的，由负有举证证明责任的当事人承担不利的后果。且根据《最高人民法院关于审理环境侵权责任纠纷案件适用法律若干问题的解释》第一条规定：“因污染环境造成损害，不论污染者有无过错，污染者应当承担侵权责任。污染者以排污符合国家或者地方污染物排放标准为由主张不承担责任的，人民法院不予支持。”故无论被告安装使用LED显示屏是否经过相关部门审批同意，只要其排放了污染物，均应承担相应的民事责任。对被告的该辩称意见，本院不予采纳。

综上所述，为维护双方当事人的合法权益，依照《中华人民共和国民法总则》第九条，《中华人民共和国环境保护法》第四条第一款、第六条第一款、第四十二条第一款，《中华人民共和国侵权责任法》第六十五条、第六十六条，《中华人民共和国物权法》第九十条，《中华人民共和国环境噪声污染防治法》第六十三条，《最高人民法院关于审理环境侵权责任纠纷案件适用法律若干问题的解释》第一条、第十三条，《中华人民共和国民事诉讼法》第六十四条，《最高人民法院关于适用〈中华人民共和国民事诉讼法〉的解释》第九十条、第九十三条规定，判决如下：

一、被告华润置地（重庆）有限公司从本判决生效之日起，立即停止其在运行重庆市九龙坡区谢家湾正街万象城购物中心正对原告李劲位于重庆市九龙坡区谢家湾正街×小区×幢住宅外墙上的一块LED显示屏时对原告李劲的光污染侵害：1. 前述LED显示屏在5月1日至9月30日期间开启时间应在8∶30之后，关闭时间应在22∶00之前；在10月1日至4月30日期间开启时间应在8∶30之后，关闭时间应在21∶50之前。2. 前述LED显示屏在每日19

:00 后的亮度值不得高于600cd/m^2。

二、驳回原告李劲的其余诉讼请求。

案件受理费80元，由被告华润置地（重庆）有限公司负担。此款原告李劲已预交，经其同意，由被告华润置地（重庆）有限公司于本判决生效后七日内转付原告李劲。

如不服本判决，可在判决书送达之日起十五日内，向本院递交上诉状，并按对方当事人的人数提出副本，上诉于重庆市第五中级人民法院。

第四节　被告举证责任的不利推定

——江苏省徐州市人民检察院诉苏州其安工艺品有限公司等环境民事公益诉讼案评析

【案例级别】指导性案例

【案例来源】最高人民法院指导性案例 135 号

【案件类型】民事

【文书类型】判决书

【审理程序】一审（终审）

【案　　号】(2018) 苏 03 民初 256 号

【关 键 词】民事；环境公益诉讼；环境信息；危险废物；不利推定；修复费用

【裁判要旨】

生态文明建设是中国特色社会主义事业的重要内容，关系人民福祉，关乎民族未来，保护生态环境人人有责。产生、收集、贮存、运输、利用、处置危险废物的单位和个人，必须严格履行法律义务，切实采取措施防止危险废物对环境的污染。在环境民事公益诉讼案件中，如果原告有证据证明被告实施了损害生态环境的行为，而被告拒不提供其持有的相关环境信息，导致无法查明污染物去向的，人民法院可以推定原告主张的环境损害事实成立。

【基本案情】

2015 年 5、6 月，其安公司将其工业生产活动中产生的 83 桶硫酸废液以每桶 1300-3600 元不等的价格分次交由黄克峰处置，共支付黄克峰 183200 元。黄克峰将上述硫酸废液运至苏州市虎丘区浒墅关镇九图村其租用的场院内，后以每桶2000元的价格委托何传义带出苏州处置，共支付何传义166000元。何传义又以每桶1000元的价格委托王克义处置。王克义到物流园马路边等处随机联系外地牌号货车车主或司机，分多次将上述83桶硫酸废液直接从黄克峰存放处运出，并交代司机将其带出苏州后随意处置，共支出运费43000元左右。其中，魏以东于2015年6月运出15桶，收到运费5200元。魏以东将15桶硫酸废液从苏州运至沛县经济开发区后，在二堡村田地里（现为中煤大屯热电项目工地）倾倒1桶，余下14桶被丢弃在许元村西边的许西强料场门口（现为福斯特公司工地），其中有2桶在卸货过程中被叉车戳破，硫酸废液流入料场门前的旱沟内。除以上15桶之外，其余68桶硫酸废液王克义无法说明去向。2015年12月，沛县经济开发区管理委员会环保部门工作人员在福斯特厂区巡查时，发现12桶硫酸废液。经鉴定，确定该硫酸废液是具有腐蚀性特征危险废物。2016年10月13日，其安公司法定代表人江晓鸣将丢弃在案发现场的12桶硫酸废液（经称重，共计17.11吨）交由苏州星火环境净化股份有限公司苏州环境应急服务中心进行合法处置，并赔偿沛县经济开发区管理委员会200000元。

2017年8月2日，江苏省沛县人民检察院就其安公司、黄克峰、何传义、王克义、魏以东等实施的以上非法处置危险废物行为向徐州铁路运输法院提起公诉。后经江苏省徐州市中级人民法院二审后，终审判决认定其安公司、江晓鸣、黄克峰、何传义、王克义、魏以东等构成污染环境罪。黄克峰、何传义、王克义分别被判处有期徒刑一年九个月、一年十个月、两年，分别并处罚金15万元、10万元、10万元；魏以东被判处有期徒刑一年缓刑一年六个月，并处罚金3万元；其安公司被判处罚金30万元，其安公司法定代表人江晓鸣被判处有期徒刑一年六个月缓刑两年，并处罚金15万元。判决现已生效。

江苏省徐州市人民检察院在履行职责中发现以上破坏生态环境的行为后，依法公告了准备提起本案诉讼的相关情况，公告期内未有法律规定的机关和有关组织提起诉讼。2018年5月，江苏省徐州市人民检察院向江苏省徐州市中级人民法院提起本案诉讼，请求判令其安公司、黄克峰、何传义、王克义、魏以东连带赔偿倾倒3桶硫酸废液和非法处置68桶硫酸废液造成的生态环境修复费用，并支付其为本案支付的专家辅助人咨询费、公告费，要求五被告共同在省级媒体上公开赔礼道歉。

【争议焦点】

1. 其安公司、江晓鸣、黄克峰、何传义、王克义、魏以东等五被告是否应当就倾倒 3 桶硫酸废液承担连带赔偿责任，以及赔偿数额如何确定；

2. 其安公司、江晓鸣、黄克峰、何传义、王克义、魏以东等五被告能否以其安公司已向沛县经济开发区管理委员会赔偿 200000 元为由，免除本案中的赔偿责任；

3. 其安公司、江晓鸣、黄克峰、何传义、王克义、魏以东等五被告应否就非法处置 68 桶硫酸废液承担生态环境损害赔偿责任，以及赔偿数额如何确定。

【裁判说理】

一、关于在沛县经济开发区倾倒 3 桶硫酸废液造成的生态环境损害，五被告应否承担连带赔偿责任及赔偿数额如何确定问题

《中华人民共和国固体废物污染环境防治法》（以下简称固体废物法）第五十五条规定："产生危险废物的单位，必须按照国家有关规定处置危险废物，不得擅自倾倒、堆放"。第五十七条规定："从事收集、贮存、处置危险废物经营活动的单位，必须向县级以上人民政府环境保护行政主管部门申请领取经营许可证……禁止无经营许可证或者不按照经营许可证规定从事危险废物收集、贮存、利用、处置的经营活动"。本案中，其安公司明知黄克峰无危险废物经营许可证，仍将危险废物硫酸废液交由其处置；黄克峰、何传义、王克义、魏以东明知自己无危险废物经营许可证，仍接收其安公司的硫酸废液并非法处置。其安公司与黄克峰、何传义、王克义、魏以东分别实施违法行为，层层获取非法利益，最终导致危险废物被非法处置，对此造成的生态环境损害，应当承担赔偿责任。五被告的行为均系生态环境遭受损害的必要条件，构成共同侵权，应当在各自参与非法处置危险废物的数量范围内承担连带责任。

本案中，倾倒3桶硫酸废液污染土壤的事实客观存在，但污染发生至今长达三年有余，且倾倒地已进行工业建设，目前已无法将受损的土壤完全恢复。根据《环境损害鉴定评估推荐方法（第Ⅱ版）》和原环境保护部《关于虚拟治理成本法适用情形与计算方法的说明》（以下简称《虚拟治理成本法说明》），对倾倒3桶硫酸废液所产生的生态环境修复费用，可以适用“虚拟治理成本法”予以确定，其计算公式为：污染物排放量×污染物单位治理成本×受损害环境敏感系数。公益诉讼起诉人委托的技术专家提出的倾倒3桶硫酸废液所致生态环境修复费用为204415元（4.28×6822.92×7）的意见，理据充分，应予采纳。该项生态环境损害系其安公司、黄克峰、何传义、王克义、魏以东五被告的共同违法行为所致，五被告应连带承担204415元的赔偿责任。

二、关于五被告能否以其安公司已向沛县经济开发区管理委员会赔偿200000元为由，免除本案中的赔偿责任问题

污染环境行为人依法应承担的民事赔偿责任，非因法定事由，不能免除。对上述200000元，检察机关有权监督沛县经济开发区管理委员会使用，如沛县经济开发区管理委员会能够将该笔费用用于生态环境修复，五被告的民事赔偿责任应当相应免除。鉴于徐州市人民检察院认为目前无法确定该200000元已经用于生态环境修复，五被告在本案中暂无法免除该部分赔偿责任。如判决生效后，在徐州市人民检察院的监督下，该200000元实际用于生态环境修复，可以在执行中予以相应折抵。

三、关于五被告应否就其余68桶硫酸废液承担生态环境损害赔偿责任，赔偿数额如何确定问题

根据固体废物法等法律法规，我国实行危险废物转移联单制度，申报登记危险废物的流向、处置情况等，是危险废物产生单位的法定义务；如实记载危险废物的来源、去向、处置情况等，是危险废物经营单位的法定义务；产生、收集、贮存、运输、利用、处置危险废物的单位和个人，均应设置危险废物识别标志，均有采取措施防止危险废物污染环境的法定义务。本案中，其安公司对硫酸废液未履行申报登记义务，未依法申请领取危险废物转移联单，黄克峰、何传义、王克义三被告非法从事危险废物经营活动，没有记录

硫酸废液的流向及处置情况等，其安公司、黄克峰、何传义、王克义四被告逃避国家监管，非法转移危险废物，不能说明68桶硫酸废液的处置情况，没有采取措施防止硫酸废液污染环境，且68桶硫酸废液均没有设置危险废物识别标志，而容器上又留有出水口，即使运出苏州后被整体丢弃，也存在液体流出污染环境甚至危害人身财产安全的极大风险。因此，根据《最高人民法院关于审理环境民事公益诉讼案件适用法律若干问题的解释》第十三条“原告请求被告提供其排放的主要污染物名称、排放方式、排放浓度和总量、超标排放情况以及防治污染设施的建设和运行情况等环境信息，法律、法规、规章规定被告应当持有或者有证据证明被告持有而拒不提供，如果原告主张相关事实不利于被告的，人民法院可以推定该主张成立”之规定，本案应当推定其余68桶硫酸废液被非法处置并污染了环境的事实成立。

关于该项损害的赔偿数额。根据《虚拟治理成本法说明》，该项损害的具体情况不明确，其产生的生态环境修复费用，也可以适用“虚拟治理成本法”予以确定。如前所述，68桶硫酸废液的重量仍应以每桶1.426吨计算，共计96.96吨；单位治理成本仍应确定为6822.92元。关于受损害环境敏感系数。本案非法处置68桶硫酸废液实际损害的环境介质及环境功能区类别不明，可能损害的环境介质包括土壤、地表水或地下水中的一种或多种。而不同的环境介质、不同的环境功能区类别，其所对应的环境功能区敏感系数不同，存在2-11等多种可能。公益诉讼起诉人主张适用的系数7，处于环境敏感系数的中位，对应Ⅱ类地表水、Ⅱ类土壤、Ⅲ类地下水，而且本案中已经查明的3桶硫酸废液实际污染的环境介质即为Ⅱ类土壤。同时，四被告也未能举证证明68桶硫酸废液实际污染了敏感系数更低的环境介质。因此，公益诉讼起诉人的主张具有合理性，同时体现了对逃避国家监管、非法转移处置危险废物违法行为的适度惩罚，应予采纳。综上，公益诉讼起诉人主张非法处置68桶硫酸废液产生的生态环境修复费用为4630852元（96.96×6822.92×7），应予支持。同时，如果今后查明68桶硫酸废液实际污染了敏感系数更高的环境介质，以上修复费用尚不足以弥补生态环境损害的，法律规定的机关和有关组织仍可以就新发现的事实向被告另行主张。该项生态环境损害系其安公司、黄克峰、何传义、王克义四被告的共同违法行为所致，四被告应连带承担

4630852 元的赔偿责任。

综上所述，生态文明建设是关系中华民族永续发展的根本大计，生态环境没有替代品，保护生态环境人人有责。产生、收集、贮存、运输、利用、处置危险废物的单位和个人，必须严格履行法律义务，切实采取措施防止危险废物对环境的污染。被告其安公司、黄克峰、何传义、王克义、魏以东没有履行法律义务，逃避国家监管，非法转移处置危险废物，任由危险废物污染环境，对此造成的生态环境损害，应当依法承担侵权责任。

【裁判结果】

江苏省徐州市中级人民法院于 2018 年 9 月 28 日作出（2018）苏 03 民初 256 号民事判决：

一、苏州其安工艺品有限公司、黄克峰、何传义、王克义、魏以东于判决生效后三十日内，连带赔偿因倾倒 3 桶硫酸废液所产生的生态环境修复费用 204415 元，支付至徐州市环境保护公益金专项资金账户；

二、苏州其安工艺品有限公司、黄克峰、何传义、王克义于判决生效后三十日内，连带赔偿因非法处置 68 桶硫酸废液所产生的生态环境修复费用 4630852 元，支付至徐州市环境保护公益金专项资金账户；

三、苏州其安工艺品有限公司、黄克峰、何传义、王克义、魏以东于判决生效后三十日内连带支付江苏省徐州市人民检察院为本案支付的合理费用 3800 元；

四、苏州其安工艺品有限公司、黄克峰、何传义、王克义、魏以东于判决生效后三十日内共同在省级媒体上就非法处置硫酸废液行为公开赔礼道歉。

【相关规定】

《中华人民共和国民法典》第 1168 条（原《中华人民共和国侵权责任法》第 8 条）、第 179 条（原《中华人民共和国侵权责任法》第 15 条）、第 1229 条（原《中华人民共和国侵权责任法》第 65 条）

《中华人民共和国固体废物污染环境防治法》第 5 条（原《中华人民共和国固体废物污染环境防治法》第 16 条）、第 20 条（原《中华人民共和国固体废物污染环境防治法》第 17 条)、第 77 条（原《中华人民共和国固体废物污染环境防治法》第 52 条)、第 78 条（原《中华人民共和国固体废物污染环境防治法》第 53 条)、第 79 条（原《中华人民共和国固体废物污染环境防治法》第 55 条)、第 80 条（原《中华人民共和国固体废物污染环境防治法》第 57 条)、第 82 条（原《中华人民共和国固体废物污染环境防治法》第 59 条)、第 125 条（原《中华人民共和国固体废物污染环境防治法》第 89 条)

《中华人民共和国民事诉讼法》第 58 条［原《中华人民共和国民事诉讼法》(2017 年修订) 第 55 条］

《最高人民法院关于审理环境民事公益诉讼案件适用法律若干问题的解释》第 13 条、第 15 条、第 18 条、第 20 条、第 22 条、第 23 条、第 24 条

《最高人民法院关于适用〈中华人民共和国民事诉讼法〉的解释》第 90 条

案例整编人：李华晨

附已公开生效判决文书：

江苏省徐州市中级人民法院民事判决书

(2018) 苏 03 民初 256 号

公益诉讼起诉人：江苏省徐州市人民检察院

被告：苏州其安工艺品有限公司

被告：黄克峰等

公益诉讼起诉人江苏省徐州市人民检察院（以下简称徐州市人民检察院）与被告苏州其安工艺品有限公司（以下简称其安公司)、黄克峰、何传义、王克义、魏以东环境污染公益诉讼一案，本院于 2018 年 5 月 31 日立案。经查，徐州市人民检察院在诉前公告了准备提起本案诉讼的相关情况，公告期内未

有法律规定的机关和有关组织提起诉讼。本院依法适用普通程序，由院长马荣担任审判长，与审判员李娟、张演亮、人民陪审员陈虎、费艳、韩正娟、吴德恩组成合议庭，于2018年7月24日公开开庭进行了审理，公益诉讼起诉人徐州市人民检察院指派检察长韩筱筠、检察员王辉，被告其安公司法定代表人江晓鸣、委托诉讼代理人樊吉磊，被告黄克峰、何传义、王克义、魏以东到庭参加诉讼。本案现已审理终结。

公益诉讼起诉人徐州市人民检察院向本院提出诉讼请求：1. 其安公司、黄克峰、何传义、王克义、魏以东连带赔偿生态环境修复费用204415元；2. 其安公司、黄克峰、何传义、王克义连带赔偿生态环境修复费用4630852元；3. 五被告支付徐州市人民检察院为本案支付的专家辅助人咨询费3000元、公告费800元；4. 五被告共同在省级媒体上公开赔礼道歉。

徐州市人民检察院主张的事实和理由：2015年5、6月份，其安公司为节省硫酸废液处理费用，在未经环保部门审批且明知黄克峰无危险废物处置资质的情况下，以每桶1300-3600元不等的价格，将该公司生产过程中产生的83桶硫酸废液交由黄克峰处置，共支付黄克峰处置费用183200元。黄克峰分次将上述硫酸废液运至苏州市虎丘区浒墅关镇九图村其租用的场院内，后又联系无危险废物处置资质的何传义，以每桶2000元的价格，要求何传义将硫酸废液带出苏州处置，共支付何传义处置费用166000元。何传义又联系无危险废物处置资质的王克义，以每桶1000元的价格，将硫酸废液交由王克义带出苏州处置。王克义又通过其联系的货车，分多次将上述83桶硫酸废液拉至外地非法处置。其中，2015年6月，王克义以5200元的价格雇佣无危险废物运输和处置资质的货车车主魏以东，要求其将15桶硫酸废液运出苏州处置。魏以东与其雇佣的司机许光晨，将15桶硫酸废液从苏州市运至沛县经济开发区，在已被征收尚未开发建设的田地里（现沛县电厂工地）倾倒1桶，后又运至一料场附近，租用叉车将其中2桶戳破，桶内硫酸废液倾倒在料场门前的旱沟内，又将剩余的12桶硫酸废液丢弃在该料场门口附近（现福斯特公司工地）。

2015年12月，沛县经济开发区管理委员会环保部门工作人员在福斯特厂区巡查时，发现以上12桶硫酸废液。经鉴定，这些硫酸废液是具有腐蚀性特征的危险废物。2016年10月13日，其安公司法定代表人江晓鸣将以上总重17.11吨的12桶硫酸废液交由苏州星火环境净化股份有限公司苏州环境应急服务中心进行处置，支付处置费用116740.08元。经向环保专家咨询，已经倾倒的3桶硫酸废液造成的生态环境修复费用为204415元。

徐州市人民检察院认为，其安公司、黄克峰、何传义、王克义、魏以东等人非法处置危险废物，严重破坏生态环境，损害了社会公共利益，依法应当承担侵权责任。其安公司、黄克峰、何传义、王克义、魏以东在沛县非法倾倒硫酸废液3桶，总重量约为4.28吨，造成生态环境损害，应当赔偿修复费用204415元。对于其他无法查明处置地点的68桶硫酸废液，应当推定其安公司、黄克峰、何传义、王克义的违法处置行为也造成了生态环境的损害，环境修复费用可以适用虚拟治理成本法，比照已经查明的3桶硫酸废液污染一般农用地的事实，确定为4630852元。综上，根据《中华人民共和国环境保护法》第六十四条、《中华人民共和国侵权责任法》第四条、第十五条、第六十五条、《中华人民共和国民事诉讼法》第五十五条第二款之规定，提出以上诉讼请求。

被告其安公司辩称，同意徐州市人民检察院主张的后两项诉讼请求，但前两项诉讼请求不能成立，应予以驳回。第一，在沛县倾倒的3桶硫酸废液造成的生态环境损害，案发后其安公司已经向当地政府缴纳了20万元环境修复费用，本案中不应重复赔偿；第二，其余68桶硫酸废液是否对环境造成了损害这一事实无法查清，具体吨数不能确定，处置地点不能确定，参照Ⅱ类土壤计算生态环境修复费用，缺乏事实和法律依据，不应予以支持。

被告黄克峰辩称，同意其安公司答辩意见；在68桶硫酸废液污染环境的事实没有查清之前不同意赔偿。

被告何传义辩称，同意其安公司答辩意见；如果赔偿费用过重，其承受不了，赔偿费用少一点的话，可以接受。

被告王克义辩称，同意其安公司答辩意见。

被告魏以东辩称，同意徐州市人民检察院主张的后两项诉讼请求，但第一项诉讼请求不能成立，理由同其安公司。

徐州市人民检察院围绕诉讼请求向本院提交以下证据：

证据一：五被告非法处置、倾倒硫酸废液的证据，包括（1）江晓鸣、黄克峰、何传义、××义、魏以东在公安机关的讯问笔录；（2）许光晨、苏利春、马火敏、蒋国峰、许光磊、靳红峰、张英佳、孔佳文的证言；（3）沛县公安局制作的辩认笔录、指认笔录及照片；（4）公安机关在案发现场拍摄的照片复印件13张；（5）公益诉讼起诉人现场勘察笔录、照片和视频；（6）沛县公安局经济开发区派出所出具的情况说明。证明：其安公司为节约经营成本，违反环保法规规定，将83桶硫酸废液交由没有资质的黄克峰处理，黄克峰又交给何传义，何传义又交给王克义，××义分多次交给货车车主或司机随意处理，其中15桶被魏以东运至沛县处理，另外68桶去向不明。

证据二：涉案硫酸废液是危险废物的证据，包括（1）江苏徐海环境监测有限公司（2016）环水监（水）字第（123）号监测报告；（2）江苏康达检测技术股份有限公司苏康达司鉴［2016］物鉴字第8号司法鉴定意见书。证明：涉案硫酸废液是具有腐蚀性特征的危险废物。

证据三：遗留在现场的硫酸废液处理情况的证据，包括（1）危险废物转移联单两张；（2）12桶硫酸废液称重单；（3）苏州星火环境净化股份有限公司苏州环境应急服务中心出具的《应急处置完毕通知书》及其营业执照、危险废物经营许可证。证明：案发后，江晓鸣委托苏州星火环境净化股份有限公司苏州环境应急服务中心对遗留在现场的12桶硫酸废液进行合法处置，12桶硫酸废液净重17.11吨，处置费用为116740.08元，平均每桶净重1.43吨，每吨合法合规安全环保处置的费用为6822.92元。

证据四：已倾倒的3桶硫酸废液所造成生态环境损害的证据，包括（1）徐州市检察机关公益诉讼专家库名册；（2）徐州人民检察院委托书；（3）沛县国土资源局证明；（4）苏州其安工艺品有限公司、黄克峰、何传义、王克义、魏以东环境污染损害咨询意见（以下简称《咨询意见》）。证明：徐州人民检察院委托林丰、刘汉湖、李燕三位专家提供咨询意见，确定倾倒3桶硫酸废液所致生态环境修复费用为204415元。

证据五：徐州人民检察院为本案支出的费用证据，包括（1）经费报销单、财政直接支付入账通知书三份；（2）公告费发票。证明：徐州人民检察院为本案支出专家咨询费3000元、公告费800元。

经质证，除《咨询意见》外，五被告对徐州市人民检察院提交的其他证据均无异议，本院予以确认。对有争议的《咨询意见》，本院依法准许作出该意见的三名技术专家和被告其安公司申请的两名技术专家同时出庭，就倾倒3桶硫酸废液所致生态环境修复费用等专门性问题提出意见。

本院经审理查明：2015年5、6月份，其安公司将其工业生产活动中产生的83桶硫酸废液，以每桶1300-3600元不等的价格，分次交由黄克峰处置，共支付黄克峰183200元。黄克峰将上述硫酸废液运至苏州市虎丘区浒墅关镇九图村其租用的场院内，后以每桶2000元的价格委托何传义带出苏州处置，共支付何传义166000元。何传义又以每桶1000元的价格委托王克义处置。王克义到物流园马路边等处随机联系外地牌号货车车主或司机，分多次将上述83桶硫酸废液直接从黄克峰存放处运出，并交代司机将其带出苏州后随意处置，共支出运费43000元左右。其中，魏以东于2015年6月运出15桶，收到运费5200元。魏以东将15桶硫酸废液从苏州运至沛县经济开发区后，在二堡村田地里（现为中煤大屯热电项目工地）倾倒1桶，余下14桶被丢弃在许元村西边的许西强料场门口（现为福斯特公司工地），其中有2桶在卸货过程中被叉车戳破，硫酸废液流入料场门前的旱沟内。除以上15桶之外，其余68桶硫酸废液王克义无法说明去向。

2015年12月，沛县经济开发区管理委员会环保部门工作人员在福斯特厂区巡查时，发现12桶硫酸废液。2016年7月12日，经沛县经济开发区管理委员会委托，江苏徐海监测有限公司对涉案硫酸废液进行取样监测后出具（2016）环监（水）字第（110）号监测报告，结果为：PH值<1，硫酸盐2.16×10000mg/L，游离氯1.14×1000mg/L，总氯1.18×1000mg/L，铁1.46×1000mg/L，铅ND、锌158mg/L，镉ND、总氰化物8.02mg/L。2016年10月27日，江苏康达检测技术股份有限公司司法鉴定所接受沛县公安局委托，出具苏康达司鉴［2016］物鉴字第8号司法鉴定意见书，结论为涉案硫酸废液是具有腐蚀性特征的危险废物。

2016年10月13日，其安公司法定代表人江晓鸣将丢弃在案发现场的12桶硫酸废液（经称重，共计17.11吨）交由苏州星火环境净化股份有限公司苏州环境应急服务中心进行处置，支付处置费用116740.08元。同时，其安公司赔偿沛县经济开发区管理委员会200000元。

另查明，2017年8月2日，江苏省沛县人民检察院就其安公司、黄克峰、何传义、王克义、魏以东等实施的以上非法处置危险废物行为，向徐州铁路运输法院提起公诉。徐州铁路运输法院判决后，黄克峰、何传义、王克义向本院提出上诉，经本院二审审理后，判决认定其安公司、黄克峰、何传义、王克义、魏以东等构成污染环境罪，黄克峰、何传义、王克义分别被判处有期徒刑一年九个月、一年十个月、两年，分别并处罚金15万元、10万元、10万元；魏以东被判处有期徒刑一年缓刑一年六个月，并处罚金3万元；其安公司被判处罚金30万元，其安公司法定代表人江晓鸣被判处有期徒刑一年六个月缓刑两年，并处罚金15万元。判决现已生效。

还查明，徐州市人民检察院为确定倾倒3桶硫酸废液所致生态环境修复费用，支出专家辅助人咨询费3000元；为提起本案诉讼，支出公告费800元。

本案的争议焦点是：1. 在沛县经济开发区倾倒3桶硫酸废液造成的生态环境损害，五被告应否承担连带赔偿责任，赔偿数额如何确定；2. 五被告能否以其安公司已向沛县经济开发区管理委员会赔偿200000元为由，免除本案中的赔偿责任；3. 五被告应否就其余68桶硫酸废液承担生态环境损害赔偿责任，赔偿数额如何确定。

本院认为，《中华人民共和国固体废物污染环境防治法》（以下简称《固体废物法》）第五十五条规定："产生危险废物的单位，必须按照国家有关规定处置危险废物，不得擅自倾倒、堆放"，第五十七条规定："从事收集、贮存、处置危险废物经营活动的单位，必须向县级以上人民政府环境保护行政主管部门申请领取经营许可证……禁止无经营许可证或者不按照经营许可证规定从事危险废物收集、贮存、利用、处置的经营活动"。本案中，其安公司明知黄克峰无危险废物经营许可证，仍将危险废物硫酸废液交由其处置；黄克峰、何传义、王克义、魏以东明知自己无危险废物经营许可证，仍接收其安公司的硫酸废液并非法处置。其安公司与黄克峰、何传义、王克义、魏以东分别实施违法行为，层层获取非法利益，最终导致危险废物被非法处置，对此造成的生态环境损害，应当承担赔偿责任。五被告的行为均系生态环境遭受损害的必要条件，构成共同侵权，应当在各自参与非法处置危险废物的数量范围内承担连带责任。

一、关于第一个争议焦点，双方当事人主要就如何确定赔偿数额存在分歧。本案中，倾倒3桶硫酸废液污染土壤的事实客观存在，但污染发生至今长达三年有余，且倾倒地已进行工业建设，目前已无法将受损的土壤完全恢复。根据《环境损害鉴定评估推荐方法（第Ⅱ版）》和原环境保护部《关于虚拟治理成本法适用情形与计算方法的说明》（以下简称《虚拟治理成本法说明》），对倾倒3桶硫酸废液所产生的生态环境修复费用，可以适用“虚拟治理成本法”予以确定，其计算公式为：污染物排放量×污染物单位治理成本×受损害环境敏感系数。

（1）关于污染物排放量。其安公司作为本案危险废物硫酸废液的产生单位，其法定代表人江晓鸣在接受公安机关讯问时供述每桶约1.4吨，但不能准确说明被倾倒3桶的具体重量；而案发后对丢弃在现场的12桶硫酸废液称重，为17.11吨，平均每桶重1.426吨。该重量与江晓鸣的供述基本吻合，徐州市人民检察院以每桶1.426吨计算出倾倒的3桶重量为4.28吨，并无不当，五被告亦无异议，本院予以采纳。

（2）关于污染物单位治理成本。案发后其安公司合法处置了12桶共17.11吨的硫酸废液，支出处置费用116740.08元，平均每吨处置费用为6822.92元，徐州市人民检察院委托的技术专家确定本案硫酸废液的单位治理成本即为6822.92元/吨。其安公司及其委托的技术专家认为其安公司处置12桶硫酸废液时系应急处置，处置费用中包含应急费用和运输费用，不应据此确定本案硫酸废液的单位治理成本，而应进行广泛的市场调查，取近三年的平均值。本院认为，涉案硫酸废液均系其安公司电镀、褪漆业务中产生，在其安公司没有举证证明其他硫酸废液在浓度、成分等方面与上述12桶存在差异的情况下，应当认定本案所有硫酸废液的单位治理成本一致。徐州市人民检察院以其安公司合法处置12桶硫酸废液的单位费用为准确定本案硫酸废液的单位治理成本，该费用是其安公司自行选择有资质企业、自由议价的结果，而且依法处置危险废物，首先需要将危险废物从产生单位转移至处置场所，危险废物的单位治理成本理当包含运输费用，故该费用反映了危险废物处理企业的一般收费标准，同时与江晓鸣在刑事案件中供述的合法处置费用基本一致，因此将本案硫酸废液的单位治理成本确定为6822.92元/吨，无明显不当，本院予以采纳。其安公司没有提供相应证据证明其主张，故本院不予支持。

(3) 关于受损害环境敏感系数。徐州市人民检察院委托的技术专家认为，3桶硫酸废液倾倒于农用地上，对照《虚拟治理成本法说明》，其环境功能区类别为Ⅱ类，环境敏感系数应为7；其安公司委托的技术专家认为，3桶硫酸废液倾倒地已经征收为工业用地，环境敏感系数应在1.5-2之间确定。本院认为，《虚拟治理成本法说明》对不同类别的环境功能区，设定不同的环境敏感系数，“虚拟治理成本法”属于环境价值评估方法，污染行为实施时，生态环境所遭受的损害就已经确定，不因环境介质功能的变化或者环境的自然恢复而改变，因此环境敏感系数的确定，应以环境介质受损时的功能区类别为准。本案中3桶硫酸废液倾倒于2015年6月，两处倾倒地于2015年9月方被征收用于工业建设，而土地征收从报批到实施、到土地利用的转变，有一定的周期，不可能短期内改变土地性质，因此倾倒时的土地性质应认定为农业用地。《虚拟治理成本法说明》将土壤环境功能区分为四类，Ⅰ类为国家规定的自然保护区（原有背景重金属含量高的除外）、集中式生活饮用水源地、部分茶园、牧场和其他保护地区的土壤，Ⅱ类为一般农用地，Ⅲ类为居住类用地，Ⅳ类为工业类用地和林地（除Ⅱ类以外）。对照以上四类划分标准，本案被污染的土壤应认定为Ⅱ类一般农用地，对应的环境敏感系数应确定为7。

综合以上情况，徐州市人民检察院委托的技术专家提出的倾倒3桶硫酸废液所致生态环境修复费用为204415元（4.28×6822.92×7）的意见，本院予以采纳。该项生态环境损害系其安公司、黄克峰、何传义、王克义、魏以东五被告的共同违法行为所致，故其安公司、黄克峰、何传义、王克义、魏以东五被告应连带承担204415元的赔偿责任。

二、关于第二个争议焦点。五被告主张其安公司已向沛县经济开发区管理委员会赔偿200000元，故本案中的赔偿责任应当免除。徐州市人民检察院认为其安公司虽然向当地政府赔偿了200000元，但没有证据证明该笔费用实际用于生态环境修复，五被告仍应在本案中承担赔偿责任。本院认为，污染环境行为人依法应承担的民事赔偿责任，非因法定事由，不能免除。对上述200000元，检察机关有权监督沛县经济开发区管理委员会使用，如沛县经济开发区管理委员会能够将该笔费用用于生态环境修复，五被告的民事赔偿责任应当相应免除。鉴于徐州市人民检察院认为目前无法确定该200000元已经用于生态环境修复，五被告在本案中暂无法免除该部分赔偿责任。如判决生效后，在徐州市人民检察院的监督下，该200000元实际用于生态环境修复，可以在执行中予以相应折抵。

三、关于第三个争议焦点，双方当事人主要就其余68桶硫酸废液是否污染了环境、污染后果如何等存在分歧。徐州市人民检察院主张，其安公司、黄克峰、何传义、王克义不能说明68桶硫酸废液的流向和处置情况，应当推定68桶硫酸废液污染了环境。其安公司、黄克峰、何传义、王克义等辩称，68桶硫酸废液的情况无法查明，没有具体数量，不能证明污染了环境，也不能证明污染的环境介质类别。

本院认为，根据《固体废物法》等法律法规，我国实行危险废物转移联单制度，申报登记危险废物的流向、处置情况等，是危险废物产生单位的法定义务；如实记载危险废物的来源、去向、处置情况等，是危险废物经营单位的法定义务；产生、收集、贮存、运输、利用、处置危险废物的单位和个人，均应设置危险废物识别标志，均有采取措施防止危险废物污染环境的法定义务。而本案中，其安公司对硫酸废液未履行申报登记义务，未依法申请领取危险废物转移联单，黄克峰、何传义、王克义三被告非法从事危险废物经营活动，没有记录硫酸废液的流向及处置情原告请求被告提供其排放的主要污况等，其安公司、黄克峰、何传义、王克义四被告逃避国家监管，非法转移危险废物，不能说明68桶硫酸废液的处置情况，没有采取措施防止硫酸废液污染环境，且68桶硫酸废液均没有设置危险废物识别标志，而容器上又留有出水口，即使运出苏州后被整体丢弃，也存在液体流出污染环境甚至危害人身财产安全的极大风险。因此，根据《最高人民法院关于审理环境民事公益诉讼案件适用法律若干问题的解释》第十三条“染物名称、排放方式、排放浓度和总量、超标排放情况以及防治污染设施的建设和运行情况等环境信息，法律、法规、规章规定被告应当持有或者有证据证明被告持有而拒不提供，如果原告主张相关事实不利于被告的，人民法院可以推定该主张成立”之规定，本案应当推定其余68桶硫酸废液被非法处置并污染了环境的事实成立。

关于该项损害的赔偿数额。因排放污染物的事实存在，但环境损害的事实系推定的事实，实际损害事实不明确，根据《虚拟治理成本法说明》，该项损害造成的生态环境修复费用，也可以适用“虚拟治理成本法”予以确定。如前所述，68 桶硫酸废液的重量仍应以每桶 1.426 吨计算，共计 96.96 吨；单位治理成本仍应确定为 6822.92 元。关于受损害环境敏感系数，徐州市人民检察院主张确定为 7。本院认为，本案非法处置 68 桶硫酸废液实际损害的环境介质及环境功能区类别不明确，可能损害的环境介质包括土壤、地表水或地下水中的一种或多种。而不同的环境介质、不同的环境功能区类别，其所对应的环境功能区敏感系数不同，存在 2-11 等多种可能。徐州市人民检察院主张适用的系数 7，处于环境敏感系数的中位，对应Ⅱ类地表水、Ⅱ类土壤、Ⅲ类地下水，而且本案中已经查明的 3 桶硫酸废液实际污染的环境介质即为Ⅱ类土壤。同时，四被告也未能举证证明 68 桶硫酸废液实际污染了敏感系数更低的环境介质。因此，徐州市人民检察院的主张具有合理性，同时体现了对逃避国家监管、跨地转移、非法处置危险废物违法行为的适度惩罚，本院予以采纳。综上，徐州市人民检察院主张非法处置 68 桶硫酸废液造成的生态环境修复费用为 4630852 元（96.96×6822.92×7），本院予以采纳。同时，如果今后查明 68 桶硫酸废液实际污染了敏感系数更高的环境介质，以上修复费用尚不足以弥补生态环境损害的，法律规定的机关和有关组织仍可以就新发现的事实向被告主张环境污染损害赔偿。

该项生态环境损害系其安公司、黄克峰、何传义、王克义四被告的共同违法行为所致，故其安公司、黄克峰、何传义、王克义四被告应连带承担 4630852 元的赔偿责任。

四、关于徐州市人民检察院主张的其他两项诉讼请求，五被告不持异议。（1）徐州市人民检察院请求五被告承担的专家辅助人咨询费 3000 元、公告费 800 元，系其为本案公益诉讼支出的合理费用，且五被告应当承担生态环境损害赔偿责任，故本院予以支持。（2）徐州市人民检察院请求五被告共同在省级媒体上公开赔礼道歉，因五被告共同实施了污染环境破坏生态、损害社会公共利益的行为，在承担损害赔偿责任的同时，向社会公众公开赔礼道歉，既是五被告接受法律制裁、纠正违法行为的体现，也有利于营造保护环境的良好风气，故对该项诉讼请求，本院亦予以支持。

综上所述，生态文明建设是关系中华民族永续发展的根本大计，生态环境没有替代品，保护生态环境人人有责。产生、收集、贮存、运输、利用、处置危险废物的单位和个人，必须严格履行法律义务，切实采取措施防止危险废物对环境的污染。被告其安公司、黄克峰、何传义、王克义、魏以东没有履行法律义务，逃避国家监管，跨地转移、非法处置危险废物，任由危险废物污染环境，对此造成的生态环境损害，应当依法承担侵权责任。本案生态环境损害的后果系五被告共同实施违法行为所致，依法应当承担连带责任。徐州市人民检察院的诉讼请求有事实和法律依据，本院予以支持。依照《中华人民共和国侵权责任法》第八条、第十五条、第六十五条，《中华人民共和国固体废物污染环境防治法》第十六条、第十七条、第五十二条、第五十三条、第五十五条、第五十七条、第五十九条、第八十五条、第八十九条，《最高人民法院关于审理环境民事公益诉讼案件适用法律若干问题的解释》第十三条、第十五条、第十八条、第二十条、第二十二条、第二十三条、第二十四条，《中华人民共和国民事诉讼法》第五十五条，《中华人民共和国人民陪审员法》第十四条、第十六条，《最高人民法院最高人民检察院关于检察公益诉讼案件适用法律若干问题的解释》第四条、第五条、第八条、第十三条，《最高人民法院关于适用〈中华人民共和国民事诉讼法〉的解释》第九十条之规定，判决如下：

一、苏州其安工艺品有限公司、黄克峰、何传义、王克义、魏以东于本判决生效后三十日内，连带赔偿因倾倒3桶硫酸废液所产生的生态环境修复费用204415元，支付至徐州市环境保护公益金专项资金账户；

二、苏州其安工艺品有限公司、黄克峰、何传义、王克义于本判决生效后三十日内，连带赔偿因非法处置68桶硫酸废液所产生的生态环境修复费用4630852元，支付至徐州市环境保护公益金专项资金账户；

三、苏州其安工艺品有限公司、黄克峰、何传义、王克义、魏以东于本判决生效后三十日内连带支付江苏省徐州市人民检察院为本案支付的合理费用3800元；

四、苏州其安工艺品有限公司、黄克峰、何传义、王克义、魏以东于本判决生效后三十日内共同在省级媒体上就非法处置硫酸废液行为公开赔礼道歉。

如果未按本判决指定的期间履行给付金钱义务，应当依照《中华人民共和国民事诉讼法》第二百五十三条规定，加倍支付迟延履行期间的债务利息。

案件受理费45513元，由苏州其安工艺品有限公司、黄克峰、何传义、王克义、魏以东共同负担。

如不服本判决，可以在判决书送达之日起十五日内，向本院递交上诉状，并按照对方当事人的人数提出副本，上诉于江苏省高级人民法院。

第五节　预防性措施义务的认定

——北京市朝阳区自然之友环境研究所等与中国电建集团昆明勘测设计研究院有限公司环境污染责任纠纷评析

【案例级别】指导性案例

【案例来源】最高人民法院指导性案例 173 号

【案件类型】民事

【文书类型】判决书

【审理程序】二审（终审）

【案　　号】（2020）云民终 824 号

【关 键 词】民事；环境公益诉讼；社会公共利益；重大风险；濒危野生动植物

【裁判要旨】

在预防性环境公益诉讼中，被告的行为具有"损害社会公共利益重大风险"，应当从区域内生态保护对象的特殊价值、生物生存环境面临重大风险的可能性、生态环境损害后果的严重性等方面综合评判。人民法院审理时，应当坚持保护优先、预防为主的原则，为被告设定相应的预防性措施义务，如停止施工、完成环境影响后评价、采取技术改进措施等，以控制"重大风险"。

【基本案情】

戛洒江一级水电站由中国水电顾问集团新平开发有限公司（以下简称新平公司）开发建设，中国电建集团昆明勘测设计研究院有限公司（以下简称昆明设计院）担任其总承包方及受托编制《云南省红河（元江）干流戛洒江一级水电站环境影响报告书》（以下简称《环境影响报告书》）的技术单位。

该工程位于位于云南省新平县境内淹没区域涉及红河上游的戛洒江、石羊江及支流绿汁江、小江河。水库淹没影响和建设征地涉及新平县和双柏县8个乡（镇）。2017年7月，生态环境部办公厅责成水电站开展环境影响后评价，完成前不得蓄水发电。2017年8月至今，新平公司主动停止对戛洒江一级水电站建设项目的施工。

绿孔雀属于“濒危”物种，是国家一级保护动物；陈氏苏铁是国家一级保护植物。2019年，云南省林业和草原局编制了《元江中上游绿孔雀种群现状调查报告》，载明戛洒江一级水电站建成后，将对绿孔雀等野生动物的适宜栖息地产生较大影响。同时，原告北京市朝阳区自然之友环境研究所（以下简称自然之友研究所）在绿汁江、石羊江河谷等戛洒江一级水电站淹没区拍摄到了保护植物陈氏苏铁的照片。原告自然之友研究所向昆明市中级人民法院起诉，请求人民法院判令新平公司及昆明设计院共同消除戛洒江一级水电站建设对绿孔雀、陈氏苏铁等珍稀濒危野生动植物以及热带季雨林和热带雨林侵害危险，立即停止水电站建设，不得截留蓄水，不得对该水电站淹没区内植被进行砍伐。

【争议焦点】

1. 戛洒江一级水电站是否应当永久性停建；
2. 昆明设计院是否应当承担连带责任；
3. 自然之友主张的费用是否应当得到支持。

【裁判说理】

法院生效裁判认为：本案符合《最高人民法院关于审理环境民事公益诉讼案件适用法律若干问题的解释》第一条“对已经损害社会公共利益或者具有损害社会公共利益重大风险的污染环境、破坏生态的行为提起诉讼”规定中“具有损害社会公共利益重大风险”的法定情形，属于预防性环境公益诉讼，人民法院应坚持“保护优先，预防为主”的原则。

一、关于重大风险的认定问题

重大风险是指对“环境”可能造成重大损害危险的一系列行为，具体表现为危害尚未发生，但如不阻止行为发生，可预知此事件必会造成严重或不可逆的环境损害事实。根据《环境公益诉讼司法解释》第八条之规定，原告应提出初步证据证明存在环境损害可能性，再由环境重大风险的制造者提供证据消除合理怀疑或证明其行为的无损性。本案中原告自然之友研究所提供证据证明了“重大风险”，即戛洒江一级水电站项目继续建设，其淹没区范围包含国家一级保护动物绿孔雀的栖息地和国家一级保护植物陈氏苏铁的生境，导致绿孔雀和陈氏苏铁的生存环境面临威胁。此外，戛洒江一级水电站下游淹没区也是各类生物与大面积原始雨林、热带雨林片段共同构成的一个完整生态系统，涉及河谷植被、河漫滩、季雨林、自然形成河水等无机环境，其生态价值、遗传资源价值、科研价值、景观价值等均具有不可替代性。戛洒江一级水电站项目继续建设，将会对淹没区整个生态系统多样性和生物安全存在重大风险，造成严重的不可逆的损害后果。而被告新友公司并未就该水电站项目对生态环境的“重大风险”不存在加以有效证实。

二、关于戛洒江一级水电站项目是否应永久性停建问题

根据《中华人民共和国环境影响评价法》第二十七条规定，在项目建设、运行过程中产生不符合经审批的环境影响评价文件的情形的，建设单位应当组织环境影响后评价，采取改进措施，并报原环境影响评价文件审批部门和建设项目审批部门备案；原环境影响评价文件审批部门也可以责成建设单位进行环境影响后评价，采取改进措施。2017 年 7 月，生态环境部办公厅向新平公司发出《责成后评价函》，责成新平公司对水电站项目开展环境影响后评价，采取改进措施并报生态环境部备案。目前，案涉项目处于停建状态，新平公司的停建申请获上级主管单位批复同意，使得绿孔雀栖息地面临的重大风险得到有效控制。但新平公司所属集团内部决定并未报经相关行政主管部门批复同意，且案涉项目生态红线如何适用、环境影响后评价工作如何开展等问题，也需经相关行政主管部门明确，因此，戛洒江一级水电站是否永久性停建应在新平公司完成环境影响后评价后，由相关行政主管部门视具体情况依法作出决定。

三、关于昆明设计院是否承担连带责任问题

环评报告制作方的认知水平、评判标准以及环评技术发展程度等因素影

响着环评报告及结论。本案的《环评报告书》参考的《调整报告》内容与结论不存在唯一、对应、直接且必然的关联，且昆明设计院不存在违法行为。因此，对自然之友研究所要求昆明设计院承担连带责任的主张不予支持。

四、关于自然之友主张的费用问题

《环境公益诉讼司法解释》第二十二条规定，原告请求被告承担检验、鉴定费用、合理的律师费以及为诉讼支出的其他合理费用的，人民法院可以依法予以支持。因此，对自然之友一审中主张的费用予以维持，二审因未支持其上诉请求，对二审主张的费用不予支持。

综上所述，本案属于预防性环境公益诉讼，建设项目具有损害社会公共利益重大风险的，应当承担赔偿责任，并采取预防性措施避免损害的扩大。戛洒江一级水电站建设项目对淹没区的保护性动植物生存环境造成威胁，并危机下游淹没区的生态多样性，被告单位应当完成环境影响后评价，采取改进措施并报备案。至于项目是否永久性停建，则应由相关行政主管部门作出决定。

【裁判结果】

云南省昆明市中级人民法院于2020年3月16日作出（2017）云01民初2299号民事判决：

一、新平公司立即停止基于现有环境影响评价下的戛洒江一级水电站建设项目，不得截流蓄水，不得对该水电站淹没区内植被进行砍伐。对戛洒江一级水电站的后续处理，待新平公司按生态环境部要求完成环境影响后评价，采取改进措施并报生态环境部备案后，由相关行政主管部门视具体情况依法作出决定；

二、由新平公司于本判决生效后三十日内向自然之友研究所支付因诉讼发生的合理费用8万元；

三、驳回自然之友研究所的其他诉讼请求。

宣判后，自然之友研究所以戛洒江一级水电站应当永久性停建为由，新平公司以水电站已经停建且划入生态红线，应当驳回自然之友研究所诉讼请求为由，分别提起上诉。云南省高级人民法院于2020年12月22日作出

（2020）云民终824号民事判决：

驳回上诉，维持原判。

【相关规定】

《最高人民法院关于审理环境民事公益诉讼案件适用法律若干问题的解释》第1条、第8条、第22条

《中华人民共和国环境保护法》第5条

《中华人民共和国环境影响评价法》第27条

案例整编人：李芳宁、李玉华

附已公开生效判决文书：

云南省高级人民法院
民 事 判 决 书

（2020）云民终824号

上诉人（原审原告）：北京市朝阳区自然之友环境研究所

上诉人（原审被告）：中国水电顾问集团新平开发有限公司

被上诉人（原审被告）：中国电建集团昆明勘测设计研究院有限公司

上诉人北京市朝阳区自然之友环境研究所（以下简称自然之友）与上诉人中国水电顾问集团新平开发有限公司（以下简称新平公司）、被上诉人中国电建集团昆明勘测设计研究院有限公司（以下简称昆明设计院）环境污染责任纠纷一案，因不服云南省昆明市中级人民法院（2017）云01民初2299号民事判决，向本院提出上诉。本院于2020年6月4日立案后，依法组成合议庭于2020年8月19日公开开庭审理了本案。上诉人自然之友的法定代表人张某驹、委托诉讼代理人刘湘、何艺妮，上诉人新平公司的委托诉讼代理人刘

双俊、张梦婷，被上诉人昆明设计院的委托诉讼代理人刘双俊、张梦婷到庭参加了诉讼。经2020年8月28日报请延长审限。本案现已审理终结。

自然之友上诉请求：1. 改判新平公司与昆明设计院共同消除云南省红河（元江）干流戛洒江一级水电站建设对绿孔雀、陈氏苏铁等珍稀濒危野生动植物以及热带季雨林和热带雨林侵害的危险，永久停止戛洒江一级水电站建设项目；2. 改判新平公司及昆明设计院共同支付自然之友因本案产生的维护社会公共利益的合理费用，包括差旅费、调查费、专家咨询费、律师费等一审期间的合理费用290193元，以及二审期间的合理费用88092元。

事实与理由为：一、原审判决对案涉项目存在生态上重大风险的事实认定不全面。原审判决虽认定案涉项目对绿孔雀栖息地、陈氏苏铁生长有重大风险，却未认定对淹没区系由绿孔雀和陈氏苏铁等珍稀物种，及与其赖以生存的大面积原始季雨林、热带雨林片段共同构成的完整生态系统也造成重大风险。（一）自然之友一审期间所举证的《红河上游戛洒江、石羊江、绿汁江植被调研报告》《云南绿汁江下游河谷季雨林群落学研究》等证据足以证明案涉项目对淹没区整个生态系统的生物多样性和生物安全存在重大风险。1. 通过对绿汁江、石羊江河谷物种和植被进行调查发现，电站淹没区域除了是绿孔雀栖息地并分布有大片苏铁外，还生活和生长着多种国家保护动植物。如红椿、千果榄榄等丰富的兰科植物都属于国家一级或二级保护植物。同时，淹没区也是黑颈长尾雉、绿喉蜂虎等诸多国家一、二级保护动物的栖息地。2. 淹没区完好保存着大面积连片热带季雨林，在全国非常罕见，生态保护价值极高，有着很高的科研价值，是一个巨大的野生生物物种资源库和基因库，对研究中国西南植物区系的起源、演化有着重要的意义。3. 淹没区生态系统生物多样性丰富而独特，保存有原生热带季雨林生态系统和热带雨林片段，承载、养育着多种珍稀濒危动植物，是多个保护物种赖以生存和繁衍的生境要素，具有不可替代的重要生态价值。（二）案涉项目淹没区大部分被划入国家生态保护红线的事实进一步说明该项目对生态系统整体具有生态上的重大风险。根据中共中央办公厅、国务院办公厅《关于划定并严守生态保护红线的若干意见》（以下简称《生态保护红线若干意见》）中“生态保护红线是指在生态空间范围内具有特殊重要生态功能、必须强制性严格保护的区域，是保障和维护国家生态安全的底线和生命线”规定可知，案涉项目对生态系统整体具有生态上的重大风险。

二、原审判决未适用关于生态红线的法律规定属于适用法律不当。原审判决已经明确认定“戛洒江一级水电站淹没区大部分被划入红河（元江）干热河谷及山原水土保持生态保护红线范围”，却没有适用《中华人民共和国环境保护法》和《生态保护红线若干意见》中关于生态红线区域实行严格保护、禁止开发的规定，依法判令禁止戛洒江一级水电站开发建设，系适用法律不当。按照《中华人民共和国环境保护法》第二十九条及《生态保护红线若干意见》中“生态保护红线原则上按禁止开发区域的要求进行管理，严禁不符合主体功能定位的各类开发活动，严禁任意改变用途”的规定，生态保护红线区域应实行严格保护，具有代表性的各类自然生态系统区域、珍稀濒危野生动植物自然分布区域应当采取措施加以保护，严禁破坏。戛洒江一级水电站违反上述法律和政策关于生态红线的禁止性规定，但原审判决并未依法判令其永久停建，属于适用法律不当。

三、原审判决认定事实不当，适用法律错误，戛洒江一级水电站不符合开展环境影响后评价的法定情形。(一) 戛洒江一级水电站淹没区涉及绿孔雀栖息地、苏铁属植物生境、大面积雨林片段的事实，是编制建设项目环境影响评价文件时就已经存在的事实，并不是在项目建设、运行过程中产生的“不符合经审批的环境影响评价文件的情形”，且案涉项目目前处于停工状态，以上情形均不符合《中华人民共和国环境影响评价法》第二十七条规定启动环境影响后评价的法定情形。(二) 根据原环保部制定的《建设项目环境影响后评价管理办法（试行）》第二条规定，环境影响后评价仅适用于项目建成且稳定运行一定时期后，未完成建设的项目不符合进行环境影响后评价的情形。(三) 原环保部于 2017 年 7 月责成新平公司进行环境影响后评价的情况已经发生重大改变，案涉项目淹没区已经划入生态红线，属于禁止开发区域。新平公司已经主动停止建设，因此戛洒江一级水电站不符合法定开展环境影响后评价的情形。

四、原审判决判定新平公司消除危险的方式不足以消除案涉项目对涉案区域生态上的重大风险，应依法判决永久停建。(一) 案涉项目存在生态上重大风险的特点决定消除危险的方式应是永久停建。1. 案涉项目淹没区的绿孔雀栖息地是我国数量最多、面积最大、最为完整的栖息地，具有不可替代性。自然之友提交的证据足以表明，绿孔雀的栖息地很难迁移改变，而以栖息地保护为主的“就地保护”是珍稀濒危物种保护最重要的方式。2. 作为珍稀濒危物种和极危物种的陈氏苏铁，不具有移栽的可能性，无法实行迁地保护，唯有永久停建方能进行保护。3. 案涉项目淹没区对整体的生态系统具有重大风险。绿孔雀和陈氏苏铁等珍稀动植物需要保存完整的原始季雨林才能生存繁衍，淹没区生态价值具有唯一性和不可替代性。（二）开展环境影响后评价无法消除案涉项目对绿孔雀栖息地的重大风险。环境影响后评价仅能对建设项目提出补救方案或者改进措施，根据已有事实，电站只要建设就会淹没绿孔雀栖息地，并非进行环境影响后评价之后，单纯通过验证、调整和改进措施即可消除对该区域的重大影响。（三）开展环境影响后评价存在客观困难，缺乏现实可行性。新平公司自 2017 年 7 月接到生态环境部（环办环评函〔2017〕1159 号）《关于责成开展云南省红河（元江）干流戛洒江一级水电站环境影响后评价的函》（以下简称《责成后评价函》），但至今尚未开展相关环境影响后评价工作，原因是存在较大科研难度，以及整个流域内陈氏苏铁缺乏进行排查的现实可行性。（四）案涉项目的选址违反了《中华人民共和国野生动物保护法》《中华人民共和国自然保护区条例》等法律的禁止性规定。《恐龙河州级自然保护区范围调整报告》（以下简称《调整报告》）显示，为保证项目顺利建设，该报告将位于淹没区的自然保护区进行调区，该事实说明案涉项目选址违法。（五）在云南省水电严重过剩的情况下，戛洒江一级水电站已无建设的必要。

五、昆明设计院虚假环评遗漏重大事实，直接实施侵权行为存在过错，应依法承担连带责任。昆明设计院编写的《云南省红河（元江）干流戛洒江一级水电站环境影响报告书》（以下简称《环境影响报告书》）违反法律规定和技术规范，对陆生生物和陆生生态部分的评价存在基础资料明显不实，内容存在重大缺陷、遗漏的情况，对主管部门的审查审批造成方向性误导，与新平公司共同导致案涉区域珍稀濒危物种绿孔雀和陈氏苏铁及其生境处于重大风险中，构成共同侵权，应依法承担连带责任。（一）原审判决及《元江中上游绿孔雀种群调查报告》（以下简称《调查报告》）均认定案涉项目淹没区构成绿孔雀生物学上的栖息地，且《调整报告》是昆明设计院当时编制《环境影响报告》时的重要参考资料，根据该《调整报告》可知所调整地段（包含绿孔雀等保护物种的栖息地）将作为戛洒江一级水电站的建设区域，该变化幅度破坏了物种栖息地。作为一个环境影响评价工作者，可以依据该《调整报告》得出淹没该栖息地会对绿孔雀等保护物种造成中度影响的结论，但是《环境影响报告书》却故意掩盖《调整报告》中认定的事实和科学结论，并主观断定不会影响该物种在当地生存和繁殖，昆明设计院以虚假结论通过欺骗的方式最终获得环评批准，具备"弄虚作假"的法定要件。（二）《环境影响报告书》中关于苏铁的基础资料明显不实，内容存在重大遗漏。《环境影响报告书》描述陈氏苏铁发现的株数，明显少于2017年苏铁专家现场调查株数，虽然《环境影响报告书》是2014年5月编制，早于2015年陈氏苏铁被正式列入世界苏铁名录的时间，但具有一般植物学知识的人均可辨认苏铁属植物。（三）昆明设计院开展环评时违反了国家技术规范，存在过错。《环境影响报告书》未显示对珍稀濒危物种绿孔雀、陈氏苏铁这些特别保护对象做过专题调查，没有针对绿孔雀、陈氏苏铁等珍稀濒危保护物种提出可靠的避让或生境替代方案。

六、原审判决支持自然之友的合理费用与实际情况不符。按照《最高人民法院关于审理环境民事公益诉讼案件适用法律若干问题的解释》（以下简称《环境公益诉讼司法解释》）第二十二条的规定，一审中自然之友向法院提交的所有合理费用为140193元，原审判决仅支持8万元，不利于其持续开展维护社会公共利益活动。自然之友委托律师费用15万元应予支持。综上所述，原审判决认定事实不全，适用法律不当，应改判支持自然之友全部诉讼请求，依法维护社会公共利益。

新平公司答辩并上诉请求：1. 撤销原审判决第一、二项，依法改判驳回自然之友的全部诉讼请求。2. 两审案件受理费由自然之友承担。

事实与理由为：一、原审判决新平公司立即停止戛洒江一级水电站建设属认定事实不清，适用法律不当。（一）自然之友起诉前新平公司已经停止对戛洒江一级水电站的建设，不存在原审判决的"立即停止电站建设"的事实前提。2017年7月下旬开始，新平公司对戛洒江一级水电站工程分部位、分步骤停止施工作业，至2017年8月本案在自然之友起诉前，新平公司已全部停止了戛洒江一级水电站的建设。（二）本案中环境保护行政主管机关已依法履行监管职责，向新平公司发出《责成后评价函》，责成新平公司就案涉项目开展环境影响后评价，后评价工作完成前不得蓄水发电，自然之友原审诉称的重大风险已得到有效控制。参照《环境公益诉讼司法解释》第一条，原审判决既已认定本案为预防性公益诉讼，那么对于尚不明确事实状态的重大风险程度、是否存在有效的预防性措施以及戛洒江一级水电站能否继续建设等一系列问题，不能简单地由法院进行司法审查认定，更多应在专业机构环境影响后评价结论的基础上，由行政主管机关进行认定。

二、原审判决未适用生态红线相关法律法规属适用法律不当。原审判决认定戛洒江一级水电站大部分范围已划入生态保护红线范围内，根据《生态保护红线若干意见》的规定，案涉项目不属于大型基础设施项目及重大民生保障等例外情形，在案涉项目已被划入生态保护红线无法继续进行建设情况下，自然之友原审诉称的潜在威胁已不存在，应驳回其诉讼请求。

三、原审判决判令新平公司承担8万元费用属适用法律不当。《中华人民共和国环境保护法》第六十四条、《中华人民共和国侵权责任法》第六十五条及《环境公益诉讼司法解释》和《最高人民法院关于审理环境侵权责任纠纷案件适用法律若干问题的解释》均只规定了污染环境适用无过错原则，对于经审批的合法建设项目是否造成生态破坏、是否应承担法律责任并未明确。生态破坏类因不同于环境污染，不适用无过错责任原则，而应适用《中华人民共和国侵权责任法》第六条规定的过错原则。戛洒江一级水电站遵照国家和地方相关法律法规办理了各项审批手续，新平公司不存在主观过错，侵权责任的构成要件不满足，依法不应承担责任。据了解，恐龙河自然保护区将由州级自然保护区调整为省级自然保护区，自然保护区的调整也将制约戛洒江一级水电站的继续建设。综上，请求二审法院依法改判驳回自然之友的诉讼请求。

昆明设计院答辩称：一、昆明设计院不是本案适格的诉讼主体；二、昆明设计院客观全面开展各项评价工作，没有违法情形，不存在违反法律规定和技术规范、虚假环评、遗漏重大事实的情形，也无污染环境及破坏生态的事实，自然之友主张昆明设计院承担连带责任无事实依据；三、戛洒江一级水电站大部分范围已划入生态保护红线，客观上无法建设，自然之友的诉请因政策原因得以实现，法院应驳回其诉讼请求。

自然之友向一审法院起诉请求判令：1. 新平公司及昆明设计院共同消除戛洒江一级水电站建设对绿孔雀、苏铁等珍稀濒危野生动物以及热带季雨林和热带雨林侵害危险，立即停止该水电站建设，不得截流蓄水，不得对该水电站淹没区内植被进行砍伐等；2. 新平公司及昆明设计院共同支付自然之友因本案产生的维护社会公共利益的合理费用；3. 本案诉讼费用由新平公司及昆明设计院共同承担。

原审判决认定事实：一、戛洒江一级水电站的建设单位为新平公司，昆明设计院系该建设工程总承包方及受托编制环境影响报告书的技术单位。戛洒江一级水电站坝址位于云南省新平县境内，下游距新平县水塘镇约 6.5 千米，电站采用堤坝式开发，坝型为混凝土面板堆石坝，最大坝高 175.5 米，水库正常蓄水位 675 米，淹没区域涉及红河上游的戛洒江、石羊江及支流绿汁江、小江河。电站总装机容量 27 万千瓦（3 台 9 万千瓦），相应库容 14.91 亿立方米，调节库容 8.22 亿立方米，具有年调节性能，对下游各梯级电站有显著的调节作用。工程静态总投资 34.1 亿元，动态总投资 38.87 亿元。水库淹没影响和建设征地涉及新平县和双柏县 8 个乡（镇）。2011 年 6 月 11 日，国家发展和改革委员会办公厅作出《关于同意云南红河戛洒江一级水电站开展前期工作的复函》（发改办能源〔2011〕1399 号），同意戛洒江一级水电站开展前期工作。2012 年 2 月 3 日，云南省环境保护厅（现云南省生态环境厅）作出《关于戛洒江一级水电站三通一平工程环境影响报告书的批复》（云环审〔2012〕16 号），同意按照该项目环境影响报告书中所述进行项目建设。2014 年 7 月 15 日，国土资源部作出《关于戛洒江一级水电站建设用地预审意见的复函》（国土资预审字〔2014〕113 号），原则同意通过用地预审。2014 年 8 月 19 日，环境保护部（现生态环境部）作出《关于云南省红河（元江）干流戛洒江一级水电站环境影响报告书的批复》（环审〔2014〕207 号），原则同意新平公司环境影响报告书中所列建设项目的性质、规模、地点和提出的各项环境保护措施。戛洒江一级水电站项目还取得了云南省发展和改革委员会、云南省住房和城乡建设厅及水利部等相关主管部门的批复。2017 年 7 月 21 日，生态环境部办公厅向新平公司发出《责成后评价函》，责成新平公司就该项目建设开展环境影响后评价，采取改进措施，并报生态环境部备案。后评价工作完成前，不得蓄水发电。2017 年 8 月至今，新平公司主动停止对戛洒江一级水电站建设项目的施工。按工程进度，戛洒江一级水电站建设项目现已完成三通一平工程并修建了导流洞。

二、《环境影响报告书》载明：（一）在水库建设过程中水库建成初期，由于清理库盆、修筑道路、堤坝施工（噪声、粉尘、气体和水污染等）和蓄水等活动，将影响或淹没陆栖脊椎动物原有的栖息环境、取食地和巢穴等。电站建设对陆栖脊椎动物的主要不良影响表现在缩小了动物的适宜生境。由于当地各种动物的种群数量低下，压缩其生境，迫使动物从原生境后退将不会导致原动物区系的明显变化，也不会导致动物多样性的明显降低。且陆栖脊椎动物具有趋避的本能，只要项目区以外的环境不遭破坏，当地的动物会选择适宜的生境继续生存和繁衍。因此电站施工和水库蓄水对陆栖脊椎动物所产生的不良影响是有限的，不会导致当地各种动物的大量死亡，也不会导致当地物种多样性的显著降低。戛洒江一级水电站库尾地段邻近双柏恐龙河州级自然保护区，水库正常蓄水位 675 米，保护区最低海拔 680 米，距坝址最近距离 34 千米以上，水库蓄水不淹没保护区。水库蓄水将淹没野生动物的部分生境，但保护区邻近水库淹没区部分环境人为干扰较为严重，故水库蓄水对保护区野生动物的生存和繁殖影响不大。（二）绿孔雀为典型热带、亚热带林栖鸟类，系国家、省级重点保护鸟类。主要在河谷地带的常绿阔叶林、落叶阔叶林及针阔混合林中活动，杂食类，为稀有种类，属 I 级国家重点保护动物，在中国濒危动物红皮书中列为“濒危”物种。野外调查未见动物活动，但有动物活动痕迹。访问调查表明该物种有夏季到评价区周边农田中觅食习性。根据野外调查和相关资料，其主要活动区域为恐龙河自然保护区低海拔区域，数量 50–70 只。电站施工可能迫使该物种放弃紧靠江边的觅食地点，但江边地段人为干扰强烈，其活动几率小。因此，不会影响该物种在当地生存和繁衍。同时，由于时间局限和野生动物特点，无论鸟类还是其他隐蔽性更强的类群的动物均不可能在短期内通过实地观察得出满意结论，所以评价时综合对文献资料和访问调查的结果进行分析，最后得出结论。（三）自然之友的证人悉志农（大理白族自治州野性大理自然教育与研究中心创始人、野生动物摄影师）出庭作证，其于2017年3月15日在玉溪市新平县某地河滩拍摄到7、8只绿孔雀，同行人员还拍摄到绿孔雀在河边饮水的视频及图片。2018年2月28日在石羊江河谷，电站上游9公里处拍摄到2只绿孔雀。2018年3月17日–25日，在石羊江支流小江河河谷拍摄到两群绿孔雀近十余只在沙滩觅食、求偶和沙浴，其中有两只成年雄性绿孔雀。证人王某（红河学院动物学专业副教授）出庭作证，其2017年12月至2018年1月期间参与了对红河上游石羊江的漂流考察，在玉溪市新平县附近的石羊江干区沙滩上，观察到大量绿孔雀的新鲜脚印。在新平县与双柏县交界的石羊江支流小江河中也观察到绿孔雀脚印、羽毛、粪便等痕迹。2018年3月9日傍晚和10日清晨直接观察到8只（次）绿孔雀在小江河沙滩上活动并拍摄到照片和视频，还记录了绿孔雀的叫声。（四）《中国绿孔雀种群现状调查》（滑荣等人撰写）认为，绿孔雀主要生活在沿河谷两岸的亚热带常绿阔叶林和低密度的思茅松林。调查显示确定有绿孔雀分布的地点仅有怒江流域龙陵、永德段局部、澜沧江流域景谷段局部以及红河流域石羊江、绿汁江沿岸部分地区，该文还对绿孔雀种群数量急剧下降等进行了分析。（五）就绿孔雀相关问题，一审法院发函云南省林业和草原局，2019年4月4日云南省林业和草原局进行了函复。此后，一审法院又向该局调取了其编制的《元江中上游绿孔雀种群现状调查报告》，该报告载明戛洒江一级水电站建成后，蓄水水库将淹没海拔680米以下河谷地区，将对绿孔雀目前利用的沙浴地、河滩求偶场等适宜栖息地产生较大影响。同时，由于戛洒江一级水电站的建设，淹没区公路将改造重修，也会破坏绿孔雀等野生动物适宜栖息地。对暂停建设的戛洒江一级水电站，应评估停建影响，保护和恢复绿孔雀栖息地措施等。

三、（一）陈氏苏铁为国家Ⅰ级重点保护植物。2015年被列入《云南省生物物种红色名录（2017版）》，为极危物种。据《云南省生物物种红色名录（2017版）》所附红色名录生物物种图鉴载明，2010年在楚雄双柏县爱尼山乡清水河看到一农家栽培的苏铁与已知苏铁种类都不同，询问得知是从附近山上挖来的，随即去山上寻找，仅在新开垦的核桃地里发现几株遭到破坏的个体，因缺乏大小孢子叶而无法鉴定。2012 年在红河县相继发现了类似的苏铁。2013 年和 2014 年，在红河县和双柏县找到了有大小孢子叶球的植株，确定为尚未发表的苏铁并采集了分子材料，研究了该苏铁与已知种类的分子系统关系。2015 年陈氏苏铁发表于《植物分类学报》（JournalofSystematic-sandEvolution）上。迄今已发现 8 个陈氏苏铁分布点，但个体数量都非常少，全部个体数量少于 500 株，且破坏严重。（二）自然之友提交了其在绿汁江、石羊江河谷等戛洒江一级水电站淹没区拍摄到的陈氏苏铁照片。证人刘某（中国科学院助理研究员）出庭作证，陈氏苏铁仅在我国红河流域分布。国家世界自然保护联盟（IUCN）的评价标准，陈氏苏铁应为濒危（EN）。经野外实地调查结果显示陈氏苏铁呈点状或斑状分布于绿汁江两侧，在新平县侧，陈氏苏铁集中分布在 N24. 29312，E101. 6064 到 N24. 269808，E101. 59098 之间，有陈氏苏铁分布的区域沿河岸线超过了 5 公里，海拔跨度在 200 米左右（567-769 米之间），以 600-700 米海拔分布最为集中。在淹没区内用三种方法记录了有详细 GPS 坐标的陈氏苏铁植株 205 株，高于海拔 675 米的植株仅有 23 株，绝大多数植株海拔位于 570-630 米之间。尽管上述陈氏苏铁存在雌雄比高、结实率低的问题，但总体上表现出了健康的种群结构，且种群数量都明显多于此前调查的居群。（三）由于《环境影响报告书》于 2014 年 8 月 19 日获得审批，而陈氏苏铁 2015 年之后才被正式描述并列入世界苏铁名录，故《环境影响报告书》中不包含有陈氏苏铁的相关内容。本案审理过程中，一审法院就《环境影响报告书》中未对陈氏苏铁影响进行评价的问题向生态环境部发函询问。该部办公厅于 2018 年 11 月 12 日进行了函复。

四、2018 年 6 月 29 日，云南省人民政府下发《云南省人民政府关于发布云南省生态保护红线的通知》（云政发〔2018〕32 号），对外发布《云南省生态保护红线》。《云南省生态保护红线》中所涉全省生态保护红线面积为 11. 84 万平方千米，占国土面积的 30. 90%，基本格局呈“三屏两带”。根据《云南省生态保护红线》附件 1《云南省生态保护红线分布图》所示，戛洒江一级水电站淹没区大部分被划入红河（元江）干热河谷及山原水土保持生态保护红线范围，在该区域内，绿孔雀为其中一种重点保护物种。

五、自然之友主张其为本案支出合理费用合计 109036 元，包括交通费、住宿费、餐费和专家费等费用。

原审判决基于以上事实认为，一、本案属于《环境公益诉讼司法解释》第一条规定的预防性环境公益诉讼。预防性环境公益诉讼其适用对象是可能对环境造成的重大风险，具体表现为危害尚未发生，但如不阻止事件发生，可预知此事件的发生必会造成严重或不可逆的环境损害事实。面对“尚不明朗的事实状态”及“不确定性”，按照《环境公益诉讼司法解释》第八条之规定，自然之友需首先提出初步证据证明存在（重大或不可逆转）环境损害可能性，然后再由环境重大风险制造者提供证据，以充分的理由消除合理怀疑或证明其行为的无损性。根据自然之友提交的证据、云南省林业和草原局的回函及《元江中上游绿孔雀种群调查报告》可以证实戛洒江一级水电站的淹没区是绿孔雀频繁活动的区域，构成其生物学上的栖息地，一旦该栖息地被淹没，对该区域绿孔雀生存所产生的损害将是可以直观估计预测且不可逆转。因此，自然之友主张戛洒江一级水电站建设项目将对该区域绿孔雀产生重大风险的主张成立。而新平公司仅凭《环境影响报告书》来抗辩电站建设对绿孔雀的生存环境没有重大风险显然缺乏足够的证明力，《环境影响报告书》只是一种预测性判断，报告书内“由于时间局限和野生动物特点...不可能在短期内通过实地观察得出满意结论”的有关评价并非绝对定论。况且生态环境部也已责成新平公司就项目建设开展后评价，并采取改进措施后报生态环境部备案，进一步说明戛洒江一级水电站建设项目尚需通过环境影响后评价的方式得到验证和改进。同时现有建设方案没有采取任何针对性的保护措施也显现了消除重大风险的迫切性。此外，淹没区内存在的众多数量的极危物种陈氏苏铁此前未进行过环境影响评价，如仍按原定建设方案进行清库砍伐显然不妥。基于此，新平公司不能证明上述重大风险不存在或业已采取合理必要的预防措施，故应承担相应法律责任。二、新平公司应针对目前出现的重大风险采取相应的预防性措施。综合考虑预防性措施实施对环境保护的迫切性及对于社会经济的冲击性，兼顾合理性及实效性，对自然之友提出立即停止水电站建设，不得截流蓄水，不得对该水电站淹没区域植被进行砍伐的诉请，对消除戛洒江一级水电站建设项目目前所产生的重大风险应予支持。但这种停止建设针对的是基于现有环境影响评价下的建设方案，对于今后是否继续建设的问题，应在新平公司按要求完成环境影响后评价之后，由相关行政部门视情况作出决定。此外，承担停止建设责任的主体应为戛洒江一级水电站的建设方新平公司。自然之友未证明昆明设计院在环境影响评价中存在违法行为，不应承担相应法律责任。三、对自然之友主张的因诉讼支出的费用，依据案件情况酌情支持8万元。据此，判决：1. 新平公司立即停止基于现有环境影响评价下的戛洒江一级水电站建设项目，不得截流蓄水，不得对该水电站淹没区内植被进行砍伐。对戛洒江一级水电站的后续处理，待新平公司按生态环境部要求完成环境影响后评价，提出改进措施并报生态环境部备案后，由相关行政主管部门视具体情况依法作出决定；2. 由新平公司于本判决生效后三十日内向自然之友支付因诉讼发生的合理费用8万元；3. 驳回自然之友的其他诉讼请求。案件受理费100元，由新平公司负担。

二审中，自然之友为证明其主张提交以下证据材料：1. 图片及视频-2020年3月拍摄戛洒江一级水电站坝址周边情况。2. 二审期间的《差旅费统计表》及附件，《法律服务委托代理协议》及《发票》复印件。证明以下内容：第一，建坝时开挖的道路、电站建设的相关设施设备、电站导流洞、电站生产设施、仓库和生活区尚在，仍有随时复工的可能性，电站对绿孔雀生存的重大风险未完全消除；第二，自然之友二审期间产生的费用共计88092元，其中差旅费8092元，律师代理费8万元。

经质证，新平公司、昆明设计院对上述证据材料的真实性认可，但不认可证明内容。认为：1. 图片与视频记录内容仅能看出坝址周边情况，而重大风险更多集中在淹没区，因云南省生态保护红线的重新划定和恐龙河自然保护区的调整，电站客观上无法继续建设，案涉重大风险因政策原因已消除，因此不能达到证明目的。2. 餐费及交通补助费无相应凭证印证不认可，律师费发票的开票时间与开庭时对方陈述矛盾，对8万元律师费不认可。3. 新平公司不承担本案相应法律责任故不应承担上述费用。

新平公司为证明其主张提交以下证据材料：水电顾计［2020］342号《中国水电工程顾问集团有限公司关于终止建设云南红河（元江）干流戛洒江一级水电站（270W）项目的请示》（以下简称请示）、中电建股投运〔2020〕

254号《关于水电顾问集团终止云南省红河（元江）干流戛洒江一级水电站工程建设事项的批复》（以下简称批复）各一份，证明，因电站库区大部分被划入生态保护红线范围，项目无法继续建设。该意见已提请中国电力建设股份有限公司并经批复同意。

经质证，自然之友对上述证据材料的真实性、合法性认可，但不认可证明内容。认为：1. 上述文件表明新平公司仅是目前决定终止水电站投资建设，而非永久性终止建设。2. 该文件性质上属于当事人陈述，不具有公文书证的证明力，也无任何第三方有效背书，水电站退出并非公司内部决定即可实现，最终能否终止仍具有不确定性。3. 文件证明新平公司具有终止建设的可能性，但仍存在诸多不确定因素。

鉴于双方对各自所提交证据材料的真实性均无异议，本院经审查后对上述证据材料的真实性予以确认。本院认为，自然之友所提交图片及视频中记录的内容能够说明前期工程停工以后坝体周边的现存状态，但不足以证明其主张的事实，不予采纳；自然之友所提交的《差旅费统计表》及附件、《法律服务委托代理协议》及《发票》能够证明其支出费用情况；新平公司所提交的请示及批复能够证明其向上级公司请示并得到批复同意停建的事实，本院对除图片及视频外的证据材料作为证据予以采纳。

本案经二审审理，原审判决认定的基本事实有相应证据予以证明，本院予以确认。同时补充认定，本案二审中自然之友产生费用共计88092元。2020年7月28日，中国水电工程顾问集团有限公司向中国电力建设股份有限公司请示停建案涉项目，中国电力建设股份有限公司批复同意该请示意见。原审判决事实部分自然之友主张合理费用合计109036元更正为290193元。

综合各方诉辩主张，归纳本案的争议焦点为：1. 戛洒江一级水电站是否应当永久性停建？2. 昆明设计院是否应当承担连带责任？3. 自然之友主张的费用是否应当得到支持？

本院认为：本案符合《环境公益诉讼司法解释》第一条“对已经损害社会公共利益或者具有损害社会公共利益重大风险的污染环境、破坏生态的行为提起诉讼”规定其中“具有损害社会公共利益重大风险”的法定情形，属于预防性环境公益诉讼。预防性环境公益诉讼突破了“无损害即无救济”的诉讼救济理念，是《中华人民共和国环境保护法》第五条“保护优先，预防为主”原则在环境司法中的重要体现。预防性公益诉讼的核心要素是具有重大风险，重大风险是指对“环境”可能造成重大损害危险的一系列行为。本案中，自然之友已举证证明戛洒江一级水电站如果继续建设，则案涉项目工程淹没区势必导致国家Ⅰ级重点保护动物“绿孔雀”的栖息地及国家Ⅰ级重点保护植物“陈氏苏铁”的生境被淹没，生物生境面临重大风险的可能性毋庸置疑。此外，从生态环境损害后果的严重性来看，案涉项目淹没区动植物种类丰富，生物多样性价值及遗传资源价值无法估量，戛洒江一级水电站若继续建设所产生的损害将是可以直观预测且不可逆转的。针对该现实上的重大风险，新平公司并未就风险不存在加以有效证实，而仅以《环境影响报告书》予以反驳，缺乏足够证明力。因此，原审判决结合生态环境部责成新平公司对项目开展后评价工作的情况及戛洒江一级水电站未对绿孔雀采取任何保护措施等事实，认定戛洒江一级水电站淹没区对绿孔雀栖息地存在重大风险的评判恰当，应予肯定。

二审中，自然之友及新平公司双方对戛洒江一级水电站淹没区对绿孔雀栖息地存在重大风险均未提出异议。但自然之友进一步认为，案涉项目并不仅限定于对绿孔雀栖息地和陈氏苏铁的生长存在重大风险，该项目对由大面积原始雨林、热带雨林片段共同构成的完整生态系统亦存在重大风险。本院认为，戛洒江一级水电站淹没区是绿孔雀及陈氏苏铁等珍稀物种赖以生存的栖息地，也是各类生物与原始季雨林共同构成的一个完整生态系统，该区域不仅涉及绿孔雀及陈氏苏铁等国家重点保护动植物，也涉及河谷植被、河漫滩、季雨林、自然形成河水等无机环境，其生态价值、遗传资源价值、科研价值、景观价值等均具有不可替代性，因此，从电站淹没区生态系统的一体性、完整性以及生态价值的独特性两方面来看，自然之友主张戛洒江一级水电站的建设对淹没区整个生态系统生物多样性和生物安全存在重大风险的证据详实，观点成立。

关于戛洒江一级水电站永久性停建问题，根据《中华人民共和国环境影响评价法》第二十七条：“在项目建设、运行过程中产生不符合经审批的环境影响评价文件的情形的，建设单位应当组织环境影响后评价，采取改进措施，并报原环境影响评价文件审批部门和建设项目审批部门备案；原环境影响评价文件审批部门也可以责成建设单位进行环境影响后评价，采取改进措施”规定，2017年7月21日，生态环境部办公厅针对本案建设项目，向新平公司发出《责成后评价函》，责成新平公司就该项目建设开展环境影响后评价，采取改进措施，并报生态环境部备案，后评价完成前不得蓄水发电，该函符合上述法律规定。原审判决在已经出现重大风险的情况下，综合考虑预防性措施的必要性，作出判令新平公司立即停止基于现有情况下戛洒江一级水电站的项目建设，不得截留蓄水、不得对淹没区内植被进行砍伐，待完成环境影响后评价并备案后由行政主管部门作出决定的结论，符合在当时情况下环境保护迫切性的现实需要，判决结果综合考虑了对社会经济带来的冲击并兼顾合理性及时效性，有效防范了可能带来的绿孔雀及陈氏苏铁等濒危物种灭绝的重大风险，应予肯定。目前，戛洒江一级水电站处于停建状态，新平公司业已向其上级主管单位申请停建戛洒江一级水电站并获批复同意，绿孔雀生态栖息地面临的重大风险已经得到有效控制。新平公司所属集团内部虽决定停建案涉项目，但该决定并未报经相关行政主管部门批复和同意，在生态环境部已经责成新平公司开展环境影响后评价情况下，新平公司应继续履行该项工作。同时，对于案涉项目生态红线如何适用、环境影响后评价工作如何开展等问题，也需经相关行政主管部门明确。因此，戛洒江一级水电站是否永久性停建应在新平公司完成环境影响后评价后，由相关行政主管部门视具体情况依法作出决定。综上，对自然之友的该上诉主张和新平公司的上诉请求，本院不予支持。

关于自然之友认为昆明设计院制作《环境影响报告书》所参考的《调整报告》内容足以让一个环境影响评价工作者得出电站不宜建设的结论，而昆明设计院故意隐瞒信息，以虚假结论通过欺骗的方式最终形成《环境影响报告书》并向环保部门申请并获得批准，该行为具备了“弄虚作假”的法定要件，应当依法承担连带责任的观点，本院认为，环评报告的制作方如何采用相关材料进行评价并作出结论，依赖于制作方的认知水平、评判标准以及环评技术发展程度等一系列主客观因素，结合到本案《环评报告书》所参考资料来看，其内容与结论的作出也并无唯一、对应、直接且必然的关联，因此，自然之友的该主张并无确凿的事实依据，亦无证据证明昆明设计院在环评中具有违法行为，对自然之友要求由新平公司与昆明设计院共同承担侵权责任的请求并无事实基础，不予支持。

根据《环境公益诉讼司法解释》第二十二条“原告请求被告承担检验、鉴定费用、合理的律师费以及为诉讼支出的其他合理费用的，人民法院可以依法予以支持”的规定，对自然之友一审中主张的费用（差旅费、律师费），原审判决在综合考虑自然之友所提交证据之间的对应性、关联性及社会公益组织为诉讼支出费用的合理性等因素后酌定支持8万元并无不当，应予维持。二审中自然之友因其上诉请求未得到支持，故对其二审主张的费用不予支持。此外，针对新平公司认为生态破坏类纠纷不同于环境污染类纠纷，应当适用一般归责原则的观点，因生态破坏与环境污染具备相同侵权实质，且该观点与《中华人民共和国环境保护法》规定不符不予采纳。据此，依照《中华人民共和国民事诉讼法》第一百七十条第一款第（一）项之规定，经本院审判委员会讨论决定，判决如下：

驳回上诉，维持原判。

二审案件受理费100元，由上诉人北京市朝阳区自然之友环境研究所负担50元，由上诉人中国水电顾问集团新平开发有限公司负担50元。

本判决为终审判决。

第六节　河流的自净能力不能免除侵权人的环境修复责任

——泰州市环保联合会与泰兴锦汇化工有限公司等环境污染侵权赔偿纠纷案评析

【案例级别】公报案例

【案例来源】《最高人民法院公报》2016 年第 5 期（总第 235 期）

【案件类型】民事

【文书类型】裁定书

【审理程序】二审（终审）

【案　　号】（2015）民申字第 1366 号

【关 键 词】公益诉讼；社会公共利益；环境污染；买卖合同；环境修复责任

【裁判要旨】

向河流中倾倒危险废物必然会对河流整体生态环境造成破坏，其损害后果不因河流具有自净能力而自然消除。危险化学品的生产企业有义务依法妥善处置危险废物，直接倾倒或者借买卖合同为由由买受人向河流中倾倒危险废物造成水体污染的，生产企业应当承担环境修复责任。企业的环境修复责任不因水域部分水质得以恢复为由而免除。企业支付环境修复费用可以以技术改进等方式部分抵扣。

【基本案情】

2012 年 6 月至 2013 年 3 月，常隆公司、锦汇公司等六家单位在化工产品生产过程中产生副产酸、废硫酸等危险废物总计 25934.795 吨。为谋取非法利益，在副产酸交易市场低迷的情况下，常隆、锦汇等公司为尽快处置副产酸，通过买卖合同等方式将副产酸交给没有危害废物经营许可证的江中公司等企业进行处置，同时以每吨20元至100元不等的价格提供补贴。江中公司等买受人不具备处理废酸等危险废物的资质，对这些危险废物未做任何处理，直接将副产酸倾倒至泰兴市如泰运河，将废硫酸倾倒至泰兴市如泰运河、泰州市高港区古马干河，造成了严重的环境污染。江中公司等企业负责人及倾倒者因此犯有污染环境罪，被判处2-5年有期徒刑。2013年泰兴市环境监测站对如泰运河、古马干河水质进行检测，结果显示不达标。经泰州市人民检察院和泰州市环境保护局委托，江苏省环境科学学会于2014年4月出具《评估技术报告》，载明正常处理倾倒危险废物中的废酸需要花费3662.0644万元。2014年8月，泰州市环保联合会对上述六家企业提起诉讼。

江苏省泰州市中级人民法院认定六家被告构成侵权，并根据环境保护部《环境污染损害数额计算推荐方法》所规定的Ⅲ类水体环境修复费用计算标准，以上述评估报告中合法处置副产酸的成本3662.0644万元为虚拟治理成本，按该虚拟治理成本的4.5倍计算环境修复费用。最终，一审判决六家公司分担赔偿环境修复费用共计约160666745.11元。常隆、锦汇等四家公司不服一审判决，向江苏省高级人民法院提起上诉。2014年12月，二审判决基本维持了一审判决，仅对一审确定的判决履行方式和履行期限做了改判，锦汇公司对终审判决仍存异议，向最高人民法院提起再审申请，最高人民法院经审理最终裁定驳回锦汇公司的再审申请。

【争议焦点】

1. 泰州市环保联合会是否具有本案原告主体资格；

2. 锦汇公司以出售方式处置其生产的副产酸的行为与造成古马干河、如泰运河环境污染损害结果之间是否存在因果关系；

3. 锦汇公司是否应承担生态环境修复责任；

4. 锦汇公司被江中公司倾倒的副产酸数量是否为5460.18吨；

5. 二审判决判令锦汇公司需凭环境保护行政主管部门出具的企业环境守法情况证明、项目竣工环保验收意见和具有法定资质的中介机构出具的技术改造投入资金审计报告抵扣40%的生态环境修复费用是否会侵害锦汇公司的企业自主经营权；

6. 北京市朝阳区自然之友环境研究所针对当地其他污染企业提起的环境民事公益诉讼案件是否会减轻锦汇公司的责任；

7. 二审判决引用民事诉讼法第一百七十条第一款第一项适用法律是否错误。

【裁判说理】

江苏省高级人民法院生效裁判认为：泰州市环保联合会依法具备提起环境公益诉讼的原告资格，一审审判程序合法。常隆公司、锦汇公司、施美康公司、申龙公司、富安公司、臻庆公司处置其生产的副产酸的行为与造成古马干河、如泰运河环境污染损害结果之间存在因果关系。常隆公司、锦汇公司、施美康公司、申龙公司、富安公司、臻庆公司依法应当就其造成的环境污染损害承担侵权责任。最高人民法院再审对案涉七个争议焦点作出审理。

一、关于泰州市环保联合会的原告主体资格问题

《中华人民共和国民事诉讼法》第五十五条规定："对污染环境、侵害众多消费者合法权益等损害社会公共利益的行为，法律规定的机关和有关组织可以向人民法院提起诉讼。"《中华人民共和国环境保护法》2015年1月1日起正式施行。泰州市环保联合会2014年8月4日向人民法院起诉，应当依据民事诉讼法第五十五条规定，认定其具有原告主体资格。

二、关于锦汇公司以出售方式处置其生产的副产酸的行为与造成古马干河、如泰运河环境污染损害结果之间是否存在因果关系问题

根据《中华人民共和国水污染防治法》第二十九条规定，禁止向水体排放油类、酸液、碱液或者剧毒废液。副产酸作为企业生产化工产品过程中产生的副产品，在无法进入市场的情况下，应当按照国家法律、法规的规定由有资质处理危险废物的机构进行处置。副产酸属于危险化学品，锦汇公司有义务按照规范对其进行生产、出售、运输、储存和处置。锦汇公司为尽快处置副产酸，向不具备处置资质的买受人江中公司提供运输费用或其他补贴，放任江中公司将副产酸倾倒入河。此行为不符合正常买卖合同的特征，与如

泰运河、古马干河水体污染损害结果之间具有因果关系。

三、关于锦汇公司是否应承担生态环境修复责任问题

向水体中大量倾倒危险废物副产酸直接造成区域内生态环境功能和自然资源的破坏，对已发生的损害和对风险进行干预所需费用远远超过直接处理污染物的费用。尽管河流具有一定的自净能力，但其环境容量是有限的，且河流具有流动性，部分水体水质得到恢复并不能否认污染行为对水生态环境造成的损害。锦汇公司应当承担生态环境修复责任。

四、关于锦汇公司被江中公司倾倒的副产酸数量是否为 5460. 18 吨问题

由于常隆公司和锦汇公司的副产酸被江中公司混合倾倒，无法准确查明各自被倾倒的数量，二审判决按照两公司出售副产酸的比例确定各自被倾倒副产酸的数量，认定方法合理。常隆公司、锦汇公司出售给江中公司的副产酸分别为 17 598. 92 吨、8224. 97 吨。两公司出售总量减去其中被江中公司以开票方式出售的 7170. 71 吨，再减去江中公司以不开票方式出售的 1508. 92 吨，剩余为被江中公司倾倒的 17 143. 86 吨。按照常隆公司、锦汇公司各自出售数量的比例分配，江中公司倾倒的副产酸中属于常隆公司的为 11 683. 68 吨，属于锦汇公司的为 5460. 18 吨。

五、关于二审判决判令锦汇公司需凭环境保护行政主管部门出具的企业环境守法情况证明、项目竣工环保验收意见和具有法定资质的中介机构出具的技术改造投入资金审计报告抵扣 40%的生态环境修复费用是否会侵害锦汇公司的企业自主经营权的问题

根据《中华人民共和国环境保护法》，应当将生态保护和环境修复放在优先位置，合理确定污染者生态环境修复费用。二审判决中的一系列改造要求属于环境修复费用的创新履行方式，目的在于引导企业承担环境保护责任，并未干涉企业自主经营权。

六、关于北京市朝阳区自然之友环境研究所针对当地其他污染企业提起的环境民事公益诉讼案件是否会减轻锦汇公司责任的问题

锦汇公司因被江中公司倾倒副产酸造成水体污染而承担的环境修复责任与当地其他污染企业之间不存在交叉或重叠关系，其他诉讼案件不影响锦汇公司的责任。

七、关于二审判决引用民事诉讼法第一百七十条第一款第一项适用法律是否错误的问题

二审判决对锦汇公司支付环境修复费用的期限和条件进行调整不属于“改判”，不存在适用法律错误的情形。

综上所述，本案属于环境污染侵权赔偿纠纷，向水体中排放污染物造成污染的，应当承担环境修复责任。锦汇公司明知江中公司不具备污染物处置资质，仍以买卖合同为由提供补贴将副产酸交由江中公司处置，将副产酸倾倒至泰兴市如泰运河和泰州市高港区古马干河，造成水体污染，其污染行为与损害后果之间之间具有因果关系。并且环境修复责任不因水体的自净能力和部分水质恢复而消除。因此，被告单位锦汇公司等应当支付费用，承担生态环境环境修复责任。

【裁判结果】

江苏省泰州市中级人民法院于 2014 年 9 月 10 日作出（2014）泰中环公民初字第 00001 号民事判决：

一、被告江苏常隆农化有限公司、泰兴锦汇化工有限公司、江苏施美康药业股份有限公司、泰兴市申龙化工有限公司、泰兴市富安化工有限公司、泰兴市臻庆化工有限公司在本判决生效后九个月内分别赔偿环境修复费用人民币 82701756.8 元、41014333.18 元、8463042 元、26455307.56 元、1705189.32 元、327116.25 元，合计 160666745.11 元，用于泰兴地区的环境修复；

二、被告江苏常隆农化有限公司、泰兴锦汇化工有限公司、江苏施美康药业股份有限公司、泰兴市申龙化工有限公司、泰兴市富安化工有限公司、泰兴市臻庆化工有限公司承担鉴定评估费用 10 万元，其中：江苏常隆农化有限公司给付 51473.5 元，泰兴锦汇化工有限公司给付 25527.5 元，江苏施美康药业股份有限公司给付 5267.5 元，泰兴市申龙化工有限公司给付 16466 元，泰兴市富安化工有限公司给付 1061.5 元，泰兴市臻庆化工有限公司给付 204 元。

宣判后，常隆公司、锦汇公司、施美康公司、申龙公司向江苏省高级人民法院提出上诉，江苏省高级人民法院于 2014 年 12 月 29 日作出（2014）苏环公民终字第 00001 号民事判决：

一、维持泰州市中级人民法院（2014）泰中环公民初字第 00001 号民事判决第一项中关于赔偿数额部分，即常隆公司、锦汇公司、施美康公司、申龙公司、富安公司和臻庆公司分别赔偿环境修复费用人民币 82701756.8 元、41014333.18 元、8463042 元、26455307.56 元、1705189.32 元、327116.25 元，合计 160666745.11 元；

二、维持泰州市中级人民法院（2014）泰中环公民初字第 00001 号民事判决第二项；

三、常隆公司、锦汇公司、施美康公司、申龙公司、富安公司和臻庆公司应于本判决生效之日起三十日内将本判决第一项所列款项支付至泰州市环保公益金专用账户；逾期不履行的，应当加倍支付迟延履行期间的债务利息。如果当事人提出申请，且能够在本判决生效之日起三十日内提供有效担保的，上述款项的 40%可以延期至本判决生效之日起一年内支付；

四、本判决生效之日起一年内，如常隆公司、锦汇公司、施美康公司、申龙公司、富安公司、臻庆公司能够通过技术改造对副产酸进行循环利用，明显降低环境风险，且一年内没有因环境违法行为受到处罚的，其已支付的技术改造费用可以凭环保行政主管部门出具的企业环境守法情况证明、项目竣工环保验收意见和具有法定资质的中介机构出具的技术改造投入资金审计报告，向泰州市中级人民法院申请在延期支付的 40%额度内抵扣。

二审宣判后，泰兴锦汇化工有限公司向最高人民法院申请再审，最高人民法院驳回其再审申请。

【相关规定】

《中华人民共和国民法典》第 595 条（原《中华人民共和国合同法》第 130 条）

《中华人民共和国民事诉讼法》第 58 条、第 177 条、第 207 条、第 211 条［原《中华人民共和国民事诉讼法》（2017 年修订）第 55 条、第 170 条、第 200 条、第 204 条］

《最高人民法院关于适用〈中华人民共和国民事诉讼法〉的解释》第 393 条［原民诉法解释（2014 年通过）第 395 条］

《中华人民共和国环境保护法》第24条、第28条、第38条、第41条

《中华人民共和国水污染防治法》第33条（原《中华人民共和国水污染防治法》第29条）29条

案例整编人：李芳宁、李玉华

附已公开生效判决文书：

最高人民法院
民事裁定书

（2015）民申字第1366号

再审申请人（一审被告、二审上诉人）：泰兴锦汇化工有限公司

被申请人（一审原告、二审被上诉人）：泰州市环保联合会

一审被告、二审上诉人：江苏常隆农化有限公司、江苏施美康药业股份有限公司、泰兴市申龙化工有限公司

一审被告：泰兴市富安化工有限公司、泰兴市臻庆化工有限公司

再审申请人泰兴锦汇化工有限公司（以下简称锦汇公司）因与被申请人泰州市环保联合会以及一审被告、二审上诉人江苏常隆农化有限公司（以下简称常隆公司）、江苏施美康药业股份有限公司（以下简称施美康公司）、泰兴市申龙化工有限公司，一审被告泰兴市富安化工有限公司、泰兴市臻庆化工有限公司环境污染侵权赔偿纠纷一案，不服江苏省高级人民法院（2014）苏环公民终字第00001号民事判决，向本院申请再审。本院依法组成合议庭对本案进行了审查，现已审查终结。

锦汇公司申请再审称：（一）二审判决认定锦汇公司被江中公司倾倒副产酸的数量有误。1. 根据戴卫国等人在公安机关的供述，锦汇公司被泰州市江中化工有限公司（以下简称江中公司）倾倒的副产酸数量为653.08吨。2. 兴

化市协宇运输有限公司泰兴分公司（以下简称协宇泰兴分公司）开具的运输费用票据显示锦汇公司运输副产酸的数量为1702.27吨。既然二审法院认定锦汇公司支付运费即为补贴倾倒费用，那么也应该按照协宇泰兴分公司开具运输费用票据的数额认定副产酸的倾倒数量。3. 如果按照销售发票的记载计算，戴卫国等人于2012年8月开始倾倒锦汇公司出售给江中公司的副产酸，在此之前，锦汇公司开具给江中公司的副产酸发票数量为3822.2吨；2011年12月29日锦汇公司开具给江中公司的455.42吨副产酸发票系于2012年入账，并非在2012年被倾倒。上述两笔副产酸数量应从锦汇公司出售给江中公司的总数量中扣除。因此，锦汇公司被江中公司倾倒的副产酸数量应该从653.08吨、1702.27吨等数字中认定。（二）二审判决认定锦汇公司应支付环境修复费用无事实依据。1. 案涉河流无需修复及赔偿。如泰运河和古马干河被污染前水质为Ⅲ类，经过自我净化之后，2013年的河流水质仍为Ⅲ类。泰州市环保联合会未提交证据证明污染行为造成他人人身、财产等损失，锦汇公司不应承担环境修复费用及损失赔偿。2. 二审判决缺乏对案涉河流生态环境损害的确认和评估，以水体污染修复费用代替生态环境损害，没有事实及法律依据。3. 修复费用的认定及计算方法有误。环境保护部环境规划院《环境污染损害数额计算推荐方法》（以下简称《推荐方法》）（第Ⅰ版）确定了实际修复费用法、虚拟治理成本法和修复费用法。《泰州市泰兴市古马干河、如泰运河12.19废酸倾倒事件环境污染损害评估技术报告》（以下简称《评估技术报告》）中的治理成本法系依据《推荐方法》（第Ⅰ版）第4.5.2修复费用法确定水体修复参考的单位治理成本，其采用的方法是化学氧化法，计算的单位治理成本是每吨700元。因此，《评估技术报告》中的治理成本法实际就是《推荐方法》中的修复费用法，其敏感系数应为1.4-1.6倍，计算得出的环境修复费用应为5000余万元，锦汇公司应承担其中的8 757 855元。此外，泰州市环保联合会一审起诉时主张六家被告企业赔偿水环境污染损失，并未主张环境修复费用，二审判决判令六家被告企业承担环境修复费用，超出了原告的诉讼请求。（三）二审判决适用法律错误。1.《推荐方法》（第Ⅰ版）在二审时已经失效，二审法院并未依据《推荐方法》（第Ⅱ版）重新进行损害评估鉴定。《推荐方法》（第Ⅱ版）中规定了环境修复和生态恢复两种方式，都是以自然环境损害为前提，但本案并未有自然环境的损害，不应进行修复。2. 锦汇公司尽到了销售副产酸的谨慎义务。锦汇公司与买受人订立合同，约定运费承担，属于《中华人民共和国合同法》的调整范畴，不能适用侵权责任法的规定。(四) 泰州市环保联合会不具有提起本案环境民事公益诉讼的主体资格，二审判决认定其具有本案原告主体资格错误。(五) 锦汇公司不是本案适格的责任承担主体。锦汇公司自身并未实施排放、倾倒、泄漏等污染行为，也没有指使他人实施该行为。江中公司在购买副产酸后的处置行为与锦汇公司无关，双方之间无意思联络，锦汇公司不应承担污染环境的侵权责任。(六) 二审判决引用《中华人民共和国民事诉讼法》(以下简称民事诉讼法) 第一百七十条第一款第一项关于维持原判的规定，但实际作出改判，属于适用法律错误。(七) 二审判决主文第四项的内容属于企业自主经营权的范畴，二审判决将该内容的执行决定权置于环境保护行政主管部门手中，设置审批程序，侵犯了锦汇公司的企业自主经营权。(八) 泰州市环保联合会没有对其他涉嫌污染环境的化工企业提起诉讼。北京市朝阳区自然之友环境研究所针对当地其他污染企业提起的环境民事公益诉讼案件被法院依法受理，会影响锦汇公司的责任承担数额。锦汇公司依据民事诉讼法第二百条第二项、第六项、第十一项的规定申请再审。

泰州市环保联合会提交意见称：(一) 泰州市环保联合会作为民事诉讼法第五十五条规定的“有关组织”，在本案中具备提起环境民事公益诉讼的主体资格。(二) 锦汇公司所谓“销售”副产酸的行为其实是非法处置行为，与环境污染之间存在因果关系。1. 锦汇公司的所谓“销售”行为其实就是抛弃行为，不符合买卖合同的基本特征。锦汇公司工作人员在接受公安机关询问时也予以承认。2. 锦汇公司知道或者应当知道江中公司没有处置副产酸的资质和能力。戴卫国、姚雪元在2013年4月24日的笔录中，也分别供述锦汇公司知道他们肯定没有处置副产酸的资质和能力。3. 锦汇公司将副产酸交由江中公司处置的行为与环境污染之间存在因果关系。尽管锦汇公司没有自己实施排放、倾倒、泄漏等污染环境的行为，但锦汇公司知道或者应当知道江中公司等单位没有取得处理副产酸的资质和能力；锦汇公司知道自己支付的款项不足以支付正常无害化处理副产酸的费用；锦汇公司将对自己没有利用价值的副产酸交由江中公司戴卫国等人处理，不仅给倾倒者提供了污染源，客观上也为倾倒者牟取了非法利益。（三）二审判决认定锦汇公司被江中公司倾倒副产酸的数量正确。1. 锦汇公司在再审申请中提到的数据均以戴卫平记账本记载数量确定，但戴卫平的记账本无论是记账时间、还是记载内容都是不全面的。2. 锦汇公司对刑事被告人供述的引用存在断章取义。（1）戴卫国、姚雪元已在2013年8月8日讯问笔录中确认倾倒常隆公司、锦汇公司副产酸19361.16吨。（2）锦汇公司摘取刑事被告人的部分供述，认为案涉副产酸开始倾倒的时间为2012年8月是错误的。实际倾倒时间应为2011年年底。3. 锦汇公司副总经理杨军在2013年10月10日的询问笔录中明确说明，戴卫国、姚雪元等人通过给锦汇公司运输费用票据或者油票方式平账。因此，锦汇公司仅根据运输费用票据来计算被江中公司倾倒副产酸数量是片面的。（四）二审判决确定的环境修复费用是合法合理的。1. 案涉被污染河流需要修复。大量副产酸被倾倒入河流后，对水体、水生物、河床等水生态环境造成严重的损害，损害后果的严重性决定了修复的必要性。当地政府发布的环境公告中对水质的检测项目仅仅是对水质常规项目的检测，并不能全面覆盖水质的整体状况，被倾倒水域的水质检测情况并不能说明污染对河流造成的损害情况。2. 二审判决确定的环境修复费用的计算方法正确。《评估技术报告》中采用的实验值法仅仅是“从消耗长江水削减酸性污染”的角度，计算的只是降低污染源本身破坏性的成本费用，并非是对环境修复费用的评估。正是由于实际的环境修复费用难于计算，才适用虚拟治理成本法来计算，符合《推荐方法》的规定。3. 关于采用哪一版本《推荐方法》的问题。本案损害事实发生时，只有《推荐方法》（第Ⅰ版），《推荐方法》（第Ⅱ版）是在本案一审结束后出台的。二审程序中，锦汇公司从未以《评估技术报告》的依据失效为由主张无效或者申请重新鉴定。此外，《推荐方法》（第Ⅱ版）中，虚拟治理成本法仍是常用的环境价值评估方法。（五）二审判决援引民事诉讼法第一百七十条第一款第一项作为判决的程序法依据正确。1. 二审判决的基础是认为一审判决“认定事实清楚，适用法律正确”。民事诉讼法第一百七十条第一款中只有第一项规定的情形为认定事实清楚，适用法律正确。2. 二审判决维持了一审判决关于环境修复主体、需要赔偿的项目和环境修复费用的数额，只是对环境修复费用的支付、抵扣设置了一定的条件。这些内容不是对一审判决认定事实和适用法律的改变，而是二审法院基于从源头上预防和控制环境污染所做的司法探索与创新，体现了二审法院司法预防与司法惩治相结合的环保理念。3. 锦汇公司一方面认为二审判决关于抵扣条件的设置没有法律依据；另一方面对二审判决确定的40%的环境修复费用可以用技术改造费抵扣的做法表示认可，且在判决执行过程中已经根据二审判决向相关主管部门提出了抵扣申请。（六）锦汇公司认为二审判决确定的抵扣条件限制其企业自主经营权，属于认识错误。二审判决对环境修复费用的抵扣设定一定的程序，其目的是重在引导企业注重技术改造，变废为宝，循环利用，减少和避免副产酸对环境的损害。（七）本案是否存在其他污染主体或者漏列其他污染主体，不影响判决的公正性。本案并不是按照总体的环境污染损害结果来计算环境修复费用，而是按照污染者各自倾倒污染物的种类及数量来计算环境修复费用，判决结果并没有免除或者减少其他可能存在的污染者的环境侵权责任，也没有加重包括锦汇公司在内的六家被告企业的环境侵权责任。锦汇公司的再审申请缺乏事实与法律依据，请求予以驳回。

锦汇公司在本院召集的庭前会议中确认其依据民事诉讼法第二百条第一项、第二项、第六项、第十一项的规定申请再审。同时，锦汇公司向本院提交三份新的证据材料：1. 江苏省泰州市中级人民法院（2014）泰中环刑终字第00001号刑事判决书，拟证明二审判决认定的锦汇公司被江中公司倾倒副产酸数量错误。2. 江苏省泰州市中级人民法院（2015）泰中环公民诉初字第00001号民事裁定书，拟证明案涉环境污染责任案件中还有江苏中丹化工技术有限公司等污染企业的存在。3. 江苏省高级人民法院（2015）苏环公民诉终字00001号民事裁定书，拟证明二审判决判令锦汇公司承担环境修复费用的数额错误。

泰州市环保联合会针对上述证据材料发表质证意见认为：1. 锦汇公司提交的江苏省泰州市中级人民法院（2014）泰中环刑终字第00001号刑事判决书，不能证明本案二审判决认定锦汇公司被江中公司倾倒副产酸数量错误。该判决关于锦汇公司被江中公司倾倒副产酸数量的认定与本案二审判决一致。2. 锦汇公司提交的江苏省泰州市中级人民法院（2015）泰中环公民诉初字第00001号民事裁定书、江苏省高级人民法院（2015）苏环公民诉终字00001号民事裁定书，不能证明二审判决判令锦汇公司承担环境修复费用的数额错误。上述两份裁定仅是对案件审理程序的裁定，并非实体判决，无法确定案涉水体在同时期是否还存在其他的侵权主体。即使存在其他侵权主体，也不会对本案判决的数额产生影响。故锦汇公司提交的三份新的证据材料并非本案再审审查阶段的新证据。

本院认为：本案是民事再审审查案件。根据民事诉讼法第二百条、最高人民法院《关于适用〈中华人民共和国民事诉讼法〉的解释》第三百九十五条的规定，本院应当围绕再审申请人主张的再审事由是否成立进行审查。本案所涉七个争议焦点中，对第一、二、五、七个争议焦点的审查，系判断锦汇公司的再审申请是否符合民事诉讼法第二百条第六项的规定；对第三、四、五个争议焦点的审查，系判断锦汇公司的再审申请是否符合民事诉讼法第二百条第二项的规定。此外，锦汇公司依据民事诉讼法第二百条第一项、第十一项提出的新的证据材料以及二审判决超出当事人诉讼请求的问题，本院结合相关争议焦点分别予以评判。

（一）关于二审判决认定泰州市环保联合会具有本案原告主体资格是否有法律依据的问题

民事诉讼法第五十五条规定："对污染环境、侵害众多消费者合法权益等损害社会公共利益的行为，法律规定的机关和有关组织可以向人民法院提起诉讼。"泰州市环保联合会是2014年2月25日在泰州市民政局登记设立的社会组织，其宗旨是围绕可持续发展战略，贯彻落实科学发展观，围绕实现泰州市环境保护目标和维护公众环境权益，发挥政府与社会之间的桥梁和纽带作用，推动泰州市及全人类环境保护事业的进步与发展。其业务范围是提供环境决策建议、维护公众环境权益、开展环境宣传教育、政策技术咨询服务等。泰州市环保联合会于2014年8月4日依据民事诉讼法第五十五条的规定提起本案环境民事公益诉讼，有充分的法律依据。2015年1月1日正式施行的《中华人民共和国环境保护法》不适用于本案。锦汇公司关于泰州市环保联合会不具有本案原告主体资格的主张，没有事实与法律依据，本院不予支持。

（二）关于二审判决认定锦汇公司以出售方式处置其生产的副产酸的行为与造成古马干河、如泰运河环境污染损害结果之间存在因果关系依据是否充分的问题

锦汇公司与江中公司签订《工矿产品购销合同》，约定锦汇公司向江中公

司出售副产酸，每月800吨，价格随行就市。根据姚雪元、戴卫国在公安机关的讯问笔录以及锦汇公司副总经理杨军、安全生产部长戴建东在公安机关的询问笔录可知，锦汇公司在副产酸交易市场低迷的情况下，为了尽快处置副产酸，实际出售副产酸价格为1元/吨，同时每吨补贴江中公司20元运输费用，并以江中公司实际运出的副产酸数量结账。出卖人交付货物，买受人支付相应价款系买卖合同的本质属性。锦汇公司作为出卖人出售副产酸，买受人江中公司仅支付1元/吨的价款，锦汇公司反而支付20元/吨的运输费用或者其他补贴给江中公司，此种补贴出售行为明显不符合买卖合同的基本特征。

副产酸属于危险化学品，其生产、出售、运输、储存和处置有专门的规范。《中华人民共和国水污染防治法》第二十九条第一款规定，禁止向水体排放油类、酸液、碱液或者剧毒废液。副产酸作为企业生产化工产品过程中产生的副产品，在无法进入市场的情况下，应当按照国家法律、法规的规定由有资质处理危险废物的机构进行处置。作为危险化学品和化工产品生产企业，需要全面了解其主营产品和主营产品生产过程中产生的副产品是否具有高度危险性，是否会造成环境污染；需要使其主营产品的生产、出售、运输、储存和处置符合相关法律规定，亦需使其副产品的生产、出售、运输、储存和处置符合相关法律规定，避免对生态环境造成损害或者产生造成生态环境损害的重大风险。锦汇公司生产经营过程中产生的副产酸属于危险化学品，其生产、出售、运输、储存和处置有专门的规范，锦汇公司应对副产酸的处置具有较高的注意义务。从实施倾倒行为的戴卫国、姚雪元等人在公安机关的讯问笔录及杨军、戴建东在公安机关的询问笔录看，锦汇公司明知戴卫国、姚雪元等人将副产酸倾倒入河而未加阻止。虽然锦汇公司并未直接实施倾倒行为，但其在明知副产酸市场低迷，对其进行无害化处理需花费高昂处理费用的情况下，采用补贴运输费用等方式将副产酸交给不具备处置资质的江中公司，并长期放任江中公司将副产酸倾倒入河，造成如泰运河、古马干河水体大面积污染，严重损害社会公共利益和公众环境权益，其行为与如泰运河、古马干河水体污染损害结果之间具有因果关系，应当承担侵权责任。

（三）关于二审判决判令锦汇公司承担生态环境修复责任依据是否充分的

问题

虽然河流具有一定的自净能力，但是环境容量是有限的，向水体大量倾倒副产酸，必然对河流的水质、水体动植物、河床、河岸以及河流下游的生态环境造成严重破坏。如不及时修复，污染的累积必然会超出环境承载能力，最终造成不可逆转的环境损害。因此，不能以部分水域的水质得到恢复为由免除污染者应当承担的环境修复责任。

泰州市环保联合会申请东南大学能源与环境学院吕锡武教授作为专家辅助人出席一审庭审，对鉴定意见以及本案所涉专业问题提出意见。吕锡武教授认为，向水体倾倒危险废物的行为直接造成了区域生态环境功能和自然资源的破坏，无论是对长江内河水生态环境资源造成的损害进行修复，还是将污染引发的风险降至可接受水平的人工干预措施所需费用，均将远远超过污染物直接处理的费用；由于河水的流动和自我净化，即使倾倒点水质得到恢复，也不能因此否认对水生态环境曾经造成的损害。鉴定人南京理工大学贺启环教授出庭接受询问时也表示，无法计算得到实际人工干预的费用或者难于计算人工干预的费用，可以采用虚拟治理成本法计算损失。

水环境具有流动性，污染行为瞬间发生，损害现场无法复原，属于《推荐方法》（第Ⅰ版）规定的环境修复费用难于计算的情形，可以采用虚拟治理成本法来计算环境修复费用。且《推荐方法》（第Ⅱ版）与（第Ⅰ版）关于虚拟治理成本法的规定并无本质区别，二审判决以《评估技术报告》确定的锦汇公司被江中公司倾倒的副产酸治理成本、被倾倒的数量再乘以Ⅲ类地表水环境功能敏感程度推荐倍数4.5-6倍的下限4.5倍计算环境修复费用，并无不当。

经查泰州市环保联合会的一审起诉状，虽然将诉讼请求表述为赔偿水环境污染损失，但在事实和理由部分明确此赔偿款项系环境修复费用。二审判决判令锦汇公司承担环境修复费用并未超出当事人的诉讼请求。

（四）关于二审判决认定锦汇公司被江中公司倾倒的副产酸数量为5460.18吨是否有事实依据的问题

常隆公司、锦汇公司向江中公司交付副产酸后，江中公司并未记载倾倒常隆公司、锦汇公司副产酸的具体数量，而是将收到的副产酸直接倾倒入河。但常隆公司、锦汇公司均通过开具增值税发票的方式记载了副产酸的出售数量，戴卫国、姚雪元在公安机关的讯问笔录记载了常隆公司、锦汇公司共同被江中公司倾倒的副产酸的数量。因此，为查明锦汇公司被江中公司倾倒副产酸的数量，需查明常隆公司、锦汇公司向江中公司出售副产酸数量和江中公司倾倒副产酸数量。二审判决根据常隆公司、锦汇公司出售副产酸的增值税专用发票以及戴卫国、姚雪元、丁劲光等人在公安机关的供述，认定常隆公司、锦汇公司出售给江中公司的副产酸分别为17598.92吨、8224.97吨。两公司出售总量减去其中被江中公司以开票方式出售的7170.71吨，再减去江中公司以不开票方式出售的1508.92吨，剩余为被江中公司倾倒的17143.86吨。按照常隆公司、锦汇公司各自出售数量的比例分配，江中公司倾倒的副产酸中属于常隆公司的为11683.68吨，属于锦汇公司的为5460.18吨。由于常隆公司和锦汇公司的副产酸被江中公司混合倾倒，无法准确查明各自被倾倒的数量，二审判决按照两公司出售副产酸的比例确定各自被倾倒副产酸的数量，认定方法合理。

锦汇公司以戴卫国、姚雪元在公安机关的部分讯问笔录以及部分运输费用票据主张二审判决认定锦汇公司被江中公司倾倒副产酸数量错误，不能成立。

锦汇公司向本院申请再审时提交江苏省泰州市中级人民法院（2014）泰中环刑终字第00001号刑事判决书作为新的证据材料，用以证明本案二审判决认定锦汇公司被江中公司倾倒的副产酸数量错误。经查，上述刑事二审判决内容是对本案倾倒副产酸的犯罪嫌疑人的罪行认定。刑事二审判决载明戴卫国、姚雪元共同或者伙同蒋巧红以江中公司名义收集锦汇公司5460.18吨副产酸倾倒至如泰运河与古马干河水体，与本案二审判决认定锦汇公司被江中公司倾倒副产酸的数量一致。故刑事二审判决关于副产酸倾倒数量的认定不能证明本案二审判决认定的主要事实或者证据错误，不属于最高人民法院《关于适用〈中华人民共和国民事诉讼法〉的解释》第三百八十七条、第三百八十八条规定的情形，亦不足以推翻二审判决。

（五）关于二审判决判令锦汇公司需凭环境保护行政主管部门出具的企业环境守法情况证明、项目竣工环保验收意见和具有法定资质的中介机构出具的技术改造投入资金审计报告抵扣40%的生态环境修复费用是否会侵害锦汇公司的企业自主经营权的问题本案系社会组织为了保护环境，维护社会公共利益而提起的环境民事公益诉讼，其目的是发现污染环境、破坏生态行为，通过诉讼程序有序参与环境治理，以法治思维和法治方式解决环境保护领域的矛盾纠纷。本案一审、二审法院贯彻《中华人民共和国环境保护法》的基本理念，把生态保护和环境修复放在优先位置，依法认定生态环境受到损害，并根据《评估技术报告》以及专家意见合理确定生态环境修复费用，依法追究污染者的环境侵权责任。同时，充分运用司法智慧和审判手段，依法妥善衡平各方利益冲突，创新环境修复费用履行方式。二审判决生效后，六家被告企业中的三家企业积极履行了全部判决内容。施美康公司、常隆公司虽曾向本院申请再审，但最终撤回其再审申请。常隆公司在撤回再审申请时表示，从保护环境，维护社会公共利益角度出发，二审判决与企业自身发展目标是一致的。常隆公司在履行二审判决的过程中，从源头上解决企业在环境保护方面存在的问题，投入4700余万元用于副产酸循环利用等环境项目的建设，现已通过验收并投入运行。目前，常隆公司已经履行完毕二审判决的全部内容，并认识到案件给常隆公司造成的负面影响已经转化为企业改正错误、履行环境保护责任的正能量。由此可见，二审判决不仅没有干涉企业的自主经营权，反而发挥了环境民事公益诉讼应有的评价指引功能，指引污染企业通过技术创新和改造，担负起环境保护的企业责任。

二审判决主文第四项判令六家被告企业需凭环境保护行政主管部门出具的企业环境守法情况证明、项目竣工环保验收意见和具有法定资质的中介机构出具的技术改造投入资金审计报告抵扣40%环境修复费用的目的，是为了确定锦汇公司是否已经充分履行了技术改造义务，与企业的自主经营权无涉，亦非设置审批门槛。锦汇公司理应贯彻可持续发展理念，将环境保护作为生产经营过程中的重要因素，积极履行生效判决内容，通过技术改造降低环境风险，承担企业应当承担的环境保护主体责任和社会责任。

（六）关于北京市朝阳区自然之友环境研究所针对当地其他污染企业提起的环境民事公益诉讼案件是否会减轻锦汇公司责任的问题

锦汇公司提交江苏省泰州市中级人民法院（2015）泰中环公民诉初字第00001号民事裁定书、江苏省高级人民法院（2015）苏环公民诉终字00001号民事裁定书，拟证明二审判决判令锦汇公司承担环境修复费用数额错误。经查，北京市朝阳区自然之友环境研究所作为原告，针对古马干河、如泰运河水污染问题，在江苏省泰州市中级人民法院提起的环境民事公益诉讼案件正在一审审理中。本案二审判决根据锦汇公司被江中公司倾倒副产酸的数量计算出锦汇公司应承担的环境修复费用，与其他污染企业的责任不存在交叉或者重叠。锦汇公司在再审审查期间提交的两份另案民事裁定书，不影响本案二审判决对锦汇公司环境侵权责任的认定，不属于再审审查阶段的新证据，本院不予采信。

（七）关于二审判决引用民事诉讼法第一百七十条第一款第一项适用法律是否错误的问题

二审判决引用民事诉讼法第一百七十条第一款第一项关于“原判决、裁定认定事实清楚，适用法律正确的，以判决、裁定方式驳回上诉，维持原判决、裁定”的规定，在维持一审判决的同时，对于锦汇公司支付环境修复费用的期限和条件进行适当调整，并非基于一审判决存在错误而改判，适用法律并无不当。二审判决的裁判方法有利于引导和鼓励企业主动改进生产技术，降低环境风险，从源头上减少环境污染。锦汇公司关于二审判决引用民事诉讼法第一百七十条第一款第一项适用法律错误的主张，缺乏法律依据，本院不予支持。

综上，锦汇公司的再审申请不符合《中华人民共和国民事诉讼法》第二百条第一项、第二项、第六项、第十一项规定的情形。依照《中华人民共和国民事诉讼法》第二百零四条第一款之规定，裁定如下：

驳回泰兴锦汇化工有限公司的再审申请。

第七节 高速公路运营、管理单位的环境保护义务的认定

——重庆铁发遂渝高速公路有限公司、荆门市明祥物流有限公司与周航、重庆铁发遂渝高速公路有限公司环境污染责任纠纷案评析

【案例级别】典型案例

【案例来源】2015 年最高人民法院发布十起环境侵权典型案例

【案件类型】民事

【文书类型】判决书

【审理程序】二审（终审）

【案　　号】（2014）渝一中法民终字第 03125 号

【关 键 词】高速公路事故；环境侵权；无过错责任；管理单位义务

【裁判要旨】

高速公路事故导致的环境污染和财产损害纠纷中，直接污染者承担无过错责任，高速公路管理者承担相应的责任。环境污染纠纷适用无过错责任原则和因果关系推定原则，无论行为人主观上是否存在过错，只要污染行为造成损害，就应承担侵权责任，除非行为人能够举证证明存在减轻或免除责任的事由或因果关系不存在。高速公路运营管理负有法定的环境保护义务，不履行该义务导致损失扩大的，应承担相应的赔偿责任。

【基本案情】

2012 年 2 月 20 日，荆门市明祥物流有限公司（以下简称明祥物流公司）所有的油罐运输车，在重庆铁发遂渝高速公路有限公司（以下简称遂渝高速

公司）管理的成渝环线高速公路发生意外事故，所载变压器油泄漏。事故发生后，遂渝高速公司及时处理交通事故，撒沙处理油污路段。经铜梁县环境保护局现场勘验，长约1公里、宽约10米的路面被泄漏的变压器油污染。泄漏的变压器油顺着高速公路边坡流入高速公路下方雨水沟，经涵洞流入周航承包的鱼塘，鱼塘水面有大面积油层漂浮。经铜梁县环境监测站监测，鱼塘挥发酚、石油类浓度均超标。经鉴定，周航损失鱼类经济价值为35万余元。周航向法院提起诉讼，要求明祥物流公司、遂渝高速公司承担侵权责任，赔偿其损失。

【争议焦点】

1. 周航的鱼塘是否有被本次事故泄露的油污污染的事实以及是否有请求赔偿的权利；

2. 周航的鱼塘被本次事故泄露的油污污染以后所遭受的损失是多少，损失是否真实的问题；

3. 关于对周航渔业损失的责任分担问题。

【裁判说理】

法院生效裁判认为：

一、关于周航的鱼塘是否有被本次事故泄露的油污污染的事实以及是否有请求赔偿的权利

周航租用土地用于修建鱼塘的事实有《土地租赁协议》证明，周航鱼塘因明祥物流公司承运的变压器油泄露导致被油污污染的事实有相关监测报告和勘验笔录证明。且明祥物流公司和遂渝高速公司未对自己主张提供证据。因此，周航的鱼塘有被事故泄露的油污污染的事实，周航基于其对鱼塘的所有权有请求赔偿的权利。

二、关于周航的鱼塘被本次事故泄露的油污污染以后所遭受的损失是多少，损失是否真实的问题

周航在与居民小组签订的《土地租赁协议》中明确约定土地用于修建鱼塘，也实际修建了鱼塘。周航提供的死鱼情况说明符合证据要求，且明祥物

流公司和遂渝高速公司未举证证明周航未在鱼塘内养殖鱼类的事实。周航提交的鉴定意见书中参考了通常的鱼类市场指导价格，公平合理。因此，周航的鱼塘被油污污染遭受损失真实。

三、关于对周航渔业损失的责任分担问题

环境污染责任纠纷的归责原则系无过错责任原则，对于环境污染行为的发生不论是否具有过错，只要造成损害均应承担赔偿责任。因此，即使明祥物流公司承运的变压器油是因意外事故导致泄露，也应当承担侵权责任。遂渝高速公司虽不是直接的污染者，但作为高速公路的管理者，应当对管理的高速公路及其边坡、涵洞等履行职责，采取一切必要手段和方法清理路面上的油污，避免油污对环境造成进一步污染，因此遂渝公司应当在职责范围内承担过错责任。周航在修建鱼塘养殖鱼类时没有明显过错，在事故发生后积极清理油污防止损失扩大，对损害没有任何过错，不应承担责任。

综上所述，本案系在高速公路发生意外事故导致的环境污染及财产损害纠纷。污染环境造成损害的，应当承担侵权责任。明祥物流公司承运的变压器油泄露导致周航所修建的鱼塘被油污污染，鱼类死亡造成损失，明祥物流公司对此承担无过错责任，遂渝高速公司因未妥善管理高速公路及其边坡、涵洞，在其职责范围内承担相应过错责任。

【裁判结果】

重庆市渝北区人民法院一审判决如下：

一、被告荆门市明祥物流有限公司赔偿原告周航渔业损失、人工费、购买谷草费用、公证及鉴定费共计 288029.04 元（限本判决生效后十日内付清）；

二、被告重庆铁发遂渝高速公路有限公司赔偿原告周航渔业损失、人工费、购买谷草费用、公证及鉴定费共计 127298.16 元（限本判决生效后十日内付清）；

三、驳回原告周航的其他诉讼请求。如果未按本判决指定的期间履行给付金钱义务，应当依照《中华人民共和国民事诉讼法》第二百五十三条的规定，加倍支付迟延履行期间的债务利息。本案案件受理费 11956 元，由荆门市明祥物流有限公司负担 5365 元，重庆铁发遂渝高速公路有限公司负担 2299 元，周航负担 4292 元。明祥物流公司和遂渝高速公司提起上诉，重庆市第一中级人民法院二审维持了一审判决。

【相关规定】

《中华人民共和国民法典》第 1229 条、第 1230 条（原《中华人民共和国侵权责任法》第 65 条、第 66 条）

《中华人民共和国公司法》第 14 条

《中华人民共和国环境保护法》第 6 条、第 41 条

《中华人民共和国水污染防治法》第 78 条（原《中华人民共和国水污染防治法》第 68 条）

《中华人民共和国突发事件应对法》第 56 条、第 67 条

《中华人民共和国民事诉讼法》第 67 条［原《中华人民共和国民事诉讼法》（2012 年修订）第 64 条］

《最高人民法院关于民事诉讼证据的若干规定》（2001 年版）第 2 条

案例整编人：李芳宁、李玉华

附已公开生效判决文书：

重庆市第一中级人民法院
民 事 判 决 书

（2014）渝一中法民终字第 03125 号

上诉人（原审被告）：荆门市明祥物流有限公司、重庆铁发遂渝高速公路有限公司

原审被告：荆门市明祥物流有限公司重庆分公司

上诉人荆门市明祥物流有限公司（以下简称明祥物流公司）、重庆铁发遂渝高速公路有限公司（以下简称遂渝高速公司）与被上诉人周航、原审被告荆门市明祥物流有限公司重庆分公司（以下简称明祥物流重庆分公司）环境污染责任纠纷一案，重庆市渝北区人民法院于2014年1月24日作出（2013）渝北法环民初字第00008号民事判决。明祥物流公司、遂渝高速公司均不服该判决，向本院提起上诉。本院依法组成合议庭，于2014年4月29日对本案进行了审理。明祥物流公司的委托代理人刘大清，遂渝高速公司的委托代理人何磊、宋科，周航及其委托代理人戴亨奇、周嘉勇参加了审理。本案现已审理终结。

一审审理查明：周嘉勇与周航系父子关系。2010年2月10日，周航（乙方）与姜家岩社区第八居民小组（甲方）签订《土地租赁协议》，约定甲方将位于姜家岩社区第八居民小组的72.3亩土地出租给乙方修建鱼塘；承包期限为17年，自2010年2月1日至2027年1月31日止；付款方式为从2010年至2027年，乙方向甲方每年每亩交纳1000斤稻谷（按照当年市场价格折算成现金人民币），承包费每年在12月31日前交清下一年的承包费用。

2012年2月20日，许科君驾驶明祥物流重庆分公司所有的渝B×××重型半挂牵引车和渝B×××重型普通半挂车，向成都方向运输30.98吨25号变压器油。当日晚上9时50分左右，该车行驶至成渝环线高速出城方向365公里+20米处路段时，半挂牵引车至半挂车的跨接制动软管受帆布带意外搭缠而断裂致使车辆紧急制动，所载油罐向前滑移与该车驾驶室后部相撞，造成车辆受损、所载变压器油大面积泄漏的交通事故。事故发生后，许科君电话报警并用被子堵塞油罐漏油处。重庆市交通行政执法总队高速公路第一支队十大队于当晚10时进行现场勘查，道路交通事故现场勘查笔录载明该车周围路面有大量油污，面积为652.00米×10.30米。2012年5月15日，重庆市交通行政执法总队高速公路第一支队十大队作出（2012）第2104000098002号道路交通事故认定书，认定该次交通事故属于不能预见的原因引起的交通意外事故。

遂渝高速公司提交的《渝遂高速公路日常巡查记录表》载明：接监控中心电话离铜梁1公里处发生油罐车事故后于当晚22时13分到达事故现场，发现一辆油罐车发生单车事故，造成车上油罐严重泄漏，大面积的油污染路面，并通知救援中心摆放安全标志、标牌；当晚22时41分，因油污原因造成事故前方发生七辆车连环相撞事故，要求路巡队前往查看；次日2时，遂渝高速公司安排鑫齐公司向油污路段撒沙处理油污。

2012年2月21日9时30分，铜梁县环境保护局进行现场勘验并制作环境污染事故、纠纷、违章现场勘验笔录，载明：高速公路长约1公里、宽约10米的路面被泄漏的25号变压器油污染，泄漏的变压器油顺着高速公路边坡流入高速公路下方雨水沟，被污染的雨水沟约有1公里左右；泄漏的变压器油沿雨水沟流入高速公路路面下的涵洞，在长约23米、宽约4米的涵洞水洼上形成厚约1厘米的浮油层；涵洞水洼与鱼塘相连，该鱼塘面积约有二十余亩，水面大面积有油层漂浮。

同日，重庆市铜梁县环境监测站作出铜环（监）字（2012）第018号《监测报告》，监测结果为：1号鱼池（上鱼池）地表水pH为7.14，石油类浓度为5.72mg/L，挥发酚浓度为0.35mg/L；2号鱼池（涵洞处）地表水pH为7.19，石油类浓度为29.5mg/L，挥发酚浓度为1.26mg/L；3号鱼池（下鱼池）地表水pH为7.74，石油类浓度为0.548mg/L，挥发酚浓度为0.042mg/L。

2012年5月6日，铜梁县人民政府东城街道办事处出具关于周航鱼塘被污染一事的情况说明：2012年2月20日晚10时30分许，铜梁县东城街道办事处接县政府应急办关于渝遂高速公路东城街道姜家岩社区段一油罐车发生事故大量泄油的通知后，组织人员前往事发地点查看情况，到达现场看见从高速公路上流下的大量的油流进高速公路下面的涵洞，随着涵洞直接流进了周航的鱼塘；根据铜梁县应急办的安排，东城街道办事处负责组织人员处理油污，并于当晚组织社区干部、雇佣民工进行应急抢险，次日用谷草裹油集中燃烧方式进行处理，应急处理所花一切费用均由鱼塘承包人周航垫付。

2012年10月29日，经周航申请，重庆市铜梁县公证处对其鱼塘进行现场勘测并于2012年11月3日作出（2012）渝铜证字第3413号公证书，现场记录显示：在铜梁县东城街道办事处姜家岩社区第8居民小组白家湾大正沟有大小不等三口养鱼塘，从上向下数1号养鱼塘面积约为23亩，2号养鱼塘面积约为37亩，3号养鱼塘面积约为1.2亩，合计面积约为61.2亩；1号养鱼塘内蓄水深度为 2.6 米，2 号养鱼塘内蓄水深度为 2.9 米，3 号养鱼塘内蓄水深度为 3 米；有 4 台增氧机。周航为此支付公证费 2000 元。

2013 年 1 月 31 日，周航申请对因本次污染事故造成的渔业损失进行司法鉴定。经法院委托，西南大学司法鉴定所于 2013 年 11 月 20 日作出西大司鉴（2013）鉴字第 29 号司法鉴定意见书，鉴定意见为周航养殖鱼塘在 2012 年 2 月 20 日交通事故导致的变压器油泄漏事故中共损失鱼类存量为 26762.5 公斤，鱼类经济价值为 357172.80 元。周航为此支付鉴定费 22000 元。

另查明，周航的鱼塘已被征收并填埋，本次交通事故导致泄漏 25 号变压器油 12.81 吨。许科君系明祥物流重庆分公司驾驶员，明祥物流重庆分公司系明祥物流公司设立的分公司。根据《渔业水质标准》（GB11607-89），淡水 PH 值为 6.5-8.5，挥发性酚浓度≤0.005mg/L，石油类浓度≤0.05mg/L。在审理过程中，周航认可明祥物流公司已支付 9000 元。

再查明，周航举示的清理及处理死鱼人工工资表载明共 25 人累计处理 444 天（共计 44000 元）、清理油污人工费用工资表载明共 23 人累计处理 695 天（共计 73040 元）、谷草购买费用载明购买谷草 16443 斤（单价 1.2 元/斤至 1.35 元/斤不等，共计 20780.70 元）。经法院调查，该三张费用表载明的经办人姜立涛表示未经手该费用，不清楚费用具体情况，2012 年谷草单价为 0.8 元/斤；铜梁县东城街道办事处环保员贺柏人表示不清楚该费用具体情况，该费用表系周嘉勇交其签字后加盖东城街道办事处印章。

周航在一审中诉称：2012 年 2 月 20 日晚 9 时 50 分许，明祥物流公司、明祥物流重庆分公司所属的渝渝 B×××重型挂车行驶在遂渝高速公司经营管理下的遂渝高速重庆至铜梁县路段 36.5 公里处发生单车事故，导致该重型挂车上装载的两个油罐发生撞击，致使 12 吨多变压器油流入周航鱼塘，周航鱼塘被严重污染，鱼类大量死亡，并严重危及不特定多数人的生命和财产安全。铜梁县政府应急办接报告后，组织相关部门进行应急处理，相关费用由周航垫付。双方就赔偿事宜未达成协议，周航为维护其合法权益，故起诉至法院，请求判令明祥物流公司、明祥物流重庆分公司、遂渝高速公司连带赔偿周航处理死鱼人工费 44400 元、处理油污所用谷草款 20780.70 元、处理油污的人工费 73040 元、死鱼损失 653420.64 元以及公证费 2000 元、鉴定费 22000 元，以上共计815641.34元。

明祥物流公司在一审中辩称：周航起诉请求事项缺乏事实和法律依据，导致该重型挂车发生事故的原因是高速公路上有安全障碍，12吨油流入周航鱼塘没有事实依据；周航所称的法律依据相互矛盾，遂渝高速公司作为本案的直接侵权人应承担赔偿责任，我方没有意见，事发地与鱼塘相距1公里，鱼塘的损失是二次污染扩大的损失，周航要求我方承担连带赔偿责任没有依据；明祥物流公司没有直接向周航鱼塘排污，同时遂渝高速公司没有尽到管理义务以及该高速公路设计有瑕疵，故明祥物流公司不应当承担赔偿责任；事故发生后，明祥物流公司与明祥物流重庆分公司已支付周航10000元。

明祥物流重庆分公司的一审答辩意见同明祥物流公司意见。

遂渝高速公司在一审中辩称：事故成因系明祥物流公司、明祥物流重庆分公司及其驾驶员所载的油罐发生碰撞产生的泄漏事件，遂渝高速公司也是该次事故的受害者；遂渝高速公司在职责范围内尽到管理义务，案发时路况良好，标志齐全，有隔离措施，对于该事故的发生没有过错，明祥物流公司与明祥物流重庆分公司是直接侵权者，应由其承担责任；周航缺乏主张赔偿的基本事实依据，其主张的受损数额没有事实依据，请求驳回周航对遂渝高速公司的诉讼请求。

一审法院认为，一切单位和个人都有保护环境的责任和义务，污染环境造成损害的，应当承担侵权责任。《中华人民共和国侵权责任法》第六十六条规定，因污染环境发生纠纷，污染者应当就法律规定的不承担责任或减轻责任的情形及其行为与损害之间不存在因果关系承担举证责任。本案的争议焦点在于：一、周航主体资格问题；二、谁是侵权人及承担赔偿责任的主体；三、周航所受损失；四、明祥物流公司、明祥物流重庆分公司、遂渝高速公司是否具有免责事由。对此，法院分别评述如下：

一、关于周航主体资格问题。

明祥物流公司、明祥物流重庆分公司、遂渝高速公司辩称铜梁县环保局现场勘验笔录载明鱼塘承包人为周嘉勇、监测报告记载鱼池承包人为周家勇，周航主体不适格。法院认为，铜梁县环保局现场勘验笔录及监测报告中关于鱼塘承包人的表述系事故发生后在应急状态下进行的，庭审中周航就该问题进行了解释说明，并举示了土地租赁协议以及铜梁县东城街道办事处出具的关于周航鱼塘被污染一事的情况说明，能够证明周航经营该鱼塘以及支付相应费用的事实，同时明祥物流公司、明祥物流重庆分公司、遂渝高速公司未举示任何相反的证据，因此周航系本案适格原告。

二、关于侵权人及承担赔偿责任的主体问题。

本案中，许科君在驾驶渝渝B×××＊＊型半挂牵引车和渝渝B×××＊＊型普通半挂车运输25号变压器油过程中，因交通事故导致所载变压器油大量泄漏，泄漏的变压器油顺公路边坡流入雨水沟，经高速公路下的涵洞流入周航鱼塘，致使周航鱼塘内鱼类死亡。因此，本次交通事故中泄漏的变压器油系污染源。许科君占有、控制该变压器油，作为该污染源的控制者，应承担赔偿责任。该重型半挂牵引车和重型普通半挂车系明祥物流重庆分公司所有，许科君系明祥物流重庆分公司驾驶员，其驾驶该车的行为系执行职务行为，根据侵权责任法第三十四条之规定，许科君承担的责任应由明祥物流重庆分公司承担；而明祥物流重庆分公司系明祥物流公司设立的分公司，根据公司法第十四条的规定，应由明祥物流公司对明祥物流重庆分公司的行为承担责任。

同时，《中华人民共和国水污染防治法》第六十八条规定，企业事业单位发生事故或者其他突发性事件，造成或者可能造成水污染事故的，应当立即启动本单位的应急方案，采取应急措施，并向事故发生地的县级以上地方人民政府或者环境保护主管部门报告。《中华人民共和国突发事件应对法》第五十六条规定，受到自然灾害危害或者发生事故灾难、公共卫生事件的单位，应当立即组织本单位应急救援队伍和工作人员营救受害人员，疏散、撤离、安置受到威胁的人员，控制危险源，标明危险区域，封锁危险场所，并采取其他防止危害扩大的必要措施，同时向所在地县级人民政府报告。第六十七条规定，单位或者个人违反本法规定，导致突发事件发生或者危害扩大，给他人人身、财产造成损害的，应当依法承担民事责任。本案中，虽然遂渝高速公司未实际占有、控制明祥物流重庆分公司运输的变压器油，但作为事故路段的管理者，应充分了解其控制、管理路产的周边情况，在交通事故导致变压器油大量泄漏并可能导致水污染事故的情况下，依法应当及时启动应急预案并采取应急措施，控制污染源，防止二次污染的发生、损害的扩大；而遂渝高速公司在事故发生后仅应急处理路面交通情况，在事发4个小时后才撒沙处理泄漏在其管理路面的油污，并未对该路段周围油污进行清理。法院认为，遂渝高速公司在事故后未履行法定义务，导致泄漏的变压器油沿高速公路边坡流向外环境，经高速公路雨水沟、高速公路下方的涵洞流入周航经营的鱼塘，造成渔业损失，致使本次事故损失进一步扩大，故遂渝高速公司应承担相应的民事赔偿责任。法院根据本案实际，认定明祥物流公司承担70%的责任、遂渝高速公司承担30%的责任为宜。

三、关于周航具体损失的问题。

在审理过程中，为确定具体渔业损失，周航申请对其损失进行司法鉴定。经鉴定，周航养殖鱼塘在2012年2月20日交通事故导致的变压器油泄漏事故中共损失鱼类存量为26762.5公斤，鱼类经济价值为357172.80元，周航支付鉴定费22000元。虽然明祥物流公司、明祥物流重庆分公司、遂渝高速公司均对该司法鉴定意见有异议，经法院释明，明祥物流公司、明祥物流重庆分公司、遂渝高速公司均未申请鉴定人员出庭作证，也未举示与该鉴定意见相反的证据，且本次鉴定的程序合法，鉴定机构和鉴定人员均具备相应的鉴定资质、资格，鉴定意见书不存在明显依据不足，经过质证认定能够作为证据使用，故法院对该司法鉴定意见书依法予以采信。周航要求明祥物流公司、明祥物流重庆分公司、遂渝高速公司按照该鉴定意见书分析说明的鱼塘理论年总产量（48960公斤）赔偿周航渔业损失（653420.64元），不符合本案实际，法院依法不予支持。因此，法院认定本次事故造成周航渔业损失357172.80元。

周航举示了盖有铜梁县东城街道办事处印章的清理及处理死鱼人工工资表、清理油污人工费用工资表、谷草购买费用，证明周航处理污染共用去137820.70元；明祥物流公司、明祥物流重庆分公司、遂渝高速公司对费用情况有异议。法院认为，经法院调查该费用表载明的经办人及相关人员，均表示未经手购买谷草费用与工资费用，不清楚费用具体情况，且周航未举示相应明细清单等证据，故该费用法院不予采信。事故后，周航购买谷草清理油污属实，根据本次事故泄漏的变压器油数量以及周航鱼塘面积，其主张的购买谷草16443斤法院予以认可，但其主张的谷草单价过高，法院根据调查情况结合日常生活经验法则，确定谷草单价为0.8元/斤，故周航购买谷草的费用为13154.40元（16443斤×0.8元/斤）；周航雇人处理死鱼与清理油污，法院有理由相信其发生一定的费用，故根据本案实际，酌情主张处理死鱼人工费10000元、清理油污人工费20000元。另，周航申请对其鱼塘情况进行公证，支付公证费2000元。因此，周航因本次污染事故共受到损失424327.20元。

四、关于免责事由问题。

明祥物流公司与明祥物流重庆分公司辩称该次交通事故经认定为不能预见的原因引起的交通意外事故，明祥物流公司与明祥物流重庆分公司无过错，不应承担赔偿责任。法院认为，环境污染责任纠纷归责原则系无过错责任原则，即对于环境污染行为的发生不论是否具有过错，只要造成损害均应承担赔偿责任。根据《中华人民共和国民法通则》第一百五十三条之规定，不可抗力是指不能预见、不能避免并不能克服的客观情况。本案中，虽然该次交通事故经交警部门认定为交通意外事故，但交通意外事故只是表明驾驶员许科君在该次交通事故中无过错，且驾驶员许科君应采取防范措施确保行车安全，故本次交通事故并非不能避免并不能克服的客观情况，不属不可抗力，因此该事故责任认定不能成为环境污染责任的免责理由。

综上所述，周航因本次污染事故受到的损失为424327.20元，周航起诉时扩大诉讼请求而造成的诉讼费用，应由其自行承担。在上述损失中，应由明祥物流公司承担297029.04元（424327.20元×70%），由遂渝高速公司承担127298.16元（424327.20元×30%）。明祥物流公司与明祥物流重庆分公司辩称已支付周航处理污染费用10000元，但未举示相应证据，该辩称意见法院不予支持；在审理过程中，周航自认明祥物流公司已支付9000元，法院予以支持，该款应在其赔偿款中予以扣除，故明祥物流公司应赔偿周航288029.04元（297029.04元-9000元）。

据此，依据《中华人民共和国侵权责任法》第六十五条、第六十六条，《中华人民共和国公司法》第十四条，《中华人民共和国环境保护法》第六条、第四十一条，《中华人民共和国水污染防治法》第六十八条，《中华人民共和国突发事件应对法》第五十六条、第六十七条，《中华人民共和国民事诉讼法》第六十四条，以及《最高人民法院关于民事诉讼证据的若干规定》第二条之规定，判决如下：一、被告荆门市明祥物流有限公司赔偿原告周航渔业损失、人工费、购买谷草费用、公证及鉴定费共计288029.04元（限本判决生效后十日内付清）；二、被告重庆铁发遂渝高速公路有限公司赔偿原告周航渔业损失、人工费、购买谷草费用、公证及鉴定费共计127298.16元（限本判决生效后十日内付清）；三、驳回原告周航的其他诉讼请求。如果未按本判决指定的期间履行给付金钱义务，应当依照《中华人民共和国民事诉讼法》第二百五十三条的规定，加倍支付迟延履行期间的债务利息。本案案件受理费11956元，由荆门市明祥物流有限公司负担5365元，重庆铁发遂渝高速公路有限公司负担2299元，周航负担4292元。

宣判后，明祥物流公司不服向法院提起上诉，请求：1. 撤销一审判决，驳回周航对明祥物流公司的诉讼请求；2. 本案一、二审诉讼费用由被上诉人周航和遂渝高速公司承担。主要事实和理由：1. 一审判决将明祥物流公司运输的变压器油认定为污染源并认定明祥物流公司是污染源的占有、控制者的理由是十分牵强的。因为污染源属于故意或过失的排污行为，具有违法性，而所运输的物品与污染源是不同概念，不能等同，明祥物流公司并无故意或过失排污行为，客观上也没有实施直接对鱼塘排放油污的行为，该交通事故属于不可抗力之事件，而之所以造成了油污流入鱼塘的事实，完全是因为高速公路管理者的放任与不作为造成的，明祥物流公司不应承担任何赔偿责任；2. 周航所称是因为油污流入鱼塘造成环境污染致使鱼死亡的事实缺乏真实依据，因水体是否污染应当有环保部门的鉴定意见，另造成了鱼大量死亡的事实也应有渔政机关等相关部门的处理意见与证明，仅凭周航的单方证据是不能证明其损失的；3. 一审判决对责任的划分不当，实体判决错误。周航养鱼未经过相关部门的许可，且其明知高速公路的涵洞设计存在重大缺陷仍修建鱼塘养殖鱼类存在明显过错，且在事故发生后没有及时采取必要的有效的措施防止损失的扩大，因此周航本人应承担相应的责任；遂渝高速公司作为事故发生路段的管理者，其管理的高速公路设计存在重大缺陷，在事故发生后没有采取及时、有效的防护措施，而是任由油污的排放，致使油污可以顺公路排水沟流入了鱼塘，因此该公司应当承担主要责任；

遂渝高速公司不服向法院提起上诉，请求：1. 撤销一审判决，驳回周航对遂渝高速公司的诉讼请求；2. 本案一、二审诉讼费用由被上诉人周航和明祥物流公司承担。主要事实和理由：1. 周航是否经营了鱼塘以及是否在鱼塘里养殖了其所称的鱼类和所养殖鱼类的数量，一审判决所认定的事实证据不足；2. 周航所称是油污是否流入了鱼塘的事实缺乏真实依据；3. 周航所称其鱼塘受油污污染致鱼类损失的证据不足，对死鱼如何处置及去向均不能举示证据进行充分说明，鉴定意见书所依据的死鱼重量系周航父亲单方制作的白条，且鉴定意见书计算的渔业损失的计算标准有误，该计算标准是已包含了摊位、运输等中间费用的市场价格，而不仅仅是鱼的成本价格；4. 遂渝高速公司在本次事故的处置中没有任何过错，遂渝高速公司也是本次事故的受害人，一审判决认定其在事发 4 个小时后才对路面的油污进行撒沙是错误的，遂渝高速公司是在接警后就及时赶到事发现场并进行紧急处置，因此遂渝高速公司不应承担任何责任，而应由事故的直接侵权人承担责任。

周航答辩称：一审认定事实清楚，程序合法，请求维持原判。主要事实和理由：1. 周航租用集体的土地进行养殖并不需要经过渔业主管部门的批准办理养殖许可证等，周航租用土地有租赁协议可证明，在该处土地上修建了 3 个大小不等的鱼塘的事实已经过一审审理查明属实；2. 周航的 3 个鱼塘被明祥物流公司承运的变压器油所污染，有勘查记录、遂渝高速公司的证据所证实，明祥物流公司和遂渝高速公司没能举示其可以免责的证据，因此应当承担相应责任；3. 死鱼有称重的依据可证明，这些称重的依据是当时处置死鱼的工人制作的，并不是周航及其父亲单方制作的，鉴定报告应当予以采信。

本院二审查明的事实与一审认定的相同。

本院认为，双方争议焦点为：1. 周航的鱼塘是否有被本次事故泄露的油污污染的事实以及是否有请求赔偿的权利；2. 周航的鱼塘被本次事故泄露的油污污染以后所遭受的损失是多少，损失是否真实的问题；3. 关于对周航渔业损失的责任分担问题。

根据各方当事人的陈述，再结合本案的证据，法院对本案争议的焦点问题评判如下：

1. 周航的鱼塘是否有被本次事故泄露的油污污染的事实以及是否有请求赔偿的权利。根据周航与姜家岩社区第八居民小组签订的《土地租赁协议》，周航向该居民小组租用了土地用于修建鱼塘，另根据铜梁县环境保护局所作的监测报告和勘验笔录、对许科君进行的调查笔录和铜梁县东城街道办事处关于周航鱼塘被污染一事的情况说明等证据，均可以证明因明祥物流公司承运的变压器油泄露致使周航的鱼塘被油污污染的事实。至于明祥物流公司和遂渝高速公司均上诉称周航未举示证据证明其是否属于合法养殖行为的问题，本院认为周航基于其对鱼塘的所有权提出相关请求，且明祥物流公司也未举示证据证明周航在修建鱼塘时有何过错行为，因此周航因其承包的鱼塘有被本次事故泄露的油污污染的事实存在，其有权向相关责任人请求赔偿。

2. 周航的鱼塘被本次事故泄露的油污污染以后所遭受的损失是多少，损失是否真实的问题。明祥物流公司和遂渝高速公司均上诉称周航未举示充分证据证明其有在该鱼塘内养殖鱼类和死鱼的数量，因此周航的渔业损失不应得到主张。因周航向姜家岩社区第八居民小组租用土地并明确约定了用于修建鱼塘，且周航在该租用的土地上也确实修建了3个鱼塘，其所举示的2012年2月24日至3月15日死鱼情况的称重有计重人、称重人、见证人签名，称重的时间和每天的死鱼数量基本符合实际情况，该死鱼数量也远远低于鉴定意见书所计算的理论养殖产量，而明祥物流公司和遂渝高速公司也未举示任何证据证明周航未在该鱼塘内养殖鱼类的事实，因此本院认为周航所举示的死鱼数量基本可信，可予以认定。由于遂渝高速公司认为鉴定意见书参照适用的市场价格包含了运输、摊位等中间费用而没有反映出鱼类本身的成本价格，并要求鉴定人出庭接受质询，本院认为相关机关所公布的鱼类市场价格是通常的市场指导价格，实际的鱼类市场价格因运输路程的长短、摊位位置的好坏等多种因素可能会高于或低于该指导价格，而司法鉴定意见书依据相关机关所公布的通用的鱼类市场指导价格来计算渔业损失比较公平合理。因一审中遂渝高速公司并未在法院规定的时间内提出请求鉴定人出庭的书面申请，故鉴定人未出庭接受质询没有违反相关程序。

3. 关于对周航渔业损失的责任分担问题。虽然明祥物流公司承运的变压器油是因意外事故导致泄露，该事故的发生并不是明祥物流公司的故意行为所为，本院认为即使是因为意外事故造成的该变压器油泄露致使环境遭受了污染，因环境污染责任纠纷归责原则系无过错责任原则，即对于环境污染行为的发生不论是否具有过错，只要造成损害均应承担赔偿责任，因发生事故时该变压器油处于明祥物流公司的实际控制之下，也即本次环境污染的污染源为明祥物流公司实际控制，因此明祥物流公司应当承担本次环境污染事故的直接侵权责任，也是主要责任。

明祥物流公司上诉称遂渝高速公司管理的高速公路设计存在重大缺陷，在事故发生后也没有采取及时、有效的防护措施，因此应由遂渝高速公司承担主要责任。本院认为，因明祥物流公司未举示证据证明遂渝高速公司管理的高速公路设计上存在重大缺陷，本院对明祥物流公司的该上诉理由不予采信；对遂渝高速公司而言，虽然在本次事故中其管理的路产也被油污污染，也是本次事故的受害人，但其作为该段高速公路的管理者同样也不能免除其法定的管理职责，即对其管理之下的高速公路及其边坡、涵洞等履行相应的职责，在本案中即应当履行采取一切必要手段和方法清理路面上的油污以及避免路面上的油污流向边坡、涵洞或对已流向边坡、涵洞的油污进行清理等管理职责。从遂渝高速公司所举示的照片和其陈述来看，其只对高速公路路面的油污进行了清理，而没有采取一切必要手段和方法避免路面上的油污流向边坡、涵洞或对已流向边坡、涵洞的油污进行清理，致使油污经边坡、涵洞流入了周航的鱼塘造成了环境污染和进一步扩大了损失，但由于遂渝高速公司并不是本次环境污染的直接侵权人，因此遂渝高速公司只应当在其职责范围内承担相应的过错责任即次要责任。

明祥物流公司上诉称周航明知高速公路的涵洞设计存在重大缺陷仍修建鱼塘养殖鱼类存在明显过错，且在事故发生后没有及时采取必要的有效的措施防止损失的扩大，因此周航本人应承担相应责任。本院认为，明祥物流公司未举示证据证明高速公路的涵洞设计存在重大缺陷以及周航在修建鱼塘养殖鱼类的过程中存在明显过错的事实，本院对明祥物流公司的该上诉理由不予采信；因周航在本次事故发生后立即组织大量人员对鱼塘的油污进行处理，已尽到了其防止损失扩大的相应责任，且一审判决主张的是因本次环境污染造成的直接渔业损失，而周航对直接渔业损失是无任何过错的，因此明祥物流公司认为周航应当承担相应责任的理由不能成立。

综上，原判认定事实清楚，适用法律正确，程序合法。依照《中华人民共和国民事诉讼法》第一百七十条第一款第（一）项之规定，判决如下：

驳回上诉，维持原判。

二审案件受理费11956元，由荆门市明祥物流有限公司承担5978元，由重庆铁发遂渝高速公路有限公司承担5978元。

本判决为终审判决。

第二章　环境侵权民事损害赔偿的司法认定

第一节　全面赔偿原则的司法适用

——湖南省益阳市人民检察院诉夏某等生态破坏案评析

【案例级别】指导性案例

【案例来源】最高人民法院指导性案例 176 号

【案件类型】民事

【文书类型】判决书

【审理程序】二审（终审）

【案　　号】（2020）湘民终 1862 号

【关 键 词】民事公益诉讼；生态破坏；生态环境修复；损害担责；全面赔偿；非法采砂

【裁判要旨】

开采国家矿产资源应当依法办理登记，取得采矿许可证。多人共同非法采矿造成生态环境资源破坏的，不仅构成共同犯罪承担刑事责任，还构成共同侵权，依法承担连带赔偿责任。人民法院审理非法采矿环境民事公益诉讼案件，应当贯彻“谁污染谁治理，谁破坏谁担责”原则追究非法采矿人的刑事、民事法律责任，按照“全面赔偿”原则评估公共利益的受损情况，认定行为人的责任范围。

【基本案情】

2016年6月至11月，夏顺安等人为牟取非法利益，分别驾驶九江采158号、湘沅江采1168号、江苏籍999号等采砂船至洞庭湖下塞湖区域非规划区非法采砂，非法获利2243.333万元。夏顺安等人的非法采砂行为构成非法采矿罪，被相关刑事生效判决予以认定。2019年7月，湖南省益阳市人民检察院提起民事公益诉讼，请求判令夏顺安等人对其非法采砂行为所造成的生态环境损害承担连带赔偿责任，并赔礼道歉。经湖南省环境保护科学研究院生态环境损害司法鉴定中心鉴定，夏顺安等15人非法采砂行为对非法采砂区域的生态环境造成的影响分为水环境质量受损、河床结构受损、水源涵养受损和水生生物资源受损，所造成生态环境影响的空间范围共计约9.9万平方米，其中造成的水生生物资源损失为2.653万元，修复水生生物资源受损和河床结构与水源涵养受损所需的费用分别为7.969万元和865.61万元，合计873.579万元。

【争议焦点】

1. 被告实施的采矿行为是否合法；

2. 被告实施的采矿行为，是否破坏了生态环境资源；

3. 生态环境损失如何认定以及责任如何承担。

【裁判说理】

法院生效裁判认为：

一、关于被告实施的采矿行为是否合法的问题

本案一审法院认为，根据《中华人民共和国矿产资源法》第三条规定，勘查、开采矿产资源，必须依法分别申请、经批准取得探矿权、采矿权，并办理登记。被告在下塞湖区域挖取的矿石系国家矿产资源，应当依法登记，领取采矿许可证。被告未依法取得采矿许可证，私自开采国家矿产资源，认定为非法采砂。二审法院对该项事实进行了确认。

二、关于被告实施的采矿行为是否破坏了生态环境资源的问题

本案一审法院认为，被告私自采砂行为掠夺洞庭湖水域资源，威胁了洞

庭湖河床的稳定性及防洪安全，破坏了水生物生存环境。经湖南省环境保护科学研究院生态环境损害司法鉴定中心鉴定，认定被告非法采砂行为造成了生态环境受损，与生态环境资源破坏之间具有因果关系。二审法院对该项事实进行了确认。

三、关于生态环境损失的认定和责任承担问题

本案一审法院认为，案涉鉴定意见合法有效，对鉴定意见载明的各项损失和修复费用予以确认。根据《中华人民共和国环境保护法》《中华人民共和国侵权责任法》规定，二人以上共同实施侵权行为，造成他人损害的，应当承担连带责任。本案中各被告非法采砂行为对生态环境资源造成损害，构成共同侵权，应当承担对生态环境资源进行修复的连带责任。后被告王德贵提起上诉，对其责任承担方式提出争议。二审法院认为，王德贵与夏顺安为首等黑恶势力，在案涉被告人非法采矿共同犯罪中，起到了主要作用，系主犯。王德贵与一审其他被告共同实施了对洞庭湖下塞湖周边区域非法采砂行为，对采砂区域生态环境资源造成严重损害，严重侵害了环境公共利益，属于共同侵权行为，王德贵应当对其参与的共同侵权行为承担连带赔偿责任，上诉人提出的执行能力问题不能成为减轻其责任的理由。

综上所述，夏顺安等人非法采矿，对生态环境资源造成严重破坏，损害了社会公共利益，构成共同侵权行为，应当依法承担连带赔偿责任，对采砂区域生态环境资源进行全面赔偿，支付对采砂水域河床原始结构、水源涵养、水生生物资源等生态环境修复费用。

【裁判结果】

湖南省益阳市中级人民法院于 2020 年 6 月 8 日作出（2019）湘 09 民初 94 号民事判决：

一、夏顺安等 15 人私自开采国家矿产资源，其非法采砂行为严重破坏了采砂区域的生态环境，判决被告夏顺安对非法采砂造成的采砂水域河床原始结构、水源涵养量修复费用 865.61 万元、水生生物资源修复费用 7.969 万元，共计 873.579 万元生态环境修复费用承担赔偿责任；

二、其他 14 名被告依据其具体侵权行为分别在 824 万元至 3.8 万元不等

范围内承担连带责任；

三、夏顺安等 15 人就非法采矿行为在国家级媒体公开赔礼道歉。被告王德贵提出上诉，湖南省高级人民法院于 2020 年 12 月 29 日作出（2020）湘民终 1862 号民事判决：

驳回上诉，维持原判。

【相关规定】

《中华人民共和国矿产资源法》第 3 条

《中华人民共和国矿产资源法实施细则》第 5 条

《最高人民法院关于审理环境民事公益诉讼案件适用法律若干问题的解释》第 20 条、第 22 条

《中华人民共和国环境保护法》第 64 条

案例整编人：李芳宁、李玉华

附已公开生效判决文书：

湖南省高级人民法院
民 事 判 决 书

（2020）湘民终 1862 号

被上诉人（一审公益诉讼起诉人）：湖南省益阳市人民检察院

一审被告：夏顺安等

上诉人王德贵因与公益诉讼被上诉人湖南省益阳市人民检察院（以下简称益阳检察院）、一审被告夏顺安、夏顺泉、范桂明、肖建军、阳建国、甘建波、杨建辉、夏宗翔、李科、陈文志、昌岳辉、姜德君、钱扬智非法采矿民事公益诉讼一案，不服湖南省益阳市中级人民法院（2019）湘 09 民初 94 号

民事判决，向本院提起上诉，本院于2020年12月1日立案后，依法组成合议庭公开开庭进行了审理。上诉人王德贵的委托诉讼代理人胡跃华、公益诉讼被上诉人益阳检察院员额检察官杨桢干、张正宁、一审被告夏顺安、钱扬智的委托诉讼代理人刘江、杨建辉的委托诉讼代理人杨能、夏顺泉的委托诉讼代理人夏训军、陈文志的委托诉讼代理人陈佳丽、肖建军的委托诉讼代理人王建辉到庭参加了诉讼，湖南省人民检察院（公益诉讼起诉人的上一级人民检察院）也指派员额检察官姚红、检察官助理李江峰到庭。一审被告范桂明、阳建国、甘建波、夏宗翔、李科、昌岳辉、姜德君经本院合法传唤，未到庭参加诉讼，本院依法缺席审理。本案现已审理终结。

上诉人王德贵上诉请求：1. 撤销（2019）湘09民初94号《民事判决书》；2. 改判上诉人对574万元的10%份额即57.4万元承担按份赔偿责任；3. 明确判决上诉人应承担的诉讼费。事实理由：上诉人是被夏顺安、李科以合法采区的名义诱骗到下塞湖水域采砂的，相对过错责任要轻。另外，虽说在利润分配方面李科占10%，夏顺安和本人各占45%，但是李科、夏顺安所得皆为纯利润，上诉人在所得中要支付高昂的燃油成本和船舶维修成本，所获纯利润不足200万元，并且刑事判决所有毛利润均予收缴，已承担不可承受之重。从事实而言，判决本案所有民事被告与夏顺安承担连带责任，夏顺安身负巨债，无民事执行能力，其他各被告执行能力有限，上诉人恐成民事判决唯一的被执行主体。上诉人现欠银行、原合伙人及邻里乡亲数千万元债务，自己早已家徒四壁，一旦刑事判决和民事判决执行上诉人船舶，上诉人势必走投无路，这在法律上是不公平和不合理的。根据刑事罪责自负、罪刑相适应及民事过错责任原则，在民事判决中笼统判决连带责任，上诉人认为是错误的，为此，恳请高院改判。

公益诉讼被上诉人益阳检察院发表答辩称，一、原审判决划分赔偿责任符合法律规定；二、上诉人主张的燃油成本和船舶维修成本与其依法应承担的民事责任无关；三、上诉人提出的执行能力问题不能免除其依法应承担的民事责任。

钱扬智陈述，已接受劳动改造，请法庭酌情处理。

夏顺泉陈述，不知道违法了，也没有任何获利。

陈文志陈述，作为农民，没有专业学习过法律知识，确实是在那里打工的，也已经判了刑，如果一定要承担这个费用，是不认同的。

肖建军陈述，我们是农民工，经济情况困难。

杨建辉陈述，我是在夏顺安公司打工，对于非法还是合法都不知道，我们负担不起这个公益赔偿。

夏顺安陈述，我公司的员工打工，他们只是执行，他们承担了刑事责任，不应当再承担民事责任。

甘建波陈述，我作为非获利者，是为公司做事，不应与夏顺安、王德贵等老板同台诉讼。

上级人民检察院湖南省人民检察院在庭审中发表意见为，一、一审法院认定事实清楚，适用法律正确，连带责任比例划分合理，审判程序合法，应予维持，检察机关提起民事公益诉讼于法有据，是民心所向、职责所系；二、夏顺安等人非法采砂行为严重破坏洞庭湖生态环境，依法应承担生态环境损害赔偿责任。上诉人王德贵提出被执行能力的问题，不能成为免除或减轻其承担民事侵权责任的正当理由。三、生态环境保护人人有责，功在当代、利在千秋。夏顺安等人在自然保护区的洞庭湖下塞湖非法构筑矮围、非法采砂、非法捕捞，影响防洪安全，破坏生物多样性，破坏生态环境资源保护，致使洞庭湖的生态环境遭受严重的功能性损害，若不加以刑事、行政与民事制裁，将会使“谁违法谁担责”成为沉睡的法律条文，将会有无数个心存侥幸者以身试法。检察机关是公共利益的代表，肩负着重要责任，让违法者担责是检察机关的法定职责。

益阳检察院向一审法院提出诉讼请求：一、判令夏顺安、夏顺泉、范桂明、杨建辉、肖建军、夏宗翔、阳建国、甘建波、李科、王德贵、陈文志、昌岳辉、姜德君、钱扬智在各自参与非法采砂数量范围内承担连带赔偿因非法采砂造成的采砂水域河床原始结构、水源涵养量修复费用 865.61 万元、水生生物资源修复费用 7.969 万元，共计 873.579 万元。其中，夏顺安、夏顺泉、范桂明、杨建辉、肖建军、夏宗翔、阳建国、甘建波、陈文志对 873.579 万元承担连带赔偿修复费用；李科对 873.579 万元的 93.9%部分承担连带赔偿修复费用；王德贵对 873.579 万元的 65.8%承担连带赔偿修复费用；姜德君对 873.579 万元的 33.48%承担连带赔偿修复费用；钱扬智对 873.579 万元的28.18%承担连带赔偿修复费用；昌岳辉对873.579万元的0.44%承担连带赔偿修复费用。二、判令夏顺安、夏顺泉、范桂明、杨建辉、肖建军、夏宗翔、阳建国、甘建波、李科、王＊＊、王德贵、陈文志、昌岳辉、姜德君、钱扬智就非法采矿行为在国家级媒体公开赔礼道歉。三、判令夏顺安、夏顺泉、范桂明、杨建辉、肖建军、夏宗翔、阳建国、甘建波、李科、王德贵、陈文志、昌岳辉、姜德君、钱扬智承担鉴定费16万元。事实和理由：被告夏顺安、夏顺泉、范桂明、杨建辉、肖建军、夏宗翔、阳建国、甘建波、李科、王德贵、陈文志、姜德君、钱扬智、昌岳辉违反《中华人民共和国矿产资源法》第三条及《中华人民共和国矿产资源法实施细则》第五条之规定，未取得采矿许可证等手续擅自在下塞湖周边水域非法采砂，其非法采矿行为对生态环境资源造成损害，造成采砂区河道结构改变，水源涵养量减少53.06万立方米，河床原始结构受损118.37万立方米，造成水生生物资源损失2.653万元，对洞庭湖湖区和河道地形地貌、岸带稳定性、水文情势和水生生物等产生不利影响，侵害了社会公共利益，需要对生态环境资源进行修复。夏顺安为了谋取非法利益，组织夏顺泉、范桂明、杨建辉、肖建军、夏宗翔、阳建国、甘建波、陈文志等人与李科、王德贵、王＊＊、姜德君、钱扬智、昌岳辉共同在沅江市与湘阴县交界的下塞湖水域和下塞湖北闸出口附近未经许可非法采砂，在各自参与非法采砂数量范围内构成共同侵权，根据《中华人民共和国环境保护法》第六十四条、《中华人民共和国民法总则》第一百七十八条、第一百七十九条、《中华人民共和国侵权责任法》第八条、第十三条、第十五条、《最高人民法院关于审理环境民事公益诉讼案件适用法律若干问题的解释》第十八条、第二十条的规定，应在各自参与非法采砂数量范围内承担连带赔偿生态环境修复费用并承担赔礼道歉的民事责任。检察机关发现被告违法行为后，依法在《检察日报》履行了诉前公告程序，公告期满后没有适格主体提起诉讼，社会公共利益仍处于受损害状态。根据《中华人民共和国民事诉讼法》第五十五条第二款、《最高人民法院、最高人民检察院关于检察公益诉讼案件适用法律若干问题的解释》第十三条第二款的规定提起诉讼。

一审法院认定事实：下塞湖地处洞庭湖腹地，是洞庭湖湿地的重要组成部分。下塞湖跨沅江市和湘阴县地界。该区域内矿产资源丰富，大部分区域位于南洞庭湖省级自然保护区实验区及横岭湖省级自然保护区实验区。本案中，夏顺安等人非法采砂区域为靠近下塞湖的河道区域，非法采砂点水域分别属于沅江市和湘阴县管辖，且均位于南洞庭湖省级自然保护区实验区及横岭湖省级自然保护区实验区范围内，直接在河道上采砂，没有在下塞湖洲内开采。

经查，李科通过案外人胡浩得知湘阴县与沅江市交界水域有多人非法挖砂，萌生了到该水域非法采砂获利的想法。2016年6月17日至8月1日，李科、夏顺安与九江采158号采砂船船主王德贵合伙采砂。经过商谈，夏顺安与王德贵达成协议，约定李科占销售利润的10%，夏顺安与王德贵各占销售利润的45%。具体人员分工为：夏顺泉、王德贵负责，范桂明记账，李科、夏宗翔负责协调砂管站关系，肖建军、阳建国、陈文志等人负责安全管理、接砂船安全调度和砂石量方等工作还有一人负责收砂款及管理采砂船。2016年6月18日至7月6日、2016年7月16日至7月21日，夏顺安安排夏顺泉联系姜德君的湘沅江采1168号采砂船，到原下塞湖矮围附近水域一同合伙采砂，经三方协商，约定由李科占销售利润的10%，姜德君与夏顺安各占销售利润的45%。具体人员分工为：夏顺泉负责，杨建辉收砂款，李科负责协调砂管站关系，阳建国、陈文志、甘建波等人负责接砂船调度等工作。2016年7月22日至7月28日，夏顺安与江苏籍999号采砂船在原下塞湖矮围附近水域合伙采砂。具体人员分工为：夏顺泉负责，钱扬智负责生产和管理工作，李科负责协调关系与接砂船调度，杨建辉负责记账工作。2016年7月31日，昌岳辉联系夏顺安后，安排昌岳辉的一艘采砂船在沅江市与湘阴县交界的下塞湖水域非法采砂一晚。2016年11月，夏顺泉征得夏顺安同意后，与姜德君约定湘沅江采1168号采砂船在下塞湖北闸出口附近的赤磊洪道非法采砂，获利双方五、五分成。2016年6月17日至8月1日，九江采158号采砂船在下塞湖水域非法采砂，非法获利共计1476.132万元，其中夏顺安分得664.2594万元。2016年6月18日至7月6日和7月16日至7月21日，湘沅江采1168号采砂船在沅江市与湘阴县交界的下塞湖水域非法采砂。2016年7月22号到7月28日，江苏籍999号采砂船在沅江市与湘阴县交界的下塞湖水域非法采砂。其中湘沅江采1168号采砂船在上述期限内非法采砂25天，江苏籍999号采砂船非法采砂7天。湘沅江采1168号采砂船和江苏籍999号采砂船非法获利共计632.3万元，其中夏顺安分得284.535万元。昌岳辉非法采砂一晚获利约10万元，其中夏顺安分得5万元。2016年11月，湘沅江采1168号采砂船非法采砂获利共计124.901万元，其中夏顺安分得62.4505万元。

2019年5月5日，益阳检察院委托湖南省环境保护科学研究院生态环境损害司法鉴定中心就夏顺安等人非法采砂行为是否造成生态环境影响以及为修复受损环境而采取必要合理措施所需要的费用等情况进行鉴定。该鉴定中心于2019年5月31日作出（2019）环鉴字第8号司法鉴定意见书，鉴定意见为：1. 夏顺安等人非法采砂行为未发生在规划的采区，其开采行为对非法采砂区域的生态环境造成的影响分为水环境质量受损、河床结构受损、水源涵养受损和水生生物资源受损；2. 夏顺安等人非法采砂行为所造成生态环境影响的空间范围共计约9.9万平方米的区域；3. 非法采砂行为造成的矿产资源损失为2243.333万元，水生生物资源损失为2.653万元，修复水生生物资源受损和河床结构与水源涵养受损所需的费用，分别为7.969万元和865.61万元。本案中无人身损害、应急处置费用和事务性费用。评估费用共计花费16万元。

另，2019年11月25日，一审法院作出（2019）湘09刑初29号民事判决，认定夏顺安等人在下塞湖区域非法采砂，并对上述鉴定意见书载明的获利及修复费用予以确认。

2019年7月24日，益阳检察院在《检察日报》发出公告，告知法律规定的机关和有关组织可以就夏顺安等人非法采矿的行为提起民事公益诉讼。公告期满后，无适格主体提起诉讼，益阳检察院依法向一审法院提起本案诉讼。

一审法院认为，本案争议焦点为：一、被告实施的采矿行为是否合法；二、被告实施的采矿行为，是否破坏了生态环境资源；如是，损失的认定及责任的承担。

一、关于行为是否合法的问题，根据《中华人民共和国矿产资源法》第三条第三款规定，勘查、开采矿产资源，必须依法分别申请、经批准取得探矿权、采矿权，并办理登记。《中华人民共和国矿产资源法实施细则》第五条亦规定，国家对矿产资源的勘查、开采实行许可证制度。勘查矿产资源，必须依法申请登记，领取勘查许可证，取得探矿权；开采矿产资源，必须依法申请登记，领取采矿许可证，取得采矿权。本案中，被告在下塞湖区域挖取的砂石系国家矿产资源。根据沅江市砂石资源开采管理领导小组办公室证明、益阳市水务局《情况说明》、湘阴县河道砂石综合执法局证明、岳阳市河道砂石服务中心证明并结合另案生效判决认定的事实及各被告当庭陈述可证明被告未依法取得采矿许可证，私自开采国家矿产资源，应认定为非法采砂。

二、关于环境是否受损的问题，一审法院认为，本案被告受利益的驱使，疯狂掠夺洞庭湖水域岸线资源，严重威胁洞庭湖河床的稳定性及防洪安全，破坏水生生物资源繁衍生存环境，经湖南省环境保护科学研究院生态环境损害司法鉴定中心鉴定：被告非法采砂行为对采砂区域的生态环境造成的影响分为水环境质量受损、河床结构受损、水源涵养受损和水生生物资源受损，其中水生生物资源损失为2.653万元，修复水生生物资源受损和河床结构与水源涵养受损所需的费用，分别为7.969万元和865.61万元，合计873.579万元。被告虽主张公共利益受损与其无关联，但本案各被告当庭陈述均认可实施了采砂行为，根据另案生效判决认定的事实及审理查明的事实，各被告实施的采砂行为非法，且鉴定意见书明确了采砂行为造成生态环境受损。故被告的采砂行为破坏了生态环境资源。

关于损失认定的问题。各被告未提交反驳证据推翻案涉鉴定意见，故对鉴定意见载明的各项损失及修复费用予以确认。同时，根据《最高人民法院关于审理环境民事公益诉讼案件适用法律若干问题的解释》第二十二条规定，原告要求被告承担检验、鉴定费用，合理的律师费以及为诉讼支出的其他合理费用的，人民法院可以依法予以支持。鉴定费系查明本案案件事实所花费的必要合理费用，应由侵权人即本案各被告承担。

关于责任承担的问题。就责任主体，经审查，夏顺安、夏顺泉、范桂明、肖建军、阳建国、甘建波、杨建辉、夏宗翔、王德贵、李科、陈文志、昌岳辉、姜德君、钱扬智等人具备完全民事行为能力，其在下塞湖周边区域非法采砂的行为对生态环境资源造成损害，侵害了社会公共利益，应承担对生态环境资源进行修复的民事责任。就如何担责，根据《中华人民共和国环境保护法》第六十四条规定，因污染环境和破坏生态造成损害的，应当依照《中华人民共和国侵权责任法》的有关规定承担侵权责任。《中华人民共和国侵权责任法》第八条规定，二人以上共同实施侵权行为，造成他人损害的，应当承担连带责任。《中华人民共和国民法总则》第一百七十八条第二款规定，连带责任人的责任份额根据各自责任大小确定；难以确定责任大小的，平均承担责任。实际承担责任超过自己责任份额的连带责任人，有权向其他连带责任人追偿。《最高人民法院关于审理环境民事公益诉讼案件适用法律若干问题的解释》第二十条第二款规定，人民法院可以在判决被告修复生态环境的同时，确定被告不履行修复义务时应承担的生态环境修复费用；也可以直接判决被告承担生态环境修复费用。根据审理查明的事实并结合上述法律规定，夏顺安等人在各自参与非法采砂数量范围内构成共同侵权，应在各自参与非法采砂数量范围内承担连带赔偿生态环境修复费用的民事责任。经审理查明，修复费用共计873.579万元，本案非法采砂获利总额为2243.333万元，其中“158号采砂船”获利1476.132万元，“1168号”采砂船（2016年6月-7月采砂25天）与“999号采砂船”（2016年7月22日-28日采砂7天）合计采砂32天，获利632.3万元，因现有证据无法核算上述两船只单独实际获利及造成损失情况，考虑两船只实际采砂天数，以实际采砂天数确定获利情况为宜，即“1168号采砂船”获利493.9万元（632.3万元÷32天×25天），“999号采砂船”获利138.4万元（632.3万元÷32天×7天）。“1168号”采砂船（2016年11月）获利124.901万元，昌岳辉船只获利10万元。根据已查明的各被告实际参与的采砂情况确定其各自承担的民事责任比例：夏顺安：100%、夏顺泉、杨建辉：99.55%（1476.132万元+632.3万元+124.901万元）÷2243.333万元、范桂明：94.43%（1476.132万元+632.3万元+10万元）÷2243.333万元、阳建国：88%（1476.132万元+493.9万元+10万元）÷2243.333万元、李科：93.9%（1476.132万元+632.3万元）÷2243.333万元、陈文志：87%（1476.132万元+493.9万元）÷2243.333万元、王德贵、肖建军、夏宗翔：65.8%（1476.132万元÷2243.333万元）、姜德君：27%（493.9万元+124.901）÷2243.333万元、甘建波：22%（493.9万元÷2243.333万元）、钱扬智：6%（138.4万元÷2243.333万元）、昌岳辉：0.44%（10万元÷2243.333万元）。依据上述责任比例确定各自应承担的修复费用比例，即夏顺安承担873.579万元修复费用、夏顺泉、杨建辉承担869.6万元修复费用、范桂明承担824万元修复费用、阳建国承担768万元修复费用、李科承担820万元修复费用、陈文志承担760万元修复费用、王德贵、肖建军、夏宗翔承担574万元修复费用、姜德君承担235万元修复费用、甘建波承担192万元修复费用、钱扬智承担52万元修复费用、昌岳辉承担3.8万元修复费用。同时，《中华人民共和国侵权责任法》第十五条规定，侵权人承担侵权责任的主要方式有：（一）停止侵害……（七）赔礼道歉，以上承担侵权责任的方式，可以单独适用，也可以合并适用。夏顺安等十五人实施的侵权行为造成公共利益受损，使社会公众对公共环境的可期待值受到损害，且在全国范围内造成重大影响，故对益阳检察院主张夏顺安等十五人在国家级媒体公开赔礼道歉的请求予以支持。

一审法院判决：一、非法采砂造成的采砂水域河床原始结构、水源涵养量修复费用865.61万元、水生生物资源修复费用7.969万元，共计873.579万元，由被告夏顺安承担；二、对前述第一项判决确定的赔偿责任，由被告夏顺泉、杨建辉在869.6万元范围内承担连带赔偿责任；被告范桂明在824万元范围内承担连带赔偿责任；被告阳建国在768万元范围内承担连带赔偿责任；被告李科在820万元范围内承担连带赔偿责任；被告陈文志在760万元范围内承担连带赔偿责任；被告王德贵、肖建军、夏宗翔在574万元范围内承担连带赔偿责任；被告姜德君在235万元范围内承担连带赔偿责任；被告甘建波在192万元范围内承担连带赔偿责任；被告钱扬智在52万元范围内承担连带赔偿责任；被告昌岳辉在3.8万元范围内承担连带赔偿责任；三、被告夏顺安、夏顺泉、范桂明、杨建辉、肖建军、夏宗翔、阳建国、甘建波、李科、王德贵、陈文志、昌岳辉、姜德君、钱扬智就非法采矿行为在国家级媒体公开赔礼道歉（内容由法院审定）；四、驳回湖南省益阳市人民检察院的其他诉讼请求。以上履行义务，限本判决生效后十日内履行完毕。案件受理费72950元，由夏顺安、夏顺泉、杨建辉、范桂明、阳建国、李科、陈文志负担43770元，由王德贵、肖建军、夏宗翔负担14590元，由姜德君负担7295元，由甘建波、钱扬智负担6565.5元，由昌岳辉负担729.5元。鉴定费160000元由夏顺安、夏顺泉、范桂明、杨建辉、肖建军、夏宗翔、阳建国、甘建波、李科、王德贵、陈文志、昌岳辉、姜德君、钱扬智承担。

二审期间，双方均未提交新证据，经审查，本院对一审法院查明的事实依法予以确认。

另查明：益阳市中级人民法院（2020）湘09刑终179号生效判决认定2016年6月17日至8月1日，“九江采158号”采砂船在原下塞湖矮围附近水域非法采砂，获利共计1476.132万元，李科分得147.6132万元，王德贵分得664.2594万元。该院认为在非法采矿共同犯罪中，李科、王德贵起了主要作用，均系主犯，应当按照其所参与的全部犯罪处罚。

本院认为，根据各方当事人的诉辩意见，本案争议的焦点为：上诉人王德贵是否对574万元生态损害赔偿承担按份赔偿责任，即只承担10%的57.4万元赔偿责任。

《中华人民共和国环境保护法》第六十四条规定“因污染环境和破坏生态造成损害的，应当依照《中华人民共和国侵权责任法》的有关规定承担侵权责任”。建设生态文明关系人民福祉，关乎民族未来，通过司法审判服务环境保护、促进绿色发展是人民法院的神圣职责。检察环境生态民事公益诉讼主要任务是充分发挥司法审判、法律监督职能作用，维护社会公平正义，督促适格主体依法行使公益诉权，维护环境生态公共利益。下塞湖地处洞庭湖腹地，区域内矿产资源丰富，大部分位于南洞庭湖省级自然保护区实验区及横岭湖省级自然保护区实验区，又是洞庭湖湿地的重要组成部分。本案上诉人王德贵与夏顺安为首等黑恶势力，受利益的驱使，疯狂掠夺洞庭湖水域岸线资源，严重威胁洞庭湖河床的稳定性及防洪安全，破坏水生生物资源繁衍生存环境，经湖南省环境保护科学研究院生态环境损害司法鉴定中心鉴定：上诉人王德贵及原审被告夏顺安等人非法采砂行为对采砂区域的生态环境造成的影响分为水环境质量受损、河床结构受损、水源涵养受损和水生生物资源受损，其中水生生物资源损失为2.653万元，修复水生生物资源受损和河床结构与水源涵养受损所需的费用，分别为7.969万元和865.61万元，合计873.579万元。王德贵与夏顺安、夏顺泉、范桂明、王＊＊、李科、夏宗翔、肖建军、阳建国、陈文志等原审被告分工合作、共同利用158号采砂船共同实施了对洞庭湖下塞湖周边区域非法采砂行为，对采砂区域生态环境资源造成严重损害，严重侵害了环境公共利益，对采砂区域生态环境资源的损害属共同侵权行为。上诉人王德贵与原审被告王＊＊、肖建军、夏宗翔只参与了利用158号采砂船实施对洞庭湖下塞湖周边区域非法采砂行为，王德贵非法获利664.2594万元，应该对其参与的共同侵权行为承担相应的民事责任。由于本案158号采砂船的实际采砂量无法确定，原审按照王德贵与夏顺安、肖建军、夏宗翔等原审被告共同利用158号采砂船获利1476.132万元占夏顺安涉黑恶团伙全部非法获利2243.333万元的比例来确定其民事责任比例更符合本案实际。《中华人民共和国侵权责任法》第八条规定“二人以上共同实施侵权行为，造成他人损害的，应当承担连带责任”，上诉人王德贵与原审被告夏顺安、肖建军、夏宗翔共同侵权，王德贵与其他原审被告具有共同的意思联络，上诉人王德贵与原审被告肖建军、夏宗翔在574万元范围内承担连带赔偿责任于法有据。一审法院已经将王德贵承担连带赔偿责任的金额限定在其参与实施的环境损害范围内。故王德贵上诉“应该承担按份赔偿责任即对574万元的10%份额57.4万元承担按份赔偿责任”的上诉理由不能成立，本院不予采纳。判决生效后，王德贵实际承担的连带责任超过自己责任份额的，可以向其他连带责任人追偿。至于各连带责任人之间份额一审判决没有明确，而上诉人上诉亦没有主张明确，这是当事人对自己诉讼权利的处分，本院可不对此进行评判。上诉人王德贵提出执行能力的问题，不能成为免除或减轻其承担民事侵权责任的法定理由，该上诉理由本院亦不予采纳。

建设法治中国，每一个公民都不能置身事外，公民不仅仅是法治中国前行的受益者，更应该是参与者。我国是成文法国家，所有的正在有效实施的法律、法规均已经对社会公布，在我国范围内从事民事活动的一切组织和个人均有知晓并遵守法律的义务，因此当事人以不知晓法律为由提出抗辩本院不予支持。刑事责任与侵权民事责任是两种不同性质的责任，法律依据不同，承担责任的方式也不同。侵权人因同一污染环境的行为承担刑事责任后，不影响依法承担民事侵权责任。谁污染谁治理，谁破坏谁担责。原审被告夏顺安等主张“承担了刑事责任，不应当再承担民事责任”，“不知道违法了”等答辩意见亦不成立，本院不予采纳。

另本院依法对当事人包括羁押在监狱的上诉人和原审被告送达了传票，考虑部分当事人羁押在监狱，采取了现场开庭与远程视频开庭结合的方式充分保障了当事人的诉讼权利。

综上所述，王德贵的上诉请求不成立，应予驳回。一审判决认定事实清楚，适用法律正确，应予维持。依照《中华人民共和国民事诉讼法》第一百四十四条、第一百七十条第一款第一项规定，判决如下：

驳回上诉，维持原判。

二审案件受理费47962元，由王德贵负担。

本判决为终审判决。

第二节　共同侵权与生态资源损失的司法酌定

——江苏省泰州市人民检察院诉王小朋等59人生态破坏民事公益诉讼案评析

【案例级别】指导性案例
【案例来源】最高人民法院指导性案例175号
【案件类型】民事
【文书类型】判决书
【审理程序】二审（终审）
【案　　号】（2019）苏民终1734号
【关 键 词】民事；环境公益诉讼；共同侵权；生态资源损失；司法酌定

【裁判要旨】

非法捕捞水产品案中，捕捞者和收购者捆绑在同一条利益链条上，彼此互相利用、互相支持，具有高度协同性，构成共同侵权，各自行为均为整体侵权行为的一部分。收购者与生态资源损害之间有法律上的因果关系，应在所涉的生态资源损失范围内承担连带赔偿责任。

在生态资源损失在无法准确计算时，应结合生态破坏的范围和程度、资源的稀缺性等因素，在充分考量非法行为的方式破坏性、时间敏感性和地点特殊性的基础上，参考专家意见，酌情认定生态资源损失的赔偿数额。

【基本案情】

2018年上半年，董瑞山、丁浩希等38人，为出售鳗鱼苗谋取非法利益，单独或共同在长江干流水域，使用网目尺寸小于3毫米的张网等禁用渔具，非法捕捞具有重要经济价值鳗鱼苗。高锦初等人，明知鳗鱼苗系他人非法捕捞所得，仍多次向收购鳗鱼苗，并加价出售给王小朋等人，以此谋取非法利益。王小朋等人签订合伙协议、共同出资，建立了收购鳗鱼苗的合伙组织。2018年上半年，王小朋等人共同出资收购他人非法捕捞所得的鳗鱼苗，共收购长江鳗鱼苗116999条，后加价出售给秦利兵以及其他人员，均分非法获利。秦利兵在明知王小朋等人向其出售的鳗鱼苗系在长江水域中非法捕捞的情况下，向王小朋等13人收购长江鳗鱼苗合计40263条。

【争议焦点】

1. 案涉长江鳗鱼苗的数量认定和举证责任问题；

2. 收购者与捕捞者是否构成共同侵权以及对生态资源损失赔偿责任分担是否合理问题；

3. 关于长江鳗鱼苗以30元/条的价值估值是否有依据问题；

4. 关于按照鳗鱼资源损失价值的2.5倍计算生态资源损失是否合理问题。

【裁判说理】

法院生效裁判认为：

一、关于案涉长江鳗鱼苗的数量认定和举证责任问题

收购者，与捕捞者直接发生收购、交易行为，无论是证据距离还是举证能力，均强于原公益诉讼起诉人，应承担举证责任。泰州市人民检察院一审提交了充分证据，用以证明一审诉请所主张的案涉鳗鱼苗为长江鳗鱼苗及鱼苗数量的事实，其中并就原审被告供述收购的海洋鳗鱼苗部分予以扣减。上述证据证明方向一致，证据之间相互印证，足以形成法官的内心确信。尽管长江鳗鱼苗与海鳗鱼苗无法在外观上加以区别，根据本案现有证据，原审认为王小朋等人收购并贩卖以及向秦利兵出售的鳗鱼苗系捕捞自长江存在高度可能性，符合民事诉讼法高度盖然性的司法原则。上诉人秦利兵、王小朋等人未能提供证据证明其关于案涉鳗鱼苗不确认均为江鳗苗的主张，对该上诉理由本院不予支持。

本案系民事公益诉讼案件，追究秦利兵、王小朋等13人的侵害行为，从收购行为有事实依据开始起算，不限于禁渔期的非法捕捞、收购行为，还包

括在非禁渔期内，使用禁用工具非法捕捞、收购给长江生态资源造成的损害。

二、关于收购者与捕捞者是否构成共同侵权以及对生态资源损失赔偿责任分担是否合理问题

非法捕捞与收购形成了完整的利益链条，共同造成生态资源损害。主观上，捕捞者和收购者对于非法捕捞、收购长江鳗鱼苗的违法性以及该行为将会给长江生态资源造成损害的后果有清晰的认知。为谋取非法利益，各自在利益链条中发挥不同作用。收购者与捕捞者之间、收购者与收购者之间具有共同的意思联络。客观行为上，案涉鳗鱼苗特征明显，体型细小却价格高昂，无法进行人工繁育，也无法直接食用。收购是非法捕捞实现获利的唯一渠道无法直接食用，收购是非法捕捞实现获利的唯一渠道，捕捞者和收购者在这条利益链条上捆绑在一起，彼此互相利用、互相支持，缺一不可，各自行为均为整体侵权行为的一部分。故收购者与生态资源损害之间有法律上的因果关系，应在各自所涉的生态资源损失范围内承担连带赔偿责任。

三、关于长江鳗鱼苗以 30 元/条的价值估值是否有依据问题

我国民事侵权赔偿适用的是全部赔偿原则即填平原则，案涉长江鳗鱼苗被非法捕捞一经离开水体，资源损失即产生，侵权人实现全部赔偿该部分损失的理想方案即从市场购得同样的长江鳗鱼苗放回长江中。虽然长江鳗鱼苗不能交易，但长江鳗鱼苗的交易市场客观真实存在。原审被告之间交易长江鳗鱼苗的具体价格在 18 元/条至 39.5 元/条之间，价格波动较大，靖江市价格认定中心认定，长江鳗鱼苗在 2018 年 1 月至 3 月中旬的交易价格为 35 元/条，3 月下旬为 30 元/条，介于原审被告具体交易价格之间，符合市场实际情况。王小朋等 9 人关于 30 元/条的销售价包含了鳗鱼苗自身价值、运输、人力、包装等成本和利润等价格因素，以销售价确定自身价值存在不合理的主张，因非法捕捞和收购属于违法犯罪行为，上诉人为了实施违法犯罪行为所投入的运输、人力等成本以及利润本身就属于应没收范畴。王小朋等 9 人、陶银芬关于应按实参照捕捞贩卖的 18-20 元/条的价格或根据刑事判决书认定的上诉理由本院不予采纳。一审判决按照 30 元/条确定长江鳗鱼苗价值有事实和法律依据。

四、关于按照鳗鱼资源损失价值的2.5倍计算生态资源损失是否合理问题

鳗鱼苗于2014年被世界自然保护联盟列为濒危物种，也属于江苏省重点保护鱼类，本案原审被告采用网目极小的张网进行捕捞，而且案涉的捕捞、收购行为主要发生于长江禁渔期，该时期系包括鳗鱼资源在内的长江水生生物资源繁衍生殖的重要时段。捕捞行为不仅对鳗鱼种群的稳定造成严重威胁，还威胁其他渔业生物，破坏了长江生物资源的多样性，给长江生态资源带来不可弥补的侵害。根据《江苏省渔业管理条例》第三十八条、《最高人民法院关于审理环境民事公益诉讼案件适用法律若干问题的解释》第二十三条关于生态环境修复费用确定所考察的因素和参考的依据，酌定以鳗鱼资源损失价值的2.5倍确定生态资源损失，有事实和法律依据。

【裁判结果】

江苏省南京市中级人民法院于2019年10月24日作出（2019）苏01民初2005号民事判决：

一、王小朋等13名非法收购者对其非法买卖鳗鱼苗所造成的生态资源损失连带赔偿人民币8589168元；

二、其他收购者、捕捞者根据其参与非法买卖或捕捞的鳗鱼苗数量，承担相应赔偿责任或与直接收购者承担连带赔偿责任。

王小朋等11名被告提出上诉，江苏省高级人民法院于2019年12月31日作出（2019）苏民终1734号民事判决：

驳回上诉，维持原判。

【相关规定】

《中华人民共和国环境保护法》（2014年修订）第64条

《中华人民共和国民法典》第1168条［原侵权责任法（2010年）第8条］

《中华人民共和国人民陪审员法》第16条

《最高人民法院关于审理环境民事公益诉讼案件适用法律若干问题的解释》第15条、第18条、第20条、第23条、第24条［原《最高人民法院关

于审理环境民事公益诉讼案件适用法律若干问题的解释》（2015年修订）第15条、第18条、第20条、第23条、第24条]

《最高人民法院、最高人民检察院关于检察公益诉讼案件适用法律若干问题的解释》第2条、第7条［原《最高人民法院、最高人民检察院关于检察公益诉讼案件适用法律若干问题的解释》（2018年修订）第2条、第7条]

案例整编人：冯泳琦、宋维彬

附已公开生效判决文书：

江苏省高级人民法院
民 事 判 决 书

（2019）苏民终1734号

上诉人（原审被告）：王小朋等、陶银芬、秦利兵

被上诉人（原审公益诉讼起诉人）：江苏省泰州市人民检察院

原审被告：陆应室等48人（具体名单附后）

上诉人王小朋等9人、陶银芬、秦利兵、原审被告陆应室等48人因与被上诉人江苏省泰州市人民检察院（以下简称泰州市人民检察院）生态破坏民事公益诉讼一案，不服江苏省南京市中级人民法院于2019年10月24日作出的（2019）苏01民初2005号民事判决，向本院提起上诉。本院于2019年11月29日受理后，依法组成合议庭审理了本案。本案现已审理终结。

一审法院认定事实：

一、2018年1月至4月，原审被告董瑞山、丁浩希等38人，单独或共同在长江干流水域，使用网目尺寸小于3毫米的张网等禁用渔具，非法捕捞具有重要经济价值的鳗鱼苗，用于出售谋利。具体详见下表：

序号	时间	人员	网具	地点	捕捞行为	流向
1	2018年2月至3月	张卫红 王荣勤	网目为1.4毫米的2口张网	靖江市长江干流水域	捕捞20余次，共捕获鳗鱼苗至少127条	出售给陆应室、秦书建、陶银芬至少97条，出售给他人（身份不明）30余条
2	2018年3月至4月1日	张利民	网目为1.66毫米的张网	靖江市长江干流水域	捕捞6次，共捕获鳗鱼苗至少96条	出售给陆应室、薛付祥94条，因张利民保管不善造成2条鳗鱼苗死亡
3	2018年2月至3月	张明松	网目为1.5毫米的2口张网	靖江市长江干流水域	捕捞5次，共捕获鳗鱼苗118条	出售给陆应室56条，出售给沙建良62条
4	2018年2月至4月2日	董瑞山	网目为1.1毫米的5口张网	靖江市长江干流水域	捕捞30余次，共捕获鳗鱼苗至少1213条	出售给王小朋，其中262条鳗鱼苗被公安机关扣押后放流
5	2018年2、3月	张明桃	网目为1.25毫米的2口张网	靖江市长江干流水域	捕捞20余次，共捕获鳗鱼苗至少450条	出售给刘福初350余条，出售给陆应室、陶银芬100余条
6	2018年2月至4月2日	黄银培	网目为1.2毫米的2口张网	靖江市长江干流水域	捕捞10余次，共捕获鳗鱼苗127条	出售给刘福初93条（其中51条鳗鱼苗被公安机关扣押后放流），出售给沙建良34条
7	2018年2月至3月	丁浩希	网目为1.33毫米的2口张网	靖江市长江干流水域	捕捞3次，共捕获鳗鱼苗147条	出售给沙建良
8	2018年2月至4月	丁林根	网目为2毫米的2口张网	靖江市长江干流水域	捕捞30余次，共捕获鳗鱼苗356条	出售给王小朋，其中173条鳗鱼苗被公安机关扣押后放流

续表

序号	时间	人员	网具	地点	捕捞行为	流向
9	2018年2月至3月	翟子松	网目为2毫米的2口张网	靖江市长江干流水域	捕捞7、8次，共捕获鳗鱼苗至少240条	出售给陆应室
10	2018年1月至2月	侯三涛	网目为1.25毫米的2口张网	靖江市长江干流水域	捕捞10余次，共捕获鳗鱼苗202条	出售给薛付祥、王观鹏、陶银芬
11	2018年2月至3月	朱网兴	网目为1.4毫米的2口张网	靖江市长江干流水域	捕捞10余次，共捕获鳗鱼苗36条	出售给朱秀芳
12	2018年2月18日、3月20日左右	张怀元	网目为1.3毫米的2口张网	靖江市长江干流水域	捕捞2次，共捕获鳗鱼苗22条	出售给刘福初13条，出售给陆应室9条
13	2018年2月至3月	陆进华	网目为2毫米的2口张网	靖江市长江干流水域	捕捞5、6次，共捕获鳗鱼苗至少67条	出售给沙建良
14	2018年1月至4月	赵灿彬 陆美玉	网目为1.6毫米的2口张网	靖江市长江干流水域	捕捞三、四十次，共捕获鳗鱼苗至少448条	出售给陆应室、沙建良至少314条，出售给高锦初9条，出售给赵明其125条
15	2018年2月至3月	刘金玉	网目为1.1毫米的1口张网	如皋市长江进水口	捕捞10余次，共捕获鳗鱼苗36条	出售给秦书建4条，出售给他人（身份不明）32条
16	2018年3月	张有松	网目为2.2毫米的2口张网	靖江市长江干流水域	捕捞5次，共捕获鳗鱼苗108条	出售给沙建良60条，出售给刘福初48条
17	2018年2月	耿宝成	网目为1.5毫米的8口张网	南通市长江干流水域	捕捞10余次，共捕获鳗鱼苗至少90条	出售给周玉刚
18	2018年2月	张勇智	网目为1.6毫米的3口张网	南通市长江干流水域	捕捞10余次，共捕获鳗鱼苗至少80条	出售给周玉刚

续表

序号	时间	人员	网具	地点	捕捞行为	流向
19	2018年2月	陈邦良	网目为1.3毫米的13口张网	南通市长江干流水域	捕捞10余次，共捕获鳗鱼苗至少80条	出售给何国生
20	2018年1月至2月	邵振华	网目为2.2毫米的19口张网	南通市长江干流水域	捕捞10余次，共捕获鳗鱼苗至少80条	出售给何国生
21	2018年1月至2月	刘志仁	网目为2毫米的5口张网	南通市长江干流水域	捕捞10余次，共捕获鳗鱼苗至少60条	出售给周玉刚
22	2018年1月至2月	陈建飞	网目小于3毫米的8口张网	南通市长江干流水域	捕捞10余次，共捕获鳗鱼苗至少50条	出售给周玉刚
23	2018年2月至4月	张洪飞	网目为1.3毫米的2口张网	靖江市长江干流水域	捕捞5、6次，共捕获鳗鱼苗116条	其中出售给刘福初22条，出售给陆应室91条，因张洪飞保管不善造成3条鳗鱼苗死亡
24	2018年3月	周海祥	网目为0.8毫米的2口张网	靖江市长江干流水域	捕捞7、8次，共捕获鳗鱼苗至少150条	出售给束栋
25	2018年2月至3月	陶保山	网目为1毫米的2口张网	靖江市长江干流水域	捕捞10余次，共捕获鳗鱼苗210余条	出售给束栋至少160条，出售给他人（身份不明）50余条

续表

序号	时间	人员	网具	地点	捕捞行为	流向
26	2018年2月	沈和松 于纪兴 龚金宏	于纪兴使用网目为1毫米的2口张网、沈和松使用网目为2毫米的2口张网、龚金宏使用网目为1.6毫米的2口张网	靖江市和张家港长江干流水域	共捕获鳗鱼苗101条	出售给王小朋91条，所得款项按船平分，因沈和松等人保管不善造成10条鳗鱼苗死亡
27	2018年2月至3月	张玉英	网目为2.2毫米的1口张网	靖江市长江边	捕捞7、8次，共捕获鳗鱼苗35条	出售给陆应室
28	2018年2月至3月	王银青 黄小芳	网目为1.7毫米的2口张网	靖江市长江干流水域	共捕获鳗鱼苗37条	出售给秦书建
29	2018年2月至3月	陆彩富 李桂娟	网目为1.7毫米的2口张网	靖江市长江干流水域	捕捞7、8次，共捕获鳗鱼苗至少70条	出售给陆应室
30	2018年2月	张浩成	网目为1.3毫米的2口张网	靖江市长江干流水域	捕捞3次，共捕获鳗鱼苗36条	出售给刘福初
31	2018年3月	张跃明	网目为1.4毫米的2口张网	靖江市长江干流水域	捕捞3、4次，共捕获鳗鱼苗36条	出售给陆应室、陶银芬
32	2018年2月至4月2日	张亚明	网目为1.3毫米的2口张网	靖江市长江干流水域	捕捞5、6次，共捕获鳗鱼苗至少92条	其中出售给陆应室至少49条，出售给他人（身份不明）40条，因张亚明保管不善造成3条鳗鱼苗死亡

二、2018年1月至4月，原审被告高锦初等7人，为谋取非法利益，明知所收购的鳗鱼苗系他人非法捕捞所得，仍在靖江市，分别多次向非法捕捞人员收购鳗鱼苗，并加价出售给王小朋等人。具体详见下表：

序号	时间	人员	地点	收购行为	流向
1	2018年1月至2月	高锦初	靖江市六助港、安宁港等地	多次向赵灿彬以及他人（身份不明）收购鳗鱼苗72条	其中加价出售给秦书建62条，因高锦初保管不善造成10条鳗鱼苗死亡
2	2018年2月至4月	刘福初	靖江市新港村张家埭41-1号家中等地	多次向张有松、张明桃、黄银培、张怀元、张浩成、张洪飞收购鳗鱼苗至少562条	其中加价出售给秦书建等人至少511条，其余51条被公安机关扣押后放流
3	2018年3月至4月	高金伯	靖江市四圩港、上六圩港、十圩港附近	多次收购鳗鱼苗至少507条	加价出售给王小朋、董国胜419条，其中73条被公安机关扣押后放流，由于高金伯保管不善造成至少88条鳗鱼苗死亡
4	2018年3月至4月	郑秀荣	靖江市江阴经济开发区靖江园区六圩村中兴圩10号家中	多次收购鳗鱼苗共计4320余条	加价出售给王小朋、董国胜，其中920条鳗鱼苗被公安机关扣押后放流
5	2018年1至3月	朱秀芳	靖江市蟛蜞港附近	多次向朱网兴等人收购鳗鱼苗共计至少80条	加价出售给王小朋
6	2018年3月	赵明其	靖江市夏仕港附近	多次向赵灿彬等人收购鳗鱼苗共计294条	加价出售给秦书建
7	2018年2月至3月	束栋	靖江市蟛蜞港附近	向陈海坤、周海祥、陶保山收购鳗鱼苗至少510条	加价出售给王小朋

三、2018年初，原审被告王小朋等人，为谋取非法利益，通过签订合伙

协议、共同出资等方式建立收购鳗鱼苗的合伙组织。2018 年 1 月至 4 月间，王小朋等人明知所收购的鳗鱼苗系他人非法捕捞所得，仍共同出资收购，并统一对外出售，均分非法获利。王小朋等人按区域划分分工，至靖江市安宁港、蟛蜞港、南通市通州区，向高锦初等 7 人以及董瑞山、丁浩希等 38 人非法贩卖或捕捞人员收购长江鳗鱼苗 116999 条，后加价出售给秦利兵以及其他人员。

四、2018 年 1 月至 3 月，原审被告秦利兵在明知王小朋等人向其出售的鳗鱼苗系在长江水域中非法捕捞的情况下，向王小朋等 13 人收购长江鳗鱼苗合计 40，263 条。

中国水产科学研究院淡水渔业研究中心于 2019 年 1 月 18 日向泰州市人民检察院出具一份《关于王小朋等人民事公益诉讼案中非法捕捞水产品造成生态资源损害的专家评估意见》，结合专家评估意见的出具人周彦锋一审出庭接受各原审被告方询问的意见，内容包括：（一）本案所涉及的鳗鱼，学名为日本鳗鲡，2014 年被世界自然保护联盟列为濒危物种，属于江苏省重点保护鱼类，至今无法人工繁殖。鳗鲡在长江干流生长至性成熟，然后回到深海产卵，干流捕捞会损害鳗鱼种群繁衍。（二）使用禁用网具捕捞鳗鱼苗作业多集中在鱼类繁育区，渔获物主要是鱼类幼苗，破坏鳗鲡族群稳定；易误捕其他保护物种和其他水生生物，导致生物多样性减少，水域食物链破坏。案涉禁用渔具网目尺寸小，选择性差，是一种竭泽而渔的高强度捕捞网具，对生产、资源、环境均有较大危害。建议以直接经济损失的 3 倍价格对渔业资源损失进行赔偿，即捕获每条鳗鱼苗应承担渔业资源损失 90 至 105 元，本案渔业资源损失合计金额为 1053 万元以上，用于长江靖江、南通段水域生境保护和渔业资源保护，补偿因违法捕捞造成的资源损失和生态破坏。

靖江市价格认定中心于 2018 年 4 月 16 日、5 月 3 日分别出具的《价格认定结论书》（靖价认定刑〔2018〕92、110 号）载明，经靖江市价格认定中心认定，2018 年 1 月 1 日至 3 月中旬，长江鳗鱼苗价值为 35 元/条；3 月下旬，长江鳗鱼苗价值为 30 元/条。

与本案相关的泰州医药高新技术产业开发区人民法院（2018）苏 1291 刑初 315 号刑事判决载明，相关原审被告在该案中退缴违法所得如下：

序号	姓名	退缴违法所得（元）	序号	姓名	退缴违法所得（元）
1	王小朋	185757	20	张有松	2430
2	郑秀荣	2000	21	张洪飞	2670
3	刘福初	100	22	周海祥	3000
4	高金伯	300	23	陶保山	4000
5	赵明其	140	24	张玉英	700
6	束栋	500	25	王银青	800
7	丁林根	7700	26	陆彩富	1500
8	张卫红	2000	27	张跃明	790
9	张利民	2060	28	张亚明	1690
10	张明松	2590	29	侯三涛	2900
11	董瑞山	28590	30	沈和松、于纪兴、龚金宏	2000
12	张明桃	10200	31	张浩成	800
13	黄银培	2720	32	耿宝成	2430
14	丁浩希	3230	33	张勇智	2000
15	翟子松	4960	34	陈邦良	2000
16	朱网兴	990	35	邵振华	2000
17	张怀元	550	36	刘志仁	1400
18	陆进华	1460	37	陈建飞	1000
19	赵灿彬	10770			

泰州市人民检察院根据《中华人民共和国民事诉讼法》第五十五条第二款等法律规定，依法提起民事公益诉讼，请求：1. 判令王小朋等59名原审被告对其非法捕捞、贩卖、收购鳗鱼苗所造成的鳗鱼资源损失和其他生态资源损失承担赔偿责任。鳗鱼资源损失按30元/条计算，其他生态资源损失按鳗鱼资源损失的1.5倍至3倍计算；2. 判令王小朋等59名原审被告对其非法捕捞、收购、贩卖鳗鱼苗损害社会公共利益的行为在国家级媒体公开赔礼道歉。

王小朋等59名原审被告在原审共同辩称：1. 认识到自身行为造成的不良

影响，愿意在媒体上公开赔礼道歉；2. 对鳗鱼资源价值应当分别按照实际交易价格或者平均收购价格计算，而非按照公益诉讼起诉人主张的 30 元/条计算；3.《江苏省渔业管理条例》第三十八条中“渔业资源损失”及“渔业生物致死量”均应包括鳗鱼资源损失，公益诉讼起诉人主张对于鳗鱼资源损失之外的其他生态资源损失按鳗鱼资源损失的 1.5 倍至 3 倍计算缺乏依据；4. 各原审被告在与本案相关的刑事案件中已经退缴的违法所得应当在本案生态资源损害民事赔偿的数额内予以抵扣；5. 部分原审被告年龄较大，主观上不知道捕捞鳗鱼苗是违法行为，家庭困难且没有劳动能力，请求法院予以充分考虑。

王小朋等 9 人、陆应室等 4 人、秦利兵等在原审还辩称：1. 捕捞行为与收购行为相互独立，且本案的损害结果在捕捞行为发生时即已产生，故收购行为与本案损害结果之间并无因果关系，不应承担侵权责任，也不应与捕捞者承担连带责任；2. 目前尚无证据证明案涉 116999 条鳗鱼苗全部是用张网方式从长江中捕捞，对秦利兵收购的长江鳗鱼苗数量认定存在错误，部分原审被告捕捞鳗鱼苗的数量不准确；3. 陆应室等 4 人与王小朋等 9 人之间并非合伙关系，而是买卖关系，不应共同承担连带责任；4. 参与收购鳗鱼苗时间较短、获利较小，应减轻相应的民事赔偿责任。

一审法院认为：

一、关于生态资源损失如何认定问题

泰州市人民检察院参照可交易的鳗鱼苗市场交易价格，并结合本案部分捕捞者的供述以及靖江市公安局从王小朋家中扣押的相关《收条》、《收据》中载明的鳗鱼苗收购和贩卖价格区间，主张按照 30 元/条确定长江鳗鱼苗价值具有事实和法律依据。

根据《最高人民法院关于审理环境民事公益诉讼案件适用法律若干问题的解释》第二十三条规定、《江苏省渔业管理条例》第三十八条规定，结合本案主要发生于长江禁渔期及其破坏性捕捞方式，该院酌定以鳗鱼资源损失价值的 2.5 倍确定生态资源损失。

二、关于原审被告对生态资源损失赔偿责任承担的问题

董瑞山、丁浩希等 38 名捕捞者违反法律法规规定，非法捕捞鳗鱼苗，依

照《中华人民共和国侵权责任法》第六条规定，应当在其各自非法捕捞范围内承担相应的赔偿责任。

本案中的收购者明知鳗鱼苗系非法捕捞而来仍然进行收购，收购者与生态资源损害之间有法律上的因果关系，应当依照《中华人民共和国侵权责任法》第八条规定在各自所涉的生态资源损失范围内承担连带赔偿责任。1. 非法捕捞与收购形成了完整的利益链条，共同造成生态资源损害。在这一链条中，相邻环节原审被告之间具有共同的意思联络，存在相互利用、彼此支持的行为分担情形，均从非法捕捞行为中获得利益，具有高度协同性，行为与长江生态资源损害结果之间具有法律上的因果关系。2. 收购诱发了非法捕捞。案涉鳗鱼苗特征明显，体型细小却价格高昂，无法进行人工繁育，也无法直接食用。收购是非法捕捞实现获利的唯一渠道，是引发非法捕捞和层层收购行为的主要原因。收购者主观上与捕捞者同样存在放任长江鳗鱼资源及其他生态资源损害结果出现的故意。

三、关于已经退缴的违法所得能否抵扣本案生态资源损害赔偿数额的问题

该部分款项属于破坏生态所获得的非法利益，与本案生态损害赔偿责任款项具有同质属性，应当在本案生态资源损害赔偿范围内予以抵扣。

鉴于本案审理过程中，中央电视台等多家国内主流媒体对庭审进行了全程现场直播报道，针对公益诉讼起诉人关于赔礼道歉的诉讼请求，各原审被告已在庭前会议中或经委托诉讼代理人当庭通过媒体表示，对于非法捕捞、收购、贩卖鳗鱼苗造成生态破坏、损害社会公共利益的行为向社会公开进行赔礼道歉，故该项诉讼请求的内容已经在案件审理中得以实现。

本案生态资源损失赔偿数额的计算方式为：生态资源损失赔偿数额=非法捕捞或收购的鳗鱼苗条数（包括相关原审被告因保管不善造成鳗鱼苗死亡条数以及与其他身份不明人员交易的鳗鱼苗条数）×30（元/条）×2.5（系数）-已经退缴的违法所得。与此同时，考虑到本案中部分原审被告经济较为困难、年龄较大且经济偿付能力欠缺的实际情况，该院允许采用劳务代偿的方式在其应当承担的赔偿数额范围内予以折抵。

一审法院依照《中华人民共和国环境保护法》第六十四条，《中华人民共

和国侵权责任法》第六条、第八条，《中华人民共和国人民陪审员法》第十六条，《最高人民法院关于审理环境民事公益诉讼案件适用法律若干问题的解释》第十五条、第十八条、第二十条、第二十三条、第二十四条，《最高人民法院、最高人民检察院关于检察公益诉讼案件适用法律若干问题的解释》第二条、第七条，《中华人民共和国民事诉讼法》第五十五条之规定，判决各原审被告承担相应的民事责任（一审判决主文内容和案件受理费附后）。

王小朋等9人、陶银芬、秦利兵不服一审判决，向本院提起上诉。各上诉人共同的上诉理由如下：

（一）案涉鳗鱼苗数量认定依据不足。公益诉讼起诉人对绝大多数长江鳗鱼苗的认定仅有收购人的自认笔录，这些笔录也仅从主观方面进行推断，根本未达到高度盖然性的证明标准。一审法院将举证责任分配给上诉人等收购人，要求收购人对鳗鱼苗来自于海域苗进行举证明显不符合证据规则。非法捕捞、收购长江鳗鱼苗11万余条缺乏充分证据证实，应从总数中予以排除核减。王小朋等9人提出，收购的非法捕捞和非法收购的鳗鱼苗最多也只有61919条，远远低于一审判决书认定的条数。公益诉讼起诉人未提供新的证据足以推翻刑事判决书的认定；送货时间是在3月初，捕捞时间应在2月份，不在禁渔期时间内，刑事判决书作出了不利于原审被告的认定。陶银芬主张长江鳗鱼苗与海鳗鱼苗没有本质区别，结合相关资料及从事鳗鱼养殖专业人员的意见，很多鳗鱼都是采用灯光引诱方式从入海口捕获；公益诉讼起诉人仅依据王小朋一人打款时间倒推得到所有渔民捕捞、收购者贩卖时间，方法逻辑错误。秦利兵认为即使根据刑事判决书认定，其涉案收购的鳗鱼苗仅为29298条，也并非一审法院认定的40263条。

（二）收购者与捕捞者没有共同侵权行为，不应共同承担连带赔偿责任。主观上在捕捞环节并没有与渔民产生过非法捕捞的意思联络，客观上没有共同实施非法捕捞的行为，也不存在教唆、帮助渔民去实施非法捕捞行为，故收购行为与长江生态资源损害没有法律上的因果关系。陶银芬上诉还主张生态资源遭到破坏这一侵权结果的发生并非单独因捕捞行为导致，不能将生态资源的损害原因均归责于非法捕捞。

（三）按照鳗鱼资源损失价值的2.5倍计算生态资源损失不合理。王小朋等9人和秦利兵认为应由非法捕捞者承担，收购者与捕捞者之间没有共同犯罪和共同侵权，无需为他人的行为负责。王小朋等9人还提出不能以总量来评估本案的损失和每个人的过错，应当视每个捕捞者为单独的被告，再评估情节的轻重和损失的大小。秦利兵认为收购者与捕捞者一样承担鳗鱼资源损失价值的2.5倍，责任过重，收购环节与前面环节不能同等看待。另外本案所涉江苗数量占极小比例，对长江生态系统的影响极其微小，从实际捕捞情况看，没有证据证明对其他水生生物的影响程度。陶银芬主张未考虑工厂偷排建筑、生活垃圾等对水资源的污染均系导致鱼类资源破坏的因素。

王小朋等9人、陶银芬还就长江鳗鱼苗价值估值合理性分别提出各自的上诉理由。王小朋等9人上诉称，靖江市价格论证中心作出的价格论证意见不能作为确定价值的依据。长江鳗鱼苗属于禁捕，理论上不存在销售，特别是在本案案发后，靖江市场上已经不可能再存在交易行为。30元/条是销售价，销售价包含了自身价值、运输、人力、包装等成本和利润等价格因素，因此以销售价确定自身价值存在不合理性。根据刑事判决书的认定，捕捞者出售给上诉人的价格基本在18-25元/条之间，以该价格作为长江鳗鱼苗的价值依据，既公平合理又有事实依据。陶银芬上诉称，若根据实际捕捞、收购人员的价格认定，应按实参照捕捞贩卖的18-20元/条的价格进行认定。

陶银芬对一审法院认定的“陶银芬与王小朋等13人共同签订合伙协议，从2018年1月至4月间与王小朋等13人长期结伙、共同出资收购、平均分配收益、分派收购区域、统一对外出售，成立非法收购鳗鱼苗组织”的事实以及其在刑事案件中退出的违法所得在民事判决中未予认定提出异议。

泰州市人民检察院答辩称：

一、案涉鳗鱼苗系长江鳗鱼苗及数量认定的证据充分。1. 答辩人向法庭提供了充足的证据证明了案涉鳗鱼苗的数量和来源，证明起诉事实的证据达到了高度盖然性的情况下，秦利兵、王小朋等人未能向法庭提供证据证明其主张，一审判决要求其承担不利后果，符合《最高人民法院关于适用<中华人民共和国民事诉讼法>的解释》第九十条第二款的规定。2. 刑事案件中对非法收购鳗鱼苗数量的计算时间是从2018年禁渔期开始，即2018年3月初。在民事公益诉讼案件中，追究秦利兵、王小朋等人的侵害长江生态资源的侵权赔偿责任，不限于禁渔期的非法捕捞、收购行为，还包括在非禁渔期内，使用禁用工具非法捕捞、收购给长江生态资源造成的损害，秦利兵、王小朋等9人认为本案认定的鳗鱼苗受损数量超出刑事判决认定的数量不合理的上诉理由不成立。对鳗鱼苗受损数量的认定应从2018年1月份开始起算。

二、收购行为属于对长江生态资源的侵权行为。1. 本案中非法捕捞与收购已经形成了完整的利益链条。相邻环节的收购者与捕捞者，收购者与收购者之间存在互相利用、彼此支持的关系，均从非法捕捞的行为中获益，并共同造成长江生态资源的损害。秦利兵与王小朋等人之间的收购行为直接诱发了捕捞行为。2. 秦利兵对非法捕捞鳗鱼苗造成长江生态资源损害有主观过错。秦利兵对渔民采用“绝户网”张网捕捞鳗鱼苗的方式以及使用“绝户网”捕捞给长江生态资源所造成的损害是明知的，仍然主动积极地收购，主观上存在放任长江鳗鱼资源及其他生态资源损害结果发生的故意。3. 王小朋等人与向其直接出售的收购者及捕捞者之间存在明显的意思联络。

三、本案按鳗鱼资源损失的2.5倍计算长江生态损失合理。1. 本案原审被告采用不择手段、竭泽而渔的禁用网具“绝户网”进行捕捞，造成了已经面临濒危的鳗鱼种群的稳定受到严重威胁。加之本案捕捞时间的敏感性、捕捞频率的高强度性、捕捞地点的特殊性，更是破坏了长江生物资源的多样性，给长江生态资源带来的损害具有毁灭性。2. 王小朋等9人主张单独以捕捞者的单次捕捞行为、捕捞数量来衡量本案的侵权责任，目的是使本案王小朋等人不承担其大肆收购行为引发的生态损害赔偿责任，显然是规避法律，亦不符合民事责任相称原则。3. 不排除环境污染、拦河筑坝等行为均会造成长江生态资源损害，但本案追究的是非法捕捞、收购、贩卖鳗鱼苗的行为给长江生态资源造成的损害，上诉人并不能因为环境污染等因素而免除其侵权行为对长江生态造成的损害赔偿责任。

四、本案以30元/条认定鳗鱼苗资源损失的价值合理。长江鳗鱼苗的交易市场真实存在。靖江市价格认定中心按照《价格认定行为规范》规定的程序和方法，对案涉鳗鱼苗进行市场交易价格认定，其结果真实可信，能够代表该时段长江鳗鱼苗的交易价格。所认定的价格介于原审被告具体交易价格之间，符合市场实际情况。司法实践多以市场交易价格作为认定评估价值的参数。农业农村部出台的《水生野生动物及其制品价值评估办法》也规定了实际交易价格高于评估价值的，按实际交易价格计算。

五、泰州医药高新技术产业开发区人民法院（2018）苏1291刑初315号生效刑事判决认定陶银芬与王小朋等人之间是合伙关系。陶银芬履行了入伙约定、存在共同出资、参与共同经营、共同劳动的行为，与王小朋等人约定共负盈亏，上述事实有陶银芬本人的供述、陶银芬于2018年3月底与王小朋等12人共同签订的《责任承诺》证实，还得到王小朋、其他原审被告的供述印证。

综上所述，答辩人认为，本案一审判决认定事实清楚，证据确实、充分，适用法律正确，请求二审法院驳回上诉人的上诉请求。

二审中，当事人没有提交新证据。

对于陶银芬提出的“其未与王小朋等人共同出资、共同经营、参与决策商定价格，也未与王小朋均分收益，不具备合伙的必备条件”以及“刑事案件中其退出的违法所得在民事判决中未认定”的事实异议，本院认定如下：

已经生效的泰州医药高新技术产业开发区人民法院（2018）苏1291刑初315号刑事判决查明：“2018年3月至4月，被告人王小朋伙同被告人董国胜、秦书建、沙建良、薛付祥、陆应室、陶银芬、何国生、周玉刚、何建忠、顾国祥、王观鹏、卢翠芬，明知所收购的鳗鱼苗系他人非法捕捞所得，为谋取非法利益，仍共谋共同出资收购鳗鱼苗，统一收购价格，统一对外出售，均分非法获利……陶银芬归案后如实供述了自己的罪行。”另上述生效刑事判决没有认定陶银芬退出违法所得。陶银芬在本案诉讼中未提交相反的证据推翻已为生效刑事判决所确认的事实，亦未提交其在刑事案件中退出违法所得的证据。

结合各上诉人的上诉理由、被上诉人的答辩意见，本院归纳争议焦点如下：一、案涉长江鳗鱼苗的数量认定是否依据充分，由谁来承担鳗鱼苗来源的举证责任；二、收购者与捕捞者是否构成共同侵权，对生态资源损失赔偿责任分担是否合理；三、长江鳗鱼苗以30元/条的价值估值是否依据充分；四、按照鳗鱼资源损失价值的2.5倍计算生态资源损失是否合理。

本院认为：

一、关于案涉长江鳗鱼苗的数量认定和举证责任问题

泰州市人民检察院一审提交了生效刑事判决书、上诉人王小朋等合伙组

织成员、秦利兵的供述、其他原审被告的供述、证人证言等证据，以及收条、如东三龙养鳗场的账册、银行交易记录等书证，用以证明一审诉请所主张的案涉鳗鱼苗为长江鳗鱼苗及鱼苗数量的事实，其中并就原审被告供述收购的海洋鳗鱼苗部分予以扣减。上述证据证明方向一致，证据之间相互印证，足以形成法官的内心确信。尽管长江鳗鱼苗与海鳗鱼苗无法在外观上加以区别，根据本案现有证据，原审认为王小朋等人收购并贩卖以及向秦利兵出售的鳗鱼苗系捕捞自长江存在高度可能性，符合民事诉讼法高度盖然性的司法原则。上诉人作为收购者，与捕捞者直接发生收购、交易行为，无论是证据距离还是举证能力，均强于原公益诉讼起诉人，秦利兵、王小朋等人未能提供证据证明其关于案涉鳗鱼苗不确认均为江鳗苗的主张，对该上诉理由本院不予支持。本案系民事公益诉讼案件，追究秦利兵、王小朋等13人的侵害长江生态资源的侵权赔偿责任，不仅限于禁渔期的非法捕捞、收购行为，还包括在非禁渔期内，使用禁用工具非法捕捞、收购给长江生态资源造成的损害，因此，对鳗鱼苗受损数量的认定，起算时间从2018年1月份即非法捕捞、收购行为有事实依据开始起算，上诉人主张以刑事判决认定的非法收购鳗鱼苗数量认定的上诉理由本院不予支持。

二、关于收购者与捕捞者是否构成共同侵权以及对生态资源损失赔偿责任分担是否合理问题

本案非法捕捞与收购已经形成了完整的利益链条。主观上，每一个捕捞者和收购者对于自己在这个利益链条中所处的位置、作用以及通过非法捕捞、出售收购、加价出售、养殖出售不同方式获取利益的目的均有明确的认知，对于非法捕捞、收购长江鳗鱼苗的违法性和将会给长江生态资源造成损害的后果亦有清晰的判断，收购者与捕捞者之间、收购者与收购者之间具有共同的意思联络；客观行为上，正由于鳗鱼苗目前无法人工繁殖，巨大的市场需求使得养殖场只能通过向捕捞者收购鳗鱼苗的方式来获取幼苗，进而引发了大规模地非法捕捞和层层收购行为。而案涉鳗鱼苗特征明显，无法直接食用，收购是非法捕捞实现获利的唯一渠道，缺乏收购行为，非法捕捞难以实现经济价值，也就不可能持续反复地实施。由此出现本案高度组织化的收购行为，并使得这种收购活动日常化、经常化。捕捞者和收购者在这条利益链条上捆

绑在一起，彼此互相利用、互相支持，缺一不可，各自行为均为整体侵权行为的一部分。故原审认定收购者与生态资源损害之间有法律上的因果关系，应在各自所涉的生态资源损失范围内承担连带赔偿责任，符合《中华人民共和国侵权责任法》第八条的规定。上诉人的上诉理由不成立，本院不予支持。

三、关于长江鳗鱼苗以30元/条的价值估值是否有依据问题

我国民事侵权赔偿适用的是全部赔偿原则即填平原则，参照《中华人民共和国侵权责任法》第十九条规定，侵害他人财产的，财产损失按照损失发生时的市场价格或者其他方式计算。案涉长江鳗鱼苗被非法捕捞一经离开水体，资源损失即产生，侵权人实现全部赔偿该部分损失的理想方案即从市场购得同样的长江鳗鱼苗放回长江中。虽然长江鳗鱼苗不能交易，但长江鳗鱼苗的交易市场客观真实存在。原审被告之间交易长江鳗鱼苗的具体价格在18元/条至39.5元/条之间，价格波动较大，靖江市价格认定中心认定，长江鳗鱼苗在2018年1月至3月中旬的交易价格为35元/条，3月下旬为30元/条，介于原审被告具体交易价格之间，符合市场实际情况。王小朋等9人关于30元/条的销售价包含了鳗鱼苗自身价值、运输、人力、包装等成本和利润等价格因素，以销售价确定自身价值存在不合理的主张，因非法捕捞和收购属于违法犯罪行为，上诉人为了实施违法犯罪行为所投入的运输、人力等成本以及利润本身就属于应没收范畴。王小朋等9人、陶银芬关于应按实参照捕捞贩卖的18-20元/条的价格或根据刑事判决书认定的上诉理由本院不予采纳。一审判决按照30元/条确定长江鳗鱼苗价值有事实和法律依据。

四、关于按照鳗鱼资源损失价值的2.5倍计算生态资源损失是否合理问题

鳗鱼苗于2014年被世界自然保护联盟列为濒危物种，也属于江苏省重点保护鱼类，本案原审被告采用网目极小的张网进行捕捞，加之本案捕捞时间的敏感性、捕捞频率的高强度性、捕捞地点的特殊性，不仅对鳗鱼种群的稳定造成严重威胁，必然会造成其他渔业生物的损失，进而破坏了长江生物资源的多样性，给长江生态资源带来极大的损害。根据《江苏省渔业管理条例》第三十八规定，原审结合《最高人民法院关于审理环境民事公益诉讼案件适用法律若干问题的解释》第二十三条关于生态环境修复费用确定所考察的因

素和参考的依据，酌定以鳗鱼资源损失价值的2.5倍确定生态资源损失，有事实和法律依据。秦利兵的该上诉理由不成立。由于王小朋等人大肆收购行为，引发了捕捞者不择手段的、反复大规模的捕捞行为，从而给长江生态资源带来严重损害，王小朋等9人关于不以总量来评估本案的损失和每个人的过错，而以捕捞者的单次捕捞行为、捕捞数量来评估本案情节的轻重和损失的大小的上诉理由本院不予采纳。造成长江生态资源损害的因素固然很多，但本案追究的是非法捕捞、收购、贩卖鳗鱼苗的行为给长江生态资源造成的损害，不能因其他因素存在而免除上诉人侵权行为对长江生态造成的损害赔偿责任，陶银芬的上诉理由，本院亦不予支持。

综上所述，一审法院认定事实清楚，适用法律正确，程序合法，应予维持。根据《诉讼费用交纳办法》第五十三条规定，一审判决确定部分原审被告共同负担诉讼费用，但未予确认上述原审被告各自应当负担的数额不妥，综合考量原审被告在共同侵权中所起的作用和获利的情况，确定王小朋与其他原审被告个人之间按2：1分摊诉讼费用，赵灿彬和陆美玉、张卫红和王荣勤、王银青和黄小芳、陆彩富和李桂娟、沈和松、于纪兴和龚金宏平均负担诉讼费用，即王小朋负担诉讼费用5896元，董国胜、秦书建、沙建良、何国生、周玉刚、何建忠、顾国祥、王观鹏、陆应室、薛付祥、陶银芬、卢翠芬分别负担诉讼费用2941元；赵灿彬、陆美玉分别负担诉讼费用50元；张卫红、王荣勤、王银青、黄小芳、陆彩富、李桂娟分别负担诉讼费用50元；沈和松、于纪兴、龚金宏分别负担诉讼费用50元，依据《中华人民共和国民事诉讼法》第一百七十条第一款第（一）项之规定，判决如下：

驳回上诉，维持原判决。

二审案件受理费66204元，由王小朋负担7541元，董国胜负担3768元，秦书建负担3768元，沙建良负担3768元，何国生负担3768元，周玉刚负担3768元，何建忠负担3768元，顾国祥负担3768元，王观鹏负担3768元，陶银芬负担3768元，秦利兵负担24751元。王观鹏向本院提出免交申请，经本院审查，符合国务院《诉讼费用交纳办法》第四十五条第（三）项的规定，予以免收。

本判决为终审判决。

第三节　委托排污共同侵权认定

——重庆市人民政府、重庆两江志愿服务发展中心诉重庆藏金阁物业管理有限公司、重庆首旭环保科技有限公司生态环境损害赔偿、环境民事公益诉讼案评析

【案例级别】指导性案例

【案例来源】最高人民法院指导性案例 130 号

【案件类型】民事

【文书类型】判决书

【审理程序】一审（终审）

【案　　号】（2017）渝 01 民初 773 号

【关 键 词】民事；生态环境损害赔偿；环境民事公益诉讼；委托排污；共同侵权；修复费用；虚拟治理；成本法

【裁判要旨】

1. 取得排污许可证的企业，应履行其排污处理设备正常运行且排放物达到国家和地方排放标准的法定义务；委托其他单位进行排污处理的，明知受托单位违法排污，不予制止甚或提供便利的，应当对环境污染损害承担连带责任。

2. 污染者向水域排污造成的生态环境修复费用难以计算的，可以采用虚拟治理成本法对生态环境损害进行量化。在对生态环境损害进行量化时，违法排污的污染物种类、排污量及污染源排他性等可为考量因素，量化结果可以作为生态环境损害赔偿的依据。

【基本案情】

重庆藏金阁电镀工业园是经过政府批准的电镀工业集中加工区，园区内

有若干电镀企业入驻。藏金阁公司于2012年7月成立，为园区入驻企业提供物业管理服务，并负责处理园区入驻企业产生的废水。藏金阁公司领取了排放污染物许可证，并拥有废水处理的设施设备。2013年12月5日，藏金阁公司与首旭公司签订为期4年的《委托运行协议》，首旭公司承接藏金阁电镀工业中心废水处理项目，该电镀工业中心的废水由藏金阁公司交给首旭公司使用藏金阁公司所有的废水处理设备进行处理。2016年4月，重庆市环境监察总队执法人员发现废水处理站中两个总铬反应器和一个综合反应器设施均未运行，生产废水未经处理便排入外环境。经执法人员采样监测分析发现外排废水重金属超标，违法排放废水总铬浓度为55.5mg/L，总锌浓度为2.85x102mg/L，总铜浓度为27.2mg/L，总镍浓度为41mg/L，分别超过《电镀污染物排放标准》（GB21900-2008）的规定标准54.5倍、189倍、53.4倍、81倍，对生态环境造成严重影响和损害。2016年5月，执法人员发现藏金阁废水处理站1号综合废水调节池的含重金属废水通过池壁上的120mm口径管网未经正常处理直接排放至外环境并流入港城园区市政管网再进入长江。经监测，1号池内渗漏的废水中六价铬浓度为6.10mg/L，总铬浓度为10.9mg/L，分别超过国家标准29.5倍、9.9倍。从2014年9月1日至2016年5月5日违法排放废水量共计145624吨。2014年8月，藏金阁公司将原废酸收集池改造为1号综合废水调节池，传送废水也由地下管网改为高空管网作业。该池池壁上原有110mm和120mm口径管网各一根，改造时只封闭了110mm口径管网，而未封闭120mm口径管网，该未封闭管网系埋于地下的暗管。首旭公司自2014年9月起，在明知池中有一根120mm管网可以连通外环境的情况下，仍然一直利用该管网将未经处理的含重金属废水直接排放至外环境。

【争议焦点】

1. 生效刑事判决、行政判决所确认的事实与本案的关联性。

2. 《鉴定评估报告书》认定的污染物种类、污染源排他性、违法排放废水计量以及损害量化数额是否准确。

3. 藏金阁公司与首旭公司是否构成共同侵权。

【裁判说理】

法院生效裁判认为：

一、关于生效刑事判决、行政判决所确认的事实与本案关联性的问题

首先，根据《最高人民法院关于适用〈中华人民共和国民事诉讼法〉的解释》第九十三条规定，生效刑事判决、行政判决具有证据效力，其所确认的事实可以直接作为本案事实加以确认，无须再在本案中举证证明。其次，刑事案件的证明标准和责任标准明显高于民事案件，本案在性质上属于环境侵权民事案件，其与刑事犯罪、行政违法案件所要求的证明标准和责任标准存在差异，污染行为未被认定为犯罪的，不等于不构成民事侵权。第三，结合生效刑事判决和行政判决确认的事实，可以认定首旭公司直接实施了本案所诉环境侵权行为。

二、关于《鉴定评估报告书》认定的污染物种类、污染源排他性、违法排放废水计量以及损害量化数额是否准确的问题

关于《鉴定评估报告书》认定的污染物种类、污染源排他性和违法排放废水计量是否准确的问题。污染物种类、污染源排他性及违法排放废水计量，这三个方面的问题是环保部门作出行政处罚时认定的基本事实，均已被(2016）渝0112行初324号行政判决直接或者间接确认，而且藏金阁公司通过申请行政复议和提起行政诉讼，已经依法行使了程序权利，在本案中二被告并未提供相反证据来推翻原判决，故对《鉴定评估报告书》依据的上述环境污染事实予以确认。由于水污染具有流动性的特征，鉴定机构在鉴定时客观上已无法再在废水处理站周围提取到违法排放废水行为持续时所流出的废水样本，故只能依据环境行政执法部门在查处二被告违法行为时通过取样所固定的违法排放废水样本进行鉴定，因而《鉴定评估报告书》所依据的废水取样是否科学的问题，实际上就是行政执法部门在行政执法时取样是否科学的问题。在对藏金阁废水处理情况进行环保执法的过程中，先后进行过数次监测取样，选择的取样点包括藏金阁公司数个雨水排口和数个地下水取样点以及废水总排口、废水处理站综合收集池、含铬废水调节池、工业园市政排口、藏金阁市政管网入长江口等，重庆市环境监察总队的行政处罚决定和重

庆市环境保护局的复议决定是在对上述监测报告进行综合评定的基础上作出的，并非单独依据其中一份分析报告书或者监测报告作出。环保部门在整个行政执法包括取样等前期执法过程中，其行为的合法性和合理性已经得到了重庆市渝北区人民法院（2016）渝 0112 行初 324 号行政判决的确认。

关于违法排污计量的问题。从藏金阁废水处理站现场平面布局图来看，有 1 号综合废水调节池和含铬废水调节池，没有被告所称 2 号废水调节池，根据生效刑事判决和行政判决的确认，并结合行政执法过程中的调查询问笔录，可以认定铬调节池的废水进入 1 号综合废水调节池，利用 1 号池安装的 120mm 口径管网将含重金属的废水直接排入外环境并进入市政管网这一基本事实。经庭审查明，《鉴定评估报告书》系根据《排污核定与排污费缴纳决定书》（渝环费缴字［2016］0-4-1 号）、《追缴排污费核定书》（渝环费核字［2016］0-4-1 号）、重庆市环境监察总队对藏金阁公司法定代表人孙启良、首旭公司法定代表人程龙分别所作的调查询问笔录等证据，采用用水总量减去消耗量、污泥含水量、在线排水量、节假日排水量的方式计算出违法排放废水量，其所依据的证据和事实或者已得到被告方认可或生效判决确认，或者相关行政行为已通过行政诉讼程序的合法性审查，本院均予确认，其所采用的计量方法亦符合行业惯例，具有科学性和合理性，而且原告出具《关于藏金阁公司偷排水量及排污费核算情况说明》对计量依据和方法作出了进一步说明，故对二被告违法排放废水 145624 吨的事实予以认定。综上，藏金阁公司和首旭公司提出的污染物种类、违法排放废水量和污染源排他性认定有误的异议不能成立。

关于《鉴定评估报告书》认定的损害量化数额是否准确的问题。环境污染纠纷类案件具有很强的专业性和复杂性，本案中作出《鉴定评估报告书》的鉴定机构和鉴定评估人资质合格，重庆市环境科学研究院是环境保护部《关于印发〈环境损害鉴定评估推荐机构名录（第一批）〉的通知》中确立的鉴定评估机构，委托其进行本案的生态环境损害鉴定评估符合《最高人民法院关于审理环境侵权责任纠纷案件适用法律若干问题的解释》第八条。此外，鉴定评估委托程序合法，鉴定评估项目负责人亦应法庭要求出庭接受质询，鉴定评估所依据的事实有生效法律文书作支撑，采用的计算方法和结论科学有据。鉴于本案违法排污行为持续时间长、违法排放数量大，且长江水体处于流动状态，难以直接计算生态环境修复费用，故《鉴定评估报告书》采用虚拟治理成本法对损害结果进行量化并无不当。虚拟治理成本是指目前排放到环境中的污染物按照现行的治理技术和水平全部治理所需要的支出，即污染物排放量与单位污染物虚拟治理成本的乘积，故鉴定机构在采用虚拟治理成本法时，以藏金阁公司实际支付给首旭公司的废水处理费用 22 元/吨作为单位虚拟治理成本是合理的，再乘以违法排放废水数量，可计算出虚拟治理成本为 320. 3728 万元。且二被告未能提出任何证据来反驳推翻《鉴定评估报告书》。

三、关于藏金阁公司与首旭公司是否构成共同侵权的问题

藏金阁公司持有行政主管部门颁发的排污许可证，其属于可以进行排污的企业，取得排污许可证的企业即是排污单位，负有依法排污的义务。藏金阁公司以委托运行协议的形式将废水处理交由专门从事环境治理业务（含工业废水运营）的首旭公司作业，该行为并不为法律所禁止。但是，无论是自行排放还是委托他人排放，藏金阁公司都必须确保其废水处理站正常运行，并确保排放物达到国家和地方排放标准，这是取得排污许可证企业的法定责任，该责任不能通过民事约定来解除。首旭公司是明知 1 号废水调节池池壁上存在 120mm 口径管网并故意利用其违法排污的直接实施主体，其行为造成环境污染，理应对损害后果承担赔偿责任。藏金阁公司作为排污主体，具有监督首旭公司合法排污的法定责任，依照《委托运行协议》其也具有监督首旭公司日常排污情况的义务，本案违法排污行为持续了 1 年 8 个月的时间，藏金阁公司显然未尽监管义务，应当对环境污染后果承担责任。

其次，无论是作为排污设备产权人和排污主体的法定责任，还是按照双方协议约定，藏金阁公司均应确保废水处理设施设备正常、完好。2014 年 8 月藏金阁公司将废酸池改造为 1 号废水调节池并将地下管网改为高空管网作业时，未按照正常处理方式对池中的 120mm 口径暗管进行封闭，藏金阁公司亦未举证证明不封闭暗管的合理合法性，而首旭公司正是通过该暗管实施违法排放，也就是说，藏金阁公司为首旭公司提供的废水处理设备留有可以实施违法排放的管网，据此可以认定其具有违法故意，且客观上为违法排放行

为的完成提供了条件。

第三，待处理的废水是由藏金阁公司提供给首旭公司的，藏金阁公司作为排污主体、园区物业管理部门，其知道需处理的废水数量、合法排放的废水数量以及园区企业产生的实际用水量亦是清楚的。将这几个数据结合起来，即可确知违法排放行为的存在，因此可以认定藏金阁公司知道首旭公司在实施违法排污行为，但其却放任首旭公司违法排放废水，同时还继续将废水交由首旭公司处理，可以视为其与首旭公司形成了默契，具有共同侵权的故意，并共同造成了污染后果。

第四，环境侵权案件具有侵害方式的复合性、侵害过程的复杂性、侵害后果的隐蔽性和长期性，其证明难度尤其是对于排污企业违法排污主观故意的证明难度较高，且本案又涉及到对环境公益的侵害，故应充分考虑到此类案件的特殊性，通过准确把握举证证明责任和归责原则来避免责任逃避和公益受损。

根据本案事实和证据，藏金阁公司与首旭公司构成环境污染共同侵权的证据已达到高度盖然性的民事证明标准，应当认定藏金阁公司和首旭公司对于违法排污存在主观上的共同故意和客观上的共同行为，二被告构成共同侵权，依据《中华人民共和国民法典》第 1168 条之规定，由二被告承担连带责任。

【裁判结果】

重庆市第一中级人民法院于 2017 年 12 月 22 日作出（2017）渝 01 民初 773 号民事判决：

一、被告重庆藏金阁物业管理有限公司和被告重庆首旭环保科技有限公司连带赔偿生态环境修复费用 1441.6776 万元，于本判决生效后十日内交付至重庆市财政局专用账户，由原告重庆市人民政府及其指定的部门和原告重庆两江志愿服务发展中心结合本区域生态环境损害情况用于开展替代修复；

二、被告重庆藏金阁物业管理有限公司和被告重庆首旭环保科技有限公司于本判决生效后十日内，在省级或以上媒体向社会公开赔礼道歉；

三、被告重庆藏金阁物业管理有限公司和被告重庆首旭环保科技有限公司在本判决生效后十日内给付原告重庆市人民政府鉴定费5万元，律师费19.8万元；

四、被告重庆藏金阁物业管理有限公司和被告重庆首旭环保科技有限公司在本判决生效后十日内给付原告重庆两江志愿服务发展中心律师费8万元；

五、驳回原告重庆市人民政府和原告重庆两江志愿服务发展中心其他诉讼请求。判决后，各方当事人在法定期限内均未提出上诉，判决发生法律效力。

【相关规定】

《中华人民共和国水污染防治法》（2017年修订）第10条［原水污染防治法（2008年修订）第9条］

《中华人民共和国环境保护法》（2014年修订）第42条、第64条

《中华人民共和国民法典》第1168条［原侵权责任法（2010年修订）第8条］

《最高人民法院关于审理环境侵权责任纠纷案件适用法律若干问题的解释》（2020年修订）第2条、第13条［原《最高人民法院关于审理环境侵权责任纠纷案件适用法律若干问题的解释》（2015年修订）第2条、第13条］

《最高人民法院关于审理环境民事公益诉讼案件适用法律若干问题的解释》（2020年修订）第22条［原《最高人民法院关于审理环境民事公益诉讼案件适用法律若干问题的解释》（2015年修订）第22条］

案例整编人：冯泳琦、宋维彬

附已公开生效判决文书：

重庆市第一中级人民法院
民事判决书

（2017）渝01民初773号

原告：重庆市人民政府、重庆两江志愿服务发展中心

被告：重庆藏金阁物业管理有限公司、重庆首旭环保科技有限公司

原告重庆市人民政府与被告重庆藏金阁物业管理有限公司（以下简称藏金阁公司）环境污染责任纠纷一案，本院于2017年6月2日立案，重庆市人民政府于2017年7月5日向本院申请追加重庆首旭环保科技有限公司（以下简称首旭公司）为被告，经本院审查后予以准许。本院另行受理原告重庆两江志愿服务发展中心与被告藏金阁公司、被告首旭公司环境污染责任纠纷一案，该案立案后，依法适用普通程序，在法定期限内公告了案件受理情况。因重庆市人民政府和重庆两江志愿服务发展中心基于同一事实向本院提起诉讼，经各方当事人同意，本院于2017年7月26日决定依法将两案进行合并审理。

2017年9月26日，本院公开开庭对重庆市人民政府、重庆两江志愿服务发展中心诉藏金阁公司、首旭公司环境污染责任纠纷一案进行了审理，原告重庆市人民政府的委托诉讼代理人蒋夏、董正爱，原告重庆市人民政府的指定代表人重庆市环境保护局的委托诉讼代理人高正华，原告重庆两江志愿服务发展中心的委托诉讼代理人许少波、徐以祥，被告藏金阁公司的委托诉讼代理人王明平，被告首旭公司的法定代表人程龙及委托诉讼代理人王君到庭参加诉讼。本案现已审理终结。

重庆市人民政府、重庆两江志愿服务发展中心向本院提出诉讼请求：1.判令二被告连带赔偿因违法排放超标废水污染水环境造成的生态环境损害费

用1441.6776万元用于异地替代修复；2. 判令二被告承担本案的生态环境损害鉴定评估费用30万元；3. 判令二被告承担本案诉讼费及重庆市人民政府、重庆两江志愿服务发展中心分别支出的律师服务费19.8万元和8万元。此外，重庆两江志愿服务发展中心在庭审中增加要求二被告赔礼道歉的诉讼请求。

事实与理由：重庆藏金阁电镀工业园（又称藏金阁电镀工业中心）位于重庆市江北区港城工业园区内，入住园区电镀企业产生的废水由藏金阁公司的废水处理站负责处理。2013年12月，藏金阁公司与首旭公司签订《电镀废水处理委托运行承包管理运行协议》（以下简称《委托运行协议》），首旭公司承接藏金阁电镀工业中心废水处理项目。2016年4月21日，重庆市环境监察总队执法人员在对藏金阁公司的废水处理站进行现场检查时，发现废水处理站中两个总铬反应器和一个综合反应器设施均未运行，生产废水未经处理便排入外环境。2016年4月22日至26日期间，经执法人员采样监测分析发现外排废水重金属超标，违法排放废水总铬浓度为55.5mg/L，总锌浓度为2.85x102mg/L，总铜浓度为27.2mg/L，总镍浓度为41mg/L，分别超过《电镀污染物排放标准》（GB21900-2008）的规定标准54.5倍、189倍、53.4倍、81倍，对生态环境造成严重影响和损害。2016年5月4日，执法人员再次进行现场检查，发现藏金阁废水处理站1号综合废水调节池的废水通过池壁上的120mm口径管网未经废水处理站处理直接排入港城园区市政废水管网进入长江。经监测，1号池内渗漏的废水中六价铬浓度为6.10mg/L，总铬浓度为10.9mg/L，分别超过国家标准29.5倍、9.9倍。据执法人员调查查明，藏金阁公司和首旭公司自2014年9月起，在明知1号综合废水调节池中有一根120mm的管网与市政废水管网连通可以直接排往长江的情况下，仍然利用该管网将未经处理的含重金属废水直接排入长江，从2014年9月1日至2016年5月5日违法排放废水量共计145624吨。针对藏金阁公司和首旭公司违法排放废水造成生态环境严重损害的违法行为，重庆市环境监察总队依据排污许可证持有主体对藏金阁公司做出追缴排污费决定以及罚款处罚决定。藏金阁公司和首旭公司故意利用暗管实施超标废水偷排，其违法行为持续时间长、排放数量大，污染物对长江干流及其下游生态区域的环境影响处于扩散状态，所造成的生态环境损害严重程度难以估量，经重庆市人民政府委托重庆市环境科学研究院鉴定评估，二被告违法排放超标废水污染生态环境造成的生态环境损害费用共计1441.6776万元。

二被告违法排放的废水流入长江造成严重的生态环境损害，应当依法承担连带赔偿责任。藏金阁公司是专门成立以承担其所在的藏金阁电镀工业园区排污责任的法人，亦是其废水处理站排污许可证的申领主体，应承担从其废水处理站排出的废水对环境造成损害的侵权赔偿责任。首旭公司通过与藏金阁公司签订《委托运行协议》，成为负责前述废水处理站日常运行维护工作的主体，也是明知废水处理站1号综合废水调节池池壁上存在120mm口径管网并故意利用其实施偷排含重金属废水违法行为的直接实施主体，应承担违法排放废水对环境造成损害的侵权赔偿责任。二被告对废水处理站1号综合废水调节池池壁上存在未经封闭的120mm口径管网并利用其偷排含重金属废水存在主观上的明知和共同故意，构成共同侵权，二被告应当对其造成的生态环境损害承担连带赔偿责任。此外，环境侵权责任适用无过错责任原则，无论污染者主观上是否存在明知或故意的过错，依据《最高人民法院关于审理环境侵权责任纠纷案件适用法律若干问题的解释》第五条的规定，藏金阁公司均不得以首旭公司违法排污为由主张减轻或免除自身赔偿责任。另，根据《最高人民法院关于审理环境民事公益诉讼案件适用法律若干问题的解释》第二十二条的规定，应由二被告承担本案鉴定费、律师费。

藏金阁公司和首旭公司辩称，原告诉称的污染物种类、污染源排他性认定、偷排废水量有误，不予认可。一、污染物种类错误。原告提交的《重庆藏金阁物业管理有限公司偷排废水案生态环境损害鉴定评估报告书》（以下简称《鉴定评估报告书》）称主要污染因子有六价铬、总铬、总锌、总镍等重金属，这与现场实际情况不相符。藏金阁废水站1号调节池（总铬废水调节池）只含重金属铬，2号调节池（综合废水调节池）处理铜、镍、锌废水。只有1号调节池曾有偷排行为，2号调节池没有偷排过。重庆市渝北区人民法院（2016）渝0112刑初1615号判决载明，经江北区环境监测站采样检测，1号调节池渗漏的废水六价铬、总铬浓度超标。二、污染源排他性认定错误。重庆市江北区环境监测站出具的江环（监）字［2016］第JD009号分析报告单中显示的废水取样点有W4和W6，而这两处位置均比废水站高，废水站的水不可能倒流到那里，因此，污染物并不来自藏金阁废水站，污染源的唯一性认定错误。三、偷排废水计量不实。实施偷排的不是120mm的管道直接偷排，而是宽度不足9cm，高只有0.5-1cm的几个小孔在渗漏。孔道总面积不到5cm2，且距池底1.5m，没有压力，只计自流速度。水流速度×截面面积×泥土压实后废水在泥土中的渗透率=偷排水量，据此计算偷排流量0.2m/s×5cm2×10%=0.036m3/h，原告指控短时间偷排14万吨废水，没有事实依据。四、损害结果认定错误。偷排行为确实存在，但原告至今没有举示确凿证据证明损害结果实际发生，长江中的水质变化、物种数量减少、沿岸土壤变化等证据均未举示，而是依据排放行为推定结果。而且，损害金额计算也不准确，二被告之间的《委托运行协议》约定单价为15元/吨，鉴定单位按期间总付款平均计算为22元/吨，然后乘以4.5倍计算损害金额单位成本，显然扩大了损害数额。

藏金阁公司还辩称，其与首旭公司签订了《委托运行协议》，违法排污是首旭公司的行为，与藏金阁公司无关，应由首旭公司承担民事责任，藏金阁公司不应承担赔偿责任。

本院于2017年8月7日组织各方当事人进行了证据交换，原告重庆市人民政府、重庆两江志愿服务发展中心向本院提交了以下证据：

1. 重庆市人民政府法定代表人身份证明、重庆两江志愿服务发展中心民办非企业单位登记证书；

2. 授权委托书、律师事务所委托代理函；

3.《生态环境损害赔偿制度改革试点方案》；

4. 藏金阁公司营业执照、组织机构代码证复印件；

5. 首旭公司营业执照复印件；

证据1-5证明原、被告主体身份与诉讼资格适格。

6. 渝（江北）环排证［2014］48号重庆市排放污染物许可证；

7. 渝（江北）环排证（水）［2014］38号、39号、40号重庆市排放污染物许可证附页；

8. 排放污染物申报登记统计表（试行）；

9.《重庆市清洁生产审核验收批复》(渝环清审［2014］91号);

证据6-9证明藏金阁公司是藏金阁电镀工业园废水处理站的排污许可申报人和排污责任主体。

10.《委托运行协议》,证明二被告之间就废水处理存在委托服务合同关系,首旭公司与本案有直接利害关系;

11. 调查询问笔录(被询问人:2016年4月21日孙启良、5月4日程龙、5月7日孙启良、5月10日孙启良、5月16日孙启良、5月18日孙启良)证明在行政执法过程中,二被告对1号综合调节池内中存在未封闭的管网偷排废水的事实均表示确认,首旭公司按照每吨22元向藏金阁公司实际收取废水处理费以及计算方式和依据,偷排废水量145624吨的事实以及行政执法部门核算偷排废水量的计算方式和依据亦得到了藏金阁公司法定代表人孙启良确认;

12. 环境行政执法人员现场执法过程影视资料,证明二被告不正常使用水污染防治设施,利用暗管偷排未经处理的废水进入市政废水管网直排长江;

13. 渝环监改［2016］184号、185号、186号、222号责令改正违法行为决定书;

14. 渝环监告［2016］285号、286号、287号、333号行政处罚事先(听证)告知书;

15. 渝环监罚［2016］192号、193号、194号、269号行政处罚决定书;

16. 江环罚字［2016］17号、20号、22号、24号、25号、26号、27号行政处罚决定书;

证据13-16证明二被告通过暗管或者不正常运行废水处理设施等方式违法排放超标废水,并多次因违法排放被环保部门查处,其中渝环监罚［2016］269号行政处罚决定书证明二被告从2014年9月至2016年5月通过1号综合废水调节池池壁上120mm孔径管网将废水排入港城园区市政废水管网流入长江,并证明重庆市环境监察总队在执法过程中对偷排总量核定问题作出了说明和认定。

17. 渝环费缴字［2016］0-4-1号排污核定与排污费缴纳决定书,证明应追缴藏金阁公司排污费116.144万元;

18. 渝环法［2016］29号行政复议决定书，证明重庆市环境保护局依法对重庆市环境监察总队作出的渝环监罚［2016］269号行政处罚决定书予以维持；

19. 渝环（监）字［2016］第SZD146号、第SZD150号、第SZD156号、第SZD181号监测报告；

20. 江环（监）字［2016］第JD003号、第JD020号、第JD034号、第JD150号、第WT035号监测报告，第JD009号分析报告单；

证据19、20证明二被告偷排的含重金属废水严重超标。

21. 《重庆港城工业园区管理委员会办公室关于港城工业园区C片区电镀企业情况的报告》(工管办文［2016］13号)，证明重庆港城工业园区除藏金阁电镀工业园外，不存在其他可能排放含重金属电镀废水的排放源；

22. （2016）渝0112行初324号行政判决书，证明重庆市渝北区人民法院对渝环监罚［2016］269号行政处罚决定书和渝环法［2016］29号行政复议决定书的合法性予以确认，从而认定了藏金阁公司偷排含重金属废水造成生态环境损害的违法事实；

23. （2016）渝0112刑初1615号刑事判决书，证明首旭公司非法排放含有重金属的污染物，严重污染环境的犯罪事实得到了人民法院生效判决的确认；

24. 《鉴定评估报告书》及其所依据的证据材料，证明二被告偷排废水对受纳水体长江的生态环境造成了严重损害的后果，二被告偷排废水的行为与受纳水体长江的生态环境严重损害之间存在因果关系，生态环境损害量化数额为1441.6776万元；

25. 《关于印发〈环境损害鉴定评估推荐机构名录（第一批）〉的通知》；

26. 重庆市环境科学研究院事业单位法人证书；

27. 生态环境损害鉴定评估项目负责人蔡锋的资质证书、工作经历证明；

证据25-27证明重庆市环境科学研究院是经环境保护部推荐的专业环境损害鉴定评估机构和独立的事业单位法人机构，可以自行决定接受委托人的鉴定评估委托并协商费用。项目负责人蔡锋作为该单位在编公务人员，具备从事生态环境损害鉴定评估的技术能力资格。

28. 生态环境损害鉴定评估技术咨询合同及费用报价清单，证明本案委托鉴定评估费用为30万元；

29. 委托代理合同及发票，证明本案原告重庆市人民政府委托诉讼代理人代理费用为19.8万元；

30. 法律事务委托合同，证明本案原告重庆两江志愿服务发展中心委托诉讼代理人代理费用为8万元；

31. 《关于藏金阁公司偷排水量及排污费核算情况说明》，证明藏金阁电镀工业园企业用水总量、在线排水量等数据的由来，以及如何计算得出偷排水量。该证据为庭审时举示。

被告藏金阁公司、首旭公司未举示证据。

被告藏金阁公司、首旭公司对原告提交的证据发表了如下质证意见：对1-23项证据的真实性、关联性、合法性均予以认可，被告藏金阁公司虽然对于证据10即《委托运行协议》所确定的法律关系应如何理解提出了异议，但对证据本身并无异议；对原告提供的25-30项证据，这部分证据因涉及到诉前单方委托鉴定的合法性、鉴定机构和鉴定人的资质问题，二被告在证据交换时曾提出异议，但是经过原告辩驳以及法庭释明，二被告在证据交换之后向本院提交的书面补充质证意见中并未就上述问题提出异议，在庭审时亦当庭表示放弃该异议。被告藏金阁公司、首旭公司对证据24即《鉴定评估报告书》和证据31即《关于藏金阁公司偷排水量及排污费核算情况说明》，不予认可，认为：1. 报告列明的污染物种类错误；2. 污染源排他性认定错误；3. 偷排废水计量不实；4. 损害结果认定错误。鉴于被告在庭前证据交换程序中，对原告举示的《鉴定评估报告书》提出异议，故本院依照《中华人民共和国民事诉讼法》第七十八条的规定，通知鉴定人作为证人出庭作证。庭审过程中，《鉴定评估报告书》的项目负责人蔡锋出庭接受了各方当事人及法庭质询，就违法排放量、污染物种类以及损害结果的认定等问题作出了回答。

本院对上述证据认证如下：关于证据1、证据2、证据3、证据4、证据5、证据6、证据7、证据8、证据9、证据10、证据11、证据12、证据13、证据14、证据15、证据16、证据17、证据18、证据19、证据20、证据21、证据22、证据23、证据25、证据26、证据27、证据28、证据29、证据30，对上述证据的真实性、关联性、合法性，被告藏金阁公司和首旭公司均予认可，予以采信。被告藏金阁公司、首旭公司对证据24和证据31提出异议，其异议的内容主要是针对污染物种类、排污量、污染源排他性等基本事实，鉴于这些事实或其所依据的证据已经得到法院生效判决确认或者已经通过司法程序的合法性审查，且二被告未提交足以推翻原判决的证据，而对其持有异议的损害结果计算方法，二被告亦未提交证据加以反驳，故予以确认，对该二证据的具体评述，将在本判决书的说理部分进一步展开。

经审理查明，重庆藏金阁电镀工业园建于2005年，位于重庆市江北区港城工业园区内，是港城工业园区内唯一的电镀工业园。该电镀工业园是经过政府批准的电镀工业集中加工区，园区内有若干电镀企业入驻。藏金阁公司于2012年7月成立，为园区入驻企业提供物业管理服务，并负责处理园区入驻企业产生的废水。藏金阁公司领取了排放污染物许可证，并拥有废水处理的设施设备。2013年12月5日，藏金阁公司与首旭公司签订为期4年的《委托运行协议》，首旭公司承接藏金阁电镀工业中心废水处理项目，该电镀工业中心的废水由藏金阁公司交给首旭公司使用藏金阁公司所有的废水处理设备进行处理。2016年4月21日，重庆市环境监察总队执法人员在对藏金阁公司的废水处理站进行现场检查时，发现废水处理站中两个总铬反应器和一个综合反应器设施均未运行，生产废水未经处理便排入外环境。2016年4月22日至26日期间，经执法人员采样监测分析发现外排废水重金属超标，违法排放废水总铬浓度为55.5mg/L，总锌浓度为2.85x102mg/L，总铜浓度为27.2mg/L，总镍浓度为41mg/L，分别超过《电镀污染物排放标准》（GB21900-2008）的规定标准54.5倍、189倍、53.4倍、81倍，对生态环境造成严重影响和损害。2016年5月4日，执法人员再次进行现场检查，发现藏金阁废水处理站1号综合废水调节池的含重金属废水通过池壁上的120mm口径管网未经正常处理直接排放至外环境并流入港城园区市政管网再进入长江。经监测，1号池内渗漏的废水中六价铬浓度为6.10mg/L，总铬浓度为10.9mg/L，分别超过国家标准29.5倍、9.9倍。从2014年9月1日至2016年5月5日违法排放废水量共计145624吨。还查明，2014年8月，藏金阁公司将原废酸收集池改造为1

号综合废水调节池，传送废水也由地下管网改为高空管网作业。该池池壁上原有 110mm 和 120mm 口径管网各一根，改造时只封闭了 110mm 口径管网，而未封闭 120mm 口径管网，该未封闭管网系埋于地下的暗管。首旭公司自 2014 年 9 月起，在明知池中有一根 120mm 管网可以连通外环境的情况下，仍然一直利用该管网将未经处理的含重金属废水直接排放至外环境。

受重庆市人民政府委托，重庆市环境科学研究院对藏金阁公司和首旭公司违法排放超标废水造成生态环境损害进行鉴定评估，并于 2017 年 4 月出具《鉴定评估报告书》。该评估报告载明：本事件污染行为明确，污染物迁移路径合理，污染源与违法排放至外环境的废水中污染物具有同源性，且污染源具有排他性。污染行为发生持续时间为 2014 年 9 月 1 日至 2016 年 5 月 5 日，违法排放废水共计 145624 吨，其主要污染因子为六价铬、总铬、总锌、总镍等，对长江水体造成严重损害。《鉴定评估报告书》采用《生态环境损害鉴定评估技术指南总纲》《环境损害鉴定评估推荐方法（第Ⅱ版）》推荐的虚拟治理成本法对生态环境损害进行量化，按 22 元/吨的实际治理费用作为单位虚拟治理成本，再乘以违法排放废水数量，计算出虚拟治理成本为 320.3728 万元。违法排放废水点为长江干流主城区段水域，适用功能类别属Ⅲ类水体，根据虚拟治理成本法的“污染修复费用的确定原则”Ⅲ类水体的倍数范围为虚拟治理成本的 4.5-6 倍，本次评估选取最低倍数 4.5 倍，最终评估出二被告违法排放废水造成的生态环境污染损害量化数额为 1441.6776 万元（即 320.3728 万元×4.5=1441.6776 万元）。重庆市环境科学研究院是环境保护部《关于印发〈环境损害鉴定评估推荐机构名录（第一批）〉的通知》中确认的鉴定评估机构。

2016 年 6 月 30 日，重庆市环境监察总队以藏金阁公司从 2014 年 9 月 1 日至 2016 年 5 月 5 日通过 1 号综合调节池内的 120mm 口径管网将含重金属废水未经废水处理站总排口便直接排入港城园区市政废水管网进入长江为由，作出行政处罚决定，对藏金阁公司罚款 580.72 万元。藏金阁公司向重庆市环境保护局申请行政复议，重庆市环境保护局作出维持行政处罚决定的复议决定。后藏金阁公司诉至重庆市渝北区人民法院，要求撤销行政处罚决定和行政复议决定。重庆市渝北区人民法院于 2017 年 2 月 28 日作出（2016）渝

0112行初324号行政判决，驳回藏金阁公司的诉讼请求。判决后，藏金阁公司没有提起上诉，该判决发生法律效力。

2016年11月28日，重庆市渝北区人民检察院向重庆市渝北区人民法院提起公诉，指控首旭公司承接藏金阁公司电镀废水处理委托运行项目，非法将未按程序处理达标的电镀废水直接排放至外环境，首旭公司、程龙（首旭公司法定代表人）等构成污染环境罪，应依法追究刑事责任。重庆市渝北区人民法院于2016年12月29日作出（2016）渝0112刑初1615号刑事判决，判决首旭公司构成污染环境罪，判处罚金8万元；程龙等人构成污染环境罪，分别被判处有期徒刑九个月到六个月，并处罚金4万元到1万元。判决后，未提起抗诉和上诉，该判决发生法律效力。

另查明，重庆两江志愿服务发展中心成立于2011年，系重庆市精神文明建设委员会主管的主要从事环境保护、文化教育、灾害救助等各类公益活动的社会组织。

本院认为，重庆市人民政府依据《中共中央办公厅国务院办公厅关于印发〈生态环境损害赔偿制度改革试点方案〉的通知》（中办发〔2015〕57号）的规定，有权提起生态环境损害赔偿诉讼，重庆两江志愿服务发展中心具备合法的环境公益诉讼主体资格，二原告的诉讼主体资格均不存疑义。重庆市人民政府和重庆两江志愿服务发展中心基于不同的规定而享有各自的诉权，均应依法予以保护，对两案分别立案受理并无不当，鉴于两案案件事实相同、诉讼目的一致、被告相同、诉讼请求基本相同，故将两案合并审理更为适宜。

本案的争议焦点为：一、生效刑事判决、行政判决所确认的事实与本案的关联性；二、《鉴定评估报告书》认定的污染物种类、污染源排他性、违法排放废水计量以及损害量化数额是否准确；三、藏金阁公司与首旭公司是否构成共同侵权。

一、关于生效刑事判决、行政判决所确认的事实与本案关联性的问题

首先，从证据效力来看，生效刑事判决、行政判决所确认的事实可以直接作为本案事实加以确认，无须再在本案中举证证明。《最高人民法院关于适用〈中华人民共和国民事诉讼法〉的解释》第九十三条规定，“下列事实，

当事人无须举证证明……（五）已为人民法院发生法律效力的裁判所确认的事实……前款第二项至第四项规定的事实，当事人有相反证据足以反驳的除外；第五项至第七项规定的事实，当事人有相反证据足以推翻的除外。”（2016）渝0112行初324号行政判决和（2016）渝0112刑初1615号刑事判决均为生效判决，其所确认的事实具有既判力，无需再在本案中举证证明，除非被告提出相反证据足以推翻原判决，而本案中被告并未举示证据，故对于相关事实直接予以采信。而且，由于（2016）渝0112行初324号行政判决确认了重庆市环境监察总队作出的渝环监罚（2016）269号行政处罚决定、重庆市环境保护局作出的渝环法（2016）29号行政复议决定的合法性，故上述行政决定也具有既定力。

其次，本案在性质上属于环境侵权民事案件，其与刑事犯罪、行政违法案件所要求的证明标准和责任标准存在差异，故最终认定的案件事实在不存在矛盾的前提条件下，可以不同于刑事案件和行政案件认定的事实。刑事案件的证明标准和责任标准明显高于民事案件，环境污染犯罪行为造成损害后果的，固然应当承担相应赔偿责任，但未被认定为犯罪的污染行为，不等于不构成民事侵权，本案中依法应承担赔偿责任的环境污染行为包括但不限于（2016）渝0112刑初1615号刑事判决所认定的环境污染犯罪行为，故被告提出应当仅以生效刑事判决所认定的污染物种类即总铬和六价铬为准的异议不成立，不予支持。就生效行政判决认定的事实而言，环保部门对环境污染行为进行行政处罚时，依据的主要是国家和地方规定的污染物排放标准，违反了国家和地方的强制性标准，便应当受到相应的行政处罚，而违反强制性标准当然也是污染行为人承担侵权责任的依据。然而，虽然因违反强制性标准而受到行政处罚的污染行为必然属于环境侵权行为，但符合强制性标准的排污行为却不一定不构成民事侵权。《最高人民法院关于审理环境侵权责任纠纷案件适用法律若干问题的解释》第一条第一款规定，“因污染环境造成损害，不论污染者有无过错，污染者应当承担侵权责任。污染者以排污符合国家或者地方污染物排放标准为由主张不承担责任的，人民法院不予支持。”该条规定表明，污染者不得以合乎强制性标准进行抗辩免除民事责任，亦即对环境污染行为承担民事责任的范围可以大于进行行政处罚的范围。但是本案中，由于原告起诉的事实与生效行政判决确认的事实相同，其并未主张超出行政违法范围的环境侵权行为，故（2016）渝0112行初324号行政判决所确认的违法排污事实可以用于认定本案环境侵权事实，只是本案会从环境侵权的角度来对构成要件、责任主体等加以考量。

第三，结合生效刑事判决和行政判决确认的事实，可以认定首旭公司直接实施了本案所诉环境侵权行为。原因在于，一是前述生效行政判决和刑事判决均确认，藏金阁公司通过与首旭公司签订《委托运行协议》，将全部排污作业交由首旭公司处理，首旭公司在运营该项目的过程中，实施了利用暗管违法排污的行为；二是由于首旭公司是受托排污，藏金阁公司持有排污许可证，且是排污设备所有人，故环保部门认定的排污单位即行政相对人为藏金阁公司，并据此对藏金阁公司进行了行政处罚，尽管行政处罚的对象是藏金阁公司，但行政处罚决定和行政判决并未否定首旭公司实施排污行为的事实，首旭公司亦作为第三人参加了行政诉讼，而且正是由于首旭公司直接实施了排污行为，因此刑事判决对首旭公司及其直接责任人进行了定罪处罚；三是对于生效行政判决和刑事判决所认定的排污单位和直接行为人，藏金阁公司和首旭公司均无异议。综上，可以认定，首旭公司实施的环境侵权行为即是生效行政判决所确认的违法排污事实。

二、关于《鉴定评估报告书》认定的污染物种类、污染源排他性、违法排放废水计量以及损害量化数额是否准确的问题

首先，关于《鉴定评估报告书》认定的污染物种类、污染源排他性和违法排放废水计量是否准确的问题。二被告对污染物种类、污染源排他性及违法排放废水计量提出异议，这三个方面的问题是环保部门作出行政处罚时认定的基本事实，均已被（2016）渝0112行初324号行政判决直接或者间接确认，而且藏金阁公司通过申请行政复议和提起行政诉讼，已经依法行使了程序权利，在本案中二被告并未提供相反证据来推翻原判决，故对《鉴定评估报告书》依据的上述环境污染事实予以确认。具体而言，一是关于污染物种类的问题。除了生效刑事判决所认定的总铬和六价铬之外，二被告违法排放的废水中还含有重金属物质如总锌、总镍等，该事实得到了江北区环境监测站、重庆市环境监测中心出具的环境监测报告以及（2016）渝0112行初324

号生效行政判决的确认，也得到了首旭公司法定代表人程龙在2016年5月4日调查询问笔录中的确认。二是关于污染源排他性的问题。二被告辩称，江北区环境监测站出具的江环（监）字［2016］第JD009号分析报告单确定的取样点W4、W6位置高于藏金阁废水处理站，因而该两处检出污染物超标不可能由二被告的行为所致。本院认为，由于水污染具有流动性的特征，鉴定机构在鉴定时客观上已无法再在废水处理站周围提取到违法排放废水行为持续时所流出的废水样本，故只能依据环境行政执法部门在查处二被告违法行为时通过取样所固定的违法排放废水样本进行鉴定，因而《鉴定评估报告书》所依据的废水取样是否科学的问题实际上就是行政执法部门在行政执法时取样是否科学的问题。在对藏金阁废水处理情况进行环保执法的过程中，先后进行过数次监测取样，选择的取样点包括藏金阁公司数个雨水排口和数个地下水取样点以及废水总排口、废水处理站综合收集池、含铬废水调节池、工业园市政排口、藏金阁市政管网入长江口等，被告所提及的W4、W6分别是上述取样点中的一个雨水排口和一个地下水取样点，除江环（监）字［2016］第JD009号分析报告单以外，江北区环境监测站还出具了江环（监）字［2016］第JD003号、第JD020号、第JD034号等监测报告，重庆市环境监测中心也出具了渝环（监）字［2016］第SZD146号、第SZD150号、第SZD156号、第SZD181号监测报告，重庆市环境监察总队的行政处罚决定和重庆市环境保护局的复议决定是在对上述监测报告进行综合评定的基础上作出的，并非单独依据其中一份分析报告书或者监测报告作出。环保部门在整个行政执法包括取样等前期执法过程中，其行为的合法性和合理性已经得到了重庆市渝北区人民法院（2016）渝0112行初324号行政判决的确认。同时，上述监测分析结果显示该工业园区、藏金阁公司市政管网入江口废水中的污染物系电镀行业排放的重金属废水，重庆港城工业园区管委会办公室工管办文［2016］13号报告书证实涉案区域唯有藏金阁一家电镀工业园，而且环境监测结果与藏金阁废水处理站违法排放废水种类一致，以上事实证明上述取水点排出的废水来源仅可能来自于藏金阁废水处理站，故可以认定污染物来源具有排他性。三是关于违法排污计量的问题。二被告辩称其是利用宽度不足9cm，高度只有0.5-1cm的几个小孔进行自流渗漏的方式违法排放，不可能在被诉时间段内偷排14万吨废水，并提出只有1号调节池有偷排情况，2号调节池未进行偷排，本院认为，从藏金阁废水处理站现场平面布局图来看，有1号综合废水调节池和含铬废水调节池，没有被告所称2号废水调节池，根据生效刑事判决和行政判决的确认，并结合行政执法过程中的调查询问笔录，可以认定铬调节池的废水进入1号综合废水调节池，利用1号池安装的120mm口径管网将含重金属的废水直接排入外环境并进入市政管网这一基本事实。经庭审查明，《鉴定评估报告书》系根据《排污核定与排污费缴纳决定书》（渝环费缴字［2016］0-4-1号）、《追缴排污费核定书》（渝环费核字［2016］0-4-1号）、重庆市环境监察总队对藏金阁公司法定代表人孙启良、首旭公司法定代表人程龙分别所作的调查询问笔录等证据，采用用水总量减去消耗量、污泥含水量、在线排水量、节假日排水量的方式计算出违法排放废水量，其所依据的证据和事实或者已得到被告方认可或生效判决确认，或者相关行政行为已通过行政诉讼程序的合法性审查，本院均予确认，其所采用的计量方法亦符合行业惯例，具有科学性和合理性，而且原告出具《关于藏金阁公司偷排水量及排污费核算情况说明》对计量依据和方法作出了进一步说明，故对二被告违法排放废水145624吨的事实予以认定。综上，藏金阁公司和首旭公司提出的污染物种类、违法排放废水量和污染源排他性认定有误的异议不能成立。

其次，关于《鉴定评估报告书》认定的损害量化数额是否准确的问题。为证明二被告违法排污造成的生态环境损害后果和赔偿数额，原告方委托重庆市环境科学研究院就本案的生态环境损害进行鉴定评估并出具了《鉴定评估报告书》，该报告确定二被告违法排污造成的生态环境损害量化数额为1441.6776万元。经查，重庆市环境科学研究院是环境保护部《关于印发〈环境损害鉴定评估推荐机构名录（第一批）〉的通知》中确立的鉴定评估机构，委托其进行本案的生态环境损害鉴定评估符合《最高人民法院关于审理环境侵权责任纠纷案件适用法律若干问题的解释》第八条“对查明环境污染案件事实的专门性问题，可以委托具备相关资格的司法鉴定机构出具鉴定意见或者由国务院环境保护主管部门推荐的机构出具检验报告、检测报告、评估报告或者监测数据。”之规定，其具备相应鉴定资格。根据环境保护部组织制定的《生态环境损害鉴定评估技术指南总纲》《环境损害鉴定评估推荐方法（第Ⅱ版）》，鉴定评估可以采用虚拟治理成本法对事件造成的生态环境损害进行量化，量化结果可以作为生态环境损害赔偿的依据。鉴于本案违法排污行为持续时间长、违法排放数量大，且长江水体处于流动状态，难以直接计算生态环境修复费用，故《鉴定评估报告书》采用虚拟治理成本法对损害结果进行量化并无不当。虚拟治理成本是指目前排放到环境中的污染物按照现行的治理技术和水平全部治理所需要的支出，即污染物排放量与单位污染物虚拟治理成本的乘积，故鉴定机构在采用虚拟治理成本法时，以藏金阁公司实际支付给首旭公司的废水处理费用22元/吨作为单位虚拟治理成本是合理的，再乘以违法排放废水数量，可计算出虚拟治理成本为320.3728万元。《鉴定评估报告书》将22元/吨确定为单位实际治理费用，系根据重庆市环境监察总队现场核查藏金阁公司财务凭证，并结合对藏金阁公司法定代表人孙启良的调查询问笔录而确定，二被告对此提出异议，但是并未举示相反证据来加以否定。《鉴定评估报告书》根据《环境损害鉴定评估推荐方法（第Ⅱ版）》，Ⅲ类地表水污染修复费用的确定原则为虚拟治理成本的4.5-6倍，结合本案污染事实，取最小倍数即4.5倍计算得出损害量化数额为320.3728万元×4.5=1441.6776万元，亦无不当。综上，本院依法驳回对《鉴定评估报告书》认定的损害量化数额之异议。

综上所述，本院认为，环境污染纠纷类案件具有很强的专业性和复杂性，本案中作出《鉴定评估报告书》的鉴定机构和鉴定评估人资质合格，鉴定评估委托程序合法，鉴定评估项目负责人亦应法庭要求出庭接受质询，鉴定评估所依据的事实有生效法律文书作支撑，采用的计算方法和结论科学有据，且二被告未能提出任何证据来反驳推翻《鉴定评估报告书》，故对《鉴定评估报告书》及其所依据的相关证据均予以采信。

三、关于藏金阁公司与首旭公司是否构成共同侵权的问题

首旭公司是明知1号废水调节池池壁上存在120mm口径管网并故意利用其违法排污的直接实施主体，其行为造成环境污染，理应对损害后果承担赔偿责任，对此应无疑义，本争议焦点的核心问题在于如何评价藏金阁公司的行为，其与首旭公司是否构成共同侵权。本院认为，藏金阁公司与首旭公司

构成共同侵权，应当承担连带责任。其理由是，首先，我国实行排污许可制，排污许可制对于实现工业污染源达标排放具有重要意义。排污许可证是国家对排污者进行有效管理的手段，同时也可被视为政府与排污单位之间的契约，取得排污许可证的企业即是排污单位，负有依法排污的义务，否则将承担相应法律责任。藏金阁公司持有行政主管部门颁发的排污许可证，其属于可以进行排污的企业，但同时必须确保按照许可证的规定和要求排放。藏金阁公司以委托运行协议的形式将废水处理交由专门从事环境治理业务（含工业废水运营）的首旭公司作业，该行为并不为法律所禁止。但是，无论是自行排放还是委托他人排放，藏金阁公司都必须确保其废水处理站正常运行，并确保排放物达到国家和地方排放标准，这是取得排污许可证企业的法定责任，该责任不能通过民事约定来解除。申言之，藏金阁公司作为排污主体，具有监督首旭公司合法排污的法定责任，依照《委托运行协议》其也具有监督首旭公司日常排污情况的义务，本案违法排污行为持续了 1 年 8 个月的时间，藏金阁公司显然未尽监管义务，应当对环境污染后果承担责任。其次，无论是作为排污设备产权人和排污主体的法定责任，还是按照双方协议约定，藏金阁公司均应确保废水处理设施设备正常、完好。2014 年 8 月藏金阁公司将废酸池改造为 1 号废水调节池并将地下管网改为高空管网作业时，未按照正常处理方式对池中的 120mm 口径暗管进行封闭，藏金阁公司亦未举证证明不封闭暗管的合理合法性，而首旭公司正是通过该暗管实施违法排放，也就是说，藏金阁公司为首旭公司提供的废水处理设备留有可以实施违法排放的管网，据此可以认定其具有违法故意，且客观上为违法排放行为的完成提供了条件。第三，待处理的废水是由藏金阁公司提供给首旭公司的，那么藏金阁公司知道需处理的废水数量，同时藏金阁公司作为排污主体，负责向环保部门缴纳排污费，其也知道合法排放的废水数量，加之作为园区物业管理部门，其对于园区企业产生的实际用水量亦是清楚的，而这几个数据结合起来，即可确知违法排放行为的存在，因此可以认定藏金阁公司知道首旭公司在实施违法排污行为，但其却放任首旭公司违法排放废水，同时还继续将废水交由首旭公司处理，可以视为其与首旭公司形成了默契，具有共同侵权的故意，并共同造成了污染后果。第四，环境侵权案件具有侵害方式的复合性、侵害过程的复杂性、侵害后果的隐蔽性和长期性，其证明难度尤其是对于排污企业违法排污主观故意的证明难度较高，且本案又涉及到对环境公益的侵害，故应充分考虑到此类案件的特殊性，通过准确把握举证证明责任和归责原则来避免责任逃避和公益受损。综上，藏金阁公司辩称不知道首旭公司在违法排污，不应承担赔偿责任的理由不能成立，不予支持，根据本案事实和证据，藏金阁公司与首旭公司构成环境污染共同侵权的证据已达到高度盖然性的民事证明标准，应当认定藏金阁公司和首旭公司对于违法排污存在主观上的共同故意和客观上的共同行为，二被告构成共同侵权，依据《中华人民共和国侵权责任法》第八条“二人以上共同实施侵权行为，造成他人损害的，应当承担连带责任”之规定，由二被告承担连带责任。

原告重庆两江志愿服务发展中心主张本案亦属于第三人污染环境的情形，可以适用《最高人民法院关于审理环境侵权责任纠纷案件适用法律若干问题的解释》第五条之规定判决二被告承担赔偿责任，本院认为，在藏金阁公司与首旭公司构成共同侵权的情况下，不适用环境污染第三人侵权的相关规定。

除了《鉴定评估报告书》所认定的生态环境损害量化数额以外，二原告还就鉴定费、律师费等费用提出请求。《最高人民法院关于审理环境民事公益诉讼案件适用法律若干问题的解释》第二十二条规定“原告请求被告承担检验、鉴定费用，合理的律师费以及为诉讼支出的其他合理费用的，人民法院可以依法予以支持。”原告方主张此次委托鉴定评估所支出的鉴定费用为30万元，但只提供了合同而无票据证明，且明显超出《重庆市物价局重庆市司法局关于印发〈重庆市实行政府指导价管理的司法鉴定收费项目目录和收费标准〉的通知》规定的指导价。该通知规定，涉及财产案件的司法鉴定，按照标的额比例分段累计收费：“（一）不超过10万元（含10万元）的，按照本通知附件中所列收费标准执行。（二）超过10万元至50万元（含50万元）的部分，按照1%收取。（三）超过50万元至100万元（含100万元）的部分，按照0.8%收取。（四）超过100万元至200万元（含200万元）的部分，按照0.6%收取。（五）超过200万元至500万元（含500万元）的部分，按照0.4%收取。（六）超过500万元至1000万元（含1000万元）的部分，按照0.2%收取。（七）超过1000万元的部分，按照0.1%收取。”考虑到鉴定必然会产生相应费用，结合本案实际，参照重庆市指导价酌情主张5万元。《重庆市律师服务收费指导标准》规定，涉及财产案件的律师代理费，按标的额比例分段累进计费："10万元以下部分5%-6%（不低于5000元）；10万元至100万元部分4%-5%；100万元至500万元部分3%-4%；500万元至1000万元部分2%-3%；1000万元至5000万元部分1%-2%；5000万元以上部分0.5%-1%。"重庆市人民政府和重庆两江志愿服务发展中心为本次诉讼支出律师代理费用分别为19.8万元和8万元，上述收费有合同或发票作为证据，且符合《重庆市律师服务收费指导标准》的前述规定，二被告亦未提出异议，故该项主张具有事实根据和法律依据，予以支持。

对于重庆两江志愿服务发展中心在庭审中增加要求二被告赔礼道歉的诉讼请求，本院认为，长江水域生态系统的维护需要公众参与，对其实施的破坏行为会侵害到千家万户乃至子孙后代的利益，二被告对长江生态环境的严重破坏行为，是对社会公众权益的损害，要求其公开赔礼道歉既是公众合法权利的体现，也是对其他类似行为的警示，还能够让二被告公开表达对于自身过错的深刻认识和真诚悔意。无论是环境公益诉讼还是生态环境损害赔偿诉讼，均具有公益性，在本案中原告代表社会公众要求污染环境的侵权行为人赔礼道歉，该请求具有合法性和合理性，予以支持。

综上所述，对生效行政判决和刑事判决所认定的藏金阁公司和首旭公司实施的违法排污事实，予以确认。《鉴定评估报告书》合法有效，予以采信。藏金阁公司和首旭公司共同实施违法排污行为，造成环境污染的损害后果，构成共同侵权，应当承担连带责任。依照《中华人民共和国水污染防治法》第九条，《中华人民共和国环境保护法》第四十二条第四款、第六十四条，《中华人民共和国侵权责任法》第八条，《最高人民法院关于审理环境侵权责任纠纷案件适用法律若干问题的解释》第二条、第十三条，《最高人民法院关于审理环境民事公益诉讼案件适用法律若干问题的解释》第二十二条，以及《中华人民共和国民事诉讼法》第六十四条、第一百四十二条的规定，判决如下：

一、被告重庆藏金阁物业管理有限公司和被告重庆首旭环保科技有限公司连带赔偿生态环境修复费用1441.6776万元，于本判决生效后十日内交付至重庆市财政局专用账户（开户行：重庆银行股份有限公司营业部，账号：02××××××），由原告重庆市人民政府及其指定的部门和原告重庆两江志愿服务发展中心结合本区域生态环境损害情况用于开展替代修复；

二、被告重庆藏金阁物业管理有限公司和被告重庆首旭环保科技有限公司于本判决生效后十日内，在省级或以上媒体向社会公开赔礼道歉；

三、被告重庆藏金阁物业管理有限公司和被告重庆首旭环保科技有限公司在本判决生效后十日内给付原告重庆市人民政府鉴定费5万元，律师费19.8万元；

四、被告重庆藏金阁物业管理有限公司和被告重庆首旭环保科技有限公司在本判决生效后十日内给付原告重庆两江志愿服务发展中心律师费8万元；

五、驳回原告重庆市人民政府和原告重庆两江志愿服务发展中心其他诉讼请求。

如未按本判决指定的期限履行给付义务，应当依照《中华人民共和国民事诉讼法》第二百五十三条的规定，加倍支付迟延履行期间的债务利息。

案件受理费110269元，由被告重庆藏金阁物业管理有限公司与被告重庆首旭环保科技有限公司连带承担，于本判决生效之日起七日内向本院交纳。

如不服本判决，可以在判决书送达之日起十五日内，向本院递交上诉状，并按对方当事人或者代表人的人数提出副本，上诉于重庆市高级人民法院。

第四节　减轻损害赔偿责任

——中国生物多样性保护与绿色发展基金会诉秦皇岛方圆包装玻璃有限公司大气污染责任民事公益诉讼案评析

【案例级别】典型案例

【案例来源】最高人民法院指导案例132号

【案件类型】民事

【文书类型】判决书

【审理程序】二审（终审）

【案　　号】（2018）冀民终758号

【关 键 词】民事；环境民事公益诉讼；大气污染责任；降低环境风险；减轻赔偿责任

【裁判要旨】

在环境民事公益诉讼期间，污染者主动整改提升环保设施，降低了再次造成环境污染的风险与可能性，人民法院可以综合考虑超标排污行为的违法性、过错程度、治理污染设施的运行成本以及防污采取的有效措施等因素，适当减轻污染者的赔偿责任。

【基本案情】

秦皇岛方圆包装玻璃有限公司（以下简称方圆公司）于2011年9月30日成立，系主要从事各种玻璃包装瓶生产加工的企业，现拥有玻璃窑炉四座。在生产过程中，因超标排污被秦皇岛市海港区环境保护局（以下简称海港区环保局）多次作出行政处罚。

2015年12月23日，秦皇岛市海港区环境保护局向方圆公司出具海环罚字［2015］11号行政处罚决定书，该处罚决定书认定，海港区环境保护局于2015年10月28日和11月2日对方圆公司进行了调查，发现方圆公司实施了以下环境违法行为：方圆公司熔窑出口排放大气污染物超出《工业窑炉大气污染物排放标准》（DB13/1640-2012），被秦皇岛市海港区环境保护局罚款9万元。同日，又因方圆公司因未取得排污许可证、拒不改正非法向大气排放污染物的行为，分别于2016年2月26日、4月7日被秦皇岛市海港区环境保护局罚款580万元、680万元。

2015年2月12日，方圆公司与无锡格润环保科技有限公司签订《玻璃窑炉脱硝脱硫除尘总承包合同》，对方圆公司的四座窑炉进行脱硝脱硫除尘改造，合同总金额3617万元。

2016年中国绿发会对方圆公司提起环境公益诉讼后，方圆公司加快了2015年2月12日与无锡格润环保科技有限公司签订的脱硝脱硫除尘改造提升进程。2016年6月15日，方圆公司通过了海港区环保局的环保验收。2016年7月22日，中国绿发会组织相关专家对方圆公司脱硝脱硫除尘设备运行状况进行了考查，并提出相关建议。2016年6月17日、2017年6月17日，环保部门为方圆公司颁发《河北省排放污染物许可证》。2016年12月2日，方圆公司再次投入1965万元，为四座窑炉增设脱硝脱硫除尘备用设备一套。

2017年11月，鉴定机构作出《方圆公司大气污染物超标排放环境损害鉴定意见》，按照虚拟成本法计算方圆公司在鉴定时间段内向大气超标排放颗粒物总量约为2.06t，二氧化硫超标排放总量约为33.45t，氮氧化物超标排放总量约为75.33t，方圆公司所在秦皇岛地区为空气功能区Ⅱ类。按照规定，环境空气Ⅱ类区生态损害数额为虚拟治理成本的3-5倍，鉴定报告中取3倍计算对大气环境造成损害数额分别约为0.74万元、27.10万元和127.12万元，共计154.96万元。

【争议焦点】

1. 上诉人请求生态服务功能损失是否应予支持；

2. 一审判决将环境损害赔偿费用付至“秦皇岛市专项资金账户”并用于“秦皇岛地区环境修复”是否具有法律依据；

3. 上诉人中国绿发会提出的因诉讼支出的合理费用是否应予支持；

4. 环境损害期间的认定与赔偿责任的折抵。

【裁判说理】

法院生效裁判认为：

一、关于上诉人请求生态服务功能损失是否应予支持的问题

最高人民法院《关于审理环境民事公益诉讼案件适用法律若干问题的解释》第十八条规定，在环境民事公益诉讼案中，“原告可以请求被告承担停止侵害、排除妨碍、消除危险、恢复原状、赔偿损失、赔礼道歉等民事责任”。第二十一条规定：“原告请求被告赔偿生态环境受到损害至恢复原状期间服务功能损失的，人民法院可以依法予以支持。”《环境损害鉴定评估推荐办法》（第Ⅱ版）关于环境损害的定义为：“因污染环境和破坏生态行为导致人体健康、财产价值或生态环境及其生态系统服务的可观察的或可测量的不利改变。”根据上述司法解释规定以及环境损害的科学定义可知，环境损害的含义包含了环境服务功能损失。本案中，上诉人中国绿发会在一审诉讼请求第2项“请求判令方圆公司赔偿因为其非法排放大气污染物而对环境造成的损害”，并未详细列明是环境造成的哪些损害，因此，从“环境损害”的定义理解，中国绿发会请求的“环境损害”中应包含生态服务功能的损害。一审法院委托的环境评估机构作出的鉴定意见是依据《环境损害鉴定评估推荐办法》（第Ⅱ版）确定的方法进行鉴定，故应予认定一审法院委托鉴定的“环境损害”中包括生态服务功能的期间损害。上诉人中国绿发会在二审期间提出一审判决未支持被上诉人违法行为给环境造成的生态服务功能损失，理据不足，本院不予支持。

二、关于一审判决将环境损害赔偿费用付至“秦皇岛市专项资金账户”并用于“秦皇岛地区环境修复”是否具有法律依据的问题

对于环境损害赔偿金的管理和使用问题，最高人民法院《关于全面加强环境资源审判工作为推进生态文明建设提供有力司法保障的意见》中指出“……探索设立公益诉讼专项基金，设立适合本地区环境公益诉讼发展的资金运作模式，接受生效判决判令被告承担的生态环境修复费用……”中央办公

厅、国务院办公厅印发《生态环境损害赔偿制度改革方案》，规定了环境损害赔偿金作为政府非税收入，全额上缴同级国库。一审法院参照上述规定并结合本地区实际情况，将环境损害赔偿金付至秦皇岛市专项资金账户，用于当地环境修复并无不当。上诉人中国绿发会该项上诉请求，本院不予支持。

三、关于上诉人中国绿发会提出的因诉讼支出的合理费用一审未予支持的问题

依据最高人民法院《关于审理环境民事公益诉讼案件适用法律若干问题的解释》第二十二条规定："原告请求被告承担检验、鉴定费用、合理的律师费以及为诉讼支出的其他合理费用的，人民法院可以依法予以支持。"原告提出以上请求的，应承担举证责任。本案中，鉴定费和诉讼费一审已判决由方圆公司承担，中国绿发会上诉主要是针对律师代理费及其因诉讼产生的其他合理支出。对于这两笔费用的支付，中国绿发会未提供充分的证据。在一审中，中国绿发会仅提供了委托代理合同，未提供实际支付代理费的相关凭证，提供的其他票据如加油费、餐费、停车费等，亦无法证明与本案具有关联性。一审法院酌情裁量支持中国绿发会代理费及其他合理支出费用 3 万元，并无不妥。二审期间，经与中国绿发会释明后，其依然未能提供支付代理费的相关凭证。故对于中国绿发会在本案诉讼中主张代理费及其他合理支出的费用，一审法院酌定 3 万元，二审法院予以维持。

四、关于一审法院委托鉴定的环境损害期间是否错误，是否应予延长的问题

一审法院委托的鉴定评估中心具有法定资质，鉴定意见的作出程序合法。方圆公司在鉴定超标排污时间段之前曾出现超标排污行为并受到行政处罚，由于缺乏监测数据，无法确定排污的具体时间和排污量，一审法院在经得双方当事人同意的情况下选取具有监测数据的时间段进行鉴定，亦无不妥。二审期间再次进行鉴定缺少数据支持。故中国绿发会在上诉期间主张一审委托的鉴定环境损害期间应予延长，本院不予支持。

关于被上诉人方圆公司在鉴定超标排污时间段之前存在超标排污的侵权事实，造成的损害及修复费用如何确定问题。根据最高人民法院《关于审理环境民事公益诉讼案件适用法律若干问题的解释》第二十三条规定，结合污

染环境、破坏生态的范围和程度、防止污染设备的运行成本、污染企业因侵权行为所得的利益以及过错程度等因素予以合理确定造成的损害及修复费用。本案中，方圆公司对其四座窑炉配备的环保设施进行升级改造，体现了企业防污整改的守法意识，在超标排污受到行政处罚后，也积极缴纳行政罚款共计 1280 余万元，其超标排污行为受到行政制裁。在提起本案公益诉讼后，方圆公司加快了环保设施的升级改造，并在环保设施验收合格后，再次投资 1965 万元建造一套备用排污设备，是秦皇岛地区首家实现大气污染治理环保设备开二备一的企业。

《中华人民共和国环境保护法》体现了保护与发展并重原则，环境公益诉讼不仅强调环境损害救济，还应兼顾预防原则。本案诉讼过程中，方圆公司加快环保设施的整改进度，积极承担行政责任，并在其安装的环保设施验收合格后，出资近 2000 万元再行配备一套环保设施，以确保生产过程中环保设施的稳定运行，大大降低了再次造成环境污染的风险与可能性。方圆公司自愿投入巨资进行污染防治，积极履行维护公益行为，实现了《中华人民共和国环境保护法》第五条规定的“保护优先，预防为主”的立法意图，以及环境民事公益诉讼风险预防功能，具有良好的社会导向作用。综合考虑方圆公司在企业生产过程中超标排污行为的违法性、过错程度、治理污染的运行成本以及防污采取的积极措施等因素，对于方圆公司在一审鉴定环境损害时间段之前的超标排污造成的损害可以予以折抵。

【裁判结果】

河北省秦皇岛市中级人民法院于 2018 年 4 月 10 日作出（2016）冀 03 民初 40 号民事判决：

一、秦皇岛方圆包装玻璃有限公司赔偿因超标排放大气污染物造成的损失 154.96 万元，上述费用分 3 期支付至秦皇岛市专项资金账户（每期 51.65 万元，第一期于判决生效之日起 7 日内支付，第二、三期分别于判决生效后第二、第三年的 12 月 31 日前支付），用于秦皇岛地区的环境修复；

二、秦皇岛方圆包装玻璃有限公司于判决生效后 30 日内在全国性媒体上刊登因污染大气环境行为的致歉声明（内容须经一审法院审核后发布）。如秦皇岛方圆包装玻璃有限公司未履行上述义务，河北省秦皇岛市中级人民法院将本判决书内容在全国性的媒体公布，相关费用由秦皇岛方圆包装玻璃有限公司承担；

三、秦皇岛方圆包装玻璃有限公司于判决生效后 15 日内支付中国生物多样性保护与绿色发展基金会因本案支出的合理费用 3 万元；

四、驳回中国生物多样性保护与绿色发展基金会的其他诉讼请求。案件受理费 80 元，由秦皇岛方圆包装玻璃有限公司负担，鉴定费用 15 万元由秦皇岛方圆包装玻璃有限公司负担（已支付）。

宣判后，中国生物多样性保护与绿色发展基金会提出上诉。河北省高级人民法院于 2018 年 11 月 5 日作出（2018）冀民终 758 号民事判决：

驳回上诉，维持原判。

【相关规定】

《中华人民共和国水污染防治法》（2017 年修订）第 10 条［原水污染防治法（2008 年修订）》第 9 条］

《中华人民共和国环境保护法》（2014 年修订）第 42 条、第 64 条

《中华人民共和国民法典》第 1168 条［原侵权责任法（2010 年修订）第 8 条］

《最高人民法院关于审理环境侵权责任纠纷案件适用法律若干问题的解释》（2020 年修订）第 2 条、第 13 条［原《最高人民法院关于审理环境侵权责任纠纷案件适用法律若干问题的解释》（2015 年修订）第 2 条、第 13 条］

《最高人民法院关于审理环境民事公益诉讼案件适用法律若干问题的解释》（2020 年修订）第 22 条［原《最高人民法院关于审理环境民事公益诉讼案件适用法律若干问题的解释》（2015 年修订）第 22 条］

案例整编人：冯泳琦、宋维彬

附已公开生效判决文书：

河北省高级人民法院
民事判决书

（2018）冀民终758号

上诉人（一审原告）：中国生物多样性保护与绿色发展基金会

被上诉人（一审被告）：秦皇岛方圆包装玻璃有限公司

上诉人中国生物多样性保护与绿色发展基金会（以下简称中国绿发会）与被上诉人秦皇岛方圆包装玻璃有限公司（以下简称方圆公司）大气环境污染责任纠纷公益诉讼一案，不服河北省秦皇岛市中级人民法院（2016）冀03民初40号民事判决，向本院提起上诉。本院依法组成由窦淑霞任审判长，审判员李学境、邢会丽参加评议的合议庭，于2018年9月17日公开开庭审理了本案。上诉人中国绿发会委托代理人回金章、张娜，被上诉人方圆公司委托代理人韩尚武、沈博文到庭参加诉讼，本案现已审理终结。

中国绿发会上诉请求：撤销河北省秦皇岛市中级人民法院（2016）冀03民初40号民事判决第一、三、四项判决；改判支持上诉人一审全部诉讼请求。事实和理由：（一）一审判决仅仅支持了上诉人要求的修复环境的费某某1，没有支持因为被上诉人违法行为而给环境造成的生态服务功能损失赔偿请求，既违反法律规定，也不利于惩罚违法者、警戒其他潜在污染者。（二）判决将“损失”部分“付至秦皇岛市专项资金账户”，没有法律依据。上诉人既不知道这个账户是否存在，也不知道这个账户资金的使用规则，也没有判决上诉人对该专项资金管理使用的监督权。而上诉人提出设立环境慈善信托有信托法、慈善法的明确依据，现实中也有成功案例，一审判决未予支持，不妥。（三）判决将“损失”赔偿用于秦皇岛地区，没有法律依据。环境污染的受害者不会局限于污染行为发生地，秦皇岛的污染至少会波及到京津冀地区，如此判决，有严重的地方主义之嫌。（四）判决不支持上诉人在一审过程中的绝大部分案件费用支出，不符合法律规定，违反最高人民法院《关于审理环境民事公益诉讼案件适用法律若干问题的解释》的有关规定。目前，社会组织开展环境公益诉讼面临很多困难，特别是合理的律师费、专家费。客观上打击了社会组织开展公益诉讼的积极性，保护了环境污染者和生态破坏者，大大降低了生态环境污染破坏者的违法成本，打击维权的积极性。综上，请求撤销河北省秦皇岛市中级人民法院作出的（2016）冀03民初40号民事判决书第一、三、四项判决，改判支持上诉人的全部上诉请求。

被上诉人方圆公司提交书面答辩意见：(一）一审判决的赔偿金已经包括了生态服务功能损失和修复被污染大气环境的费用。上诉人在一审中提出了5项请求，其中第2项和第3项请求在一审法院已经一并委托鉴定评估机构进行了鉴定。因此，一审判决依据鉴定意见，判决被申请人赔偿154.96万元，已经完全覆盖了上诉人的诉讼请求，上诉人认为该费用仅是修复环境的费用，明显与事实不符。(二）一审判决将赔偿费用支付至秦皇岛市专项资金账户并不违反法律规定。最高人民法院《关于审理环境民事公益诉讼案件适用法律若干问题的解释》并未对环境损害及修复费用等款项的支付方式进行明确规定，各地根据具体情况因地制宜。在司法实践中存在支付到人民法院指定账户、上缴国库、付至环保公益金专项账户以及市专项基金账户等做法。因此，一审判决生态环境赔偿修复费用付至秦皇岛市专项资金账户，符合司法实践。(三）一审中上诉人未就费用支出提供充分、合理的凭证予以证明，一审法院酌定被上诉人支付上诉人因本案诉讼支出的合理费用3万元，并无不当。

中国绿发会一审起诉，请求判令：1. 依法判令方圆公司立即停止非法排放大气污染物的违法行为；2. 依法判令方圆公司采取措施或在采取替代修复措施修复被污染的大气环境；3. 依法判令方圆公司赔偿因其非法排放大气污染物而对环境造成的损害（具体赔偿数额以评估结果为准)；4. 依法判令方圆公司对其非法排污加重了大气污染的违法行为在国家媒体上向民众赔礼道歉；5. 依法判令方圆公司承担因此案而支出的案件受理费、鉴定费、评估费、差旅费和必要的费用。

一审法院认定的事实：中国绿发会是1985年在中华人民共和国民政部注册、由中国科学技术协会主管的全国性公募基金会，登记证号：基证字第xxx

号。该基金会章程第三条载明，其宗旨是广泛动员全社会关心和支持生物多样性保护与绿色发展事业，维护公众环境权益和社会公共利益，协助政府保护国家战略资源，促进生态文明建设和人与自然和谐，构建人类美好家园。中国绿发会提交的2010-2014年年检报告中显示，其每年均从事生物多样性保护等生态环境保护公益活动。

方圆公司于2011年9月30日成立，系主要从事各种玻璃包装瓶生产加工的企业，现拥有玻璃窑炉四座。

2015年12月23日，秦皇岛市海港区环境保护局向方圆公司出具海环罚字［2015］11号行政处罚决定书，该处罚决定书认定海港区环境保护局于2015年10月28日和11月2日对方圆公司进行了调查，发现方圆公司实施了以下环境违法行为：方圆公司熔窑出口排放大气污染物（5号、6号窑出口二氧化硫排放浓度平均值为473㎎/Nm3、氮氧化物排放浓度平均值为5504㎎/Nm3；7号、8号窑出口二氧化硫排放浓度平均值为481㎎/Nm3、氮氧化物排放浓度平均值为3665㎎/Nm3），超出《工业窑炉大气污染物排放标准》（DB13/1640-2012）（二氧化硫排放浓度平均值为400㎎/Nm3、氮氧化物排放浓度平均值为400㎎/Nm3），被秦皇岛市海港区环境保护局罚款9万元。同日，又因方圆公司未取得排污许可证，被罚款20万元（海环罚字［2015］12号行政处罚决定书）。方圆公司因拒不改正非法向大气排放污染物的行为，分别于2016年2月26日、4月7日被秦皇岛市海港区环境保护局罚款580万元、680万元。

2015年2月12日，方圆公司与无锡格润环保科技有限公司签订《玻璃窑炉脱硝脱硫除尘总承包合同》，对方圆公司的四座窑炉进行脱硝脱硫除尘改造，合同总金额3617万元。

2016年中国绿发会对方圆公司提起环境公益诉讼后，方圆公司加快了脱硝脱硫除尘改造提升进程。2016年6月15日，方圆公司通过了海港区环保局的环保验收。2016年7月22日，中国绿发会组织相关专家对方圆公司脱硝脱硫除尘设备运行状况进行了考查，并提出相关建议。2016年6月17日、2017年6月17日，环保部门为方圆公司颁发《河北省排放污染物许可证》。2016年12月2日，方圆公司再次投入1965万元，为四座窑炉增设脱硝脱硫除尘备用设备一套。

方圆公司于2015年3月18日缴纳行政罚款8万元。中国绿发会2016年提起公益诉讼后，方圆公司自 2016 年 4 月 13 日起至 2016 年 11 月 23 日止，分 24 次缴纳行政罚款共计 1281 万元。

诉讼过程中，一审法院要求中国绿发会明确第 3 项诉讼请求，即非法排放大气污染物而对环境造成损害的起止时间。2017 年 7 月 25 日，中国绿发会向一审法院提交《关于案件诉讼请求及证据说明》，确认方圆公司非法排放大气污染物对环境造成的损害期间从行政处罚认定发生损害时起至环保部门验收合格为止。一审法院委托环境保护部环境规划院环境风险与损害鉴定评估研究中心（以下简称鉴定评估中心）对方圆公司因排放大气污染物对环境造成的损害数额及采取替代修复措施修复被污染的大气环境所需费用进行鉴定，起止时间为 2015 年 10 月 28 日（行政处罚认定损害发生日）至 2016 年 6 月 15 日（环保达标日）。

2017 年 11 月，该鉴定评估中心出具《秦皇岛方圆包装玻璃有限公司大气污染物超标排 XXX 境损害鉴定意见》：方圆公司在鉴定时间段内向大气超标排放颗粒物总量约为 2.06t，二氧化硫超标排放总量约为 33.45t，氮氧化物超标排放总量约为 75.33t，方圆公司所在秦皇岛地区为空气功能区Ⅱ类。按照规定，环境空气Ⅱ类区生态损害数额为虚拟治理成本的 3-5 倍，鉴定报告中认定生态损害数额为虚拟治理成本的 3 倍，按照虚拟治理成本法计算对大气环境造成损害数额分别约为 0.74 万元、27.10 万元和 127.12 万元，共计 154.96 万元。

另查明，诉讼中，中国绿发会提交与北京兆实律师事务所《委托代理合同》一份，合同约定中国绿发会委托北京兆实律师事务所代理本案，代理费用为 20 万元。中国绿发会还主张差旅费 22540.10 元，邮寄费 117 元，专家费 35714.29 元，案情论证费 42002.12 元，以上共计 300373.51 元。

一审法院认为，一、关于中国绿发会的公益诉讼主体资格问题。《中华人民共和国环境保护法》第五十八条规定："对污染环境、破坏生态，损害社会公共利益的行为，符合下列条件的社会组织可以向人民法院提起诉讼：（一）依法在设区的市级以上人民政府民政部门登记；（二）专门从事环境保护公益活动连续五年以上且无违法记录。符合前款规定的社会组织向人民法院提起诉讼，人民法院应当依法受理。"本案中，中国绿发会是在中华人民共和国民政部注册的基金会法人，其章程确定的宗旨包括"广泛动员全社会关心和支持生物多样性保护与绿色发展事业，维护公众环境权益和社会公共利益，促进生态文明建设和人与自然和谐”等，应认定中国绿发会为专门从事环境保护公益活动的社会组织，其提起本案诉讼是为维护污染事故发生地公众的环境权益，与其宗旨和业务范围具有关联性。中国绿发会提交了起诉前2010-2014年连续5年的年度工作报告书，证明其连续5年从事生物多样性保护等生态环境保护公益活动，其亦依照规定提交了社会组织登记证书，由其法定代表人签章的5年内无违法记录的声明等证据。上述证据能够证明中国绿发会符合环境污染公益诉讼原告的主体资格，对中国绿发会环境公益诉讼主体资格，一审法院予以确认。

二、关于方圆公司对其非法排放大气污染物的行为应承担何种民事责任，损害赔偿数额如何计算的问题。

（一）中国绿发会诉请第1项：方圆公司立即停止非法排放大气污染物的违法行为。停止侵害的诉讼请求针对的是已经开始且处于持续状态的侵权行为。本案中，虽然中国绿发会在起诉时，方圆公司存在非法排放大气污染物的行为，但在本案起诉后，方圆公司通过积极投入，加快治理污染设备的更新改造。在本案诉讼过程中，方圆公司经海港区环保局验收已达标排放，相关行政部门为方圆公司发放了排污许可证，中国绿发会亦组织相关专家对方圆公司的环保设备运行情况进行了考查，中国绿发会停止侵害的诉讼请求在本案一审审理过程中已经满足。庭审中一审法院亦已向中国绿发会对此进行了释明，但中国绿发会坚持该诉请，故对中国绿发会该项诉请，一审法院不再予以支持。

（二）中国绿发会诉请第2、3项：方圆公司采取措施或者采取替代修复的措施修复被污染的大气环境；方圆公司赔偿因为其非法排放大气污染物而对环境造成的损害（具体赔偿数额以评估结果为准)。一审法院委托环境保护部环境规划院环境风险与损害鉴定评估研究中心对上述两项进行了鉴定，该中心出具的鉴定报告注明：委托鉴定事项为：方圆公司非法排放大气污染物而对环境造成的包括污染行为直接造成的财产损坏、减少的实际价值以及为防止污染扩大、消除污染而采取必要合理措施所产生的费用。鉴定技术方法为：由于本次鉴定无法对大气污染排放造成的环境损害直接进行评估，采用虚拟治理成本法计算废气中污染物超标排放导致的环境损害。虚拟治理成本法的原理是污染物排放量与单位污染物治理成本的乘积，再根据所在地环境功能，乘以相应的系数。故该报告以虚拟治理成本法计算对大气环境造成的损害数额进行了包括修复被污染的大气环境产生的费用。中国绿发会对于该报告的真实性认可，但认为在行政处罚日前方圆公司亦非法排放大气污染物，鉴定期间应予延长。一审法院认为，在委托鉴定前，已要求中国绿发会对其请求损害的期间予以确认，中国绿发会书面回复确认方圆公司非法排放大气污染物而对环境造成的损害期间从行政处罚认定发生损害时起至环保部门验收合格为止。且鉴定前，中国绿发会对法院调取及方圆公司提交的2015年10月28日至2016年6月15日方圆公司的排放数据亦无异议，现又提出期间异议不予支持。该鉴定评估中心系法院委托，评估鉴定中心具有法定资质，评估依据均已经双方当事人的质证，故对该报告以虚拟治理成本法计算的损害数额予以确认。

《环境空气质量标准》、《环境损害鉴定评估推荐方法（第Ⅱ版）》，《突发环境事件应急处置阶段环境损害评估技术规范》规定，利用虚拟治理成本法计算得到的环境损害可以作为生态环境损害赔偿的依据。方圆公司所在秦皇岛地区空气功能区为Ⅱ类，按照规定，环境空气Ⅱ类区生态损害数额为虚拟治理成本的3-5倍，鉴定报告中已确定生态损害数额为虚拟治理成本的3倍，并据此计算出损失为154.96万元，中国绿发会要求在报告损害数额的基础上再以5倍计算，没有依据，不予支持。方圆公司因非法排放大气污染物给环境造成损害，应依据鉴定报告确定的损害数额154.96万元予以赔偿。在中国绿发会起诉后，方圆公司认识到其非法排污的社会危害性，认真配合相关部门进行整改，积极缴纳行政罚款，考虑以上因素及企业的生产经营状况，一审法院酌定上述损失分三年（每年51.65万元）缴纳。中国绿发会要求对上述费用设立环境慈善信托没有法律依据。上述费用方圆公司应付至秦皇岛市专项资金账户，用于秦皇岛地区环境污染治理修复工作。

（三）中国绿发会第4项诉请：方圆公司对其非法排污加重了大气污染的违法行为在国家媒体上向民众赔礼道歉。根据《最高人民法院关于审理环境民事公益诉讼案件适用法律若干问题的解释》相关规定，对污染环境、破坏生态，已经损害社会公共利益或者具有损害社会公共利益重大风险的行为，原告可以请求被告承担赔礼道歉等民事责任。方圆公司非法排放大气污染物、加重大气污染的行为对广大民众造成一定精神上的损害，影响群众日常生活，应当承担赔礼道歉的民事责任，对中国绿发会的该项请求予以支持。

（四）中国绿发会第5项请求：方圆公司承担因此案而支出的案件受理费、鉴定费、评估费、差旅费和必要的费用300373.51元。《最高人民法院关于审理环境民事公益诉讼案件适用法律若干问题的解释》第二十二条规定，原告请求被告承担检验、鉴定费用、合理的律师费以及为诉讼支出的其他合理费用的，人民法院可以依法予以支持。本案诉讼中，中国绿发会就该项费用仅提交了《委托代理合同》一份，未提交任何实际费用发生的票据或者支付凭证，不能证明其上述费用实际发生。但考虑到该案调解、开庭、律师出庭等情况，中国绿发会实际支付了相应的差旅费及代理费用，且方圆公司愿意支付中国绿发会因本案诉讼支付的合理费用，故一审法院酌定方圆公司支付中国绿发会为本案诉讼支出的合理费用3万元。综上所述，依照《中华人民共和国环境保护法》第五十八条、《中华人民共和国侵权责任法》第六十五条、第六十六条，《最高人民法院关于审理环境民事公益诉讼案件适用法律若干问题的解释》第一条、第二条、第十八条、第二十条、第二十二条、第二十三条，《中华人民共和国民事诉讼法》第五十五条之规定，判决：一、秦皇岛方圆包装玻璃有限公司赔偿因超标排放大气污染物造成的损失154.96万元，上述费用分3期支付至秦皇岛市专项资金账户（每期51.65万元，第一期于判决生效之日起7日内支付，第二、三期分别于判决生效后第二、第三年的12月31日前支付），用于秦皇岛地区的环境修复；二、秦皇岛方圆包装玻璃有限公司于判决生效后30日内在全国性媒体上刊登因污染大气环境行为的致歉声明（内容须经一审法院审核后发布）。如秦皇岛方圆包装玻璃有限公司未履行上述义务，一审法院将本判决书内容在全国性的媒体公布，相关费用由秦皇岛方圆包装玻璃有限公司承担；三、秦皇岛方圆包装玻璃有限公司于判决生效后15日内支付中国生物多样性保护与绿色发展基金会因本案支出的合理费用3万元。四、驳回中国生物多样性保护与绿色发展基金会的其他诉讼请求。案件受理费80元，由秦皇岛方圆包装玻璃有限公司负担，鉴定费用15万元由秦皇岛方圆玻璃有限公司负担（已支付）。

本案二审庭审中，上诉人中国绿发会补充新的上诉理由为：一审法院委托鉴定了环境损害赔偿数额，但计算被申请人违法排污时间段的起算点有误。首先，河北广播网、燕赵都市网打印的网页显示，被上诉人方圆公司于2015年3月因违法排污被按日连续罚款200多万，证明其在2015年3月因违法排污被行政处罚，而一审委托鉴定超标排污的起算点为2015年10月28日，显然认定有误。第二，在鉴定选取的时间段内，排污是一个完整持续的过程，鉴定中心作出的鉴定意见没有进行完整统计，2015年11月、12月，因缺乏连续在线监测数据进行分段计算超标排污不妥。第三，被上诉人方圆公司在2016年6月15日环保设备经验收合格，说明在2016年6月15日之前环保不合格，被多次处罚，应认定其非法排污的时间应当从方圆公司正式生产时开始计算。

被上诉人方圆公司辩称：第一，方圆公司是一家外商投资企业，一向重视合法合规经营，近年来由于大气环境污染的日益加剧，国家对大气污染物排放的标准也在不断提高，方圆公司的环保设施由于不断陈旧老化在难以满足国家日益增高的环保标准下，于2014年11月份进行招投标，2015年2月与无锡市格润环保科技有限公司签订《秦皇岛方圆包装玻璃有限公司玻璃窑炉脱硝脱硫除尘总承包合同》，投资3617万元进行环保设施的升级改造。第二，方圆公司在生产过程中出现超标排污行为是在环保设施升级改造中由于环保设施质量不合格导致，目前与无锡市格润环保科技有限公司之间的诉讼尚在二审审理之中，方圆公司并非故意违法排污。第三，一审法院选择2015年10月28日作为鉴定超标排污的起算点，是鉴于充分考虑了鉴定数据的取样问题，并在征得双方当事人同意的情况下选定，中国绿发会在一审时对该时间段的选取无异议。

二审期间，上诉人中国绿发会提出，在一审结束后就上诉期间新产生的费用为9060.5元，并提交了加油费、邮寄费、停车费、餐费等凭证。被上诉人方圆公司质证意见：中国绿发会提交的加油费、餐费、停车费某某无法证实与本案具有关联性，不予认可。

经二审审理查明，2015年3月，河北广播网、燕赵都市网的网页显示，因被上诉人方圆公司未安装除尘脱硝脱硫设施超标排放大气污染物被按日连续处罚200多万。对于该网页显示内容的真实性，被上诉人方圆公司予以认可，故对其在2015年10月28日之前存在超标排污的事实，本院予以认定。

另查明，一审法院在委托鉴定之前对委托鉴定事项、检材等通知双方当事人到庭进行质证，因中国绿发会未到庭，一审法院于2017年8月1日向中国绿发会邮寄鉴定材料，并书面函示中国绿发会对上述鉴定材料进行质证，检材为：2015年10月28日至2016年6月15日期间方圆公司生产排污的《检测报告》及《烟气排放连续监测日平均月报表》，中国绿发会对上述鉴定所需的检材真实性无异议。2017年8月14日，秦皇岛市中级人民法院委托鉴定评估中心，对秦皇岛方圆包装玻璃有限公司“因排放大气污染物对环境造成的损害数额及采取替代修复措施修复被污染的大气环境所需费用”进行鉴定，鉴定非法排放大气污染物起止时间为：2015年10月28日（行政处罚日）至2016年6月15日（环保达标日）。2018年1月24日，鉴定作出后，一审法院以特快专递的方式将鉴定报告邮寄给中国绿发会。

上诉人中国绿发会提出鉴定时间段内有两个月（2015年11、12月）鉴定超标排污时间没有连续计算。经查阅鉴定评估中心出具的鉴定报告，在第14页第六项特别事项中说明：“本次鉴定2015年10月至2016年1月超标排放量核算过程中，缺少连续的在线监测数据，鉴定只核算有《秦皇岛方圆包装玻璃有限公司废气监测报告》的超标天数，其他天数未核算”。

二审查明的其他事实与一审查明的事实一致。

本院认为，一、关于上诉人请求生态服务功能损失是否应予支持的问题。最高人民法院《关于审理环境民事公益诉讼案件适用法律若干问题的解释》第十八条规定：“对环境污染、破坏生态，已经损坏社会公共利益或者具有损坏社会公共利益重大风险的行为，原告可以请求被告承担停止侵害、排除妨碍、消除危险、恢复原状、赔偿损失、赔礼道歉等民事责任。”第二十一条规定：“原告请求被告赔偿生态环境受到损害至恢复原状期间服务功能损失的，人民法院可以依法予以支持。”根据《环境损害鉴定评估推荐办法》（第Ⅱ版）中有关环境损害的定义，“环境损害”是指“因污染环境和破坏生态行为导致人体健康、财产价值或生态环境及其生态系统服务的可观察的或可测量的不利改变。”根据上述司法解释规定以及环境损害的科学定义可知，环境损害与环境服务功能损失之间系包含关系。本案中，上诉人中国绿发会在一审诉讼请求第2项“请求判令方圆公司赔偿因为其非法排放大气污染物而对环境造成的损害”，并未详细列明是环境造成的哪些损害，因此，从“环境损害”的定义理解，中国绿发会请求的“环境损害”中应包含生态服务功能的损害。一审法院委托的环境评估机构作出的鉴定意见是依据《环境损害鉴定评估推荐办法》（第Ⅱ版）确定的方法进行鉴定，故应予认定一审法院委托鉴定的“环境损害”中包括生态服务功能的期间损害。上诉人中国绿发会在二审期间提出一审判决未支持被上诉人违法行为给环境造成的生态服务功能损失，理据不足，本院不予支持。

二、关于一审判决将环境损害赔偿费用付至“秦皇岛市专项资金账户”并用于“秦皇岛地区环境修复”是否具有法律依据的问题。因环境公益诉讼是一项新的诉讼制度，制度构建尚在不断完善过程中。对于环境损害赔偿金的管理和使用问题，最高人民法院《关于全面加强环境资源审判工作为推进生态文明建设提供有力司法保障的意见》中指出“……探索设立公益诉讼专项基金，设立适合本地区环境公益诉讼发展的资金运作模式，接受生效判决判令被告承担的生态环境修复费用……”中央办公厅、国务院办公厅印发《生态环境损害赔偿制度改革方案》，规定了环境损害赔偿金作为政府非税收入，全额上缴同级国库。一审法院参照上述规定并结合本地区实际情况，将环境损害赔偿金付至秦皇岛市专项资金账户，用于当地环境修复并无不当。上诉人中国绿发会该项上诉请求，本院不予支持。

三、关于上诉人中国绿发会提出的因诉讼支出的合理费用一审未予支持的问题。依据最高人民法院《关于审理环境民事公益诉讼案件适用法律若干问题的解释》第二十二条规定：“原告请求被告承担检验、鉴定费用、合理的律师费以及为诉讼支出的其他合理费用的，人民法院可以依法予以支持。”本案中，鉴定费和诉讼费一审已判决由方圆公司承担，中国绿发会上诉主要是针对律师代理费及其因诉讼产生的其他合理支出。对于这两笔费用的支付，一审中中国绿发会仅提供了委托代理合同，未提供实际支付代理费的相关凭证，提供的其他票据如加油费、餐费、停车费等，亦无法证明与本案具有关联性。一审法院酌情裁量支持中国绿发会代理费及其他合理支出费用3万元，并无不妥。二审期间，经与中国绿发会释明后，其依然未能提供支付代理费的相关凭证。故对于中国绿发会在本案诉讼中主张代理费及其他合理支出的费用，一审法院酌定3万元，二审法院予以维持。

四、关于一审法院委托鉴定的环境损害期间是否错误，是否应予延长的问题。因一审法院是在经双方当事人对鉴定事项、检材进行质证后进行的委托，其委托的鉴定评估中心具有法定资质，鉴定作出后，一审法院亦及时向中国绿发会邮寄该鉴定意见。该鉴定意见的作出程序合法，一审法院予以采信，并无不当。方圆公司在鉴定超标排污时间段之前曾出现超标排污行为并受到行政处罚，由于缺乏监测数据，无法确定排污的具体时间和排污量，一审法院在经得双方当事人同意的情况下选取具有监测数据的时间段进行鉴定，亦无不妥。二审期间再次进行鉴定缺少数据支持。故中国绿发会在上诉期间主张一审委托的鉴定环境损害期间应予延长，本院不予支持。

关于被上诉人方圆公司在鉴定超标排污时间段之前存在超标排污的侵权事实，造成的损害及修复费用如何确定问题。最高人民法院《关于审理环境民事公益诉讼案件适用法律若干问题的解释》第二十三条规定，生态环境修复费用难以确定的，人民法院可以结合污染环境、破坏生态的范围和程度、防止污染设备的运行成本、污染企业因侵权行为所得的利益以及过错程度等因素予以合理确定。本案中，方圆公司于2015年2月与无锡市格瑞环保科技有限公司签订《玻璃窑炉脱硝脱硫除尘总承包合同》，对其四座窑炉配备的环保设施进行升级改造，体现了企业防污整改的守法意识。方圆公司在环保设施升级改造过程中出现超标排污行为，虽然行为具有违法性，但在超标排污受到行政处罚后，方圆公司积极缴纳行政罚款共计1280余万元，其超标排污行为受到行政制裁。在提起本案公益诉讼后，方圆公司加快了环保设施的升级改造，并在环保设施验收合格后，再次投资1965万元建造一套备用排污设备，是秦皇岛地区首家实现大气污染治理环保设备开二备一的企业。

《中华人民共和国环境保护法》第一条、第四条规定了保护环境、防止污染，促进经济可持续发展的立法目的，体现了保护与发展并重原则。环境公益诉讼在强调环境损害救济的同时，亦应兼顾预防原则。本案诉讼过程中，方圆公司加快环保设施的整改进度，积极承担行政责任，并在其安装的环保设施验收合格后，出资近2000万元再行配备一套环保设施，以确保生产过程中环保设施的稳定运行，大大降低了再次造成环境污染的风险与可能性。方圆公司自愿投入巨资进行污染防治，是在中国绿发会一审提出“环境损害赔偿与环境修复费用”的诉讼请求之外实施的维护公益行为，实现了《中华人民共和国环境保护法》第五条规定的“保护优先，预防为主”的立法意图，以及环境民事公益诉讼风险预防功能，具有良好的社会导向作用。本院综合考虑方圆公司在企业生产过程中超标排污行为的违法性、过错程度、治理污染的运行成本以及防污采取的积极措施等因素，对于方圆公司在一审鉴定环境损害时间段之前的超标排污造成的损害予以折抵，维持一审法院依据鉴定意见判决环境损害赔偿及修复费用的数额。

关于上诉人提出2015年11月、12月缺乏连续监测数据，鉴定环境损害时间不连续的问题。因鉴定评估中心系根据双方当事人提供的检材进行鉴定评估，其依据可测数据并运用科学方法作出的专业意见，本院予以采信。河北省系大气污染的重灾区，对企业排污标准亦呈现趋严趋紧势态，上诉人主张应从企业正式生产时计算超标排污，缺乏事实依据，本院不予支持。

综上所述，上诉人中国生物多样性保护与绿色发展基金会上诉请求不能成立，应予驳回。一审判决认定事实清楚，适用法律正确，应予维持。依照《中华人民共和国民事诉讼法》第一百七十条第一款第一项之规定，本案经本院审判委员会讨论决定，判决如下：

驳回上诉，维持原判。

二审案件受理费80元，由上诉人中国生物多样性保护与绿色发展基金会负担。

本判决为终审判决。

第五节　主观过错对损害赔偿的影响

——江苏省人民政府诉安徽海德化工科技有限公司生态环境损害赔偿案评析

【案例级别】指导性案例
【案例来源】最高人民法院指导性案例 129 号
【案件类型】民事
【文书类型】判决书
【审理程序】二审（终审）
【案　　号】（2018）苏民终 1316 号
【关 键 词】民事；生态环境损害赔偿诉讼；分期支付

【裁判要旨】

企业事业单位和其他生产经营者，应履行其排污处理设备正常运行且排放物达到国家和地方排放标准的法定义务，其将生产经营过程中产生的危险废物，交由不具备危险废物处置资质的企业或者个人进行处置，造成环境污染的，应当承担生态环境损害责任。

人民法院可以综合考虑企业事业单位和其他生产经营者的主观过错、经营状况等因素，在责任人提供有效担保后判决其分期支付赔偿费用。

【基本案情】

2014 年 4 月至 5 月期间，安徽海德化工科技有限公司（以下简称海德公司）营销部经理杨峰将该公司在生产过程中产生的废碱液，交给无危险废物处置资质的李宏生等人处置。李宏生等人将上述废碱液交给无危险废物处置资质的孙志才处置，孙志才等人将废碱液倾倒进长江、新通扬运河，造成了严重环境污染，还造成江苏省靖江市城区、兴化市城区集中式饮用水源中断取水上。上述污染事件发生后，靖江市环境保护局和靖江市人民检察院联合委托江苏省环境科学学会对污染损害进行评估。江苏省环境科学学会经调查、评估，于2015年6月作出了《评估报告》，认定上述靖江市长江段发生的水污染事件共造成环境损害1731.26万元。

【争议焦点】

1. 江苏省人民政府所提起的诉讼是否符合受理条件，一审审判程序是否合法；

2. 生态环境损害的计算是否正确；

3. 服务功能的计算是否合理；

4. 是否应当承担事务性费用；

5. 原审判决适用法律是否正确。

【裁判说理】

法院生效裁判认为：

一、关于江苏省人民政府所提起的诉讼是否符合受理条件以及一审审判程序是否合法问题

1. 江苏省人民政府具备提起生态环境损害赔偿诉讼的原告资格。《改革试点方案》明确规定，试点地方省级政府经国务院授权后，作为本行政区域内生态环境损害赔偿权利人。江苏省系试点省份，国务院已经授权江苏省人民政府作为江苏省内生态环境损害赔偿权利人。经授权后，江苏省行政区域内的发生污染环境、破坏生态的行为，江苏省人民政府有权提起诉讼。《改革试点方案》在试点期间，磋商并非提起诉讼的前置程序，江苏省人民政府未经磋商就提起诉讼并不违反上述规定。

2. 原审法院释明并无不当。本案涉及社会公共利益，根据《最高人民法院关于审理环境民事公益诉讼案件适用法律若干问题的解释》第九条规定："人民法院认为原告提出的诉讼请求不足以保护社会公共利益的，可以向其释明变更或者增加停止侵害、恢复原状等诉讼请求。"故原审法院向江苏省人民

政府释明可以变更诉讼请并无不当。该释明行为并未侵害到上诉人的合法权益，仅仅是原审法院向原告所提出的建议，是否变更诉讼请求由原告自行决定。变更后的诉讼请求是否得到支持，人民法院需要根据查明的事实并依照法律作出裁判。

3. 江苏省人民政府变更诉讼请求符合法律规定。《最高人民法院关于〈中华人民共和国民事诉讼法〉的解释》第二百三十二条规定："在案件受理后，法庭辩论结束前，原告增加诉讼请求，被告提出反诉，第三人提出与本案有关的诉讼请求，可以合并审理的，人民法院应当合并审理。"该司法解释第五百五十条明确规定，以前发布的司法解释与该解释不一致的，不再适用。依照上述规定，江苏省人民政府有权在一审法庭辩论前申请变更诉讼请求。

4. 一审程序未损害上诉人举证权、答辩权。江苏省人民政府变更诉讼请求后，海德公司申请重新给予举证、答辩期限，原审法院未予准许不当。但江苏省人民政府变更诉讼请求时仅仅增加了请求数额，所依据的证据和计算方法并未发生变化，无需重新举证。本院审理期间，海德公司也未就变化后的诉讼请求提交新的证据。原审审判程序并未损害上诉人的举证权、答辩权。

5. 本案不存在遗漏诉讼当事人情形。虽然海德公司与案涉废碱液的直接倾倒者构成共同侵权，应当承担连带责任，但依照该规定，江苏省人民政府有权仅请求海德公司承担生态环境损害侵权赔偿责任。就本案而言，直接倾倒者并非必要的共同被告。施美康公司等单位和个人也曾在相同区域非法倾倒污染物，但这些单位和个人倾倒污染物的时间与案涉污染行为时间并不重合，能够单独确认海德公司污染行为所造成的损害，海德公司应当独自承担案涉污染事件的生态环境赔偿责任。江苏省人民政府要求海德公司承担侵权责任并不必然导致其他人责任的免除。故本案不存在漏列必要的共同被告问题。

二、关于生态环境损害的计算是否正确问题

1.《评估报告》可以作为认定靖江水污染事件生态环境损害的依据。案涉环境污染事件发生后，靖江市人民检察院和靖江市环境保护局为量化环境损害数额，有权委托评估机构对案涉污染事件所造成的生态环境损害进行评估。江苏省环境科学学会具备开展环境损害鉴定评估的能力。《推荐方法》

C. 6 要求评估报告应当有签字盖章，《评估报告》封面加盖了江苏省环境科学学会的印章，报告形式符合当时的规范要求。原环境保护部《环境损害鉴定评估推荐方法（第II版）》（环办［2014］90 号）第 8. 3. 1 载明，生态环境损害评估方法包括替代等值分析方法和环境价值评估方法。第 8. 3. 1. 3. 1 载明，生态环境损害评估方法的选择原则为优先选择替代等值分析方法中的资源等值分析方法和服务等值分析方法。如果受损的环境以提供资源为主，采用资源等值分析方法。本案受污染的是长江水体，为流域人民生产、生活提供水资源和鱼类等水产资源应是其最主要的功能。评估人东南大学教授吕锡武、专家辅助人江苏省环境科学研究院高级工程师邹敏陈述，本案污染事件因发现及时，实际也对被污染水体实施了投放活性炭、调用备用水源等应急处置措施，并产生了费用，应当优先选择资源等值分析法。同时，《环境损害鉴定评估推荐方法（第II版）》（环办［2014］90 号）附录 A《常用的环境价值评估方法》A. 2. 3 也指出，虚拟治理成本，是按照现行的治理技术和水平治理排放到环境中的污染物所需要的支出。虚拟治理成本法，适用于环境污染所致生态环境损害无法通过恢复工程完全恢复、恢复成本远远大于其收益或缺乏生态环境损害恢复评价指标的情形。本案被告所致长江水体受到污染损害的情形不适用该评估办法。

本案中，发生在次污染事件（2014 年 5 月 1 日、2014 年 5 月 9 日、2014 年 6 月 17 日）与发生在新通扬运河的污染事件（2014 年 5 月 14-16 日）处于同一时期，排放危废物相同，均为被告产生的废碱液，且两地的水质同属三类水质，污染行为造成的环境损害具有相似性。污染事件发生后，两地也均采取了相应的应急处置措施。鉴于对发生在长江段的环境损害已经合法程序作出了合法有效的评估结论，因此，可以不再委托评估，通过类比的方法，得出新通扬运河生态损害数额。且不重复评估既不会对被告有任何不利影响，还有利于被告。因为，不再委托评估可以提升本案的处理效率，避免再次产生较大的评估费用。因此，结合两地危废物的排放数量、水文环境以及环境污染、生态破坏的程度和范围，参考专家辅助人的意见，采用类比方法得出新通扬运河的损害赔偿数额不损害被告的权益。

三、关于服务功能的计算是否合理问题

1. 案涉污染事件造成了服务功能损失。因污染行为发生在禁渔期，污染物于午夜左右被倾倒，很难发现死亡的鱼类。但数十吨 PH 为 13.6 的高浓度废碱液倾倒进长江和内河，导致靖江自来水从长江水源地中断取水达 40 小时，污染区域大、持续时间长、后果严重。有专门知识的人江苏省淡水水产研究所李大命博士证实，长江靖江段有水生动物 161 种，鱼类 148 种，重要鱼类 59 种，且有国家一级保护动物中华鲟、江豚和胭脂鱼。在靖江段有国家级水产种子资源保护区。案涉污染事件发生在长江禁渔期，这一时期正是长江水体生态环境最为敏感时期，也是长江水体中生物最为脆弱时期。由于鱼类适宜生存的 PH 值范围非常小，案涉污染行为对长江中鱼类繁殖和幼体生长必将造成严重损害。对这一区域存在着国家一级保护动物中华鲟、江豚和胭脂鱼等濒危物种的生存以及水产种子资源造成严重危害。生物种群所遭受的损害不可能在短期内恢复。新通扬运河地处里下河地区，系当地重要的饮用水水源和农业灌溉、养殖水源。新通扬运河系南水北调的主要通道，案涉污染事件导致新通扬运河自来水中断取水达 14 小时，且有证据证明污染事件已经造成了鱼类的死亡。可见，案涉污染事件造成了生态环境的严重破坏，且损害难以在短期内得到恢复，海德公司应当赔偿服务功能损失。

2. 按照生态环境损害数额的 50%确定服务功能损失并无不当。案涉污染事件系非法倾倒废碱液所致。倾倒行为均发生在午夜左右，倾倒地点偏僻，污染行为具有突发性和隐蔽性，污染区域难以精确测量，无法及时收集证据对服务功能损失进行精确评估。海德公司多次故意跨省非法处置危险废物，过错程度严重；所倾倒的危险废物 PH 极高，污染物成分复杂，对生态环境的破坏程度十分严重；在长江生态环境已经十分脆弱，长江大保护已经成为全民共识的情况下，在生态环境极其敏感和脆弱的长江禁渔期非法倾倒危险废物，影响十分恶劣，且生态环境难以迅速恢复。综合考虑以上因素，鉴于江苏省环境科学学会在对靖江环境污染事件进行生态环境损害评估时采取了十分保守的计算方法，所确定的生态环境损害已经少于实际损害，原审法院酌定按照生态环境损害数额的 50%确定服务功能损失合情合理。

四、关于是否应当承担事务性费用问题

《中华人民共和国民法典》1229 条规定，因污染环境造成损害的，污染者应当承担侵权责任。本案所涉的事务性费用系为了评估海德公司非法处置废碱液所造成的生态环境损害所支出的评估费用。《推荐办法》明确将污染环境、破坏生态所造成的人身损害、财产损害、生态环境损害、应急处置费用和事务性费用作为损害的组成部分。江苏省人民政府要求海德公司承担因污染行为而产生的事务性费用于法有据。

原审判决并未重复计算事务性费用。《评估报告》在评估靖江三次水污染事件的损失时分别得出以下数值：1. 2014 年 5 月 9 日的损失分别为生态环境损害 633. 9 万元、应急处置费用 82. 73 万元、事务性费用 26 万元；2014 年 5 月 1 日的损失为生态环境损害 1024. 38 万元；2014 年 6 月 17 日的损失为应急处置费 19. 55 万元。上述费用合计 1786. 56 万元。江苏省人民政府将上述费用中的生态环境损害费用总和，即 633. 9 万元和 1024. 38 万元之和 1658. 28 万元，除以 5 月 1 日、5 月 9 日所倾倒的废碱液的总量 47. 1 吨，确定靖江污染事件每吨废碱液所造成的生态环境损害为 35. 2 万元。再根据在新通扬运河倾倒的废碱液 53. 34 吨，折算出新通扬运河生态环境损害费用 1877. 64 万元。新通扬运河生态环境损害并不包括事务性费用。原审法院根据新通扬运河和长江靖江段生态环境损害总和（不包括事务性费用）的 50%确定服务功能损失，可见在服务功能损失中也不包括事务性费用。原审法院判令海德公司承担生态环境修复费用、服务功能损失的同时，判令其承担事务性费用并无不当。

五、关于原审判决适用法律是否正确问题

《中华人民共和国环境保护法》规定，因污染环境和破坏生态造成损害的，应当依照有关规定承担侵权责任。《中华人民共和国民法典》1229 条规定，因污染环境造成损害的，污染者应当承担侵权责任。《中华人民共和国民法典》第 1167 条将恢复原状、赔偿损失确定为承担责任的方式。环境修复费用、生态环境服务功能损失、评估费等均为恢复原状、赔偿损失等法律责任的具体表现形式。原审法院判决海德公司承担侵权赔偿责任并无不当。

二审第一次庭审期间，上诉人海德公司以企业负担过重、资金紧张，如短期内全部支付赔偿将导致企业破产为由，申请分期支付赔偿费用。为保障保护生态环境与经济发展的有效衔接，江苏省人民政府在庭后表示，在上诉人能够提供证据证明其符合国家经济结构调整方向、能够实现绿色生产转型，在有效提供担保的情况下，同意上诉人依照《中华人民共和国民事诉讼法》第二百三十一条之规定，分五期支付赔偿款。

【裁判结果】

江苏省泰州市中级人民法院于2018年8月16日作出（2017）苏12民初51号民事判决：

一、被告安徽海德化工科技有限公司赔偿环境修复费用3637.90万元；

二、被告安徽海德化工科技有限公司赔偿生态环境服务功能损失费用1818.95万元；

三、被告安徽海德化工科技有限公司赔偿评估费用26万元。

宣判后，安徽海德化工科技有限公司提出上诉，江苏省高级人民法院于2018年12月4日作出（2018）苏民终1316号民事判决：

一、维持江苏省泰州市中级人民法院（2017）苏12民初51号民事判决。安徽海德化工科技有限公司应于本判决生效之日起六十日内将赔偿款项5482.85万元支付至泰州市环境公益诉讼资金账户；

二、安徽海德化工科技有限公司在向江苏省泰州市中级人民法院提供有效担保后，可于本判决生效之日起六十日内支付上述款项的20%（1096.57万元），并于2019年12月4日、2020年12月4日、2021年12月4日、2022年12月4日前各支付上述款项的20%（每期1096.57万元）。如有一期未按时履行，江苏省人民政府可以就全部未赔偿款项申请法院强制执行。如安徽海德化工科技有限公司未按本判决指定的期限履行给付义务，应当依照《中华人民共和国民事诉讼法》第二百五十三条之规定，加倍支付迟延履行期间的债务利息。

【相关规定】

《中华人民共和国环境保护法》（2014年修订）第42条

《中华人民共和国水污染防治法》（2017年修订）第29条

《中华人民共和国民法典》第1167条、第1229条［原侵权责任法（2010年修订）第15条、第65条］

《最高人民法院关于审理环境侵权责任纠纷案件适用法律若干问题的解释》（2020年修订）第1条、第13条［原《最高人民法院关于审理环境侵权责任纠纷案件适用法律若干问题的解释》（2015年修订）第1条、第13条］

案例整编人：冯泳琦、宋维彬

附已公开生效判决文书：

江苏省高级人民法院
民事判决书

（2018）苏民终1316号

上诉人（原审被告）：安徽海德化工科技有限公司

被上诉人：江苏省人民政府

上诉人安徽海德化工科技有限公司（以下简称海德公司）因与被上诉人江苏省人民政府环境污染侵权赔偿纠纷一案，不服江苏省泰州市中级人民法院2018年8月16日作出的（2017）苏12民初51号民事判决，向本院提起上诉。本院于2018年9月26日受理后依法组成合议庭，于2018年11月29日、2018年12月4日公开开庭审理本案。上诉人海德公司委托诉讼代理人刘林、胡应国，被上诉人江苏省人民政府委托诉讼代理人范向阳、张世锋到庭参加诉讼。本案现已审理终结。

海德公司上诉请求：一、撤销一审判决；二、驳回江苏省人民政府的诉讼请求；三、判令由江苏省人民政府负担诉讼费用。

事实与理由：

一、江苏省人民政府的起诉不符合受理条件

本案污染事件发生在2014年，2015年12月印发的《生态环境损害赔偿制度改革试点方案》(以下简称《改革试点方案》)不具备溯及力，江苏省人民政府无权依照该文件对2014年发生的污染事件提起诉讼。《改革试点方案》要求在提起诉讼前先进行磋商，江苏省人民政府未经磋商就提起诉讼不当。

二、一审审判程序不合法

(一) 原审法院的法律释明违反了《最高人民法院关于民事诉讼证据的若干规定》第三十五条之规定。

原告诉称（二）原审法院允许江苏省人民政府在一审中当庭变更诉讼请求，违反了《最高人民法院关于民事诉讼证据的若干规定》第三十四条第三款规定。

(三) 江苏省人民政府当庭提出变更诉讼请求后，原审法院未依照海德公司所提申请重新给予海德公司答辩期和举证期，违反了《最高人民法院关于适用〈关于民事诉讼证据的若干规定〉中有关举证时限规定的通知》第七条之规定。

(四) 原审遗漏必要的诉讼当事人，孙新山、丁卫东等人系废碱液的直接倾倒者，与海德公司构成共同侵权，应当作为共同被告参加诉讼；在案涉污染事件的同一时期，江苏施美康药业股份有限公司（以下简称施美康公司）等单位和个人在相同区域也有非法排污行为，也应当作为共同被告参加诉讼。

(五) 江苏省环境科学学会所作的《靖江市饮用水源地污染事件环境污染损害评估报告》（以下简称《评估报告》）的程序合法性、内容真实性、鉴定方法的规范性均存在问题，原审法院驳回海德公司重新鉴定的申请，违反了《最高人民法院关于民事诉讼证据的若干规定》第二十八条之规定。

三、生态环境损害数额的认定错误

(一)《评估报告》不能作为定案依据。一是评估程序不合法，本案系重大环境污染事件，依照《突发环境事件污染损害评估工作程序规定》(【2013】环发85号) 之规定，应当由省级环境行政主管部门委托评估，且应当在污染事件发生之日起60日内完成评估，靖江市环境保护局和靖江市人民检察院不具备委托评估的资格，且评估报告也未在60日内作出；二是评估机构缺乏评估资质，江苏省环境科学学会不具备生态环境损害评估鉴定资质；三是《评估报告》形式不合法，评估报告没有鉴定人签字，没有鉴定机构加盖印章，违反了《环境损害鉴定评估报告书的编制要求》C.6和《司法鉴定文书规范》第七条第（九）项以及《中华人民共和国民事诉讼法》第七十七条第二款之规定；四是《评估报告》依据不充分，作出报告所依据的监测报告、现场勘验监测方案、现场勘察监测报告等支撑材料没有作为附件提供给当事人及人民法院，鉴定报告核心证据缺失；五是评估依据选择错误，《评估报告》对基线的选择、损害的认定、恢复的目标、恢复方案的筛选、评估的类型选择都存在错误；六是评估方法错误，应当依照《突发环境事件应急处置阶段环境损害评估技术规范》（以下简称《技术规范》）采用虚拟治理成本法计算生态环境损害，《评估报告》采用资源等值分析方法计算生态环境损害费用不当；七是《评估报告》采用与5月9日生态环境损害进行类比的方法确定5月1日污染事件的生态环境损害赔偿费用缺乏事实和法律依据；八是对《评估报告》的质证程序不合法，海德公司对《评估报告》有异议后，原审法院未通知鉴定人出庭接受质询，违反了《中华人民共和国民事诉讼法》第七十八条规定。

（二）应急处置费用的计算错误。不存在实际监测设备损坏，不应计算监测设备折旧费用；评估机构计取的物资材料费用与启动备用水源无关，不应计取；对人员费用的计取超过规范规定的计取费用标准，计取餐费、住宿费、燃料费等均无事实依据。

（三）应当采用虚拟治理成本法计算新通扬运河生态环境损害，采用类比的方式计算新通扬运河生态环境损害缺乏法律和规范依据。

一审法院查明

四、原审判决对服务功能损失的认定缺乏事实和法律依据

本案污染发生到污染区域生态环境恢复到基线状态期间不足1年，没有必要进行补偿性修复和补充性修复，没有证据证明存在着服务功能损失，对服务功能损失的计算没有依据。

五、要求海德公司承担事务性费用缺乏事实依据

《评估报告》载明，靖江市长江饮用水源地污染事件环境损害为1786.26万元，已经包含了26万元的评估费用。原审法院判令海德公司赔偿生态环境损害费用后，再将评估费用作为事务性费用判令海德公司承担，系要求海德公司重复赔偿。

六、原审判决适用法律错误

《中华人民共和国侵权责任法》、《最高人民法院关于审理环境侵权责任纠纷案件适用法律若干问题的解释》、《中华人民共和国民事诉讼法》均未规定生态环境损害赔偿费用和生态环境服务功能损失费用，一审法院适用上述法律作为裁判依据系适用法律错误。

江苏省人民政府答辩称，海德公司的请求缺乏事实和法律依据，应予驳回。

事实和理由：

一、江苏省人民政府的起诉符合受理条件

海德公司非法处置危险废物，污染了长江和新通扬运河，造成生态环境损害。江苏省人民政府根据《改革试点方案》的要求提起诉讼，符合法律规定。《改革试点方案》并未将磋商作为提起诉讼的前置程序，江苏省人民政府未经磋商即提起本案诉讼并无不当。

二、一审审判程序合法

（一）原审法院的释明并无不当。原审法院经法庭调查，发现江苏省人民政府所主张的生态环境损害赔偿请求明显不足，故作出释明，提示江苏省人民政府提出合理主张，该释明并无不当。

（二）江苏省人民政府在法庭辩论终结前变更诉讼请求符合《最高人民法院关于适用〈中华人民共和国民事诉讼法〉若干问题的意见》第一百五十六条之规定。

（三）江苏省人民政府仅仅增加了请求数额，请求项目和请求依据并未发生变化，不影响海德公司行使举证、质证权利，没有必要重新给予举证期和答辩期。原审法院驳回上诉人给予重新答辩期限的申请并未影响到上诉人的诉讼权利。

（四）原审并未遗漏必须参加诉讼的当事人。虽然施美康公司等单位和个人也曾向新通扬运河倾倒污染物，但这些单位和个人所实施的污染行为与案涉污染行为在时间上并不重合，上述污染者应当对自身的违法排污行为承担侵权责任。海德公司如认为案涉废碱液的直接倾倒者应当承担连带责任，可以另行提起诉讼，要求直接倾倒者承担相应的责任。江苏省人民政府选择起诉海德公司是其权利，且此项权利的行使并不必然导致其他人责任的免除。且，泰州市人民检察院已经就施美康公司污染环境行为提起公益诉讼，泰州市中级人民法院于2018年4月18日判令施美康公司赔偿1700余万元。

（五）《评估报告》合法有效，海德公司要求重新评估的申请不符合法律规定。

三、对生态环境损害数额的认定合法合理

（一）评估报告能够作为认定案件事实的依据。案涉污染事件发生后，靖江市人民检察院作为国家法律监督机关、靖江市环境保护局作为靖江地域环境保护管理机关，有权委托江苏省环境科学学会对环境污染损害事件进行损害评估。江苏省环境科学学会于2004年9月被最高人民法院审核批准为环保方面的司法鉴定机构，于2011年被环保部确定为环境损害鉴定试点单位，具有足够的能力和经验开展环境损害鉴定评估工作。江苏省环境科学学会编制的《评估报告》符合《环境损害鉴定评估推荐方法（第II版）》（以下简称《推荐方法》）的要求；《评估报告》依据长江靖江段受到污染后的水质监测数据、水文、流速等数据作出评估，详细阐明了长江靖江段受到污染后的损害计算方式方法以及结论，评估结论得到了东南大学吕锡武教授等专家的论证确认；本案污染事件应当优先使用资源等值分析方法进行评估，原审法院用此方法进行评估并无不当。5月1日污染事件和5月9日污染事件，污染物排放的数量相近、排放的区域相同，两次污染事件所涉及水质监测数据、水文、流速等数据基本相同，江苏省环境科学学会按照5月9日的水文资料评估5月1日污染事件的生态环境损害并无不当。

（二）应急处置费用的计算合理适当，江苏省环境科学学会在对应急处置费用进行评估时已经核减了缺乏证据支持的住宿费等相关费用，《评估报告》所确定的应急处置费用都有相应的证据支持，评估结果并无不当。

（三）采用类比的方式计算新通扬运河生态环境损害合情合理，与长江相比，新通扬运河的河面较窄，水流速度缓慢，水体自净能力较弱，同样的污染物倾倒进新通扬运河所造成的生态环境损害比倾倒进长江更为严重。江苏省人民政府要求通过类比方法确定兴化新通扬运河生态环境损害赔偿数额，尚不足以弥补新通扬运河所遭受到的实际损害。

四、原审判决对服务功能损失的认定于法有据

案涉污染事件发生在长江禁捕期，也是长江水体中鱼虾等生物的繁殖期。案涉污染行为所倾倒的废碱液浓度高、数量大，污染行为导致靖江自来水取水中断40小时，可见生态环境遭受破坏的严重程度。新通扬运河是我国南水北调的供水水道，也是兴化人民饮用水源地，向新通扬运河倾倒53.34吨废碱液，造成了兴化集中式饮用水中断取水14个小时，不仅给兴化人民的生活、生产造成了严重的影响，同样也会对水生动植物产生严重损伤。有证据证明新通扬运河受到污染后，河面上出现死鱼，生态环境损害客观存在，海德公司应当承担服务功能损失。原审法院判决按照生态环境损害数额的50%确定服务功能损失，该判决合情合理。

五、海德公司应当承担事务性费用

26万元评估费是为了评估海德公司非法处置废碱液所造成的生态环境损害所花费的费用。该费用应当由海德公司承担。江苏省人民政府在提出生态环境损害赔偿请求时，未将评估费用作为生态环境损害费用，因此，不存在重复请求的问题。

六、原审判决适用法律正确

本案系环境污染侵权案件，理应依照《中华人民共和国侵权责任法》、《最高人民法院关于审理环境侵权责任纠纷案件适用法律若干问题的解释》作出裁判。

江苏省人民政府一审诉讼请求：一、海德公司赔偿生态环境修复费用3637.90万元；二、海德公司赔偿生态环境服务功能损失费用1818.95万元；三、海德公司承担本案评估费用26万元和诉讼费。

一审法院认定事实：

泰州市中级人民法院（2015）泰中环刑终字第00002号刑事裁定书及泰

州市姜堰区人民法院（2015）泰姜环刑初字第00001-1号刑事判决认定，2014年4月28日，海德公司营销部经理杨峰将该公司在生产过程中产生的29.1吨废碱液，交给无危险废物处置资质的李宏生等人处置，处置费用为每吨1300元。李宏生等人将上述废碱液交给无危险废物处置资质孙志才处置。2014年4月30日夜间，孙志才与朱某等人在江苏省泰兴市虹桥镇大洋造船厂码头将废碱液倾倒进长江，造成了严重的环境污染。

2014年5月7日，杨峰将海德公司的20吨废碱液交给李宏生等人处置，李宏生等人将上述废碱液交给孙志才处置。孙志才与朱某等人于2014年5月7日夜间及同年6月17日凌晨，在江苏省泰兴市虹桥镇大洋造船厂码头分两次将废碱液倾倒进长江，造成江苏省靖江市城区5月9日9时20分至11日2时集中式饮用水源中断取水40多个小时。期间，靖江市有关部门采取了添加活性炭吸附、调用内河备用水源稀释等应急处置措施。

2014年5月8日至9日，杨峰将53.34吨废碱液交给李宏生等人处置，李宏生等人将上述废碱液交给丁卫东处置。丁卫东等人于2014年5月14日指使陆进等人将该废碱液倾倒进新通扬运河，致江苏省兴化市城区集中式饮水源于2014年5月16日7时35分至22时中断取水超过14小时。期间，兴化市自来水厂、兴化市戴南镇自来水厂、兴化市张郭镇自来水厂等分别采取了停止供水、投放活性炭吸附、加高锰酸钾处理等应急处置措施。

上述污染事件发生后，靖江市环境保护局和靖江市人民检察院于2015年3月24日联合委托江苏省环境科学学会对污染损害进行评估。江苏省环境科学学会经调查、评估，于2015年6月作出《评估报告》，认定上述靖江市长江段发生的三次水污染事件共造成环境损害1731.26万元。其中，4月30日夜间发生的非法倾倒29.1吨废碱液污染事件，造成生态环境损害费用1024.38万元；5月7日夜间发生的非法倾倒18吨废碱液污染事件，造成环境损害742.63万元（包括应急投料费4.2万元、应急监测费62.13万元、备用水源启动费16.4万元、生态环境损害费用633.9万元、事务性费用即评估费26万元）；6月17日凌晨发生的非法倾倒2吨废碱液污染事件，造成环境损害19.55万元（包括应急投料费3.85万元、应急监测费7.99万元、备用水源启动费7.71万元）。

一审法院认为：

一、关于海德公司是否应当承担本案的生态环境损害赔偿责任问题

海德公司作为化工企业，对其在生产经营过程中产生的危险废物废碱液，负有防止污染环境的义务。海德公司放任该公司营销部负责人杨峰将废碱液交给不具备危废物处置资质的个人进行处置，导致废碱液被倾倒进长江和新通扬运河，严重污染环境。依照《中华人民共和国侵权责任法》第六十五条、《最高人民法院关于审理环境侵权责任纠纷案件适用法律若干问题的解释》第一条第一款之规定，应当承担侵权责任。

二、关于评估方法是否适当问题

《推荐方法》第 8.3.1.3.1 规定，生态环境损害评估优先选择替代等值分析方法中的资源等值分析方法和服务等值分析方法。如果受损的环境以提供资源为主，采用资源等值分析方法。《推荐方法》附录 A《常用的环境价值评估方法》A.2.3 也指出，虚拟治理成本法，适用于环境污染所致生态环境损害无法通过恢复工程完全恢复、恢复成本远远大于其收益或缺乏生态环境损害恢复评价指标的情形。本案海德公司所致长江水体受到污染损害的情形可以采用资源等值分析方法进行计算，因此不适用虚拟治理成本评估办法。《评估报告》采用资源等值分析方法评估生态环境损害并无不当。

三、关于新通扬运河水环境损害费用的计算问题

发生在长江段的三次污染事件（2014 年 5 月 1 日、2014 年 5 月 9 日、2014 年 6 月 17 日）与发生在新通扬运河的污染事件（2014 年 5 月 14-16 日）处于同一时期。两个区域所倾倒的危险废物均为海德公司产生的废碱液，且两个区域的水质同属三类水质。污染事件发生后，两地也均采取了相应的应急处置措施。根据两地危废物的排放数量、水文环境以及环境污染、生态破坏的程度和范围，参考专家辅助人的意见，可以采用类比方法确定新通扬运河生态损害数额。

四、关于生态环境损害赔偿数额的计算问题

根据《评估报告》，靖江市饮用水源地污染事件环境污染损害修复费用为 1760.26 万元。该费用系江苏省环境科学学会经规范程序作出的《评估报告》所确定的费用，应当支持。新通扬运河非法倾倒 53.34 吨废碱液环境污染修

复费用类比靖江市饮用水源地污染事件环境污染损害修复费用进行计算，即在靖江污染事件修复费用中扣除应急处置费用后的数值为基数，确定平均每吨废碱液导致的环境损害修复费用为35.2万元。新通扬运河非法排放废碱液的数量53.34吨，生态环境损害修复费用为1877.64万元。该计算方式合理，且得到出庭的有专门知识的人的认可，应当支持。海德公司非法处置危险废物造成两地生态环境损害修复费用计3637.90万元，必然对两地乃至下游的生态环境服务功能均造成了巨大的损失。《改革试点方案》明确规定，生态环境损害赔偿范围包括清除污染的费用、生态环境修复费用，生态环境修复期间服务功能的损失、生态环境功能永久性损害造成的损失以及生态环境损害赔偿调查、鉴定评估等合理费用。海德公司应当赔偿污染行为所导致的生态环境修复期间服务功能的损失。江苏省人民政府主张以生态环境损害修复费用3637.90万元的50%计算该项费用，该主张合理，应当支持。环境污染事件发生后，有关部门为评估本次污染事件的损害结果，实际支出了26万元的调查、评估费用，且有相应票据予以证实，该费用属于合理支出费用，江苏省人民政府要求海德公司赔偿该项费用的请求应当支持。

五、关于是否应当给予海德公司重新答辩时间问题

江苏省人民政府就新通扬运河污染事件所主张环境损害明显偏低，与新通扬运河所造成的生态环境损害后果不相适应。经泰州市中级人民法院释明，江苏省人民政府申请将赔偿总额从3845.27万元增加到5532.85万元。江苏省人民政府系基于海德公司同一侵权事实变更诉讼请求，只是计算损害赔偿数额的方法有变化，海德公司当庭申请重新给予答辩时间的理由不能成立。

六、关于生态环境是否需要修复的问题

案涉废碱液倾倒进水体引起水体PH值明显变化，导致水生动植物的死亡。向水体倾倒废碱液必然会造成区域自然资源和生态环境功能的破坏。监测区域水体自净系污染物向下游流动和因稀释而降低浓度的结果，不能因此否认污染物对水体已经造成损害。海德公司所提的无需对受损环境进行修复的主张缺乏科学依据。

综上所述，依照《中华人民共和国侵权责任法》第十五条第一款第（六）项、第六十五条，《最高人民法院关于审理环境侵权责任纠纷案件适用

法律若干问题的解释》第一条第一款、第十三条，《中华人民共和国民事诉讼法》第一百四十二条之规定，判决：一、安徽海德化工科技有限公司赔偿环境修复费用3637.90万元；二、安徽海德化工科技有限公司赔偿生态环境服务功能损失1818.95万元；三、安徽海德化工科技有限公司赔偿评估费26万元。案件受理费31.46万元，由海德公司负担。

本院查明　本院经审理，对一审法院查明的事实予以确认。

应海德公司申请，编制《评估报告》的技术小组成员、江苏省生态环境厅生态环境评估中心潘铁生科长到庭接受询问。潘铁生认为，本案的评估系污染事件发生8个月后所进行的污染环境损害评估，并非突发环境应急处置阶段的环境损害评估，应当适用《推荐办法》，不适用《评估技术规范》。《推荐办法》8.3.1.3明确规定，生态环境损害评估方法的选择原则是优先选择替代等值分析方法中的资源等值分析方法和服务等值分析方法。只有在其他方法不能适用的情况下才适用虚拟治理成本法计算生态环境损害费用。因此本次评估应当采用资源等值分析方法。评估所涉及的特征污染因子二乙基二硫醚在自然水域中并不存在，环境基线水平是未检出。二乙基二硫醚检出极限根据不同的监测方法一般在0.0001~0.001mg/L。鉴于国家没有对该种物质的允许排放浓度限值作出规定，技术小组采取保守的数据，评估时将数值放大十倍，本次评估采用0.01mg/L作为受影响的临界值。按照这种方法所计算出来的数值肯定少于水资源的实际损失。资源等值分析方法是用污水的体积乘以水资源费的单价，计算出水资源价格，以此作为生态环境损害。因对污染物的监测是每隔一段时间监测一次，根据检测所确定的污染团的长度肯定小于实际长度，所计算出来的体积也小于实际体积。这种方法所计算出来的水资源价值也小于实际受到损害的水资源的价值。接受评估委托时距离污染发生已经有8个月，污染团早已离开了调查评估的地域范围。由于是禁渔期，禁止捕捞，所以没有鱼类死亡报告。案涉污染物使得作为饮用水源的长江水不能被使用，影响水资源的服务功能。因此认定其构成《推荐办法》6.4生态环境损害中的f情形，即造成生态环境损害的其他情形。鉴于污染团已经过境，监测点的生态环境已经恢复到基线状态，没有采取措施进行进一步修复的必要，因此该评估并未确定恢复目标，也未确定修复方案。海德公司的废碱液被运到江苏江阴、靖江和兴化三地非法倾倒，因系同一物质，对江阴发现的废碱液的成分、浓度检测数据可以作为对靖江污染事件生态环境损害的评估依据。5月1日的污染事件未被及时发现，未能产生检测数据。5月1日的污染事件与5月9日的污染事件仅仅间隔8天，污染物都在午夜12点左右被倾倒进长江，这段时间没有发生强降雨天气，水文变化不大，因此参照5月9日污染事件检测数据对5月1日污染事件生态环境损害进行评估，方法合理。《评估报告》在评估应急费用时，已经核减了无票据证明的费用，报告所认定的费用比较合理。《推荐办法》要求评估单位签章，江苏省环境科学学会已经在评估报告封面上盖章，形式上符合要求。

本院认为，根据双方当事人的上诉请求和答辩意见，本案争议焦点是：一、江苏省人民政府所提起的诉讼是否符合受理条件，一审审判程序是否合法；二、生态环境损害的计算是否正确；三、服务功能的计算是否合理；四、是否应当承担事务性费用；五、原审判决适用法律是否正确。根据本案审理查明的事实和相关法律规定，分析评判如下：

一、关于江苏省人民政府所提起的诉讼是否符合受理条件以及一审审判程序是否合法问题

（一）江苏省人民政府具备提起生态环境损害赔偿诉讼的原告资格。《改革试点方案》明确规定，试点地方省级政府经国务院授权后，作为本行政区域内生态环境损害赔偿权利人。江苏省系试点省份，国务院已经授权江苏省人民政府作为江苏省内生态环境损害赔偿权利人。经授权后，江苏省人民政府有权就江苏省行政区域内的污染环境、破坏生态所造成的损害提起诉讼。虽然《改革试点方案》规定，赔偿权利人可以就赔偿所涉及的具体问题与赔偿义务人磋商，但该方案明确规定，赔偿权利人也可以直接提起诉讼。可见，在试点期间磋商并非提起诉讼的前置程序，江苏省人民政府未经磋商就提起诉讼并不违反上述规定。

（二）原审法院释明并无不当。《最高人民法院关于审理环境民事公益诉讼案件适用法律若干问题的解释》第九条规定："人民法院认为原告提出的诉讼请求不足以保护社会公共利益的，可以向其释明变更或者增加停止侵害、恢复原状等诉讼请求。"本案虽然不是公益诉讼，但同样涉及社会公共利益。

原审法院经法庭调查，认为江苏省人民政府所提出的诉讼请求明显偏少，不足以保护社会公共利益，故向江苏省人民政府释明可以变更诉讼请求。该释明仅仅是原审法院向原告所提出的建议，是否变更诉讼请求由原告自行决定。变更后的诉讼请求是否得到支持，人民法院需要根据查明的事实并依照法律作出裁判。原审法院的释明行为并未侵害到上诉人的合法权益，该释明行为并无不当。

（三）江苏省人民政府变更诉讼请求符合法律规定。《最高人民法院关于〈中华人民共和国民事诉讼法〉的解释》第二百三十二条规定："在案件受理后，法庭辩论结束前，原告增加诉讼请求，被告提出反诉，第三人提出与本案有关的诉讼请求，可以合并审理的，人民法院应当合并审理。"该司法解释第五百五十二条明确规定，以前发布的司法解释与该解释不一致的，不再适用。依照上述规定，江苏省人民政府有权在一审法庭辩论前申请变更诉讼请求。

二审被上诉人辩称

（四）一审程序未损害上诉人举证权、答辩权。江苏省人民政府变更诉讼请求后，海德公司申请重新给予举证、答辩期限，原审法院未予准许不当。但江苏省人民政府变更诉讼请求时仅仅增加了请求数额，所依据的证据和计算方法并未发生变化，无需重新举证。本院审理期间，海德公司也未就变化后的诉讼请求提交新的证据。原审审判程序并未损害上诉人的举证权、答辩权。

（五）本案不存在遗漏诉讼当事人情形。《中华人民共和国侵权责任法》第十三条规定，法律规定承担连带责任的，被侵权人有权请求部分或者全部连带责任人承担责任。虽然海德公司与案涉废碱液的直接倾倒者构成共同侵权，应当承担连带责任，但依照该规定，江苏省人民政府有权仅请求海德公司承担生态环境损害侵权赔偿责任。就本案而言，直接倾倒者并非必要的共同被告。《中华人民共和国侵权责任法》第十二条规定："二人以上分别实施侵权行为造成同一损害，能够确定责任大小的，各自承担相应的责任。"施美康公司等单位和个人也曾在相同区域非法倾倒污染物，但这些单位和个人倾倒污染物的时间与案涉污染行为时间并不重合，能够单独确认海德公司污染行为所造成的损害，海德公司应当独自承担案涉污染事件的生态环境赔偿责任。江苏省人民政府要求海德公司承担侵权责任并不必然导致其他人责任的免除。故本案不存在漏列必要的共同被告问题。

二、关于生态环境损害的计算是否正确问题

（一）《评估报告》可以作为认定靖江水污染事件生态环境损害的依据。案涉环境污染事件发生后，靖江市人民检察院和靖江市环境保护局为量化环境损害数额，有权委托评估机构对案涉污染事件所造成的生态环境损害进行评估。江苏省环境科学学会曾经分别被最高人民法院、原环保部确定为环境损害鉴定评估试点单位，具备开展环境损害鉴定评估的能力。《推荐方法》C.6要求评估报告应当有签字盖章，《评估报告》封面加盖了江苏省环境科学学会的印章，报告形式符合当时的规范要求。本案所涉评估系对污染环境破坏生态行为导致损害的评估，并非突发环境事件应急处置阶段的环境损害评估，应当依照《推荐方法》进行评估。依照《推荐办法》8.3.1.3之规定，本案生态环境损害评估应当优先选择资源等值分析方法，江苏省环境科学学会采用资源等值分析方法进行分析，方法适当。江阴查获的污染物与本案被倾倒的污染物来源相同，均为海德公司非法处置的污染物。江阴查获废碱液特征污染因子的成分、浓度的检测数据可以作为对靖江污染事件生态环境损害的评估依据。评估技术小组确定二乙基二硫醚的浓度临界值以及污染团的长度等计算数值时均采取了保守的计算方法。《评估报告》所确定的水资源价值必然小于实际受到损害的水资源的价值。因案涉非法倾倒废碱液事件发生在午夜12点左右，2014年5月1日的污染行为因未被及时发现，未能产生检测数据。鉴于5月1日的污染事件与5月9日的污染事件仅仅间隔8天，污染物倾倒时点相近，水文变化不大，参照5月9日污染事件检测数据进行评估，评估方法合理，结果可信。《评估报告》在计算应急处置费用时，共剔除缺乏票据证实的环境监测机构工作人员人工费、应急人员的住宿餐饮等费用达27.22万元。《评估报告》所认定的应急处置费用合理且有足够的证据证明。上诉人在一审庭审中并未对《评估报告》支撑材料的真实性提出质疑，也未对应急处置费用的合理性提出质疑。《评估报告》依据长江靖江段受到污染后的水质监测数据、水文、流速等数据作出评估，详细阐明了长江靖江段受到污染后的损害计算方式方法以及结论，评估结论得到了东南大学吕锡武教授等专家的论证确认。《评估报告》采用的评估方式适当，依据充分，结论可信。上诉人要求重新鉴定的申请缺乏事实和法律依据，本院不予支持。

（二）通过类比的方式计算新通扬运河污染事件生态环境损害方法合理。发生在长江靖江段的污染事件与发生在新通扬运河的污染事件处于同一时期，所倾倒的危废物均为海德公司产生的废碱液，两地的水质同属三类水质，且在新通扬运河倾倒的废碱液数量更多。新通扬运河污染事件发生在兴化市，地处里下河腹地，系低洼河网地区，水流缓慢，环境容量远不及长江。原审专家辅助人认为，新通扬运河河面比长江窄，水流速度比长江缓慢，污染物稀释速度远低于长江，同样的污染物倾倒进新通扬运河所造成的损害要大于长江。因此，采用类比的方式所计算出来的生态环境损害不会高于实际发生的生态环境损害。江苏省人民政府请求按照类比的方式计算新通扬运河污染事件生态环境损害，请求合理，应当予以支持。

三、关于服务功能的计算是否合理问题

（一）案涉污染事件造成了服务功能损失。因污染行为发生在禁渔期，污染物于午夜左右被倾倒，很难发现死亡的鱼类。但数十吨 PH 为 13.6 的高浓度废碱液倾倒进长江和内河，导致靖江自来水从长江水源地中断取水达 40 小时，污染区域大、持续时间长、后果严重。有专门知识的人江苏省淡水水产研究所李大命博士证实，长江靖江段有水生动物 161 种，鱼类 148 种，重要鱼类 59 种，且有国家一级保护动物中华鲟、江豚和胭脂鱼。在靖江段有国家级水产种子资源保护区。案涉污染事件发生在长江禁渔期，这一时期正是长江水体生态环境最为敏感时期，也是长江水体中生物最为脆弱时期。由于鱼类适宜生存的 PH 值范围非常小，案涉污染行为对长江中鱼类繁殖和幼体生长必将造成严重损害。对这一区域存在着国家一级保护动物中华鲟、江豚和胭脂鱼等濒危物种的生存以及水产种子资源造成严重危害。生物种群所遭受的损害不可能在短期内恢复。新通扬运河地处里下河地区，系当地重要的饮用水水源和农业灌溉、养殖水源。新通扬运河系南水北调的主要通道，案涉污染事件导致新通扬运河自来水中断取水达 14 小时，且有证据证明污染事件已经造成了鱼类的死亡。可见，案涉污染事件造成了生态环境的严重破坏，且损害难以在短期内得到恢复，海德公司应当赔偿服务功能损失。

（二）按照生态环境损害数额的50%确定服务功能损失并无不当。案涉污染事件系非法倾倒废碱液所致。倾倒行为均发生在午夜左右，倾倒地点偏僻，污染行为具有突发性和隐蔽性，污染区域难以精确测量，无法及时收集证据对服务功能损失进行精确评估。海德公司多次故意跨省非法处置危险废物，过错程度严重；所倾倒的危险废物PH极高，污染物成分复杂，对生态环境的破坏程度十分严重；在长江生态环境已经十分脆弱，长江大保护已经成为全民共识的情况下，在生态环境极其敏感和脆弱的长江禁渔期非法倾倒危险废物，影响十分恶劣，且生态环境难以迅速恢复。综合考虑以上因素，鉴于江苏省环境科学学会在对靖江环境污染事件进行生态环境损害评估时采取了十分保守的计算方法，所确定的生态环境损害已经少于实际损害，原审法院酌定按照生态环境损害数额的50%确定服务功能损失合情合理。

四、关于是否应当承担事务性费用问题

《中华人民共和国侵权责任法》第六十五条规定，因污染环境造成损害的，污染者应当承担侵权责任。本案所涉的事务性费用系为了评估海德公司非法处置废碱液所造成的生态环境损害所支出的评估费用。《推荐办法》明确将污染环境、破坏生态所造成的人身损害、财产损害、生态环境损害、应急处置费用和事务性费用作为损害的组成部分。江苏省人民政府要求海德公司承担因污染行为而产生的事务性费用于法有据。

原审判决并未重复计算事务性费用。《评估报告》在评估靖江三次水污染事件的损失时分别得出以下数值：1. 2014 年 5 月 9 日的损失分别为生态环境损害 633. 9 万元、应急处置费用 82. 73 万元、事务性费用 26 万元；2014 年 5 月 1 日的损失为生态环境损害 1024. 38 万元；2014 年 6 月 17 日的损失为应急处置费 19. 55 万元。上述费用合计 1786. 56 万元。江苏省人民政府将上述费用中的生态环境损害费用总和，即 633. 9 万元和 1024. 38 万元之和 1658. 28 万元，除以 5 月 1 日、5 月 9 日所倾倒的废碱液的总量 47. 1 吨，确定靖江污染事件每吨废碱液所造成的生态环境损害为 35. 2 万元。再根据在新通扬运河倾倒的废碱液 53. 34 吨，折算出新通扬运河生态环境损害费用 1877. 64 万元。新通扬运河生态环境损害并不包括事务性费用。原审法院根据新通扬运河和长江靖江段生态环境损害总和（不包括事务性费用）的50%确定服务功能损失，可见在服务功能损失中也不包括事务性费用。原审法院判令海德公司承担生态环境修复费用、服务功能损失的同时，判令其承担事务性费用并无不当。

五、关于原审判决适用法律是否正确问题

《中华人民共和国环境保护法》第六十四条规定，因污染环境和破坏生态造成损害的，应当依照《中华人民共和国侵权责任法》的有关规定承担侵权责任。《中华人民共和国侵权责任法》第六十五条规定，因污染环境造成损害的，污染者应当承担侵权责任。《中华人民共和国侵权责任法》第十五条将恢复原状、赔偿损失确定为承担责任的方式。环境修复费用、生态环境服务功能损失、评估费等均为恢复原状、赔偿损失等法律责任的具体表现形式。原审法院依照《中华人民共和国侵权责任法》第十五条第一款第（六）项、第六十五条，《最高人民法院关于审理环境侵权责任纠纷案件适用法律若干问题的解释》第一条第一款、第十三条之规定，判决海德公司承担侵权赔偿责任并无不当。

本院第一次庭审期间，上诉人海德公司以企业负担过重、资金紧张，如短期内全部支付赔偿将导致企业破产为由，申请分期支付赔偿费用。为保障保护生态环境与经济发展的有效衔接，江苏省人民政府在庭后表示，在上诉人能够提供证据证明其符合国家经济结构调整方向、能够实现绿色生产转型，在有效提供担保的情况下，同意上诉人依照《中华人民共和国民事诉讼法》第二百三十一条之规定，分五期支付赔偿款。

综上所述，海德公司的上诉请求不能成立，应予驳回；一审判决认定事实清楚，适用法律正确，应予维持。依照《中华人民共和国民事诉讼法》第一百七十条第一款第（一）项规定，判决如下：

裁判结果　一、维持江苏省泰州市中级人民法院（2017）苏12民初51号民事判决。安徽海德化工科技有限公司应于本判决生效之日起六十日内将赔偿款项5482.85万元支付至泰州市环境公益诉讼资金账户（户名：泰州市财政局，账号：32×××69，开户行：中国建设银行泰州新区支行）；

二、安徽海德化工科技有限公司在向泰州市中级人民法院提供有效担保后，可于本判决生效之日起六十日内支付上述款项的20%（1096.57万元），并于 2019 年 12 月 4 日、2020 年 12 月 4 日、2021 年 12 月 4 日、2022 年 12 月 4 日前各支付上述款项的 20%（每期 1096.57 万元）。如有一期未按时履行，江苏省人民政府可以就全部未赔偿款项申请法院强制执行。

如安徽海德化工科技有限公司未按本判决指定的期限履行给付义务，应当依照《中华人民共和国民事诉讼法》第二百五十三条之规定，加倍支付迟延履行期间的债务利息。

二审案件受理费 31.46 万元，由安徽海德化工科技有限公司负担。

本判决为终审判决。

第六节 生态环境损害赔偿的司法确认

——环境保护局、建材公司、镇人民政府生态环境损害赔偿协议司法确认案评析

【案例级别】典型案例

【案例来源】2019年最高人民法院发布的5起人民法院保障生态环境损害赔偿制度改革典型案例①

【案件类型】民事

【文书类型】裁定书

【审理程序】一审（终审）

【案　　号】（2018）浙06民特48号

【关 键 词】民事；生态环境损害赔偿诉讼；司法确认；赔偿协议

【裁判要旨】

虽然排污者排放的污染物已通过周边大气生态环境稀释自净，无需实施现场修复，但是大气经过扩散等途径仍会污染其他地区的生态环境，不能因此免除污染者应承担的生态环境损害赔偿责任。若进入大气的污染物已经自然稀释，排污者对其的修复已无实质意义，人民法院可积极探索多样化责任承担方式，明确可由排污者以替代方式承担生态环境损害的赔偿责任。

【基本案情】

2017年4月11日，诸暨市环境保护局会同诸暨市公安局对建材公司联合突击检查时发现，该企业存在采用在大气污染物在线监控设施监测取样管上

① 《人民法院保障生态环境损害赔偿制度改革典型案例》，载最高人民法院网站，https：//www. court. gov. cn/zixun/xiangqing/162312. html，2023年5月19日访问。

套装管子并喷吹石灰中和后的气体等方式，达到干扰自动监测数据目的。建材公司超标排放氮氧化物、二氧化硫等大气污染物，对周边大气生态环境造成损害。经绍兴市环保科技服务中心鉴定评估，造成生态环境损害数额110.4143万元，鉴定评估费用12万元，合计122.4143万元。建材公司违法排放的大气污染物已通过周边镇大气生态环境稀释自净，无须实施现场修复。

环境保护局经与建材公司、镇人民政府进行磋商，达成了《生态环境损害修复协议》，主要内容为：(1) 各方同意建材公司以替代修复的方式承担生态环境损害赔偿责任。建材公司在承担生态环境损害数额110.4143万元的基础上，自愿追加资金投入175.5857万元，合计总额286万元用于生态工程修复，并于2018年10月31日之前完成修复工程。(2) 人民政府对修复工程进行组织、监督管理、资金决算审计，修复后移交大院里村。(3) 修复工程完成后，由环境保护局委托第三方评估机构验收评估，提交验收评估意见。(4) 生态环境损害鉴定评估费、验收鉴定评估费由建材公司承担，并于工程验收通过后7日内支付给鉴定评估单位。(5) 如建材公司中止修复工程，或者不按约定时间、约定内容完成修复的，环境保护局有权向建材公司追缴全部生态环境损害赔偿金。

【裁判说理】

本案是涉大气污染的生态环境损害赔偿案件。因大气污染致生态环境损害的案件，均会碰到两个具有共性的问题：其一，排污者排入大气环境的污染物质，因空气的流动，通常在案发后已检测不出，或检测不到污染损害结果。怎么办？排污者有没有对生态环境造成损害，要不要修复？其二，若要修复，如何修复，是否一定要在案发地修复？本案较好地回答了这两个问题，具有一定的典型意义。首先，建材公司排放的大气污染物虽然通过周边镇大气环境本身的自净已经稀释、飘散，但并不等于大气环境没有受到损害。损害是存在的，只不过损害没有在当时当地显现出来。建材公司排放的污染物飘散到其他地方，势必会对其他地方的生态环境造成损害。故此，建材公司应当承担生态环境损害的赔偿责任。其次，由于大气污染所致生态环境损害案件的特殊性，对大气环境损害的赔偿责任，往往是通过对生态环境的修复来实现的。但问题是，案发后建材公司排入周边镇大气环境的污染物客观上已经自然稀释、飘散，再对其修复已无实质意义。由此产生了建材公司以替代修复的方式承担生态环境损害赔偿责任的问题。对大气污染所致生态环境损害赔偿案件的处理，具有很好的示范作用。本案体现了环境司法对大气污染的"零容忍"，有利于引导企业积极履行生态环境保护的主体责任，自觉遵守环境保护法律法规，推动企业形成绿色生产方式。此外，经磋商，建材公司在依法承担 110.4143 万元生态环境损害赔偿的基础上，自愿追加资金投入 175.5857 万元用于生态环境替代修复，体现了生态环境损害赔偿制度在推动企业主动承担社会责任方面起到了积极作用。

【相关规定】

《中华人民共和国民事诉讼法》第 225 条［原民事诉讼法（2017 年修订）第 195 条）］

案例整编人：秦聪、宋维彬

附已公开生效判决文书：

浙江省绍兴市中级人民法院
民 事 裁 定 书

（2018）浙 06 民特 48 号

申请人：环境保护局、建材公司、镇人民政府

本院于 2018 年 11 月 7 日立案受理申请人环境保护局与申请人建材公司、镇人民政府关于司法确认生态环境损害赔偿协议的申请并进行了审查。同时，为保障公众知情权与参与权，本院于 2018 年 11 月 13 日至 2018 年 12 月 13 日对协议内容进行了公告。现已审查终结。

环境保护局因建材公司存在大气污染物超标排放产生生态环境损害赔偿纠纷，经与建材公司、镇人民政府进行磋商，于2018年10月16日达成《生态环境损害修复协议》（详见附件），协议主要内容如下》：

一、基本事实：建材公司采用在在线监测取样管上套装管子并喷吹石灰中和后的气体等方式，以达干扰自动监测数据的目的。其存在氮氧化物、二氧化硫等大气污染物超标排放，对周边大气生态环境造成损害的事实。

二、评估结论：经绍兴市环保科技服务中心鉴定评估，建材公司造成生态环境损害数额110.4143万元，鉴定评估费用12万元，合计122.4143万元。建材公司违法排放的大气污染物已通过周边镇大气生态环境稀释自净，无须实施现场修复方式进行修复。

三、履行方式：

1. 各方同意建材公司以替代修复的方式承担生态环境损害责任。建材公司在承担生态环境损害数额110.4143万元的基础上，自愿追加资金投入175.5857万元，合计总额286万元用于生态工程修复（替代修复方案详见镇大院里村景观环境整治工程方案设计），并于2018年10月31日之前完成修复工程。

2. 镇人民政府对修复工程进行组织、监督管理、资金决算审计，修复后移交大院里村。

3. 修复工程完成后，由环境保护局委托第三方评估机构验收评估，提交验收评估意见。

4. 生态环境损害鉴定评估费、验收鉴定评估费由建材公司承担，并于工程验收通过后7日内支付给鉴定评估单位。

5. 如建材公司中止修复工程，或者不按约定时间、约定内容完成修复的，环境保护局有权向建材公司追缴全部生态环境损害赔偿金。

本院经审查认为，申请人达成的生态环境损害赔偿协议，符合司法确认调解协议的法定条件。

依照《中华人民共和国民事诉讼法》第一百九十五条规定，裁定如下：

申请人环境保护局与申请人建材公司、镇人民政府于2018年10月16日达成的《环境保护局生态环境损害修复协议》有效。

当事人应当按照《环境保护局生态环境损害修复协议》的约定自觉履行义务。一方当事人拒绝履行或者未全部履行的，对方当事人可以向人民法院申请执行。

附：《环境保护局生态环境损害修复协议》

第七节　无法进行损失鉴定的情况下如何计算环境侵权损失数额

——生态农业公司诉化工公司大气污染责任纠纷案评析

【案例级别】典型案例

【案例来源】最高人民法院发布环境资源刑事、民事、行政十大典型案例①

【案件类型】民事

【文书类型】判决书

【审理程序】二审（终审）

【案　　号】（2016）赣民终 29 号

【关 键 词】民事；环境侵权损失数额；鉴定意见；证明

【裁判要旨】

环境侵权诉讼具有举证难、损失鉴定难的特点，在环境侵权行为和损害已经实际发生，但受害人难以举证证明损失具体数额的情况下，法官应当注重适度发挥职权作用，根据已有证据进行认定，以救济受害人的合法权益，倒逼污染者强化环境保护意识，预防环境损害的发生。本案是在两次委托鉴定未果的情况下，二审法院根据评估机构的评估报告、林业部门的调查材料，通过确定受损苗木的树种、苗龄、面积、株数、受害程度（分轻度、中度、重度三个等级）等具体信息来计算受损金额，具有公平合理性。

【基本案情】

2014 年 6 月，化工公司在生产中因故导致生产废气泄漏，废气造成周边

① 《环境资源刑事、民事、行政典型案例》，载最高人民法院网站，https：//www.court.gov.cn/zixun/xiangqing/48792.html，2023 年 5 月 19 日访问。

农林作物不同程度受损。会昌县林业局根据会昌县政府安排，派出人员会同珠兰乡人民政府工作人员，与苗木生产经营公司（户）代表、化工公司代表组成调查组，对苗木遭受废气污染的情况进行了实地调查统计，对各经营户的苗木受损情况作了详细登记。根据调查统计情况，废气污染主要导致苗木叶面受损，依据苗木恢复正常生长所需的人工、肥料成本，会昌县林业局制订了建议补偿标准。建议补偿标准对一般的绿化苗主要根据受损程度按面积确定补偿费用，补偿标准是按2011年化工公司“6.8”突发污染事故林业受损补偿标准提高一个等级或加倍计算各户的补偿费用；因“湿加松营养杯苗”及“花卉（爱情花）”属新引进品种，之前没有标准可参考，且该两种苗木系高密度，苗木幼小、抵抗力差、受害严重，故考虑整体成本按株数确定补偿费用。根据调查统计表及补偿情况一览表，生态农业公司的苗木基地遭受污染树种为绿化苗、面积为311.4亩（轻度95.6亩、中度205.9亩、重度9.9亩），全部按面积确定补偿金额，林业局的建议补偿金额为93266元，生态农业公司已于2014年8月11日收到该款。生态农业公司的受损苗木主要是2年以上树龄的苗木，主要品种有红叶石楠、红花含笑、茶花、花叶栀子花、丹桂、罗汉松、竹柏、红豆杉、金丝楠木、栾树、大叶樟，也有部分1年树龄、树高10厘米以下的小苗。

【争议焦点】

1. 赣州金信资产评估事务所赣金信评字（2014）第08090号《核实资产价值项目资产评估报告》可否作为认定损失的依据；

2. 生态农业公司因案涉污染事故造成的损失金额为多少。

【裁判说理】

法院生效裁判认为：

一、关于资产评估事务所作出的《核实资产价值项目资产评估报告》可否作为认定损失依据的问题。

原审法院根据生态农业公司的申请两次委托鉴定机构对污染损失进行评估鉴定，均因鉴定机构认为案发现场已无法勘察，根据现有材料无法对委托事项进行鉴定而鉴定未果，2014 年 11 月 28 日，化工公司出具的《关于对协商鉴定机构的意见书》中，化工公司同意生态农业公司选择的资产评估公司进行林业损失鉴定，2014 年 8 月 18 日，赣州金信资产评估事务所受生态农业公司的委托对其受到涉案污染事故影响的苗木资产价值进行评估，资产评估总值为 7492147 元，该次评估的主要依据为林业部门出具的并经化工公司确认的《2014 年化工公司污染事故林业苗木受损情况调查登记表》，赣州金信资产评估事务所作为有资质的资产评估机构根据国家机关出具的并经化工公司确认的材料出具的评估报告，可信程度较高，《最高人民法院关于适用〈中华人民共和国民事诉讼法〉的解释》第一百零八条规定："对负有举证证明责任的当事人提供的证据，人民法院经审查并结合相关事实，确信待证事实的存在具有高度可能性的，应当认定该事实存在。"本院经审查该报告所列资产价值评估明细，并通过市场随机询价等方式对评估价格进行核实并未发现不实之处，该评估报告虽未直接给出生态农业公司的受损价值金额，但根据该评估报告给出的资产评估价值结合会昌县林业局出具的《关于江西会昌县化工公司废气污染林业苗木受害情况调查报告》可以计算出生态农业公司的受损价值金额，故赣州金信资产评估事务所赣金信评字（2014）第 08090 号《核实资产价值项目资产评估报告》可以作为认定损失的依据。

二、关于生态农业公司因案涉污染事故造成的损失金额如何计算的问题。

赣金信评字（2014）第 08090 号《核实资产价值项目资产评估报告》第四条"价值类型及其定义"中，对评估市场价值的描述为"指资产在评估基准日公开市场上最佳使用或最有可能使用条件下，资产可能实现的交换价值的评估值"，换言之，该评估报告的评估值是最理想状态下涉案苗木可能实现的最高价值，且并未扣减实际交易中必然发生的成本和税费，故本院酌定涉案苗木的实际交易价值为评估价值×90%，会昌县林业局作出的《关于江西会昌县化工公司废气污染林业苗木受害情况调查报告》的附件《2014 年化工公司污染事故林业苗木受损情况调查登记表》中载明了生态农业公司因案涉污染事故而受损苗木的树种、苗龄、面积、株数、受害程度（分轻度、中度、重度三个等级）等具体信息，赣金信评字（2014）第 08090 号《核实资产价值项目资产评估报告》的《苗木资产评估明细表》对应《2014 年化工公司污染事故林业苗木受损情况调查登记表》中载明的受损苗木的树种作出了单项评估价值，《关于江西会昌县化工公司废气污染林业苗木受害情况调查报告》第二点林分受损等级划分标准中，对轻度的描述为“林木有受损症状，单株树冠受损面积在30%以下，受损林木株数占林分总株数的30%以下”，故受损程度定为轻度的苗木，其受损价值=单种苗木实际价值（评估价值×90%）×15%（受损面积在30%以下，本院酌定取值为15%）×15%（受损林木株数占林分总株数的30%以下，本院酌定取值为15%），对中度的描述为“林木受损症状明显，单株树冠受损面积在30%-70%之间，受损林木株数占林分总株数的30%-70%之间”，故受损程度定为中度的苗木，其受损价值=单种苗木实际价值（评估价值×90%）×35%（单株树冠受损面积在30%-70%之间，本院酌定取值为35%）×35%（受损林木株数占林分总株数的30%-70%之间，本院酌定取值为35%），对重度的描述为“林木受损症状严重，单株树冠受损面积在70%以上，受损林木株数占林分总株数的70%以上”，故受损程度定为重度的苗木，其受损价值=单种苗木实际价值（评估价值×90%）×75%（单株树冠受损面积在70%以上，本院酌定取值为75%）×75%（受损林木株数占林分总株数的70%以上，本院酌定取值为75%），通过上述计算方法得出生态农业公司的受损总值为1363217.29元（数据精确至小数点后两位），计算明细见本判决书所附《生态农业公司苗木受损程度损失价值明细表》，上述损失之计算仅限于具体而可见的直接损失，除开可见的直接损失，污染事故造成的废气排放对大气、土壤、地下水等具有潜在而深远的影响，亦不排除通过生态圈中大气、土壤、地下水等途径对生态农业公司及其苗木的培育产生间接不可见的影响，因生态农业公司未主张间接损失，本院不予审理。需要释明的是，本案受损价值之计算是在两次委托鉴定未果的情况下，本院根据评估机构的评估报告、林业部门的调查材料并秉持衡平双方当事人利益之理念所作，并不一定十分精确，但本院可以确信的是，该计算结果有理有据并合乎公平正义之理念。

【裁判结果】

一审：

一、由化工公司赔偿生态农业公司因废气污染导致的苗木损失 160000 元，核减化工公司已经支付的 93266 元后，仍应支付 66734 元，限在本判决生效后十日内履行完毕；

二、驳回生态农业公司的其他诉讼请求。案件受理费 35995 元，由生态农业公司负担 30000 元，化工公司负担 5995 元。

二审：

一、维持江西省赣州市中级人民法院（2014）赣中民三初字第 7 号民事判决第二项；

二、变更江西省赣州市中级人民法院（2014）赣中民三初字第 7 号民事判决第一项为：由化工公司赔偿生态农业公司因废气污染导致的苗木损失 1363217.29 元，核减化工公司已经支付的 93266 元后，仍应支付 1269951.29 元，限在本判决生效后十日内履行完毕。

如未按本判决指定的期间履行给付金钱义务，应当依照《中华人民共和国民事诉讼法》第二百五十三条之规定，加倍支付迟延履行期间的债务利息。

【相关规定】

《中华人民共和国民法典》第 1229 条、1230 条（原《中华人民共和国侵权责任法》第 65 条、第 66 条）

《中华人民共和国民事诉讼法》第 177 条［原民事诉讼法（2017 年修订）第 170 条），现民事诉讼法（2021 年修订）第 177 条］

《最高人民法院关于民事诉讼证据的若干规定》第 2 条

案例整编人：秦聪、宋维彬

附已公开生效判决文书：

江西省高级人民法院
民事判决书

（2016）赣民终29号

上诉人（原审原告）：生态农业公司

上诉人（原审被告）：化工公司

上诉人生态农业公司与上诉人化工公司因大气污染责任纠纷一案，均不服江西省赣州市中级人民法院（2014）赣中民三初字第7号民事判决，向本院提起上诉。本院依法组成合议庭公开开庭审理了本案。生态农业公司的法定代表人郭炜及其委托代理人张泽忠，化工公司的委托代理人叶继锋、邹晓柯到庭参加诉讼。本案现已审理终结。

原审法院查明，2014年6月，化工公司在生产中因故导致生产废气泄漏，废气造成周边农林作物不同程度受损。会昌县林业局根据会昌县政府安排，派出人员会同珠兰乡人民政府工作人员，与苗木生产经营公司（户）代表、化工公司代表组成调查组，对苗木遭受废气污染的情况进行了实地调查统计，对各经营户的苗木受损情况作了详细登记。根据调查统计情况，废气污染主要导致苗木叶面受损，依据苗木恢复正常生长所需的人工、肥料成本，会昌县林业局制订了建议补偿标准。建议补偿标准对一般的绿化苗主要根据受损程度按面积确定补偿费用，补偿标准是按2011年化工公司“6.8”突发污染事故林业受损补偿标准提高一个等级或加倍计算各户的补偿费用；因“湿加松营养杯苗”及“花卉（爱情花）”属新引进品种，之前没有标准可参考，且该两种苗木系高密度，苗木幼小、抵抗力差、受害严重，故考虑整体成本按株数确定补偿费用。根据调查统计表及补偿情况一览表，生态农业公司的苗木基地遭受污染树种为绿化苗、面积为311.4亩（轻度95.6亩、中度205.9亩、重度9.9亩），全部按面积确定补偿金额，林业局的建议补偿金额为 93266 元，生态农业公司已于 2014 年 8 月 11 日收到该款。生态农业公司的受损苗木主要是 2 年以上树龄的苗木，主要品种有红叶石楠、红花含笑、茶花、花叶栀子花、丹桂、罗汉松、竹柏、红豆杉、金丝楠木、栾树、大叶樟，也有部分 1 年树龄、树高 10 厘米以下的小苗。

原审法院认为，因污染环境造成损害的，污染者应当承担侵权责任。化工公司未举证证明其行为与生态农业公司损害之间不存在因果关系，故对其关于无法确定其行为与生态农业公司损害间因果关系的抗辩理由不予采纳。化工公司在生产中因故导致废气泄漏，泄漏的废气对生态农业公司生产基地中的苗木造成损害，化工公司作为侵权人应当承担侵权责任，赔偿生态农业公司因此造成的损失。根据《最高人民法院关于民事诉讼证据的若干规定》的相关规定，生态农业公司应当对其遭受的损失负举证责任。生态农业公司提出其培育的苗木多为珍贵树种，不应按普通绿化苗的补偿标准计算赔偿，并根据资产评估报告自行按比例计算损失为 3742600.1 元，要求化工公司予以赔偿。因生态农业公司委托资产评估机构所作的资产价格评估不属损失鉴定，评估报告亦未对其苗木损失作出鉴定意见，不能达到其证明损失数额的证明目的，不予采信。生态农业公司在事故发生后，未依法委托有相关鉴定资质的鉴定机构对其损失进行鉴定，也未对其苗木受损的具体损失额提供充分有效证据予以证明，应当承担举证不能的法律后果。因生态农业公司未提交证据证明化工公司的废气污染导致生态农业公司苗木出现死亡等不可逆的损害后果，故对其要求根据苗木价值按比例计算赔偿数额的主张不予支持。当地林业部门根据实地调查统计结果并结合苗木生长特性作出的补偿标准具有一定的科学性、合理性，在无其他专业机构对苗木受害损失作出鉴定意见的前提下，可予参照。虽然生态农业公司未能举证证明其具体损失，但化工公司废气泄漏导致生态农业公司苗木受损的事实客观存在，化工公司依法应当承担赔偿责任，参照当地林业部门的建议补偿标准，结合原告受损苗木面积、品种、树龄等本案实际情况，本院酌定由化工公司向生态农业公司赔偿损失共计 160000 元。据此，依照《中华人民共和国侵权责任法》第六十五、六十六条、《最高人民法院关于民事诉讼证据的若干规定》第二条之规定，判决：一、由化工公司赔偿生态农业公司因废气污染导致的苗木损失 160000

元，核减化工公司已经支付的93266元后，仍应支付66734元，限在本判决生效后十日内履行完毕；二、驳回生态农业公司的其他诉讼请求。案件受理费35995元，由生态农业公司负担30000元，化工公司负担5995元。

生态农业公司上诉称，一、原审法院认定生态农业公司未举证证明其具体损失不符合事实，三方确认的生态农业公司林业苗木损失、评估报告等可以证明具体损失。二、原审法院拒绝采信生态农业公司提供的赣金信评字（2014）第08090号《核实资产价值项目资产评估报告》是错误的，并且不符合法律规定。三、原审法院参照当地林业部门的建议补偿标准进行损害赔偿是错误的，并且不符合法律规定。四、原审法院作出的判决会纵容其继续蔑视环境保护问题。五、最高人民法院指导案例对相似案件的判决采纳了资产评估机构的评估结果。综上，请求二审法院撤销（2014）赣中民三初字第7号民事判决，依法判令化工公司向生态农业公司赔偿损失人民币3649334.10元，判令化工公司承担本案诉讼费。

化工公司答辩称，一、生态农业公司未就损失完成举证责任。二、生态农业公司提交的评估报告不具有合法性、关联性、真实性，评估机构不具有林业损失鉴定的资格，评估报告的评估人员的执业证书与评估机构不相一致。评估报告中参加本次评估项目的人员名单显示的注册评估师为黄金理、戚福明，而黄金理、戚福明证件显示俩人执业的机构为“赣州联信资产评估事务所”。评估报告中参加本次评估项目的人员名单显示林业工程师为钟文静、刘霄，却没有提供林业工程师的相应证件。评估报告的评估人员违反法律规定的执业规定，且没有林业工程师的相应资质，应属无效评估，评估报告并没有损失结论，评估报告确认的价格没有依据，评估报告所依据的受损程度是不确定的。三、原审法院在生态农业公司未能出示新证据的前提下，酌情增加赔偿金的做法欠妥。四、原审开庭时，化工公司提交的国家公文书证已经证实，化工公司合法生产、合法排放的事实。综上，生态农业公司要求改判的上诉观点不成能立。

化工公司上诉称，一、原审法院酌定化工公司向生态农业公司支付赔偿金160000元，没有事实和法律依据。在生态农业公司未能完成举证责任的情况下，法院依法应判决驳回生态农业公司的诉讼请求。二、原审酌定的损失与化工公司生产行为的因果关系无法确认。三、原审判决不利于社会关系的稳定与和谐。原审法院在生态农业公司没有证据的前提下，在肯定会昌县林业局建议补偿标准的基础上，又酌情增加金额，会促使其它经营户效仿，使原本稳定的社会关系重新变得不稳定，不利于纠纷的解决。综上，请求依法撤销原审判决第一项，改判化工公司不再向生态农业公司支付赔偿款66734元，诉讼费用由生态农业公司承担。

生态农业公司答辩称，一、三方确认的生态农业公司林业苗木损失、评估报告等可以证明具体损失。二、评估机构具体的评估报告证明生态农业公司所遭受的损失是合法有效的，根据侵权责任法第十五条之规定，侵权责任损失应按照发生时的市场价格来计算。三、关于补偿标准的问题，按当地林业部门提出的补偿标准进行赔偿生态农业公司是持反对意见的。

二审中，生态农业公司提交了十份新证据，1. 会昌县林业局出具的“污染等级划分”，用以证明受害程度70%以上为重度；69%-30%为中度；29%以下为轻度，2. 会昌县林业局出具的“受损等级划分标准”，用以证明受损面积、株数在70%以上的为重度；在30%-70%为中度；30%以下为轻度，化工公司质证认为该两份证据不属于新证据，本院认为该两份证据在一审中已经提交，不属于二审中的新证据，但该两份证据为林业部门依据职权制作的书面材料，其证据三性当无疑问，3.《苗木受损程度损失价值明细表》、《苗木资产评估明细表》和《2014年化工公司污染事故林业苗木受损情况调查登记表》，用以证明依据会昌县林业局的受损等级划分标准、三方确认的损害苗木种类、面积、数量等以及资产评估机构的评估价格完全可以证明生态农业公司发生的苗木实际损失，化工公司质证认为《苗木受损程度损失价值明细表》系生态农业公司单方制作，不具有真实性、合法性、合联性，本院认为《苗木受损程度损失价值明细表》系生态农业公司单方面制作，无法确认其证据三性，其对损失价值的计算金额只具有参考价值，《苗木资产评估明细表》系生态农业公司委托第三方评估机构所作出的评估报告的附件，该表在原审中已经提交和质证，不属于二审中的新证据，《2014年化工公司污染事故林业苗木受损情况调查登记表》在原审中已经提交，不属于二审中的新证据，但该份证据为林业部门依据职权制作的书面材料，其证据三性当无疑问，

4.《环境污染损害数额计算推荐方法》(第Ⅰ版)、5.《环境污染损害数额计算推荐方法》(第Ⅱ版)，该两份证据用以证明环境侵权损失的评估计算方法，6.《关于印发〈环境损害鉴定评估推荐机构名录（第一批）〉的通知》（环办（2014）3号)，用以证明生态农业公司聘请赣州金信资产评估事务所对受损的苗木进行价值评估并无不妥，是国家环境保护部门所许可的，对该三份证据化工公司质证认为这些文件不属于民事诉讼证据，不能实现生态农业公司的证明目的，环境保护部办公厅文件明确的鉴定机构名录中没有赣州金信评估事务所，同时其说明中明确各级环境保护主管部门可以推荐鉴定评估机构，本案中赣州金信评估事务所并没有获得环保部门推荐，并且赣州金信评估事务所不具备林业损失的鉴定资质。本院认为该三份证据均系环保部门发布的文件，其证据三性当无疑问，但《环境污染损害数额计算推荐方法》(第Ⅱ版) 发布以后，《环境污染损害数额计算推荐方法》（第Ⅰ版）已经失效，7. 化工公司官网产品介绍，用以证明化工公司生产无水氟化氢，8. 百度网站对无水氟化氢的介绍，证明无水氟化氢为反应性极强的物质，能与各种物质发生反应，高毒、强腐蚀性和强刺激性，化工公司认可该两份证据的三性，本院对该两份证据予以采信，9. 网上关于会昌县上照村红土娃现代农业示范园区各承包户请求化工公司停产搬迁的投诉，10. 中国江西新闻网关于“江西会昌化工公司长年向湘江排毒水”的报道，用以证明化工公司的污染对当地生态环境造成极大的危害，化工公司对该两份证据的三性均不认可，本院认为证据9的真实性无法确认，本院无法采信；证据10为官方网站《中国江西网》2009年4月9日的报道，可信程度较高，本院予以采信，该证据可以印证化工公司对当地生态环境造成破坏的事实。

本院二审查明，化工公司主要生产无水氟化氢，无水氟化氢为反应性极强的物质，能与各种物质发生反应，高毒、腐蚀性和刺激性极强，2009年4月9日《中国江西网》对化工公司排放污水污染环境破化生态的情况作了题为《江西会昌化工公司常年向湘江排毒水》的报道，2011年化工公司因为原料问题发生污染事故，2014年6月，化工公司因为停电应急电源没有发挥作用导致工业废气泄露，发生案涉污染事故。对于原审法院查明的其它事实，本院二审予以确认。

本院认为，根据双方的诉辩意见，本案二审争议焦点为：一、赣州金信资产评估事务所赣金信评字（2014）第08090号《核实资产价值项目资产评估报告》可否作为认定损失的依据？二、生态农业公司因案涉污染事故造成的损失金额为多少？

对于上述争议焦点，本院逐一分析如下：

一、关于赣州金信资产评估事务所赣金信评字（2014）第08090号《核实资产价值项目资产评估报告》可否作为认定损失依据的问题。原审法院根据生态农业公司的申请两次委托鉴定机构对污染损失进行评估鉴定，均因鉴定机构认为案发现场已无法勘察，根据现有材料无法对委托事项进行鉴定而鉴定未果，2014年11月28日，化工公司出具的《关于对协商鉴定机构的意见书》中，化工公司同意生态农业公司选择的资产评估公司进行林业损失鉴定，2014年8月18日，赣州金信资产评估事务所受生态农业公司的委托对其受到涉案污染事故影响的苗木资产价值进行评估，资产评估总值为7492147元，该次评估的主要依据为林业部门出具的并经化工公司确认的《2014年化工公司污染事故林业苗木受损情况调查登记表》，赣州金信资产评估事务所作为有资质的资产评估机构根据国家机关出具的并经化工公司确认的材料出具的评估报告，可信程度较高，《最高人民法院关于适用〈中华人民共和国民事诉讼法〉的解释》第一百零八条规定："对负有举证证明责任的当事人提供的证据，人民法院经审查并结合相关事实，确信待证事实的存在具有高度可能性的，应当认定该事实存在。"本院经审查该报告所列资产价值评估明细，并通过市场随机询价等方式对评估价格进行核实并未发现不实之处，该评估报告虽未直接给出生态农业公司的受损价值金额，但根据该评估报告给出的资产评估价值结合会昌县林业局出具的《关于江西会昌县化工公司废气污染林业苗木受害情况调查报告》可以计算出生态农业公司的受损价值金额，故赣州金信资产评估事务所赣金信评字（2014）第08090号《核实资产价值项目资产评估报告》可以作为认定损失的依据。

二、关于生态农业公司因案涉污染事故造成的损失金额如何计算的问题。赣金信评字（2014）第08090号《核实资产价值项目资产评估报告》第四条"价值类型及其定义"中，对评估市场价值的描述为"指资产在评估基准日公开市场上最佳使用或最有可能使用条件下，资产可能实现的交换价值的评估值”，换言之，该评估报告的评估值是最理想状态下涉案苗木可能实现的最高价值，且并未扣减实际交易中必然发生的成本和税费，故本院酌定涉案苗木的实际交易价值为评估价值×90%，会昌县林业局作出的《关于江西会昌县化工公司废气污染林业苗木受害情况调查报告》的附件《2014 年化工公司污染事故林业苗木受损情况调查登记表》中载明了生态农业公司因案涉污染事故而受损苗木的树种、苗龄、面积、株数、受害程度（分轻度、中度、重度三个等级）等具体信息，赣金信评字（2014）第 08090 号《核实资产价值项目资产评估报告》的《苗木资产评估明细表》对应《2014 年化工公司污染事故林业苗木受损情况调查登记表》中载明的受损苗木的树种作出了单项评估价值，《关于江西会昌县化工公司废气污染林业苗木受害情况调查报告》第二点林分受损等级划分标准中，对轻度的描述为“林木有受损症状，单株树冠受损面积在 30%以下，受损林木株数占林分总株数的 30%以下”，故受损程度定为轻度的苗木，其受损价值=单种苗木实际价值（评估价值×90%）×15%（受损面积在 30%以下，本院酌定取值为 15%）×15%（受损林木株数占林分总株数的 30%以下，本院酌定取值为 15%），对中度的描述为“林木受损症状明显，单株树冠受损面积在 30%-70%之间，受损林木株数占林分总株数的 30%-70%之间”，故受损程度定为中度的苗木，其受损价值=单种苗木实际价值（评估价值×90%）×35%（单株树冠受损面积在 30%-70%之间，本院酌定取值为 35%）×35%（受损林木株数占林分总株数的 30%-70%之间，本院酌定取值为 35%），对重度的描述为“林木受损症状严重，单株树冠受损面积在 70%以上，受损林木株数占林分总株数的 70%以上”，故受损程度定为重度的苗木，其受损价值=单种苗木实际价值（评估价值×90%）×75%（单株树冠受损面积在 70%以上，本院酌定取值为 75%）×75%（受损林木株数占林分总株数的 70%以上，本院酌定取值为 75%），通过上述计算方法得出生态农业公司的受损总值为 1363217.29 元（数据精确至小数点后两位），计算明细见本判决书所附《生态农业公司苗木受损程度损失价值明细表》，上述损失之计算仅限于具体而可见的直接损失，除开可见的直接损失，污染事故造成的废气排放对大气、土壤、地下水等具有潜在而深远的影响，亦不排除通过生态圈中大气、土壤、地下水等途径对生态农业公司及其苗木的培育产生间接不可见的影响，因生态农业公司未主张间接损失，本院不予审理。需要释明的是，本案受损价值之计算是在两次委托鉴定未果的情况下，本院根据评估机构的评估报告、林业部门的调查材料并秉持衡平双方当事人利益之理念所作，并不一定十分精确，但本院可以确信的是，该计算结果有理有据并合乎公平正义之理念。

根据本院二审查明的事实，《中国江西网》2009年4月9日对化工公司排放污水污染环境破化生态的情况作了题为《江西会昌化工公司常年向湘江排毒水》的报道，2011年化工公司因为原料问题发生污染事故，2014年6月，化工公司因为停电应急电源没有发挥作用导致工业废气泄露，发生案涉污染事故，上述报道或事故在时间上具有连续性，可以相互印证，足可以证明化工公司的生产对当地的生态环境造成了污染和破坏，法律作为上层建筑必定是经济社会基础的反映，同时为经济社会发展服务，法院判决不仅承担着定分止争之功能，亦担负着价值引导的功能，绿色生态是江西的最大财富、最大优势、最大品牌，绿色发展是江西当前和今后一段时间发展的主基调，故本院希望本判决在终结本案具体争议的同时，也能引导生态环保之价值理念，本案虽为生态农业公司提起的环境损害私益诉讼，但案涉污染事故如同任何环境污染行为一样，受害者为不特定的多数人，本院在对化工公司的污染行为作出否定性评价的同时，亦希望化工公司能引以为戒，意识到企业不仅是追求经济利益的主体，同时也承担着环境保护之义务，雨果有言："大自然是善良的慈母，同时也是冷酷的屠夫。"任何主体都有在健康、舒适、优美的环境中生存和发展的权利，也有义务给子孙后代留下天蓝、地绿、水净的美好家园，使我们以及我们的子孙后代世世代代都能享受大自然慈母般的关爱，而不是面对大自然屠夫般的冷酷。

生态农业公司的诉讼请求支持比例约为34%，故其一、二审案件受理费自行负担66%，剩余部分由化工公司负担，化工公司的二审案件受理费全部自行负担。

综上，原审判决认定事实部分有误，本院予以纠正。依照《中华人民共和国民事诉讼法》第一百七十条第一款第（一）项、第（二）项的规定，判决如下：

一、维持江西省赣州市中级人民法院（2014）赣中民三初字第7号民事判决第二项；

二、变更江西省赣州市中级人民法院（2014）赣中民三初字第7号民事判决第一项为：由化工公司赔偿生态农业公司因废气污染导致的苗木损失1363217.29元，核减化工公司已经支付的93266元后，仍应支付1269951.29元，限在本判决生效后十日内履行完毕。

如未按本判决指定的期间履行给付金钱义务，应当依照《中华人民共和国民事诉讼法》第二百五十三条之规定，加倍支付迟延履行期间的债务利息。

一审案件受理费35995元，由生态农业公司负担23757元，化工公司负担12238元，二审案件受理费36928.35元，由生态农业公司负担23403.6元，化工公司负担13524.75元。

本判决为终审判决。

第三章　环境侵权民事公益诉讼实务

第一节　以用水量推定排污量

——中华环保联合会诉李某东等三人环境侵权民事公益诉讼案评析

【案例级别】典型案例

【案例来源】2019 年江苏省环境资源十大典型案例①

【案件类型】民事

【文书类型】判决书

【审理程序】二审

【案　　号】（2018）苏民终 75 号

【关 键 词】民事；环境公益诉讼；共同侵权；修复费用；连带赔偿责任

【裁判要旨】

人民法院审理因排放废水导致环境污染案件，在污染者未提供任何证据证明其实际排污量的情形下，法院可以以其实际用水量推定污水排放量，从而计算污染者应当赔偿的环境污染金额，使侵权行为人为其污染环境的行为担责，对有效打击此类犯罪具有示范意义。另外，因多个行为人共同侵权导致生态环境污染的，各侵权人应依法承担连带赔偿责任。

---

① 《2019 年全省环境资源十大典型案例》，载江苏法院网，http：//www.jsfy.gov.cn/article/91630.html，2023 年 5 月 19 日访问。

【基本案情】

2014年1月至2014年4月，李某东、付某龙、徐某念在鞋帮厂内开设电镀加工点，非法从事电镀加工。2014年5月至2014年8月，徐某念、付某龙退出电镀加工点，由李某东一人继续从事非法电镀加工。该电镀加工点未经环保审批，无电镀废水处理设施，将含有重金属铬的废水通过暗道直接排放至外环境，最终流入红菱塘河。昆山市环境监察站出具的水质监测报告显示，该电镀加工点北侧河道南侧（靠近电镀车间）水样总铬含量为8.9mg/L，超过《电镀污染物排放标准》（GB21900-2008）规定限制的17.8倍。昆山市价格认定中心以上述水样为价格认定标的，认定涉案废水处理费用（含运输费用）为140元/吨。

中华环保联合会提起诉讼，请求法院判令李某东、付某龙、徐某念承担生态环境修复费用，并承担其为诉讼支出的律师费。昆山市人民检察院支持起诉。

【争议焦点】

1. 徐某念等三人从事电镀生产是否造成环境污染的损害后果；
2. 一审判决认定的污染排放数量有无事实依据；
3. 徐某念应否承担连带赔偿责任。

【裁判说理】

法院生效裁判认为：

一、关于徐某念等三人从事电镀生产是否造成环境污染的损害后果。本案中，徐某念等三人经营的电镀作坊无生产经营准入资质，亦未办理环保审批取得排污许可，未配套建设电镀废水处理设施或者按照规定设置排污口，将含有重金属铬的废水通过厂区地面以及下水道直接排放至外环境，其行为已违反国家法律规定。根据昆山市环境监测站的水质监测报告，其排入北侧河道南岸水样的总铬含量为8.9mg/L，并且昆山环保局于2015年4月15日对该监测报告作出相应说明，故一审法院以“排入北侧河道南岸水样”总铬含量作为徐某念等人电镀作坊的排污指标，事实清楚、证据充分。徐某念等三人开设的电镀作坊违法排污，其排放的污染物总铬含量已经超过《电镀污染物排放标准》（GB21900-2008）规定限制的17.8倍，而总铬包括三价铬和六价铬，六价铬是含有较强毒性的重金属，未作任何无害化处理即将含有如此高浓度铬的废水排入外环境，且排出的污水最终流入红菱塘河，必然对外部生态环境产生损害后果。因此，徐某念认为中华环保联合会未能提供环境受损证据，不能证明环境损害事实的理由不能成立，本院不予支持。

二、关于一审判决认定的污染物排放数量有无事实依据的问题。在昆山环保局执法检查过程中，拍摄了视频、照片，制作了环境监察现场检查笔录等证据，并结合其他证据，能够证明徐某念等人从事电镀作坊的时间为2014年1月至8月，其中徐某念、付某龙参与经营至2014年4月，此后即退出经营。该电镀作坊的生产工艺及流程是盐酸酸洗—水清洗—滚镀锌—钝化—水清洗—产品，其生产经营过程中使用的水未经任何处理后直接流到车间地面，之后又排放到外部环境。该电镀作坊内除生产经营用水外，并无生活用水产生，在徐某念等人未提供任何证据证明其实际排污量的情形下，一审法院以其用水量计算排污量，本院予以支持。不过，关于用水量的问题，相关证据证明在李某东停止生产经营后，厂区内的其他企业仍然需要用水，且产生了每月37至67吨不等的用水量，而中华环保联合会在认定李某东等三人经营期间的用水量时，全部按照伏某激交纳水费收据上的用水量计算，但该用水量实际包含了厂区内其他企业的用水量，该部分用水量不应作为李某东等三人的用水量，应当予以扣除。在扣除厂区内其他企业的用水量后，李某东等三人的用水量应作出调整，相应地，三人经营期间2014年1月至4月的排污量予以调整为462吨；李某东独自经营期间2014年5月至8月的排污量为242吨。

三、关于上诉人徐某念应否承担连带赔偿责任的问题。根据徐某念本人在公安机关的询问笔录，徐某念曾经从事过电镀经营，且在经营过程中因环境污染问题被执法机关检查取缔后，后又更换地点再次进行违法生产、违法排污，徐某念对于非法电镀作坊在生产过程中会对环境产生污染的事实是明知的，其主观过错明显。徐某念还供述了其与李某东、付某龙三人共同从事本案电镀生意的经过，其与付某龙负责出资，李某东负责技术与管理。徐某念作为本案电镀作坊的出资人，与李某东、付某龙共同实施了违法排污的行为，构成共同侵权，徐某念作为共同侵权人，应当对其共同侵权行为造成的损害后果承担连带赔偿责任。徐某念、李某东、付某龙三人对于 2014 年 1 月至 4 月共同经营期间 462 吨排污量应承担 291060 元生态环境修复费用，对于该费用三人互负连带责任；李某东对于 2014 年 5 月至 8 月独立经营期间 242 吨排污量应承担 152460 元生态环境修复费用，李某东对于该费用独立承担赔偿责任。

综上，上诉人徐某念关于其排污量的上诉理由部分成立，本院予以支持，关于其他上诉理由均不能成立，本院不予支持。

【裁判结果】

江苏省苏州市中级人民法院于 2017 年 7 月 12 日作出（2016）苏 05 民初 667 号民事判决：一、判令被告李某东承担生态环境修复费用 725760 元，被告付某龙、徐某念对其中的 432180 元承担连带责任；

二、判令李某东、付某龙、徐某念承担中华环保联合会聘请律师的费用 30000 元。

一审宣判后，徐某念提起上诉。

江苏省高级人民法院于 2019 年 12 月 6 日作出（2018）苏民终 75 号民事判决：

一、维持江苏省苏州市中级人民法院（2016）苏 05 民初 667 号民事判决第二项；

二、撤销江苏省苏州市中级人民法院（2016）苏 05 民初 667 号民事判决第一项；

三、李某东、付某龙、徐某念共同承担生态环境修复费用 291060 元，三人互负连带责任；李某东单独承担生态环境修复费用 152460 元；

四、驳回中华环保联合会其他诉讼请求。

【相关规定】

《中华人民共和国民法典》第 1229 条（原《中华人民共和国侵权责任

法》第 65 条）

《中华人民共和国民法典》第 973 条（原《中华人民共和国民法通则》第 35 条）

《中华人民共和国环境保护法》（2014 年修订）第 64 条

案例整编人：刘祎铭

附已公开生效判决文书：

江苏省高级人民法院民事判决书

（2018）苏民终 75 号

上诉人（原审被告）：徐某念

被上诉人（原审原告）：中华环保联合会

原审被告：李某东、付某龙

上诉人徐某念因与被上诉人中华环保联合会、原审被告李某东、付某龙环境侵权民事公益诉讼一案，不服江苏省苏州市中级人民法院（2016）苏 05 民初 667 号民事判决，向本院提起上诉，本院依法组成合议庭，于 2019 年 10 月 10 日公开开庭对本案进行了审理，上诉人徐某念及其委托诉讼代理人郑某建、被上诉人中华环保联合会的委托诉讼代理人姚某超到庭参加诉讼。原审被告李某东、付某龙经本院公告传唤未到庭。本案现已审理终结。

中华环保联合会一审诉讼请求：1. 判令李某东承担生态环境修复费用 725760 元，付某龙、徐某念对其中的 432180 元承担连带责任；2. 判令李某东、付某龙、徐某念承担律师费 30000 元。事实和理由：2014 年 1 月至 2014 年 4 月，李某东、付某龙、徐某念合伙在鞋帮厂内从事非法电镀。2014 年 5 月至 2014 年 8 月，徐某念、付某龙退出合伙，由李某东一人继续从事非法电镀。该电镀加工点未经环保审批，无电镀废水处理设施，将含有重金属铬的废水未经处理直接排放至外环境，最终流入红菱塘河。昆山市环境监察站出具的水质监测报告显示，该电镀加工点北侧河道南侧（靠近电镀车间）水样总铬含量为8.9mg/L，超过《电镀污染物排放标准》（GB21900-2008）规定限制的17.8倍。经昆山市价格认定中心认定，排放废水的治理成本为140元/吨。经核查，2014年1月至4月期间，三人从事电镀加工排放废水686吨，2014年5月至8月期间，付某龙、徐某念退出合伙，李某东继续从事非法电镀作业，排放废水466吨。该行为严重污染环境，且废水被排入中心河道，造成的环境污染已经无法通过修复工程完全恢复。根据《环境损害鉴定评估推荐办法（第Ⅱ版）》第A.2.3条与《突发环境事件应急处置阶段环境损害评估推荐方法》附F之规定，以及昆山环保局关于该电镀加工点附近水域属于Ⅳ类水标准的情况说明，应当以虚拟治理成本的4.5倍作为环境损害数额。故李某东应当承担生态环境修复费用725760元，付某龙、徐某念对其中432180元承担连带赔偿责任。三人的行为给生态环境造成了严重污染，极大损害了社会公共利益，中华环保联合会作为专门从事环境保护公益活动组织，特向一审法院提起本案公益诉讼，请求判如所请。

昆山市人民检察院支持起诉称，2014年1月至4月，李某东、付某龙、徐某念三人合伙做电镀生意，徐某念出资3万元，付某龙出资1万元，李某东负责技术加工和实际经营管理，开始在鞋帮厂内从事非法电镀；2014年5月至8月，付某龙、徐某念退出合伙，由李某东一人继续在原址非法从事电镀加工，并将含有铬等重金属的废水未经处理直接排放至外环境，最终流入红菱塘河，造成严重环境污染后果。昆山市人民检察院根据《中华人民共和国民事诉讼法》第十五条、《中华人民共和国环境保护法》第六十四条、《中华人民共和国侵权责任法》第六十五条之规定，特支持中华环保联合会对李某东、付某龙、徐某念提起诉讼，请依法判决。

徐某念一审辩称，中华环保联合会起诉主张的事实不正确，诉请赔偿没有法律依据，且计算方法错误，徐某念不应该承担赔偿责任。请求驳回对徐某念的起诉。

李某东、付某龙一审未发表答辩意见。

当事人围绕诉讼请求依法提交了证据，一审法院组织当事人进行了质证。

对当事人真实性、合法性、关联性未提出异议的证据，予以确认并在卷佐证。对有争议的证据，一审法院认定如下：

1. 中华环保联合会提供昆山市环境监测站出具的水质监测报告、江苏省环境保护厅关于对昆山市环境监测数据认可的函，证明李某东等三人从事电镀加工点北侧河道南侧（靠近电镀车间）水样总铬含量为 8.9mg/L，超过《电镀污染物排放标准》（GB21900-2008）规定限制的 17.8 倍。徐某念对上述证据的真实性予以认可，但认为执法过程中共计 7 处采样，上述证据仅有 6 份水样的检测数据，未包含车间地面排入北侧河岸水水样，属于重大遗漏，故对上述证据的合法性不予认可。一审法院认为，上述证据依其反映的内容和证明目的与本案具有关联性，且符合合法性、真实性要件，予以认定。

2. 中华环保联合会提供企业租赁协议书、水费收据，证明李某东等三人从事非法电镀期间的废水排放量。徐某念对上述证据的真实性不予认可，主张对上述证据并不知晓。一审法院认为，上述证据可以与冯某良、冯某泉的调查笔录相互印证，与本案具有关联性，且符合合法性、真实性要件，予以认定。

3. 中华环保联合会提供关于工业废水处理费用的价格认定结论书，证明李某东等三人排放废水的虚拟治理成本为 140 元/吨。徐某念对该份证据的真实性予以认可，合法性不予认可，认为中华环保联合会遗漏车间地面排入北侧河岸水的水样，仅以北侧河道南侧（靠近电镀车间）水样作为认定标的，缺少合理性、对比性和完整性。一审法院认为，中华环保联合会提供的上述证据依其反映的内容和证明目的与本案具有关联性，且符合合法性、真实性要件，予以认定。

4. 中华环保联合会提供聘请律师合同，证明本案律师费 3 万元。徐某念对该份证据真实性不予认可，认为无法确认是否实际支出。一审法院对该份证据真实性、关联性、合法性予以认定。

5. 徐某念提供 2014 年 10 月 16 日伏某激的询问笔录，证明该厂房伏某激自承租之后一直做涂装生意，涂装也会产生排污。伏某激从未见过徐某念，说明徐某念未参与生产经营。李某东使用的电费是直接与伏某激结算的，并非与冯某良或冯某泉结算的。冯某良、冯某泉提供水费收据等材料不能证明李某东经营用水的实际情况。中华环保联合会对该份证据的真实性予以认可，但对证明内容不予认可。一审法院对该份证据的真实性、关联性、合法性予以认定。

6. 徐某念提供三价铬钝化百科，证明三价铬钝化液的浓度一般在20-30g/L。中华环保联合会对该份证据的真实性、关联性、合法性不予认可。一审法院认为该证据真实性无法确定，且与本案不具有关联性，不予认定。

7. 徐某念提供2014年10月22日涉案地点视频、照片一组及厂区概况图，证明涉案厂区有暗道排水，李某东经营的地点在暗道口，昆山市环境保护局（以下简称昆山环保局）废水采样中北侧河道南侧（靠近电镀车间）水样只是暗道口的水样，并且与红菱塘河有土埂隔离，采样废水不能证明完全来自李某东生产产生的废水，也不能证明红菱塘河水的水质。中华环保联合会对从监测报告中截取的图片予以认可，对其他视频、照片、厂区概况图的真实性、关联性、合法性均不予认可。一审法院对从监测报告中截取的图片予以认定，对其他证据的真实性无法确认，不予认定。

一审法院经审理查明，2014年1月至2014年4月，李某东、付某龙、徐某念在鞋帮厂内开设电镀加工点，非法从事电镀加工。2014年5月至2014年8月，徐某念、付某龙退出电镀加工点，由李某东一人继续从事非法电镀加工。该电镀加工点未经环保审批，无电镀废水处理设施，将含有重金属铬的废水通过暗道直接排放至外环境，最终流入红菱塘河。昆山市环境监察站出具的水质监测报告显示，该电镀加工点北侧河道南侧（靠近电镀车间）水样总铬含量为8.9mg/L，超过《电镀污染物排放标准》（GB21900-2008）规定限制的17.8倍。昆山市价格认定中心以上述水样为价格认定标的，认定涉案废水处理费用（含运输费用）为140元/吨。

一审法院认为，污染者应当对其造成的环境污染承担赔偿责任。本案争议焦点一：李某东、付某龙、徐某念是否应当承担环境污染赔偿责任。

环境污染侵权责任的构成要件包括：环境污染行为、环境污染损害事实及污染环境的行为与损害事实之间具有因果关系。徐某念认为，中华环保联合会提供的证据只能证明污染排放行为，不能证明污染排放损害结果，其不需要承担赔偿责任。一审法院认为，《中华人民共和国环境影响评价法》第十六条规定，国家根据建设项目对环境的影响程度，对建设项目的环境影响评价实行分类管理。建设单位应当依法组织编制环境影响报告书、环境影响报告表或者填报环境影响登记表。第二十五条规定，建设项目的环境影响评价文件未经法律规定的审批部门审查或者审查后未予批准的，该项目审批部门不得批准其建设，建设单位不得开工建设。《中华人民共和国环境保护法》第四十一条规定，建设项目中防治污染的设施，应当与主体工程同时设计、同时施工、同时投产使用。防治污染的设施应当符合经批准的环境影响评价文件的要求，不得擅自拆除或者闲置。第四十二条第一款、第四款规定，排放污染物的企业事业单位和其他生产经营者，应当采取措施，防治在生产建设或者其他活动中产生的废气、废水、废渣、医疗废物、粉尘、恶臭气体、放射性物质以及噪声、振动、光辐射、电磁辐射等对环境的污染和危害。严禁通过暗管、渗井、渗坑、灌注或者篡改、伪造监测数据，或者不正常运行防治污染设施等逃避监管的方式违法排放污染物。李某东、付某龙、徐某念开设的电镀加工点，未经环保审批，无电镀废水处理设施，将含有重金属铬的废水通过暗道直接排放至外环境，其行为违反上述国家法律禁止性规定。为保护生态环境，打击环境侵权行为，彰显环保法律法规的效力，应当直接推定排污行为造成的环境污染的损害结果存在，一审法院在此予以彰明。此外，河流具有一定的自净能力，但是环境容量是有限的，向水体大量排放电镀废水，必然会对河流的水质、水体动植物、河床、河岸以及河流下游的生态环境造成严重破坏。如不及时修复，污染的累积必然会超出环境承载能力，最终造成不可逆转的环境损害。因此，即使红菱塘河水水质改善，也不能免除污染者应当承担的环境修复责任。综上，李某东、付某龙、徐某念应当对其环境侵权行为承担赔偿责任。

争议焦点二：李某东、付某龙、徐某念承担环境污染赔偿责任的计算方式及赔偿金额。

中华环保联合会主张，李某东、付某龙、徐某念造成的环境污染已经无法通过修复工程完全恢复至原来的生态环境，应当采用虚拟治理成本法计算环境损害数额。徐某念辩称，中华环保联合会未提供环境污染损害评估技术报告，环境损害数额的计算不适用虚拟治理成本法。一审法院认为，根据环境保护部《环境损害鉴定评估推荐办法（第Ⅱ版）》第 A.2.3 条与《突发环境事件应急处置阶段环境损害评估推荐方法》附 F 之规定，虚拟治理成本，是指按照现行的治理技术和水平治理排放到环境中的污染物所需要的支出，即污染排放量与单位污染物虚拟治理成本的乘积。在量化生态环境损害时，可以根据受污染影响区域的环境敏感程度乘以一定倍数作为环境损害数额的上下限值。虚拟治理成本法适用于环境污染所致生态环境损害无法通过恢复工程完全恢复、恢复成本远远大于其收益或缺少生态环境损害恢复评价指标的情形。本案中，由于红菱塘河水的流动，李某东、付某龙、徐某念排放的电镀废水必然会向下游移动、扩散，且距今已逾三年，采用实际修复方法必然难以完全修复。即使随着红菱塘河水的自净，相关水质改善至达标，也不能免除污染者应当承担的环境修复责任，在此不予赘述。故中华环保联合会主张的环境污染赔偿责任计算方式，于法有据，予以支持。对于李某东、付某龙、徐某念承担的生态环境修复费用，具体认定如下：

第一，关于污染排放量的计算。中华环保联合会认为，依据冯某良、冯某泉调查笔录及企业租赁协议书、水费收据，2014 年 1 月至 4 月期间，李某东、徐某念、付某龙排放电镀废水共计 686 吨。2014 年 5 月至 8 月，徐某念、付某龙退伙后，李某东非法排放电镀废水共计 466 吨。徐某念辩称，用水量不能等于排污量，并且厂房还有伏某激从事涂装生意，涂装也会排污。中华环保联合会回应称，根据冯某良在调查笔录中的陈述，涉案厂区除李某东非法电镀作坊外，还有一家五金喷涂作坊，还有一家从事废塑料再生造粒作坊，除了李某东的电镀作业需要用水外，另外两家的生产活动是不需要用水的。一审法院认为，关于李某东、徐某念、付某龙的非法电镀用水量，中华环保联合会已经提供初步证据予以证实，徐某念认为中华环保联合会举证的电镀用水量存在非电镀用水或者含重金属铬的废水另有来源，应当提供证据予以证实，否则应当承担举证不能的法律后果。综上，一审法院认定，2014 年 1 月至 4 月期间，李某东、徐某念、付某龙排放电镀废水共计 686 吨。2014 年 5 月至 8 月，李某东非法排放电镀废水共计 466 吨。

第二，关于单位污染物虚拟治理成本的认定。中华环保联合会认为，依据昆山市价格认定中心出具的工业废水处理费用的价格认定结论书，涉案废水处理费用为140元/吨。徐某念认为2014年8月22日昆山环境监测站的监测报告中未给出车间地面排入北侧河岸水水样检测数据，该水样是李某东等三人排放的废水是否污染环境及是否造成损害结果的直接证据。作为价格认定标的的北侧河道南侧（靠近电镀车间）水样采集于暗道口，该处废水经长期沉淀、蒸发、浓缩，浓度比排放的废水浓度高。如果按照中华环保联合会主张的排放电镀废水中含铬8.9mg/L，废水排放量1152吨计算，李某东对外排放10.2528公斤铬金属，而李某东在调查笔录中称，共使用含有铬的钝化液10公斤。中华环保联合会回应称，经与昆山环保局核实，车间地面排入北侧河岸水水样主要是现场自来水冲洗地面的废水，分析结果为达标。现场检查视频可以看出放水冲洗，试图掩盖排污事实，逃避法律责任，故该采样不能客观反映本案电镀废水总铬含量。另外其他水样经检测总铬含量均超标，足以证明徐某念等三人排放超标废水的事实。关于李某东仅使用含有铬的钝化液10公斤的陈述，没有任何证据予以佐证，不能作为定案根据。

一审法院认为，北侧河道南侧（靠近电镀车间）水样是李某东、徐某念、付某龙电镀废水对外排放口的取样，将此样本作为价格认定标的最具有合理性。徐某念对该水样的铬浓度提出异议，但中华环保联合会对涉案电镀废水的铬含量已经提供了初步证据，徐某念等作为电镀废水的排放者，有义务亦有能力举证证明其排放的废水中真实、准确的铬含量，以推翻中华环保联合会的主张，否则应当承担不利的法律后果。并且经核查现场录像，该水样采样时，生产现场的自来水正在放水冲洗，对外排放的废水应处于流动状态，故一审法院对徐某念主张的该采样点电镀废水经过长期沉淀、蒸发、浓缩，浓度过高的观点不予采信。对于车间地面排入北侧河岸水水样检测数据未纳入昆山环境监测站监测报告的问题，中华环保联合会作出合理解释，并有现场视频予以佐证，一审法院予以采信。即使该水样检测结果为达标，但是将涉案7份水样的铬浓度进行平均计算，废水中铬含量亦是明显超标，故徐某念的抗辩理由不成立，应当对其排污行为承担环境侵权责任。另外，徐某念主张李某东仅使用了含铬的钝化液10公斤，该事实仅系李某东个人陈述，缺乏其他证据予以证实，不予采信。综上，一审法院认为涉案废水的处理费用为140元/吨。

第三，关于虚拟治理成本倍数的确定。中华环保联合会认为，根据昆山环保局出具的情况说明，本案所涉污染场地地表水功能区划属于IV类水质目标，虚拟治理成本的倍数确定为4.5倍。一审法院认为，该虚拟治理成本的倍数不违反环境保护部《环境损害鉴定评估推荐办法（第Ⅱ版）》第A.2.3条及《突发环境事件应急处置阶段环境损害评估推荐方法》附F之规定，且李某东等三人对其实施的环境侵权行为未承受相应的刑事责任，将虚拟治理成本的倍数确定为4.5倍，并无不当。

综上，2014年1月至2014年8月，李某东承担的生态环境修复费用为725760元（1152吨×140元/吨×4.5倍）。其中，2014年1月至2014年4月，李某东、付某龙、徐某念承担的生态环境修复费为432180元（686吨×140元/吨×4.5倍）。

《最高人民法院关于审理环境民事公益诉讼案件适用法律若干问题的解释》第二十二条规定，原告请求被告承担检验、鉴定费用，合理的律师费以及为诉讼支出的其他合理费用的，人民法院可以依法予以支持。本案中，中华环保联合会要求徐某念等三人承担律师费30000元，系中华环保联合会因诉讼而产生的费用，金额亦未超出合理范围，故对中华环保联合会诉请的律师费予以支持。

另，徐某念认为，李某东、徐某念、付某龙三人虽然自称合伙，但个人合伙是要式行为，应当订立书面协议，对合伙事项进行约定，且合伙经营、共同劳动，本案李某东、付某龙、徐某念三人并没有签订书面协议，实际情况是徐某念出资3万元资金，并没有共同参与生产经营，所以合伙关系不成立，徐某念不应当承担连带赔偿责任。《中华人民共和国民法通则》第三十条规定，个人合伙是指两个以上公民按照协议，各自提供资金、实物、技术等，合伙经营、共同劳动。第三十一条规定，合伙人应当对出资数额、盈余分配、债务承担、入伙、退伙、合伙终止等事项，订立书面协议。第三十五条第二款规定，合伙人对合伙的债务承担连带责任，法律另有规定的除外。最高人民法院《关于贯彻执行〈中华人民共和国民法通则〉若干问题的意见（试行）》第四十六条规定，公民按照协议提供资金或者实物，并约定参与合伙盈余分配，但不参与合伙经营、劳动的，或者提供技术性劳务而不提供资金、实物，但约定参与盈余分配的，视为合伙人。一审法院认为，根据《中华人民共和国民法通则》第三十条的规定，个人合伙的成立系公民之间就各自提供资金、实物技术等，合伙经营、共同劳动的合意之达成。《中华人民共和国民法通则》第三十一条虽强调对相关重要合伙事项应当订立书面协议，但是未明确未订立书面协议的法律后果。本案中华环保联合会虽未举证证明李某东、徐某念、付某龙之间签订书面合伙协议，但是李某东、徐某念、付某龙的询问笔录可以相互印证，证明李某东、徐某念、付某龙达成合意，合伙从事非法电镀加工业务，其中徐某念、付某龙负责主要出资，李某东负责技术加工和经营管理。在经营过程中，因分配不均，2014 年 4 月李某东、徐某念、付某龙三人经协商，李某东支付徐某念、付某龙各 1 万元，徐某念、付某龙退出非法电镀加工作坊，李某东留下设备和场地继续经营。上述情形符合个人合伙的特征，并且结合本案其他证据，可以证实合伙经营的事实存在，因此，应当认定李某东、徐某念、付某龙合伙关系成立，徐某念、付某龙应当对合伙期间的债务承担连带责任。退一步而言，即使李某东、徐某念、付某龙不构成合伙关系，但 2014 年 1 月至 4 月李某东、徐某念、付某龙共同开设非法电镀加工点，对外排污的行为构成共同侵权行为，依法应当对造成的环境损害承担连带赔偿责任。故徐某念的该答辩理由缺少事实和法律依据，不予支持。

据此，依据《中华人民共和国环境保护法》第六十四条、《中华人民共和国侵权责任法》第六十五条、《中华人民共和国民法通则》第三十五条第二款、《最高人民法院关于审理环境民事公益诉讼案件适用法律若干问题的解释》第十八条、第二十条、第二十二之规定，判决：一、判令李某东承担生态环境修复费用 725760 元，付某龙、徐某念对其中的 432180 元承担连带责任，于判决发生法律效力之日起十日内支付至昆山市环境保护公益金专用账户（户名：昆山市环境保护公益联合会，账号：55×××80，开户行：中国银行股份有限公司昆山鹿城支行）。二、判令李某东、付某龙、徐某念承担中华环保联合会聘请律师的费用 30000 元，于判决发生法律效力之日起十日内支付至昆山市环境保护公益金专用账户。如果没有按照判决指定的期限履行给付金钱义务，应当按照《中华人民共和国民事诉讼法》第二百五十三条的规定，加倍支付迟延履行的债务利息。案件受理费 11358 元、保全申请费 4148 元，公告费 600 元，合计人民币 16106 元，由李某东负担 9663.6 元，付某龙负担 3221.2 元，徐某念负担 3221.2 元。上述费用已由中华环保联合会预交，李某东、付某龙、徐某念的部分在履行本判决时一并支付至昆山市环境保护公益金专用账户。

徐某念上诉称：1. 一审判决没有查清是否造成环境损害的事实。一审判决在没有任何证据的情况下直接推定排污行为造成环境损害结果，违反客观事实。2. 一审判决证据采信不合法。一审法院对于昆山环境监测站的检测报告予以采信错误，该检测报告没有给出“车间地面排入北侧河道水水样”的监测数据，一审法院以其中一个水样结果作为超标的依据，没有公信力。一审法院对于厂区内排污管道情况未审查，认定上诉人利用暗管排污不符合事实。3. 一审法院认定上诉人以及原审被告排放电镀废水 1152 吨没有依据，不能以用水量来认定排污量，且厂区内还有其他两家企业也存在用水，一审判决未予扣除。李某东陈述使用 10 吨钝化液，应当作为定案证据。4. 徐某念仅是出资人，不参与生产管理运营，也未分得合伙利润，与原审被告之间并非合伙关系，不应承担连带责任。综上，请求二审法院依法改判：撤销一审判决，由被上诉人承担一、二审诉讼费用。

中华环保联合会答辩称，1. 徐某念认可排污行为客观存在，污染结果必然客观存在，这是常识，不需要举证证明。2. 关于排污量的问题，被上诉人已经提供了笔录、现场勘查记录、收据等证据，形成完整的证据链，完成初步举证义务，故应当支持被上诉人的主张。3. 徐某念、李某东、付某龙三人共同出资、共同经营的行为符合共同侵权的构成要件，徐某念应当对其退出合伙经营前的损害承担连带责任。请求驳回上诉，维持一审判决。

原审被告李某东、付某龙未提交答辩意见。

昆山市人民检察院向本院提交了书面支持起诉书，主要内容与一审意见相同。

本院经审理确认一审法院查明的事实。二审中，本院依法调取了 2014 年 10 月、11 月、12 月伏某激交纳水费的收据，该收据显示的是上一个月的用水量，即 9 月用水量为 65 吨、10 月用水量为 37 吨、11 月用水量为 67 吨。双方当事人对于该收据的真实性均无异议。

本院另查明：2015 年 4 月 15 日昆山市环境保护局向昆山市人民检察院出具了一份说明，主要内容为：对贵院提出的现场取 7 份水样，出具的监测报告实际只有 6 份水样数据有认定的情况，现说明如下：经核实，现场未经认证的监测数据名称为：车间地面排入北侧河道水，该水样数据没有进行认证的原因是其排入的沉积水潭就是“北侧河道南岸（靠近电镀车间）水样”的采样点，采样时排放的主要为现场自来水冲洗地面废水，且监测数据分析为达标，最终未对该数据进行认定。当事人对于该说明没有异议。

本院还查明：昆山市公安局治安大队于 2014 年 10 月 21 日对徐某念进行询问，在询问笔录中，徐某念陈述的主要内容有“我之前是在苏州金加工生意的……我就提议大家一起合伙做电镀生意，当时大家三个人就商量一起合伙开个电镀厂，后来我们就开始运作了……在去年 2013 年 10 月份我们在甪直开始做电镀生意，做了一个月的时间就被苏州环保局查了，我们就准备搬厂子到别的地方去做”“当时是苏州环保局和治安的部门来检查甪直的电镀厂，好像因为污染环境的问题，但是具体原因我不知道，后来我们就停掉了”“生产工艺我也不懂的，所以药水成份我也不知道，但是我知道这个生产过程有一定污染的”。

经与双方当事人确认，本案二审的争议的焦点为：1. 徐某念等三人从事电镀生产是否造成环境污染的损害后果；2. 一审判决认定的污染排放数量有无事实依据；3. 徐某念应否承担连带赔偿责任。

一、关于徐某念等三人从事电镀生产是否造成环境污染的损害后果。本案行为发生时应当适用 2017 年修改前的《中华人民共和国水污染防治法》(2008 修订)，该法第九条规定：排放水污染物，不得超过国家或者地方规定的水污染物排放标准和重点水污染物排放总量控制指标。第二十条规定：国家实行排污许可制度。直接或者间接向水体排放工业废水和医疗污水以及其他按照规定应当取得排污许可证方可排放的废水、污水的企业事业单位，应当取得排污许可证；城镇污水集中处理设施的运营单位，也应当取得排污许可证。排污许可的具体办法和实施步骤由国务院规定。禁止企业事业单位无排污许可证或者违反排污许可证的规定向水体排放前款规定的废水、污水。

第二十一条规定：直接或者间接向水体排放污染物的企业事业单位和个体工商户，应当按照国务院环境保护主管部门的规定，向县级以上地方人民政府环境保护主管部门申报登记拥有的水污染物排放设施、处理设施和在正常作业条件下排放水污染物的种类、数量和浓度，并提供防治水污染方面的有关技术资料。企业事业单位和个体工商户排放水污染物的种类、数量和浓度有重大改变的，应当及时申报登记；其水污染物处理设施应当保持正常使用；拆除或者闲置水污染物处理设施的，应当事先报县级以上地方人民政府环境保护主管部门批准。第二十二条规定：向水体排放污染物的企业事业单位和个体工商户，应当按照法律、行政法规和国务院环境保护主管部门的规定设置排污口；在江河、湖泊设置排污口的，还应当遵守国务院水行政主管部门的规定。禁止私设暗管或者采取其他规避监管的方式排放水污染物。本案中，徐某念等三人经营的电镀作坊无生产经营准入资质，亦未办理环保审批取得排污许可，未配套建设电镀废水处理设施或者按照规定设置排污口，将含有重金属铬的废水通过厂区地面以及下水道直接排放至外环境，其行为已违反国家法律规定。根据昆山市环境监测站的水质监测报告，其排入北侧河道南岸水样的总铬含量为8.9mg/L。徐某念上诉认为昆山市环境监测站的监测报告故意遗漏监测结果，没有给出“车间地面排入北侧河道水水样”的监测结果，程序违法，不具有证据效力。本院认为，昆山环保局于2015年4月15日作出说明：该水样数据没有进行认证的原因是其排入的沉积水潭就是“北侧河道南岸（靠近电镀车间）水样”的采样点，采样时排放的主要为现场自来水冲洗地面废水，且监测数据分析为达标，故最终未对该数据进行认定。根据现场执法视频，执法机关在检查时，该电镀作坊工人以大量自来水冲洗地面，企图降低污染物浓度，掩饰其违法行为，该北侧河道水水样不能客观真实地反映电镀作坊排放的污染物情况，故即使该水样数据显示达标，也不能以此作为徐某念等人达标排放的证据予以采纳。因此，昆山环保局未将该数据列入监测报告并无不当。以“排入北侧河道南岸水样”的监测数据结果作为徐某念等人废水排放指标主要原因是该监测取样点的位置是该电镀作坊首次接触外环境的排污口，该水样数值最能直观、准确的反映出该电镀作坊在正常生产经营状态下排放废水的含铬浓度。而其它监测点的水样，如酸洗后清洗槽水样、钝化后清洗槽内水样、滚镀锌线槽内水样均经过大量的清水冲洗，其水样中的含铬量已被稀释，不能客观真实的反映该电镀作坊在正常生产经营状态下排出的污染物指标。一审法院以“排入北侧河道南岸水样”总铬含量作为徐某念等人电镀作坊的排污指标，事实清楚、证据充分，一审法院证据采信并无不当。徐某念等三人开设的电镀作坊违法排污，其排放的污染物总铬含量已经超过《电镀污染物排放标准》（GB21900-2008）规定限制的17.8倍，而总铬包括三价铬和六价铬，六价铬是含有较强毒性的重金属，未作任何无害化处理即将含有如此高浓度铬的废水排入外环境，且排出的污水最终流入红菱塘河，必然对外部生态环境产生损害后果。上诉人徐某念认为被上诉人未能提供环境受损证据，不能证明环境损害事实的上诉理由不能成立，本院不予支持。

二、关于一审判决认定的污染物排放数量有无事实依据的问题。在昆山环保局执法检查过程中，拍摄了视频、照片，制作了环境监察现场检查笔录等证据，结合昆山市人民检察院询问冯某良、冯某泉的调查笔录，昆山市公安局治安大队与伏某激、徐某念、李某东、付某龙询问笔录，伏某激交纳水费的收据，能够证明徐某念等人从事电镀作坊的时间为2014年1月至8月，其中徐某念、付某龙参与经营至2014年4月，此后即退出经营。该电镀作坊的生产工艺及流程是盐酸酸洗—水清洗—滚镀锌—钝化—水清洗—产品，其生产经营过程中使用的水未经任何处理后直接流到车间地面，之后又排放到外部环境。该电镀作坊内除生产经营用水外，并无生活用水产生，在徐某念等人未提供任何证据证明其实际排污量的情形下，一审法院以其用水量计算排污量，本院予以支持。

关于用水量的问题。根据冯某良、冯某泉、伏某激的询问笔录，该电镀作坊生产厂区内除其之外尚有其他企业正常生产经营，由伏某激统一向冯某泉支付电费。而在李某东被环保执法机关予以责令停止生产后，伏某激仍然向冯某泉交纳了三个月的水费，可以证明在李某东停止生产经营后，厂区内的其他企业仍然需要用水，且产生了每月37至67吨不等的用水量。而被上诉人中华环保联合会在认定李某东等三人经营期间的用水量时，全部按照伏某激交纳水费收据上的用水量计算，但该用水量实际包含了厂区内其他企业的用水量，该部分用水量不应作为李某东等三人的用水量，应当予以扣除。本院根据9、10、11三个月用水总量169（65+37+67）吨的平均值56吨（四舍五入）认定该部分用水量。李某东等三人前8个月用水量应调整为：1-4月的用水量为：462吨（686-56×4）；5-8月的用水量调整为242吨（466-56×4）；1-8月的总用水量为704吨。对于李某东、徐某念、付某龙三人经营期间2014年1月至4月的排污量予以调整为为462吨；李某东独自经营期间2014年5月至8月的排污量为242吨。

三、关于上诉人徐某念应否承担连带赔偿责任的问题。上诉人徐某念认为其仅是出资未参与经营也未获得收益，故不能认定其为合伙人，其不应当承担连带赔偿责任。本院认为，根据徐某念本人在公安机关的询问笔录，徐某念曾经从事过电镀经营，且在经营过程中因环境污染问题被执法机关检查取缔后，后又更换地点再次进行违法生产、违法排污，徐某念对于非法电镀作坊在生产过程中会对环境产生污染的事实是明知的，其主观过错明显。徐某念还供述了其与李某东、付某龙三人共同从事本案电镀生意的经过，其与付某龙负责出资，李某东负责技术与管理。徐某念作为本案电镀作坊的出资人，与李某东、付某龙共同实施了违法排污的行为，构成共同侵权，徐某念作为共同侵权人，应当对其共同侵权行为造成的损害后果承担连带赔偿责任。一审法院判令徐某念承担连带赔偿责任并无不当。徐某念主张其与李某东、付某龙并非合伙关系，不应承担连带赔偿责任的上诉理由不能成立。徐某念、李某东、付某龙三人对于2014年1月至4月共同经营期间462吨排污量应承担291060元生态环境修复费用，对于该费用三人互负连带责任；李某东对于2014年5月至8月独立经营期间242吨排污量应承担152460元生态环境修复费用，李某东对于该费用独立承担赔偿责任。

综上，上诉人徐某念关于其排污量的上诉理由部分成立，本院予以支持，关于其他上诉理由均不能成立，本院不予支持。依照《中华人民共和国民事诉讼法》第一百四十四条、第一百七十条第一款第（二）项之规定，判决如下：

一、维持江苏省苏州市中级人民法院（2016）苏05民初667号民事判决第二项；

二、撤销江苏省苏州市中级人民法院（2016）苏05民初667号民事判决第一项；

三、李某东、付某龙、徐某念共同承担生态环境修复费用291060元，三人互负连带责任；李某东单独承担生态环境修复费用152460元，上述费用于本判决发生法律效力之日起十日内支付至昆山市环境保护公益金专用账户（户名：昆山市环境保护公益联合会，账号：55×××80，开户行：中国银行股份有限公司昆山鹿城支行）；

四、驳回中华环保联合会其他诉讼请求。

如果未按本判决指定的期限履行给付金钱义务，应当按照《中华人民共和国民事诉讼法》第二百五十三条的规定，加倍支付迟延履行期间的债务利息。

一审案件受理费11358元、保全申请费4148元，公告费600元，合计人民币16106元，由李某东负担9663.6元，付某龙负担3221.2元，徐某念负担3221.2元（上述费用已由中华环保联合会预交，李某东、付某龙、徐某念负担的部分在履行本判决时一并支付至昆山市环境保护公益金专用账户）。

二审案件受理费11358元，公告费560元，合计11918元，由上诉人徐某念负担（该费用已由徐某念向本院预交）。

本判决为终审判决。

第二节　生态环境修复费用的认定

——绿发会诉环保公司、网络公司涉大气污染环境民事公益诉讼案评析

【案例级别】典型案例

【案例来源】2019年度人民法院环境资源典型案例①

【案件类型】民事

【文书类型】判决书

【审理程序】二审

【案　　号】(2019) 浙民终863号

【关 键 词】民事；环境公益诉讼；生态环境修复费用；大气污染；连带责任

【裁判要旨】

本案属涉大气污染环境民事公益诉讼案件。在因客观原因无法对案涉产品进行鉴定，从而难以对大气污染损害程度进行替代性修复的经济成本作出科学判定的情况下，人民法院依据《最高人民法院关于审理环境民事公益诉讼案件适用法律若干问题的解释》的规定，结合污染环境、破坏环境的范围和程度、生态环境的稀缺性、生态环境恢复的难易程度、防治污染设备的运行成本、被告因侵害行为所获得的利益及其过程程度等因素，并参考环境保护监督管理职责部门的意见、专家意见等，合理确定了生态环境修复费用，对今后类似案件确定生态环境修复费用具有借鉴价值。

---

① 《2019年度人民法院环境资源典型案例》，载最高人民法院网站，https：//www.court.gov.cn/zixun/xiangqing/228361.html，2023年5月19日访问。

【基本案情】

环保公司成立于2014年7月10日，注册资本为100万元，经营范围为：三元催化器、节能环保产品、环保设备、净化产品、汽车配件、汽车保洁用品等。该公司于2015年9月起在网络公司开办网上商铺，销售各类汽车尾气治理、净化产品以及汽车保险杠等各类汽车用品。其中主要销售的产品为使得机动车尾气年检得以蒙混过关的所谓“年检神器”系列产品，具体包括：三元催化器火莲花金属软载体汽车尾气超标治理净化器、年检包过通用改装小三元催化器金属软载体汽车尾气超标治理净化器、年检包过柴油车三元催化器汽年尾气净化器DPF颗粒捕集器等产品。上述三种产品已售出3万余件，销售金额约为300余万元，其中部分买家收货地址为汽车修理厂。

网络公司开办和负责运行的网络交易平台，在网上注册为用户均需同意网络公司制定的服务协议。服务协议有如下约定，网络公司仅向用户提供网络公司平台服务，网络公司平台上的信息系由用户自行发布，且可能存在风险和瑕疵。鉴于网络公司平台具备存在海量信息及信息网络环境下信息与实物相分离的特点，网络公司无法逐一审查商品及/或服务的信息，无法逐一审查交易所涉及的商品及/或服务的质量、安全以及合法性、真实性、准确性，对此用户应谨慎判断。网络公司网站仅是提供信息发布平台的服务提供商，并不参与会员用户的交易行为，已尽到身份审查、事前提醒等审查义务。网络公司在收到本案诉状后，已停止对环保公司提供平台服务。

绿发会认为，环保公司是在以弄虚作假的方式帮助尾气不合格的车辆规避汽车尾气年度检测，使得原本尾气超标的车辆得以蒙混过关继续上路，其行为存在着严重的违法性，对广大人民群众的身体健康及社会公共利益造成了极为严重的损害和持续的环境风险。网络公司作为网络交易平台经营者，未能按照有关法律法规的规定建立或执行有效的检查监控制度，导致环保公司通过网络公司所设立的第三方交易平台将大量非法产品销入市场，致使广大人民群众的身体健康及社会公共利益遭受严重损害。因此，绿发会向法院提起环境民事公益诉讼。

【争议焦点】

网络公司是否应当与环保公司承担连带责任。

【裁判说理】

法院生效裁判认为：

关于网络公司是否应当与环保公司承担连带责任的问题。首先，在案证据表明，网络公司作为信息平台服务提供商，本身并不参与会员用户的交易行为，在提供案涉服务过程中已经履行了身份审查、事前提醒等义务。网络公司在收到本案诉状后及时采取删除措施，将包括案涉产品在内的所有类似产品下架，停止了相关平台服务。网络公司的相应行为并未违反《中华人民共和国侵权责任法》第三十六条第二款为网络服务提供者设立的“通知-删除”义务。其次，案涉三款产品不属于国务院《互联网信息服务管理办法》第十五条规定的禁售范围，相关产品及信息描述也不属于网络公司自行制定的《网络公司平台违禁信息管理规则》《网络公司平台违禁信息管理规则〈实施细则〉》及《禁发商品及信息名录 & 对应违规处理》等规定的违禁商品或禁发信息。环保公司在网络公司店铺上的商品信息虽然存在不当描述、具有诱导性等问题，但有关网页内容并不足以构成明显违反法律禁止性规定的情形，故难以据此认定网络公司构成《中华人民共和国侵权责任法》第三十六条第三款规定的“知道或者应当知道网络用户利用其网络服务侵害他人民事权益”之情形。

至于绿发会提出的网络公司构成《中华人民共和国侵权责任法》第九条规定的帮助、教唆行为，故应与环保公司承担连带责任的主张。如前所述，网络公司仅系信息平台服务提供商，提供网络平台服务本身不应被认定为构成提供物质上的加害工具或创造加害条件等的帮助行为，网络公司更不存在教唆、鼓励他人实施侵权行为的情形，故绿发会据此要求网络公司承担连带责任亦缺乏事实依据，不能予以支持。然正如一审判决指出的，网络公司对于卖家在其平台销售的类似本案本身不属于禁售品，但产品可能用于违法目的的行为，应建立行之有效的检索及监管制度，有效履行网络运营服务商的法定职责，尽到应尽的社会责任。希望网络公司能以本案为鉴，进一步加强网络平台信息管理，为守护好蓝天碧水肩负起更多的社会责任。

综上，中国绿发会的上诉请求和理由均不能成立，应予驳回。

【裁判结果】

浙江省杭州市中级人民法院于 2019 年 6 月 3 日作出（2016）浙 01 民初 1269 号民事判决：

一、被告环保公司在本判决生效之日起十五日内，在国家级媒体上向社会公众道歉（内容需经本院审核）。逾期不履行，本院将在国家级媒体上公布本判决书的主要内容，费用由环保公司承担；

二、被告环保公司在本判决生效之日起十五日内，向原告绿发会支付律师费、差旅费、相关工作人员必要开支等 150000 元；

三、被告环保公司在本判决生效之日起十五日内赔偿大气污染环境修复费用 3500000 元（款项专用于我国大气污染环境治理）；

四、驳回原告中国生物多样性保护与绿色发展基金会的其他诉讼请求。一审宣判后，绿发会提起上诉。

浙江省高级人民法院于 2019 年 10 月 14 日作出（2019）浙民终 863 号民事判决：驳回上诉，维持原判。

【相关规定】

《中华人民共和国民法典》第 1169 条、第 1195 条（原《中华人民共和国侵权责任法》第 9 条、第 36 条）

《中华人民共和国环境保护法》（2014 年修订）第 64 条

案例整编人：刘祎铭

附已公开生效判决文书：

浙江省高级人民法院民事判决书

（2019）浙民终863号

上诉人（原审原告）：绿发会

被上诉人（原审被告）：网络公司

原审被告：环保公司

上诉人绿发会因与环保公司、网络公司大气污染责任公益诉讼纠纷一案，不服杭州市中级人民法院（2016）浙01民初1269号民事判决，向本院提起上诉。本院于2019年7月25日立案受理后依法组成合议庭，并于2019年8月23日公开开庭审理了本案。上诉人绿发会的委托代理人马某、赵某慰，被上诉人网络公司的委托代理人沈某强到庭参加诉讼活动。原审被告环保公司经本院依法传唤，无正当理由拒不到庭，不影响本案的审理。本案现已审理终结。

绿发会上诉请求：1. 撤销原审判决第四项；2. 判令被上诉人网络公司在国家级媒体上向社会公众赔礼道歉；3. 判令被上诉人网络公司对环保公司在原审判决第二项、第三项所应承担的民事责任承担连带责任。事实和理由：一、环保公司在网上销售的产品具有明显的违法性和可识别性。1. 环保公司在网上销售的主要产品为使得机动车尾气年检得以蒙混过关的所谓“年检神器”系列产品。宣传毫不避讳，“更换三元催化器成本高，金属软载体辅助或替代三元催化器治理尾气，可重复使用3次左右，单次过检成本低至15元，超高性价比”，“欢迎各大汽修厂、年检代办机构、检测站加盟合作，量大价优”，“金属软载体工作原理与三元催化器原理一样，运用于汽油车，简单易用，有效公里数在50公里左右”，“检测站、修理厂、年检代办机构合作单位超过1000家”，“本品专门用于柴油车过年检的DPF催化器，修理厂或年检代办机构可将本品装在柴油车排气管上，过完年检再拆下用于下一辆车，反复使用”等等。由此可见，环保公司是在以弄虚作假的方式帮助尾气不合格的车辆规避汽车尾气年度检测。大气污染防治法第五十五条第三款规定，“禁止机动车所有人以临时更换机动车污染控制装置等弄虚作假的方式通过机动车排放检验。禁止机动车维修单位提供该类维修服务。禁止破坏机动车车载排放诊断系统。”环保公司上述产品的功能、用途与我国法律的强制性要求相违背，其本身具有明显的违法性。2.“年检神器”系列产品的违法性极易识别。由于“以更换机动车污染控制装置等弄虚作假的方式通过机动车排放检验”具有违法性，那么生产、销售用于以上用途的专用装置即为违法，且此种违法与环保公司宣传的“适当”与“不当”无关。环保公司发布相关违法信息，通过引诱、唆使机动车车主购买、安装该公司的年检神器，在客观上架空了机动车尾气年检制度。环保公司在网上公然叫卖，历时数年，且卖出数万件，宣传用语毫不避讳，并不具有隐蔽性。二、被上诉人网络公司未履行法定义务，应承担责任。1.国务院《互联网信息服务管理办法》第十三条规定：“互联网信息服务提供者应当向上网用户提供良好的服务，并保证所提供的信息内容合法”。国家工商行政管理总局《网络交易管理办法》第二十六条规定：“第三方交易平台经营者应当对通过平台销售商品或者提供服务的经营者及其发布的商品和服务信息建立检查监控制度，发现有违反工商行政管理法律、法规、规章的行为的，应当向平台经营者所在地工商行政管理部门报告，并及时采取措施制止，必要时可以停止对其提供第三方交易平台服务。工商行政管理部门发现平台内有违反工商行政管理法律、法规、规章的行为，依法要求第三方交易平台经营者采取措施制止的，第三方交易平台经营者应当予以配合。”《中华人民共和国电子商务法》第三十八条规定：“电子商务平台经营者知道或者应当知道平台内经营者销售的商品或者提供的服务不符合保障人身、财产安全的要求，或者有其他侵害消费者合法权益行为，未采取必要措施的，依法与该平台内经营者承担连带责任。对关系消费者生命健康的商品或者服务，电子商务平台经营者对平台内经营者的资质资格未尽到审核义务，或者对消费者未尽到安全保障义务，造成消费者损害的，依法承担相应的责任。”前述法律法规明确了互联网交易平台经营者应当建立检查监控制度，负有确保网上交易合法的义务。2.被上诉人未履行法定义务应承担责任。对于环保公司数年毫不避讳大量售卖年检神器的行为，被上诉人怠于行使其法定职责。换言之，被上诉人怠于履行职责实质上是以不作为方式帮助环保公司实现其非法销售行为。被上诉人的行为触犯了侵权行为法第九条、电子商务法第三十八条之规定，应与环保公司承担连带责任。

网络公司二审答辩称：一、案涉产品不属于明显违法信息。案涉三款产品在一审中经鉴定，其中两款目前国家无相关标准，一款产品无法满足检验需要，不具备鉴定条件。案涉产品属可便捷使用的汽车尾气过滤装置，不属于《互联网信息服务办法》规定的九大类违禁信息，也不属于网络公司禁售商品。上诉人以案涉产品存在诱导用户将产品于汽车年检时违规使用等情况，进而认为案涉产品页面宣传属于明显违法信息缺乏依据。此外，即使是违法信息也存在明显或普通之分，武断的将案涉产品宣传信息作为明显违法信息，将无限扩大平台检查监控义务。二、网络公司网站作为第三方交易平台，商品信息量难以想象，没有对普通违法信息进行主动审查的能力和义务。为管控平台的商品信息，网络公司不仅建立了商户身份信息审查等制度，尽到了事前提醒义务，还通过发布禁售商品信息、关键词搜索等管控措施对平台违规信息进行排查。虽然没有对普通违法信息进行主动审查的能力和义务，但网络公司网站还是以现有能力，通过系统排查与人工方式对产品信息进行排查。由于案涉产品并不属于明显的违法信息，只能通过人工排查方式进行检测，但因人工排查的阶段性、覆盖面等天然缺陷，可能不能及时发现商家的违法信息发布行为。在上诉人提起诉讼后，网络公司网站也第一时间对商家进行处理。三、网络公司在收到起诉材料后不仅对案涉商品作出删除处理，还及时主动对平台类似违规信息均作出处理，不符合侵权责任法第三十六条“网络服务提供者在明知用户侵权或者接待被侵权人通知的情况下仍不采取必要措施，应承担连带责任”之情形，无需承担连带责任。四、本案不涉及侵犯人身权益，且网络公司网站不构成帮助侵权，赔礼道歉于法无据。综上，请求二审法院依法驳回上诉人的上诉请求。

绿发会一审诉讼请求：1. 请求判令环保公司、网络公司在全国性媒体上向社会公众赔礼道歉；2. 请求判令环保公司停止生产三元催化器火莲花金属软载体汽车尾气超标治理净化器、年检包过通用改装小三元催化器金属软载体汽车尾气超标治理净化器、年检包过柴油车三元催化器汽车尾气净化器 DPF 颗粒捕集器等非法产品；3. 请求判令网络公司对环保公司停止提供第三方交易平台服务；4. 请求判令环保公司、网络公司以连带责任方式承担生态环境修复费用 151765000 元（具体数额以评估鉴定报告为准，暂按上述额度主张）；5. 请求判令环保公司、网络公司以连带责任方式承担本案诉讼费、原告交通住宿费用 100000 元（以法庭调查结束前实际发生数额为准，目前暂按 100000 元主张）、律师费 3259300 元及检测评估鉴定费用（以法庭调查结束前实际发生数额为准，目前暂按 1500000 元主张）。

一审法院经审理认定：绿发会系由中华人民共和国民政部批准登记成立，机构所在地在北京市东城区永定门外西革新里 98 号。根据基金会的章程反映，其宗旨为：广泛动员全社会关心和支持生物多样性保护与绿色发展事业，保护国家战略资源，促进生态文明建设和人与自然和谐，构建人类美好家园。业务范围为：(一) 建立示范基地，组织与支持开展生物多样性保护和绿色发展科研、科普活动，支持符合本基金会宗旨的技术开发；(二) 开展国际交流与合作、组织与本基金会业务相关的国际、国内学术交流及论坛；(三) 开展与支持本基金会业务范围的人员培训及业务咨询活动；(四) 组织奖励为生物多样性保护及绿色发展事业做出贡献的团体和个人；(五) 开展和资助符合本基金会宗旨的其他项目及活动。绿发会在本案起诉时提交了基金会登记证书、章程、起诉前连续五年工作报告及无违法记录声明。

绿发会 2015 年度检查结论为不合格，国家社会组织管理局于 2017 年 1 月向其下达基金会年检责令整改通知书（2017）第 6 号，主要问题为：一、投资活动背离了公益慈善目的。基金会于 2015 年 8 月设立北京生绿投资管理有限公司，累计投资 1500 万元，投资方向、目的、风险和收益均不明确，无具体投资实施方案，无实际业务，无营业收入，且已亏损 128.21 万元等等，不符合《基金会管理条例》第二十七条、第二十八条以及《关于规范基金会行为的若干规定（试行）》的有关规定；二、理事会召开不规范。第四届十一次理事会出席人数未达到三分之二，不符合《基金会管理条例》第二十一条的规定。限期 2017 年 3 月完成整改。目前未有证据显示绿发会的登记状态存在不正常之处。

网络公司网站系由网络公司开办和负责运行的网络交易平台，在网络公司网站上注册为用户均需同意网络公司制定的服务协议。服务协议有如下约定，网络公司网站仅向用户提供网络公司平台服务，网络公司平台上的信息系由用户自行发布，且可能存在风险和瑕疵。鉴于网络公司平台具备存在海量信息及信息网络环境下信息与实物相分离的特点，网络公司无法逐一审查商品及/或服务的信息，无法逐一审查交易所涉及的商品及/或服务的质量、安全以及合法性、真实性、准确性，对此用户应谨慎判断。网络公司网站仅是提供信息发布平台的服务提供商，并不参与会员用户的交易行为，已尽到身份审查、事前提醒等审查义务。网络公司在收到本案诉状后，已停止对环保公司提供平台服务。

环保公司成立于2014年7月10日，注册资本为100万元，经营范围为：三元催化器、节能环保产品、环保设备、净化产品、汽车配件、汽车保洁用品、化工产品（不含危险化学品、易制毒化学品、成品油）、电子产品、数码产品、珠宝玉器、照明配件、化妆品、服装鞋帽、针纺品及皮革制品的销售，国内贸易，货物及技术进出口。环保公司于2015年9月起在网络公司网站开办网上商铺，销售各类汽车尾气治理、净化产品以及汽车保险杠等各类汽车用品。其中主要销售的产品为使得机动车尾气年检得以蒙混过关的所谓“年检神器”系列产品，具体包括：三元催化器火莲花金属软载体汽车尾气超标治理净化器、年检包过通用改装小三元催化器金属软载体汽车尾气超标治理净化器、年检包过柴油车三元催化器汽年尾气净化器DPF颗粒捕集器等产品。上述产品在环保公司商铺产品宣传：“更换三元催化器成本高，金属软载体辅助或替代三元催化器治理尾气，可重复使用3次左右，单次过检成本低至15元，超高性价比。”“安装在三元催化器前面，热车5分钟即可上线检测，省时省力。”“欢迎各大汽修厂、年检代办机构、检测站加盟合作，量大价优。”“金属软载体工作原理与三元催化器原理一样，运用于汽油车，简单易用，有效公里数在50公里左右。”“检测站、修理厂、年检代办机构合作单位超过1000家。”“本品专门用于柴油车过年检的DPF催化器，修理厂或年检代办机构可将本品装在柴油车排气管上，过完年检再拆下用于下一辆车，反复使用。”上述三种产品已售出3万余件，销售金额约为300余万元，其中部分买家收货地址为汽车修理厂。

一审法院认为：一、关于绿发会是否具有提起本案诉讼的主体资格问题。首先，绿发会的章程符合联合国《生物多样性公约》和环境保护法保护生物多样性的要求，促进生态文明建设、人与自然和谐、构建人类美好家园等内容契合绿色发展理念，亦与环境保护密切相关，属于维护环境公共利益的范畴，故应认定绿发会的宗旨与业务范围包含维护环境公共利益，符合环境公益诉讼原告主体资格。其次，绿发会虽存在2015年度检查结论为“不合格”，但该情形并非环境保护法第五十八条，以及《最高人民法院关于审理环境民事公益诉讼案件适用法律若干问题的解释》第五条所规定的不得提起诉讼的情形，故应认定绿发会有提起本案诉讼的主体资格。二、关于环保公司是否为本案适格被告的问题。大气污染防治法第五十五条第三款虽然是对机动车所有人的禁止性规定，违反该条规定造成环境损害的机动车所有人应依法承担赔偿责任。因环保公司在网络公司商铺上销售案涉三款产品时，宣传上述产品能通过弄虚作假的方式规避机动车年检，教唆或协助部分机动车主实施侵权行为，根据《中华人民共和国侵权责任法》第9条的规定，环保公司应与前述机动车所有人承担连带责任。而依据《中华人民共和国民法总则》第一百七十八条之规定，原告有权请求部分连带责任人即环保公司承担全部赔偿责任。

三、关于网络公司是否应当与环保公司承担连带责任的问题。绿发会认为，网络公司作为网络交易平台经营者未建立有效的检查监控制度，未尽到确保网上交易合法的法定义务，放任环保公司在网络公司网站上长期公然叫卖非法产品，以不作为方式帮助环保公司实现其非法销售行为，应与环保公司承担连带赔偿责任。一审法院认为，本案所涉三款产品虽然未经有权机关审批或备案，不符合相关产品标准要求，但从其设计原理及实际使用效果看，仍属于机动车尾气净化或治理类产品范畴，本身不当然属于法律、法规明令禁止生产、销售的产品。因环保公司不当的宣传、诱导，使得该三款产品可能被用于法律禁止的范围，环保公司发布的相关信息，并非法定的明显违法信息，也具有一定的隐蔽性。网络公司网站作为提供信息发布平台，其本身并不参与会员用户的交易行为，尽到身份审查、事前提醒等审查义务，并在发现上述情形后及时采取删除措施，无法认定其帮助环保公司实施了侵权行为，故对于绿发会要求网络公司与环保公司共同承担连带责任的诉请，不予支持。另外，鉴于网络公司在知晓绿发会提起本案诉讼后，已经将案涉产品下架，停止了相关平台服务，故绿发会的第三项请求实已履行，不再予以裁判。需要指出的是，网络公司对于卖家在其平台销售的类似上述本身不属于禁售品，但产品可能用于违法目的的行为，应加强检索、监管，有效履行网络运营服务商的法定职责，尽到应尽的社会责任。四、关于环保公司是否应承担环境污染侵权责任的问题。《最高人民法院关于审理环境民事公益诉讼案件适用法律若干问题的解释》第十八条规定：对污染环境、破坏生态，已经损害社会公共利益或者具有损害社会公共利益重大风险的行为，原告可以请求被告承担停止侵害、排除妨碍、消除危险、恢复原状、赔偿损失、赔礼道歉等民事责任。如前所述，环保公司行为构成损害社会公共利益，应承担相应的侵权责任。其中，对于绿发会要求环保公司在全国性媒体上向社会公众赔礼道歉的诉请，因环保公司的行为导致社会公众对于生活环境的满足感、获得感减低，造成社会公众精神利益上的损失，故环保公司应向社会公众赔礼道歉。关于绿发会要求环保公司停止生产案涉三款产品的诉请。虽然环保公司辩称其并不生产案涉产品，系其委托他人生产，现已无法联系生产者，但该说法不符常理且无任何证据支持，案涉产品在其店铺内销售时均冠以“环保”字样，对其抗辩不予采纳，认定上述产品均系由环保公司生产，故对于绿发会要求环保公司停止生产案涉三款产品的诉请予以支持。五、关于本案环境污染危害结果是否存在、环境污染程度以及修复费用如何计算的问题。从绿发会先期公证及法院依法调查取证的情况看，网络公司及时删除相关产品后，环保公司在网上销售的三款产品的数量约为3万余件，但对于实际将该产品用于“临时更换机动车污染控制装置等弄虚作假的方式通过机动车排放检验”的具体数量，仅以现有证据无法查清。且原审法院依法委托两家相关鉴定机构，对案涉三款产品是否为符合国家相关标准的机动车尾气净化设施进行鉴定，但均因无相关国家标准或样品数量不足而无法完成鉴定，进而导致无法对每辆机动车每年因超标排放而对大气造成的污染损害的数量程度，以及对上述大气污染损害程度进行替代性修复的经济成本作出科学判定。但即便如此，鉴于案涉产品造成不特定地区大气污染物的增加导致环境污染的事实客观存在，绿发会要求环保公司承担生态环境修复费用的诉请有法律依据。依据《最高人民法院关于审理环境民事公益诉讼案件适用法律若干问题的解释》的规定，生态环境修复费用难以确定，人民法院可以结合污染环境、破坏环境的范围和程度、生态环境的稀缺性、生态环境恢复的难易程度、防治污染设备的运行成本、被告因侵害行为所获得的利益及其过程程度等因素，并可以参考环境保护监督管理职责部门的意见、专家意见等，予以合理确定。结合本案实际，酌情确定环保公司赔偿的生态环境修复费用为3500000元。

关于绿发会主张的律师费、差旅费等问题。根据《最高人民法院关于审理环境民事公益诉讼案件适用法律若干问题的解释》第二十二条的规定，综合考虑绿发会工作人员所办理的必要事项，以及案件的性质、办理难度、工作方式、交通距离、交通方式等予以确定。但环境民事公益诉讼原告主张的律师费应以合理为限，且绿发会暂定诉讼请求也未实际确定，绿发会主张3259300元律师费，显然过高，结合其花费的差旅费等发票，酌情确定为律师费、差旅费、相关工作人员必要开支等共计150000元。

综上，绿发会的诉讼请求部分成立，予以支持。因现暂无适格组织或机构负责并接收上述大气污染环境修复相关费用，原审法院判令环保公司赔偿的款项支付至原审法院执行款账户，待条件成熟时再移交相关组织及机构，用于大气环境污染的防治。依照《中华人民共和国民事诉讼法》第五十五条、第六十四条，《中华人民共和国大气污染防治法》第五十五条，《中华人民共和国环境保护法》第六十四条，《中华人民共和国产品质量法》第四十二条，《中华人民共和国侵权责任法》第九条、第十五条、第二十条、第六十五条，《中华人民共和国民法总则》第一百七十八条，《最高人民法院关于审理环境民事公益诉讼案件适用法律若干问题的解释》第五条、第十八条、第二十条、第二十三条，《最高人民法院关于审理环境侵权责任纠纷案件适用法律若干问题的解释》第六条、第八条、第九条之规定，判决如下：一、环保公司在本判决生效之日起十五日内，在国家级媒体上向社会公众道歉（内容需经本院审核）。逾期不履行，将在国家级媒体上公布本判决书的主要内容，费用由环保公司承担。二、环保公司在本判决生效之日起十五日内，向中国生物多样性保护与绿发会支付律师费、差旅费、相关工作人员必要开支等150000元。三、环保公司在本判决生效之日起十五日内赔偿大气污染环境修复费用3500000元（款项专用于我国大气污染环境治理）。四、驳回绿发会的其他诉讼请求。前述第三项判决确定的款项，支付至杭州市中级人民法院执行款专户（账号33×××58，开户行杭州银行西湖支行）。如未按本判决指定的期间履行给付金钱义务，应当依照《中华人民共和国民事诉讼法》第二百五十三条之规定，加倍支付迟延履行期间的债务利息。

本案二审过程中，各方当事人均未提交新的证据材料。经审理，本院对一审判决认定的事实予以确认。

本院认为，本案二审争议焦点为被上诉人网络公司是否应当与原审被告环保公司承担连带责任的问题。首先，在案证据表明，被上诉人网络公司作为信息平台服务提供商，本身并不参与会员用户的交易行为，在提供案涉服务过程中已经履行了身份审查、事前提醒等义务。被上诉人网络公司在收到本案诉状后及时采取删除措施，将包括案涉产品在内的所有类似产品下架，停止了相关平台服务。被上诉人网络公司的相应行为并未违反《中华人民共和国侵权责任法》第三十六条第二款为网络服务提供者设立的“通知–删除”义务。其次，案涉三款产品不属于国务院《互联网信息服务管理办法》第十五条规定的禁售范围，相关产品及信息描述也不属于网络公司自行制定的《网络公司平台违禁信息管理规则》《网络公司平台违禁信息管理规则〈实施细则〉》及《禁发商品及信息名录＆对应违规处理》等规定的违禁商品或禁发信息。原审被告环保公司在网络公司店铺上的商品信息虽然存在不当描述、具有诱导性等问题，但有关网页内容并不足以构成明显违反法律禁止性规定的情形，故难以据此认定被上诉人网络公司构成《中华人民共和国侵权责任法》第三十六条第三款规定的“知道或者应当知道网络用户利用其网络服务侵害他人民事权益”之情形。

至于上诉人绿发会提出的被上诉人网络公司构成《中华人民共和国侵权责任法》第九条规定的帮助、教唆行为，故应与原审被告环保公司承担连带责任的主张。如前所述，被上诉人网络公司仅系信息平台服务提供商，提供网络平台服务本身不应被认定为构成提供物质上的加害工具或创造加害条件等的帮助行为，网络公司更不存在教唆、鼓励他人实施侵权行为的情形，故上诉人绿发会据此要求被上诉人网络公司承担连带责任亦缺乏事实依据，不能予以支持。然正如一审判决指出的，被上诉人网络公司对于卖家在其平台销售的类似本案本身不属于禁售品，但产品可能用于违法目的的行为，应建立行之有效的检索及监管制度，有效履行网络运营服务商的法定职责，尽到应尽的社会责任。希望网络公司能以本案为鉴，进一步加强网络平台信息管理，为守护好蓝天碧水肩负起更多的社会责任。

综上，绿发会的上诉请求和理由均不能成立，应予驳回。原审判决认定事实清楚，适用法律正确，审判程序合法。依照《中华人民共和国民事诉讼法》第一百七十条第一款第一项规定，判决如下：

驳回上诉，维持原判。

二审案件受理费35280元，由上诉人绿发会负担，免予收取34280元。

本判决为终审判决。

第三节 预防性措施的采取

——中国生物多样性保护与绿色发展基金会诉雅砻江流域水电开发有限公司生态环境保护民事公益诉讼案评析

【案例级别】指导性案例

【案例来源】最高人民法院指导性案例 174 号

【案件类型】民事

【文书类型】判决书

【审理程序】一审

【案 号】（2015）甘民初字第 45 号

【关 键 词】民事；环境公益诉讼；环境公共利益；预防性措施；潜在风险；濒危野生植物

【裁判要旨】

人民法院审理环境民事公益诉讼案件，应当坚持保护优先、预防为主原则。现有证据证明案涉项目建成后存在破坏案涉地濒危野生植物的原生存环境、影响其生存的潜在风险，因而可能使社会公共利益受到损害。为避免因被告利用环境资源的行为造成严重的、不可逆的环境污染与生态资源破坏，人民法院可以判决被告采取预防性措施，责令被告将濒危野生植物的生存作为项目可研阶段环境评价工作的重要内容，从而对环境污染、生态破坏行为防范于未然，最终实现环境保护的目的。

【基本案情】

雅砻江流域水电开发有限公司（以下简称雅砻江公司）负责雅砻江牙根梯级电站项目的建设与管理，目前该项目处于预可研阶段，尚未开工建设。

2006 年 6 月，中国水电顾问集团成都勘测设计研究院（以下简称“成勘院”）将牙根梯级电站列入《四川省雅砻江中游（两河口至卡拉河段）水电规划报告》中，该规划报告于 2006 年 8 月通过了水电水利规划设计总院会同四川省发展和改革委员会组织的审查。2008 年 12 月，该规划取得四川省人民政府川府函［2008］368 号文批复同意。之后，根据牙根梯级水库淹没区的最新情况，成勘院在 2010 年 3 月对原规划的牙根梯级进行了调整，调整后的牙根梯级分为牙根一级（正常蓄水位 2602m）、牙根二级（正常蓄水位 2560m）两级开发，并形成《四川省雅砻江两河口至牙根河段水电开发方案研究报告》，2010 年 8 月，水电水利规划设计总院会同四川省发展和改革委员会审查通过该研究报告。

牙根二级水电站、牙根一级水电站分别于 2013 年 1 月 6 日、4 月 13 日取得国家发展和改革委员会办公厅关于开展前期工作的批文同意，由雅砻江公司负责水电站的建设和管理，雅砻江公司需按照项目核准的有关规定组织开展电站的各项前期工作。待有关前期工作落实、具备核准条件后，雅砻江公司在分别将牙根电站项目申请报告上报国家发展和改革委员会，未经国家发展和改革委员会核准，牙根梯级电站项目不得开工建设。

五小叶槭在 2013 年 9 月 2 日发布的中国生物多样性红色名录中被评定为“极危”。2016 年 2 月 9 日，五小叶槭被列入《四川省重点保护植物名录》。2018 年 8 月 10 日，五小叶槭在国际自然保护联盟的红色名录中被评估为“极度濒危”。当时我国《国家重点保护野生植物名录》中无五小叶槭。

绿发会认为，根据五小叶槭雅江种群的分布区海拔高度和水电站水位高度对比数值，电站水库正常蓄水后，将淹没雅江县五小叶槭的绝大部分分布区，对五小叶槭的生存构成严重威胁。因此，绿发会向四川省甘孜藏族自治州中级人民法院提起本案诉讼，请求人民法院判令被告立即采取适当措施，确保不因雅砻江水电梯级开发计划的实施而破坏珍贵濒危野生植物五小叶槭的生存，在采取的措施不足以消除对五小叶槭的生存威胁之前应暂停牙根水电站及其辅助设施（含配套道路）的一切建设工程，并支付原告为本次诉讼而支出的差旅费、调查费、律师费及案件受理费等费用。

【争议焦点】

1. 被告雅砻江公司是否应当立即采取预防性措施，以避免牙根梯级电站建设危及野生五小叶槭的生存；

2. 牙根梯级电站建设工程是否应当停建；

3. 原告绿发会为诉讼支出的相关费用是否应予支持。

【裁判说理】

法院生效裁判认为：

绿发会主要根据《四川林业科技》和《四川林堪设计》等相关论文向人民法院提出诉求，请求法院对“五小叶槭野生种群仅有4个、500余株，分布区介于海拔2520m-3000m之间，雅江种群为最大种群”予以认定，但目前没有资料或者证据显示有任何单位或者机构对我国五小叶槭的野生种群及数量、分布区海拔高度等进行过全面普查，故将绿发会所诉上述内容认定为本案案件事实的证据不足。

作为缔约国，我国理应遵守联合国《生物多样性公约》，承担起保护生物多样性的责任。同时，可再生能源是我国重要的能源资源，在满足能源要求，改善能源结构，减少环境污染，促进经济发展等方面具有重要作用。而水能资源是最具规模开发效益、技术最成熟的可再生能源。因此开发建设水电站，将水能资源优势转化为经济优势，在国家有关部门的监管下，利用丰富的水能资源，合理开发水电符合我国国情。但是，我国水能资源蕴藏丰富的地区，往往也是自然环境良好、生态功能重要、生物物种丰富和地质条件脆弱的地区。根据《中华人民共和国环境保护法》和《最高人民法院关于审理环境民事公益诉讼案件适用法律若干问题的解释》的相关规定，环境保护是我国的基本国策，并且环境保护应当坚持保护优先、预防为主的原则。预防原则要求在环境资源利用行为实施之前和实施之中，采取政治、法律、经济和行政等手段，防止环境利用行为导致环境污染或者生态破坏现象发生。它包括两层含义：一是运用已有的知识和经验，对开发和利用环境行为带来的可能的环境危害采取措施以避免危害的发生；二是在科学技术水平不确实的条件下，基于现实的科学知识评价风险，即对开发和利用环境的行为可能带来的尚未明确或者无法具体确定的环境危害进行事前预测、分析和评价，以促使开发决策避免可能造成的环境危害及其风险出现。因此，环境保护与经济发展的关系并不是完全对立的，而应当是相辅相成的，正确处理好保护与发展的关系，将生态优先的原则贯穿到水电规划开发的全过程，二者可以相互促进，达到经济和环境的协调发展。利用环境资源的行为如果造成环境污染、生态资源破坏往往具有不可逆性，被污染的环境、破坏的生态资源很多时候难以恢复，单纯事后的经济补偿不足以弥补对生态环境造成的损失，故应注重对环境污染、生态破坏行为防范于未然，从而真正实现环境保护的目的。

本案中的五小叶槭在 2013 年 9 月 2 日发布的中国生物多样性红色名录中被评定为“极危”，属于濒危野生植物，而现有证据能够证明牙根梯级电站建成后可能存在对案涉地五小叶槭原生存环境造成破坏、影响其生存的潜在风险，从而损害环境公共利益，所以，作为负责项目建设和管理的雅砻江公司有必要采取措施对风险进行防控。根据我国水电项目核准流程的规定，水电项目分为项目规划、项目预可研、项目可研、项目核准四个阶段，考虑到案涉牙根梯级电站现处在项目预可研阶段，因此责令被告在项目可研阶段，加强对案涉五小叶槭的环境影响评价并履行法定审批手续后才能进行下一步的工作，尽可能避免出现危及野生五小叶槭生存的风险是必要和合理的。故，本院对绿发会提出的“依法判令被告立即采取适当措施，确保不因雅砻江水电梯级开发计划的实施而破坏珍贵濒危野生植物五小叶槭的生存”的诉讼请求予以支持。

关于绿发会在其诉讼请求中提出的“依法判令被告在采取的措施不足以消除对五小叶槭的生存威胁之前，暂停牙根水电站及其辅助设施（含配套道路）的一切建设工程”，鉴于目前案涉水电站尚未开工建设，故该诉求不具有事实基础，本院不予支持。

关于绿发会提出的“依法判令被告承担原告为本次诉讼而支出的差旅费、调查费、律师费和案件受理费等费用”诉求，本案中由于被告工程还处于预可研阶段，被告并没有破坏生态环境、损害社会公共利益的实际行为。但绿发会系为保护生物多样性而非为自身利益提起的预防性环境民事公益诉讼，绿发会确为本案诉讼支出了差旅费、调查取证费等，并且聘请律师参加了诉讼，参照《最高人民法院关于审理环境民事公益诉讼案件适用法律若干问题的解释》第二十四条“人民法院判决被告承担的生态环境修复费用、生态环境受到损害至恢复原状期间服务功能损失等款项，应当用于修复被损害的生态环境。其他环境民事公益诉讼中败诉原告所需承担的调查取证、专家咨询、检验、鉴定等必要费用，可以酌情从上述款项中支付”的规定和《关于规范律师法律服务收费管理有关问题的通知》（川发改委［2018］93号）办理不涉及财产关系的公共利益的群体性案件每件不高于1万元的精神，酌情认定绿发会为本案诉讼产生必要费用4万元，合理的律师费1万元。此款项在本院其他环境民事公益诉讼案件中判决的被告承担的生态环境修复费用、生态环境受到损害至恢复原状期间服务功能损失费用等费用（环境公益诉讼资金）中支付。故对绿发会提出的该项诉讼请求，本院予以部分支持。

综上所述，原告的诉讼请求部分成立，本院依法予以支持。

【裁判结果】

四川省甘孜藏族自治州中级人民法院于2020年12月17日作出（2015）甘民初字第45号民事判决：

一、被告雅砻江公司应当将五小叶槭的生存作为牙根梯级水电站项目可研阶段环境评价工作的重要内容，环境影响报告书经环境保护行政主管部门审批通过后，才能继续开展下一步的工作；

二、原告绿发会为本案诉讼产生的必要费用4万元、合理的律师费1万元，合计5万元，上述款项在本院其他环境民事公益诉讼案件中判决被告承担的生态环境修复费用、生态环境受到损害至恢复原状期间服务功能损失费用等费用（环境公益诉讼资金）中支付（待本院有其他环境公益诉讼资金后执行）；

三、驳回原告绿发会的其他诉讼请求。一审宣判后当事人均未上诉，判决已发生法律效力。

【相关规定】

《中华人民共和国民事诉讼法》第58条、第67条、第145条［原民事诉讼法（2017修订）第55条、第64条、第142条］

案例整编人：刘祎铭

附已公开生效判决文书：

四川省甘孜藏族自治州中级人民法院民事判决书

（2015）甘民初字第45号

原告：中国生物多样性保护与绿色发展基金会

被告：雅砻江流域水电开发有限公司

原告中国生物多样性保护与绿色发展基金会（以下简称“绿发会”）与被告雅砻江流域水电开发有限公司（以下简称“雅砻江公司”）环境民事公益诉讼一案，本院于2015年12月21日立案后，依法适用普通程序，于2015年12月31日公告了案件受理情况。本案经批准，延长审理期限，于2019年10月30日公开开庭进行了审理，原告绿发会的委托诉讼代理人高建宏，被告雅砻江公司的委托诉讼代理人周朝、邹树彬到庭参加诉讼。本案经审判委员会讨论决定，现已审理终结。

原告绿发会向本院提出诉讼请求：1. 依法判令被告立即采取适当措施，确保不因雅砻江水电梯级开发计划的实施而破坏珍贵濒危野生植物五小叶槭的生存；2. 依法判令被告在采取的措施不足以消除对五小叶槭的生存威胁之前，暂停牙根水电站及其辅助设施（含配套道路）的一切建设工程；3. 依法判令被告承担原告为本次诉讼而支出的差旅费、调查费等一切必要的费用106938.20元、必须支出的律师费30万元和案件受理费50元。事实和理由：五小叶槭为我国四川省特有物种，该植物由于独特的叶形和绚丽的色彩，是世界上最具观赏价值的槭树种类之一。按照世界自然保护联盟濒危等级标准，该物种已属极危物种。目前为止，已知五小叶槭仅残存分布于四川省的九龙县、康定县、雅江县和木里县的雅砻江河谷地带的部分区域内，野外现仅存500余株，分属4个种群。雅江县麻郎措乡沃洛希村（音译）附近的五小叶槭种群是当今世界上残存的最大的五小叶槭种群，现存五小叶槭大树262株，该种群分布区海拔范围介于2520m～3000m之间，是唯一还有自然繁衍能力的种群。雅江县雅砻江上的牙根电站即将修建。根据《四川省雅砻江两河口–牙根段水电开发方案研究报告》，该段梯级电站中两座电站建成后，两河口电站正常蓄水位是2860m，牙根一级电站正常蓄水位是2602m，牙根二级电站正常蓄水位是2560m。根据五小叶槭雅江种群的分布区海拔高度和水电站水位高度对比数值，电站水库正常蓄水后，将淹没雅江县五小叶槭的绝大部分分布区，对五小叶槭的生存构成严重威胁，急需进行抢救性保护。为了修建水电站而修建的道路，即雅砻江牙根二级水电站准备工程“对外交通专用公路”，位于雅江县境内，起点高程2535.53m，经过五小叶槭的生长区域，也会对五小叶槭种群的生存构成严重影响，实际上已经因为修路毁坏了一些五小叶槭。绿发会提起本案诉讼的目的，不仅仅是保护几棵五小叶槭，而是要保护现存的，也是仅存的野外野生的最大的一个五小叶槭种群，以及其原始生境。即使五小叶槭在人为繁殖的情形下可以大量存活，也不能因此忽略原生境的保护。近年来科学家对五小叶槭的科研才逐步开始，因此，并不是简单的种植存活几棵五小叶槭就算完成了对一个物种的研究。我国是《生物多样性公约》的签约国，各签约国在该公约中确认意识到生物多样性的内在价值和生物多样性及其组成部分的生态、遗传、社会、经济、科学、教育、文化、娱乐、美学价值，还意识到生物多样性对进化和保持生物圈的生命维持系统的重要性，确认生物多样性的保护是全人类的共同关切事项，这已充分表明，保护生物多样性就是保护社会公共利益。保护生物多样性是我们的国际义务。《生物多样性公约》规定，我们在注意到生物多样性遭受严重减少或损失的威胁时，不应以缺乏充分的科学定论为理由，而推迟采取旨在避免或尽量减轻此种威胁的措施；各国有责任保护它自己的生物多样性并以可持久的方式使用它自己的生物资源；每一缔约国应尽可能并酌情采取适当程序，要求就其可能对生物多样性产生严重不利影响的拟议项目进行环境影响评估，以期避免或尽量减轻这种影响。根据《中华人民共和国野生植物保护条例》的规定，被告有义务消除因为其项目建设而对五小叶槭生存构成的直接威胁。综上所述，被告建设牙根水电站以及配套的公路建设将直接威胁到五小叶槭这种珍贵濒危野生植物的生存，对社会公共利益构成直接威胁。原告作为适格的环境公益诉讼主体，根据相关法律规定，提起诉讼。

被告雅砻江公司辩称：牙根水电站目前仅系研究、论证阶段，尚未批准建设，牙根水电站建设是否可行、是否报批、相关政府部门（包括环保部门）是否审批通过都不确定，绿发会针对雅砻江公司的内部论证行为提起诉讼缺乏诉的前提和基础，也不符合民事公益诉讼司法解释的相应规定；水电站工程前期设计及审批核准手续需较长时间，牙根水电站工程短期内不会开工建设，目前现场寸土未动，雅砻江公司无任何违法行为，也没有破坏生态环境。不存在暂停，也没有什么损害需要预防；即使开始建设，雅砻江公司的所有建设程序也将在符合国家法律法规要求，并取得国家的一切许可下进行，特别是在建设中雅砻江公司将继续坚持“生态雅砻江”、“开发与保护并重”的理念，相关工作也将按法律要求进行。故，绿发会的起诉在基本证据、诉讼请求方面没有事实和法律依据，依法应当驳回起诉。

当事人围绕诉讼请求依法提交了证据，本院组织当事人对全部证据材料进行了质证。

原告绿发会为支持其主张向本院提交了如下证据：

第一组证据（1号证据）：1. 绿发会年检报告、年度工作报告等，拟证明原告具有提起公益诉讼的主体资格。

被告质证意见：证据符合证据三性，认可原告的主体资格。

第二组证据（一）（2-7号证据）：2. 我国加入生物多样性公约的情况；3. 我国加入联合国千年计划的情况；4. 珍稀濒危植物保护等级的定量研究；5. 五小叶槭（学术论文）；6. 九龙五小叶槭现状及抢救性保护对策（学术论文、发表于四川林勘设计）；7. 四川雅江县珍稀濒危植物五小叶槭（学术论文）。拟证明五小叶槭属珍稀（珍贵）、濒危、极濒危植物，受国内法和国际公约保护；雅江种群处于地质条件不稳定滑坡带、严重威胁该种群生存，栖息地及种群繁衍正受人为活动严重威胁，水电资源开发破坏其栖息地，牙根电站建成后，水库将淹没五小叶槭分布区，对其种群生存构成严重威胁，面临灭绝边缘，急需抢救性保护。

被告质证意见：2.3.4号证据，与本案的关联性不强；5.6.7号证据，均属学术论文，三篇论文引述的“只有500多株”，都是“据资料记载”，没有说明具体是什么资料和资料出处，内容是否客观真实存在疑问，其推出的观点不能得到有效证明。

第二组证据（二）（8–12号证据）：8. 中国生物多样性红色名录–高等植物卷（中华人民共和国生态环境部）；9. 国际自然保护联盟红色名录类别及标准（国际自然保护联盟官网）；10. 联合国千年宣言（联合国发布的公约）；11. 生物多样性公约文本（生态环境部对外合作与交流中心官网）；12.《生物多样性公约》（联合国官网：联合国公约与宣言检索系统）。拟证明2013年9月2日发布的中国生物多样性红色名录中五小叶槭被评定为“极危”，国际自然保护联盟于2018年8月10日在其红色名录中将五小叶槭评估为“极度濒危”，本案应适用《生物多样性公约》的规定。

被告质证意见：对8号证据的真实性不予确认，因为该证据是从网站下载没有进行公正，不能马上进行核实，对真实性、关联性不予认可。9号证据，国际自然保护联盟对我国是否具有约束力不能确认；10. 11. 12证据，属于国际公约，不能作为证据使用。

第二组证据（三）（13–48号证据）：13. 植物中的大熊猫“五小叶槭”等4种珍稀濒危植物落户成都植物园（一线聚焦）；14. 倍加呵护珍稀濒危植物（绿色家园）（人民日报微博）；15. 留住那些种群的“背影”（记者亲历）—贡嘎山濒危植物考察记（人民日报海外版2010年8月13日第15版）；16. 世园会再现中国珍稀濒危植物（中国花卉报）；17. 曾与红枫齐名，如今零落如斯：水电开发让五小叶槭遭灭顶之灾？（搜狐网）（环境与生活杂志）；18. 中国馆北京展区首次大规模换展极危植物五小叶槭亮相世园（内蒙古新闻网）；19. 留住那行将消失的美丽树影（四川省人民政府网站）；20、21. 首例保护濒危植物公益诉讼的破冰意义（中国林业新闻网）；22. 中国馆北京展区首次大规模换展极危植物五小叶槭亮相世园（中国新闻网）；23. IUCN红色名录宣布：中国的五小叶槭已“极危”（CR）（澎湃新闻·澎湃号·政务中国绿发会）；24. 将要遭遇灭顶之灾的五小叶槭（中国林学会网站）；25. “极危”的五小叶槭能否“脱危”？（四川日报电子版05新闻纵深）；26. 植物的故事丨世界唯一的五小叶槭树，我们一起努力保护_ 种群（搜狐网）；27. 比枫叶好看，比熊猫少见拯救五小叶槭（成都商报电子版第01版要闻）；28. 从五小叶槭案看预防性环境公益诉讼存在的问题丨第四届生态环境共治研讨会（中国生物多样性保护与绿色发展基金会网站）；29. 野生数量仅500株四川特有五小叶槭由濒危升格为极危（新浪网四川在线）；30. 极危物种五小叶槭（中国林学会网站）；31. 濒危植物五小叶槭（AcerpentaphyllumDiels）天然种群遗传多样性的ISSR标记分析（维普期刊-中文期刊服务平台）；32. 四川雅江县珍稀濒危植物五小叶槭（万方数据知识服务平台）；33. 中国馆北京展区首次大规模换展极危植物五小叶槭亮相世园（北京晚报2019年7月19日版次：03）；34. 为五小叶槭起诉值得点赞（经济参考报）；35. 野生数量仅500株！四川特有五小叶槭由"濒危"升格为"极危"（四川在线）；36. 中国绿发会将赴雅江保护极危珍稀植物五小叶槭（四川省人民政府网站）；37.《四川省人民政府关于公布四川省重点保护野生植物名录的通知》解读（四川省人民政府网站）；38. 四川首次公布重点保护野生植物名录共12科18种（成都本地宝）；39. 五小叶槭：等待被拯救……（科学网新闻）；40. 濒危珍稀植物五小叶槭在昆明植物园开花（中国科学院昆明植物研究所）；41. 五小叶槭（百度百科）；42. 濒危珍稀植物五小叶槭在昆明开花（中国新闻网）；43. 濒危五小叶槭属于哪种？最全植物形态图解接地气的科普要收藏（搜狐网中国绿发会搜狐号）；44. 珍稀濒危植物五小叶槭研究概述与发展对策分析（百度学术）；45. 外国人对中国濒危植物五小叶槭的保护（昆明植物园网站）；46. 雅江县林业局设立的五小叶槭保护地和保护牌现场照片（原告在雅砻江流域雅江县对雅江五小叶槭种群现场调查时拍照）；47. 我国已有67处大熊猫保护区大熊猫国家公园试点已启动（中国网图片中国）；48. 四川省极小种群野生植物资源现状及其保护研究（四川省林业科技2014年第6期）。拟证明五小叶槭需要而且受法律保护，本案保护珍稀（珍贵）及极濒危植物五小叶槭的公益诉讼，对保护环境、保护珍稀（珍贵）濒危植物具有破冰意义，原告提起本案诉讼，既有事实根据、又有法律依据，对珍稀（珍贵）、极濒危植物五小叶槭的保护是非常必要的。

被告质证意见：13-48号证据，均是新闻报道或者学术文章，并有很多报道内容重复，不能因为学术观点和报道广泛就认定原告诉求的真实性，而是应该综合判断；有很多报道是针对同一件事情；从原告所举的证据看出，对五小叶槭的研究取得了重大的发展；还有很多证据与本案无关，比如

20.21.28.34号证据就仅仅是对本案诉讼的报道，与本案事实无关，不应当作为认定本案事实的证据。

第三组证据（49-53号证据）：49. 四川省雅砻江牙根二级水电站施工准备工程［对外交通专用公路］环境影响报告书公示本；50. 五小叶槭情况复核报告；51.《雅砻江中游（两河口至卡拉河段）水电站规划环境影响报告书》审查意见；52. 四川省雅砻江牙根二级水电站施工准备工程［对外交通专用公路］。拟综合证明：1. 被告已开工建设和将来开工建设的水电工程，其行为已经损害社会公共利益或者具有损害社会公共利益，具有污染环境、破坏生态的重大风险。2. 原告的环境民事公益诉讼达到了法律规定和客观需要目的，实现了对野生珍稀（珍贵）极濒危植物五小叶槭及其生境的保护，符合和具备对具有损害社会公共利益重大风险的消除和制止、以及保护生态环境的法定目的及其条件，原告提起本案之诉是必要、及时的。3. 因原告提起的本案环境民事公益诉讼，才使被告实际开始实施对案涉五小叶槭的保护工作。

被告质证意见：对49号的真实性认可，但是原告没有举证证明已开工建设或者将要开工建设；对50号的真实性认可，也能证明被告已经采取了必要的保护措施；对51号证据的真实性认可，但是没有证据证明已经开工建设或者达到开工建设的条件，不能达到证明目的；52号三张照片不能证明公路是被告修建，恰好证明原告的起诉没有依据。

第四组证据（53-54号证据）：53. 票据（有关单位出具）；54. 律师代理协议（原告提供）。拟证明原告为本案支出的差旅费、调查费、案件受理费、律师费等必要的费用：1. 2015年2月28日至2018年10月30日（本次开庭审理前）因办理本案支出的差旅费、调查费、案件受理费95141.70元；2. 调查费及诉讼代理费用共计30万元、加整治资金等的10%。

被告质证意见：对53、54号证据，没有原件供核对，不能证明是否用于本案的支出；2016年办案人工发放的依据不明；原告已经就五小叶槭的保护发起了募捐，但是募捐费用中有多少用于诉讼并不清楚；没有实际支付和发生的费用不应当得到支持；“整治资金等的10%”有违律师费的收费规定；关于律师费的证据不能达到证明目的。

被告雅砻江公司为支持其抗辩主张向本院提交了如下证据：

第一组证据（关于牙根二级水电站项目目前所处阶段的证据）：1.《关于提交〈雅砻江中游（两河口至卡拉河段）水电规划环境影响评价书〉及审查意见的函》（川环函［2007］162号文）；2.《四川省雅砻江中游（两河口至卡拉河段）水电规划报告》及四川省人民政府批复文件（川府函［2008］368号文件）；3.《四川省雅砻江两河口—牙根河段水电开发方案研究报告》及四川省发展与改革委员会批复（川发改能源函［2012］133号文）；4. 国家发展与改革委员会发改办能源［2013］27号文，发改办能源［2013］900号文；5. 水电水利规划设计总院预可行性研究报告审查意见（水电规划［2013］1号、水电规划［2011］30号）；6. 水电项目核准流程示意图及《四川省政府核准投资项目管理办法》（川发改投资［2014］932号文）。拟证明牙根二级水电站目前仅仅通过了规划和预可研，现处于可研阶段，在取得可研审查批复文件之前还有共计40余项各类审查意见和批复文件，这些文件就包括环境影响评价报告审查意见及批复，相关动植物保护措施均有审批行政机关审查把关，距离申请项目核准需要经过的程序还非常多。同时说明，雅砻江公司并无已经损害社会公共利益或者损害社会公共利益重大风险的污染环境、破坏生态的行为，本案应当不予受理；早在牙根水电站规划阶段，行政机关已就五小叶槭保护问题提出要求，环境影响及动植物保护措施是否适当的审批权限系行政权力，且行政机关并未缺位，现原告诉请司法保护明显不当，预防性诉讼不能成立，依法应当驳回起诉。

原告质证意见：对第一组证据，若真实性核对无误之后，对合法性有异议，对关联性无异议，但是这些证据不能证明被告所主张的证明对象和观点。

第二组证据（关于对外交通专用公路工程未开工建设的证据）：7. 四川省发展与改革委员会对牙根二级水电站对外交通专用公路工程可行性研究设计报告的批复（川发改能源函［2012］153号文）；8. 甘孜州交通运输局对牙根二级水电站对外交通专用公路工程初步设计报告的批复（甘交发［2013］12号文）；9. 四川省环境保护厅对牙根二级水电站对外交通专用公路工程环境影响报告书的批复（川环审批［2014］471号文）；10. 雅砻江水电流域开发有限公司规划发展部《关于牙根二级水电站对外交通专用公路纳入主体工

程核准的函》(规发函［2015］227号文）及设计单位签收该函的《文件接收回执单》。拟证明牙根二级水电站对外交通专用公路工程虽已经省发改委、省环保厅、甘孜州交通局等部门批复，但雅砻江公司已主动将对外交通专用公路纳入主体工程核准，目前并未开工建设。同时说明，雅砻江公司并无已经损害社会公共利益或者损害社会公共利益重大风险的污染环境、破坏生态的行为，本案应当不予受理。

原告质证意见：在该组证据真实性确定的情况下，对合法性有异议；被告第二组证据的证明对象和证明观点不能成立。现实中没有任何手续就开始建设的情况十分普遍，因此，不能因为审批程序未完成就证明其没有开始建设行为。

第三组证据（关于环评资质及对五小叶槭保护开展相关工作及措施的证据)：11. 设计单位中国电建集团成都勘测设计研究院简介及环评资质证书；12.《四川省雅砻江牙根水电站技术服务合同书》；13.《牙根二级水电站五小叶槭保护相关工作》说明；14. 西南大学生命科学学院《五小叶槭情况复核》报告；15. 已开工建设的卡拉水电站对五小叶槭挂牌保护的照片。拟证明牙根水电站设计单位具有建设项目环境影响评价甲级资质，业绩众多，信誉良好；设计单位已就牙根水电站水生、陆生生态调查与影响评价专项委托西南大学开展工作，且已实际开展对五小叶槭等珍稀濒危植物的调查并对电站建设对其影响进行了分析，有针对性地提出了保护措施；雅砻江公司其他开工建设的水电站已对五小叶槭采取相应保护措施，足以消除原告认为的水电建设会破坏生态、对五小叶槭生存构成威胁的担忧。

原告质证意见：对被告的第三组证据，若真实性确认，对合法性有意义，包括形式上的合法性和内容上的合法性；不能因为设计单位的资质好、前面的工作好就证明其之后工作也好；被告陈述其已经开始开展对五小叶槭的保护，那么证明原告的诉讼目的达到了。

第四组证据（对原告网站相关内容的公证保全证据等)：16. 成都市蜀都公证处（2016）川成蜀证内民字第6646号公证书；17. 原告网站《中国绿发会收到雅砻江流域水电开发公司回函的内容》。拟证明原告在其网站上以“拯救植物大熊猫—五小叶槭”为名进行募捐活动，其账目是否应当公开，是否清楚，此次所谓公益诉讼性质是否成立，是否具有盈利目的，都有待查清。在原告的网站也明确表明对五小叶槭开展了多种的保护措施，证明五小叶槭的保护手段是多种多样的。

原告质证意见：1. 真实性不能确定，在真实性确定的前提下，对合法性是有异议的；2. 原告在网站上的募捐和宣传是合法的；3. 关于多种保护问题，目前不管有多少种保护方式，但是根据科学研究，对原生境的保护是最主要和最重要的，是不能取代的；4. 原告的起诉不仅是恰当的，而且是必要的、实时的、有效的；不能达到被告的证明对象和证明目的。

第五组证据（已经采取保护五小叶槭必要措施的证据）：18. 四川省技术标准关于五小叶槭播种育苗技术规程（2016 年实施）；19. 协议；20. 白玛营地栽培观察记录（2016 年 9 月 16 日到 2017 年 6 月 11 日）。拟证明五小叶槭的育苗标准已经比较成熟，雅砻江公司已经采取必要措施保护五小叶槭。

原告质证意见：被告的 18 号证据仅仅是植物的育苗标准，仅证明五小叶槭可以繁育，但是即使有繁育标准可以繁育，一个物种的了解研究是需要非常长和缓慢的过程，仍然不能证明不需要对原生种群的保护；19 号证据不能证明有了保护行为就不需要对原生境的保护；20 号证据不是专业人员作出的，不具有科学性，观察不到一年的时间，不能证明被告的观点。

第六组证据（关于五小叶槭分布情况的证据）：21. 杨启修教授《关于五小叶槭分布情况的说明》；22.《四川植被》节选（158 页–159 页）；23.《云南种子植物名录》节选（848 页及示意图）。拟证明五小叶槭为非狭域区分布，不仅分布在雅砻江的相关地区，很可能还广泛分布在金沙江流域、滇西北和四川大小凉山地区，水电开发不会危及五小叶槭的种群生存。

原告质证意见：1. 杨启修教授的《说明》是以教授的身份出具还是专家意见，身份不明确。2.“很可能”“还”等陈述具有不确定性；3. 政府公认、学术公认和科学公认五小叶槭属于极危植物，与杨教授的说法相矛盾。

第七组证据（关于五小叶槭研究、保护与繁育工作近年来取得成就的证据）：24. 四川省林科院专家关于五小叶槭培育和迁地保护的说明；25. 两河口建设管理局《五小叶槭培育情况》及附件；26.《国内五小叶槭培育、栽种情况》（雅江县八角楼林业站、新都桥力邱河林业站、牙根二级磨子沟村、成都植物园)。拟证明国内对五小叶槭的研究、保护与繁育工作近年来已取得巨大成就；采取一定措施，五小叶槭能够得到很好的繁育。原告绿发会所谓水电站正常蓄水后，对五小叶槭的生存构成严重威胁的观点不成立。

原告质证意见：对主体资格的合法性、内容的真实性、与本案的关联性均有异议。24 号证据不能确认出具证明的人的身份，其中的说明都是个人表述，没有任何依据；25 号证据不具备形式要件，无法质证；26 号证据为一般的文字内容和打印的照片，对三性均不予认可。以上三份证据，均不能达到被告的证明目的，不能推翻五小叶槭野生种群需要保护的事实。

第八组证据（关于被告“坚持开发与保护并重”方面的证据)：27. 被告获得的部分有关环境保护方面的荣誉证书（其中国家级 3 项)；28. 部分媒体对被告保护生态，节能减排所作贡献的报道（四川政协报、四川日报、中国工程咨询)；29. 中央电视台 2019 年 7 月《走遍中国》五集系列片《雅砻江新传》其中第四集《山高水长》专题报道被告环境保护方面的努力和贡献(U 盘，约 25 分钟)。拟证明被告系国有央企，长期以来非常重视环境保护工作，建设生态雅砻江是基本方针，坚持开发与保护并重，使工程与环境相容相促，使人与自然同韵同律，努力创建生态保护更完整、人文环境更和谐的水电开发模式，保护环境和生态是被告一以贯之的坚持和理念，过去不以牺牲环境和生态为代价，将来也不会。

原告质证意见：该组证据与本案没有关联性。

本院依职权到实地进行现场勘查的视频证据，主要内容为：1. 实地查勘被告是否已开始牙根水电站及其辅助设施修建；2. 本院向设计单位参与环境评价的工作人员了解案涉五小叶槭的相关情况；3. 本院向四川省雅江县环林局工作人员了解当地林业行政主管部门对五小叶槭的保护情况。

原告质证意见：环林局的工作人员主要说了路是谁修的和淹没情况。关于路是谁修的，只是他一人陈述，真实性存疑；没有排除除了这个路以外，被告还修有其他的路；他仅仅是环林部门的工作人员，对水电站的设计和将来的情况是不了解的，其陈述纯属个人猜测，缺乏依据；参与人员和问话有不妥之处，有诱导性询问的可能；对设计单位环评设计工作人员的询问，工作人员未表明其具体身份，其发表的结论意见不妥，其陈述也不能否定原告的起诉，也不能支持被告的理由和观点。收集的上述证据不能排除将来施工导致五小叶槭种群灭绝的可能性。假设被告确实没有对该工程实施任何实际施工行为，包括前期的公路建设，也不能排除公路建设和水电工程一旦实施对该种群的生境造成破坏，甚至是毁灭性的影响。即使还没有具体实施施工行为，也不能排除原告的起诉，也不能支持和肯定被告的抗辩理由。

被告质证意见：录像已经清楚表明，被告没有实施已经损害或者可能损害环境的行为；原告起诉缺乏被告可能造成损害的初步证据。

本院经审查认为，原告提交的第1-3、8-12、49-50号证据及被告提交的第1-10、18号证据符合证据三性，本院依法予以采信。对原、被告提交的其他证据及本院依职权调取的证据作为本案判决时的参考依据。

本院经审理查明，2013年9月2日发布的中国生物多样性红色名录中五小叶槭被评定为“极危”。2016年2月9日，五小叶槭列入《四川省重点保护植物名录》。2018年8月10日国际自然保护联盟（又称世界自然保护联盟，简称IUCN）在其红色名录中将五小叶槭评估为“极度濒危”。我国《国家重点保护野生植物名录》中无五小叶槭。

2016年9月26日四川省质量技术监督局发布《五小叶槭播种育苗技术规程》。

案涉五小叶槭种群位于四川省雅江县麻郎措乡沃洛希村（音译）当地林业部门已在就近的通乡公路堡坎上设立保护牌。

2006年6月，中国水电顾问集团成都勘测设计研究院（以下简称“成勘院”）完成《四川省雅砻江中游（两河口至卡拉河段）水电规划报告》，报告中将牙根梯级电站列入规划，该规划报告于2006年8月通过了水电水利规划设计总院会同四川省发展和改革委员会组织的审查。2008年12月四川省人民政府以川府函［2008］368号文批复同意该规划。2010年3月，成勘院根据牙根梯级水库淹没区最新情况将原规划的牙根梯级调整为牙根一级（正常蓄水位2602m）、牙根二级（正常蓄水位2560m）两级开发，形成《四川省雅砻江两河口至牙根河段水电开发方案研究报告》，该报告于2010年8月，经水电水利规划设计总院会同四川省发展和改革委员会审查通过。

成勘院编制完成《四川省雅砻江中游（两河口至卡拉河段）水电规划环

境影响报告书》于2006年11月29日通过了四川省环境保护局会同四川省发展和改革委员会的审查，并形成《〈四川省雅砻江中游（两河口至卡拉河段）水电规划环境影响报告书〉审查意见》。

2011年4月27日水电水利规划设计总院向四川省发展和改革委员会、四川省能源局报送《四川省雅砻江牙根二级水电站预可行性研究报告审查意见》。

2013年1月6日水电水利规划设计总院向国家发展和改革委员会、国家能源局报送《四川省雅砻江牙根一级水电站预可行性研究报告审查意见》。

2013年1月6日、4月13日国家发展和改革委员会办公厅批文：同意牙根二级水电站、牙根一级水电站开展前期工作。由雅砻江公司负责建设和管理，按照项目核准的有关规定，组织开展电站的各项前期工作。待有关前期工作落实、具备核准条件后，在分别将牙根电站项目申请报告上报我委。对项目建设的意见，以我委对项目申请报告的核准意见为准。未经核准不得开工建设。

2011年7月26日，四川省工程咨询研究院对成勘院编制完成的《四川省雅砻江牙根二级水电站施工准备工程（对外交通专用公路）可行性研究报告》进行了技术评估，并形成《四川省雅砻江牙根二级水电站施工准备工程（对外交通专用公路）可行性研究工程技术方案评估意见》。

2014年8月1日四川省环境保护厅对雅砻江公司报送的《四川省雅砻江牙根二级水电站施工准备工程（对外交通专用公路）环境影响报告书》进行了批复。

2015年5月12日雅砻江公司规划发展部向成勘院牙根二级项目部出具《关于牙根二级水电站对外交通专用公路纳入主体工程核准的函》：根据牙根二级水电站及其对外交通专用公路前期准备工作进展，经研究，牙根二级水电站对外交通专用公路纳入电站主体工程一并核准，不再单独核准，请将相关设计内容及核准所需要件纳入牙根二级水电站主体工程一并进行。2015年5月13日成勘院牙根二级项目部向雅砻江公司规划发展部出具《文件接收回执单》，表示项目部将严格按照要求落实相关工作。

另查明，牙根水电站及其辅助工程（公路等）未开工建设，绿发会提交的照片地址为四川省雅江县历史形成的通乡（村）公路。

本院认为，绿发会主要根据2010年12月的《四川林业科技》、2014年9月的《四川林堪设计》等论文中“据资料记载，五小叶槭野外现仅存500余株，分属4个种群，且种群之间相隔遥远，雅江种群是世上残存的最大的一个种群，调查统计，雅江种群现存五小叶槭大树262株，分布于雅砻江河谷两岸的滑坡带上”的内容，即提出请求人民法院认定“五小叶槭野生种群仅有4个、500余株，分布区介于海拔2520m-3000m之间，雅江种群为最大种群”等诉求，鉴于目前没有资料或者证据显示有任何单位或者机构对我国五小叶槭的野生种群及数量、分布区海拔高度等进行过全面普查，故将绿发会所诉上述内容认定为本案案件事实的证据不足。

我国是联合国《生物多样性公约》缔约国，应该遵守其约定。《生物多样性公约》中规定“我们在注意到生物多样性遭受严重减少或损失的威胁时，不应以缺乏充分的科学定论为理由，而推迟采取旨在避免或尽量减轻此种威胁的措施；各国有责任保护它自己的生物多样性并以可持久的方式使用它自己的生物资源；每一缔约国应尽可能并酌情采取适当程序，要求就其可能对生物多样性产生严重不利影响的拟议项目进行环境影响评估，以期避免或尽量减轻这种影响”。因此，我们有保护生物多样性的义务。同时，《生物多样性公约》规定“认识到经济和社会发展以及根除贫困是发展中国家第一和压倒一切的优先事物”。按照《中华人民共和国节约能源法》第四条“节约资源是我国的基本国策。国家实施节约与开发并举、把节约放在首位的能源发展战略”的规定和《中华人民共和国可再生能源法》第二条第一款“本法所称可再生能源，是指风能、太阳能、水能、生物质能、地热能、海洋能等非化石能源”的规定，可再生能源是我国重要的能源资源，在满足能源要求，改善能源结构，减少环境污染，促进经济发展等方面具有重要作用。而水能资源是最具规模开发效益、技术最成熟的可再生能源。因此开发建设水电站，将水能资源优势转化为经济优势，在国家有关部门的监管下，利用丰富的水能资源，合理开发水电符合我国国情。但是，我国水能资源蕴藏丰富的地区，往往也是自然环境良好、生态功能重要、生物物种丰富和地质条件脆弱的地区。根据《中华人民共和国环境保护法》和《最高人民法院关于审理环境民事公益诉讼案件适用法律若干问题的解释》的相关规定，环境保护是我国的基本国策，并且环境保护应当坚持保护优先、预防为主的原则。预防原则要求在环境资源利用行为实施之前和实施之中，采取政治、法律、经济和行政等手段，防止环境利用行为导致环境污染或者生态破坏现象发生。它包括两层含义：一是运用已有的知识和经验，对开发和利用环境行为带来的可能的环境危害采取措施以避免危害的发生；二是在科学技术水平不确实的条件下，基于现实的科学知识评价风险，即对开发和利用环境的行为可能带来的尚未明确或者无法具体确定的环境危害进行事前预测、分析和评价，以促使开发决策避免可能造成的环境危害及其风险出现。因此，环境保护与经济发展的关系并不是完全对立的，而是相辅相成的，正确处理好保护与发展的关系，将生态优先的原则贯穿到水电规划开发的全过程，二者可以相互促进，达到经济和环境的协调发展。利用环境资源的行为如果造成环境污染、生态资源破坏往往具有不可逆性，被污染的环境、破坏的生态资源很多时候难以恢复，单纯事后的经济补偿不足以弥补对生态环境造成的损失，故对环境污染、生态破坏行为应注重防范于未然，才能真正实现环境保护的目的。

具体到本案中，鉴于五小叶槭在生物多样性红色名录中的等级及案涉牙根梯级电站建成后可能存在对案涉地五小叶槭原生存环境造成破坏、影响其生存的潜在风险，从而可能损害社会公共利益。根据我国水电项目核准流程的规定，水电项目分为项目规划、项目预可研、项目可研、项目核准四个阶段，考虑到案涉牙根梯级电站现处在项目预可研阶段，因此责令被告在项目可研阶段，加强对案涉五小叶槭的环境影响评价并履行法定审批手续后才能进行下一步的工作，尽可能避免出现危及野生五小叶槭生存的风险是必要和合理的。故，绿发会作为符合条件的社会组织在牙根梯级电站建设可能存在损害环境公共利益重大风险的情况下，提出“依法判令被告立即采取适当措施，确保不因雅砻江水电梯级开发计划的实施而破坏珍贵濒危野生植物五小叶槭的生存”的诉讼请求，于法有据，本院予以支持。

鉴于案涉水电站尚未开工建设，故绿发会提出“依法判令被告在采取的措施不足以消除对五小叶槭的生存威胁之前，暂停牙根水电站及其辅助设施（含配套道路）的一切建设工程”的诉讼请求，无事实基础，本院不予支持。

本案中由于被告工程还处于预可研阶段，被告并没有破坏生态环境、损害社会公共利益的实际行为。但绿发会系为保护生物多样性而非为自身利益提起的预防性环境民事公益诉讼，绿发会确为本案诉讼支出了差旅费、调查取证费等，并且聘请律师参加了诉讼，参照《最高人民法院关于审理环境民事公益诉讼案件适用法律若干问题的解释》第二十四条“人民法院判决被告承担的生态环境修复费用、生态环境受到损害至恢复原状期间服务功能损失等款项，应当用于修复被损害的生态环境。其他环境民事公益诉讼中败诉原告所需承担的调查取证、专家咨询、检验、鉴定等必要费用，可以酌情从上述款项中支付”的规定和《关于规范律师法律服务收费管理有关问题的通知》（川发改委［2018］93号）办理不涉及财产关系的公共利益的群体性案件每件不高于1万元的精神，酌情认定绿发会为本案诉讼产生必要费用4万元，合理的律师费1万元。此款项在本院其他环境民事公益诉讼案件中判决的被告承担的生态环境修复费用、生态环境受到损害至恢复原状期间服务功能损失费用等费用（环境公益诉讼资金）中支付。故对绿发会提出“依法判令被告承担原告为本次诉讼而支出的差旅费、调查费等一切必要的费用106938.20元、必须支出的律师费30万元和案件受理费50元”的诉讼请求，本院予以部分支持。

综上所述，原告的诉讼请求部分成立，本院依法予以支持。依照《中华人民共和国民事诉讼法》第五十五条、第六十四条、第一百四十二条和《最高人民法院关于审理环境民事公益诉讼案件适用法律若干问题的解释》第十八条、第十九条第一款、第二十四条的规定，判决如下：

一、被告雅砻江流域水电开发有限公司应当将五小叶槭的生存作为牙根水电站项目可研阶段环境评价工作的重要内容，环境影响报告书经环境保护行政主管部门审批通过后，才能继续开展下一步的工作。

二、原告中国生物多样性保护与绿色发展基金会为本案诉讼产生的必要费用4万元、合理的律师费1万元，合计5万元。此款项在本院其他环境民事公益诉讼案件中判决的被告承担的生态环境修复费用、生态环境受到损害至恢复原状期间服务功能损失费用等费用（环境公益诉讼资金）中支付（待本院有其他环境公益诉讼资金后执行）。

三、驳回原告中国生物多样性保护与绿色发展基金会的其他诉讼请求。

案件受理费50元，由原告中国生物多样性保护与绿色发展基金会负担25元，被告雅砻江流域水电开发有限公司负担25元。

如不服本判决，可在本判决书送达之日起十五日内，向本院递交上诉状，并按照对方当事人的人数提出副本，上诉于四川省高级人民法院。

第四节 技术改造费用抵扣生态修复费用的司法适用

——热力公司与环境研究所大气污染责任纠纷案评析

【案例级别】 典型案例

【案例来源】 江苏省高级人民法院发布2021年度十大典型案例①

【案件类型】 民事

【文书类型】 判决书

【审理程序】 二审

【案　　号】（2020）苏民终158号

【关 键 词】 环境民事公益诉讼；生态环境损害评估；生态资源损失；修复费用；技术改造

【裁判要旨】

停产技改、整体搬迁行为等有效控制环境污染风险的行为，能否抵扣生态修复费用的问题，要根据个案情况而定。技改抵扣裁判执行方式的产生是基于特定时期和特定背景条件的。在特定时期，全社会对化工副产品的无害化处置能力严重不足，技改抵扣的裁判执行方式有利于迅速降低环境总风险。当前，如果技改投入是为了企业大气污染物达到合规排放所必须支付的企业成本，在法律有明确要求、企业自身并无不可逾越的政策和技术障碍的情况下，企业为减少环境污染支付的技术改造费用不能抵扣生态环境修复费用。

【基本案情】

热力公司成立于2003年9月，系某市区唯一的生活垃圾焚烧发电企业，

① 《江苏法院2021年度十大典型案例》，载江苏法院网，http：//www.jsfy.gov.cn/article/91585.html，2023年5月19日访问。

经营范围包括再生资源电力、热力生产销售；煤灰、煤渣销售。因热力公司建厂较早、工艺技术趋于落后，二氧化硫、氮氧化物、颗粒物等大气污染物一直未能实现达标排放。根据某市重点污染源在线监测平台及热力公司省控烟气在线监测平台的数据，在2017年1月19日至2018年7月31日期间，颗粒物、二氧化硫及氮氧化物存在超标排放情况。某市环境保护局、某区环境保护局多次对热力公司作出行政处罚，罚款合计900余万元。由于热力公司生产经营业务涉及重大社会公共利益，某市、区两级环保部门对该公司未实施停产整治等强制措施。

【争议焦点】

1. 环境研究所是否具备提起本案民事公益诉讼的主体资格；

2. 是否存在致使热力公司不能及时技术改造的客观原因，该原因能否产生减轻或免除热力公司民事责任的法律后果；

3. 热力公司停产技改、整体搬迁费用能否抵扣其应予赔偿的生态修复费用。

【裁判说理】

一、关于环境研究所是否具备提起本案民事公益诉讼的主体资格问题

本院认为，本案环境研究所章程明确规定其宗旨为“倡导生态文明、开展环境研究，促进可持续发展”，契合绿色发展理念，与环境保护密切相关，属于维护环境公共利益的范畴。环境研究所登记的业务范围所涉及的固体废弃物处理技术、对生态环境的影响等研究，直接关系到对大气、土壤、水体等环境要素的保护，业务范围所涉及的固体废弃物研究相关科普活动、环境教育活动的推广，均系有利于完善环境治理体系，提高环境治理能力，促进全社会形成环境保护广泛共识的活动。本案环境公益诉讼虽针对大气污染提起，无论从环境研究所的宗旨和业务范围所保护的环境要素和生态系统考虑，还是基于各环境主要要素之间的联系与生态系统的整体性考虑，两者都具有一定的联系，应当认定环境研究所具有本案诉讼主体资格。

二、关于是否存在致使热力公司不能及时技术改造的客观原因，该原因

能否产生减轻或免除热力公司民事责任的法律后果问题

本院认为，热力公司提出减轻或者免除污染环境民事责任的诉讼主张，理由是其对超标排放主观上无过错，造成超标排放导致环境污染后果是由政府实施搬迁迟缓、未及时批准技改等第三人原因造成的，该理由并不成立：

第一，根据《环境侵权责任司法解释》第五条第三款“污染者以第三人的过错污染环境造成损害为由主张不承担责任或者减轻责任的，人民法院不予支持”的规定，是否存在政府未及时履职及其与本案大气污染损害后果的产生是否存在关联等问题不在本案审理范围。必须明确，污染环境后果即便与第三人因素相关，也是污染者与第三人之间的法律关系问题，并不能因此认定热力公司的污染行为不具备违法性构成要件从而免除或者减轻责任。

第二，生态环境修复责任的成立，应当以行为具备违法性为构成要件。根据《环境民事公益诉讼司法解释》第一条的规定，环境民事公益诉讼指向已经损害社会公共利益或者具有损害社会公共利益重大风险的污染环境、破坏生态的行为。《环境侵权责任司法解释》第一条规定，因污染环境造成损害，不论污染者有无过错，污染者应当承担侵权责任。该司法解释同时规定，污染者不承担责任或者减轻责任的情形，适用海洋环境保护法、水污染防治法、大气污染防治法等环境保护单行法的规定。海洋环境保护法、水污染防治法、大气污染防治法等环境保护法律尤其是其中的强制性规定，均以保护社会公共利益为目的制定。民事诉讼法规定的环境民事公益诉讼程序，与上述行政法立法目的相同。因此，当事人行为是否违反环境保护法律法规，应当是判断行为是否损害社会公共利益或者具有损害社会公共利益重大风险的主要依据，即应成为生态修复责任成立的必备要件。

《中华人民共和国侵权责任法》第六十五条规定的环境侵权责任与本案所涉生态环境修复责任存在区别。由于环境污染对人身、财产造成损害的过程与后果具有间接性等特点，因而根据侵权责任法规定，违法性与过错不成为判断行为人是否承担环境侵权责任的构成要件，法律保护的重点在于对受害人的救济。而生态环境修复责任中的损害过程不具有间接性，损害后果实质上是对公共利益的损害。任何企业或者个人的生产经营行为都可能对环境造成一定的不利影响。如果对损害公共环境利益行为的责任追究不以违法性作为要件，将使得企业无所适从，不利于激励守法经营者。

第三，热力公司对超标排放行为存在过错，其行为具有违法性。2014 控制标准给予已经投产的垃圾焚烧企业 18 个月即 2016 年 1 月执行新标准的过渡期，已经充分给予了现有生活垃圾焚烧企业进行技术改造的时间保障。而直至近一年后即 2015 年 6 月 8 日，热力公司才向某区经济与信息化委员会提交《关于生活垃圾焚烧炉烟气净化系统改造工程的立项报告》。在此之前，热力公司仅仅是与政府部门交涉搬迁问题，并未实质性启动技术改造程序。热力公司也没有举出证据证明其实施技术改造存在着不可克服的技术障碍和政策障碍，其完成技术改造有充足时间，而未完成技术改造是超标排放的直接原因。从热力公司向政府部门发出的各类函件看，核心内容均围绕如何处理成本增加与防治污染之间的矛盾。作为生产企业，在面临上述矛盾时，不应当将企业经济利益置于保障公众健康等社会公共利益之上。热力公司应当尽力采取各种合理措施防止超标排放，但热力公司未能实现上述要求。

三、关于热力公司停产技改、整体搬迁费用能否抵扣其应予赔偿的生态修复费用问题

本院认为，热力公司实施的停产技改、整体搬迁行为有效控制了环境污染风险，但前期超标排放的污染物所造成的生态环境损害并没有得到修复，热力公司未对此环境损害进行过替代性修复或者支付大气环境治理费用于当地大气环境治理和改善，热力公司应当依法承担环境侵权民事责任。本案中热力公司技改投入是为了本企业大气污染物达到合规排放所必须支付的企业成本，因为合规排放是热力公司不可违反的法定义务。第二，技改抵扣的裁判执行方式基于特定时期和特定背景条件。在特定时期，环境风险巨大的化工副产品交易市场供给远大于需求，全社会对化工副产品的无害化处置能力严重不足，技改抵扣的裁判执行方式是基于需要在该特定时期迅速降低长江水体环境总风险的考量。而热力公司完成技术改造实现达标排放，系履行完毕数年前 2014 控制标准既给其设定的法律义务。热力公司在法律有明确要求、自身并无不可逾越的政策和技术障碍的情况下，未在规定期间内及时采取有效措施控制和消除涉案垃圾焚烧发电项目大气污染物超标排放的状况，此时若适用技改抵扣的执行方式，无异于变相鼓励超标排放。

另外，关于环境研究所请求热力公司承担二审律师费以及为诉讼支出的共计 911547.3 元费用问题，本院经审核未发现上述费用存在明显不合理之处，根据《环境民事公益诉讼司法解释》第二十二条规定，予以支持。

本院认为，热力公司超标排放行为造成大气污染，损害公共利益，应当承担生态环境修复责任。国家在颁布垃圾焚烧发电排放新标准的同时给予企业一定的技术改造期限，正是出于既要维护公共环境利益，又要保障企业正常生产经营的考虑。热力公司期待通过搬迁达到降低企业成本的目的无可厚非，但是在经济利益与公共环境利益发生冲突时，应当优先保障公共环境利益。《中华人民共和国公司法》第五条规定："公司从事经营活动，必须遵守法律、行政法规，遵守社会公德、商业道德，诚实守信，接受政府和社会公众的监督，承担社会责任。"热力公司作为以处置生活垃圾、保障公共环境安全为经营范围与目的、担负重要社会责任的企业，更加应当把公共环境利益放在优先位置。法庭注意到热力公司搬迁后的新项目排污符合国家标准并稳定运行，希望热力公司在今后的生产经营中履行好社会责任，在妥善处置生活垃圾的同时为公众提供更加清洁的生活环境，不辜负社会公众对治污企业的期许。

综上所述，一审判决认定事实清楚，适用法律正确，审判程序合法。上诉人上诉理由不能成立，本院不予采纳。

【裁判结果】

江苏省高级人民法院于 2021 年 1 月 7 日作出（2020）苏民终 158 号民事判决：

一、驳回上诉，维持原判；

二、热力公司应当于本判决生效之日起十日内支付环境研究所的律师代理费 9 万元、差旅费等 1547.3 元，合计 91547.3 元。案件受理费 50730 元，由热力公司负担。本判决为终审判决。

【相关规定】

《中华人民共和国大气污染防治法》第 18 条、第 125 条［原大气污染防

治法（2015年修订）第18条、125条］

《中华人民共和国民法典》第1229条、第1230条［原《中华人民共和国侵权责任法》第65条、56条、66条］

案例整编人：王莎、施小雪

附已公开生效判决文书：

江苏省高级人民法院
民事判决书

（2020）苏民终158号

上诉人（一审被告）：热力公司

被上诉人（一审原告）：环境研究所

上诉人热力公司因与被上诉人环境研究所大气污染责任纠纷公益诉讼一案，不服某省某市中级人民法院（2018）苏09民初25号民事判决，向本院提起上诉。本院立案后，依法组成合议庭，于2020年9月24日公开开庭审理了本案。上诉人热力公司的委托诉讼代理人杨某、李某超，被上诉人环境研究所的委托诉讼代理人任某溪到庭参加了诉讼。本案现已审理终结。

环境研究所向一审法院起诉请求：1. 热力公司立即停止污染物超标排放给大气环境造成的侵害，并消除该行为给大气环境所造成的危险；2. 热力公司支付自2017年1月19日起至其消除对大气环境造成危险并稳定达标排放期间因向大气排放污染物所产生的大气环境治理费用，用于大气环境保护，具体金额以环境损害评估意见为准；3. 热力公司在国家级公开媒体向社会公众公开赔礼道歉；4. 本案诉讼费、律师费、鉴定费、专家费等由热力公司承担。

一审法院审理查明，环境研究所于2010年6月18日经某1市某1区民政局登记注册，系从事非营利性社会服务活动的社会组织，业务范围为固体废弃物处理技术研究及相关政策研究；固体废弃物对生态环境的影响研究；固体废弃物研究相关科普活动推广；固体废弃物研究相关环境教育活动推广。经某1市某1区民政局年度检查，2010年度~2015年度均为合格或基本合格。环境研究所提供了自成立以来无违法记录的声明。

热力公司成立于2003年9月，系某市区唯一的生活垃圾焚烧发电企业，经营范围包括再生资源电力、热力生产销售；煤灰、煤渣销售。该公司的垃圾焚烧发电项目于2003年经某省发展计划委员会、某市环境保护局批准建设，2005年7月建成并投产运行，2008年3月31日通过环保竣工验收，共新上三台75吨循环流化床锅炉，配套“旋风除尘+半干法脱硫+布袋除尘”设施，并留有增加活性炭吸附二噁英设施的余地，大气排放执行《生活垃圾焚烧控制标准》（GB18485-2001），日处理某市直、某区、某2区、某3区、某4区的生活垃圾约1200吨。2014年7月1日，《生活垃圾焚烧污染控制标准》（GB18485-2014）（以下简称2014控制标准）施行，要求现有生活垃圾焚烧炉自2016年1月1日起执行新标准。因热力公司建厂较早、工艺技术趋于落后，二氧化硫、氮氧化物、颗粒物等大气污染物一直未能实现达标排放。根据某市重点污染源在线监测平台及热力公司省控烟气在线监测平台的数据，在2017年1月19日至2018年7月31日期间，颗粒物、二氧化硫及氮氧化物存在超标排放情况。某市环境保护局、某市某区环境保护局分别于2017年2月、3月、7月、8月和2018年6月、8月、9月多次对热力公司作出行政处罚，罚款合计900余万元。由于热力公司生产经营业务涉及重大社会公共利益，某市、区两级环保部门对该公司未实施停产整治等强制措施。

在此期间，热力公司就执行排放标准、停产技改及整体搬迁等问题多次向当地政府及其环保部门提交书面报告，某市人民政府在相关专题会议纪要中明确涉案垃圾焚烧发电项目将整体搬迁至某产业园，并要求热力公司在搬迁过渡期间必须按照环保要求进行技改。2017年11月17日，热力公司与某环境工程股份有限公司签订《烟气治理装置技术改造项目总承包商务合同》，对热力公司的2号垃圾焚烧炉烟气脱酸、除尘、脱硝系统进行提标改造。2018年1月17日，环境研究所以热力公司为被告，向该院提起本案民事公益诉讼。

另查明，环境研究所与某律师事务所于2017年12月7日订立《民事案件委托合同》，约定律师代理费18万元，并提交了2018年2月12日汇款发票。环境研究所主张为诉讼支出交通住宿及伙食补助等差旅费用合计19117.5元，并提供了相关航空运输电子客票行程单以及住宿发票等。

本案审理过程中，热力公司于2018年5月完成2号焚烧炉技改工作，并于同年6月7日与生态环境部实施了有效联网。6月8日，热力公司3号垃圾焚烧炉停止运行。同年7月12日，经某市某区环境监测站监测，热力公司2号垃圾焚烧炉排放废气中的颗粒物、二氧化硫、氮氧化物浓度未超标；次日，经某监测科技有限公司的检测，2号垃圾焚烧炉技改验收达标；同月31日，热力公司1号垃圾焚烧炉也停止运行。2019年5月20日，热力公司全面停产，开始将涉案垃圾焚烧发电项目搬迁至某市产业园，并于同年7月29日完成调试投运。原审审理期间，垃圾焚烧发电项目正处于试运行期间，正常满负荷运行，日处理生活垃圾1400~1500吨之间，各项排放指标均已达标，运行稳定。

经环境研究所申请，该院于2018年7月31日依法委托某环境科学研究所（以下简称环科所）对热力公司2017年1月至稳定达标排放期间超标排放造成的大气污染量及其治理费用进行鉴定。2019年3月、9月，环科所先后作出《热力公司空气污染环境损害鉴定评估报告》《热力公司空气污染环境损害鉴定评估补充报告》，鉴定意见为：1. 在不采取替代性修复措施情况下，采用虚拟治理成本法对热力公司自2017年1月19日至2018年7月31日期间废气污染物超标排放行为进行环境损害量化评估，生态环境损害数额为人民币5561511.93元；2. 热力公司废气污染物超标排放事件造成了生态环境系统污染及损害，可选取植树造林的生态修复技术作为生态环境替代性修复方案。

一审法院认为，《中华人民共和国侵权责任法》第六十五条规定，因污染环境造成损害的，污染者应当承担侵权责任。《中华人民共和国大气污染防治法》第十八条规定，企业事业单位和其他生产经营者建设对大气环境有影响的项目，应当依法进行环境影响评价、公开环境影响评价文件；向大气排放污染物的，应当符合大气污染物排放标准，遵守重点大气污染物排放总量控制要求。第一百二十五条规定，排放大气污染物造成损害的，应当依法承担侵权责任。本案中，热力公司的生活垃圾焚烧发电项目属于对大气环境有影响的项目，其生产运营中产生的大气污染物应当符合国家制定的大气污染物排放标准。2014控制标准要求现有生活垃圾焚烧炉自2016年1月1日起执行新标准，但在2017年1月19日至2018年7月31日期间，热力公司的1号、2号、3号垃圾焚烧炉排放废气中的颗粒物、二氧化硫及氮氧化物均存在超标情况，某市环境保护局和某市某区环境保护局多次对此作出行政处罚决定。热力公司依法应当承担大气污染侵权责任，其以主观无过错为由要求减免侵权责任的抗辩理由，缺乏事实和法律依据，依法不能成立。

鉴于在本案审理过程中，热力公司已于2019年5月全面停产，涉案生活垃圾焚烧发电项目也整体搬迁至某区，经某2区生态环境局监测，各项指标均已达标排放，运行稳定。热力公司已经停止实施侵害行为、消除了危险。故关于环境研究所“要求被告停止污染物超标排放给大气环境造成的侵害，并消除该行为给大气环境造成的危险”的诉讼请求已经实现，无判决之必要。环科所根据《环境空气质量标准》（GB3095-2012）、《环境损害鉴定评估推荐方法（第Ⅱ版）》《生态环境损害鉴定评估技术指南总纲》等规定，对热力公司超标排放大气污染物造成环境损害数额及大气环境治理费用进行鉴定评估，利用虚拟治理成本法计算得到的环境损害可以作为生态环境损害赔偿的依据。热力公司所在区域大气环境质量执行《环境空气质量标准》（GB3095-2012）二级标准，而环境空气二类区生态损害数额为虚拟治理成本的3~5倍，环科所就低选取虚拟治理成本的3倍认定热力公司超标排放污染物造成的生态环境损害数额为5561511.93元。热力公司应当承担生态环境损害费用5561511.93元用于某市大气环境的修复治理。虽然热力公司在生产经营中向大气超标排放污染物具有一定的发展局限性和公益性的因素，但其在2017年1月19日至2018年7月31日期间以及某市环境保护局、某市某区环境保护局作出行政处罚决定后，未能及时采取有效措施控制和消除涉案垃圾焚烧发电项目的污染行为，侵害了公共环境权益，增加了社会公众对自身健康的担忧和焦虑，降低了社会公众生活于优良生态环境的满足感和获得感，造成了社会公众精神利益上的损失，热力公司应当承担赔礼道歉的民事责任。鉴于热力公司已于2019年5月全面停产，涉案超标排放污染物行为的影响范围主要集中在江苏省内，选用某省级公开媒体更为合适。

《中华人民共和国侵权责任法》第六十六条规定，因污染环境发生纠纷，污染者应当就法律规定的不承担责任或者减轻责任的情形及其行为与损害之间不存在因果关系承担举证责任。参照《中华人民共和国环境保护税法》的相关规定，只有大气污染物的浓度值低于国家和地方规定的污染物排放标准的，才可以减轻排放者的环境保护纳税义务。本案中，热力公司在本案诉讼过程中通过技改实现2号炉达标排放，是其作为排污企业应当履行的法定义务和社会责任，也是其为停止环境侵害、消除环境危险而采取的具体措施，并非是促进污染防治、节能减排、循环利用的新技术、新工艺。而且，环科所作出的涉案鉴定评估报告是在认可热力公司达标技改结果的情况下，针对仍然存在的污染行为及其治理成本作出的认定，已经达标排放部分并未纳入鉴定评估范围。故，热力公司提出以技改费用抵扣大气环境治理费用，缺乏事实和法律依据，依法不能成立。

《最高人民法院关于审理环境民事公益诉讼案件适用法律若干问题的解释》（以下简称《环境民事公益诉讼司法解释》）第二十二条规定，原告请求被告承担检验、鉴定费用，合理的律师费以及为诉讼支出的其他合理费用的，人民法院可以依法予以支持。为查明热力公司造成的大气污染量及其治理费用，该院两次委托环科所进行鉴定评估，支出的鉴定评估费用72万元。根据《北京市律师诉讼代理服务收费政府指导价标准（试行）》和《北京市党政机关差旅费管理办法》的规定，结合环境研究所委托的律师在本案诉讼中的实际工作量，及其提供的《民事案件委托合同》和汇款发票、航空运输电子客票行程单、住宿发票等证据，经审核认定律师代理费为18万元、差旅费为19097.50元，合计199097.50元。根据国务院《诉讼费用交纳办法》的规定，有财产诉求的根据诉讼请求的金额或者价额，按照一定比例分段累计交纳，本案案件受理费为50730元。上述费用应由热力公司承担。

综上，原审法院依照《中华人民共和国侵权责任法》第六十五条、第六十六条，《中华人民共和国大气污染防治法》第十八条、第一百二十五条，《最高人民法院关于审理环境侵权责任纠纷案件适用法律若干问题的解释》（以下简称《环境侵权司法解释》）第一条第一款，《环境民事公益诉讼司法解释》第十八条、第二十二条规定，判决：一、热力公司应当于本判决生效之日起三个月内赔偿大气环境治理费用5561511.93元，用于某市大气环境修复治理；因某市环保公益金专项账户尚未设立，以上款项暂行支付至某省某市中级人民法院执行款账户；二、热力公司就2017年1月19日至2018年7月31日期间向大气环境超标排放污染物的违法行为在某省级媒体上向社会公开赔礼道歉；三、热力公司应当于本判决生效之日起十日内支付某1市某1区环境研究所支出的补充鉴定费3万元、律师代理费18万元、差旅费19097.50元，共计229097.50元；四、某1市某1区环境研究所的其他诉讼请求。案件受理费50730元，由热力公司负担；某1市某1区环境研究所已预交的80元，在判决生效后予以退回。

热力公司不服一审判决，向本院上诉请求驳回环境研究所的起诉或诉讼请求。理由如下：（一）本案所涉为大气污染，与环境研究所业务范围不具有关联性，环境研究所起诉不符合主体资格条件。（二）热力公司于2014年至2019年期间多次向政府及相关部门作出报告请求技改，但某市政府及相关部门考虑到垃圾焚烧发电项目涉及重大社会公共利益，技改必然增加政府财政负担，导致某市区垃圾无法全量处理，发生垃圾围城现象，造成更为严重的环境污染，也会对周边及下游用房供热供气产生影响。故热力公司未能及时技改具有客观因素，主观上无过错，应当免除或者减轻其环境侵权民事责任。在热力公司完成停产技改、新厂搬迁的情况下再支付巨额赔偿款、律师代理费、诉讼费等费用已超出必要，选择进行环境保护宣传教育等替代性修复方式更为合理。（三）热力公司为停产技改投入2284.5万元及新厂搬迁投入的费用已经涵盖其责任范围，环境污染风险得到有效控制，环境污染的修复工作已取得成效。法院在判决时应考虑在大气污染损害赔偿中扣除技改投入和搬迁费用。

环境研究所二审答辩称：（一）参照最高人民法院2016年12月28日发布的指导案例75号《中国生物多样性保护与绿色发展基金会诉宁夏瑞泰科技股份有限公司环境污染公益诉讼案》（以下简称指导案例75号），虽然本案起诉事项与环境研究所的业务范围不具有对应关系，但与环境研究所所保护的环境要素或者生态系统具有一定的联系，环境研究所实际从事的活动也已充分证明其是本案的适格原告。(二)环境侵权为无过错责任,不因热力公司是否存在主观过错作为减轻或免除责任的依据。原审法院判决热力公司承担各项费用于法有据。(三)热力公司停产技改、整体搬迁费用不能抵扣大气环境治理费用。首先,技术改造与环境修复治理为环境污染企业民事责任的两种不同方式,热力公司并未就其超标排放行为造成的损害进行任何替代性修复或支付治理费用,热力公司实现达标排放本就是其应尽的法律义务与社会责任;其次,江苏省高级人民法院审理的(2014)苏环公民终字第00001号江苏常隆农化有限公司等与泰州市环保联合会环境污染侵权赔偿纠纷一案(以下简称泰州常隆公司案)中以技术改造费用抵扣环境修复费用的方式有其适用的特定的前提条件和背景,不能适用于本案。请求二审法院驳回上诉,维持原判。

本院二审审理中,热力公司没有提交新证据。环境研究所提交其与某律师事务所于2020年6月5日订立的《民事案件委托合同》、律师费支付银行业务回单、北京增值税普通发票、航空运输电子客票行程单(均为复印件),主张为二审诉讼支出律师代理费9万元、交通伙食费用1547.3元,共计91547.3元。

本院对一审查明的事实予以确认。另查明:2014年12月30日,热力公司某市某区环境保护局提交《关于热力公司搬迁期间排放标准的请示》,主要内容是:"热力公司如在2016年1月1日后执行新排放标准,必须对设备技术改造升级,进行焚烧炉及烟气脱硫、脱硝、除尘改造,改造共需投入15000多万元;新建的工艺与原技术有本质的不同,拆除的设备将不能用于新厂,势必造成不必要的浪费,增加政府和企业的搬迁成本。为此,我司请求在搬迁期间烟气执行原排放标准。"2015年4月1日,热力公司向某市某区人民政府(以下简称某区政府)提交《关于热力公司垃圾发电项目整体搬迁新建工作的请示》,主要内容是:"热力公司应市政府号召要求整体搬迁,如政府对热力公司搬迁重建规划停止实施,热力公司将对现有的3台焚烧炉逐炉进行拆除重建。"2015年6月8日,热力公司向某区经济与信息化委员会提交《关于生活垃圾焚烧炉烟气净化系统改造工程的立项报告》,请求对技改项目立项。2015年11月18日,某市环境保护局向某省环境保护厅呈报《关于暂缓实施热力公司大气污染限期治理的请示》，主要内容是："考虑到热力公司已委托相关单位编制了烟气治理提标改造技术方案并完成了工程建设招标工作，热力公司已被纳入整体搬迁计划，将易址至某市产业园区内重新建设。为妥善处置盐城市区的生活垃圾，特申请暂缓实施热力公司大气污染限期治理项目；采取限产措施，严格控制生活垃圾焚烧处置量，采用炉内添加石灰石脱硫工艺，减少煤炭量，选用低硫、优质煤种，加强烟气治理设施的运行"。2016 年 3 月 18 日，热力公司向某区政府提交《关于热力公司烟所净化系统改造工作的请示》，主要内容为："热力公司需技改，必须将焚烧炉停止运行，请政府协调安排好垃圾外运分流处理工作。"2016 年 5 月 13 日，某区政府向某市人民政府呈报《关于加快热力公司垃圾焚烧发电项目搬迁的请示》，主要内容是："热力公司建设投产较早，现有设施已不能满足国家最新环境标准要求，如搬迁前对老旧的环保设施实施技改将增加政府和企业搬迁成本，企业面临的环境压力十分巨大，请求政府落实相关部门加快协调推进，以便新厂早日建成老厂早日拆除。"

2017 年 1 月 22 日，某区政府作出《关于热力公司污染物超标排放行为处理问题的会办纪要》，纪要要求整改期间坚决不得无故停产，优先保证大市区等地生活垃圾核定量的正常处理。2017 年 2 月 21 日，热力公司向某区政府提交《关于解决当前环保及搬迁等问题的紧急报告》，明确技改必须停产，故技改阻力重重，无法短期实现。同时，请求某区政府协调尽快落实搬迁新建计划，从而从根本解决大气污染问题。2017 年 12 月 15 日，某市人民政府办公室向某省生态环境厅发出《关于热力公司有关环境问题的报告》，主要内容是："热力公司生产经营业务涉及重大公共利益，故未实施停产整治等强制措施，市政府已启动产业园生活垃圾焚烧新厂建设工作，预计 2018 年底建成投产；鉴于热力公司全面停产技改、垃圾分流短期内无法实现的现实困难，恳请省环保厅帮助向环保部协调同意热力公司技改工作延期至 2018 年 5 月底。"

再查明，环境研究所章程第三条规定：本单位的宗旨是遵守宪法、法律、法规和国家政策，遵守社会道德风尚，倡导生态文明，开展环境研究，促进可持续发展。

根据双方的诉辩意见，本案的争议焦点是：一、环境研究所是否具备提起本案民事公益诉讼的主体资格；二、是否存在致使热力公司不能及时技术改造的客观原因，该原因能否产生减轻或免除热力公司民事责任的法律后果；三、热力公司停产技改、整体搬迁费用能否抵扣其应予赔偿的生态修复费用。

一、关于环境研究所是否具备提起本案民事公益诉讼的主体资格问题

本院认为，指导案例75号就《中华人民共和国环境保护法》第五十八条以及《环境民事公益诉讼司法解释》第四条规定的环境公益诉讼原告主体资格相关法律适用问题，确立、细化了裁判规则和裁判标准。经过相似性识别和对比，可以确定指导案例75号属于本案的类案，关于环境研究所提起民事公益诉讼的原告主体资格问题，应当参照作出裁判。指导案例75号的裁判要点为：(1) 社会组织的章程虽未载明维护环境公共利益，但工作内容属于保护环境要素及生态系统的，应认定符合《环境民事公益诉讼司法解释》第四条关于“社会组织章程确定的宗旨和主要业务范围是维护社会公共利益”的规定；(2)《环境民事公益诉讼司法解释》第四条“环境保护公益活动”，既包括直接改善生态环境的行为，也包括与环境相关的有利于完善环境治理体系、提高环境能力、促进全社会形成环境保护广泛共识的活动；(3) 社会组织起诉的事项与其宗旨和业务范围具有对应关系，或者与其保护的环境要求及生态系统具有一定联系的，应认定符合《环境民事公益诉讼司法解释》第四条关于“与其和业务范围具有关联性”的规定。本案环境研究所章程明确规定其宗旨为“倡导生态文明、开展环境研究，促进可持续发展”，契合绿色发展理念，与环境保护密切相关，属于维护环境公共利益的范畴。环境研究所登记的业务范围所涉及的固体废弃物处理技术、对生态环境的影响等研究，直接关系到对大气、土壤、水体等环境要素的保护，业务范围所涉及的固体废弃物研究相关科普活动、环境教育活动的推广，均系有利于完善环境治理体系，提高环境治理能力，促进全社会形成环境保护广泛共识的活动。本案环境公益诉讼虽针对大气污染提起，无论从环境研究所的宗旨和业务范围所保护的环境要素和生态系统考虑，还是基于各环境主要要素之间的联系与生态系统的整体性考虑，两者都具有一定的联系，应当认定环境研究所具有本案诉讼主体资格。

二、关于是否存在致使热力公司不能及时技术改造的客观原因，该原因能否产生减轻或免除热力公司民事责任的法律后果问题

本院认为，热力公司提出减轻或者免除污染环境民事责任的诉讼主张，理由是其对超标排放主观上无过错，造成超标排放导致环境污染后果是由政府实施搬迁迟缓、未及时批准技改等第三人原因造成的，该理由并不成立：

第一，根据《环境侵权责任司法解释》第五条第三款“污染者以第三人的过错污染环境造成损害为由主张不承担责任或者减轻责任的，人民法院不予支持”的规定，是否存在政府未及时履职及其与本案大气污染损害后果的产生是否存在关联等问题不在本案审理范围。必须明确，污染环境后果即便与第三人因素相关，也是污染者与第三人之间的法律关系问题，并不能因此认定热力公司的污染行为不具备违法性构成要件从而免除或者减轻责任。

第二，生态环境修复责任的成立，应当以行为具备违法性为构成要件。根据《环境民事公益诉讼司法解释》第一条的规定，环境民事公益诉讼指向已经损害社会公共利益或者具有损害社会公共利益重大风险的污染环境、破坏生态的行为。《环境侵权责任司法解释》第一条规定，因污染环境造成损害，不论污染者有无过错，污染者应当承担侵权责任。该司法解释同时规定，污染者不承担责任或者减轻责任的情形，适用海洋环境保护法、水污染防治法、大气污染防治法等环境保护单行法的规定。海洋环境保护法、水污染防治法、大气污染防治法等环境保护法律尤其是其中的强制性规定，均以保护社会公共利益为目的制定。民事诉讼法规定的环境民事公益诉讼程序，与上述行政法立法目的相同。因此，当事人行为是否违反环境保护法律法规，应当是判断行为是否损害社会公共利益或者具有损害社会公共利益重大风险的主要依据，即应成为生态修复责任成立的必备要件。

《中华人民共和国侵权责任法》第六十五条规定的环境侵权责任与本案所涉生态环境修复责任存在区别。由于环境污染对人身、财产造成损害的过程与后果具有间接性等特点，因而根据侵权责任法规定，违法性与过错不成为判断行为人是否承担环境侵权责任的构成要件，法律保护的重点在于对受害人的救济。而生态环境修复责任中的损害过程不具有间接性，损害后果实质上是对公共利益的损害。任何企业或者个人的生产经营行为都可能对环境造

成一定的不利影响。如果对损害公共环境利益行为的责任追究不以违法性作为要件，将使得企业无所适从，不利于激励守法经营者。

第三，热力公司对超标排放行为存在过错，其行为具有违法性。2014控制标准给予已经投产的垃圾焚烧企业18个月即2016年1月执行新标准的过渡期，已经充分给予了现有生活垃圾焚烧企业进行技术改造的时间保障。而直至近一年后即2015年6月8日，热力公司才向某区经济与信息化委员会提交《关于生活垃圾焚烧炉烟气净化系统改造工程的立项报告》。在此之前，热力公司仅仅是与政府部门交涉搬迁问题，并未实质性启动技术改造程序。热力公司也没有举出证据证明其实施技术改造存在着不可克服的技术障碍和政策障碍，其完成技术改造有充足时间，而未完成技术改造是超标排放的直接原因。从热力公司向政府部门发出的各类函件看，核心内容均围绕如何处理成本增加与防治污染之间的矛盾。作为生产企业，在面临上述矛盾时，不应当将企业经济利益置于保障公众健康等社会公共利益之上。热力公司应当尽力采取各种合理措施防止超标排放，但热力公司未能实现上述要求。

三、关于热力公司停产技改、整体搬迁费用能否抵扣其应予赔偿的生态修复费用问题

本院认为，热力公司实施的停产技改、整体搬迁行为有效控制了环境污染风险，但前期超标排放的污染物所造成的生态环境损害并没有得到修复，热力公司未对此环境损害进行过替代性修复或者支付大气环境治理费用于当地大气环境治理和改善，热力公司应当依法承担环境侵权民事责任。在泰州常隆公司案中，本院判决相关当事人在承担民事责任的同时，允许其在满足特定条件情况下，将投入的部分技改资金抵扣环境损害赔偿资金。这种裁判执行方式目的在于引导、鼓励、支持污染企业在没有法律强制性要求的情况下，自觉采取措施加大投入，减少污染排放，降低环境风险，促进环境公共利益保障。但本案并不适用技改抵扣裁判执行方式。第一，在泰州常隆公司案中，抵扣条件是当事人技术改造投入实现循环利用，循环利用并不是法律对当事人的强制性要求，而是法律与政策鼓励的环境保护方式。该技改投入在实质上减少了本来不可避免的无害化处理社会总成本，这与将上述款项用于环境修复相比，效果在本质上是一致的。本案中热力公司技改投入是为了

本企业大气污染物达到合规排放所必须支付的企业成本，因为合规排放是热力公司不可违反的法定义务。第二，技改抵扣的裁判执行方式基于特定时期和特定背景条件。在特定时期，环境风险巨大的化工副产品交易市场供给远大于需求，全社会对化工副产品的无害化处置能力严重不足，技改抵扣的裁判执行方式是基于需要在该特定时期迅速降低长江水体环境总风险的考量。而热力公司完成技术改造实现达标排放，系履行完毕数年前 2014 控制标准既给其设定的法律义务。热力公司在法律有明确要求、自身并无不可逾越的政策和技术障碍的情况下，未在规定期间内及时采取有效措施控制和消除涉案垃圾焚烧发电项目大气污染物超标排放的状况，此时若适用技改抵扣的执行方式，无异于变相鼓励超标排放。

另外，关于环境研究所请求热力公司承担二审律师费以及为诉讼支出的共计 911547.3 元费用问题，本院经审核未发现上述费用存在明显不合理之处，根据《环境民事公益诉讼司法解释》第二十二条规定，予以支持。

本院认为，热力公司超标排放行为造成大气污染，损害公共利益，应当承担生态环境修复责任。国家在颁布垃圾焚烧发电排放新标准的同时给予企业一定的技术改造期限，正是出于既要维护公共环境利益，又要保障企业正常生产经营的考虑。热力公司期待通过搬迁达到降低企业成本的目的无可厚非，但是在经济利益与公共环境利益发生冲突时，应当优先保障公共环境利益。《中华人民共和国公司法》第五条规定："公司从事经营活动，必须遵守法律、行政法规，遵守社会公德、商业道德，诚实守信，接受政府和社会公众的监督，承担社会责任。"热力公司作为以处置生活垃圾、保障公共环境安全为经营范围与目的、担负重要社会责任的企业，更加应当把公共环境利益放在优先位置。法庭注意到热力公司搬迁后的新项目排污符合国家标准并稳定运行，希望热力公司在今后的生产经营中履行好社会责任，在妥善处置生活垃圾的同时为公众提供更加清洁的生活环境，不辜负社会公众对治污企业的期许。

综上所述，一审判决认定事实清楚，适用法律正确，审判程序合法。上诉人上诉理由不能成立，本院不予采纳。依据《中华人民共和国民事诉讼法》第一百七十条第一款第一项、《最高人民法院关于审理环境民事公益诉讼案件适用法律若干问题的解释》第二十二条之规定，判决如下：

一、驳回上诉，维持原判；

二、热力公司应当于本判决生效之日起十日内支付某1市某1区环境研究所的律师代理费9万元、差旅费等1547.3元，合计91547.3元。

案件受理费50730元，由热力公司负担。

本判决为终审判决。

第五节　破坏自然遗迹和风景名胜的行为属于环境公益诉讼范围

——张某某与张某等生态破坏民事公益诉讼案评析

【案例级别】指导性案例

【案例来源】最高人民检察院第二十九批指导性案例（检例第114号）

【案件类型】民事

【文书类型】判决书

【审理程序】二审（终审）

【案　　号】（2020）赣民终317号

【关 键 词】环境民事公益诉讼；自然遗迹；风景名胜；生态服务价值损失；刑民并行；共同侵权；连带责任

【裁判要旨】

破坏自然遗迹和风景名胜的行为，属于“破坏生态环境和资源保护”的公益诉讼案件范围，检察机关依法可以提起民事公益诉讼。对于破坏自然遗迹和风景名胜的行为，检察机关要综合运用刑事、公益诉讼司法手段进行打击，提高此类破坏行为的违法犯罪成本。对于严重破坏或损害自然遗迹、风景名胜的行为，行为人应当依法承担刑事责任。赔偿数额的确定，可以采用“条件价值法”对独特景观的生态服务价值损失进行评估。

【基本案情】

巨蟒峰地质遗迹点是不可再生的珍稀自然资源性资产，也是可持续利用的自然遗产，具有重大科学价值、美学价值和经济价值。巨蟒峰地质遗迹点，是花岗岩体在多组节理构造切割下，再经长期自然风化和重力崩解作用形成的巨型花岗岩石柱，垂直高度128米，最细处直径仅约7米，花岗岩柱体上有多组（多个方向）节理构造切割形成的结构面。花岗岩属于脆性岩石，在自然常态下，是一个经历长期自然风化与重力崩解作用下形成的相对平衡稳定的花岗岩柱体，但在遭受非常态外力作用下（如地震等自然外力和人为外力作用），这个四周临空、分布有多向节理切割结构面的细长花岗岩柱体，将可能因失去自然平衡而崩解。

2017年4月份左右，张某某、毛某某、张某三人携带电钻、岩钉（即膨胀螺栓，不锈钢材质）、铁锤、绳索等工具前往某风景名胜区攀爬巨蟒出山岩柱体。通过对蟒峰岩体打岩钉、钻孔、布绳索攀爬至峰顶，经查明，张某某在巨蟒峰上打入岩钉共计26个。三名游客攀爬巨蟒峰地质遗迹点似使得25个膨胀螺栓钉入巨蟒峰地质遗迹点（花岗岩柱体），会直接诱发和加重物理、化学、生物风化，形成新的裂隙，加快花岗岩柱体的侵蚀进程，甚至造成崩解；在岩柱体的脆弱段，已至少被打入4个膨胀螺栓，加重了花岗岩柱体结构的脆弱性；对该处世界自然遗产（世界级地质遗迹点）的基本属性（自然性、原始性、完整性）造成严重破坏。

【争议焦点】

1. 本案是否属于检察院可提起的生态破坏民事公益诉讼；

2. 本案上诉人的行为是否构成侵权；

3. 本案上诉人是否应当承担连带责任；

4. 如何确定损害结果的赔偿数额；

5. 案外人与张某某、张某、毛某某分别在巨蟒峰上打入岩钉的行为是否造成了同一损害结果以及是否应当担责。

【裁判说理】

一、关于本案是否属于检察院可提起的生态破坏民事公益诉讼的问题

本院认为，首先，虽然自然环境、生态环境一词在不同领域有不同含义，但在法律语境中自然环境属于生态环境的范畴。本案中，张某某等三人采取打岩钉方式攀爬对巨蟒峰的损害，侵害的是不特定社会公众的环境权益，不

特定的多数人享有的利益正是社会公共利益的内涵。人们享有的环境权益不仅包含清新的空气、洁净的水源等人们生存发展所必不可少的环境基本要素，也包含基于环境而产生的可以满足人们更高层次需求的生态环境资源，例如优美的风景、具有重大科研价值的濒危动物或具有生态保护意义的稀缺植物或稀缺自然资源等。对这些资源的损害，直接损害了人们可以感受到的生态环境的自然性、多样性，甚至产生人们短时间内无法感受到的生态风险。

综上，张某某上诉称其三人行为仅构成对自然资源的破坏而非对生态环境的破坏不能成立。本案中，张某某等三人的行为对巨蟒峰自然遗迹的损害，属于生态环境资源保护领域损害社会公共利益的行为，根据《中华人民共和国民事诉讼法》第五十五条第二款的规定，人民检察院在履行职责中发现破坏生态环境和资源保护、食品药品安全领域侵害众多消费者合法权益等损害社会公共利益的行为，可以向人民法院提起诉讼。故本案属于检察院可提起的破坏生态环境和资源保护的民事公益诉讼。

二、关于张某某、毛某某、张某的行为是否构成侵权行为以及三人是否应当承担连带责任的问题

对于张某某、毛某某、张某三人采取打岩钉的方式攀爬造成巨蟒峰损害的行为是否构成侵权行为，根据《中华人民共和国环保法》第六十四条“因污染环境和破坏生态造成损害的，应当依照《中华人民共和国侵权责任法》的有关规定承担侵权责任”的规定，对三人的行为应从一般侵权行为的构成要件来判断，即加害行为、损害结果、加害行为与损害结果之间的因果关系以及行为人的过错。

1. 关于加害行为。攀岩作为一项体育运动，主要分为徒手攀岩和借助器械攀登。借助器械攀登进行的攀岩，其在一定程度上对自然环境的损坏是显而易见的，自然环境可以合理使用，但应遵循合理开发利用限度。虽然一般情形下的攀岩运动本身及在攀爬中使用器械的行为不具有违法性，但不等于该行为任何情形下都不具有加害性。巨蟒峰作为世界地质遗迹和某风景名胜区的核心景观，受到国家法律和国际公约的保护。本案中，张某某、毛某某、张某三人作为经常从事攀岩的人员，对打入巨蟒峰独柱体的26个岩钉既未经过专家论证，也未避开岩体的脆弱段，从下至上对岩体造成通体性的破坏，本案的

攀岩方式给巨蟒峰岩体造成了超过必要限度的损害，加害性是明显的。

上诉人张某某称因为没有看到禁止采用器械攀爬的明文法律规定，则“法无禁止即可为”。本院认为，这是对法律规定的片面理解，不论是刑法、还是民法，我国法律均有禁止损害名胜古迹的规定，无论采用何种方式损害，均属于禁止之列。本案中张某某等三人的行为对巨蟒峰造成的损害，侵害了不特定公众的利益，损害了社会公共利益，严重违反“不得损害他人”原则。

综上，张某某等三人的行为属于加害行为。

2. 关于损害结果。张某某、毛某某、张某三人采取打岩钉的方式攀爬巨蟒峰必然对巨蟒峰造成损害，但其行为的后果对于巨蟒峰造成损毁的程度，鉴于目前全国没有法定的司法鉴定机构可以对此鉴定，本案采信专家意见有法律依据。根据《中华人民共和国民事诉讼法》第七十九条规定“当事人可以申请人民法院通知有专门知识的人出庭，就鉴定人作出的鉴定意见或者专业问题提出意见。”以及《最高人民法院关于审理环境民事公益诉讼案件适用法律若干问题的解释》第十五条规定“当事人申请通知有专门知识的人出庭，就鉴定人作出的鉴定意见或者就因果关系、生态环境修复方式、生态环境修复费用以及生态环境受到损害至恢复原状期间服务功能的损失等专门性问题提出意见的，人民法院可以准许。本院认为，张某平、尹某胜两位专家在上饶市检察院指控被告人张某某、毛某某、张某犯故意损毁名胜古迹罪一案中出庭，该案诉讼参与人与本案诉讼参与人一致，本案三人均作为刑事案件中的被告人参与该案并对《专家意见》进行了质证，对出庭专家进行了质询，且该《专家意见》所证明的事实与本案事实存在同一性；可以视为张某平、尹某胜两位专家已经出庭就张某某、毛某某、张某三人采取打岩钉的方式攀爬巨蟒峰造成巨蟒峰损毁的情况接受了质证。且本案中，张某某等三人对书面《专家意见》均进行了质证。故该《专家意见》从主体到程序符合法定要求，可以作为认定事实的根据。

张某某、张某上诉主张《专家意见》所描述的巨蟒峰损毁结果并非“已然”，重在强调“将然”和“必然”，一审法院将“存在的重大风险”直接等同为“损害结果”错误，只有当“风险”变成现实以后才会产生损害结果。本院认为，首先，《专家意见》所描述的巨蟒峰损毁结果存在“已然”的结果，即三人打岩钉攀爬巨蟒峰行为已经对巨蟒峰的自然性、原始性、完整性造成严重破坏。这种损害结果是已经客观存在的，对巨蟒峰打入岩钉本身对巨蟒峰柱体的自然性、原始性和完整性的破坏是常人都能认知和感受到的损害。其次，《专家意见》描述的其他两项即打入的岩钉会诱发和加重物理、化学、生物风化，加快巨蟒峰花岗岩柱体的侵蚀过程，甚至造成崩解；在巨蟒峰最细处，也是巨蟒峰最脆弱段打入4个岩钉加重了巨蟒峰花岗岩柱体的脆弱性的描述，是上诉人所称的“风险”，也是现实的危险状态。所谓风险，是指某种特定的危险事件（事故或意外事件）发生的可能性与其产生的后果的结合，可见风险是由两个因素共同作用组合而成的，一是该危险发生的可能性，即危险概率；二是该危险事件发生后所产生的后果。《专家意见》中，“风化”“侵蚀”“崩解”是危险事件发生后所产生的后果，而“诱发”“加重”“加快”是一个确定性的描述，即增大了该危险发生的可能性，即危险概率的增加。这种危险概率的增加是一种“已然”结果，使得人们遭受巨蟒峰损毁危险后果的可能性实质性增加。《专家意见》基于科学和专业知识对巨蟒峰描述的“加重”“加快”和“甚至崩解”的风险，构成损害社会公共利益的重大风险。为了避免危险后果的发生，避免人们遭受不可估量的重大损害或重大损失，刑法中将危险犯即是将造成法定危险状态作为犯罪既遂的标准，而非实际的损害。在环境民事公益诉讼中，法律亦规定对已经损害社会公共利益或者具有损害社会公共利益重大风险的污染环境、破坏生态的行为，有权机关可以根据《最高人民法院关于审理环境民事公益诉讼案件适用法律若干问题的解释》第一条、第十八条规定依法提起民事公益诉讼并请求被告承担相应的民事责任。上述规定进一步加强了环境民事公益诉讼的预防功能的实现，从而更好地保护人们的生活环境和生态环境。故张某某、张某上诉称“风险”非损害结果没有事实和法律的依据，不予支持。本案对损害结果的认定，不仅是对造成、增加自然遗迹损毁风险行为人的惩戒，更是对社会成员的规范性指引，提醒人们对环境资源的珍惜和爱护。

3. 关于加害行为与损害结果之间的因果关系。根据已查明的事实，对于张某某等三人打入巨蟒峰26个岩钉攀爬的行为与巨蟒峰的损害结果之间存在直接因果关系，各方当事人并没有异议。张某某等三人仅是对巨蟒峰的损害程度有异议，不影响本案加害行为与损害结果之间的因果关系成立。

4. 关于行为人的过错。张某某、张某上诉称他们的主观意愿是攀爬巨蟒峰，是对自然资源的合理利用，没有损害巨蟒峰的故意。虽然《中华人民共和国环境保护法》规定因污染环境和破坏生态造成损害的，应当依照《中华人民共和国侵权责任法》的有关规定承担侵权责任，但该规定并未明确污染环境和破坏生态两类侵权行为的归责原则。侵权责任法仅对污染环境造成损害的侵权行为明确了无过错归责原则，对于本案中对自然资源的损害造成的环境侵权则没有明确的规定。严格的无过错归责原则需基于法律明文规定，故本案应适用过错归责原则，本案行为人的主观过错是侵权行为的构成要件之一。攀岩作为一项体育运动，主要分为徒手攀岩和借助器械攀岩。借助器械进行的攀岩，其在一定程度上对自然环境的损害是显而易见的，关键在于该损害是否在合理范围内。本案张某某等三人作为经常从事攀岩的人员，对于某风景名胜区标志性景观巨蟒峰的独一无二的价值是明知的，打入的26个岩钉既未经过专家论证，也未避开岩体的脆弱段，从下至上对岩体造成通体性的破坏，事实上即是对损害巨蟒峰存在放任的故意。故张某某、毛某某、张某三人对造成巨蟒峰的损害存在明显的过错。

综上，张某某、毛某某、张某三人采取打岩钉的方式攀爬巨蟒峰的行为构成侵权行为，应当承担侵权责任。

对于张某某、毛某某、张某三人是否应当承担连带责任。

1.《中华人民共和国侵权责任法》第八条规定：“二人以上共同实施侵权行为，造成他人损害的，应当承担连带责任。”本案中，张某某、毛某某、张某三人相约结伴去巨蟒峰进行攀岩活动，并分工携带了有关工具。毛某某、张某事前、事中均具有使用打岩钉的方式攀爬巨蟒峰的共同意思，三人在攀爬过程中分工不同，但彼此之间存在协作和支持，每一个行为人实际上都以他人的行为作为自己的行为来完成其共同要达到的目的，三人并最终完成采用打岩钉的方式登顶巨蟒峰，在完成登顶后的视频拍摄证明了采用打岩钉造成巨蟒峰的损害结果是在三人的共同意思所要达到的目的范围之内，并未超出三人目的之可预见范围。张某上诉称其分工任务是拍摄而非打钉从而不应承担连带赔偿责任的主张，与事实不符，予以驳回。张某某、毛某某、张某三人的行为构成共同侵权，依法应当承担连带责任。

2. 关于赔偿数额如何确定的问题。

本案三行为人对巨蟒峰造成的损失量化问题，目前全国没有鉴定机构可以鉴定，2018 年 3 月 28 日某市检察院委托某大学专家组就本案所涉巨蟒峰损失进行价值评估。某大学专家组 2018 年 5 月 3 日作出《三清山巨蟒峰受损价值评估报告》(以下简称《评估报告》)，于 2019 年 1 月 11 日提交一审法院，系在评估有效期 2018 年 5 月 3 日至 2019 年 5 月 3 日内提交。该专家组成员黄某平、林某凯、胡某胜具有环境经济、旅游管理、生态学方面的专业知识，采用国际上通行的意愿价值法对本案所涉价值进行了评估，三位专家均出庭对《评估报告》进行了说明并接受了各方当事人的质证。本院认为，该《评估报告》符合《最高人民法院关于审理环境民事公益诉讼案件适用法律若干问题的解释》第十五条规定的“专家意见”，依法可作为本案认定事实的根据。《评估报告》采用的意愿价值法也称条件价值法，属于环境保护部下发的《环境损害鉴定评估推荐方法（第Ⅱ版）》确定的评估方法之一。虽然该方法存在一定的不确定性，但其科学性在世界范围内仍然得到认可，且目前就本案情形没有更合适的评估方法。某市检察院依法对三人提起生态破坏环境民事公益诉讼，根据《评估报告》诉请三人连带赔偿巨蟒峰非使用价值损失的最低阈值 1190 万元合法有据。故一审法院根据以上意见，结合本案客观事实以及各方面因素，参考《评估报告》结论“‘巨蟒峰案的价值损失评估值’不应低于该事件对巨蟒峰非使用价值造成损失的最低阙值，即 1190 万元”，酌定赔偿数额为 600 万元并无不当，应予维持。张某某、张某上诉称该《评估报告》非法定鉴定机构出具、已过规定的期限而不能作为本案裁判依据，以及张某某上诉称该《评估报告》所采用的意愿价值法评估得出的结论不可靠，一审法院不能据此确定赔偿数额的主张，没有事实和法律依据，不予支持。

至于张某某、张某上诉称巨蟒峰也有他人打入的岩钉、某风景名胜区管理委员会在巨蟒峰安装监测设施所造成的损害，但仅判由上诉人等承担赔偿责任显失公平，以及不应承担 15 万元专家评估费用的问题。本院认为，本案中的《评估报告》系明确针对本案三行为人在巨蟒峰打入 26 个岩钉造成的损害进行的评估，不涉及他人造成的损害；某风景名胜区管理委员会案发后在巨蟒峰周围安装监测设施系为公共利益而设，依法经过了许可和设计，并经本院现场查看，巨蟒峰监测设施共计 6 个摄像头，该 6 个摄像头均不在巨蟒峰独柱体岩石上，避免了对巨蟒峰独柱体岩石的损害，其行为与张某某等三人的行为不具有同一性，亦与本案无关；对于 15 万元的专家评估费用，系检察院为诉讼支出的合理费用。根据《最高人民法院关于审理环境民事公益诉讼案件适用法律若干问题的解释》第二十二条的规定，原告请求被告承担检验、鉴定费用，合理的律师费以及为诉讼支出的其他合理费用的，人民法院可以依法予以支持。

综上所述，本院认为，生态环境是人类生存和发展的根基，对自然资源的破坏即是对生态环境的破坏。我国法律明确将自然遗迹、风景名胜区作为环境要素加以保护，规定一切单位和个人都有保护环境的义务，因破坏生态环境造成损害的，应当承担侵权责任。特别是在推进生态文明建设的进程中，只有实行最严格的制度、最严密的法治，才能更好地保护我们的生态环境。张某某、毛某某、张某三人采用打岩钉方式攀爬行为给巨蟒峰造成不可修复的永久性伤害，损害了社会公共利益，构成共同侵权。判决三人承担环境侵权赔偿责任，旨在引导社会公众树立正确的生态文明观，珍惜和善待人类赖以生存和发展的生态环境。一审法院参照《评估报告》结论，综合考虑本案的法律、社会、经济因素，依法酌情确定赔偿数额为 600 万元并无不当。张某某、张某的上诉请求不能成立，应予驳回；一审判决认定事实清楚，适用法律正确，应予维持。

【裁判结果】

江西省高级人民法院于 2020 年 5 月 18 日作出（2020）赣民终 317 号民事判决：

驳回上诉，维持原判。二审案件受理费 109700 元，由上诉人张某某负担 54850 元，张某负担 54850 元。本判决为终审判决。

【相关规定】

《中华人民共和国民事诉讼法》第 55 条［原民事诉讼法（2017 年修订）第 52 条］

《中华人民共和国环境保护法》第2条、第29条、64条［原环境保护法(1989年修订)第2条、第17条］

《中华人民共和国民法典》第1165条、第1168条［原《中华人民共和国侵权责任法》第6条、第8条］

案例整编人：王莎、施小雪

附已公开生效判决文书：

江西省高级人民法院
民 事 判 决 书

（2020）赣民终317号

上诉人（原审被告）：张某某、张某

被上诉人（原审公益诉讼起诉人）：某省某市人民检察院

原审被告：毛某某

上诉人张某某、上诉人张某因与被上诉人某省某市人民检察院（以下简称某市检察院）、原审被告毛某某生态破坏民事公益诉讼一案，不服某省某市中级人民法院（2018）赣11民初303号民事判决，向本院提起上诉。本院于2020年4月2日立案后，依法组成合议庭，公开开庭进行了审理。上诉人张某某委托诉讼代理人章某传，上诉人张某及其委托诉讼代理人金某波、施某茜，被上诉人某市检察院检察员杨某才、韩某强、吴某松，原审被告毛某某到庭参加诉讼。某省人民检察院指派检察员周某智、汪某庆、检察官助理汤某娟到庭并发表了意见。本案现已审理终结。

张某某上诉请求：1. 依法撤销原审判决；2. 依法驳回某市检察院的全部诉讼请求。事实和理由：1. 原审判决错误地将自然环境等同为生态环境。巨蟒峰是自然环境的构成元素，而非生态环境的构成要素。本案不属于生态环境公益诉讼。2. 原审判决错误地以“举轻以明重”来对抗“法无禁止即为可”。法律并没有禁止公民采用器械攀爬，对于广大公民来说“法无禁止即可为”。3. 原审判决错误地采信张某平等四位专家在刑事诉讼中出具的“专家意见”，且将“存在的风险”直接等同为“损害结果”。专家意见不符合《最高人民法院关于适用〈中华人民共和国刑事诉讼法〉的解释》第八十七条的规定，不能采信。原审判决认为“存在巨大风险”，只有当“风险”变成现实之后，才会产生损害结果。4. 原审判决错误地采信了某大学专家组出具的《巨蟒峰受损价值评估报告》。民事公益诉讼的损害结果应当由具有鉴定资质的鉴定机构和鉴定人进行评估，由专家作出的评估报告没有法律依据，不能采信。专家组采用意愿价值评估法是西方国家常用的损害赔偿的评估方法，评估结论不可靠。民法中所指的损害是指已经发生的损害，而不是未来可能发生的损害。5. 原审判决对于多因一果所造成的损害仅判由上诉人等承担赔偿责任显失公平。

被上诉人某市检察院辩称，张某某的上诉理由不能成立，上诉请求应予驳回。1. 本案属于“破坏生态环境与资源保护”的民事公益诉讼案件。根据《中华人民共和国环境保护法》第二条及《地质遗迹保护管理》第五条的规定，张某某等三人故意损毁自然遗迹和风景名胜的行为属于破坏生态环境的行为。2. 张某某等人以破坏性方式攀爬巨蟒峰违反了法律的强制性规定，属于违法的侵权行为。环境保护法、风景名胜区条例、某风景名胜区管理条例等法律法规均有不得破坏和随意改变景观和自然环境的禁止性规定。张某某等三人以打岩钉的方式攀爬巨蟒峰明显违反上述法律法规的强制性规定。3. 张某平等四位地质专家出具的专家意见可以作为认定事实的依据。有专门知识的人提出的意见经质证，可以作为认定事实的依据。《攀登“巨蟒”悬!》一文不具备证据的合法性和证明力。4. 张某某等三人的行为对巨蟒峰造成了不可修复的严重损毁。作为生态环境侵权责任要件的损害结果不但包括产生的损害结果，还包括损害的重大风险。5. 某大学专家组出具的《巨蟒峰受损价值评估报告》依法可以作为确定损害赔偿数额的依据。专家意见经过质证，可以作为认定事实的依据；该评估报告所采用的评估方法科学有效；调查评估过程规范有序，评估结论客观公允。6. 他人在巨蟒峰上打岩钉以及三清山管委会建设监测系统的行为与张某某等三人的行为是否构成侵权无关。

上诉人张某、原审被告毛某某对张某某的上诉无意见。

上诉人张某上诉请求：1. 请求二审法院发回重审或依法驳回原审原告的要求连带赔偿损失及承担15万元专家评估费用的诉讼请求；2. 本案诉讼费用由被上诉人承担。事实和理由：1. 上诉人行为构成侵权行为的理由依法不能成立。(1) 关于违法行为。攀岩运动本身包括在攀爬中使用器械的行为不具有违法性。(2) 关于损害事实。一审法院以“重大风险”作为损害结果错误，损害事实须具有确定性。本案四名专家出具的意见不是法律规定的鉴定意见，仅是专家意见，且没有经过质证。原审判决没有认定数个损害行为对三清山是否造成损害及因果关系，对本案原审各被告不公平。一审法院判定的损害数额所依据的评估报告已过有效期限，不能作为专业评估报告来适用。(3) 关于因果关系。他人的行为也造成了损害，不能由原审各被告对全部损害承担赔偿责任。(4) 关于过错。本案原审各被告主观是去攀岩，虽然有违管理方面的行政规定，但不具有故意损毁破坏巨蟒峰的心理。(5) 是否应当连带承担赔偿责任。根据分工看，上诉人的任务是拍摄而不是打钉，不应承担连带赔偿责任。2. 要求上诉人连带承担专家评估费15万元无法成立。本案中某大学及三位专家无法作为资产评估的受托方，不具有出具评估报告的资格，也没有提供任何的收费标准。

被上诉人某市检察院辩称，张某的上诉理由不能成立，上诉请求应予驳回。1. 张某等三人的行为符合共同侵权的构成要件，依法应当承担连带侵权责任。(1) 张某、张某某等三人故意违反禁止破坏自然遗迹和风景名胜的强制性规定，以破坏性方式攀爬巨蟒峰的行为属于违法的侵权行为。(2) 张某、张某某等三人以破坏性方式攀爬巨蟒峰，对巨蟒峰直接造成了不可修复的严重损毁。(3) 他人在巨蟒峰上打岩钉以及某管委会建设监测系统的行为与张某某、张某等三人的行为是否构成侵权无关。(4) 一审中，公安机关提供的证据，充分证明了张某、张某某等三人具有紧密的意思联络，有共同的侵权故意。(5) 张某某、张某、毛某某三人事前有谋划、事中有配合，三人的行为符合共同侵权的构成要件。2. 张某某、张某、毛某某等三人连带赔偿专家费用具有事实和法律依据，属于为诉讼支出的合理费用，依法应予以支持。

上诉人张某某辩称，1. 完全同意上诉人张某关于其与张某某、毛某某不构成侵权的理由和主张。2. 完全同意张某认为某大学三位专家收取评估费15万元没有法律依据的说法。3. 如果本案侵权成立的话，应当由三人承担连带赔偿责任，而不应该由张某某一人承担赔偿责任。

原审被告毛某某对张某的上诉无意见。

某市检察院向一审法院起诉请求：1. 判令张某某、张某、毛某某依法连带赔偿巨蟒峰非使用价值造成损失的最低阈值1190万元；2. 判令张某某、张某、毛某某连带支付采取消除危险的措施建设巨蟒峰智能监测系统的费用510826.4元；3. 判令张某某、张某、毛某某在全国性知名新闻媒体公开赔礼道歉；4. 判令张某某、张某、毛某某依法连带承担其聘请专家所支出的评估费用15万元。

一审法院认定事实：2017年4月份左右，张某某、毛某某、张某三人通过微信联系，约定前往某风景名胜区攀爬巨蟒出山岩柱体。2017年4月14日下午17时左右，张某、张某某、毛某某入住某风景名胜区的“某宾馆”。2017年4月15日凌晨4时左右，张某某、毛某某、张某三人携带电钻、岩钉(即膨胀螺栓，不锈钢材质)、铁锤、绳索等工具到达巨蟒峰底部。张某某首先攀爬，毛某某、张某在下面拉住绳索保护张某某的安全。在攀爬过程中，张某某在有危险的地方打岩钉，使用电钻在巨蟒峰岩体上钻孔，再用铁锤将岩钉打入孔内，用扳手拧紧，然后在岩钉上布绳索。张某某通过这种方式于早上6时49分左右攀爬至巨蟒峰顶部。毛某某一直跟在张某某后面为张某某拉绳索做保护，并沿着张某某布好的绳索于早上7时左右攀爬到巨蟒峰顶部。在巨蟒峰顶部，张某某将多余的工具给毛某某，毛某某顺着绳索下降，将多余的工具带回“某宾馆”，随后又返回巨蟒峰，攀爬至巨蟒峰10多米处，被某管委会工作人员发现后劝下并被民警控制。在张某某、毛某某攀爬开始时，张某为张某某拉绳索做保护，之后张某回宾馆拿无人机，再返回巨蟒峰，沿着张某某布好的绳索于早上7时30分左右攀爬至巨蟒峰顶部，在顶部使用无人机进行拍摄。在工作人员劝说下，张某、张某某先后于上午9时左右、9时40分左右下到巨蟒峰底部并被民警控制，随后，张某某、张某、毛某某被带到公安局。经现场勘查，张某某在巨蟒峰上打入岩钉26个。事后，某管委会建设了巨蟒峰智能监测系统，为此支付建设费用510826.4元。

2017年4月28日，受某市公安局某分局的委托，罗某华、张某平、赵某中、尹某胜等四位专家组成的专家组就4月15日三名游客攀爬某世界级地质遗迹点巨蟒峰造成的损毁情况进行研讨分析，并出具了《关于“4.15”三名游客攀爬某世界级地质遗迹点巨蟒峰毁损情况的意见》。该意见载明：一、巨蟒峰地质遗迹点是公园内珍贵的标志性景观，是不可再生的珍稀自然资源性资产，也是可持续利用的自然遗产，具有重大科学价值、美学价值和经济价值。二、巨蟒峰地质遗迹点，是花岗岩体在多组节理构造切割下，再经长期自然风化和重力崩解作用形成的巨型花岗岩石柱，垂直高度128米，最细处直径仅约7米，花岗岩柱体上有多组（多个方向）节理构造切割形成的结构面。花岗岩属于脆性岩石，因多向节理切割结构面的存在和长期自然风化与重力崩解作用形成四周临空的花岗岩柱，在自然常态下，是一个经历长期自然风化与重力崩解作用下形成的相对平衡稳定的花岗岩柱体，但在遭受非常态外力作用下（如地震等自然外力和人为外力作用），这个四周临空、分布有多向节理切割结构面的细长花岗岩柱体，将可能因失去自然平衡而崩解。三、三名游客攀爬巨蟒峰地质遗迹点造成的损毁情况。（一）25个膨胀螺栓钉入巨蟒峰地质遗迹点（花岗岩柱体），对该处世界自然遗产（世界级地质遗迹点）的基本属性（自然性、原始性、完整性）造成严重破坏；（二）25个膨胀螺栓属于钢铁物质，钉入巨蟒峰地质遗迹点（花岗岩柱体）会直接诱发和加重物理、化学、生物风化，形成新的裂隙，加快花岗岩柱体的侵蚀进程，甚至造成崩解。（三）巨蟒峰地质遗迹点（花岗岩柱体）的最细处，具有多组多向节理结构面，是岩柱体的脆弱段，已至少被打入4个膨胀螺栓，加重了花岗岩柱体结构的脆弱性。综上所述，“4.15”三名游客攀爬巨蟒峰行为对其造成了严重的损毁。

2018年3月28日，受某市检察院委托，某大学专家组针对张某某等三人攀爬巨蟒峰时打入的26枚岩钉对巨蟒峰乃至某风景名胜区造成的损毁进行价值评估。2018年5月3日，某大学专家组出具了《巨蟒峰受损价值评估报告》。该评估报告载明：专家组依据确定的价值类型，采用国际上通行的意愿价值法对上述故意损毁行为及其后果进行价值评估，巨蟒峰价值受损评估结果为，“巨蟒峰案”三名当事人的行为虽未造成巨蟒峰山体坍塌，但对其造成了不可修复的严重损毁，对巨蟒峰作为世界自然遗产的存在造成了极大的负面影响，加速了山体崩塌的可能性。因此，专家组认为：此次“巨蟒峰案的价值损失评估值”不应低于该事件对巨蟒峰非使用价值造成损失的最低阈值，即1190万元。某市检察院为此支付专家费用15万元。

另查明，2017年4月22日，某市公安局某分局以张某某、张某、毛某某故意毁坏名胜古迹罪一案立案侦查，2018年7月5日，某市某区人民检察院依法向某市某区人民法院提起公诉，同日某市某区人民法院依法立案。同年7月17日，某市中级人民法院向某市某区人民法院下达改变管辖决定书，决定由某市中级人民法院审理，并书面通知某市检察院，某市检察院于2018年8月21日以饶检公诉刑诉（2018）40号起诉书，向某市中级人民法院提起公诉。

一审法院认为，本案争议的焦点为：（一）检察机关提起的诉讼是否属于民事公益诉讼的范围？（二）某市检察院是否有权提起本案的民事公益诉讼？（三）张某某在巨蟒峰上打岩钉的行为是否属于侵权行为？（四）张某某、张某、毛某某的行为是否已造成巨蟒峰的损害？（五）张某某、张某、毛某某是否具有损害环境资源的过错？（六）某市检察院主张的损害结果数额是否可以认定？（七）案外人与张某某、张某、毛某某分别在巨蟒峰上打入岩钉的行为是否造成了同一损害结果以及是否应当担责？并分别评判如下：

（一）关于检察机关提起的诉讼是否属于民事公益诉讼的范围的问题？

一审法院认为，判断一民事诉讼究竟是私益诉讼还是公益诉讼，其基本标准是提起诉讼的一方诉讼目的是否为了保护社会公共利益。而社会公共利益则是由不特定的多数人享有的利益，其中人们对洁净的水源、清新的空气、优美的环境、秀丽的风景等环境的需求是社会公共利益的重要组成部分。而自然遗迹、风景名胜区作为自然资源，依照我国物权法第四十八条的规定，属于国家所有即全民所有。此外，作为一种环境要素，自然遗迹、风景名胜区具有原始性、稀缺性特征，一旦遭到破坏即难以恢复，因此，作为珍贵的环境资源，更具有保护的紧迫性和必要性。对此，我国的环境保护法第二条明确将自然遗迹、风景名胜区纳入为环境因素加以保护。故任何对自然遗迹、风景名胜区景观的破坏行为，不但损害全国人民共同的财产权益，而且还损害社会公众对自然遗迹、风景名胜区所享有的游憩权益和对独特景物观赏的权益。本案中某风景名胜区虽然存在明确的管理主体，但并不影响全体社会公众对某风景名胜区享有的公共利益。某市检察院提起的诉讼，目的就在于保护不特定多数人对世界自然遗产地的游憩权和景物的观赏权，其提交的某风景名胜区及巨蟒峰地质遗迹点获得荣誉情况说明及有关文件、证书真实合法，应予采信，可以证明其主张的事实。环境侵权主要有污染环境、破坏生态两种表现形式，而破坏自然资源的行为除了对作为环境要素的资源本身造成损害外，还会对与遭到破坏的自然资源互相依存的生态环境系统造成损害，也就是说，民事环境公益诉讼既有环境污染的公益诉讼，也有包括损害自然资源在内的生态破坏公益诉讼。本案张某某等人使用打岩钉的方式对巨蟒峰进行攀爬，该行为明显属于对环境资源的损害，属于广义上的破坏生态的损害行为，相关主体当然可以提起生态破坏的民事公益诉讼。故张某某认为在巨蟒峰上打入岩钉并没有破坏生态，不属于破坏生态环境民事公益诉讼的抗辩意见不能成立，不予采纳。此外，某风景名胜区虽有明确的管理部门，也作为风景名胜区从事商业经营，但这不等于全体社会公众对某风景名胜区就不享有公共环境权益，故张某、毛某某认为某管委会是利益主体，本案不属于公益诉讼的抗辩理由不能成立，不予采纳。

（二）关于某市检察院是否有权提起本案的民事公益诉讼的问题？

一审法院认为，民事诉讼法第五十五条第二款规定："人民检察院在履行职责中发现破坏生态环境和资源保护、食品药品安全领域侵害众多消费者合法权益等损害社会公共利益的行为，在没有前款规定的机关和组织或者前款规定的机关和组织不提起诉讼的情况下，可以向人民法院提起诉讼。前款规定的机关或者组织提起诉讼的，人民检察院可以支持起诉。"就本案而言，某市检察院提交的线索移送函可以证明案件来源于履行法定职责当中。如前所述，本案张某某、张某、毛某某的行为系对环境资源的损害，该侵权行为损害了社会公共利益；同时《检察日报》可以证明其已履行公告程序，且在公告期间届满后没有法定机关或者组织提起诉讼，故某市检察院提起本案公益诉讼，既符合民事诉讼法第五十五条第二款规定的条件，也符合《最高人民法院、最高人民检察院关于检察公益诉讼案件适用法律若干问题的解释》规定的程序。对于检察机关是附带还是单独提起民事公益诉讼，可以视案件的具体情况作出决定，并非只能以附带方式提起。此外，本案是否要等待刑事案件审结后再进行审理，取决于是否要以刑事案件的裁判结果为依据，并非所有刑民交叉案件一律要“先刑后民”。就本案而言，无论是刑事案件还是民事案件，张某某、张某、毛某某对本案的基本事实并无异议，争议的只是张某某、张某、毛某某的行为性质的认定，即在刑事诉讼当中张某某、张某、毛某某的行为是否属于“情节严重”抑或“严重毁损”，是否应给予刑事评价的问题，而在民事公益诉讼当中，争议的是张某某、张某、毛某某的行为是否属于合理利用自然遗迹从事攀岩活动，是否违反相关的法律规定及是否应当承担侵权责任的问题，民事公益诉讼的裁判并不必然需要以刑事诉讼认定的事实为依据，故本案可以“刑民并行”，不需要中止审理。

（三）关于张某某在巨蟒峰上打岩钉的行为是否属于侵权行为的问题？

一审法院认为，环境保护法明确将自然遗迹、风景名胜区作为环境要素加以保护，规定一切单位和个人都有保护环境的义务，因污染环境和破坏生态造成损害的，应当承担侵权责任。2006 年，国务院发布的《风景名胜区条例》第二十四条也明确风景名胜区内的居民与游览者对相关的景物、水体等负有保护义务，第二十六条列举禁止在景物或设施上刻划、涂污。同年某省第十届人民代表大会常务委员会制定的《某省某风景名胜区管理条例》也作了同样的规定。可见，巨蟒峰作为自然遗迹是法律、行政法规、地方性法规明确保护的对象。对于本案来说，既然法律禁止对风景名胜区内的景物和设施涂污、刻划，举轻以明重，那么张某某、张某、毛某某采用打入岩钉的方式攀爬巨蟒峰的行为当然在禁止之列，故张某某、张某、毛某某的行为不但直接违反了国家法律法规的规定，而且还侵害了环境保护法等法律、法规所保护的社会公众的环境权益，属于违法的侵权行为。

（四）关于张某某、张某、毛某某的行为是否已造成巨蟒峰的损害的问题？

一审法院认为，张某某、张某、毛某某三人打岩钉攀爬巨蟒峰，使用电钻在岩柱体上打孔，而后再打入岩钉，并拧紧膨胀螺栓，使岩钉牢牢地嵌入岩柱体内，必然会对巨蟒峰造成一定程度的损害，这个是众所周知的事实，无需当事人举证证明。根据《最高人民法院关于审理环境民事公益诉讼案件适用法律若干问题的解释》第一条的规定，对已经损害社会公共利益或者具有社会公共利益重大风险的污染环境、破坏生态的行为，有权机关可以提起诉讼，由此可见，具有损害社会公共利益重大风险的破坏生态行为本身就是损害结果的一种形态。上饶市检察院提交的四名专家在刑事诉讼当中出具的检验报告，以及张某平、尹某胜当庭所作的陈述业经本案双方质证，与本案的损害结果的发生有关联，应予采信。按照刑事诉讼当中罗某华、张某平等四位专家出具的检验报告载明的内容，“巨蟒峰地质遗迹点，是花岗岩体在多组节理构造切割下，再经长期自然风化和重力崩解作用形成的巨型花岗岩石柱，垂直高度128米，最细处直径仅约7米，柱体上有多组（多个方向）节理构造切割形成的结构面。花岗岩属于脆性岩石，因多向节理切割结构面的存在和长期自然风化与重力崩解作用形成四周临空的花岗岩柱，在自然常态下，是一个经历长期自然风化与重力崩解作用下形成的相对平衡稳定的花岗岩柱体，但在遭受非常态外力作用下，如地震等自然外力和人为外力作用，这个四周临空、分布有多向节理切割结构面的细长花岗岩柱体，将可能因失去自然平衡而崩解。”据此认定张某某、张某、毛某某三人在巨蟒峰上打入26枚岩钉造成的下列损害，符合民事诉讼高度盖然性的证明标准，即张某某、张某、毛某某的行为不但破坏了巨蟒峰的自然性、原始性、完整性，而且26枚岩钉会直接诱发加重物理、化学、生物风化形成新的裂隙，加快花岗岩柱体的侵蚀过程，甚至造成崩解，同时还加重了巨蟒峰具有多组多向节理结构面的最细段的脆弱性。可见，虽张某某、张某、毛某某的行为尚未导致巨蟒峰直接崩解、断裂，但对巨蟒峰造成断裂甚至崩解存在着重大的风险，这种具有损害社会公共利益的重大风险本身就是损害结果，理应承担侵权损害赔偿责任。

（五）关于张某某、张某、毛某某是否具有损害环境资源的过错的问题？

一审法院认为，对于污染环境如何归责，我国现行的侵权责任法第六十五条确定无过错归责原则，即污染者承担民事责任并不需要以其主观上有过错为前提，但就自然资源遭受损害的生态破坏行为而言，是否也适用无过错责任归责原则，相关的法律并没有作出明确规定。从无过错责任的本质来看，是法律规定行为人承担侵权责任，并不需要考虑其是否有过错，目的是在特殊情形下减轻受害人的举证责任，使受害人的权利易及时获得救济。因而在适用时必须基于法律明确规定，法律没有特别规定的，应当适用一般侵权责任归责原则即过错责任归责原则，故本案应适用过错责任对张某某、张某、毛某某归责。对过错的判断标准通常要从主观与客观两个方面进行判断，同时包括两种形态，一是故意，二是过失，前者是行为人对损害结果的发生积极追求，后者则是疏忽大意或轻信能够避免导致损害结果的发生。对于本案来说，某市检察院提供的张某某、张某、毛某某的微信聊天记录显示，张某说，“带机械塞上去，千万别让他们知道我们打岩钉”。张某某说，“到某风景名胜区坐个牢，也是人生梦想之一，抓走关两天，吃吃班房饭”。毛某某说，“我已经打算好被抓了，写检讨，态度要好”。特别是张某还引用了法国蜘蛛人“阿兰．罗伯特”的话语交流，“我非常痛恨破坏大自然精品的行为，所以我宁愿爬不上巨蟒峰的绝顶，也不会借助于器械攀登”。此外，侦查机关在张某某、张某、毛某某涉嫌犯故意损毁名胜古迹罪一案侦查当中，对张某某、张某、毛某某的讯问笔录显示，张某某供述，“我负责钻孔布线，毛某某与张某负责做保护”。毛某某供述，“张某某打头，通过打钢钉、挂绳索的方式往上爬，我跟着张某某在后面做保护，张某在底下给他做保护”“张某某实地探察了一下说巨蟒峰是花岗岩，比较适合打钢钉借助器械往上爬”，张某供述，“张某某和毛某某是采取徒手攀爬和找保护点攀爬相结合的方式攀爬……找保护点攀爬是在巨蟒峰岩体上用电钻打孔，再用铁锤将岩钉敲入洞孔中……”可见，张某某、张某、毛某某明知某风景名胜区是世界自然遗产，也明知使用电钻打孔、打入岩钉的行为会对巨蟒峰造成损害，仍故意而为之，先后打入26枚岩钉，并借助岩钉与绳索攀爬至巨蟒峰顶点，应当认定张某某、张某、毛某某对本案损害结果的发生具有共同故意。

（六）关于某市检察院主张的损害结果数额是否可以认定的问题？

一审法院认为，环境侵权案件通常分为环境污染和生态破坏两大类，如造成环境损害的，侵权人应赔偿环境修复费用以及修复期间环境服务功能的损失；环境不能修复的，侵权人仍应赔偿永久性损害损失。与其他商品不同的是，环境资源不存在真实的交易市场，不能基于可观察到或预设的市场行为对其经济价值进行评估。而条件价值法或称意愿价值法是一种典型的陈述偏好评估法，是在假想市场情况下，直接调查和询问人们对某一环境效益改善或资源保护的措施的支付意愿（WTP），或者对环境或资源质量损失的接受赔偿意愿（WTA），以人们的支付意愿或受偿意愿来估计环境效益改善或环境质量损失的经济价值。就本案而言，首先，某市检察院委托的某大学专家组成员均具有相关专业知识，其中黄某平系该大学教授，人口、资源与环境经济学博士生导师；林某凯系某大学讲师、管理学博士；胡某胜系该大学副教授、硕士生导师，三位专家具有环境经济、旅游管理等方面的专业知识，长期从事环境经济方面的科研教学活动，符合《最高人民法院关于审理环境民事公益诉讼案件适用法律若干问题的解释》第十五条规定的有专门知识的人的身份，其提出的意见经庭审质证，可以作为认定事实的依据。其次，某大学专家组对本案巨蟒峰的受损价值评估使用的条件价值法，该方法是原环境保护部下发的《环境损害鉴定评估推荐方法（第Ⅱ版）》确定的方法之一，并且指出该技术特别适用于选择价值占较大比重的独特景观、文物古迹等生态服务价值评估，故专家组采用的评估方法本身并无不当。再次，本案某大学三位专家接受委托后，即制定了相关的评估工作方案，设计相关的调查问卷，明确相关的工作要求。此后专家组深入实地就调查对象的个人基本情况、对张某某、张某、毛某某在巨蟒峰上打入26枚岩钉所造成损害的修复费用的支付意愿、支付金额以及支付动机等进行调查，在获得了相关样本的基础上，分析得出巨蟒峰非使用价值受损的区间值为1.19–23.70千万元。该评估方法虽然因其受调查技术、方法、被调查者的偏好等多种因素的影响具有一定的不确定性，但是其科学性在世界范围内仍然得到认可。本案中采用该评估方法得出的专家意见作为认定巨蟒峰非使用价值受损数额符合《最高人民法院关于审理环境民事公益诉讼案件适用法律若干问题的解释》第十五条的规定，依据充分。同时考虑到评估结果具有的不确定性，一审法院将该评估报告作为最终判定张某某、张某、毛某某承担侵权责任的参考依据。

（七）关于案外人与张某某、张某、毛某某分别在巨蟒峰上打入岩钉的行为是否造成了同一损害结果以及是否应当担责的问题？

一审法院认为，对于巨蟒峰上既有张某某、张某、毛某某打入的26枚岩钉，也有他人打入的岩钉，还有某管委会安装监控设施，此事实双方均无异议，且与一审法院在审理当中对巨蟒峰现场勘验笔录记载的内容相一致，可以认定。不可否认的是，无论是案外人打岩钉的行为，还是主管部门监控设施的安装行为，还有本案张某某、张某、毛某某打岩钉的行为均会给巨蟒峰造成一定程度的损害，这是不争的事实，但究竟造成了多大程度的损害，数人不同的行为是否存在相互叠加造成了同一损害，还是分别造成不同的损害均缺乏有效的证据予以证明。且受人类认识自然、探索自然的能力和条件的限制，本案张某某、张某、毛某某的行为与他人打岩钉的行为是否相互结合，相互影响，难以探究与认定。至于案外人打岩钉的行为是否应当承担侵权责任，或是否应该减轻张某某、张某、毛某某的侵权责任，仍应从侵权责任的构成要件入手分析。从某管委会的建设、保护行为看，其在巨蟒峰上安装监控设备所造成的损害客观存在，但这是人类合理利用自然资源所必须付出的代价，与张某某、张某、毛某某采用破坏性的方式攀爬巨蟒峰有本质不同，其主观上是良善的，不具有可归责性，依法不应承担侵权责任。此外，案外人在某管委会的组织下，采用打岩钉的方式攀爬巨蟒峰，虽然也会造成一定的损害，但该行为实施在距今已有 18 年之久，无论是某管委会出于何种需要，还是案外人基于何种目的参加攀岩比赛，均受制于当时经济社会发展条件不足以及人们的环境保护意识有限，与张某某、张某、毛某某的行为不可等量齐观。张某某、张某、毛某某在当下生态文明建设已纳入推进中国特色社会主义事业“五位一体”的总体布局，“美丽中国”建设步伐日益加快，人们的环境保护意识日趋强化的当下，明知自己的行为的不法性，仍积极实施，因而理应受法律否定性评价，依法承担法律责任。

综上所述，一审法院认为，某风景名胜区是世界自然遗产、风景名胜区，巨蟒峰是三大核心景区之一，具有珍贵性、唯一性、易损性等特征，其内涵的科研价值、美学价值、观赏价值、游憩价值为人类共有，任何对巨蟒峰造成损害的行为侵犯的是社会公共利益，某市检察院依照法定程序有权提起本案民事公益诉讼。张某某、张某、毛某某在户外攀岩，挑战自然，挑战自我本无可厚非，但选择作为世界自然遗产的巨蟒峰攀爬，对使用打岩钉的方法攀登巨蟒峰所具有的破坏性，应有常人的认知，故张某某、张某、毛某某主观过错明显。客观上，张某某已在巨蟒峰上打入了 26 枚岩钉，造成了一定程度上的损害无可辩驳，张某某、张某、毛某某相互支持、相互协作，在攀登巨蟒峰过程中共同实施了侵权行为，对造成的损害依法应承担连带赔偿责任。鉴于张某某、张某、毛某某的行为侵害的是社会公众享有的对世界自然遗产的环境权益，且在全国范围内造成了较大的影响，故张某某、张某、毛某某应通过全国性媒体公开赔礼道歉。其应赔偿的损失金额，按照《最高人民法院关于审理环境民事公益诉讼案件适用法律若干问题的解释》第二十三条之规定，一审法院一方面考虑到巨蟒峰作为世界自然遗产的珍稀性，张某某、张某、毛某某的行为造成的后果的严重性以及社会影响的广泛性，另一方面在兼顾张某某、张某、毛某某的经济条件和赔偿能力等具体问题的基础上，由法院酌定赔偿数额较妥。尤其要指出的是，本案的审判意义不仅是对广大公众环境权益遭受损害的填补，更在于唤起全体社会成员环境保护意识，增强保护世界自然遗产在内的各种环境资源的自觉性，警示、教育他人珍惜资源，爱护环境，参照某大学专家组的评估报告，一审法院酌定赔偿数额为6000000元。某市检察院诉请的要求张某某、张某、毛某某连带赔偿巨蟒峰非使用价值造成损失的最低阈值本质上是环境资源受损金额，故一审法院据此判令张某某、张某、毛某某赔偿环境资源损失，用于公共生态环境保护和修复。对于某市检察院申请撤回要求张某某、张某、毛某某连带支付采取消除危险的措施建设巨蟒峰智能监测系统的费用510826.4元的诉讼请求，因该项诉讼请求并不涉及某市检察院诉请所维护的社会公共利益，一审法院予以准许。此外，某市检察院聘请的专家费用属于为诉讼支出的合理费用，应由张某某、张某、毛某某承担。据此，依照《中华人民共和国环境保护法》第六十四条、《中华人民共和国侵权责任法》第六条第一款、第八条、第十五条、《最高人民法院关于审理环境民事公益诉讼案件适用法律若干问题的解释》第十八条、第二十二条、第二十三条规定，经一审法院审判委员会讨论决定，判决：一、张某某、张某、毛某某在判决生效后十日内在全国性媒体上刊登公告，向社会公众赔礼道歉，公告内容应由一审法院审定；二、张某某、张某、毛某某连带赔偿环境资源损失计人民币6000000元，于判决生效后三十日内支付至一审法院指定的账户，用于公共生态环境保护和修复；三、张某某、张某、毛某某在判决生效后十日内赔偿公益诉讼起诉人某市检察院支出的专家费150000元。

本案二审过程中，被上诉人某市检察院提交了一份新证据。证据名称：《现场勘验笔录》及有关照片。证明目的：某管委会建设的巨蟒峰监控系统并未直接固定在巨蟒峰岩柱体上，而是固定在巨蟒峰周边的独立岩柱体上。建设监控系统并未对巨蟒峰的岩柱体造成损害。张某某质证认为，对该证据的三性均有异议：对真实性有异议，原审中某市检察院提交的巨蟒峰智能监察建设竣工材料费用清单中注明安装的6个摄像头，该组证据只有4个摄像头，隐瞒了2个安装在巨蟒峰柱体上的摄像头；对合法性有异议，勘验人勘验的时候，没有邀请基层的单位或者当事人参加；对关联性有异议，检察院对原审判决没有提出上诉，证明检察院对原审判决的事实是认可的，原审判决认定管委会打岩钉的行为是良善的行为，说明管委会是在巨蟒峰上打了岩钉的，现在检察院提出这样证据，与本案没有关联性。张某质证认为，同意张某某的质证意见：1. 公安部门提供现场勘查时间是在2020年的4月24日，是一审法院作出判决以后，不清楚这份鉴定是受检察部门的委托还是法院的委托，勘查笔录动机也不清楚；2. 这个笔录应该是用于反驳一审法院所认定的证据，应该是申请法院去进行现场勘查；3. 一审法院已经进行过现场勘查，检察院否认了自己的自认，与一审的说法相违背；4. 事发现场与之前是否有变化不清楚。所以对该证据的合法性、客观性、关联性、公正性都有异议，不能作为本案的证据。毛某某对该新证据没有意见。

本院庭后组织各方当事人并邀请某管理委员会、某公安分局人员到巨蟒峰现场勘查，确认某管理委员会安装监控摄像头共计6个。某市检察院认为现场明显可见6个摄像头均不在巨蟒峰柱体上。张某某及毛某某提出1号摄像头所在岩石与巨蟒峰独柱体底部相连，2号摄像头所在岩石与1号摄像头所在岩石相连，3号摄像头所在岩石与2号摄像头所在岩石相连，其他摄像头远离巨蟒峰。经本院现场查看，确认该6个摄像头均不在巨蟒峰独柱体岩石上。至于底部是否相连系专家论证范围，本院不予确定。

二审期间，上诉人张某某未提交新证据，但申请向某地勘局赣研究院调取邱某明2001年就巨蟒峰整体稳固性所作论证报告。根据《中华人民共和国民事诉讼法》第六十四条第二款的规定，当事人及其诉讼代理人因客观原因不能自行收集的证据，或者人民法院认为审理案件需要的证据，人民法院应当调查收集。本院经向邱某明电话询问，邱某明表示由于年代久远以及单位搬家，无法再找到2001年的报告。上诉人张某某据以申请调取证据的线索来源于2001年10月19日《江西日报》刊登的《攀登“巨蟒”悬!》一文，该文中提及某地勘局赣研究院邱某明说“巨蟒”的稳固性没有大碍，地质勘测部门对巨蟒峰岩石的整体稳固性进行了可行性论证。但该文同时提及地质勘测部门特别强调，在攀登过程中，在裂隙发育处尽量不要撞击、打眼（钻），以免破坏“巨蟒”局部形象，在顶部不要单边悬挂超重物体，以保持应力平衡。该文提及的稳固性论证并不能证明上诉人打岩钉的行为不构成对巨蟒峰的严重损毁，且该文提到的“巨蟒峰攀岩大奖赛”实际上也并未举行。本院认为能否找到邱某明2001年就巨蟒峰整体稳固性所作的论证报告，不影响对本案事实的认定，故对该申请不予支持。

上诉人张某、原审被告毛某某未提交新证据。

二审查明的其他事实与一审一致。对一审法院认定的其他事实和证据，本院予以确认。

本院认为，综合各方当事人诉辩意见，本案二审争议的焦点为：一、本案是否属于检察院可提起的生态破坏民事公益诉讼？二、本案上诉人的行为是否构成侵权？是否应当承担连带责任？三、如构成侵权，赔偿数额如何确定？针对争议焦点，本院评判如下：

一、关于本案是否属于检察院可提起的生态破坏民事公益诉讼的问题。

张某某上诉称自然环境非生态环境，本案不属于生态环境公益诉讼。本院认为，首先，虽然自然环境、生态环境一词在不同领域有不同含义，但在法律语境中自然环境属于生态环境的范畴，如：《中华人民共和国宪法》第二十六条明确“国家保护和改善生活环境和生态环境，防治污染和其他公害。”该法条将环境分为生活环境和生态环境（其中，生活环境指向与人类活动有关的环境，生态环境指向与自然活动有关的环境。）；《中华人民共和国环境保护法》第二条“本法所称环境，是指影响人类生存和发展的各种天然的和经过人工改造的自然因素的总体，包括大气、水、海洋、土地、矿藏、森林、草原、湿地、野生生物、自然遗迹、人文遗迹、自然保护区、风景名胜区、城市和乡村等。”该法条将大气、水、海洋、土地和自然遗迹、人文遗迹、自然保护区、风景名胜区等环境分为自然环境和人工环境（其中，自然环境指与人类生存和发展有密切关系的自然条件和自然资源，人工环境指经过人类活动改造过的环境。）。综合以上分析，可以认定张某某等三人采取打岩钉方式攀爬行为对巨蟒峰的损害构成对自然环境，亦即对生态环境的破坏。其次，巨蟒峰作为独一无二的自然遗迹，是不可再生的珍稀自然资源型资产，其所具有的重大科学价值、美学价值和经济价值不仅是当代人的共同财富，也是后代人应当有机会享有的环境资源。本案中，张某某等三人采取打岩钉方式攀爬对巨蟒峰的损害，侵害的是不特定社会公众的环境权益，不特定的多数人享有的利益正是社会公共利益的内涵。人们享有的环境权益不仅包含清新的空气、洁净的水源等人们生存发展所必不可少的环境基本要素，也包含基于环境而产生的可以满足人们更高层次需求的生态环境资源，例如优美的风景、具有重大科研价值的濒危动物或具有生态保护意义的稀缺植物或稀缺自然资源等。对这些资源的损害，直接损害了人们可以感受到的生态环境的自然性、多样性，甚至产生人们短时间内无法感受到的生态风险。

综上，张某某上诉称其三人行为仅构成对自然资源的破坏而非对生态环境的破坏不能成立。本案中，张某某等三人的行为对巨蟒峰自然遗迹的损害，属于生态环境资源保护领域损害社会公共利益的行为，根据《中华人民共和国民事诉讼法》第五十五条第二款的规定，人民检察院在履行职责中发现破坏生态环境和资源保护、食品药品安全领域侵害众多消费者合法权益等损害社会公共利益的行为，可以向人民法院提起诉讼。故本案属于检察院可提起的破坏生态环境和资源保护的民事公益诉讼。

二、关于张某某、毛某某、张某的行为是否构成侵权行为以及三人是否应当承担连带责任的问题。

（一）对于张某某、毛某某、张某三人采取打岩钉的方式攀爬造成巨蟒峰损害的行为是否构成侵权行为，根据《中华人民共和国环保法》第六十四条“因污染环境和破坏生态造成损害的，应当依照《中华人民共和国侵权责任法》的有关规定承担侵权责任。”的规定，对三人的行为应从一般侵权行为的构成要件来判断，即加害行为、损害结果、加害行为与损害结果之间的因果关系以及行为人的过错。

1. 关于加害行为。攀岩作为一项体育运动，主要分为徒手攀岩和借助器械攀登。借助器械攀登进行的攀岩，其在一定程度上对自然环境的损坏是显而易见的，自然环境可以合理使用，但应遵循合理开发利用限度。虽然一般情形下的攀岩运动本身及在攀爬中使用器械的行为不具有违法性，但不等于该行为任何情形下都不具有加害性。巨蟒峰作为世界地质遗迹和某风景名胜区的核心景观，受到国家法律和国际公约的保护。本案中，张某某、毛某某、张某三人作为经常从事攀岩的人员，对打入巨蟒峰独柱体的26个岩钉既未经过专家论证，也未避开岩体的脆弱段，从下至上对岩体造成通体性的破坏，本案的攀岩方式给巨蟒峰岩体造成了超过必要限度的损害，加害性是明显的。

上诉人张某某称因为没有看到禁止采用器械攀爬的明文法律规定，则“法无禁止即可为”。本院认为，这是对法律规定的片面理解，不论是刑法、还是民法，我国法律均有禁止损害名胜古迹的规定，无论采用何种方式损害，均属于禁止之列。同时，“法无禁止即可为”非绝对的自由原则，世上没有绝对的自由，只有相对的自由，人们在享受“法无禁止即可为”自由的同时应当遵循“不得损害他人”原则。本案中张某某等三人的行为对巨蟒峰造成的损害，侵害了不特定公众的利益，损害了社会公共利益，严重违反“不得损害他人”原则。

综上，张某某等三人的行为属于加害行为。

2. 关于损害结果。张某某、毛某某、张某三人采取打岩钉的方式攀爬巨蟒峰必然对巨蟒峰造成损害，但其行为的后果对于巨蟒峰造成损毁的程度，鉴于目前全国没有法定的司法鉴定机构可以对此鉴定，本案采信专家意见有法律依据。根据《中华人民共和国民事诉讼法》第七十九条规定“当事人可以申请人民法院通知有专门知识的人出庭，就鉴定人作出的鉴定意见或者专业问题提出意见。”以及《最高人民法院关于审理环境民事公益诉讼案件适用法律若干问题的解释》第十五条规定“当事人申请通知有专门知识的人出庭，就鉴定人作出的鉴定意见或者就因果关系、生态环境修复方式、生态环境修复费用以及生态环境受到损害至恢复原状期间服务功能的损失等专门性问题提出意见的，人民法院可以准许。前款规定的专家意见经质证，可以作为认定事实的根据。”2017年4月28日，受某省某市公安局某分局的委托，罗某华、张某平、赵某中、尹某胜四位专家组成的专家组就张某某、毛某某、张某三人采取打岩钉的方式攀爬巨蟒峰造成的损毁情况进行研讨分析，并出具了《关于“4.15”三名游客攀爬三清山世界级地质遗迹点巨蟒峰毁损情况的意见》（以下简称《专家意见》）。出具《专家意见》的四名专家，罗某华系某地质大学（北京）教授，张某平系某科学院地理科学与资源研究所研究员，赵某中系某地质科学院地质力学所研究员，尹某胜系某省地质调查研究院教授级高级工程师，均属于“有专门知识的人”，他们接受侦查机关的有权委托且有详细的检查验证过程，程序合法，结论明确。其中两名专家即张某平、尹某胜经法院通知，以检验人的身份在某市检察院指控被告人张某某、毛某某、张某犯故意损毁名胜古迹罪一案中出庭，对《专家意见》的形成过程进行了详细的说明并接受了控、辩双方及审判人员的质询。上诉人张某称张某平、尹某胜两位专家未在民事诉讼中作为专家接受质证而仅提供刑事案件中的庭审笔录，显然有违民事诉讼及最高法院相关规定。本院认为，张某平、尹某胜两位专家在上饶市检察院指控被告人张某某、毛某某、张某犯故意损毁名胜古迹罪一案中出庭，该案诉讼参与人与本案诉讼参与人一致，本案三人均作为刑事案件中的被告人参与该案并对《专家意见》进行了质证，对出庭专家进行了质询，且该《专家意见》所证明的事实与本案事实存在同一性；可以视为张某平、尹某胜两位专家已经出庭就张某某、毛某某、张某三人采取打岩钉的方式攀爬巨蟒峰造成巨蟒峰损毁的情况接受了质证。且本案中，张某某等三人对书面《专家意见》均进行了质证。故该《专家意见》从主体到程序符合法定要求，可以作为认定事实的根据。《专家意见》认定“4.15”三名游客即张某某、毛某某、张某三人打岩钉攀爬巨蟒峰行为对巨蟒峰的自然性、原始性、完整性造成严重破坏；打入的岩钉会诱发和加重物理、化学、生物风化，加快巨蟒峰花岗岩柱体的侵蚀过程，甚至造成崩解；在巨蟒峰最细处，也是巨蟒峰最脆弱段打入4个岩钉加重了巨蟒峰花岗岩柱体的脆弱性。综上所述，张某某、毛某某、张某三人采取打岩钉的方式攀爬巨蟒峰的行为对巨蟒峰造成严重损毁。

张某某、张某上诉主张《专家意见》所描述的巨蟒峰损毁结果并非“已然”，重在强调“将然”和“必然”，一审法院将“存在的重大风险”直接等同为“损害结果”错误，只有当“风险”变成现实以后才会产生损害结果。本院认为，首先，《专家意见》所描述的巨蟒峰损毁结果存在“已然”的结果，即三人打岩钉攀爬巨蟒峰行为已经对巨蟒峰的自然性、原始性、完整性造成严重破坏。这种损害结果是已经客观存在的，对巨蟒峰打入岩钉本身对巨蟒峰柱体的自然性、原始性和完整性的破坏是常人都能认知和感受到的损害。其次，《专家意见》描述的其他两项即打入的岩钉会诱发和加重物理、化学、生物风化，加快巨蟒峰花岗岩柱体的侵蚀过程，甚至造成崩解；在巨蟒峰最细处，也是巨蟒峰最脆弱段打入4个岩钉加重了巨蟒峰花岗岩柱体的脆弱性的描述，是上诉人所称的“风险”，也是现实的危险状态。所谓风险，是指某种特定的危险事件（事故或意外事件）发生的可能性与其产生的后果的结合，可见风险是由两个因素共同作用组合而成的，一是该危险发生的可能性，即危险概率；二是该危险事件发生后所产生的后果。《专家意见》中，“风化”、“侵蚀”、“崩解”是危险事件发生后所产生的后果，而“诱发”“加重”“加快”是一个确定性的描述，即增大了该危险发生的可能性，即危险概率的增加。这种危险概率的增加是一种“已然”结果，使得人们遭受巨蟒峰损毁危险后果的可能性实质性增加。《专家意见》基于科学和专业知识对巨蟒峰描述的“加重”“加快”和“甚至崩解”的风险，构成损害社会公共利益的重大风险。为了避免危险后果的发生，避免人们遭受不可估量的重大损害或重大损失，刑法中将危险犯即是将造成法定危险状态作为犯罪既遂的标准，而非实际的损害。在环境民事公益诉讼中，法律亦规定对已经损害社会公共利益或者具有损害社会公共利益重大风险的污染环境、破坏生态的行为，有权机关可以根据《最高人民法院关于审理环境民事公益诉讼案件适用法律若干问题的解释》第一条、第十八条规定依法提起民事公益诉讼并请求被告承担相应的民事责任。上述规定进一步加强了环境民事公益诉讼的预防功能的实现，从而更好地保护人们的生活环境和生态环境。故张某某、张某上诉称“风险”非损害结果没有事实和法律的依据，不予支持。本案对损害结果的认定，不仅是对造成、增加自然遗迹损毁风险行为人的惩戒，更是对社会成员的规范性指引，提醒人们对环境资源的珍惜和爱护。

3. 关于加害行为与损害结果之间的因果关系。根据已查明的事实，对于张某某等三人打入巨蟒峰26个岩钉攀爬的行为与巨蟒峰的损害结果之间存在直接因果关系，各方当事人并没有异议。张某某等三人仅是对巨蟒峰的损害程度有异议，不影响本案加害行为与损害结果之间的因果关系成立。

4. 关于行为人的过错。张某某、张某上诉称他们的主观意愿是攀爬巨蟒峰，是对自然资源的合理利用，没有损害巨蟒峰的故意。虽然《中华人民共和国环境保护法》规定因污染环境和破坏生态造成损害的，应当依照《中华人民共和国侵权责任法》的有关规定承担侵权责任，但该规定并未明确污染环境和破坏生态两类侵权行为的归责原则。侵权责任法仅对污染环境造成损害的侵权行为明确了无过错归责原则，对于本案中对自然资源的损害造成的环境侵权则没有明确的规定。严格的无过错归责原则需基于法律明文规定，故本案应适用过错归责原则，本案行为人的主观过错是侵权行为的构成要件之一。攀岩作为一项体育运动，主要分为徒手攀岩和借助器械攀岩。借助器械进行的攀岩，其在一定程度上对自然环境的损害是显而易见的，关键在于该损害是否在合理范围内。本案张某某等三人作为经常从事攀岩的人员，对于某风景名胜区标志性景观巨蟒峰的独一无二的价值是明知的，打入的26个岩钉既未经过专家论证，也未避开岩体的脆弱段，从下至上对岩体造成通体性的破坏，事实上即是对损害巨蟒峰存在放任的故意。故张某某、毛某某、张某三人对造成巨蟒峰的损害存在明显的过错。

综上，张某某、毛某某、张某三人采取打岩钉的方式攀爬巨蟒峰的行为构成侵权行为，应当承担侵权责任。

（二）张某某、毛某某、张某三人是否应当承担连带责任。

《中华人民共和国侵权责任法》第八条规定“二人以上共同实施侵权行为，造成他人损害的，应当承担连带责任。”本案中，张某某、毛某某、张某三人相约结伴去巨蟒峰进行攀岩活动，并分工携带了有关工具。张某某在公安机关讯问笔录中供述其带了一把电钻、二十个左右岩钉、十一二把快挂、三把主锁、二三根扁带、一个上升器、一把铁锤、一把扳手、一顶安全帽、两根静力绳，毛某某带了安全带、快挂，张某带了安全带、快挂、一架无人机。毛某某在公安机关讯问笔录中供述他们带了静力绳、膨胀螺钉（自带挂片）、电钻、钻头、上升器、下降器、快挂扣、铁锤、凿子、刀子、充电器、安全带、无人机等工具和设备。张某在公安机关讯问笔录中供述其带了无人机、安全带、安全帽、快挂、保护器、头盔、扁带、对讲机等。三人对在公安机关所作的供述予以认可。根据审理查明的事实，在攀爬过程中，张某某首先攀爬，毛某某、张某在下面拉住绳索保护张某某的安全。张某某在有危险的地方打岩钉，使用电钻在巨蟒峰岩体上钻孔，再用铁锤将岩钉打入孔内，用扳手拧紧，然后在岩钉上布绳索。毛某某一直跟在张某某后面为张某某拉绳索做保护，并沿着张某某布好的绳索攀爬到巨蟒峰顶部。在张某某、毛某某攀爬开始时，张某为张某某拉绳索做保护，之后沿着张某某布好的绳索攀爬至巨蟒峰顶部，在顶部使用无人机进行拍摄。根据上述事实，可以认定虽然是张某某具体实施了打岩钉的行为，但毛某某、张某事前、事中均具有使用打岩钉的方式攀爬巨蟒峰的共同意思，三人在攀爬过程中分工不同，但彼此之间存在协作和支持，每一个行为人实际上都以他人的行为作为自己的行为来完成其共同要达到的目的，三人并最终完成采用打岩钉的方式登顶巨蟒峰，在完成登顶后的视频拍摄证明了采用打岩钉造成巨蟒峰的损害结果是在三人的共同意思所要达到的目的范围之内，并未超出三人目的之可预见范围。张某上诉称其分工任务是拍摄而非打钉从而不应承担连带赔偿责任的主张，与事实不符，予以驳回。张某某、毛某某、张某三人的行为构成共同侵权，依法应当承担连带责任。

三、关于赔偿数额如何确定的问题。

本案三行为人对巨蟒峰造成的损失量化问题，目前全国没有鉴定机构可以鉴定，2018 年 3 月 28 日某市检察院委托某大学专家组就本案所涉巨蟒峰损失进行价值评估。某大学专家组 2018 年 5 月 3 日作出《巨蟒峰受损价值评估报告》(以下简称《评估报告》)，于 2019 年 1 月 11 日提交一审法院，系在评估有效期 2018 年 5 月 3 日至 2019 年 5 月 3 日内提交。该专家组成员黄某平、林某凯、胡某胜具有环境经济、旅游管理、生态学方面的专业知识，采用国际上通行的意愿价值法对本案所涉价值进行了评估，三位专家均出庭对《评估报告》进行了说明并接受了各方当事人的质证。本院认为，该《评估报告》符合《最高人民法院关于审理环境民事公益诉讼案件适用法律若干问题的解释》第十五条规定的“专家意见”，依法可作为本案认定事实的根据。

《评估报告》采用的意愿价值法也称条件价值法，属于环境保护部下发的《环境损害鉴定评估推荐方法（第Ⅱ版）》确定的评估方法之一。虽然该方法存在一定的不确定性，但其科学性在世界范围内仍然得到认可，且目前就本案情形没有更合适的评估方法。某市检察院依法对三人提起生态破坏环境民事公益诉讼，根据《评估报告》诉请三人连带赔偿巨蟒峰非使用价值损失的最低阈值1190万元合法有据。《最高人民法院关于审理环境民事公益诉讼案件适用法律若干问题的解释》第二十三条规定，法院可以结合破坏生态的范围和程度、生态环境的稀缺性、生态环境恢复的难易程度以及被告的过错程度等因素，并可以参考相关部门意见、专家意见等合理确定。故一审法院根据以上意见，结合本案客观事实以及各方面因素，参考《评估报告》结论"'巨蟒峰案的价值损失评估值'不应低于该事件对巨蟒峰非使用价值造成损失的最低阙值，即1190万元"，酌定赔偿数额为600万元并无不当，应予维持。张某某、张某上诉称该《评估报告》非法定鉴定机构出具、已过规定的期限而不能作为本案裁判依据，以及张某某上诉称该《评估报告》所采用的意愿价值法评估得出的结论不可靠，一审法院不能据此确定赔偿数额的主张，没有事实和法律依据，不予支持。

至于张某某、张某上诉称巨蟒峰也有他人打入的岩钉、某风景名胜区管理委员会在巨蟒峰安装监测设施所造成的损害，但仅判由上诉人等承担赔偿责任显失公平，以及不应承担15万元专家评估费用的问题。本院认为，本案中的《评估报告》系明确针对本案三行为人在巨蟒峰打入26个岩钉造成的损害进行的评估，不涉及他人造成的损害；某风景名胜区管理委员会案发后在巨蟒峰周围安装监测设施系为公共利益而设，依法经过了许可和设计，并经本院现场查看，巨蟒峰监测设施共计6个摄像头，该6个摄像头均不在巨蟒峰独柱体岩石上，避免了对巨蟒峰独柱体岩石的损害，其行为与张某某等三人的行为不具有同一性，亦与本案无关；对于15万元的专家评估费用，系检察院为诉讼支出的合理费用。根据《最高人民法院关于审理环境民事公益诉讼案件适用法律若干问题的解释》第二十二条的规定，原告请求被告承担检验、鉴定费用，合理的律师费以及为诉讼支出的其他合理费用的，人民法院可以依法予以支持。

综上所述，本院认为，生态环境是人类生存和发展的根基，对自然资源的破坏即是对生态环境的破坏。我国法律明确将自然遗迹、风景名胜区作为环境要素加以保护，规定一切单位和个人都有保护环境的义务，因破坏生态环境造成损害的，应当承担侵权责任。特别是在推进生态文明建设的进程中，只有实行最严格的制度、最严密的法治，才能更好地保护我们的生态环境。张某某、毛某某、张某三人采用打岩钉方式攀爬行为给巨蟒峰造成不可修复的永久性伤害，损害了社会公共利益，构成共同侵权。判决三人承担环境侵权赔偿责任，旨在引导社会公众树立正确的生态文明观，珍惜和善待人类赖以生存和发展的生态环境。一审法院参照《评估报告》结论，综合考虑本案的法律、社会、经济因素，依法酌情确定赔偿数额为600万元并无不当。张某某、张某的上诉请求不能成立，应予驳回；一审判决认定事实清楚，适用法律正确，应予维持。依照《中华人民共和国民事诉讼法》第一百七十条第一款第一项规定，判决如下：

驳回上诉，维持原判。

二审案件受理费109700元，由上诉人张某某负担54850元，张某负担54850元。

本判决为终审判决。

下篇　刑事案件篇

第四章　固体废物污染环境典型刑事案例

第一节　潘传某、潘春某、杨建某、蒋松某等非法倾倒工业污泥污染环境案评析

【案例级别】普通案例

【案例来源】中国裁判文书网

【案件类型】刑事

【文书类型】裁定书

【审理程序】二审（终审）

【案　　号】（2020）浙04刑终99号

【关 键 词】刑事；工业污泥；污染环境罪；污泥数量认定；公共财产损失；主观故意；

【典型意义】

本案是工业排污环保服务企业与自然人相联系进行大规模破坏环境的案件。被告人之间是属于跨越区域、分工合作处置工业生产废物，加剧污染源风险传播的情形，社会危害性较大、行为人主观恶意明显。并且，通过非法倾倒处置的工业污泥等废物不仅对水域造成排污侵害，也影响当地居民用水安全，严重威胁人民群众的身体健康。因此，人民法院依法对提供、运输、处置工业废物的被告人均认定构成污染环境罪，应承担刑事法律责任。

【基本案情】

在2016年5月、2013年8月、2015年6月，潘传某、杨建某、蒋松某等

人注册成立了无处置固体废物资质的环保服务公司、环保技术公司。2018年2月至5月间，被告人潘春某、潘传某、杨建某、杨荣某、蒋松某、曹银某、花彩某、潘三某、潘财某、钱福某、刘某、王万某、王小某、王孝某、孙成某及袁惠某、吴建某、祝雪某、张志某等人互相分工，共同实施或帮助实施工业固废的非法处置。其间，潘春某等人谎称有合法处置资质的企业为最终接收处置单位，直接或由杨建某、杨荣某、蒋松某及祝雪某等人联系，与石化公司、印染公司、染整公司1等20余家企业洽谈承接工业固废处置服务业务；王小某、王孝某、孙成某等人安排其各自车队的人员将工业固废运输至码头；潘传某负责在码头记账、结算相关费用等事项；王万某为装卸工业固废提供码头，并将工业固废用挖机挖至经过改装的货船内等。然后，曹银某、潘三某等人将上述工业固废用船上改装时安装的暗泵直接排入河道内；钱福某参与和帮助曹银某等人排放工业固废、维护机器设备，并介绍刘某到曹银某等人合伙的船上排放工业固废；刘某帮助在曹银某等人合伙的货船上排放工业固废。根据相关排污企业的环境影响报告和检测报告，有多家排污企业的工业固废属于危险废物或含有重金属镍等污染物质的有毒有害工业固废。最终经鉴定，日晖浜码头土壤及浙海海盐船舱角落土壤中的样品中含镍、铬等污染物；经司法鉴定所评估，本案污泥违规倾倒事件应急处置过程费用为445余万元。另外在2018年2月23日至5月25日间，潘春某从太阳能科技公司等企业联系工业固废，或通过杨建某等人组织、联系工业固废，由被告人潘传某及袁惠某、吴建某等人协助，指使曹银某及张志某等人用改装的货船将工业固废用暗泵直接排放某市某镇、某镇等地的运河河道水域内，合计数量达6300余吨，涉公私财产损失445余万元。同时，在2018年2月23日至5月25日间，杨建某通过他人介绍，以环保技术服务公司1等名义，多次从化工公司1、石化公司、某科技公司等多家企业组织工业固废，并运输至濮院某码头等地方后，交给潘春某，再由曹银某等人合伙的货船及张志某等人合伙的货船直接排放至河道内，合计数量达3000余吨，涉公私财产损失211余万元。并且在2018年3月27日至4月16日间，杨建某多次从印染公司1、染整公司2、印染公司2等多家企业组织工业固废，并运输至濮院某码头等地方后，交给潘春某，再由曹银某等人合伙的货船及张志某等人合伙的货船直接排放至河道内，合计数量达 1300 余吨，涉公私财产损失 91 余万元。2018 年 3 月 1 日至 4 月 29 日间，蒋松某自己或通过他人介绍，以环保技术服务公司 2 等名义，多次从化工公司 2、石化公司等多家企业组织工业固废，并运输至濮院某码头等地方后，直接或通过他人交给潘传某，再由张志某等人合伙的货船直接排放至河道内，合计数量达 900 余吨，涉公私财产损失 63 余万元。

桐乡市人民法院审理某市人民检察院指控被告人潘春某、潘传某、杨建某、杨荣某、蒋松某、曹银某、潘三某、花彩某、潘财某、钱福某、刘某、王万某、王孝某、王小某、孙成某犯污染环境罪一案，于 2020 年 4 月 15 日作出（2019）浙 0483 刑初 737 号刑事判决。被告人潘春某、潘传某、杨建某不服，分别提出上诉。嘉兴市中级人民法院受理后，于 2020 年 6 月 16 日将案卷移送某市人民检察院阅卷，该院于 2020 年 7 月 16 日阅卷完毕。本院依法组成合议庭，经过阅卷、讯问三上诉人，并听取辩护人意见和某市人民检察院的检察意见，认为本案事实清楚，决定不开庭审理。经浙江省高级人民法院批准，本案延长审限二个月。现已审理终结。

【争议焦点】

1. 被告潘传某，杨建某对污泥排放数量的存疑及最终认定；
2. 本案对于公私财产损失的界定问题。

【裁判说理】

一、基于被告潘传某，杨建某对污泥排放数量的存疑及最终认定

证人王某、孔某的证言以及王某提供的印章样式等证据证实，水泥公司并不接收某县之外的工业固废，而且也没有下属单位，上诉人潘春某与产污单位签订处置合同所使用的公章均系伪造，故潘春某所提其将部分污泥送“小浦南方水泥厂”正规处置的辩解不能成立，这就凸显出被告的主观故意性。且原判认定其非法处置污泥数量均为通过曹银某、张志某货船装运，在案证据证实曹银某及张志某货船运输的污泥全部倾倒于运河之中，对环境造成严重破坏。所查获的原始账册对装运至上述两艘货船的污泥数量、运输人

员、联系人、产污单位等均有明确记载，通过潘传某的供述、吴建某的证言均证实依码单等如实记录，真实性亦得到杨荣某、蒋松某、王万某、王孝某等其他涉案人员以及产污单位证人证言的证实，应予采信。另外根据账册计算，自2018年2月23日至5月25日，通过王万某等人的码头装运至曹银某、张志某两艘船的污泥合计6300余吨，写有“老板杨建某”作为中间商的合计3000余吨。上诉人潘春某、杨建某所提各涉污泥少于上述认定数量的辩解均不足采信。而涉及“嘉兴石化”的400余吨污泥，则是由被告人蒋松某联系产污单位，因此可以推定为上诉人杨建某与潘春某有主观上联系，客观上的作为，系共同犯罪，杨建某亦需对该部分数量负责。上诉人杨建某所提该部分不应计入其犯罪数量的意见不能成立，不予采纳。

二、本案对于公私财产损失的界定问题

根据产污单位的环境影响报告以及对排污码头土壤、涉案货船上遗留土壤的检测，本案中排入河道的污泥系含有重金属的有害工业固废。而京杭大运河是重要的人类文明遗产，有着不可替代的航运、水利、灌溉、景观、文化价值。本案工业固废非法处置利益链条上的经手人层层分割利益，最终导致3600余吨含重金属的工业固废被直接排放至大运河河道中，造成环境污染是无可争议的客观事实。筑坝打捞并焚烧处理的应急处置方案是为了切断固体废物对周边环境的影响，清除并处理固体废物和处置其他污染物，系为防止污染扩大、消除污染而采取的必要合理措施，产生的费用经验收和司法鉴定确认后，应认定为本案污染环境行为所造成的公私财产损失，且上述费用已由当地政府实际支付。辩护人所提被排入河道的污泥已无打捞焚烧必要、相关费用不应认定为公私财产损失的意见不能成立，不予采纳。原判并未根据造成生态环境严重损害或特别严重损害对各被告人定罪量刑，认定的公私财产损失数额也未包含调查评估费用，辩护人所提应扣除调查评估费用的意见没有依据。

某环境科学研究所在作出应急处置方案当时虽尚未取得司法鉴定资质，但根据《最高人民法院、最高人民检察院关于办理环境污染刑事案件适用法律若干问题的解释》的规定，对案件所涉的环境污染专门性问题也可以依据国务院环境保护主管部门、公安部门指定的机构出具的报告，结合其他证据作出认定，辩护人就此所提并不影响上述应急处置方案作为司法活动判断依据的证据效力。

【裁判结果】

浙江省嘉兴市中级人民法院认为潘春某、潘传某、杨建某、杨荣某、蒋松某、曹银某、花彩某、潘三某、潘财某、钱福某、刘某、王万某、王孝某、王小某、孙成某互相结伙或结伙他人，由被告人潘春某策划，互相分工，分别组织、联系、运输、装卸等含有有毒有害物质的工业固废，装运至经过改装的货船上并稀释后，采用暗泵排放的方法直接排入运河河道水域内，数量达6300余吨，目前，为消除污染已造成公私财产损失达600余万元，属后果特别严重。各被告人均属严重污染环境，其行为均已触犯《中华人民共和国刑法》第三百三十八条、第二十五条第一款，犯罪事实清楚，证据确实、充分，应当以污染环境罪追究其刑事责任。据此，依照《中华人民共和国刑事诉讼法》第二百三十六条第一款第一项之规定，浙江省嘉兴市中级人民法院二审裁定驳回上诉，维持原判。

【相关规定】

《中华人民共和国刑法》（2020修订）第338条、第25条、第27条、第65条、第67条、第72条、第64条［原《中华人民共和国刑法》（2017修订）第338条、第25条、第27条、第65条、第67条、第72条、第64条］

《最高人民法院、最高人民检察院关于办理环境污染刑事案件适用法律若干问题的解释》第1条、第3条

《中华人民共和国刑事诉讼法》第236条（2018修订）

案例整编人：姚薇薇、施小雪

附已公开生效判决文书：

浙江省嘉兴市中级人民法院
刑 事 裁 定 书

（2020）浙04刑终99号

上诉人（原审被告人）：潘春某等

原审被告人：杨荣某等

桐乡市人民法院审理某市人民检察院指控被告人潘春某、潘传某、杨建某、杨荣某、蒋松某、曹银某、潘三某、花彩某、潘财某、钱福某、刘某、王万某、王孝某、王小某、孙成某犯污染环境罪一案，于2020年4月15日作出（2019）浙0483刑初737号刑事判决。被告人潘春某、潘传某、杨建某不服，分别提出上诉。本院受理后，于2020年6月16日将案卷移送某市人民检察院阅卷，该院于2020年7月16日阅卷完毕。本院依法组成合议庭，经过阅卷、讯问三上诉人，并听取辩护人意见和某市人民检察院的检察意见，认为本案事实清楚，决定不开庭审理。经浙江省高级人民法院批准，本案延长审限二个月。现已审理终结。

原判认定：

2016年5月、2013年8月、2015年6月，被告人潘春某、杨建某、蒋松某等人注册成立了无处置固体废物资质的环保服务公司、环保技术服务公司1、环保技术服务公司2。2018年2月至5月间，被告人潘春某、潘传某、杨建某、杨荣某、蒋松某、曹银某、花彩某、潘三某、潘财某、钱福某、刘某、王万某、王小某、王孝某、孙成某及袁惠某、吴建某、祝雪某、张志某（均另案处理）等人互相分工，共同实施或帮助实施工业固废的非法处置。其间，被告人潘春某等人谎称有合法处置资质的企业为最终接收处置单位，直接或由被告人杨建某、杨荣某、蒋松某及祝雪某等人联系，与石化公司、印染公司1、染整公司1等20余家企业洽谈承接工业固废处置服务业务；被告人王小某、王孝某、孙成某等人自己或安排其各自车队的人员将工业固废运输至码头；被告人潘传某负责在码头记账、结算相关费用等事项；被告人王万某等人为装卸工业固废提供码头，并将工业固废用挖机挖至经过改装的货船内等；被告人曹银某、潘三某、花彩某、潘财某合伙购买货船（船号浙海盐货0××××号），并将货船进行改装，将上述工业固废用船上改装时安装的暗泵直接排入河道内；被告人钱福某参与和帮助被告人曹银某等人排放工业固废、维护机器设备，并介绍被告人刘某到被告人曹银某等人合伙的船上排放工业固废；被告人刘某帮助在被告人曹银某等人合伙的货船上排放工业固废。根据相关排污企业的环境影响报告和检测报告，有多家排污企业的工业固废属于危险废物或含有重金属镍等污染物质的有毒有害工业固废。经鉴定，日晖浜码头土壤及浙海盐货0××××号货船船舱角落土壤中的样品中含镍、铬等污染物；经某环境科学研究所司法鉴定所评估，本案污泥违规倾倒事件应急处置过程费用为445余万元。其中：

（一）被告人潘春某、潘传某参与的事实

在2018年2月23日至5月25日间，杨建某通过他人介绍，以环保技术服务公司1等名义，多次从化工公司1、石化公司、某科技公司等多家企业组织工业固废，并运输至濮院某码头等地方后，交给潘春某，再由曹银某等人合伙的货船及张志某等人合伙的货船直接排放至河道内，合计数量达3000余吨，涉公私财产损失211余万元。

（二）被告人杨建某参与的事实

在2018年3月27日至4月16日间，杨建某多次从印染公司1、染整公司2、印染公司2等多家企业组织工业固废，并运输至濮院某码头等地方后，交给潘春某，再由曹银某等人合伙的货船及张志某等人合伙的货船直接排放至河道内，合计数量达1300余吨，涉公私财产损失91余万元

（三）被告人杨荣某参与的事实

2018年3月27日至4月16日间，被告人杨荣某多次从印染公司1、染整公司2、印染公司2等多家企业组织工业固废，并运输至濮院某码头等地方后，交给被告人潘春某，再由被告人曹银某等人合伙的货船及张志某等人合伙的货船直接排放至河道内，合计数量达1300余吨，涉公私财产损失91余万元。

（四）被告人蒋松某参与的事实

2018年3月1日至4月29日间，被告人蒋松某自己或通过他人介绍，以环保技术服务公司2等名义，多次从化工公司2、石化公司等多家企业组织工业固废，并运输至濮院某码头等地方后，直接或通过他人交给被告人潘春某，再由张志某等人合伙的货船直接排放至河道内，合计数量达900余吨，涉公私财产损失63余万元。

（五）被告人曹银某、花彩某、潘三某、潘财某参与的事实

2018年3月，经被告人潘春某授意后，被告人曹银某、花彩某、潘三某、潘财某结伙，至某县向步某祥购得浙海盐货0××××号（后被涂改成“海宁货0xx号”）货船一艘；又经被告人钱福某联系和介绍，至某市某区找到冯岗某对货船进行改装，安装了可排至河道内的暗泵等设备。之后，在2018年3月27日至5月25日间，被告人曹银某、花彩某、潘三某、潘财某结伙，用上述改装的货船，在某市某码头、濮院某码头等处，接收被告人潘春某等人组织、联系来的工业固废，并先后纠集被告人钱福某、刘某等人参与，将工业固废稀释后直接用暗泵排入某镇某码头、濮院范某1码头等地的运河水域河道内，合计数量达2400余吨，涉公私财产损失169余万元。

（六）被告人钱福某参与的事实

2018年3月27日至5月25日间，被告人钱福某受被告人曹银某等人指使，在某镇镇丰介笕码头、濮院范某1码头等处，在被告人曹银某等人合伙的货船上，向被告人曹银某等人传授排放方法并参与排放工业固废至河运水域河道内；其间，又介绍有排放经验的被告人刘某至被告人曹银某等人合伙的货船上参与排放工业固废至河道内，其中被告人钱福某直接参与排放的数量为600余吨，介绍被告人刘某参与排放的数量为1800余吨，合计数量达2400余吨，涉公私财产损失169余万元。

（七）被告人刘某参与的事实

2018年4月中旬至5月25日间，被告人刘某经被告人钱福某联系、介绍，在濮院范某1码头、濮院桐星大桥与新运桥之间的运河河段等处，伙同被告人曹银某等人，在被告人曹银某等人合伙的货船上参与排放工业固废至河道内，合计数量达1800余吨，涉公私财产损失127余万元。

（八）被告人王万某参与的事实

2018年3月27日至5月25日间，被告人王万某在明知被告人潘春某、曹银某及张志某等人没有依法处置工业固废的情况下，仍提供其经营的濮院某码头给被告人潘春某、曹银某及张志某等人装卸工业固废，并用铲车帮助推铲污泥，指使王某等人用码头上的挖机把卸在码头上的工业固废挖到被告人曹银某等人合伙的货船上，以及张志某等人合伙的货船上，合计数量达4900余吨，涉公私财产损失345余万元。

（九）被告人王孝某、王小某、孙成某参与的事实

2018年2月22日至5月25日间，被告人王孝某、王小某、孙成某在明知被告人潘春某、杨建某、杨荣某、蒋松某、曹银某及张志某等人没有依法处置工业固废的情况下，仍多次为上述被告人等人组织、运输或安排驾驶人员和车辆运输工业固废。其中：被告人王孝某参与或安排人员从企业运输至濮院某码头等处的工业固废数量为2900余吨，涉公私财产损失204余万元；被告人王小某参与或安排人员运输到濮院某码头等处的工业固废数量为1400余吨，涉公私财产损失98余万元；被告人孙成某参与或安排人员运输到濮院某码头、某市某码头等处的工业固废数量为900余吨，涉公私财产损失63余万元。

原审另查，被告人杨荣某、蒋松某、钱福某、刘某、王万某已分别退缴违法所得3000元、50000元、1500元、11000元、15000元，暂存于桐乡市人民法院账户。

原判认为，被告人潘春某、潘传某、杨建某、杨荣某、蒋松某、曹银某、花彩某、潘三某、潘财某、钱福某、刘某、王万某、王小某、王孝某、孙成某的行为均已构成污染环境罪，其中，被告人潘春某、潘传某、杨建某、曹银某、花彩某、潘三某、潘财某、钱福某、刘某、王万某、王孝某属后果特别严重。被告人花彩某、潘财某、钱福某、刘某、王万某、王孝某、王小某、孙成某系从犯，依法从轻或者减轻处罚。被告人潘春某系累犯，依法从重处罚。被告人杨荣某、蒋松某、曹银某、潘三某、花彩某、潘财某、钱福某、刘某、王万某、王小某、王孝某、孙成某归案后如实供述主要犯罪事实，依法从轻处罚。据此，原判依照《中华人民共和国刑法》第三百三十八条、第二十五条第一款、第二十七条、第六十五条第一款、第六十七条第三款、第

七十二条、第六十四条以及《最高人民法院、最高人民检察院关于办理环境污染刑事案件适用法律若干问题的解释》第一条第（九）项、第三条第（五）项之规定，判决：一、被告人潘春某犯污染环境罪，判处有期徒刑六年，并处罚金三十万元。二、被告人潘传某犯污染环境罪，判处有期徒刑四年，并处罚金十五万元。三、被告人杨建某犯污染环境罪，判处有期徒刑三年八个月，并处罚金十万元。四、被告人曹银某犯污染环境罪，判处有期徒刑三年三个月，并处罚金六万元。五、被告人潘三某犯污染环境罪，判处有期徒刑三年二个月，并处罚金六万元。六、被告人杨荣某犯污染环境罪，判处有期徒刑二年六个月，缓刑三年，并处罚金四万元。七、被告人蒋松某犯污染环境罪，判处有期徒刑二年，缓刑二年六个月，并处罚金三万元。八、被告人花彩某犯污染环境罪，判处有期徒刑二年，缓刑二年六个月，并处罚金一万元。九、被告人潘财某犯污染环境罪，判处有期徒刑二年，缓刑二年六个月，并处罚金一万元。十、被告人钱福某犯污染环境罪，判处有期徒刑一年六个月，缓刑二年，并处罚金一万元。十一、被告人刘某犯污染环境罪，判处有期徒刑一年三个月，缓刑一年九个月，并处罚金一万元。十二、被告人王万某犯污染环境罪，判处有期徒刑二年六个月，缓刑三年，并处罚金二万元。十三、被告人王孝某犯污染环境罪，判处有期徒刑一年九个月，缓刑二年三个月，并处罚金一万五千元。十四、被告人王小某犯污染环境罪，判处有期徒刑一年，缓刑一年六个月，并处罚金一万元。十五、被告人孙成某犯污染环境罪，判处有期徒刑九个月，缓刑一年三个月，并处罚金八千元。十六、扣押在案的违法所得80500元予以没收，其余违法所得继续予以追缴。十七、禁止被告人杨荣某、蒋松某、花彩某、潘财某、钱福某、刘某、王万某、王小某、王孝某、孙成某在缓刑考验期内从事与排污或者处置危险废物有关的生产经营活动。

被告人潘春某上诉提出：1. 其非法处置工业固废数量为2600余吨，原判认定数量有误；2. 其未授意曹银某等人购买货船，对曹银某等人通过暗泵将稀释后的固体废物排入河道并不知情；3. 应急处置费用的鉴定价格过高。综上，请求二审从轻改判。其辩护人提出：1. 污泥被倾倒河道3至6个月后已没有实际危害，筑坝打捞并焚烧处理等并不是为防止污染扩大、消除污染的必要合理措施，相应费用不应认定为公私财产损失，且某环境科学研究所在出具2018年12月10日和25日的两份应急处置方案时并无司法鉴定资质。2. 司法鉴定意见并未认定生态环境损害的存在，相应的调查评估费用不应计入公私财产损失。3. 根据潘春某的供述，其非法处置的固体废物仅2600余吨，并向侦查机关提供了正规处置去向，但侦查机关未予调查。综上，上诉人非法处置固体废物造成的公私财产损失应为140万元，原判量刑过重，请求二审从轻改判。

被告人潘传某上诉及辩护人辩护提出：1. 潘传某只是听从潘春某的安排在码头记账，对改装货船使用暗泵将工业固废直接排入运河并不知情，主观上没有非法处置工业固废的故意，也没有获取任何经济利益，所起作用较小，应认定为从犯。2. 潘传某系初犯，归案后认罪态度较好，综上，请求二审对其减轻处罚。

被告人杨建某上诉及辩护人辩护提出：1. 原判认定杨建某参与非法处置工业污泥3000余吨证据不足，杨建某提供的工业污泥仅1800余吨；2. 2018年4月以前，杨建某并不知道潘春某将工业污泥排入河道，此前基于潘春某的口头承诺等，限于文化程度，认为潘春某合法处置污泥，存在监管失责，但没有污染环境的主观故意；3. 杨建某所起作用次要，主观恶性较小，且系初犯、归案后认罪态度较好。综上，请求二审对其减轻处罚。

某市人民检察院的检察意见认为：原判认定的事实清楚，证据确实、充分，定罪和适用法律正确，量刑适当。建议二审驳回上诉，维持原判。

经审理查明，原判认定上诉人潘春某、潘传某、杨建某及原审被告人杨荣某、蒋松某、曹银某、潘三某、花彩某、潘财某、钱福某、刘某、王万某、王孝某、王小某、孙成某污染环境的事实，有证人范某1、邓某、范某2人等证言，辨认笔录及照片，通话记录，银行流水清单，搜查笔录、扣押物品清单及照片，账本，现场勘查笔录，应急处理与环境调查工作方案，检测报告，应急处置方案，现场清理工作验收报告以及司法鉴定意见书等证据予以证实，原审被告人杨荣某、蒋松某、曹银某、花彩某、潘三某、潘财某、钱福某、刘某、王万某、王小某、王孝某、孙成某均供认不讳，所供能相互印证，并与上述证据证明的情况相符，上诉人潘春某、潘传某、杨建某亦有供述在案。

关于上诉及辩护所提，本院综合分析评判如下：

一、关于非法处置污泥数量问题

证人王某、孔某的证言以及王某提供的印章样式等证据证实，水泥公司并不接收某县之外的工业固废，也没有下属单位，上诉人潘春某与产污单位签订处置合同所使用的公章均系伪造，故潘春某所提其将部分污泥送“小浦南方水泥厂”正规处置的辩解不能成立，且原判认定其非法处置污泥数量均为通过曹银某、张志某货船装运，在案证据证实曹银某及张志某货船运输的污泥全部倾倒于运河之中。所查获的原始账册对装运至上述两艘货船的污泥数量、运输人员、联系人、产污单位等均有明确记载，记录人员潘传某的供述、吴建某的证言均证实依码单等如实记录，真实性亦得到杨荣某、蒋松某、王万某、王孝某等其他涉案人员以及产污单位证人证言的佐证，应予采信。根据账册计算，自2018年2月23日至5月25日，通过王万某等人的码头装运至曹银某、张志某两艘船的污泥合计6300余吨，写有“老板杨建某”即杨建某作为中间商的合计3000余吨。上诉人潘春某、杨建某所提各涉污泥少于上述认定数量的辩解均不足采信。而涉及“嘉兴石化”的400余吨污泥，由原审被告人蒋松某联系产污单位，上诉人杨建某联系潘春某处置，系共同犯罪，杨建某亦需对该部分数量负责。上诉人杨建某所提该部分不应计入其犯罪数量的意见不能成立，不予采纳。

二、关于主观明知问题

原审被告人曹银某、花彩某的证言均证实利用货船将污泥排入河道系上诉人潘春某授意。产污单位、中间商、运输人员、码头承租者以及潘春某一方工作人员等人的供述或证言均证实，上诉人潘春某实施了联系、收集工业固废，安排码头转运以及将工业固废交由曹银某等人非法处置的行为，在案证据足以证实上诉人潘春某主观上有非法处置工业固废的故意。

上诉人潘传某、杨建某辩解并不明知污泥处置情况，但针对曹银某的货船连续多天于夜间装运污泥的情况，码头的王万某、运输人员以及吴建某等人均能认识到存在非法处置的情况，而案发三个月间一直在码头负责管理、记账的潘传某不可能认识不到；上诉人杨建某作为中间商，未履行任何核查和监管义务，以明显低价将污泥交由无资质的潘春某处置，结合其曾供述听说潘春某将污泥倒入河中，足以认定其明知涉案污泥被非法处置。上诉及辩护就此所提均不能成立，不予采纳。

三、关于公私财产损失问题

根据产污单位的环境影响报告以及对排污码头土壤、涉案货船上遗留土壤的检测，本案中排入河道的污泥系含有重金属的有害工业固废。而京杭大运河是重要的人类文明遗产，有着不可替代的航运、水利、灌溉、景观、文化价值。本案工业固废非法处置利益链条上的经手人层层分割利益，最终导致3600余吨含重金属的工业固废被直接排放至大运河河道中，造成环境污染是无可争议的客观事实。筑坝打捞并焚烧处理的应急处置方案是为了切断固体废物对周边环境的影响，清除并处理固体废物和处置其他污染物，系为防止污染扩大、消除污染而采取的必要合理措施，产生的费用经验收和司法鉴定确认后，应认定为本案污染环境行为所造成的公私财产损失，且上述费用已由当地政府实际支付。辩护人所提被排入河道的污泥已无打捞焚烧必要、相关费用不应认定为公私财产损失的意见不能成立，不予采纳。原判并未根据造成生态环境严重损害或特别严重损害对各被告人定罪量刑，认定的公私财产损失数额也未包含调查评估费用，辩护人所提应扣除调查评估费用的意见没有依据。

某环境科学研究所在作出应急处置方案当时虽尚未取得司法鉴定资质，但根据《最高人民法院、最高人民检察院关于办理环境污染刑事案件适用法律若干问题的解释》的规定，对案件所涉的环境污染专门性问题也可以依据国务院环境保护主管部门、公安部门指定的机构出具的报告，结合其他证据作出认定，辩护人就此所提并不影响上述应急处置方案作为司法活动判断依据的证据效力。

四、关于主从犯问题

上诉人杨建某联系排污企业并从中牟取暴利，上诉人潘传某在污泥转运过程中负责码头管理、记账、结算等，均系本案犯罪过程的重要环节，所起均非次要或辅助作用，二上诉人及辩护人所提二人系从犯的意见不能成立，不予采纳。

综上，原判认定的事实清楚，证据确实、充分。

本院认为，上诉人潘春某、潘传某、杨建某及原审被告人杨荣某、蒋松某、曹银某、花彩某、潘三某、潘财某、钱福某、刘某、王万某、王小某、王孝某、孙成某相互结伙或结伙他人，相互分工，采用直接排入运河河道水域的方式非法处置属有害物质的工业固废，数量达6300余吨，造成公私财产损失达445余万元。其中，上诉人潘春某、潘传某参与排放工业固废6300余吨，涉公私财产损失445余万元；上诉人杨建某参与排放工业固废3000余吨，涉公私财产损失211余万元；原审被告人曹银某、潘三某、花彩某、潘财某、钱福某参与排放工业固废2400余吨，涉公私财产损失169余万元；原审被告人刘某参与排放工业固废1800余吨，涉公私财产损失127余万元；原审被告人王万某参与排放工业固废4900余吨，涉公私财产损失345余万元；原审被告人王孝某参与排放工业固废2900余吨，涉公私财产损失204余万元，均属后果特别严重。原审被告人杨荣某参与排放工业固废1300余吨，涉公私财产损失91余万元；原审被告人蒋松某参与排放工业固废900余吨，涉公私财产损失63余万元；原审被告人王小某参与排放工业固废1400余吨，涉公私财产损失98余万元；原审被告人孙成某参与排放工业固废900余吨，涉公私财产损失63余万元，均属严重污染环境，上述十五人的行为均已构成污染环境罪。原判定罪及适用法律正确，根据各上诉人及原审被告人的犯罪事实、情节、认罪悔罪表现等所处刑罚均适当，审判程序合法。上诉及辩护请求二审从轻或减轻处罚的理由不足，不予采纳。对嘉兴市人民检察院建议驳回上诉、维持原判的检察意见予以采纳，据此，依照《中华人民共和国刑事诉讼法》第二百三十六条第一款第（一）项之规定，裁定如下：

驳回上诉，维持原判。

本裁定为终审裁定。

第二节　司徒某戌、司徒某协、陈某峰、李某贤等非法倾倒毒性工业固体危险废物污染环境案评析

【案例级别】典型案例

【案例来源】2022 年最高人民法院十起人民法院依法审理固体废物污染环境典型案例①

【案件类型】刑事

【文书类型】裁定书

【审理程序】二审（终审）

【案　　号】（2020）粤 07 刑终 336 号

【关 键 词】刑事；污染环境罪；工业废泥；主观故意；因果关系

【典型意义】

本案是跨省转运倾倒工业固体危险废物污染环境引发的案件。良好的生态环境是社会可持续发展的根本保障。同时，新能源汽车产业是国家经济快速发展的朝阳产业，作为新能源汽车核心部件之一的电池，若是进行非法处置由此引发的毒性工业气体会对环境造成严重破坏，与保护环境的初衷背道而驰。本案人民法院基于被告的工作经验与生活常识推断其对自身行为有明确认知，推定被告在非法处置毒性工业固体废物存在主观故意，因此被告的违法行为与污染结果存在因果关系，构成污染环境罪。该案的处理，既彰显了人民法院严厉打击危害环境行为的鲜明态度，也有助于警示社会不法分子禁止触碰法律红线，切实保障环境公共利益和人民群众的环境权益。

---

① 《人民法院依法审理固体废物污染环境典型案例》，载最高人民法院网站，https：//www. court. gov. cn/zixun/xiangqing/347801. html，2023 年 5 月 19 日访问。

【基本案情】

2015年9月至2018年3月，广东省江门市某实业有限公司（另案处理）副总经理王某（另案处理）将该公司生产新能源汽车锂电池正极材料过程中产生的毒性工业固体危险废物浸出渣（以下简称浸出渣）23067吨，以每吨318元的费用交给无相关资质的司徒某戌、司徒某协非法处置。然后，司徒某戌、司徒某协又将上述浸出渣转包给无相关资质的陈某峰等多人分别运到某省A市、B市某区、C市、D市、某民族自治区某县等地非法处置。在这个过程中，李某贤受陈某峰指使，负责组织车辆、司机将其中4700多吨浸出渣分别运到A市某镇某砖厂和某区某镇某砖厂进行非法倾倒，造成多地的环境遭受严重破坏。

恩平市人民法院审理某市人民检察院指控原审被告人司徒某戌、司徒某协、陈某峰、李某贤犯污染环境罪一案，于2020年7月28日作出（2020）粤0785刑初2号刑事判决。宣判后，李某贤不服，提出上诉。江门市中级人民法院受理后，依法组成合议庭，通过阅卷，讯问李某贤，听取辩护人意见，认为本案事实清楚，决定以不开庭方式审理本案。现已审理终结。

【争议焦点】

被告司徒某戌、司徒某协、陈某峰、李某贤是否具有主观故意及污染环境罪的认定

【裁判说理】

一、被告司徒某戌、司徒某协、陈某峰、李某贤是否具有主观故意及污染环境罪的认定

首先，虽然李某贤否认其见过涉案浸出渣（即工业废泥，以下统称工业废泥）的形状及并不知情其具有环境危害性，且辩解其没有污染环境的故意，但基于如下理由，应认定李某贤具有污染环境的故意：1. 李某贤辩解称其不可能知道、不知道从实业公司运输的废泥会污染环境，明显不能成立，理由如下：（1）与李某贤同样从事运输行业的黄某稂，明显告知过李某贤让其派

车去实业公司运输的工厂生产过程中产生的淤泥是存在污染的，并且认为工厂生产过程中产生的淤泥若随意倾倒会污染环境，这是从事运输行业的常识。故李某贤辩解其不知道涉案工业废泥的环境污染性所体现的认知水平，远低于其有多年货物运输营运经历所应具备的通常认知水平，李某贤未能做出合理说明，从李某贤的工作经历及生活常识可以判定其对工业废泥存在基本认知的，所作辩解不予成立。（2）李某贤所承运的涉案废泥来源于实业公司，系有异味的工业废泥，而非地库泥、沟渠泥、塘底泥等非工业废泥，对此李某贤从一开始就是明知的；主观故意较为明显。因此，李某贤以上述地库泥、沟渠泥、塘底泥有异味但不会污染环境的经验为由主张其不可能知道上述工业废泥具有环境污染性，明显缺乏事实基础，不能成立。（3）周某兴、廖某柔的证言以及李某贤的供述相互印证，证实：在第一次到实业公司运输涉案工业污泥时，司机廖某柔等人就向李某贤反映涉案业务污泥有异常的臭味。另外李某贤在侦查阶段也供述曾有司机向其反映运输的废泥有异味。因此，其找陈某峰核实，陈某峰告诉其这是工厂生产的废泥当然有异味；其一开始对其产生怀疑，但后来因为当时陈老板说过自己可以处理，以为经高温做砖后就不会对环境造成污染，此后便不再过问。综上所述，李某贤在其组织承运涉案工业废泥时主观上至少认定为知晓涉案工业废泥的环境危害性的。

其次，李某贤作为运输经营者，有义务去核验其所组织承运的涉案工业废泥是否为危险品、违禁品（例如是否为危险废物等）并根据核验的情形依法采取应对措施，但李某贤怠于实质性应为义务（体现在：如上所述，在有怀疑涉案工业废泥可能有问题的情况下仅是口头向陈某峰求证，但未采取其他有效措施），就组织人员、车辆将涉案工业废泥运输至砖厂等涉案地点倾倒。在明知涉案工业废泥会污染环境的情况下，李某贤上述怠于实质履行合法合规经营义务的行为本身足以表明其对其所组织承运涉案工业废泥会发生的危害结果至少是持放任态度的。其次，事实上李某贤组织人员、车辆承运工业废泥至砖厂等涉案地点倾倒后导致严重的环境污染损害后果；上述后果并不属于不可抗力或意外事件，更多具有主观人为因素。另外，李某贤涉案行为与上述后果的发生存在刑法上的因果关系。再次，李某贤从陈某峰处承揽运输涉案工业污泥业务，后组织人员、车辆承运涉案工业废泥并严重污染环境，与陈某峰构成共同犯罪，应承担法律责任。

综上，李某贤主观上有污染环境的故意，客观上有与他人共同污染环境的行为且造成特别严重的后果，其行为符合污染环境罪的构成要件，构成污染环境罪。相关否认李某贤有污染环境的故意及构成共同犯罪、李某贤污染环境犯罪主观认识不足的意见，与根据在案证据查明的事实不符，不予支持。

【裁判结果】

广东省恩平市人民法院一审认为，被告人司徒某戌、司徒某协、陈某峰、李某贤违法处置有毒物质，后果特别严重，均已构成污染环境罪。判决四被告人犯污染环境罪，判处有期徒刑五年至一年八个月不等，并处罚金，追缴、没收违法所得。广东省江门市中级人民法院二审裁定驳回上诉，维持原判。

【相关规定】

《中华人民共和国刑法》（2020 修订）第 338 条、第 25 条、第 26 条、第 27 条、第 67 条、第 52 条、第 53 条、第 64 条［原《中华人民共和国刑法》（2017 修订）第 338 条、第 25 条、第 26 条、第 27 条、第 67 条、第 52 条、第 53 条、第 64 条］

《最高人民法院、最高人民检察院关于办理环境污染刑事案件适用法律若干问题的解释》第 3 条、第 12 条、第 15 条

案例整编人：姚薇薇、施小雪

附已公开生效刑事裁定书：

广东省江门市中级人民法院
刑 事 裁 定 书

（2020）粤07刑终336号

原公诉机关：恩平市人民检察院

上诉人（原审被告人）：李某贤

原审被告人：司徒某戌、司徒某协、陈某峰

恩平市人民法院审理某市人民检察院指控原审被告人司徒某戌、司徒某协、陈某峰、李某贤犯污染环境罪一案，于2020年7月28日作出（2020）粤0785刑初2号刑事判决。宣判后，李某贤不服，提出上诉。本院受理后，依法组成合议庭，通过阅卷，讯问李某贤，听取辩护人意见，认为本案事实清楚，决定以不开庭方式审理本案。现已审理终结。

原审判决认定：2015年9月至2018年3月，实业公司（另案处理）由其副总经理王某（另案处理）将该公司生产新能源汽车锂电池正极材料过程中产生的浸出渣共23067吨交给没有相关资质的司徒某戌、司徒某协父子（以下简称“司徒父子”）非法处置，实业公司每吨支付人民币318元、共支付人民币733万余元（其中60万元后来由实业公司退出，由公安机关扣押）处理费用给司徒父子。司徒父子再将浸出渣先后转包给没有相关资质的陈某峰及陈某泉、黄某贵、黄某坚、莫某德（均另案处理）分别运到A市、B市某区、C市、D市、某省某县等地非法处置。具体如下：

1. 2015月9月至2016年8月，司徒父子将实业公司的3000多吨浸出渣运到某区某镇某砖厂交给陈某泉就地填埋，除去每车次支付给陈某泉400元场地费及司机600元运费，司徒父子共获利80多万元。

2. 2016年9月至2017年12月，司徒父子以每吨100元另加每车次补贴1000元（折合约130元每吨）的价格将6000多吨浸出渣交给陈某峰处置，司徒父子每吨获利170元，共获利1020000多元。陈某峰聘请李某贤组织车辆将其中4500多吨和200多吨浸出渣分别运到A市某镇某砖厂和某区某镇某砖厂倾倒，每吨支付李某贤50多元运费，陈某峰每吨获利70多元；其余1000多吨陈某峰交由其弟陈某（另作处理）运到某区某镇某砖厂和C山某区某砖厂倾倒或处置，每吨支付陈某100元处理费用，陈某峰每车次获利1000元。陈某峰共计获利360000多元。

3. 2016年10月至11月，司徒父子以每吨150元的价格将300多吨浸出渣交由黄某贵拉到D市倾倒，司徒父子每吨获利150元，共获利45000多元。

4. 2016年10月至2017年6月，司徒父子以每吨180元的价格将2100多吨浸出渣交由黄某坚拉到D市倾倒，司徒父子每吨获利120元，共获利252000多元。

5. 2016年11月至2018年3月，司徒父子以每吨180元的价格将8900多吨浸出渣交由莫某德拉到D市及某省某县倾倒，其中700多吨被倾倒在某县，司徒父子每吨获利120元，共获利1068000多元；

综上，司徒某戊、司徒某协共处置浸出渣23067吨，获利3185000多元（实业公司退出的60万元非法所得不包括在内）；陈某峰处置浸出渣6000多吨，获利360000多元；李某贤处置浸出渣4700多吨，收取运费共258500元（含成本）。

2018年3月，因倾倒于某省某县的浸出渣被发现而案发，公安机关分别从上述各地倾倒点查获被倾倒的浸出渣，并于2018年5月先后将司徒某戊、司徒某协、陈某峰抓获，同月24日李某贤向公安机关投案自首。经检测，实业公司仓库内及被运到某县、D市、A市、某区等地的浸出渣均为危险废物。案发后各地浸出渣已清理完毕，相关费用已由实业公司支付。

李某贤在收到陈某峰支付的运费258500元后，自己所得51000元，其余的运费支付给其他司机。在本案审理期间，司徒某戊退出非法所得人民币4.3万元，司徒某协退出非法所得人民币5万元，实业公司退出司徒某协非法所得人民币60万元（由公安机关扣押），陈某峰退出非法所得人民币279200元，李某贤退出非法所得人民币1万元。

原审判决认定上述事实依据的证据有：户籍资料、案件移送书、案件调查报告、到案情况说明、某市环保局行政处罚决定书、银行转账记录、付款凭证、发票、委托书、付款通知书、地磅单、微信聊天及转账记录等相关书证，现场勘验检查笔录及照片，关于污染物的相关报告、环境损害评估报告等鉴定意见，王某、田某平、金某建、潘某俊、苏某彦、梁某嫦、黄某晶、钟某蕾、周某华、刘某力、陈某泉、陈某、李某豪、李某贵、陈某发、廖某柔、梁某沛、黄某稂、李某占、周某兴、薛某、梁某富、郑某华、钟某钦、黄某贵、莫某德等证人证言、辨认笔录，司徒某戊、司徒某协、陈某峰、李某贤的供述、辩解及辨认笔录等。

原审判决认为，司徒某戊、司徒某协、陈某峰、李某贤无视国家法律，违反国家规定处置有毒物质，后果特别严重，其行为已构成污染环境罪。司徒某戊、司徒某协、陈某峰、李某贤是共同犯罪，在共同犯罪中，司徒某戊、司徒某协、陈某峰起主要作用，是主犯；李某贤起次要作用，是从犯，可从轻处罚。司徒某戊、司徒某协、陈某峰如实供述罪行，可以从轻处罚；李某贤有自首情节，应当从轻或减轻处罚。实业公司退出的司徒某协非法所得人民币60万元不包括在其非法所得的3185000元内。综合各被告人的犯罪情节，决定对司徒某戊、司徒某协、陈某峰从轻处罚，对李某贤减轻处罚。司徒某戊、司徒某协、陈某峰、李某贤退出的非法所得及实业公司退出司徒某协非法所得人民币60万元均上缴国库，余下的非法所得责令退出。依照《中华人民共和国刑法》第三百三十八条、第二十五条、第二十六条、第二十七条、第六十七条第一款及第三款、第五十二条、第五十三条、第六十四条，《最高人民法院、最高人民检察院关于办理环境污染刑事案件适用法律若干问题的解释》第三条第（二）项、第十二条、第十五条之规定，判决：一、司徒某戊犯污染环境罪，判处有期徒刑五年，并处罚金人民币五十万元。二、司徒某协犯污染环境罪，判处有期徒刑四年六个月，并处罚金人民币五十万元。三、陈某峰犯污染环境罪，判处有期徒刑三年六个月，并处罚金人民币二十万元。四、李某贤犯污染环境罪，判处有期徒刑一年八个月，并处罚金人民币五万元。五、司徒某戊退出的非法所得人民币43000元、司徒某协退出的非法所得人民币50000元、陈某峰退出的非法所得人民币279200元、李某贤退出的非法所得人民币10000元，实业公司退出的司徒某协非法所得人民币600000元均予以没收，上缴国库（由扣押机关某市公安局办理相关手续）。六、责令司徒某戊、司徒某协共同退出非法所得人民币3092000元，责令陈某峰退出非法所得人民币 80800 元，责令李某贤退出非法所得人民币 41000 元，上述款项上缴国库。

李某贤上诉称：1. 其只是受陈某峰的雇请运输涉案废泥，对所运输的废泥的污染性不知情，也无知情的可能性，理由如下：（1）其只是到过实业公司 2 次，且均是带司机到实业公司附近告诉司机的拉货地址就走，从未见过黄某稂、周某兴、梁某沛、廖某柔、李某占所提及的“仓库危险，勿近”及骷髅头像等字样和标识。（2）在长达一年的运输过程中，5 名司机中仅有 1 名向其反映过运输的物品有臭味；为此其还询问过陈某峰，陈某峰告知其废泥没问题。（3）根据其本人经验，地库泥、沟渠泥、塘底泥均有异味，故其无法从所运输的废泥有异味就判断出废泥有污染性。（4）其未曾与司徒某戌、司徒某协接触过，不清楚实业公司的经营范围。（5）证人黄某稂、周某兴是车主，只是雇佣司机到实业公司运输涉案废泥，故周某兴指认其运输废泥时闻到刺鼻气味和见到有“仓库危险勿近”的标语的证言不可信。他们若是怀疑废泥有问题，完全可以不拉这些废泥，而且在长达一年的时间中黄某稂、周某兴及其司机都没有向其反映废泥有问题。综上，其没有污染环境的故意，不构成污染环境罪的共同犯罪。2. 原审判决认定其非法获利 51000 元证据不足。其收取的 51000 元是运费，扣除必要成本，其利润也只有运费的 2 成，故其获利只是 10200 元。3. 原审判决虽认定其有自首情节，但没有据此对其减轻处罚导致量刑过重。4. 办案的公安民警曾向其及其妻子推荐辩护人的违法行为并对其进行误导，这有其当时写给其妻子并由办案民警带出去给其妻子的信为证。综上，李某贤请求公正审判。

李某贤的辩护人提出：1. 李某贤在开始本案所涉运输业务时，对污染环境的犯罪事实不知情。李某贤在开始本案所涉运输业务前，不知道所运输的泥土的真实、具体状况。虽然在周某兴或者廖某柔曾向李某贤提过运输的泥有臭味，但李某贤向陈某峰了解过，而陈某峰回答是“这是工业废泥，肯定有臭味，你拉到砖厂就可以了”，陈某峰的上述回答足以让李某贤消除疑虑。至于陈某峰指认李某贤肯定清楚废泥有刺鼻臭味，只是主观猜测，没有任何根据。2. 即便后来李某贤可能猜测到其运输的泥土有问题，但无法排除绝大多数人都认为污泥经过水泥厂的高温焚烧后就没有问题。黄某稂的证言提及他知道大泽的一些工厂生产过程中产生的污泥运到砖厂焚烧以免造成污染；司徒某协在一审庭审中也提及实业公司王某告诉他浸出渣拉去焚烧就没有问题。因此，如果事实是“这些浸出渣即使运输到砖厂高温焚烧依然存在污染”，则说明环境保护相关科学没有得到宣传和普及；如果事实是“这些浸出渣运输到砖厂高温焚烧就没有污染”，则只能说明是陈某峰没有焚烧涉案的泥土，从而导致了环境污染。综上，李某贤对本案涉案泥土的主观认知是不足的，而且无法排除其存在认识上的错误，请求法庭公正审判。

经审理查明，原审判决查明的事实属实，本院予以确认。认定上述事实的证据，与原审判决采纳的证据相同。

本院认为，司徒某戌、司徒某协、陈某峰、李某贤无视国家法律，违反国家规定处置有毒物质，后果特别严重，其行为均已构成污染环境罪，应依法惩处。在共同犯罪中，司徒某戌、司徒某协、陈某峰起主要作用，是主犯；李某贤起次要作用，是从犯，可从轻处罚。司徒某戌、司徒某协、陈某峰如实供述罪行，予以从轻处罚；李某贤有自首情节，予以减轻处罚。司徒某戌、司徒某协、陈某峰、李某贤退出的犯罪所得及实业公司退出司徒某协犯罪所得人民币60万元均予以没收，上缴国库；上述人员尚未退清的犯罪所得，应责令其退赔并上缴国库。

对辩解、辩护意见，综合评判如下：

（一）关于李某贤是否具有污染环境的故意及是否构成污染环境罪的问题

首先，虽然李某贤否认其见过涉案浸出渣（即工业废泥，以下统称工业废泥）的具体性状及具有环境危害性，并辩解其没有污染环境的故意，但基于如下理由，应认定李某贤具有污染环境的故意：

1. 李某贤辩解称其不可能知道、不知道从实业公司运输的废泥会污染环境，明显不能成立，理由如下：（1）与李某贤同样从事运输行业的黄某稂，明确指认李某贤让其派车去实业公司运输的工厂生产过程中产生的淤泥是会有污染的，并称工厂生产过程中产生的淤泥若随意倾倒会污染环境，这是从事运输行业的常识。故李某贤辩解其不知道涉案工业废泥的环境污染性所体现的认知水平，远低于其有多年货物运输营运经历所应具备的通常认知水平，明显不合理且李某贤对此未能做合理解释。（2）李某贤所承运的涉案废泥来源于实业公司，系有异味的工业废泥，而非地库泥、沟渠泥、塘底泥等非工业废泥，对此李某贤从一开始就是明知的；因此，李某贤以上述地库泥、沟渠泥、塘底泥有异味但不会污染环境的经验为由主张其不可能知道上述工业废泥具有环境污染性，明显缺乏事实基础，不能成立。（3）周某兴、廖某柔的证言以及李某贤的供述相互印证，证实：在第一次到实业公司运输涉案工业污泥时，司机廖某柔等人就向李某贤反映涉案业务污泥有异常的臭味。李某贤在侦查阶段亦供述过有司机向其反映运输的废泥有异味故其找陈某峰核实，陈某峰告诉其这是工厂生产的废泥当然有异味；其一开始也很怀疑这些废泥有问题，但后来因为当时陈老板说过自己可以处理，以为经高温做砖后就不会对环境造成污染。

由上可见，李某贤在其组织承运涉案工业废泥时主观上至少是概括的清楚涉案工业废泥的环境危害性的。

2. 李某贤作为运输经营者，有义务去核实了解其所组织承运的涉案工业废泥是否为危险品、违禁品（例如是否为危险废物等）并根据核实的具体情况依法采取相应的应对措施（包括但不限于及时跟进监督司机或者其他承运人依法处理），但李某贤怠于实质履行上述义务（体现在：如上所述，在有怀疑涉案工业废泥可能有问题的情况下仅是口头向陈某峰求证，但未采取其他有效措施），就组织人员、车辆将涉案工业废泥运输至砖厂等涉案地点倾倒。在明知涉案工业废泥会污染环境的情况下，李某贤上述怠于实质履行合法合规经营义务的行为本身足以由于李某贤违法承运的涉案工业废泥属于危险废物，其上述污染环境的犯罪行为及其据此而收取的运费属于犯罪所得，均应予以全面的否定性评价，因此对其收取的51000元运费，应全部予以追缴或者责令退赔，没收上缴国库。相关以应扣减其成本为由主张原审判决全额没收有误的意见，理据不足，不予支持。

表明其对其所组织承运涉案工业废泥会发生的危害结果至少是持放任态度的。其次，事实上李某贤组织人员、车辆承运工业废泥至砖厂等涉案地点倾倒后导致严重的环境污染损害后果；上述后果显然不是不能抗拒或者不能预见的原因所引起，李某贤涉案行为（包括但不限于上述怠于履行上述义务的行为）与上述后果的发生存在刑法上的因果关系。再次，李某贤从陈某峰处承揽运输涉案工业污泥业务，后组织人员、车辆承运涉案工业废泥并严重污染环境，与陈某峰构成共同犯罪。综上，李某贤主观上有污染环境的故意，客观上有与他人共同污染环境的行为且造成特别严重的后果，其行为符合污染环境罪的构成要件，构成污染环境罪。相关否认李某贤有污染环境的故意及构成共同犯罪、李某贤污染环境犯罪主观认识不足的意见，与根据在案证据查明的事实不符，不予支持。

（二）关于李某贤收取的51000元涉案工业废泥运费，是否应全额责令退赔或者追缴，上缴国库的问题。

（三）关于量刑及其他问题

首先，综合考虑李某贤参与实施的犯罪的社会危害性及其在共同犯罪的作用及具有的自首、主动退缴部分犯罪所得等情节，原审判决对李某贤判处的刑罚符合罪责刑相适应原则，量刑适当，予以确认。相关原判过重，请求对李某贤判处更轻刑罚的意见，理据不足，不予支持。

其次，李某贤上诉所提及的第4点意见，是否属实不影响本案的处理。李某贤可以另循法律途径寻求救济。

综上所述，原审判决认定的事实清楚，证据确实、充分，定罪及适用法律准确，量刑适当，审判程序合法。依照《中华人民共和国刑事诉讼法》第二百三十六条第一款第（一）项之规定，裁定如下：

驳回上诉，维持原判。

本裁定为终审裁定。

第三节　船务公司及姚某祥、仲某祥、凌某忠等非法处置危险工业化学废液污染环境案评析

【案例级别】普通案例
【案例来源】中国裁判文书网
【案件类型】刑事
【文书类型】裁定书
【审理程序】二审（终审）
【案　　号】（2020）浙04刑终237号
【关 键 词】刑事；化学废液；污染来源判定；单位犯罪主体；委托关系

【典型意义】

本案是属于非法处置危险工业化学物品污染环境的刑事案件。被告人并未办理经营许可证并在受到环保监管部门的责令下，仍不整改且更为变本加厉去非法处置危险工业化学废液，给环境造成严重破坏。因此，人民法院依法对于非法运输，处置不同环节的被告人进行全面追责，打击跨地区的共同实施污染环境行为，规范危险工业化学物的处置行为。另外，本案法院在审理时也贯彻宽严相济的刑事政策，对该案的事实存疑进行准确核实，做到惩罚犯罪与保障人权相结合。该案的审理为相关企业正确处理经济发展与环境保护之间的关系敲响了警钟，同时也教育和引导企业依法生产，依托科技手段提升清洁生产和排放工业废物的能力，促进绿色发展的实现。

【基本案情】

2010年4月26日，船务公司与位于某市的某石料经营部（以下简称某码

头）负责人即仲某祥签订《关于码头装卸、仓储服务合同》，以年租金10万元的价格租用该某码头500平方米用于仓储建池及产品经营中转，合同有效期为10年。此后，船务公司在未经监管部门审批的情况下，在该处建成四个储存池。2012年6月储存池进行使用，后来船务公司装运存储，然后资源综合利用公司利用从上游金属制品企业收集的废酸所生产的氯化亚铁、硫酸亚铁到该储存池作为储存、销售中转之用。然后，资源综合利用公司指派公司员工马某荣具体负责某码头储存池净水剂的进出库管理、指派公司员工王某为负责人从事销售，违法建造储存池并存放危险化学品即资源综合利用公司利用废酸生产的硫酸亚铁，在被环保部门发现责令停止违法行为后，将池内净水剂遗弃。并没有进行清理。当地镇政府发现并责令妥善处置的情况下，船务公司明知仲某祥无相应处置资质和能力仍委托其非法处置，最终造成环境污染；且在污染发生后，船务公司又安排不具有危险废物处置资质的人员盲目处置，导致污染范围扩大。姚某祥系船务公司直接负责的主管人员和责任者。此外，相关工作人员凌某听从仲某安排，盲目处置危险废物，并为了便于船务公司抽取硫酸亚铁，大力配合，致使污染风险加剧。最终，船务公司共抽取硫酸亚铁103吨，污染物清理，运输，处置实际费用达到195万元。

桐乡市人民法院审理某市人民检察院指控被告单位船务公司、被告人姚某祥、仲某祥、凌某忠犯污染环境罪一案，于2020年9月9日作出（2020）浙0483刑初441号刑事判决。被告单位船务公司、被告人姚某祥不服，分别提出上诉。本院受理后，于2020年10月16日将案卷移送某市人民检察院阅卷，该院于次月16日阅卷完毕。嘉兴市中级人民法院依法组成合议庭，于2021年2月5日公开开庭进行了审理，某市人民检察院指派检察员程某、周某出庭履行职务，上诉人船务公司的诉讼代表人严某扣及辩护人、上诉人姚某祥及辩护人参加诉讼。经浙江省高级人民法院批准，本案延长审限二个月。现已审理终结。

【争议焦点】

1. 在案发现场收集的污染液体残留与被告非法处置污染物是否属于同一来源；

2. 对于被告委托关系是否成立进行判断分析；

3. 关于单位犯罪主体的界定。

【裁判说理】

一、在案发现场收集的污染液体残留与被告非法处置污染物是否属于同一来源

首先，经对资源综合利用公司原料库、产品库及上游企业的酸洗液采样检测，样品均呈强酸性，所含成分较多，这足够证明资源综合利用公司并未对从上游企业收集的废酸中重金属实施入厂控制，这仅仅只是一个物理调配过程，不具有处理废酸内重金属的能力；通过现场外泄的化学物品检测得知，PH 值及重金属种类与上述液体一致，且从案发现场抽取的液体运回资源综合利用公司后，经该公司检测后直接存入净水剂成品库，足以证实存储池残留液体与资源综合利用公司的净水剂产品系同种物质。第二，《危险化学品安全管理条例》对储存危险化学品项目的建造、使用和停业后的处理均有明确规定，船务公司未经许可在某码头建造危险化学品储存池，被环保监管部门依法责令后，却未派专业人员进行清理，也未核实池内是否有残留，应承担未履行法定义务的不利后果。第三，库管员马某荣虽供述其已对存储池已进行清理，但综合来看个人并不具备将池内化学品清理干净的能力。姚某祥在侦查阶段初期的供述、奚某在环保调查时的陈述以及王某和姚某的证言等，都能体现出船务公司以及姚某祥等人对于撤场后存储池内是否残留净水剂的问题并没有明确的态度，且祥发公司撤场时将进出管拆除，不存在他人存放的可能性。最后，来源于资源综合利用公司的一系列涉及净水剂出入库的书证之间存在矛盾，制作者马某荣本人也不能作出合理解释，均不能反映涉案存储池的真实库存情况。辩护人二审阶段提供的 2015 年 3、4 月份的日出库记录系明显有利于上诉人的材料，上诉人却在案发后至二审阶段近三年未提供，该记录表所反映的内容又与马某荣陈述的清理完毕时间相矛盾，故不能作为定案依据。综上，在案证据足以证实涉案存储池残留液体来源于资源综合利用公司，上诉及辩护所提资源综合利用公司净水剂已清空的意见不能成立，不予采纳。

二、对于被告委托关系与否成立进行判断分析

首先，船务公司为逃避自身义务，在某镇政府书面要求其自行妥善处置涉案存储池及池内化学品且多次催促的情况下，将存有危险化学品的存储池交由没有相应资质和能力的仲某祥处置的事实客观存在。第二，姚某祥的供述、姚某的证言均证实某镇政府的工作人员一直在与姚某祥沟通拆除存储池的相关事宜，蒋某的证言证实其与姚某联系后将回函寄出，奚某在环保调查阶段陈述了具体的回函过程，而回函的落款时间为 2017 年 7 月 12 日，足以证实某镇政府是在明确了解到船务公司的委托意思后，接受仲某祥拆除及清理的承诺。然后，后仲某祥雇佣凌某忠对存储池进行破拆。辩护人二审提交的顺丰公司客户月结清单等证据也不能证明回函到达某镇政府的时间。因此，回函到达时间对事实成立并不产生影响。第三，某镇政府的工作人员环保意识不强，为了在规定时间完成工作草草了事，但其行为与环境污染结果之间并不存在刑法上的因果关系。综上，船务公司应对其委托无资质人员处置危险废物所造成的后果承担刑事责任，上诉及辩护所提仲某祥、凌某忠实施的污染环境行为与船务公司无关的意见不能成立，不予采纳。

三、关于单位犯罪主体的界定

码头装卸、仓储服务合同的甲方虽然在 2012 年 7 月由船务公司变更为资源综合利用公司，但实际建造存储池的主体为船务公司，且二公司的实际控制人均为姚某祥，相互之间有紧密的利益链接；仲某祥的供述及翁某兵、朱某的证言相互印证予以证实，翁某兵等人受船务公司派往到某码头抽取废液过程中，通过仲某祥要求凌某忠配合再次将池外沟渠挖深挖长；因存储池的建造者为船务公司，故某镇政府函告船务公司自行拆除及处置池内化学品液体，之后委托无资质人员处置及因不当处置造成二次污染的行为主体均为船务公司，故原判认定船务公司为单位犯罪主体并无不当，因此应当承担法律责任。

【裁判结果】

法院认为，上诉人船务公司未经有关部门审批，违法建造储存池并存放危险化学品，在被环保部门发现责令停止违法行为后，将池内危险化学品遗

弃，又在当地镇政府责令妥善处置的情况下，明知原审被告人仲某祥无相应处置资质和能力仍委托其非法处置，造成环境污染，污染发生后，上诉人船务公司又安排不具有危险废物处置资质的人员盲目处置，导致污染扩大，上诉人姚某祥系直接负责的主管人员和责任者；原审被告人仲某祥在明知其没有危险废物处置资质和能力的情况下，接受上诉人船务公司委托盲目处置，原审被告人凌某忠听从原审被告人仲某祥安排参与盲目处置，导致污染发生及扩大，各上诉人及原审被告人的行为均已构成污染环境罪，且属污染后果特别严重。原判定罪及适用法律正确，量刑适当，审判程序合法。上诉及辩护请求二审改判或发回重审的意见不能成立，不予采纳。对某市人民检察院的检察意见予以采纳。

【相关规定】

《中华人民共和国刑法》（2020 修订）第 338 条、第 25 条、第 27 条、第 52 条、第 67 条、第 72 条［原《中华人民共和国刑法》（2017 修订）第 338 条、第 25 条、第 27 条、第 52 条、第 67 条、第 72 条］

《最高人民法院、最高人民检察院关于办理环境污染刑事案件适用法律若干问题的解释》第 3 条

《中华人民共和国刑事诉讼法》第 236 条（2018 修订）

案例整编人：姚薇薇、施小雪

附已公开生效判决文书：

浙江省嘉兴市中级人民法院
刑事裁定书

（2020）浙04刑终237号

原公诉机关：桐乡市人民检察院

上诉人（原审被告单位）：船务公司

上诉人（原审被告人）：姚某祥

原审被告人：仲某祥、凌某忠

桐乡市人民法院审理某市人民检察院指控被告单位船务公司、被告人姚某祥、仲某祥、凌某忠犯污染环境罪一案，于2020年9月9日作出（2020）浙0483刑初441号刑事判决。被告单位船务公司、被告人姚某祥不服，分别提出上诉。本院受理后，于2020年10月16日将案卷移送某市人民检察院阅卷，该院于次月16日阅卷完毕。本院依法组成合议庭，于2021年2月5日公开开庭进行了审理，某市人民检察院指派检察员出庭履行职务，上诉人船务公司的诉讼代表人严某扣及辩护人上诉人姚某祥及辩护人到庭参加诉讼。经浙江省高级人民法院批准，本案延长审限二个月。现已审理终结。

原判认定：被告单位船务公司租用被告人仲某祥经营的砂石料码头，未经有关部门审批，违法建造储存池并存放危险化学品即资源综合利用公司利用废酸生产的净水剂，在被环保部门发现责令停止违法行为后，将池内净水剂遗弃。当地镇政府发现并责令妥善处置的情况下，被告单位船务公司明知被告人仲某祥无相应处置资质和能力仍委托其非法处置，最终造成环境污染；且在污染发生后，被告单位船务公司又安排不具有危险废物处置资质的人员盲目处置，导致污染扩大；被告单位船务公司的犯罪行为均是在被告人姚某祥直接参与或同意的情况下进行的，被告人姚某祥系被告单位船务公司直接负责的主管人员和责任者；被告人仲某祥在明知自己没有危险化学品处置资质和能力的情况下，接受被告单位船务公司委托盲目处置，导致发生污染事故；被告人凌某忠听从被告人仲某祥安排，盲目处置导致污染发生，并为了便于被告单位船务公司抽取净水剂，配合挖掘，致使污染扩大。被告单位从现场抽取净水剂数量达 103 吨，污染物的清理、运输、处置等已实际发生费用达 195 余万元。

原判认为，被告单位船务公司、被告人姚某祥、仲某祥、凌某忠的行为均已构成污染环境罪，且属后果特别严重。被告人仲某祥、凌某忠在共同犯罪中起次要或者辅助作用，系从犯，依法应当从轻或者减轻处罚。被告人仲某祥、凌某忠归案后如实供述主要犯罪事实，依法可以从轻处罚。据此，原判依照《中华人民共和国刑法》第三百三十八条、第二十五条第一款、第二十七条、第五十二条、第六十七条第三款、第七十二条，《最高人民法院、最高人民检察院关于办理环境污染刑事案件适用法律若干问题的解释》第三条第（二）项、第（五）项之规定，判决：一、被告单位船务公司犯污染环境罪，判处罚金二百万元。二、被告人姚某祥犯污染环境罪，判处有期徒刑三年六个月，并处罚金十万元。三、被告人仲某祥犯污染环境罪，判处有期徒刑二年，缓刑二年六个月，并处罚金二万元。四、被告人凌某忠犯污染环境罪，判处有期徒刑一年，缓刑一年六个月，并处罚金一万元。五、禁止被告人仲某祥、凌某忠在缓刑考验期内从事与处置危险化学品有关的生产经营活动。

被告单位船务公司上诉及其辩护人辩护提出：1. 某镇政府明知仲某祥无相应处置资质和能力，要求船务公司委托仲某祥处置被某市环保局查封的化学品，是造成环境污染的直接原因，上诉人的行为不具有可罚性。2. 辩护人提交的某码头 2015 年 3 月、4 月出库单等证据可以证明该公司存储的净水剂于 2015 年 4 月已清空，且在案证据不能排除涉案净水剂系他人存放的可能。3. 辩护人提交的顺丰快递客户月结清单等证据可以证明船务公司的回函于 2017 年 7 月 13 日下午 5 时寄出，最快次日才能到达某镇政府，而根据仲某祥的供述和姚某的证言，涉案存储池于 2017 年 7 月 13 日下午已被凌某忠用挖机挖破，故污染发生与船务公司无关。4. 并无证据证明二次破拆并将池外沟渠挖深挖长为船务公司指使或授意，船务公司不应对此负责。5. 即使认定船务公司委托仲某祥处理涉案存储池，因仲某祥擅自转委托给凌某忠，船务公司不应对凌某忠的行为负责。6. 某科学研究所出具的鉴定意见所依据的 SEP/SH1802211 检测报告的样品采样时间在委托鉴定之前，应当作为非法证据予以排除。综上，请求二审改判船务公司无罪或将本案发回重审。辩护人提交了某码头 2015 年 3 月销售日报表（复印件）、2015 年 4 月日出库统计表（复印件）、2015 年 4 月出库记录表（复印件）、顺丰速运集团（上海）速运有限公司客户月结清单等证据。

被告人姚某祥上诉提出：1. 某码头存储池内的危险废物并非资源综合利用公司的净水剂产品。某市人民检察院调取的汇总表是草件而非原件，且总量与其提交给侦查机关的汇总表总量是一致的。2. 将污染物收集到船上或者吨桶内是唯一有效的应急措施，船务公司的处置行为防止了污染扩大而非导致污染扩大。3. 某镇政府接受无资质的仲某祥承诺、放任仲某祥非法拆除是导致污染的主要原因，应承担主要责任，船务公司的回函行为系某镇政府设计嫁祸。4. 其未指使仲某祥、凌某忠破拆，也未到现场组织处置，并非直接负责的主管人员和责任者。5. 船务公司、资源综合利用公司均处于破产重组的关键阶段，请求二审从保护民营经济出发，改判其无罪或对其适用缓刑。姚某祥辩护人的意见与船务公司辩护人意见一致，另以奚某负责公司日常事务以及现场指挥处置为由提出姚某祥并非直接负责的主管人员、姚某祥有自首情节的意见，请求二审依法改判或发回重审。

某市人民检察院的检察意见认为：1. 辩护人二审提交的顺丰快递客户月结清单等材料不具有证据能力。2. 本案中涉及的污染环境行为均经船务公司实际控制人姚某祥的决定或同意，且为了单位利益，一审认定单位犯罪主体为船务公司正确。3. 姚某祥经电话通知后到案，且未如实供述，不具有自首情节。4. 原判认定事实清楚，证据确实、充分，定性正确，量刑适当。建议二审驳回上诉，维持原判。

经审理查明：

2010 年 4 月 26 日，上诉人船务公司与位于某市××村××组的某石料经营部（后更名为某市砂石料经营部，以下简称某码头）负责人即原审被告人仲某祥签订《关于码头装卸、仓储服务合同》，以年租金 10 万元的价格租用该某码头500平方米用于仓储建池及产品经营中转，合同有效期为10年。此后，船务公司在未经监管部门审批的情况下，在该处建成四个储存池。2012年6月储存池投入使用，由船务公司装运存储资源综合利用公司（法定代表人为上诉人姚某祥，有危险废物经营许可证）利用从上游金属制品企业收集的废酸（危废类别HW34）所生产的氯化亚铁、硫酸亚铁（又称净水剂）到该储存池作为储存、销售中转之用。资源综合利用公司指派公司员工马某荣具体负责某码头储存池净水剂的进出库管理、指派公司员工王某为负责人从事销售。2012年7月1日《关于码头装卸、仓储服务合同》的承租方主体变更为资源综合利用公司。2013年5月3日某市环保局发现某码头储存池存在未批先建的违法行为，要求补办相关手续，姚某祥授权王某全权处理，王某于2013年7月12日向某市工商局注册了资源综合利用公司某市分公司从事环保水处理药剂销售，未补办相关审批手续继续使用该储存池。

2015年1月5日，某市环保局以建设项目未经环保审批为由对该储存池的进料口进行查封。2015年3月6日，某市环保局再次检查发现储存池内尚有约750吨净水剂。2015年4月，王某、马某荣撤离某码头。2017年6月，某镇政府“三改一拆办”要求仲某祥关停某码头，并拆除违法建筑物。了解到储存池系船务公司建造后，某镇政府发函至船务公司，要求其自行拆除储存池、清除储存的化学品液体，并确保对周边环境不造成污染。2017年7月12日，船务公司回函告知某镇政府已委托仲某祥办理拆除及清理工作，次日仲某祥向某镇政府出具承诺书，承诺7月20日前拆除某码头储存池及清理化学品液体，确保化学品不泄漏影响环境。后仲某祥雇佣原审被告人凌某忠使用挖机对储存池进行破拆，因墙体破裂，导致储存池内部分化学品液体外泄流至外面沟渠内，凌某忠见状即报告仲某祥，仲某祥随即将池内液体外泄的情况告知姚某祥。2017年7月20日，某市环保局执法人员闻讯后至现场沟渠采集水样，经某市环保局监测站检测，涉案化学品液体pH值<2，总镍浓度为17.2mg/L，总锌浓度4820mg/L，总铜浓度8.92mg/L。

经仲某祥多次催促，姚某祥安排船务公司经理奚某来现场处置，奚某安排船务公司员工翁某、朱某，并调度危化品运输船于7月25日到达某码头用泵抽取装运。装运过程中，仲某祥指使凌某忠用挖机将储存池再次破拆并将池外沟渠挖深挖长，让化学品液体流入外面的泥坑中，以便于船务公司员工从泥坑中将净水剂抽取至船上。直至7月27日，危化品运输船从现场泥坑内抽取了103吨化学品液体装运至资源综合利用公司，经资源综合利用公司检测系净水剂后，该103吨化学品液体存入公司成品库。数天后姚某祥安排人员将现场被污染的大部分污泥装入吨桶后离开。

另查明，船务公司具有危险化学品经营许可证，经营方式批发（租用储存设施），在2018年5月份前，该公司登记的控股股东均系姚某祥。经对资源综合利用公司原料库、产品库及上游企业冷轧板公司的酸洗液采样检测，样品均呈强酸性，且均含有铜、锌、镍等重金属。经某环境科学研究所鉴定评估，某码头现场污泥为危险废物，现场地表水、地下水、土壤均受到污染，仅土壤修复费用及固体废物处置两项费用预估为398万元。经某镇政府组织对现场危废处置，实际已支出各项费用195余万元。

以上事实，有经一审庭审举证、质证的证人奚某、王某、朱某、翁某、蒋某、姚某等人证言，辨认笔录及照片，码头装卸仓储服务合同、危废收集再生合同，检测报告、生态环境损害鉴定评估报告，费用票据，工商登记资料以及某市环保局移送材料等证据予以证实，上诉人姚某祥及原审被告人仲某祥、凌某忠亦有供述在案。

关于上诉及辩护所提，本院综合分析评判如下：

一、关于储存池残留液的来源

首先，经对资源综合利用公司原料库、产品库及上游企业的酸洗液采样检测，样品均呈强酸性，且均含有铜、锌、镍等重金属，说明资源综合利用公司并未对从上游企业收集的废酸中重金属进行入厂控制，而其本身净水剂生产只是一个物理调配过程，不具有处理废酸内重金属的能力；现场外泄化学品液体经采样检测，pH值及重金属种类与上述液体一致，且从案发现场抽取的液体运回资源综合利用公司后，经该公司检测后直接存入净水剂成品库，足以证实存储池残留液体与资源综合利用公司的净水剂产品系同种物质。第二，《危险化学品安全管理条例》对储存危险化学品项目的建造、使用和停业后的处理均有明确规定，船务公司未经审批在某码头建造危险化学品储存池，被环保查封后弃用，却未派专业人员进行清理，也未核实池内是否有残留，应承担未履行法定义务的不利后果。第三，库管员马某荣虽供述其已对存储池进行清理，但其个人并不具备将池内化学品清理干净的能力。姚某祥在侦查阶段初期的供述、奚某在环保调查时的陈述以及王某和姚某的证言等，均反映船务公司以及姚某祥等人对于撤场后存储池内是否残留净水剂的问题并不确定，且船务公司撤场时将进出管拆除，不存在他人存放的可能性。最后，来源于资源综合利用公司的一系列涉及净水剂出入库的书证之间存在矛盾，制作者马某荣本人亦不能作出合理解释，均不能反映涉案存储池的真实库存情况。辩护人二审阶段提供的2015年3、4月份的日出库记录系明显有利于上诉人的材料，上诉人却在案发后至二审阶段近三年未提供，该记录表所反映的内容又与马某荣陈述的清理完毕时间相矛盾，故不能作为定案依据。综上，在案证据足以证实涉案存储池残留液体来源于资源综合利用公司，上诉及辩护所提资源综合利用公司净水剂已清空的意见不能成立，不予采纳

二、关于委托事实及法律后果

首先，船务公司为逃避自身义务，在某镇政府书面要求其自行妥善处置涉案存储池及池内化学品并一再电话催促的情况下，将存有危险化学品的存储池交由没有相应资质和能力的仲某祥处置的事实客观存在。第二，姚某祥的供述、姚某的证言均证实某镇政府的工作人员一直在与姚某祥沟通拆除存储池的相关事宜，蒋某的证言证实其与姚某联系后将回函寄出，奚某在环保调查阶段陈述了具体的回函过程，而回函的落款时间为2017年7月12日，足以证实某镇政府是在明确了解到船务公司的委托意思后，接受仲某祥拆除及清理的承诺，而后仲某祥雇佣凌某忠对存储池进行破拆。辩护人二审提交的顺丰公司客户月结清单等证据并不能证明回函到达某镇政府的时间，且回函到达时间并不影响本案基本事实的认定。第三，某镇政府的工作人员缺乏环保意识，为了特定工作进度，未能妥善处理存储池拆除问题，但其行为与环境污染结果之间并不存在刑法上的因果关系。综上，船务公司应对其委托无资质人员处置危险废物所造成的后果承担刑事责任，上诉及辩护所提仲某祥、凌某忠实施的污染环境行为与船务公司无关的意见不能成立，不予采纳

三、关于单位犯罪主体

码头装卸、仓储服务合同的甲方虽然在2012年7月由船务公司变更为资

源综合利用公司，但实际建造存储池的为船务公司，且二公司的实际控制人均为姚某祥，利益紧密关联；仲某祥的供述及翁某兵、朱某的证言相互印证予以证实，翁其兵等人受船务公司指派到某码头抽取废液过程中，通过仲某祥要求凌某忠配合再次破拆并将池外沟渠挖深挖长；因存储池的建造者为船务公司，故某镇政府函告船务公司自行拆除及处置池内化学品液体，之后委托无资质人员处置及因不当处置造成二次污染的行为主体均为船务公司，故原判认定船务公司为单位犯罪主体并无不当。

四、关于姚某祥的责任认定

本案中，违规建造存储池并存储危险化学品、将废弃存储池交由仲某祥处置以及安排不具有处置资质和专业知识的人员前往某码头抽取残液是造成环境污染结果的一个不可分割的整体。上诉人姚某祥系船务公司的实际控制人，以上行为均由其决定或经其同意，系单位直接负责的主管人员和责任者，原判就此认定并无不当。

另外，上诉人姚某祥接受询问以及经电话通知到案后接受讯问时，均未能如实陈述或供述案件事实及其行为，依法不构成自首。

五、关于鉴定意见

某市环保局委托某环境科学研究所进行本案生态环境损害鉴定评估，虽然书面委托材料的签订晚于事实委托时间，存在一定程序瑕疵，但不影响双方实际委托关系的成立，尚未严重影响司法公正，并非应予排除的非法证据，相关鉴定意见可以作为定案依据。

综上，本案事实清楚，证据确实、充分。

本院认为，上诉人船务公司未经有关部门审批，违法建造储存池并存放危险化学品，在被环保部门发现责令停止违法行为后，将池内危险化学品遗弃，又在当地镇政府责令妥善处置的情况下，明知原审被告人仲某祥无相应处置资质和能力仍委托其非法处置，造成环境污染，污染发生后，上诉人船务公司又安排不具有危险废物处置资质的人员盲目处置，导致污染扩大，上诉人姚某祥系直接负责的主管人员和责任者；原审被告人仲某祥在明知其没有危险废物处置资质和能力的情况下，接受上诉人船务公司委托盲目处置，原审被告人凌某忠听从原审被告人仲某祥安排参与盲目处置，导致污染发生及扩大，各上诉人及原审被告人的行为均已构成污染环境罪，且属污染后果特别严重。原判定罪及适用法律正确，量刑适当，审判程序合法。上诉及辩护请求二审改判或发回重审的意见不能成立，不予采纳。对嘉兴市人民检察院的检察意见予以采纳。据此，依照《中华人民共和国刑事诉讼法》第二百三十六条第一款第（一）项之规定，裁定如下：

驳回上诉，维持原判。

本裁定为终审裁定。

第四节　某村委会、袁某某等非法深理工业废物污染环境案评析

【案例级别】典型案例

【案例来源】2022 年最高人民法院十起人民法院依法审理固体废物污染环境典型案例①

【案件类型】刑事

【文书类型】判决书

【审理程序】二审（二审被告撤回上诉，一审文书生效）

【案　　号】（2020）苏 0102 刑初 364 号

【关 键 词】刑事；工业废物；污染环境罪；处置危险废物；减轻处罚；从轻处罚

【典型意义】

危险废物具有强烈的腐蚀性、毒性、反应性等特性，可直接破坏生态环境，影响人类身体健康。村民委员会作为基层群众组织应发挥增强人民群众环保意识的作用，帮助人民群众树立环保观念。在本案中，村民委员会及袁某某等人却非法处置废酸、废油脂、固体废物，使环境中的危险废物数量大幅度上升，给生态环境造成严重危害。本案审理法院依法严惩行为人非法处置危险废物行为，但因行为人有悔罪、自首情节，从而予以从宽处罚，这对引导群众增强环境资源保护意识具有重要意义。

【基本案情】

2011 年 6 月，胡某某为从事润滑油生产经营业务，租赁某村委会的土地

① 《人民法院依法审理固体废物污染环境典型案例》，载最高人民法院网站，https：//www. court. gov. cn/zixun/xiangqing/347801. html，2023 年 5 月 19 日访问。

并签订协议，后因债务问题其厂房及设备被法院查封。厂房以及内部遗留废酸、废油脂及固体废物无人管理，造成污染物外流，导致周围环境受污染，从而被附近居民多次投诉举报。2017 年 3 月，环境环保局到场调查情况，初步估算厂内污染物合计约 80 吨，所需处置费用约 100 万元。2017 年 12 月 11 日，袁某某召开村委会主张将厂房内危险废物埋于坑中。2018 年 1 月 9 日上午，袁某某安排陈某某将厂房内废酸、废油脂、固体废物全部埋入厂房北侧院中。经政府紧急处置，共从坑内挖出废酸、废油脂、含油土壤 700 余吨，当地政府处置废物费用共计支出约 670 万元。

2018 年 11 月、2019 年 7 月，袁某某、陈某某分别到公安机关自首。该案经江苏省南京市玄武区人民法院一审后，判决认定单位某村委会、袁某某、陈某某等构成污染环境罪。原审被告人袁某某不服，提出上诉。江苏省南京市中级人民法院审理过程中，上诉人袁某某向本院申请撤回上诉，一审判决发生法律效力。

【争议焦点】

1. 被告单位某村委会、单位主要负责的主管人员袁某某、陈某某应否就挖坑深埋处理废酸、废油脂及固体废物的非法行为承担刑事责任，以及触犯罪名如何确定；

2. 对于被告袁某某、陈某某具有的主观恶性小以及自首等量刑情节，是否应从宽处罚以及如何量刑。

【裁判说理】

法院生效裁判认为：

一、关于被告单位某村委会、单位主要负责的主管人员袁某某、陈某某应否就挖坑深埋处理废酸、废油脂及固体废物的非法行为承担刑事责任，以及触犯罪名如何确定问题

根据《中华人民共和国固体废物污染环境防治法》规定，处置危险废物的单位和个人，必须采取防扬散、防流失、防渗漏或者其他防止污染环境的措施；不得擅自倾倒、堆放、丢弃、遗撒危险废物。一切单位和个人都有保

护环境的义务，在本案中，袁某某系某村委会单位犯罪中直接负责的主管人员指使陈某某违反国家规定，非法将危险废物埋入坑中进行处理，进行非法处置，对生态环境造成损害，后果特别严重，应当构成共同犯罪，以污染环境罪追究其刑事责任。《中华人民共和国刑法》第二十五条规定："共同犯罪是指二人以上共同故意犯罪。二人以上共同过失犯罪，不以共同犯罪论处；应当负刑事责任的，按照他们所犯的罪分别处罚"。被告单位某村委会、陈某某具有相同的犯罪动机，共同故意犯罪，系构成共同犯罪。

二、关于被告袁某某、陈某某具有主观恶性小以及自首等量刑情节，是否从宽处罚以及如何量刑问题

《中华人民共和国刑法》第三百三十八条规定："违反国家规定，排放、倾倒或者处置有放射性的废物、含传染病病原体的废物、有毒物质或者其他有害物质，严重污染环境的，处三年以下有期徒刑或者拘役，并处或者单处罚金；后果特别严重的，处三年以上七年以下有期徒刑，并处罚金"。第三百四十六条规定："单位犯本节第三百三十八条至第三百四十五条规定之罪的，对单位判处罚金，并对其直接负责的主管人员和其他直接责任人员，依照本节各该条的规定处罚"。在本案中，被告单位某村委会、陈某某构成共同犯罪，被告单位某村委会起主要作用，系主犯；被告人陈某某起次要作用，系从犯，依法应从轻或减轻处罚。袁某某为被告单位直接负责的主管人员犯罪后自动投案，如实供述犯罪事实；陈某某犯罪后自动投案，如实供述自己及同案犯的罪行；被告单位及被告人袁某某、陈某某均系自首，依法可以从轻或减轻处罚。本案中污染物是由案外人产生，被告人袁某某系作为村委会负责人履行职务，没有前科劣迹，量刑时予以考量。但是，被告单位的非法处置行为导致公私财产损失数百万元，严重污染环境，后果特别严重，袁某某系单位直接负责的主管人员，不宜宣告缓刑。综上，法院对某村委会从轻处罚，对被告人袁某某、陈某某减轻处罚。

【裁判结果】

江苏省南京市玄武区人民法院于 2020 年 12 月 4 日作出（2020）苏 0102 刑初 364 号刑事判决：

一、某村委会犯污染环境罪，于判决生效后一个月内缴纳罚金人民币十万元；

二、袁某某犯污染环境罪，判处有期徒刑二年，并于判决生效之日起一个月内缴纳罚金人民币六万元。刑期自判决执行之日起计算；

三、陈某某犯污染环境罪，判处有期徒刑一年三个月，缓刑一年六个月，并处罚金人民币一万元。缓刑考验期限，从判决确定之日起计算。罚金于判决生效之日起一个月内缴纳；

四、禁止陈某某在缓刑考验期内从事与处置危险废物有关的经营活动。

一审宣判后，原审被告人袁某某上诉。在审理过程中，袁某某在上诉期满后申请撤回上诉。江苏省南京市中级人民法院认为一审事实清楚，适用法律准确，准许上诉人撤诉。于 2021 年 2 月 23 日作出（2021）苏 01 刑终 169 号刑事裁定书。

【相关规定】

《中华人民共和国刑法》（2020 年修订）第 25 条第 1 款、第 27 条、第 52 条、第 72 条、第 73 条第 2 款、第 3 款、第 338 条、第 346 条［原《中华人民共和国刑法》（2017 年修订）第 25 条第 1 款、第 27 条、第 52 条、第 72 条、第 73 条第 2 款、第 3 款、第 338 条、第 346 条］

案例整编人：焦呈玲、施小雪

附已公开生效判决文书：

江苏省南京市玄武区人民法院刑事裁定书

（2020）苏 0102 刑初 364 号

公诉机关：某市人民检察院

被告单位：某村委会（以下简称某村委会）

诉讼代表人：朱某福

被告人：袁某某、陈某某（曾用名：陈某根）

某市人民检察院以句检一部刑诉〔2020〕127号起诉书指控被告单位某村委会、被告人袁某某、陈某某犯污染环境罪，向本院提起公诉。本院受理后，依法组成合议庭，公开开庭审理了本案。某市人民检察院指派检察员杨某出庭支持公诉，被告单位某村委会诉讼代表人朱某福、被告人袁某某、陈某某及各自辩护人到庭参加诉讼。本案现已审理终结。

某市人民检察院指控，2011年6月17日，胡某某签订协议租赁某村土地，成立润滑油经营部进行生产经营。后因债务问题，该厂房及设备被某市人民法院查封，厂房内遗留废酸、废油脂及固体废物。因长时间无人管理等，厂房内废酸、废油脂外流，周边环境受污染而被附近村民多次举报。2017年12月11日，被告人袁某某主持召开村务会，提议将厂房内的露天废物进行挖坑深埋处理，参会两委成员均无异议。2018年1月9日上午，被告人袁某某安排被告人陈某某驾驶挖掘机在厂房北侧院外挖坑，并将水泥地上堆放的废酸、废油脂、固体废物全部填埋入坑内。经鉴定，从坑内开挖出的废油脂、含油土壤为具有毒性物质含量危险特性的危险废物。为防止污染扩大、消除坑内危险废物，某镇人民政府共计支付人民币6705773元。公诉机关认为，应当以污染环境罪追究被告单位某村委会、被告人袁某某、陈某某的刑事责任，现提请法院依法惩处。

被告单位某村委会对公诉机关指控的犯罪事实和罪名不持异议。其辩护人提出如下辩护意见：村委会出发点是为了群众做实事，因法律意识淡薄触犯法律，望判处罚金时予以考虑。

被告人袁某某对公诉机关指控的犯罪事实和罪名不持异议，表示认罪认罚，请求从轻处罚。其辩护人提出如下意见：污染物由案外人产生，被告人袁某某系作为村委会负责人履行职务，没有前科劣迹，主观恶性较小，具有自首情节，请求从轻或减轻处罚。

被告人陈某某对公诉机关指控的犯罪事实和罪名不持异议，表示认罪认罚，请求从轻处罚。其辩护人提出如下意见：被告人陈某某具有自首情节，在本案当中系从犯，主观恶性较小，愿意积极缴纳罚金，当地镇政府已积极采取修复措施，请求对其适用缓刑。

经审理查明，2011年6月，胡某某与某村委会签订协议承租某村土地，构建厂房从事润滑油生产经营业务。2014年4月，因债务问题，某市人民法院对该厂房及设备进行查封，厂房内遗留了废酸、废油脂等。后因长期无人管理、贮存设施老化等，厂房内的废酸、废油脂外流，致使周边环境受污染而被附近村民多次投诉举报。2017年3月，某市环境环保局会同专业机构至现场调查情况，对厂房内的废酸、废油脂等进行了初步估算，合计重约80吨，所需处置费用约100万元。

被告人袁某某担任某村委会主任。2017年12月11日，经被告人袁某某提议并主持会议，某村委会研究决定将上述厂房内的露天废物进行挖坑深埋处理。2018年1月9日上午，被告人袁某某安排被告人陈某某驾驶挖掘机在厂房北侧院外挖坑，并将原水泥地上堆放的废酸、废油脂等全部填埋入土坑内。2018年5月，某市环保部门工作人员检查该厂房内的危险废物时发现该情况。之后，某镇人民政府进行应急处置，从坑内开挖出废酸、废油脂、含油土壤700余吨，交由具有危险废物处理资质的企业进行了处理。经某研究院公司鉴定，从坑内开挖出的废油脂、含油土壤为具有毒性物质含量危险特性的危险废物。为防止污染扩大、消除坑内危险废物，某镇人民政府共计支出人民币6705773元。

2018年11月10日、2019年7月15日，被告人袁某某、陈某某分别主动到公安机关投案，到案后如实供述了犯罪事实。

上述事实，被告单位某村委会及被告人袁某某、陈某某不持异议。本案事实，另有人口基本信息表、接处警工作登记表、到案经过、应急危险废物处置合同、运输合同、危险废物经营许可证、危险废物转移联单、榜单、发票、情况说明、函件、刑事摄影照片、会议记录、涉嫌环境污染犯罪案件移送书、租赁合同、民事裁定书、执行裁定书、查封财产清单、工商登记资料等书证，证人余某、杨某、谢某等人的证言，某研究院公司出具的某镇李家桥袁家棚遗留废物危险特性初步鉴定意见，某市公安局制作的辨认笔录等证据证实。上述证据均经庭审质证，合法有效，具有证明效力。

本院认为，一切单位和个人都有保护环境的义务。根据《中华人民共和国固体废物污染环境防治法》规定，处置危险废物的单位和个人，必须采取防扬散、防流失、防渗漏或者其他防止污染环境的措施；不得擅自倾倒、堆放、丢弃、遗撒危险废物。被告单位某村委会、陈某某违反国家规定，非法处置危险废物，后果特别严重，构成污染环境罪，系共同犯罪。被告人袁某某系某村委会单位犯罪中直接负责的主管人员，应当以污染环境罪追究其刑事责任。某市人民检察院指控事实清楚，证据确实、充分，指控罪名成立，本院予以支持。

在共同犯罪中，被告单位某村委会起主要作用，系主犯；被告人陈某某起次要作用，系从犯，依法应从轻或减轻处罚。被告人袁某某作为被告单位直接负责的主管人员，犯罪后自动投案，如实供述犯罪事实；被告人陈某某犯罪后自动投案，如实供述自己及同案犯的罪行；被告单位及被告人袁某某、陈某某均系自首，依法可以从轻或减轻处罚。本案虽因案外人遗留的危险废物而起，但被告单位的非法处置行为造成危险废物数量大幅增加，并由此导致公私财产损失数百万元，后果特别严重，被告人袁某某作为直接负责的主管人员，不宜宣告缓刑。本案危险废物源起于案外人遗留的情节，在量刑时予以考量。综上，本院对被告单位某村委会从轻处罚，对被告人袁某某、陈某某减轻处罚。

据此，根据本案犯罪的事实、性质、情节和对于社会的危害程度，结合被告单位和二被告人的认罪悔罪表现，本院为依法惩治污染环境犯罪，经审判委员会讨论决定，依据《中华人民共和国刑法》第三百三十八条，第三百四十六条，第二十五条第一款，第二十七条，第六十七条第一款，第七十二条，第七十三条第二款、第三款，第五十二条之规定，判决如下：

一、被告单位某村委会犯污染环境罪，判处罚金人民币十万元。

(罚金于判决生效之日起一个月内缴纳。)

被告人袁某某犯污染环境罪，判处有期徒刑二年，并处罚金人民币六万元。

(刑期自判决执行之日起计算。罚金于判决生效之日起一个月内缴纳。)

被告人陈某某犯污染环境罪，判处有期徒刑一年三个月，缓刑一年六个月，并处罚金人民币一万元。

(缓刑考验期限，从判决确定之日起计算。罚金于判决生效之日起一个月内缴纳。)

二、禁止被告人陈某某在缓刑考验期内从事与排污或者处置危险废物有关的经营活动。

如不服本判决，可在接到判决书的第二日起十日内，通过本院或者直接向江苏省南京市中级人民法院提出上诉。书面上诉的，应当提交上诉状正本一份，副本二份。

第五节　湛某某非法处置废油漆桶污染环境案评析

【案例级别】普通案例

【案例来源】中国裁判文书网

【案件类型】刑事

【文书类型】判决书

【审理程序】二审（终审）

【案　　号】（2019）渝 05 刑终 487 号

【关 键 词】刑事；污染环境罪；处置危险废物；非法处理废油漆桶

【典型意义】

废油漆桶属于在生产生活中常见的危险废物之一，需要具有环保资质的专业机构进行处理。非法处理危险废物会对生态环境、人体健康等造成严重危害。在此案中，行为人破拆废油漆桶时未采取任何专业措施，属于非法处理废油漆桶，致使废油漆桶中的废弃物渗漏至土壤，对环境造成严重污染。本案的处理有助于促进有关企业和个人合法合规处理危险废物，进一步提高企业与个人的守法意识和环境安全意识。同时，本案二审审理法院认为，行为人具有自首、立功的情节，因此予以从宽处罚，体现了司法的教育意义，有助于行为人悔过自新。

【基本案情】

2018 年 8 月 8 日至 10 日，湛某某雇佣工人曾某某、吴某某在某区某空坝处对其收购的曾盛装过废机油的空油漆桶进行破拆，且湛某某无任何环保资质。2018 年 8 月 10 日，经群众匿名举报，某区公安局龙华派出所联合某区环境保护局对现场进行查处。执法人员从该场地内查获未破拆的废油漆桶 773 个，已拆解的铁皮 780 张，约重 9.1 吨；已拆解的铁盖 1572 个，约重 5.49

吨。执法人员又将该批废油漆桶交由某环保有限公司进行应急转运和处置。某区生态环境监测站工作人员对现场的土壤抽样送检，经某市生态环境监测中心检测，1#点土壤中总石油烃含量为 1. 23X104mg/kg，2#点土壤中总石油烃含量为 712mg/kg，3#点土壤中总石油烃含量为 497mg/kg，4#点（背景点）土壤中总石油烃含量为 121mg/kg。经某区环境环保局检测认定，上述废油漆桶属于危险废物。湛某某在破拆废油漆桶过程中未采取任何环境保护措施，致使废油漆桶中的废弃物渗漏至土壤，对环境造成污染和破坏。

2018 年 10 月 23 日，湛某某在接受派出所调查时，如实供述了上述犯罪事实。该案经重庆市第五中级人民法院二审后，终审判决认定湛某某构成污染环境罪。

【争议焦点】

1. 被告湛某某是否应当就非法处置废油漆桶，致使废油漆桶中的废弃物渗漏至土壤，从而污染环境承担刑事责任，若承担刑事责任，罪名如何确定，以及刑罚如何确定；

2. 被告湛某某应否就其自首、立功等量刑情节，从宽处罚、应否判处缓刑，以及刑罚如何确定。

【裁判说理】

法院生效裁判认为：

一、关于被告湛某某是否应当就非法处置废油漆桶，致使废油漆桶中的废弃物渗漏至土壤从而污染环境承担刑事责任，若承担刑事责任，罪名如何确定问题

《中华人民共和国刑法》第三百三十八条规定："违反国家规定，排放、倾倒或者处置有放射性的废物、含传染病病原体的废物、有毒物质或者其他有害物质，严重污染环境的，处三年以下有期徒刑或者拘役，并处或者单处罚金；后果特别严重的，处三年以上七年以下有期徒刑，并处罚金"。被告人湛某某在未取得危险废物经营许可证、不具有危险废物处置资质的情况下，非法处置废油漆桶等危险废物 14. 59 吨，并在对废油漆桶破拆过程中未采取

任何环境保护措施，致使废油漆桶中的废弃物渗漏至土壤，严重污染环境，应当承担刑事责任，其行为已构成污染环境罪。

二、被告湛某某应否就其自首、立功等量刑情节，从宽处罚、应否判处缓刑，以及刑罚如何确定问题

《中华人民共和国刑法》第六十八条规定："犯罪分子有揭发他人犯罪行为，查证属实的，或者提供重要线索，从而得以侦破其他案件等立功表现的，可以从轻或者减轻处罚；有重大立功表现的，可以减轻或者免除处罚"。第六十七条第一款规定："犯罪以后自动投案，如实供述自己的罪行的，是自首。对于自首的犯罪分子，可以从轻或者减轻处罚"。第五十二条规定："判处罚金，应当根据犯罪情节决定罚金数额"。第五十三条规定："罚金在判决指定的期限内一次或者分期缴纳。期满不缴纳的，强制缴纳。对于不能全部缴纳罚金的，人民法院在任何时候发现被执行人有可以执行的财产，应当随时追缴"。最高人民法院最高人民检察院《关于办理环境污染刑事案件适用法律若干问题的解释》第一条第二项"实施刑法第三百三十八条规定的行为，具有下列情形之一的，应当认定为'严重污染环境'：非法排放、倾倒、处置危险废物三吨以上的"。经被告湛某某上诉，二审法院认为，上诉人湛某某其行为已构成污染环境罪，依法应予惩处。湛某某犯罪后自动投案，如实供述自己的罪行，是自首，依法可以从轻或者减轻处罚。鉴于在二审有新的证据证明，湛某某揭发他人犯罪行为，已查证属实，有立功表现，本院依法对湛某某从轻处罚。由于湛某某非法处置危险废物的数量较大，且湛某某有犯罪前科，不宜对其适用缓刑，故对湛某某要求适用缓刑的上诉理由不予采纳。因此，判处湛某某犯污染环境罪，判处有期徒刑六个月，并处罚金人民币贰万元。

【裁判结果】

重庆市第五中级人民法院于 2019 年 7 月 19 日作出（2019）渝 05 刑终 487 号刑事判决：

一、撤销重庆市江津区人民法院（2019）渝 0116 刑初 52 号刑事判决，即被告人湛某某犯污染环境罪，判处有期徒刑七个月，并处罚金人民币贰万元。刑期从判决执行之日起计算。判决执行以前先行羁押的，羁押一日折抵

刑期一日，即自2019年4月19日起至2019年11月18日止，罚金于本判决生效之日起十日内缴纳；

二、上诉人湛某某犯污染环境罪，判处有期徒刑六个月，并处罚金人民币贰万元。刑期从判决执行之日起算，判决执行以前先行羁押的，羁押一日折抵刑期一日，即自2019年4月19日起至2019年10月18日止，罚金限本判决生效后十日内缴纳。

【相关规定】

《中华人民共和国刑事诉讼法》第225条第1款第2项

《中华人民共和国刑法》（2020年修订）第338条、第67条第1款、第68条、第52条、第53条［原《中华人民共和国刑法》（2017年修订）第338条、第67条第1款、第68条、第52条、第53条］

最高人民法院最高人民检察院《关于办理环境污染刑事案件适用法律若干问题的解释》第1条第2项

案例整编人：焦呈玲、施小雪

附已公开生效判决文书：

重庆市第五中级人民法院
刑 事 判 决 书

（2019）渝05刑终487号

原公诉机关：某区人民检察院

上诉人（原审被告人）：湛某某

重庆市江津区人民法院审理某区人民检察院指控原审被告人湛某某犯污染环境罪一案，于2019年4月19日作出（2019）渝0116刑初52号刑事判决。原审被告人湛某某不服该判决，提出上诉。本院受理后依法组成合议庭，于2019年5月29日公开开庭审理了本案。某市人民检察院指派检察员任某某、于某某出庭履行职务，上诉人湛某某及其辩护人吴某某到庭参加诉讼。现已审理终结。

原审判决认定：2018年8月8日至10日期间，被告人湛某某在无任何环保资质的情况下，雇佣工人曾某某、吴某良（均另案处理）在某社一空坝处对其收购的曾盛装过废机油的空油漆桶进行破拆。2018年8月10日，某派出所接群众匿名举报后联合某区环保局对现场进行查处。执法人员从该场地内查获未破拆的废油漆桶773个，已拆解的铁皮780张（重9.1吨），已拆解的铁盖1572个（重5.49吨），随后，又将该批废油漆桶交由某环保有限公司进行应急转运和处置。某区生态环境监测站工作人员对现场的土壤抽样送检，经某市生态环境监测中心检测，1#点土壤中总石油烃含量为1.23X104mg/kg，2#点土壤中总石油烃含量为712mg/kg，3#点土壤中总石油烃含量为497mg/kg，4#点（背景点）土壤中总石油烃含量为121mg/kg。经某区环境保护局认定，上述废油漆桶属于危险废物。被告人湛某某在对废油漆桶破拆过程中未采取任何环境保护措施，致使废油漆桶中的废弃物渗漏至土壤，对环境造成污染和破坏。

2018年10月23日，被告人湛某某接民警电话后自动到某派出所接受调查，并如实供述了上述犯罪事实。

被告人湛某某与某环保有限公司于2018年8月15日签订《环境管理服务及工业危险废弃物收集、贮存、处置协议书》，将涉案油漆桶应急转运和处置，并支付了处置费15000元。

2019年3月20日，某区公安分局治安支队出具一份情况说明，证明被告人湛某某于2019年3月14日举报他人在某社一空坝处非法处置危险废物。支队根据湛某某的举报进行了核查，现该案正在进行核实处理。

认定上述事实的证据有：1. 查获的废油漆桶、铁皮、桶盖等物证照片；2. 户籍信息、刑事判决书、刑满释放证明书、危险废物处置协议书、危险废物转移记录单、称重单、某区环境保护局关于涉案废物认定的函等书证；3. 证人曾某某、吴某良、李某某、阮某某、张某的证言；4. 被告人湛某某的供述和辩解；5. 监测报告单；6. 现场勘验检查工作记录、辨认现场笔录；7. 现场检查同步录音录像。

原审判决认为，被告人湛某某在未取得危险废物经营许可证、不具有危险废物处置资质的情况下，非法处置废油漆桶等危险废物14.59吨，严重污染环境，其行为已构成污染环境罪。公诉机关起诉指控被告人湛某某的犯罪事实和罪名成立，该院予以确认。被告人湛某某主动到案并如实供述其罪行，是自首，可以从轻或者减轻处罚。被告人湛某某主动消除危害后果并自愿认罪认罚，可以酌定从轻处罚。被告人虽有举报他人违法犯罪的行为，但尚未经公安机关查证属实，不构成立功。被告人家庭的特殊情况，不是适用缓刑的法定情节，鉴于被告人有犯罪前科，且处置危险废物数量较大，该院决定对其不适用缓刑。辩护人的部分辩护意见予以采纳。依据《中华人民共和国刑法》第三百三十八条、第五十二条、第五十三条、第六十七条第一款，《最高人民法院、最高人民检察院关于办理环境污染刑事案件适用法律若干问题的解释》第一条第（二）项之规定，判决：被告人湛某某犯污染环境罪，判处有期徒刑七个月，并处罚金人民币贰万元。（刑期从判决执行之日起计算。判决执行以前先行羁押的，羁押一日折抵刑期一日，即自2019年4月19日起至2019年11月18日止，罚金于本判决生效之日起十日内缴纳）。

上诉人湛某某提出，一审量刑过重。湛某某系自首，有立功表现，具有法定从轻或减轻处罚情节。湛某某主动消除危害后果并自愿认罪认罚。湛某某是家庭顶梁柱，全家的生活重担都压在湛某某身上。请求改判对其适用缓刑或减少刑期。

某市人民检察院第五分院认为，本案犯罪事实清楚，证据确实充分，诉讼程序合法，一审量刑适当。鉴于湛某某举报他人犯罪事实属实，建议法院依法改判。

经二审审理查明的事实与一审相同。上诉人湛某某及其辩护人对一审判决认定的事实及证据均无异议，本院对一审判决认定的事实及证据予以确认。

另查明：2019年4月14日，上诉人湛某某检举杨某某在某小区对面一居民房非法处置危险废物。2019年5月31日，杨某某因涉嫌犯污染环境罪已移送某区人民检察院审查起诉。

认定上述事实的证据有：某派出所及治安警察支队依法收集并提供的询问笔录、立案决定书、拘留证、情况说明。

以上经二审庭审举证、质证的证据收集程序合法，内容客观真实，与本案具有关联性，本院予以确认。

本院认为，上诉人湛某某违反国家规定，非法处置废油漆桶等危险废物14.59吨，严重污染环境，其行为均已构成污染环境罪，依法应予惩处。湛某某犯罪后自动投案，如实供述自己的罪行，是自首，依法可以从轻或者减轻处罚。鉴于在二审有新的证据证明，湛某某揭发他人犯罪行为，已查证属实，有立功表现，本院依法对湛某某从轻处罚。由于湛某某非法处置危险废物的数量较大，且湛某某有犯罪前科，不宜对其适用缓刑，故本院对湛某某要求适用缓刑的上诉理由不予采纳。湛某某及其辩护人上诉认为湛某某有立功表现的理由成立，本院予以采纳。根据二审新证据，依照《中华人民共和国刑事诉讼法》第二百二十五条第一款第（二）项以及《中华人民共和国刑法》第三百三十八条、第六十七条第一款、第六十八条、第五十二条、第五十三条、最高人民法院最高人民检察院《关于办理环境污染刑事案件适用法律若干问题的解释》第一条第（二）项之规定，判决如下：

一、撤销重庆市江津区人民法院（2019）渝0116刑初52号刑事判决，即被告人湛某某犯污染环境罪，判处有期徒刑七个月，并处罚金人民币贰万元。（刑期从判决执行之日起计算。判决执行以前先行羁押的，羁押一日折抵刑期一日，即自2019年4月19日起至2019年11月18日止，罚金于本判决生效之日起十日内缴纳）；

二、上诉人湛某某犯污染环境罪，判处有期徒刑六个月，并处罚金人民币贰万元（刑期从判决执行之日起算，判决执行以前先行羁押的，羁押一日折抵刑期一日，即自2019年4月19日起至2019年10月18日止，罚金限本判决生效后十日内缴纳）。

本判决为终审判决。

第六节 谢某某、薛某某非法焚烧电子垃圾污染环境案评析

【案例级别】普通案例
【案例来源】中国裁判文书网
【案件类型】刑事
【文书类型】裁定书
【审理程序】二审（终审）
【案　　号】(2019) 赣07刑终98号
【关 键 词】刑事；污染环境罪；焚烧电子垃圾；处置危险废物

【典型意义】

本案是由于行为人非法焚烧电子垃圾而引发的刑事案件。随着科技的发展，电子垃圾的产生在生产生活中逐渐增多。根据《中华人民共和国固体废物污染环境防治法》第六十七条的规定，国家对废弃电器电子产品等实行多渠道回收和集中处理制度。禁止将废弃机动车船等交由不符合规定条件的企业或者个人回收、拆解。拆解、利用、处置废弃电器电子产品、废弃机动车船等，应当遵守有关法律法规的规定，采取防止污染环境的措施。本案行为人在无危险废物经营许可证、未编制环境影响评价文件的情况下，非法焚烧电子垃圾，对环境造成严重污染。本案的处理，有力地打击了非法处置电子垃圾行为，对非法从事焚烧电子垃圾的企业起到了震慑作用，维护了人民群众的环境权益。

【基本案情】

2015年5月下旬，邱某、黄某在某村某组桥坑建设垃圾焚烧点，由黄某筹集资金，邱某负责管理该焚烧点，同时黄某协助邱某管理该垃圾焚烧点。该垃圾焚烧点建成后，2016年10月，谢某某促成了邱某与薛某某焚烧电子垃

圾提炼金属锭的合作，并帮助薛某某与邱某谈妥了焚烧电子垃圾的价格。薛某某以每月15万元（逐月增加1万元，26万元封顶）的价格租赁该垃圾焚烧点，安排谢某某在该垃圾焚烧点内维护垃圾焚烧点的水电工程，并负责同邱某联系、沟通等，同时口头约定，薛某某给予谢某某每月6000元（逐月增加1000元，10000元封顶）的工资。2016年11月15日左右，薛某某安排送了两车（每车约20吨）废旧电子垃圾至该垃圾焚烧点，焚烧一个多小时后，因设备故障停工维修了约五天，在设备维修期间谢某某帮助改造该除尘室的水电工程，设备改造好后，该垃圾焚烧点于2016年11月22日8时许继续焚烧废旧电子垃圾至2016年11月28日被查处。后薛某某将提炼好的金属锭以25元/公斤的价格销售至某铜业有限公司，共获利48200元。

2016年11月28日下午，某县环保局联合某县公安局对该垃圾焚烧点进行查处，在现场扣押提炼好的危险废物金属锭125块，重3.8吨，及废旧电子垃圾7.89吨。

【争议焦点】

1. 被告薛某某、谢某某是否应当就非法焚烧电子垃圾行为承担刑事责任，若承担刑事责任，罪名如何确定；

2. 被告薛某某、谢某某应否就其坦白等量刑情节及悔罪表现从宽处罚。

【裁判说理】

法院生效裁判认为：

一、关于被告薛某某、谢某某是否应当就非法焚烧电子垃圾行为承担刑事责任，若承担刑事责任，罪名如何确定问题

《中华人民共和国刑法》第三百三十八条规定：“违反国家规定，排放、倾倒或者处置

有放射性的废物、含传染病病原体的废物、有毒物质或者其他有害物质，严重污染环境的，处三年以下有期徒刑或者拘役，并处或者单处罚金；后果特别严重的，处三年以上七年以下有期徒刑，并处罚金”。第二十五条第一款规定：“共同犯罪是指二人以上共同故意犯罪”。被告人薛某某、谢某某在明知邱

某的垃圾焚烧场无危险废物经营许可证、未编制环境影响评价文件的情况下，违反国家规定处置危险废物，严重污染环境，其行为已触犯了《中华人民共和国刑法》第三百三十八条，犯罪事实清楚，证据确实、充分，均应当以污染环境罪追究其刑事责任。薛某某与谢某某的行为均为破坏生态环境的必要条件，且主观具有共同犯罪故意，并共同实施了损害环境的行为，构成共同犯罪。

二、关于被告薛某某、谢某某应否就其坦白等量刑情节及悔罪表现从宽处罚问题

《中华人民共和国刑法》第二十六条规定：“组织、领导犯罪集团进行犯罪活动的或者在共同犯罪中起主要作用的，是主犯。三人以上为共同实施犯罪而组成的较为固定的犯罪组织，是犯罪集团。对组织、领导犯罪集团的首要分子，按照集团所犯的全部罪行处罚。对于第三款规定以外的主犯，应当按照其所参与的或者组织、指挥的全部犯罪处罚”。第二十七条规定：“在共同犯罪中起次要或者辅助作用的，是从犯。对于从犯，应当从轻、减轻处罚或者免除处罚”。第六十七条第三款规定：“犯罪嫌疑人虽不具有前两款规定的自首情节，但是如实供述自己罪行的，可以从轻处罚；因其如实供述自己罪行，避免特别严重后果发生的，可以减轻处罚”。第六十四条规定：“犯罪分子违法所得的一切财物，应当予以追缴或者责令退赔；对被害人的合法财产，应当及时返还；违禁品和供犯罪所用的本人财物，应当予以没收。没收的财物和罚金，一律上缴国库，不得挪用和自行处理”。《最高人民法院、最高人民检察院关于办理环境污染刑事案件适用法律若干问题的解释》第一条第（二）项之规定，为依法惩治有关环境污染犯罪，根据《中华人民共和国刑法》《中华人民共和国刑事诉讼法》的有关规定，现就办理此类刑事案件适用法律的若干问第三百三十八条刑法第三百三十八条规定的行为，具有下列情形之一的，应当认定为“严重污染环境”：非法排放、倾倒、处置危险废物三吨以上的。薛某某、原审被告人谢某某违反国家规定，非法处置危险废物，严重污染环境，其行为均构成污染环境罪，依法应予惩处。上诉人薛某某、原审被告人谢某某归案后能如实供述自己的罪行，具有坦白情节，依法可以从轻处罚。被告人薛某某系垃圾焚烧场的租赁者，实际焚烧废旧电子垃圾的经营者，在共同犯罪中起主要作用，是主犯，应当按照其所参与的全部犯罪进行处罚；被告人谢某某在

共同犯罪中起次要作用，是从犯，依法应当从轻处罚。薛某某、谢某某系初犯，当庭自愿认罪，且薛某某积极退缴违法所得，均可以酌情从轻处罚。

【裁判结果】

江西省兴国县人民法院于 2018 年 12 月 12 日作出（2018）赣 0732 刑初 283 号刑事判决：

一、被告人谢某某犯污染环境罪，判处拘役五个月，并处罚金人民币三万元，刑期从判决执行之日起计算。判决执行以前先行羁押的，羁押一日折抵刑期一日，即刑期自 2018 年 8 月 13 日起至 2019 年 1 月 12 日止；罚金限被告人谢某某在判决发生法律效力第二日起一个月内缴纳；

二、被告人薛某某犯污染环境罪，判处有期徒刑九个月，并处罚金人民币十万元，刑期从判决执行之日起计算。判决执行以前先行羁押的，羁押一日折抵刑期一日，即刑期自 2018 年 12 月 12 日起至 2019 年 8 月 23 日止；罚金限被告人薛某某在判决发生法律效力第二日起二个月内缴纳；

三、被告人薛某某退缴的违法所得 48200 元，予以没收，上缴国库。

一审宣判后，当事人薛某某、谢某某提起上诉，经二审法院审查，原审判决认定事实清楚，定罪准确，适用法律正确，量刑适当，审判程序合法，裁定驳回上诉，维持原判。

【相关规定】

《中华人民共和国刑法》（2020 年修订）第 338 条、第 25 条第 1 款、第 26 条第 1、4 款、第 27 条、第 67 条第 3 款、第 64 条［原《中华人民共和国刑法》（2017 年修订）第 338 条、第 25 条第 1 款、第 26 条第 1、4 款、第 27 条、第 67 条第 3 款、第 64 条］

《最高人民法院、最高人民检察院关于办理环境污染刑事案件适用法律若干问题的解释》第 1 条第 2 项

案例整编人：焦呈玲、施小雪

附已公开生效判决文书：

江西省赣州市中级人民法院
刑事裁定书

（2018）赣07刑终98号

原公诉机关：某县人民检察院

上诉人（原审被告人）：薛某某

原审被告人：谢某某

江西省兴国县人民法院审理某县人民检察院指控原审被告人谢某某、薛某某犯污染环境罪一案，于2018年12月12日作出（2018）赣0732刑初283号刑事判决。原审被告人薛某某不服，提出上诉。本院依法组成合议庭，经阅卷，讯问上诉人薛某某，听取辩护人意见，认为本案事实清楚，决定不开庭审理。现已审理终结。

原审判决认定，自2015年5月下旬开始，由邱某（已判刑）筹集资金，在某镇建设垃圾焚烧点，该垃圾焚烧点由邱某负责管理，黄某（已判刑）负责协助邱某对该垃圾焚烧点的建设及管理。该垃圾焚烧点建成后，2016年10月，被告人谢某某联系邱某并介绍被告人薛某某与邱某合作焚烧电子垃圾提炼金属锭，同时帮助薛某某与邱某谈妥了焚烧电子垃圾的价格。薛某某与邱某商定，邱某将该垃圾焚烧点以15万元/月（逐月增加1万元，26万元封顶）的价格租给薛某某焚烧电子垃圾。薛某某安排谢某某在该垃圾焚烧点内维护垃圾焚烧点的水电工程，并负责同邱某联系、沟通等，同时口头约定，薛某某每月付6000元（逐月增加1000元，10000元封顶）的工资给谢某某。2016年11月15日左右，薛某某安排送了两车（每车约20吨）废旧电子垃圾至该垃圾焚烧点，焚烧一个多小时后，因设备故障停工维修了约五天，在设备维修期间谢某某帮助改造该除尘室的水电工程，设备改造好后，该垃圾焚烧点于2016年11月22日8时许继续焚烧废旧电子垃圾至2016年11月28日被查处。后薛某某将提炼好的金属锭以25元/公斤的价格销售至某铜业有限公司，共获利48200元。

2016年11月28日下午，某县环保局联合某县公安局对该垃圾焚烧点进行查处，在现场扣押提炼好的金属锭125块（重3.8吨），及废旧电子垃圾7.89吨。根据《国家危险废物名录》的规定，该3.8吨金属锭及7.89吨电子垃圾均属于危险废物。

案发后，被告人薛某某将其非法所得48200元退清至某县公安局。

原审判决认定上述事实，被告人谢某某、薛某某在原审开庭审理过程中亦无异议，且有搜查证、搜查笔录，扣押决定书、扣押清单，租地协议书，变压器转让协议，自愿退股协议，调取证据通知书、调取证据清单、某科技有限公司登记、注销材料，刑事摄影照片，称量笔录及过磅单，某县环境保护局兴环行罚（2016）8号行政处罚决定书，某县环境保护局立案审批表、行政处罚案件调查报告、行政处罚事先告知书、现场检查笔录及照片、查封（扣押）决定书、扣押清单、解除查封（扣押）决定书、调查询问笔录等，某县环境保护局出具的《关于邱某非法焚烧废旧电子垃圾提炼金属锭项目的情况说明》，常住人口信息表及无违法犯罪记录《证明》，抓获经过，兴国县人民法院（2017）赣0732刑初259号刑事判决书复印件，某省政府非税收入票据，辨认笔录，证人卢某、吕某1、吕某2、陈某、吕某3、吕某4、王某1、王某2、王某3的证言，同案人邱某、黄某的供述，被告人谢某某、薛某某在侦查阶段的供述等证据证实。

原审法院认为，被告人谢某某、薛某某违反国家规定，非法处置危险废物，严重污染环境，其行为均构成污染环境罪，依法应处三年以下有期徒刑或者拘役，并处或者单处罚金。公诉机关指控二被告人的罪名成立，予以确认。二被告人归案后能如实供述自己的罪行，具有坦白情节，可以从轻处罚。被告人薛某某系垃圾焚烧场的租赁者，实际焚烧废旧电子垃圾的经营者，在共同犯罪中起主要作用，是主犯，应当按照其所参与的全部犯罪进行处罚。被告人谢某某在共同犯罪中起次要或者辅助作用，是从犯，应当从轻、减轻处罚或者免除处罚。薛某某的辩护人提出被告人薛某某是本案从犯的辩护意见，与查明的事实及法律规定不相符，不予采纳。二被告人系初犯，当庭自愿认罪，被告人薛某某积极退缴违法所得，均可以酌情从轻处罚。谢某某的辩护人提出被告人谢某某系初犯、从犯，具有坦白情节的辩护意见，与查明的事实及法律规定相符，予以采纳。薛某某的辩护人提出被告人薛某某系初犯，具有坦白情节，积极退缴违法所得的辩护意见，与查明的事实及法律规定相符，予以采纳。根据二被告人犯罪的事实、犯罪的性质、情节和对于社会的危害程度，以及悔罪表现，依照《中华人民共和国刑法》第三百三十八条、第二十五条第一款、第二十六条第一、四款、第二十七条、第六十七条第三款、第六十四条及《最高人民法院、最高人民检察院关于办理环境污染刑事案件适用法律若干问题的解释》第一条第（二）项之规定，作出如下判决：一、被告人谢某某犯污染环境罪，判处拘役五个月，并处罚金人民币三万元；二、被告人薛某某犯污染环境罪，判处有期徒刑九个月，并处罚金人民币十万元；三、被告人薛某某退缴的违法所得48200元，予以没收，上缴国库。

上诉人薛某某上诉提出，原审判决量刑过重，请求二审法院改判其五个月以下拘役，并处三万元以下罚金。

其辩护人提出，原审判决对薛某某的量刑过重，鉴于薛某某具有自首情节，犯罪情节轻微，认罪态度好，有悔罪表现，并当庭自愿认罪，系初犯，且未造成严重后果，请求二审改判薛某某拘役三个月并适用缓刑，并处罚金一万元。

本院经审理查明的事实与原审判决认定的事实一致。原审判决所认定的证据，经一审庭审质证，其来源合法，内容客观真实，与本案有关联，本院予以确认。

本院认为，上诉人薛某某、原审被告人谢某某违反国家规定，非法处置危险废物，严重污染环境，其行为均构成污染环境罪，依法应予惩处。上诉人薛某某、原审被告人谢某某归案后能如实供述自己的罪行，具有坦白情节，依法可以从轻处罚。上诉人薛某某系垃圾焚烧场的租赁者，实际焚烧废旧电子垃圾的经营者，在共同犯罪中起主要作用，是主犯，应当按照其所参与的全部犯罪进行处罚；原审被告人谢某某在共同犯罪中起次要作用，是从犯，依法应当从轻处罚。上诉人薛某某、原审被告人谢某某系初犯，当庭自愿认罪，上诉人薛某某积极退缴违法所得，均可以酌情从轻处罚。关于上诉人薛某某及其辩护人提出原审判决量刑过重的问题。经查，原审判决根据上诉人薛某某的犯罪事实、性质以及对社会的危害程度，并综合考虑上述情节作出量刑，罚当其罪。上诉人薛某某及其辩护人以量刑过重为由，要求二审法院再予从轻处罚的上诉、辩护意见，没有事实和法律依据，不能成立，本院不予采纳。综上，原审判决认定事实清楚，定罪准确，适用法律正确，量刑适当，审判程序合法。依照《中华人民共和国刑事诉讼法》第二百三十六条第一款第（一）项之规定，裁定如下：

驳回上诉，维持原判。

本裁定为终审裁定。

第七节　周某聪走私废物案评析

【案例级别】普通案例

【案例来源】中国裁判文书网

【案件类型】刑事

【文书类型】裁定书

【审理程序】二审

【案　　号】（2016）苏刑终 120 号

【关 键 词】刑事；走私废物；生态环境保护

【典型意义】

本案被告人周某聪违反海关法规，无视国家关于固体废物管理的规定，逃避海关监管，将境外固体废物运输进境，数量达 244.33 吨，其行为已构成走私废物罪，属情节特别严重。案发后，被告人周某聪能如实供述自己的罪行，系坦白，且在法院审理期间其家人主动配合，将暂扣于某海关的涉案货物退运回我国香港特别行政区，法院依法对其从轻处罚。我国人民法院在本案中严厉查处入境垃圾，彰显人民法院坚定维护社会主义市场经济秩序、国家对外贸易管理制度，坚定维护地方环境政策、保障人民群众的生命健康权的司法立场。

【基本案情】

周某聪在浙江省温岭市经营废旧物资的回收、废五金进口及国内销售业务。2014 年 6 月，被告人周某聪到我国香港特别行政区采购了 244.33 吨的废五金，并联系某环保再生有限公司办理货物从我国香港特别行政区到江苏连云港港口的进口手续。嗣后，被告人周某聪委托某通公司办理该批废物的进口业务。2014 年 8 月初，该批废五金从我国香港特别行政区运抵江苏连云港港口。该批货物的进口提单号为 HKGLYG04645，重量为 244. 33 吨。

2014 年 8 月 25 日，某检验检疫局对该批废五金进行检验检疫，发现该批废五金夹带有国家禁止进口的印刷电路及蓄电池，其含量超过国家标准要求，遂出具了编号为 321200114012474 的《检验证书》，将该批货物移交海关作退运处理。2014 年 9 月 16 日，海关以海关退通（2301）027 号《责令进口货物直接退运通知书》，通知某通公司以直接退运方式，对该批货物予以退运，9 月 17 日，某通公司委托某货运有限公司向海关申报该批废五金的出口手续。申报的品名为“以回收铜为主的废五金电器”，该批货物的出口报关单号为 230120140014611165。9 月 18 日，海关在某集装箱有限公司对该批废五金共 9 个集装箱进行了查验，并重新施封。

被告人周某聪明知该批废五金属国家禁止进口货物，应退运出境的情况下，从金属工业公司购买了 17. 58 吨的废铁皮，准备冒充该批退运的货物。

2014 年 9 月 18 日，该批被退运的废五金从某公司发运往码头过程中，被告人周某聪将承运货物的集装箱车辆停靠在连云区老君堂附近一场地，用事先准备好的老虎钳、榔头等工具，将已被海关施封的箱号为 ECMU9686959 等 9 个集装箱的封志分别撬开，将被退运的废五金装运进此前联系好的 9 台货车内，分别发往浙江台州和广东汕头，同时，被告人周某聪将事先购买的 17. 58 吨废铁皮，分装在 9 个集装箱箱门处，并将已被撬开的海关封志重新拼装，运输至码头准备冒充退运的废五金退运出口，意图蒙混过关。后某分局查获，废铁皮被海关扣押。

【争议焦点】

1. 关于本案启动鉴别程序问题；
2. 关于鉴别货物是否为原货物问题；
3. 关于鉴别结论是否正确问题；
4. 关于涉案危险固体废物数量的认定问题。

【裁判说理】

法院生效裁判认为：

一、关于本案启动鉴别程序问题

《中华人民共和国刑事诉讼法》第一百九十八条规定："在法庭审判过程中，遇有下列情形之一，影响审判进行的，可以延期审理：（一）需要通知新的证人到庭，调取新的物证，重新鉴定或者勘验的；（二）检察人员发现提起公诉的案件需要补充侦查，提出建议的；（三）由于申请回避而不能进行审判的"。《最高人民法院关于适用〈中华人民共和国刑事诉讼法〉的解释》第二百二十三条第一款规定："审判期间，公诉人发现案件需要补充侦查，建议延期审理的，合议庭应当同意，但建议延期审理不得超过两次"。上诉人的辩护人当庭及书面辩论意见中，均对某检验检疫局对涉案货物出具的《检验证书》不予认可。2015 年 11 月 6 日，某人民检察院向原审法院提交《延期审理建议书》，根据《中华人民共和国刑事诉讼法》第一百九十八条的规定，建议对本案延期审理。2015 年 11 月 10 日，原审法院作出（2015）连环刑初字第 0001 号延期审理决定书，根据《中华人民共和国刑事诉讼法》第一百九十八条第（二）项、第一百九十九条之规定，决定延期审理，延期期限为一个月。2015 年 11 月 6 日，某分局委托某研究院固体废物污染控制技术研究所对涉案货物进行鉴定。2015 年 11 月 25 日，该所出具《鉴别报告》。2015 年 12 月 9 日，原审法院公开开庭对《鉴别报告》进行了质证。上述程序符合法律规定，并无不当。

二、关于鉴别货物是否为原货物问题

涉案 244.33 吨货物被周某聪掏箱换物时均为吨袋包装且均以原包装装运至周某聪租用的运输车辆，其中周某聪发往浙江台州的 162.5 吨货物在运输途中即被追回，并依法扣押于某仓库；周某聪发往广东汕头的 72.04 吨货物后发运至台州，被某海关追回依法扣押于某集装箱有限公司。货物流转过程清楚，吨袋包装基本完整。2015 年 11 月 12 日，某所鉴别人员至现场进行鉴别时，上诉人周某聪至货物扣押地点进行了指认，除对扣押于某集装箱有限公司的几包货物表示无法确认外，其余均确认系其进口货物。因此，某研究所鉴别的货物是周某聪进口货物。上诉人周某聪辩护人提出的鉴别物不是周某聪进口货物的主张没有事实依据。

三、关于鉴别结论是否正确问题

首先，依据某局、某署、某检验检疫总局联合发布的《国家环境保护总局关于发布固体废物属性鉴别机构名单及鉴别程序的通知》（环发〔2008〕18号），某所是固体废物属性的鉴别机构，具有固体废物属性的鉴别能力，其作为我国对固体废物检验及鉴别的专业机构，依据立法机构颁布实施的《固体废物污染防治法》、某保护部、某部、某委员会、某署、某检验检疫总局联合发布的《固体废物进口管理办法》、《固体废物鉴别导则（试行）》、《禁止进口固体废物目录》、《国家危险废物名录》等规定的要求对涉案货物进行鉴别，并无不当。其次，鉴别人员至货物存放处进行现场抽样检查，鉴别程序、鉴别方法路径清晰、逻辑分明，符合《危险废物鉴别技术规范》、《国家危险废物名录》、《危险废物鉴别标准通则》等规定，鉴别结果合理可信。最后，上诉人周某聪提出的涉案线路板数量仅5吨并单独包装的辩护意见没有事实依据。对上诉人周某聪及其辩护人提出的《鉴别报告》将全部鉴别货物均认定为危险废物的结论错误的辩护意见，不予采纳。

四、关于涉案危险固体废物数量的认定问题

本案周某聪进口的货物数量为244.33吨，该批货物经某检验检疫局检验检疫后移交海关处理。在海关决定退运并对该批货物共9个集装箱进行查验并重新施封后，周某聪撬开封志，掏箱换货并转运货物，致使该批244.33吨货物均脱离海关监管。该批货物后共被海关追回234.54吨，有9.79吨货物未被追回。本案虽然鉴别的货物数量为234.54吨，但未能追回的9.79吨货物与该234，54吨货物来源相同，周某聪在掏箱换货时亦未对货物进行区分。因此，原审法院认定上诉人周某聪进口的244.33吨货物均为危险废物并无不当。

综上所述，在禁止垃圾入境的背景下，大力推进固体废物进口管理制度改革，成效显著。部分企业、个人为谋取非法利益不惜铤而走险，垃圾非法入境问题时有发生。周某聪违反海关法规，无视国家关于固体废物管理的规定，逃避海关监管，将境外固体废物运输进境，数量达244.33吨，其行为已构成走私废物罪，属情节特别严重。人民法院充分利用刑罚手段，严厉打击走私、运输、倒卖垃圾等犯罪行为，有利于强化国家固体废物进口管理制度，防治固体废物污染，促进国内固体废物无害化、资源化利用，有效维护国家生态环境安全和人民群众生命健康安全。

【裁判结果】

原审法院认为，被告人周某聪违反海关法规，无视国家关于固体废物管理的规定，逃避海关监管，将境外固体废物运输进境，数量达244.33吨，其行为已构成走私废物罪，属情节特别严重。公诉机关指控被告人周某聪的犯罪事实清楚，罪名成立，但指控被告人周某聪走私的废物属国家禁止进口的固体废物不当，涉案的244.33吨废物属于我国禁止进口的危险性固体废物，依法予以纠正。案发后，被告人周某聪能如实供述自己的罪行，系坦白，且在本院审理期间其家人主动配合，将暂扣于某海关的涉案货物退运回我国香港特别行政区，依法对其从轻处罚。综上，根据《中华人民共和国刑法》第一百五十二条第二款、第六十四条、第六十七条第三款以及《最高人民法院、最高人民检察院关于办理走私刑事案件适用法律若干问题的解释》第十四条第二款第一项之规定，判决如下：

一、被告人周某聪犯走私废物罪，判处有期徒刑六年六个月，并处罚金人民币二十万元（主刑期从判决执行之日起计算，判决执行以前先行羁押的，羁押一日折抵刑期一日，即自2014年10月31日起至2021年4月30日止。罚金已缴纳十万元，余十万元于本判决生效后一个月内缴纳）；

二、将扣押于某海关的17.58吨的废铁皮予以没收。

二审法院认为，上诉人周某聪违反法律，逃避海关监管，将我国禁止进口的244.33吨危险固体废物走私入境，其行为构成走私废物罪，且情节特别严重。原审判决认定事实清楚，证据确实、充分，定罪准确，量刑恰当，审判程序合法、出庭检察员当庭发表的出庭意见与事实和法律相符，本院予以采纳。依照《中华人民共和国刑事诉讼法》第二百二十五条第一款第一项规定，裁定如下：

驳回上诉，维持原判。本裁定为终审裁定。

【相关规定】

《最高人民法院、最高人民检察院关于办理走私刑事案件适用法律若干问

题的解释》第14条

案例整编人：王建君、施小雪

附已公开生效判决文书：

江苏省高级人民法院
刑事裁定书

（2016）苏刑终120号

原公诉机关：某人民检察院

上诉人（原审被告人）：周某聪

某人民检察院指控原审被告人周某聪犯走私废物罪一案，江苏省连云港市中级人民法院于2016年1月25日作出（2015）连环刑初字第00001号刑事判决。原审被告人周某聪不服，提出上诉。本院依法组成合议庭，公开开庭审理了本案。某人民检察院指派代理检察员贺某文出庭履行职务，上诉人周某聪及其辩护人杨某到庭参加诉讼。审理期间，某人民检察院建议延期审理一次。现已审理终结。

原审判决认定：被告人周某聪在浙江省温岭市经营废旧物资的回收、废五金进口及国内销售业务。2014年6月，被告人周某聪到我国香港特别行政区采购了244.33吨的废五金，并联系西盛公司办理货物从我国香港特别行政区到江苏连云港港口的进口手续。嗣后，被告人周某聪委托某通公司办理该批废物的进口业务。2014年8月初，该批废五金从我国香港特别行政区运抵江苏连云港港口。该批货物的进口提单号为HKGLYG04645，重量为244.33吨。

2014年8月25日，某检验检疫局对该批废五金进行检验检疫，发现该批废五金夹带有国家禁止进口的印刷电路及蓄电池，其含量超过国家标准要求，遂出具了编号为321200114012474的《检验证书》，将该批货物移交海关作退运处理。2014 年 9 月 16 日，某海关以海关退通（2301）027 号《责令进口货物直接退运通知书》，通知某通公司以直接退运方式，对该批货物予以退运，9 月 17 日，某通公司委托某货运有限公司向连云港海关申报该批废五金的出口手续。申报的品名为“以回收铜为主的废五金电器”，该批货物的出口报关单号为 230120140014611165。9 月 18 日，连云港海关在某集装箱有限公司对该批废五金共 9 个集装箱进行了查验，并重新施封。

被告人周某聪明知该批废五金属国家禁止进口货物，应退运出境的情况下，从金属工业公司购买了 17.58 吨的废铁皮，准备冒充该批退运的货物。

2014 年 9 月 18 日，该批被退运的废五金某集装箱有限公司发运往码头过程中，被告人周某聪将承运货物的集装箱车辆停靠在连云区老君堂附近一场地，用事先准备好的老虎钳、榔头等工具，将已被海关施封的箱号为 ECMU9686959 等 9 个集装箱的封志分别撬开，将被退运的废五金装运进此前联系好的 9 台货车内，分别发往浙江台州和广东汕头，同时，被告人周某聪将事先购买的 17.58 吨废铁皮，分装在 9 个集装箱箱门处，并将已被撬开的海关封志重新拼装，运输至码头准备冒充退运的废五金退运出口，意图蒙混过关。后被某分局查获，废铁皮被连云港海关扣押。

案发后某分局对被告人周某聪发往浙江台州的 162.5 吨废五金和发往广东汕头的 72.04 吨废五金，予以追回并依法扣押。在本案审理过程中，被告人周某聪已将涉案废物退运回原发货地我国香港特别行政区。

另查明，案发后，被告人周某聪在浙江省温岭市一宾馆内被某派出所发现并抓获。

上述事实有公诉机关当庭出示并经质证的下列证据证实：

1. 发破案经过、抓获经过、受案登记表、立案决定书，证明本案案发侦破经过及被告人周某聪归案的情况。

2. 鉴定意见。某研究院固体废物污染控制技术研究所出具的“进口物品固体废物属性鉴别报告”，证明经对涉案货物进行鉴别，属于我国禁止进口的危险废物。

3. 证人证言

（1）证人赵某证言笔录，证明该批货物是周某聪以某通公司的名义报关，入境后经检验不合格，不能进口。海关处理意见是责令退运，之后某通公司办理了退运手续，并将货物运至东鸿场站，其将这批货不合格要退运的事电话告诉了周某聪，后周某聪把海关封志打开，把里面的货提走了。

（2）证人张某证言笔录，证明某通公司代理进口废五金业务的实际货主是周某聪，形式上是某通公司与西盛公司签订外贸合同、与周某聪签订国内买卖合同，但具体与外商的洽谈等事宜都是周某聪跟国外客户谈的。该批废五金到连云港后经商检检验不合格，海关责令退运。某通公司与周某聪签订《退运协议书》、退运委托书，办理退运手续。后来其知道这批货在运往码头过程中被周某聪调换了。

（3）证人李某甲证言笔录，证明其代理某通公司一票废五金报关业务，该批货 2014 年 7 月 21 日到港，8 月 25 日商检检验不符合国家标准后，其又代理某通公司该票货物的退运业务，9 月 17 日，货物由某通公司场地运至东鸿场站，第二天海关对 9 箱货掏箱查验后办理退运放行手续，某翼公司负责联系订舱，9 月 19 日其办查验手续时，开箱后发现 9 个箱子货已经被更换。

（4）证人孙某甲证言笔录，证明 2014 年 9 月 16 日，某货代将“海关退通（2301）027 号”海关责令直接退运通知书这票货，送至其所在公司的东鸿场站，其安排卸箱，后理货公司过磅理货，重新铅封，9 月 18 日海关对所有集装箱开封查验后施加了新的铅封号，当晚至 19 日凌晨，9 只集装箱被某货代车队先后拖走。

（5）证人高某证言笔录，证明经吴某介绍的周姓男子在某翼公司联系退运废五金货物共 9 箱，由该公司唐某负责订船。

（6）证人唐某证言笔录，证明其在 2014 年 9 月份，某翼公司办理过废五金退运订舱业务，经理高某让其定 9 个柜的舱，货主是周某聪，9 月 18 日凌晨货物到某码头，因舱满 9 柜货没有上船。拖运集装箱的货车是周某聪自己联系的。

（7）证人杨某证言笔录，证明其在 9 月 18 日至 19 日，按照周某聪要求，安排了 4 辆集卡车各拉 1 个 40 尺集装箱，到开发区货场装货后，送进某码头。

（8）证人孙某乙证言笔录，证明 2014 年 9 月 19 日，其与周某成等人拉了一批白色吨装包装的废旧电子产品到某码头。

(9) 证人朱某证言笔录，证明2014年9月18日下午至9月19日凌晨，周某聪在连云区一工厂内将铅封的集装箱打开，掏出的货大多为废电路板，废电机之类的货物，后按周某聪的要求，将上述货物运往台州，途中接到其舅舅电话称所运载货物涉嫌走私后，配合海关将货物运回并存放在海关仓库内。

(10) 证人储某证言笔录，证明2014年9月18日17时至19日早上，某理货有限公司有9个集装箱先后进入某货柜码头，其与程某当班验核，发现纸质装箱单数据与实际铅封号不一致，后与公司经理李某乙电话联系得知该9个集装箱是海关查验过的柜子。由于当时光线较暗，只注意了封号，没有意识到铅封有什么异常。

(11) 证人李某乙证言笔录，证明公司查验员储某与程某在2014年9月18日17时30分对进入某码头的9个集装箱验核。后某海关查验科的人说这几个集装箱是海关查验过的，封号有变动。其给两位查验员电话说了这个情况，这9个集装箱就都进场了。

(12) 证人左某证言笔录，证明2014年8月周某聪与其联系购买废钢铁17.58吨，9月11日其联系货车将周某聪购买的废钢铁运往连云港开发区老君堂附近的一个工厂。

(13) 证人焦某证言笔录，证明其去某金属有限公司拉了10袋白色吨装的货物送往老君堂一厂里。

(14) 证人温某证言笔录，证明其是某物流有限公司业务经理，2014年9月，其接到周某聪电话要求其公司帮发运一批从连云港到汕头的货物，9月22日将进口废五金从连云港发运到汕头给陈某卫，陈某卫将货拉走并称货应发往浙江台州。

(15) 证人叶某证言笔录，证明其是经营浙江省温岭市某镇的一家废旧金属回收公司，2014年10月底，姓周的货主将用白色吨袋包装的废五金存在其公司场地。

(16) 证人徐某（周某聪妻子）证言笔录，证明其将周某聪涉嫌走私的3车废五金，从浙江台州运到了连云港，并缴纳了6万元运费。

(17) 证人吴某证言笔录，证明其介绍周某聪认识某通公司的赵某，周某聪告知其进口的货物商检认定不合格，要办理退运，后得知周某聪将货偷偷换掉。

4. 被告人周某聪的供述和辩解，证明被扣押的九个集装箱的废五金均是其在我国香港特别行政区购买的，其联系了西盛公司作为在我国香港特别行政区的出口代理，国内委托某通公司作为进口代理。该批货物入关时，某海关商检检验发现有国家禁止进口的违禁品，后连云港海关责令退运。其觉得退运损失很大，就想到在退运之前把货换掉，并订了90包的废铁皮，后其擅自将海关施封的9个集装箱的封志撬开，将里面的废五金用叉车叉出来，把买来的废铁皮装进去冒充退运的货物，其找车把换下来的货物拖运到了汕头和台州。

5. 书证

第一组证据：（1）某检验检疫局出具的检验证书及检验检疫处理通知书，证实2014年8月25日，该局对收货人为某通公司的提单号为HKGLYG04645，报关单号230120140014611165的货物实施检验检疫，发现该批货物夹带有国家禁止进口的印刷电路及蓄电池，其含量超过标准要求。并通知某海关，将某通公司进口的244.33吨以回收铜为主的废五金电器移交海关处理；（2）出具的“海关退通（2301）027号责令进口货物直接退运通知书”，证明责令某通公司到海关办理该批货物的退运情况；（3）退运委托书、退运协议补充。证实2014年9月15日，周某聪至某通公司，委托该公司将涉案货物退运至我国香港特别行政区，退运给TIANCHENGTRADINGCO. LTD；（4）某理货总公司查验情况记录，装货单场站收据副本，证明2014年9月16日海关对9箱废五金货柜全部开箱查验完毕。9箱货柜号及对应的封识号（D42559772-79、4258457），总重量244330千克；（5）某理货有限公司分流箱机检及重量证明、磅房衡重明细表、（东鸿）入库单、装货单，仓储部操作说明提单号XAST004020办理退运，退运箱号、时间、地点及提单信息、出场车号、电子装箱单等，证实该批货物称重、进出货的单号等情况。

该组证据证明：某检验检疫局对涉案货物实施检验检疫，发现夹带有国家禁止进口的印刷电路及蓄电池，通知某海关退运。海关对9箱涉案货柜全部开箱查验完毕并书面通知对涉案物品退运。周某聪委托某通公司办理退运，某理货总公司受托对该批货物进行理货。

第二组证据：

（1）金属工业公司提供的磅单、废铁销售说明，证明浙江一客户（指周某聪）2014年9月10日向其公司订购一批废铁，并要求是吨袋包装，数量是90袋；（2）查验货物清单、电子称重记录、计重凭据、运货车辆及货物照片，证明该批用于换货的废铁皮的重量；（3）某分局的现场勘验笔录、示意图及现场照片，证明2014年9月19日对230120140014611165报关单项下货物展开勘验。CMAU5157105、5365876、ECMU9686959、TRW7174362四箱开箱前，铅封闭合，但接口处有压痕，部分塑料外壳有裂痕。对90包吨装袋内的废铁皮予以称重并进行扣押；（4）装运废钢铁现场照片、周某聪撬开海关封志、卸货作案地点现场照片；（5）扣押决定书、扣押清单，证明2014年12月8日对涉案的17.06吨废五金予以扣押。

该组证据证明周某聪从某公司购买用于换货所用的废铁皮的数量及费用。某海关查获调换废铁皮并予以扣押。

第三组证据：

（1）买卖合同，证实某通公司与我国西盛公司签订的买卖合同、周某聪与某通公司签订的买卖合同；（2）某通物产（连云港）再生资源有限公司证书，证明该公司取得了"可用作原料的固体废物进口许可证"；（3）装运前检验合格证书复印件，进口可用作原料的固体废物境外供货商注册登记证书复印件，证明西盛公司于2014年7月23日，在装运前检验的情况。该证书中载明检验的品名是以回收铜为主的废电机、废电线电缆及废五金电器，以及9个货柜号、封识号的号码；（4）进口货物代理协议。某通公司提供的其与某货运有限公司签订的委托报关代理协议；（5）报关进口柜号及封识号、重量。证实9箱货柜号及对应的封识号，重量244330千克。

该组证据证明某通公司分别与西盛公司、周某聪签订该批废物的外贸买卖合同、国内买卖合同，并由某通公司委托某货运有限公司报关进口。品名为回收铜为主的废电机、废电线电揽及废五金电器。

第四组证据：

（1）某铁路联运有限公司出具的证明、某物流有限公司出具的说明、某货运代理有限公司法人代表黄某鸣出具情况说明，证明某公司接受周某聪委托，租订三个集装箱，将周某聪货物由连云港运至汕头，并在汕头进行了换装；(2) 某分局扣押笔录、扣押清单、扣押决定书，证明被告人周某聪的妻子徐某将从广东汕头已发往浙江台州的涉案部分废五金，从浙江台州运至连云港，该批废五金计72.04吨，海关予以扣押的情况。

第五组证据：公安机关出具的户籍证明，证实被告人周某聪的身份情况。

原审法院认为，被告人周某聪违反海关法规，无视国家关于固体废物管理的规定，逃避海关监管，将境外固体废物运输进境，数量达244.33吨，其行为已构成走私废物罪，属情节特别严重。公诉机关指控被告人周某聪的犯罪事实清楚，罪名成立，但指控被告人周某聪走私的废物属国家禁止进口的固体废物不当，涉案的244.33吨废物属于我国禁止进口的危险性固体废物，依法予以纠正。案发后，被告人周某聪能如实供述自己的罪行，系坦白，且在本院审理期间其家人主动配合，将暂扣于某海关的涉案货物退运回我国香港特别行政区，依法对其从轻处罚。综上，根据《中华人民共和国刑法》第一百五十二条第二款、第六十四条、第六十七条第三款以及《最高人民法院、最高人民检察院关于办理走私刑事案件适用法律若干问题的解释》第十四条第二款第一项之规定，判决如下：一、被告人周某聪犯走私废物罪，判处有期徒刑六年六个月，并处罚金人民币二十万元（主刑期从判决执行之日起计算，判决执行以前先行羁押的，羁押一日折抵刑期一日，即自2014年10月31日起至2021年4月30日止。罚金已缴纳十万元，余十万元于本判决生效后一个月内缴纳）。二、将扣押于连云港海关的17.58吨的废铁皮予以没收。

上诉人周某聪上诉提出：一、原审法院认定本案走私废物数量有异议。原审法院所采用的鉴定报告程序、形式、结论均错误。1. 本案在公诉机关提起公诉、原审法院开庭审理后，在没有公诉机关申请的情况下，自行组织相关的部门对违禁货物开箱检验，程序错误。法院不是指控犯罪的机关，鉴定是检察机关的工作；2. 形式上、资格上均无法证明鉴定机关系法律许可的鉴定部门，有相应的鉴定资质，鉴定人员也无提供相应的证件，因此该鉴定报告不具有效力，更不能简单凭此报告作为认定有罪、无罪、罪轻罪重的依据；3. 鉴定报告认为危险物品超过一定含量全部货物就是是危险品没有法律依据。

4. 进口货物为废五金，只是夹带了线路板，线路板为单独包装，仅有5吨。二、违禁货物始终位于海关监管当中，且现已退运未流失，上诉人也已缴纳相应费用10万元，但一审判决结果量刑过重。请求依法改判。

上述人周某聪的辩护人提出：一、鉴别程序有瑕疵。鉴别是在审判阶段进行，由某海关委托某研究所进行，在案件没有退侦的情况下由侦查机关委托程序不合法；二、鉴别对象有疑问。涉案货物被海关退运后，周某聪掏箱换货，鉴别的货物是否同一批货物存疑；三、鉴别结果错误。某研究所出具的《进口物品固体废物属性鉴别报告》（以下简称《鉴别报告》）中，适用《中华人民共和国固体废物污染环境防治法》这一行政法律不当，认定全部货物244.33吨均为固体废物不当，只有其中夹带的线路板有毒，全票认定缺乏法律依据；四、认定的数量不准确。本案原审认定固体废物为244.33吨，而实际进行鉴别的只有234.54吨；五、本案存在共同犯罪。周某聪从事本案走私不是一个人能完成，上诉人周某聪原审后对其他人涉及本案犯罪行为进行了检举，因为共同犯罪中作用不同，影响到对周某聪的量刑，应当全案审查。

某人民检察院出庭意见认为：本案事实清楚，证据确实充分。认定上诉人的犯罪行为，不仅有上诉人的供述，还有一系列相关人员的证言，并有报关单等书证印证，足以认定上诉人构成走私废物罪。本案上诉人对案件基本事实没有异议，仅是对案件法律适用、鉴别报告、检举等提出异议。一、关于鉴别启动程序。法院在审查阶段，可以要求侦查机关对货物进行鉴定，侦查机关不能鉴定的，可以委托有资质的机构进行鉴定；二、关于鉴别对象。上诉人周某聪掏箱换货后，对装运货物的9个集装箱的去向和回转都说的清楚，周某聪被抓获后，货物被运回连云港，大部分包装吨袋完整，只有少部分破损；三、关于鉴别结论问题。国家的法律应当作为裁判的依据并作为相关鉴定部门的依据。本案鉴别机关适用《中华人民共和国固体废物污染环境防治法》符合规定。从《鉴别报告》中看出，涉案的234.54吨货物均系固体废物，为国家禁止进口。固体废物在处理时会造成大气的污染，如果要将废电路板中的金属提出，需要强酸等进行溶解，会对大气造成非常严重的危害。这种危害显然难以定量地测量。四、关于数量问题，海关第一次查封的涉案走私货物数量经海关称重为244.33吨，与鉴别货物数量234.54吨有差距，因为鉴别的货物经过辗转，存在一定的损耗系正常现象；五、关于共同犯罪问题。本案证据足以认定周某聪犯走私废物罪，其供述及庭审均证实其主要参与了犯罪。其他人是否犯罪，不影响对周某聪的定罪。建议对周某聪的检举，在庭后进行查实。

本院二审查明的事实和证据与原判相同。原判认定事实的证据已经分别经过一审、二审庭审质证，本院予以确认。

针对上诉人上诉理由及其辩护人辩护意见，本院综合评判如下：

一、关于本案启动鉴别程序问题。《中华人民共和国刑事诉讼法》第一百九十八条规定："在法庭审判过程中，遇有下列情形之一，影响审判进行的，可以延期审理：（一）需要通知新的证人到庭，调取新的物证，重新鉴定或者勘验的；（二）检察人员发现提起公诉的案件需要补充侦查，提出建议的；（三）由于申请回避而不能进行审判的"。《最高人民法院关于适用〈中华人民共和国刑事诉讼法〉的解释》第二百二十三条第一款规定："审判期间，公诉人发现案件需要补充侦查，建议延期审理的，合议庭应当同意，但建议延期审理不得超过两次"。本案原审审理中，上诉人的辩护人当庭及书面辩论意见中，均对某检验检疫局对涉案货物出具的《检验证书》不予认可。2015年11月6日，某人民检察院向原审法院提交《延期审理建议书》，根据《中华人民共和国刑事诉讼法》第一百九十八条的规定，建议对本案延期审理。2015年11月10日，原审法院作出（2015）连环刑初字第0001号延期审理决定书，根据《中华人民共和国刑事诉讼法》第一百九十八条第（二）项、第一百九十九条之规定，决定延期审理，延期期限为一个月。2015年11月6日，某分局委托某研究所对涉案货物进行鉴定。2015年11月25日，该所出具《鉴别报告》。2015年12月9日，原审法院公开开庭对《鉴别报告》进行了质证。上述程序符合法律规定，并无不当。辩护人提出启动鉴定程序违法的辩护理由不符合事实和法律规定，本院不予采纳。

二、关于鉴别货物是否为原货物问题。经查，涉案244.33吨货物被周某聪掏箱换物时均为吨袋包装且均以原包装装运至周某聪租用的运输车辆，其中周某聪发往浙江台州的162.5吨货物在运输途中即被追回，并依法扣押于某仓库；周某聪发往广东汕头的72.04吨货物后发运至台州，被某海关追回依法扣押于某集装箱有限公司。货物流转过程清楚，吨袋包装基本完整。2015年11月12日，某研究所鉴别人员至现场进行鉴别时，上诉人周某聪至货物扣押地点进行了指认，除对扣押于某集装箱有限公司的几包货物表示无法确认外，其余均确认系其进口货物。因此，某研究所鉴别的货物是周某聪进口货物。上诉人周某聪辩护人提出的鉴别物不是周某聪进口货物的主张没有事实依据，本院不予采纳。

三、关于鉴别结论是否正确问题。首先，依据不确定是否改联合发布的《国家环境保护总局关于发布固体废物属性鉴别机构名单及鉴别程序的通知》（环发〔2008〕18号），某研究所是固体废物属性的鉴别机构，具有固体废物属性的鉴别能力，其作为我国对固体废物检验及鉴别的专业机构，依据立法机构颁布实施的《固体废物污染防治法》、环境保护部、商务部、国家发展和改革委员会、海关总署、国家质量监督检验检疫总局联合发布的《固体废物进口管理办法》、《固体废物鉴别导则（试行）》、《禁止进口固体废物目录》、《国家危险废物名录》等规定的要求对涉案货物进行鉴别，并无不当。其次，鉴别人员至货物存放处进行现场抽样检查，鉴别程序、鉴别方法路径清晰、逻辑分明，符合《危险废物鉴别技术规范》、《国家危险废物名录》、《危险废物鉴别标准通则》等规定，鉴别结果合理可信。最后，上诉人周某聪提出的涉案线路板数量仅5吨并单独包装的辩护意见没有事实依据。对上诉人周某聪及其辩护人提出的《鉴别报告》将全部鉴别货物均认定为危险废物的结论错误的辩护意见，不予采纳。

四、关于涉案危险固体废物数量的认定问题。本案周某聪进口的货物数量为244.33吨，该批货物某检验检疫局检验检疫后移交海关处理。在海关决定退运并对该批货物共9个集装箱进行查验并重新施封后，周某聪撬开封志，掏箱换货并转运货物，致使该批244.33吨货物均脱离海关监管。该批货物后共被海关追回234.54吨，有9.79吨货物未被追回。本案虽然鉴别的货物数量为234.54吨，但未能追回的9.79吨货物与该234，54吨货物来源相同，周某聪在掏箱换货时亦未对货物进行区分。因此，原审法院认定上诉人周某聪进口的244.33吨货物均为危险废物并无不当。对周某聪上诉人提出的原审认定危险固体废物数量有误的辩护意见，不予采纳。

五、关于是否存在共同犯罪影响周某聪量刑问题。本案现有证据可以证明周某聪的犯罪事实及其在犯罪中的主要作用，他人是否犯罪不影响对周某聪的定罪量刑。对上诉人周某聪及其辩护人提出的本案系共同犯罪，影响对周某聪量刑的辩护意见，不予采纳。

本院认为，上诉人周某聪违反法律，逃避海关监管，将我国禁止进口的244.33吨危险固体废物走私入境，其行为构成走私废物罪，且情节特别严重。原审判决认定事实清楚，证据确实、充分，定罪准确，量刑恰当，审判程序合法、出庭检察员当庭发表的出庭意见与事实和法律相符，本院予以采纳。依照《中华人民共和国刑事诉讼法》第二百二十五条第一款第（一）项规定，裁定如下：

驳回上诉，维持原判。

本裁定为终审裁定。

第五章　长江黄河流域生态环境保护典型刑事案例

第一节　刘某龙、张某君等十五人盗伐林木案评析

【案例级别】典型案例

【案例来源】2021 年最高人民法院发布的黄河流域生态环境司法保护典型案例之一①

【案件类型】刑事

【文书类型】判决书

【审理程序】一审（终审）

【案　　号】（2018）甘 7505 刑初 16 号

【关 键 词】刑事；盗伐林木；黄河流域；环境保护

【典型意义】

子午岭地处世界上最大的黄土高原的腹地、是黄河流域水土流失最严重地区，有着黄土高原中部面积最大、保存最为完整、最具代表性的落叶阔叶天然次生林，赢得了黄土高原“天然水库”、陇东“绿色屏障”、陇上“天然氧吧”等美誉。盗伐林木是破坏林区生态资源的严重犯罪行为，本案通过互联网和电视台多次、多渠道报道宣传，正面进行了涉林法律法规和政策的宣传，促进公众意识到保护林区生态环境资源的重要性和迫切性，凸显惩治与教育相结合的司法功能，实现社会效果、法律效果和生态效果的有机统一。

① 《黄河流域生态环境司法保护典型案例》，载最高人民法院网站，https：//www. court. gov. cn/zixun/xiangqing/333241. html，2023 年 5 月 19 日访问。

法院忠实履行宪法法律赋予的神圣职责，遵循“重在保护，要在治理”的工作思路，以司法手段助力自然资源保护和经济高质量发展。

【基本案情】

2016年5月份至2017年9月23日，被告人张某君、刘某龙等15人时分时合多次盗挖位于子午岭腹地的某林区的柏树根出售牟利。被告人袁某平、丁某保、齐某云明知其转移、购买的柏树根为他人在国有林区盗窃所得，仍积极实施协助转移和购买行为。其中，刘某龙、王某喜先后盗伐66棵柏树，合立木材积为9.7709立方米；张某君等8人先后盗挖柏树根40次，价值共计116.36万元；袁某平帮助转移他人盗窃的柏树根11次，价值共计32.04万元；丁某保、齐某云先后购买他人盗挖的柏树根7次，价值共计20.04万元。此外，张某雯、杨某荣还非法制造、非法持有枪支，猎杀野生动物。

【争议焦点】

1. 起诉书中指控刘某龙的第1起盗窃犯罪事实中，盗窃的柏树根出售了30000元还是辩称的25000元；刘某龙是否参加起诉书指控的第3起盗窃柏树根的犯罪事实；

2. 被告人丁某保、齐某云和杨某容的量刑是否适当。

【裁判说理】

法院生效裁判认为：

一、起诉书中指控刘某龙的第1起盗窃犯罪事实中，盗窃的柏树根出售了30000元还是辩称的25000元；刘某龙是否参加起诉书指控的第3起盗窃柏树根的犯罪事实

第1起盗窃事实为：2016年5月，被告人刘某龙、张某君因手头拮据，便产生盗挖国有林区柏树根出售赚钱的想法，在和王某福（在逃）联系后，三人便一起来到某林区进行踩点并商定使用高栏货车运输柏树根，按车计价，每车30000元。随后，刘某龙、张某君伙同被告人刘某成、胡某学（在逃）、陈某柱（在逃），五人携带工具，驾驶两辆农用三轮车在某林区盗挖柏树根两

根，运至被告人胡某学家新庄基处，以800元价格雇佣被告人袁某平驾驶自己的吊车将柏树根吊装上高栏货车，运往山东省淄博市某县王某福的老家，王某福以现金的方式支付被告人刘某龙30000万，被告人刘某龙按照约定，除去相关的费用后，剩余赃款被刘某龙、张某君、胡某学、刘某成、陈某柱五人平分。

第3起盗窃事实为：2016年6月，刘某龙纠集被告人张某雯、张某君、胡某学四人，在某林区老城背后山盗挖柏树根三棵，运至被告人胡某学家的新庄基处，以800元的价格雇佣袁某平驾驶吊车，吊装上高栏货车，盖好篷布后运往王某福的老家。王某福以现金的方式支付被告人刘某龙30000元，除去费用后，剩余赃款刘某成、张某君、胡某学、张某雯四人平分。

关于刘某龙当庭辩解起诉书中起诉的第1起盗窃犯罪事实中，盗窃的柏树根出售了25000元，并非30000元，其未参加起诉书指控的第3起盗窃柏树根的犯罪事实。法院经过审理和举证质证，刘某龙的辩解与查明事实不符，其他参与的被告人对起诉书指控的事实供认不讳，上述证据证明的事实相互印证。且刘某龙未提出任何证据印证自己的辩解，应承担举证不利的后果。故法院对于刘某龙的辩解不予采纳，事实清楚，证据充分。

二、被告人丁某保、齐某云和杨某容等人的量刑是否适当

袁某平、齐某云、刘某平、唐某虎在案发后主动投案，如实供述了自己的犯罪事实，系自首，可从轻处罚；丁某保在最后一次收购盗窃柏树根的行为中，因意志以外的原因未实施终了，系犯罪未遂，且到案后如实供述自己的犯罪事实，系坦白，故可以从轻处罚。被告人杨某荣擅自购买零部件，非法制造射钉枪一支，被告人张某雯非法持有该枪支，二被告人的行为分别构成了非法制造枪支罪、非法持有枪支罪。杨某荣案发后主动投案，如实供述自己的犯罪事实，系自首，因此可从轻处罚。故被告人丁某保、齐某云和杨某容等人的量刑根据犯罪的事实、性质、情节和对于社会的危害程度，符合罪责刑相适应，宽严相济的判决标准。

【裁判结果】

甘肃省某林区法院一审认为，被告人刘某龙、张某君等十五人的行为分

别构成盗伐林木罪、盗窃罪、掩饰、隐瞒犯罪所得罪等，分别被判处有期徒刑六个月到八年及缓刑一年到三年六个月不等，并处罚金 2000 元到 30000 元不等。一审判决后，各被告人没有提起上诉。

【相关规定】

《中华人民共和国刑法》（2020 修订）第 264 条、第 345 条、第 312 条、第 125 条、第 128 条、第 23 条、第 25 条、第 26 条、第 27 条、第 65 条、第 67 条、第 69 条、第 72 条、第 73 条、第 52 条、第 53 条［原《中华人民共和国刑法》（2017 修订）第 264 条、第 345 条、第 312 条、第 125 条、第 128 条、第 23 条、第 25 条、第 26 条、第 27 条、第 65 条、第 67 条、第 69 条、第 72 条、第 73 条、第 52 条、第 53 条］

案例整编人：王建君、施小雪

附已公开生效判决文书：

甘肃省庆阳林区基层法院刑事判决书

（2018）甘 7505 刑初 16 号

公诉机关：某人民检察院

被告人：张某君等

某人民检察院以某检公诉刑诉［2018］10 号起诉书指控被告人张某君、钟某荣、向某强、袁某繁、刘某成、武某德犯盗窃罪，刘某龙犯盗窃罪、盗伐林木罪，袁某平、丁某保、齐某云、刘某平、唐某虎犯掩饰、隐瞒犯罪所得罪，张某雯犯盗窃罪、非法持有枪支罪，王某喜犯盗伐林木罪，杨某荣犯非法制造枪支罪于 2018 年 4 月 25 日向本院提起公诉。本院依法组成合议庭，公开开庭审理了本案。某人民检察院指派检察员李某银出庭支持公诉，被告人张某君、钟某荣、向某强、袁某繁、刘某成、武某德、刘某龙、袁某平、丁某保及其辩护人范某宁、齐某云及其辩护人张某、刘某平、唐某虎、张某雯、王某喜、杨某荣及其辩护人白某礼到庭参加诉讼。现已审理终结。

某人民检察院指控：(1) 2016 年 5 月份至 2017 年 9 月 23 日，被告人张某君、刘某龙、钟某荣、向某强、张某雯、袁某繁、刘某成、武某德纠集在一起，时分时合多次盗窃国有某林区柏树根出售牟利。被告人袁某平、丁某保、齐某云明知转移、购买的柏树根为他人在国有林区盗窃所得，仍积极实施协助转移和购买。其中：张某君在林区盗窃柏树根 11 次，价值共计 32.04 万元；钟某龙盗窃柏树根 6 次，价值共计 17.24 万元；刘某龙盗窃柏树根 4 次，价值共计 12 万元；向某强盗窃柏树根 7 次，价值共计 20.04 万元；张某雯盗窃柏树根 4 次，价值共计 11.8 万元；袁某繁盗窃柏树根 5 次，价值共计 14.44 万元，刘某成盗窃柏树根 2 次，价值共计 6 万元；武某德盗窃柏树根 1 次，价值共计 2.8 万元；袁某平帮助他人转移盗窃的柏树根 11 次，价值共计 32.04 万元；丁某保购买他人盗窃的柏树根 4 次，价值共计 11.04 万元；齐某云购买他人盗窃的柏树根 3 次，价值共计 9 万元。(2) 2017 年 3 月份，被告人刘某龙、王某喜伙同谢某军（另案处理）在国营某林区的新庄后山上盗伐柏树 20 棵，合立木材积 3.6571 立方米。几天后，被告人刘某龙又伙同谢某军前某林区盗伐柏树 26 棵，制成 2.4 米长的原木 31 节，合立木材积 2.4567 立方米，后刘某龙联系被告人刘某平、唐某虎将盗伐的柏木以 16000 元的价格出售给郭某锦（陕西省某县人，某森林公安局已移送起诉），计刘某龙共盗伐林木 6.1138 立方米，王某喜盗伐林木合立木材积 3.6571 立方米；(3) 2017 年 2 月至 3 月中旬，被告人杨某荣非法制造一支射钉枪。7 月份，杨某荣和被告人张某雯一起到烟景川用该枪狩猎后，将射钉枪一直存放在张某雯家中。针对上述事实，公诉机关提交了油锯、手锯、斧头、倒链、扣押的三轮农用车、受案登记表、立案决定书、取保候审决定书、逮捕证、户籍证明；证人唐某某、向某某、邓某某、吴某某、杨某某、谢某某的证言；被告人的供述与辩解；鉴定意见、现场勘验、检查、辨认笔录、扣押笔录、指认笔录等证据。公诉机关认为，被告人张某君、刘某龙、钟某荣、向某强、张某雯、袁某繁、武某德、刘某成以非法牟利为目的，秘密窃取国有林区的柏树根，数额巨大，其中武某德数额较大，其行为已触犯《中华人民共和国刑法》第二百六十四条之规定，应当以盗窃罪追究其刑事责任，张某君在2016年1月30日刑满释放后重新犯罪，系累犯，适用《中华人民共和国刑法》第六十五条之规定。张某君、刘某龙在本案中起主要作用，系主犯，钟某荣、向某强、袁某繁、张某雯、刘某成、武某德起辅助作用，系从犯，适用《中华人民共和国刑法》第二十五条、二十六条、二十七条之规定。被告人向某强、袁某繁、刘某成、武某德在案发后主动投案，系自首，适用《中华人民共和国刑法》第六十七条第一款之规定。被告人刘某龙、王某喜以牟利为目的，在国有林区盗伐林木，合立木材积分别为6.1138立方米和3.6751立方米，其行为已触犯《中华人民共和国刑法》第三百四十五条第一款之规定，应当以盗伐林木罪追究二人的刑事责任。在本案中刘某龙起主要作用，系主犯，王某喜起辅助作用，系从犯，适用《中华人民共和国刑法》第二十五条、第二十六条、第二十七条之规定。王某喜在案发后主动投案，系自首，适用《中华人民共和国刑法》第六十七条第一款之规定。被告人袁某平、丁某保、齐某云以获取非法利益为目的，明知是他人从国有林区盗挖的柏树根予以转移、收购，被告人刘某平、唐某虎明知是他人从林区盗伐的林木，仍予以转移和收购，五被告人行为均已触犯了《中华人民共和国刑法》第三百一十二条之规定，应当以掩饰、隐瞒犯罪所得罪追究五被告人的责任。袁某平、齐某云、刘某平、唐某虎在案发后主动投案，如实供述了自己的犯罪事实，系自首，适用《中华人民共和国刑法》第六十七条第一款之规定；丁某保在最后一次收购盗窃的柏树根的行为中，因意志以外的原因未实施终了，系犯罪未遂，适用《中华人民共和国刑法》第二十三条的规定。丁某保在案发后如实供述自己的犯罪事实，适用《中华人民共和国刑法》第六十七条第三款之规定。被告人杨某荣擅自购买零部件，非法制造射钉枪一支，被告人张某雯非法持有该枪支，二被告人的行为分别触犯了《中华人民共和国刑法》第一百二十五条、第一百二十八条之规定，应当以非法制造枪支罪、非法持有枪支罪分别追究二人的刑事责任。杨某荣案发后主动投案，如实供述自己的犯罪事实，系自首，适用《中华人民共和国刑法》第六十七条之规定。建议对被告人张某君犯盗窃罪，判处8年以上9年以下有期徒刑，并处罚金；对被告人刘某龙犯盗窃罪，判处6年以上7年8个月以下有期徒刑，并处罚金；对被告人钟某荣犯盗窃罪，判处5年1个月以上7年4个月以下有期徒刑，并处罚金；对被告人向某强犯盗窃罪，判处4年7个月以上6年7个月以下有期徒刑，并处罚金；对被告人张某雯犯盗窃罪，判处4年6个月以上6年6个月以下有期徒刑，并处罚金；对被告人袁某繁犯盗窃罪，判处4年6个月以上5年6个月以下有期徒刑，并处罚金；对被告人袁某平犯掩饰、隐瞒犯罪所得罪，判处2年6个月以上4年2个月以下有期徒刑，并处罚金；对被告人丁某保犯掩饰、隐瞒犯罪所得罪，判处2年4个月以上3年3个月以下有期徒刑，并处罚金；对被告人齐某云犯掩饰、隐瞒犯罪所得罪，判处1年11个月以上2年6个月以下有期徒刑，并处罚金；对被告人刘某成犯盗窃罪，判处1年2个月以上2年以下有期徒刑，并处罚金；对被告人武某德犯盗窃罪，判处11个月以上1年6个月以下有期徒刑，并处罚金；对被告人刘某平犯掩饰、隐瞒犯罪所得罪，判处6个月以上1年以下有期徒刑，并处罚金；对被告人唐某虎犯掩饰、隐瞒犯罪所得罪，判处6个月以上1年以下有期徒刑，并处罚金。

被告人张某君、钟某荣、向某强、张某雯、袁某繁、袁某平、丁某保、齐某云、刘某成、武某德、王某喜、刘某平、唐某虎、杨某荣对公诉机关指控的犯罪事实无异议，并当庭自愿认罪，请求法院从轻处罚。

被告人丁某保的辩护人认为，丁某保认罪态度较好，有悔罪表现，依法可酌定从轻处罚并适用缓刑。

被告人齐某云的辩护人认为，齐某云认罪态度较好，有悔罪表现，依法可酌定从轻处罚并适用缓刑。

被告人杨某荣的辩护人认为，杨某荣应当判处较短的有期徒刑，并宣告缓刑，理由为：(1) 类比同类案件；(2) 杨某荣有自首情节；(3) 主观恶性小、人身危险低、社会危害性小。

被告人刘某龙当庭自愿认罪，并辩称，(1) 起诉书中指控的第1起盗窃犯罪事实中，盗窃的柏树根出售了25000元，并非30000元；(2) 其未参加起诉书指控的第3起盗窃柏树根的犯罪事实。

经审理查明：

一、盗窃犯罪事实、掩饰隐瞒犯罪所得犯罪事实。

1. 2016年5月（具体时间不详），被告人刘某龙、张某君因手头拮据，便产生盗挖国有林区柏树根出售赚钱的想法，在和王某福（在逃）联系后，三人便一起来到某林区进行踩点并商定使用高栏货车运输柏树根，按车计价，每车30000元。随后，刘某龙、张某君伙同被告人刘某成、胡某学（在逃）、陈天柱（在逃），五人携带倒链、铁锹、镢头、斧头、手锯、遮阴网等工具，驾驶两辆农用三轮车在某林区盗挖柏树根两根，运至被告人胡某学家新庄基处，以800元价格雇佣被告人袁某平驾驶自己的吊车将柏树根吊装上高栏货车，运往山东省淄博市某县王某福的老家，张某君驾驶自己的白色小轿车护送大货车安全行驶至高速公路走出甘肃界之后，王某福以现金的方式支付被告人刘某龙30000万，被告人刘某龙按照约定，除去相关的费用后，剩余赃款被刘某龙、张某君、胡某学、刘某成、陈天柱五人平分。

2. 2016年5月（具体时间不详），第一次盗窃柏树根运走三、四天后，被告人刘某龙、张某君、胡某学、刘某成和陈天柱五人，来到老城后山潘家窑子，盗挖了事先查看好的三根柏树根，运至胡某学家新庄基处，以800元的价格雇佣袁某平吊装上高栏货车，运往王某福的老家。王某福以现金的方式支付被告人刘某龙30000元，除去相关费用后，剩余赃款被刘某龙、张某君、胡某学、刘某成、陈天柱五人平分。

3. 2016年6月（具体时间不详），刘某龙纠集被告人张某雯、张某君、胡某学四人，驾驶三辆农用三轮车，在某林区老城背后山盗挖柏树根三棵，深夜下山，运至被告人胡某学家的新庄基处，以800元的价格雇佣袁某平驾驶吊车，吊装上高栏货车，盖好篷布后运往王某福的老家。王某福以现金的方式支付被告人刘某龙30000元，除去费用后，剩余赃款刘某成、张某君、胡某学、张某雯四人平分。

4. 2016年7月中旬（具体时间不详），刘某龙、张某君、胡某学和张某雯四人，驾驶三辆农用三轮车在老城后山盗挖三根柏树根，因第二天下雨和张某雯被某县公安局行政拘留，未能返回。天晴后，张某君、胡某学和刘某龙三人上山将事前未挖好的柏树根挖下来，当晚拉下山，在被告人胡某学家新庄基处，以800元的价格雇佣袁某平驾驶吊车将柏树根吊装上大货车，运往王某福的老家。王某福以现金的方式支付刘某龙货款 30000 元，除去费用后，剩余赃款被张某君、刘某龙和胡某学三人平分。

5. 2017 年初，被告人张某君、胡某学二人商量后想在新庄山关亭沟一带偷挖柏树根出售获利，便找到，院子可以停放大型车辆的被告人钟某荣、向某强说明后，二人先后表示同意，但向某强提出由于身体原因，加之事务繁忙，决定雇人顶替其上山挖柏树根，他分钱后给付工钱，其他三人表示同意。2017 年 4 月初（具体时间不详），张某君和胡某学、钟某荣和袁某繁（代替向某强出工），四人在新庄后山盗挖柏树根两根，等到深夜运至钟某荣家院子里，以 800 元的价格雇佣袁某平驾驶吊车将两根柏树根吊装上高栏货车，发往山东省淄博市某县。货到后，被告人丁某保支付张某君 28000 元，并将柏树根栽在了自家名为“景艺园林”的园子里，准备嫁接培养后出售获利。张某君收到钱后，拿出 23000 元，除去费用，剩余赃款被张某君、胡某学、钟某荣、向某强四人平分。

6. 2017 年 5 月初（具体时间不详），被告人张某君与被告人齐某云商定，盗窃的柏树根按车计价，每车 30000 元，货到付款，运费由收货方支付。2017 年 5 月 6 日，张某君、胡某学、钟某荣和袁某繁（顶替向某强上山挖树）四人驾驶两辆农用三轮车在新庄后山找到四根柏树根，当天四人挖下来两根柏树根，运至被告人钟某荣家院子，以 800 元的价格雇佣被告人袁某平的吊车将两根柏树根吊装上高栏货车，把柏树根发往山东省某县。齐某云收到柏树根后按约定支付张某君 30000 元，张某君拿出 25000 元，除去费用，赃款被张某君、胡某学、钟某荣、向某强四人平分。

7. 2017 年 5 月 7 日，被告人张某君、胡某学、钟某荣和袁某繁（顶替向某强上山挖树）上山，把上次看好的剩余两根柏树根挖出来，运至钟某荣家院子，以 800 元的价格雇佣被告人袁某平的吊车吊装上高栏车，发往山东卖给了被告人齐某云。齐某云收货后支付张某君 30000 元，张某君拿出 25000 元，除去费用，赃款被张某君、胡某学、钟某荣、向某强四人平分。

8. 2017 年 6 月 12 日，被告人张某君、胡某学、钟某荣和袁某繁（顶替向某强）上山挖树，张某君因有事联系其弟张某雯顶替他。四人在某林区新庄后山偷挖两根柏树根，深夜运至被告人向某强家院子，以 800 元的价格雇佣被告人袁某平的吊车吊装上两辆高栏货车，发往山东卖给了被告人齐某云。齐某云收货后支付张某君30000元。张某君拿出25000元，除去费用，赃款被张某君、胡某学、钟某荣、向某强四人平分。

9. 2017年7月10日，被告人张某君、胡某学、钟某荣和张某雯（顶替向某强上山挖树，付工钱1000元）四人驾驶两辆三轮车在某林区盗挖两根柏树根，深夜运至向某强家院子，以800元的价格雇佣被告人袁某平的吊车吊装上两辆高栏货车，发往某村。货到后，被告人丁某保支付张某君28000元。张某君收到钱后，声称卖了23000元，除去费用，赃款被张某君、胡某学、钟某荣、向某强四人平分，被告人张某雯得到1000元工钱。

10. 2017年9月14日，被告人张某君、胡某学、向某强三人在新庄后山盗挖了两根柏树根，用遮阴网将柏树根缠绑好后三个人下山，第二天，张某君打电话叫来同村的农民武某德，四人将以已挖好的两根柏树根用倒链吊装上三轮车，运至被告人向某强家的院子里，以800元的价格雇佣被告人袁某平的吊车吊装上两辆高栏货车，发往某村。货到后，被告人丁某保支付张某君28000元。张某君拿出25000元，除去费用，赃款被张某君、胡某学、向某强、武某德四人平分。

11. 2017年9月23日，被告人张某君、胡某学、钟某荣、袁某繁顶替向某强挖树上山)，四人驾驶两辆三轮车来到某地，盗挖了两根柏树根，张某君通过某区的某货运信息部联系好了一辆6.8米的高栏货车（甘M-338某某），并在凌晨3时40分，将大货车带领到向某强家的院子，以800元的价格雇佣袁某平将盗挖的两根柏树根吊装上高栏货车。张某君带高栏货车经国道从高速入口上高速发往山东省淄博市某县，行驶途中被某森林公安局侦查人员查获。2017年10月11日，经聘请某价格监督检查局鉴定，张某君等人2017年9月23日盗挖的2根柏树根价格为26400元。

综上，2016年5月份至2017年9月23日，被告人张某君、刘某龙和被告人钟某荣、向某强、张某雯、袁某繁、刘某成、武某德纠集在一起，时分时合多次盗挖国有某林区的柏树根出售牟利。被告人袁某平、丁某保、齐某云明知其转移、购买的柏树根为他人在国有林区盗窃所得，仍积极实施协助转移和购买行为。其中：被告人张某君盗窃柏树根11次，价值共计32.04万元；被告人刘某龙盗窃柏树根4次，价值共计12万元；被告人钟某荣盗窃柏树根6次，价值共计17.24万元；被告人向某强盗窃柏树根7次，价值共计20.04万元；被告人张某雯盗窃柏树根4次，价值共计11.8万元；被告人袁某繁盗窃柏树根5次，价值共计14.44万元；被告人刘某成盗窃柏树根2次，价值共计6万元；被告人武某德盗窃柏树根1次，价值共计2.8万元；被告人袁某平帮助转移他人盗窃的柏树根11次，价值共计32.04万元；被告人丁某保购买他人盗窃的柏树根4次，价值共计11.04万元；被告人齐某云购买他人盗窃的柏树根3次，价值共计9万元。

上述犯罪事实，有公诉机关提交，并经法庭质证、认证的下列证据证实：

1. 受案登记表、立案决定书，证实某森林公安局在工作中发现被告人张某君等人涉嫌盗窃，现场查获柏树根两根，遂于2017年9月24日立案侦查；

2. 拘留证、拘留通知书、延长拘留期限通知书、批准逮捕决定书、取保候审决定书、批准延长侦查羁押期限通知书、甘肃省单位往来资金结算票据，证实张某君、刘某龙、钟某荣、张某雯、袁某繁、向某强、袁某平、刘某成、武某德、丁某保、齐某云11人分别被某森林公安局采取刑事拘留、逮捕、取保候审的强制措施；

3. 现场勘验、检查、指认记录，证实某森林公安局发现有人盗窃柏树根，2017年9月24日10时技术人员赴现场进行勘查，现场位于农民向某鹏的院子。经排查，该局民警将行至青兰高速陕西富县段运输盗窃的柏树根成功截获，对车辆进行勘验。车辆为甘M338某某的东风多利卡牌重型货车，车辆持有人为某货运公司所有，车内装有截头带根的活柏树2棵，现场照片9张。以及对被告人的作案工具、作案现场的指认；

4. 扣押决定书、扣押清单及照片，证实2017年9月24日某森林公安局对张某君盗窃柏树根使用的白色北汽幻速S2甘MX10某某汽车1辆进行扣押，对刘某龙盗伐柏树根的作案工具奔野牌摩托车1辆进行扣押，对向某强盗窃柏树根的作案工具农用三轮车1辆予以扣押，对袁某平非法转移柏树根的作案工具吊车1辆进行扣押，对武某德盗窃柏树根的作案工具农用三轮车1辆进行扣押，对张某雯盗窃柏树根作案工具农用三轮车1辆进行扣押，对丁某保收购张某君等人盗窃的6根活柏树根进行扣押，对齐某云收购移栽的6根柏树根进行扣押；

5. 某价认［2017］8号《价格认定结论书》及价格认定通知书，证实某森林公安局委托某价格监督检查局对张某君等人盗窃的2根柏树根进行鉴定，价值为26400元，该局已分别向张某君、钟某荣、袁某平、丁某保通知了价格鉴定意见；

证人证言：（1）证人向某鹏（男，某村农民，向某强的父亲）的证言，向某强他们上山挖柏树的时候开我的机子，我记得他们先后开了4次，其中，张某雯开了1次，其余的都是袁某存开的。（2）证人贾某（女，某村农民，张某君的妻子）的证言，张某君是我的丈夫，2016年的时候有一个山东人来找过张某君，年龄50多岁，中等个子，头发有些谢顶，也有些花白，皮肤较黑，人属于不胖不瘦的那种。（3）证人单某（男，某镇农民）的证言，五年前，我认识了丁某保，2016年4、5月份，丁某保让我和他一块做柏树生意，我没答应，但给他了一片地，他的柏树根，我帮忙管理，从2016年5月前后，他一共拉了4次，一共在我的地里栽了15根柏树根。（4）证人谷某（男，某村农民）的证言，证实其联系袁某平的吊车的事实；

7. 户籍证明，证实张某君、刘某龙、钟某荣、向某强、张某雯、袁某繁、袁某平、丁某保、齐某云、刘某成、武某德的基本情况；

8. 武某德、袁某平、向某强分别于2017年11月6日、10月27日在公安侦查的供述，证实三人系自首；

9. 被告人张某君、刘某龙、钟某荣、向某强、张某雯、袁某繁、袁某平、丁某保、齐某云、刘某成、武某德对上述事实供认不讳，且与上述证据证明的事实相互印证。

二、盗伐林木犯罪事实、掩饰、隐瞒犯罪所得犯罪事实

1. 2017年3月份（具体时间不详），被告人刘某龙和谢某军（另案处理）商量好在某林区新庄后山盗伐柏木出售获利。考虑到两个人力量有限，二人又纠集了被告人王某喜，三人驾驶刘某龙的农用三轮车在某林区的新庄后山上盗伐柏树20棵，制成长2.4米的原木22节后拉下山，藏匿于隔壁邻居吴某荣家中。经鉴定，被盗伐柏树合立木材积3.6571立方米。

几天后，被告人刘某龙又伙同被告人谢某军前往某林区盗伐柏树26棵，

制成长2.4米的原木31节，作案途中被某林业站护林员发现，被告人刘某龙将其中的13根柏木拉下山交给某林业站。在去某林业站护林站的同时，被告人刘某龙联系被告人刘某平、王某喜，让刘某平驾驶自已的农用三轮车到某林区，同谢某军将剩余的18节柏木拉到刘某龙家。当晚，刘某龙联系了被告人唐某虎（陕西某县人或者陕西人）商定以8000元的价格将其先后两次盗伐的共计40节柏木料出售，被告人唐某虎随即联系了另一被告人杨某1（陕西人，另案处理），两人雇佣一辆高栏货车，随车来到刘某龙家中，刘某龙、谢某军、王某喜、刘某平将藏匿在吴某喜家的22节柏木料和刘某平拉的18节柏木料共40根柏木料装车，运往陕西某县以16000元的价格出售给郭某锦（陕西省某县人，某森林公安局已移送起诉）。经鉴定，被盗伐的林木合立木材积2.4567立方米。

综上，被告人刘某龙先后两次盗伐的46棵柏树，合立木材积为6.1138立方米。被告人王某喜盗伐20棵柏树，合立木材积3.6571立方米。

上述犯罪事实，有公诉机关提交，并经法庭质证、认证的下列证据证实：

庆森公（刑）勘［2017］28号、29号现场勘验工作记录及照片，证实2017年10月11日8时40分某森林公安局指派技术人员对某林区发生的一起盗伐林木案的现场进行勘查，现场位于某林区，共3处现场，第1处现场遗留柏树伐桩15个，伐桩周围遗留柏树树头树梢，未见树干部分，第2处现场遗留柏树伐桩11个，第3处现场遗留柏树伐桩20个，并对3处拍照32张；

指认笔录及照片，2017年10月11日10时10分，在某森林公安局的指挥下，在见证人姜某、张某的见证下，由刘某龙对盗伐的林木和盗挖的柏树根的地点及存放的13根木料进行指认，现场拍照15张；

证人证言，(1) 证人王某某（男，某林业站职工）的证言，2017年的3月29日下午，邓某1（某林场护林员）打电话说，在其管护的区域有人盗伐柏木，现场有15节柏木，我经过打听，知道是刘某龙偷得。(2) 证人邓某岭的证言，2017年3月29日下午4点多，我在管区和站长冯某一起巡查的时候，发现刘某龙、谢某军在修路，两个三轮车上装有镢头、铁锨，我和站长在周围转的看了一下，发现有刚刚盗伐的柏树，经过清点有15棵柏树被伐了，经询问刘某龙、谢某军，承认是他们盗伐的。(3) 证人杨某成（男，陕西省某镇农民）的证言，2017年3月份，我的同学唐某虎打电话让我联系的给他卖些柏木，我问郭某某之后郭说要哩，过了好长时间大概到了3月底4月初，唐某虎约我到太白街道一个市场的旅社里，刘某龙开了一辆车来了，刘某龙告诉我他们伐柏树的事被林场发现了要处理，让我尽快将柏木卖了，并给他借点钱，我就将身上的2000元钱借给了刘某龙，我和唐某虎将木料拉到了郭某锦家，卖了16000元。(4) 证人郭某某（男，陕西省某村农民）的证言，2017年我开始做棺材生意，2017年的4、5月份，杨东成和另外两个小伙子给我拉了一车柏木料，是40节，最后说了16000元钱；

某森公（刑）扣字【2017】17、076号扣押决定书、扣押清单、木材检尺清单、保管证明，证实某森林公安局于2017年10月11日、9月30日分别对刘某龙盗伐的13根柏树进行检尺并扣押，委托某林业站保管，对刘某龙盗伐的柏树的予以扣押，并对刘某龙盗伐柏树的作案工具予以扣押；

鉴定聘请书、鉴定人资格证明、鉴定意见及鉴定意见通知书，证实某森林公安局聘请工程师翟某峰、杨某峰对某森公（刑）勘［2017］29号刘某龙、王某喜勘验工作记录中盗伐的46棵柏树伐桩进行测算，共计合立木材积6.1138立方米，第1、2现场伐桩合立木材积3.6371立方米，并于2017年10月21日告知了刘某龙、王某喜；

被告人王某喜2017年10月17日、刘某平2017年10月26日、唐某虎2017年11月6日在公安侦查阶段的供述，证实三人有自首情节；

7. 户籍证明，证实王某喜、刘某平、唐某虎的基本情况；

8. 被告人刘某龙、王某喜、刘某平、唐某虎的对上述事实供认不讳，且与上述证据证明的事实相互印证。

三、非法制造枪支犯罪事实、非法持有枪支犯罪事实

2017年2月至3月中旬，被告人杨某荣通过网络购买了一根50厘米长的无缝钢管和一根锁管器，后又在合水车站附近的一家五金门市用150元买了一个射钉器和一包空包弹拿回家中，按照网上的步骤将无缝钢管和射钉器组装在一起制成了一支射钉枪。在7月份，被告人杨某荣和张某雯一起到烟景川打了两只野兔和一只羊鹿子，后射钉枪一直存放在张某雯家中。2017年7

月，经甘肃省公安厅司法鉴定中心鉴定，该枪具有致伤力，认定为枪支。

（甘）公（刑）鉴（痕鉴）[2017] 520号《检验鉴定意见书》，证实某森林公安局送检的（张某雯持有）的射钉枪系猎枪改制枪支，以射钉弹火药燃烧为动力发射弹丸，认定为枪支，具有致伤力；

指认笔录及照片，证实2017年10月25日18时，被告人杨某荣对其制造的射钉枪和存放在张某雯家中的射钉枪进行指认，现场拍照1张；

扣押决定书、扣押清单、扣押笔录及照片，证实对被告人张某雯持有的射钉枪进行扣押；

4. 杨某荣于2017年月26日在公安侦查的供述，证实其系自首；

5. 被告人杨某荣、张某雯的对上述事实供认不讳，且与上述证据证明的事实能够相互印证。

本院认为，被告人张某君、刘某龙、钟某荣、向某强、张某雯、袁某繁、武某德、刘某成以非法牟利为目的，秘密窃取国有柏树根，数额巨大，其中武某德数额较大，八被告人行为均已构成盗窃罪，公诉机关指控的犯罪事实清楚，证据确实充分，指控罪名成立。张某君在刑满释放后又故意犯新罪，系累犯，应从重处罚。在共同犯罪中，张某君、刘某龙起主要作用，系主犯，钟某荣、向某强、袁某繁、张某雯、刘某成、武某德起辅助作用，系从犯，应从轻处罚，被告人向某强、袁某繁、刘某成、武某德在案发后主动投案，如实供述了自己的犯罪事实，系自首，可从轻处罚。刘某龙当庭辩解起诉书中起诉的第1起盗窃犯罪事实中，盗窃的柏树根出售了25000元，并非30000元，并且未参加起诉书指控的第3起盗窃柏树根的犯罪事实，经审理，刘某龙的辩解与查明事实不符，其他参与的被告人对起诉书指控的事实供认不讳，且刘某龙未提出任何证据印证自己的辩解，故对刘某龙的辩解不予采纳。被告人刘某龙、王某喜以牟利为目的，在国有林区盗伐林木，数量较大，二被告人的行为均已构成盗伐林木罪。在共同犯罪中，刘某龙起主要作用，系主犯，王某喜起辅助作用，系从犯，应从轻处罚。王某喜案发后主动投案，如实供述了自己的犯罪事实，系自首，可从轻处罚。被告人袁某平、丁某保、齐某云以获取非法利益为目的，明知是他人从国有林区盗挖的柏树根予以收购、转移，被告人刘某平、唐某虎明知是他人从林区盗伐的林木，仍予以转移和收购，五被告人行为均已构成掩饰、隐瞒犯罪所得罪，公诉机关指控罪名成立。袁某平、齐某云、刘某平、唐某虎在案发后主动投案，如实供述了自己的犯罪事实，系自首，可从轻处罚；丁某保在最后一次收购盗窃柏树根的行为中，因意志以外的原因未实施终了，系犯罪未遂，且到案后如实供述自己的犯罪事实，系坦白，故对丁某保、齐某云的辩护人从轻处罚的辩护意见予以采纳。被告人杨某荣擅自购买零部件，非法制造射钉枪一支，被告人张某雯非法持有该枪支，二被告人的行为分别构成了非法制造枪支罪、非法持有枪支罪。杨某荣案发后主动投案，如实供述自己的犯罪事实，系自首，故对其辩护人可从轻处罚的辩护意见予以采纳。被告人刘某龙、张某雯一人犯数罪，应数罪并罚。根据本案的犯罪情节、危害程度、被告人悔罪表现，依照《中华人民共和国刑法》第二百六十四条、第三百四十五条、第三百一十二条、第一百二十五条、第一百二十八条、第二十三条、第二十五条、第二十六条、第二十七条、第六十五条、第六十七条、第六十九条、第七十二条、第七十三条、第五十二条、第五十三条之规定，判决如下：

被告人张某君犯盗窃罪，判处有期徒刑八年，并处罚金 30000 元；

（刑期从判决执行之日起计算。判决执行以前先行羁押的，羁押一日折抵刑期一日，即自 2017 年 9 月 24 日起至 2025 年 9 月 23 日止。罚金限判决生效 10 日内缴纳）；

被告人刘某龙犯盗窃罪，判处有期徒刑三年六个月，并处罚金 10000 元；犯盗伐林木罪，判处有期徒刑一年三个月，并处罚金 3000 元。决定执行有期徒刑四年六个月，并处罚金 13000 元

（刑期从判决执行之日起计算。判决执行以前先行羁押的，羁押一日折抵刑期一日，即自 2017 年 9 月 24 日起至 2022 年 3 月 23 日止。罚金限判决生效 10 日内缴纳）

被告人钟某荣犯盗窃罪，判处有期徒刑三年九个月，并处罚金 15000 元；

（刑期从判决执行之日起计算。判决执行以前先行羁押的，羁押一日折抵刑期一日，即自 2017 年 9 月 24 日起至 2021 年 6 月 23 日止。罚金限判决生效 10 日内缴纳）

被告人向某强犯盗窃罪，判处有期徒刑三年，并处罚金 20000 元；

（刑期从判决执行之日起计算。判决执行以前先行羁押的，羁押一日折抵刑期一日，即自2018年6月27日起至2021年6月26日止。罚金限判决生效10日内缴纳）

被告人张某雯犯盗窃罪，判处有期徒刑三年，并处罚金10000元；犯非法持有枪支罪，判处拘役五个月。决定执行有期徒刑三年，并处罚金10000元；

（刑期从判决执行之日起计算。判决执行以前先行羁押的，羁押一日折抵刑期一日，即自2018年6月27日起至2021年6月26日止。罚金限判决生效10日内缴纳）

被告人袁某平犯掩饰、隐瞒犯罪所得罪，判处有期徒刑二年九个月，缓刑三年六个月，并处罚金10000元；

（缓刑考验期自判决确定之日起计算。罚金限判决生效10日内缴纳）

被告人袁某繁犯盗窃罪，判处有期徒刑二年六个月，缓刑三年，并处罚金2000元；

（缓刑考验期自判决确定之日起计算。罚金限判决生效10日内缴纳）

被告人刘某成犯盗窃罪，判处有期徒刑一年九个月，缓刑二年，并处罚金5000元；

（缓刑考验期自判决确定之日起计算。罚金限判决生效10日内缴纳）

被告人丁某保犯掩饰、隐瞒犯罪所得罪，判处有期徒刑二年，缓刑三年，并处罚金5000元；

（缓刑考验期自判决确定之日起计算。罚金限判决生效10日内缴纳）

被告人齐某云犯掩饰、隐瞒犯罪所得罪，判处有期徒刑一年六个月，缓刑二年，并处罚金5000元；

（缓刑考验期自判决确定之日起计算。罚金限判决生效10日内缴纳）

被告人武某德犯盗窃罪，判处有期徒刑九个月，缓刑一年，并处罚金3000元；

（缓刑考验期自判决确定之日起计算。罚金限判决生效10日内缴纳）

被告人王某喜犯盗伐林木罪，判处有期徒刑九个月，缓刑一年，并处罚金2000元；

（缓刑考验期自判决确定之日起计算。罚金限判决生效10日内缴纳）

被告人刘某平犯掩饰、隐瞒犯罪所得罪，判处有期徒刑六个月，缓刑一年，并处罚金2000元；

（缓刑考验期自判决确定之日起计算。罚金限判决生效10日内缴纳）

被告人唐某虎犯掩饰、隐瞒犯罪所得罪，判处有期徒刑六个月，缓刑一年，并处罚金2000元；

（缓刑考验期自判决确定之日起计算。罚金限判决生效10日内缴纳）

被告人杨某荣犯非法制造枪支罪，判处有期徒刑一年，缓刑一年六个月；

（缓刑考验期自判决确定之日起计算。）

二、扣押的作案工具斧头1把、油锯2把、手锯3把、铁锹4把、镢头2把、钢丝绳2盘、倒链4副、支架1个、绑带4根、吊带4条、扎绳1根、钢板斧1把、紧绳器4个依法没收，作为证据随案留存；扣押的柏树根12根、柏树13节、射钉枪一支、钟某荣、刘某龙、向某强、武某德、张某雯农用车各一辆、袁某平的吊车一辆、刘某龙的摩托车一辆依法予以没收，由没收单位某森林公安局上缴国库；张某君的汽车（车牌号为xxx某某）一辆予以返还。

如不服本判决，可在接到判决书的第二日起十日内，通过本院或者直接向某中级法院提出上诉。书面上诉的，应当提交上诉状正本一份，副本三份。

第二节　马某文非法收购、运输、出售珍贵、濒危野生动物制品案评析

【案例级别】 典型案例

【案例来源】 2021 年最高人民法院发布黄河流域生态环境司法保护典型案例之二①

【案件类型】 刑事

【文书类型】 判决书

【审理程序】 一审（终审）

【案　　号】（2019）青 2701 刑初 2 号

【关 键 词】 刑事；珍贵、濒危野生动物制品；破坏环境资源；黄河流域

【典型意义】

三江源地区位于青藏高原腹地，是长江、黄河、澜沧江的发源地，素有“中华水塔”的美誉，是我国重要的生态屏障。其野生动物资源丰富多样，对维护生态系统平衡有着十分重要的作用。因为利益的驱使，导致了该地区猎捕杀害珍贵、濒危野生动物的行为频繁发生。本案所涉野生动物种类多、价值大，案件的审理对三江源地区违法经营野生动物资源的行为形成震慑，彰显了法律的权威。法院遵循“生态为先、稳定为要、发展为本”的理念，为三江源地区生态文明建设和保护生态资源提供有力的司法保障，对推动三江源地区经济社会可持续发展意义重大。

【基本案情】

2018 年 7 月，罗某扎巴（另案处理）、昂某土丁（在逃）潜入被告人马

---

① 《黄河流域生态环境司法保护典型案例》，载最高人民法院网站，https：//www. court. gov. cn/zixun/xiangqing/333241. html，2023 年 5 月 19 日访问。

某文出租房内实施盗窃。后经路人举报可疑线索，罗某扎巴于当日上午被某派出所民警抓获，同案犯昂某土丁逃脱，现场缴获盗窃的野生动物制品有6个疑似麝香、13个疑似鹿筋、1对带有牙齿的上下颌、1堆疑似鹿肉。当日上午被告人马某文报案称自己出租屋内物品被盗，因所述被盗物品疑似珍贵、濒危野生动物及其制品，故某派出所将被告人马某文移交某森林公安局。同日，某森林公安局从被告人马某文住处搜出众多野生动物制品。经鉴定，在马某文住处和嫌疑犯手中缴获的野生动物制品中除有证据证明系被告人马某文合法购买的鹿鞭7根、鹿茸5支外，另有其非法购买所得的熊掌16个、鹿鞭6根、鹿筋52个、鹿尾巴7个、麝香7个、雪豹皮1张、鹿角1个、盘羊头1个、鹿肉1小袋、狼头2个等野生动物制品，涉案野生动物制品价值总计665090元。

【争议焦点】

1. 涉案野生动物制品中是否存在部分捡拾的问题；

2. 鉴定机构的鉴定书和公安机关的笔录是否具备证据力。

【裁判说理】

法院生效裁判认为：

一、涉案野生动物制品中是否存在捡拾的问题

关于被告人辩解的涉案野生动物制品中熊掌16个、鹿鞭4个、麝香5个、豹皮1个、鹿角1个、盘羊头1个、棕熊带牙齿的上下颚1个、鹿筋44是从牦牛广场北侧玛尼石堆附近垃圾箱旁捡到的的主张可以从以下五个方面论证：（一）根据公诉机关提交并经庭审质证、认证的相关证据，可以直接证明被告人马某文对于部分涉案物品存在非法收购、运输、出售珍贵、濒危野生动物制品的犯罪行为；（二）涉案赃物均出自被告人马某文的出租屋，为其所有。经过专业机构鉴定其中绝大多数为国家I、II级国家重点保护野生动物制品；（三）罗某扎巴的讯问笔录，进一步说明被告人马某文过往就存在非法收购、运输、出售珍贵、濒危野生动物制品的犯罪行为，罗某扎巴与其同伙入室盗窃的直接目的也是因为知道被告人马某文有麝香，并欲窃取；（四）按照公众

所认可的社会常理和寻常认知可以排除“被告人捡拾种类繁多价值六十多万的国家重点保护珍贵、濒危野生动物制品”合理怀疑；（五）被告人马某文自述捡拾价值近六十多万元的珍贵、濒危野生动物制品显然属于避重就轻，对于自述捡拾部分不认定构成指控犯罪将严重阻滞人民法院司法服务和保障生态文明建设大局，损害案件审理的社会效果，导致负面示范效应。综上所述，法院不予采纳涉案野生动物制品中存在部分捡拾的辩护意见。

二、鉴定机构的鉴定书和公安机关的笔录是否具备证据力

因宁绿森司鉴字【2018】第211号司法鉴定是由具备法定资质的鉴定机构、鉴定人员按照法定程序并依据价值鉴定规范性文件做出的专业司法鉴定，辩护人没有提交相关证据以证实其辩护主张，仅提出在排除捡拾的野生动物制品以及从马某某处合法购买的制品价值外，被告人实际交易价值总共为11300元，而单纯按照鉴定机构核算的价值远远超过实际交易价值，认为不符合罪刑相适应的基本原则，该主张不成立，故应认定鉴定机构的鉴定书具备证据力；公安机关讯问笔录制作时间与确认签字时间间隔4天，同时被告人签字部分有修改痕迹，因此该笔录不具备证据力，应当予以排除。

【裁判结果】

一、被告人马某文犯非法收购、运输、出售珍贵、濒危野生动物制品罪，判处有期徒刑十年，（刑期从判决执行之日起计算。判决执行以前先行羁押的，羁押一日折抵刑期一日。即自2018年7月3日起至2028年7月2日止。）；并处罚金人民币20000元（罚金限于本判决生效之日起十日内一次性缴纳）；

二、涉案赃物，珍贵、濒危野生动物制品熊掌16个、鹿鞭6根、鹿筋52个、鹿尾巴7个、麝香7个、雪豹皮1张、鹿角1个、盘羊头1个、鹿肉1小袋、狼头2个依法予以没收；

三、马鹿鹿鞭7根、马鹿鹿茸5支依法予以返还。如不服本判决，可在接到判决书的第二日起十日内，通过本院或者直接向某中级人民法院提出上诉。书面上诉的，应当提交上诉状正本一份，副本二份。

一审宣判后，各当事人均未上诉，判决已发生法律效力。

【相关规定】

《中华人民共和国刑法》（2020 修订）第 341 条、第 52 条、第 53 条、第 61 条、第 62 条、第 64 条［原《中华人民共和国刑法》（2017 修订）第 341 条、第 52 条、第 53 条、第 61 条、第 62 条、第 64 条］

案例整编人：王建君、施小雪

附已公开生效判决文书：

青海省玉树市人民法院刑事判决书

（2019）青 2701 刑初 2 号

公诉机关：某人民检察院

被告人：马某文

某人民检察院以玉市检公诉刑诉〔2019〕1 号起诉书指控被告人马某文犯非法收购、运输、出售珍贵、濒危野生动物、珍贵、濒危野生动物制品罪，于 2019 年 4 月 4 日向本院提起公诉。本院受理后，依法组成合议庭，适用普通程序，于 2019 年 6 月 21 日、2019 年 9 月 5 日公开开庭进行了审理。期间应某人民检察院建议，延期审理一次；经玉树藏族自治州中级人民法院批准延长审理期限三个月。某人民检察院指派检察员仁某毛、杨某鹏，检察官助理蒲某鹏出庭支持公诉，被告人马某文及其辩护人到庭参加诉讼，现已审理终结。

某人民检察院指控："2018 年 7 月 3 日凌晨 3 时许，罗某扎巴（已判刑）、昂某土丁（在逃）在玉树市结古松朵巷被告人马某文出租房内入室盗窃麝香香囊、鹿筋等野生动物器官。随后罗某扎巴被某派出所蹲守的民警抓获，同伙昂某土丁被逃，现场缴获麝香香囊、鹿筋等赃物，并将罗某扎巴带回派出所审查。2018年7月3日9时被告人马某文报案至某派出所，称自己出租屋内物品被盗，因被盗物品疑似珍贵、濒危野生动物及其制品，故某派出所民警将马某文移交某森林公安局。同日，某森林公安局依法从被告人马某文处扣押熊掌16个、鹿鞭13根、鹿筋52个、狼头2个、鹿尾巴7个、麝香1个、鹿茸6个、雪豹皮1张、鹿角1个、盘羊头1个、鹿肉1小袋等。罗某扎巴（另案处理）从马某文处盗窃的物品有6个疑似麝香、13个疑似鹿筋、1对带有牙齿的上下颌、1堆疑似鹿肉等。以上物品经某司法鉴定中心鉴定，雪豹、白唇鹿、林麝为国家I级重点保护野生动物，马鹿、盘羊、棕熊为国家II级重点保护野生动物，涉案野生动物制品价值总计为665090元。”

公诉机关认为，被告人马某文明知珍贵、濒危野生动物及其制品而出售、收购的行为，已触犯《中华人民共和国刑法》第三百四十一条“非法猎捕、杀害国家重点保护的珍贵、濒危野生动物的，或者非法收购、运输、出售国家重点保护的珍贵、濒危野生动物及其制品，情节特别严重的，处十年以上有期徒刑，并处罚金或没收财产。”之规定。应当以非法收购、运输、出售珍贵濒危野生动物、珍贵、濒危野生动物制品罪追究被告人刑事责任。

被告人马某文自行辩护提出，（一）在所有涉案物品中，有鹿鞭2根、麝香2个、鹿茸3支、鹿筋8个及狼头2个是非法购买；有鹿鞭7根、鹿茸5支是合法购买；其余野生动物器官及制品都是捡拾所得；（二）犯罪后有自首情节，有如实交代自己的罪行，恳请从轻、减轻处罚，给予改过自新的机会。

被告人马某文的辩护人提出，（一）本案涉案物品均为珍贵、濒危野生动物制品，本案涉罪罪名应为非法收购珍贵、濒危野生动物制品罪，而非检察机关指控的“非法收购、运输、出售珍贵濒危野生动物、珍贵、濒危野生动物制品罪”；（二）被告人在讯问笔录中明确指出涉案野生动物制品中熊掌16个、鹿鞭4个、麝香5个、豹皮1个、鹿角1个、盘羊头1个、棕熊带牙齿的上下颚1个、鹿筋44是从牦牛广场北侧玛尼石堆附近垃圾箱旁捡到的，首先被告人的捡拾行为并不符合以上收购、运输、出售等目的性行为，不具有社会危害性；其次在社会一般观念里捡拾行为并非是犯罪行为，因此被告人不知道自己的行为会发生危害社会的结果，没有犯罪的故意，不具有主观恶性；再次现行刑法并没有对捡拾珍贵、濒危野生动物制品的行为出台相关的限制规定。所以无论是从犯罪的构成要件还是根据刑法的罪行法定原则，在没有其他证据能够证明以上被告人捡拾到的珍贵、濒危野生动物制品的来源之前，不能以捡拾珍贵濒危野生动物制品的行为对被告人进行定罪处罚；(三) 被告人从马××处购买野生动物制品的行为不构成犯罪，马××具有出售野生动物制品手续，因此被告人从马××处购买马鹿制品是合法的，不构成犯罪；(四) 根据被告人马某文供述，排除捡拾的野生动物制品以及从马××处合法购买的制品价值外，被告人实际交易价值总共为11300元，而单纯按照鉴定机构核算的价值远远超过实际交易价值，不符合罪刑相适应的刑法的基本原则；(五) 公安机关对被告人讯问时间与当事人确认笔录的签字时间间隔4天，同时讯问笔录当事人签字的部分具有修改的痕迹，因此该笔录不具备证据力，应当排除。另外，鉴定人员基于客观原因不具备鉴定能力，请求对司法鉴定结果予以排除；(六) 根据被告人的讯问笔录，被告人先去某公安局自首，之后公安局将被告移交到派出所，该事实有证人马××予以证实，也可以通过有关机关的监控录像进行核查。某森林公安局出具的到案经过，表明被告人马某文到案过程中始终予以配合，没有任何反抗行为。应当认定为犯罪以后自动投案，如实供述自己的罪行的，是自首；(七) 本案涉嫌野生动物制品全部已被查获，没有进一步流入社会造成严重的社会危害。本案被告人马某文无其他违法犯罪记录，未受到过刑事处罚，因自身文化水平低，法律意识淡薄，导致犯罪行为的发生，恳请法庭本着宽严相济的原则，从挽救教育被告人的角度出发，在量刑时考虑被告人的认罪态度、悔罪表现以及具有的法定与酌定从轻、减轻量刑情节，对被告人予以从轻、减轻处罚，给被告人马某文一个改过自新的机会。

经审理查明：2018年7月3日凌晨，罗某扎巴（另案处理）、昂某土丁(在逃) 潜入玉树市结古松朵巷被告人马某文出租房内实施盗窃。后经路人举报可疑线索，罗某扎巴于当日上午被某派出所民警抓获，同案犯昂某土丁逃脱，现场缴获盗窃的野生动物制品有6个疑似麝香、13个疑似鹿筋、1对带有牙齿的上下颌、1堆疑似鹿肉。当日上午9时被告人马某文报案至某派出所，称自己出租屋内物品被盗，因被盗物品疑似珍贵、濒危野生动物及其制品，故某派出所将被告人马某文移交某森林公安局。同日，某森林公安局从被告人马某文住处搜出野生动物制品熊掌16个、鹿鞭13根、鹿筋52个、鹿尾巴7个、麝香1个、鹿茸5个、雪豹皮1张、鹿角1个、盘羊头1个、鹿肉1小袋、狼头2个。另查明，被告人马某文于2013年曾在证人马××经营的位于青海省西宁市店铺内购买过马鹿鹿鞭7根、马鹿鹿茸5支。

上述物品经某司法鉴定中心鉴定，雪豹、白唇鹿、林麝为国家I级重点保护野生动物，鉴定价值按照所列野生动物基准价值的十倍核算；马鹿、盘羊、棕熊为国家II级重点保护野生动物，鉴定价值按照所列野生动物基准价值的五倍核算。被告人马某文涉案野生动物制品价值总计665090元（其中合法购买的野生动物制品价值合计54000元，狼头及狍子肉体组织的鉴定价值合计1040元）。

上述事实，有公诉机关提交并经庭审质证、认证的下列证据予以证明：

（一）书证：1. 受案登记表、立案决定书、到案经过，证明案件来源及受、立案情况和被告人马某文到案经过；2. 人员基础信息，证明被告人马某文已达到完全刑事责任年龄，具备完全刑事责任能力；3. 入所健康检查表、刑事照片，证明被告人马某文的体貌特征和入所时的健康状况；4. 单行材料情况说明，证明被告人马某文不具备自首情节；5. 扣押物品清单，证明2018年7月3日从被告人马某文住处扣押涉案珍贵、濒危野生动物制品的事实。

（二）物证：熊掌16个、鹿鞭13个、鹿筋52个、鹿尾巴7个、麝香7个、鹿茸5个、雪豹皮1张、鹿角1个、盘羊头1个、鹿肉1小袋、狼头2个。

（三）证人证言：证人马××的证言，证明被告人马某文于2013年曾在其所经营的西宁店铺内购买马鹿鹿茸和鹿鞭的事实。

（四）被告人的供述与辩解：1. 被告人马某文的讯问笔录，证明本案相关事实；2. 另案被告人罗某扎巴的讯问笔录，证明2018年7月3日凌晨，罗某扎巴、昂某土丁潜入玉树市结古松朵巷被告人马某文出租房内欲盗窃麝香，并窃得麝香6个、鹿筋13个、带有牙齿的上下颌1对，一堆疑似鹿肉的事实。

（五）勘验、检查、辨认等笔录：1. 现场指认照片，证明被告人马某文对涉案野生动物制品进行指认的事实；2. 罗某扎巴现场指认照片，证明其伙同昂某土丁于2018年7月3日盗窃野生动物制品的具体位置；3. 现场勘验笔录，证明被告人马某文存放大量野生动物制品的现场位置、概貌及方位。

（六）鉴定意见：某司法鉴定中心【某司鉴字（2018）第211号】司法鉴定书，证明涉案珍贵、濒危野生动物制品，分别属于国家重点保护野生动物的级别和司法鉴定价值的事实。

本院认为，被告人马某文违反国家关于野生动物资源保护的法律规范，明知雪豹、白唇鹿、林麝、马鹿、盘羊、棕熊为国家重点保护野生动物，而进行收购、运输、出售的行为，构成非法收购、运输、出售珍贵、濒危野生动物制品罪。公诉机关指控的罪名成立，量刑建议适当，予以采纳。关于被告人马某文自行辩护提出，于2013年曾在证人马××经营的西宁店铺内合法购买马鹿鹿鞭7根、马鹿鹿茸5支的主张，有相关证据可以证实，公诉机关予以认可，本院予以采纳。被告人马某文合法购买部分涉案野生动物制品数量及价值的计算和确定，以“存疑有利于被告人”的原则进行计算和确定。被告人马某文合法购买的野生动物制品价值合计54000元，依法从涉案物品“价值”中予以扣除。关于被告人马某文的辩护人提出的（一）本案涉案物品均为珍贵、濒危野生动物制品，本案涉罪罪名为非法收购珍贵、濒危野生动物制品罪的辩护意见，符合案件事实的部分，本院予以采纳；（二）被告人涉案野生动物制品中部分是捡拾所得，在没有其他证据能够证明以上被告人捡拾到的珍贵、濒危野生动物制品的来源之前，不能对捡拾珍贵、濒危野生动物制品的行为对被告人进行定罪处罚的辩解意见，鉴于（一）根据公诉机关提交并经庭审质证、认证的相关证据，可以直接证明被告人马某文对于部分涉案物品存在非法收购、运输、出售珍贵、濒危野生动物制品的犯罪行为；（二）涉案赃物均出自被告人马某文的出租屋，为其所有。经过专业机构鉴定其中绝大多数为国家I、II级国家重点保护野生动物制品；（三）罗某扎巴的讯问笔录，进一步说明被告人马某文过往就存在非法收购、运输、出售珍贵、濒危野生动物制品的犯罪行为，罗某扎巴与其同伙入室盗窃的直接目的也是因为知道被告人马某文有麝香，并欲窃取；（四）按照公众所认可的社会常理和寻常认知可以排除“被告人捡拾种类繁多价值六十多万的国家重点保护珍贵、濒危野生动物制品”合理怀疑；（五）被告人马某文自述捡拾价值近六十多万元的珍贵、濒危野生动物制品显然属于避重就轻，对于自述捡拾部分不认定构成指控犯罪将严重阻滞人民法院司法服务和保障生态文明建设大局，损害案件审理的社会效果，导致负面示范效应。故对此辩解意见，本院不予采纳；(三) 鉴定核算的价值过高，违反罪刑相适应的基本原则以及鉴定人员客观不具备鉴定能力，请求对司法鉴定结果予以排除的辩护意见，因某司鉴字【2018】第211号司法鉴定是由具备法定资质的鉴定机构、鉴定人员按照法定程序并依据价值鉴定规范性文件做出的专业司法鉴定，辩护人没有提交相关证据以证实其辩护主张，故对此辩解意见，本院不予采纳；(四) 公安机关讯问笔录制作时间与确认签字时间间隔4天，同时被告人签字部分有修改痕迹，因此该笔录不具备证据力，应当排除的辩护意见，于法有据，本院予以采纳；(五) 被告人马某文犯罪后自动投案，如实供述自己的罪行，应当认定自首的辩护意见，与本院查明的案件事实不相符，本院不予采纳；(六) 被告人马某文无其它违法犯罪记录，未受到过刑事处罚，涉案野生动物制品全部已被查获，没有进一步流入社会造成严重的社会危害。恳请法庭本着宽严相济的原则，从挽救教育被告人的角度出发，在量刑时酌定从轻量刑的辩护意见，本院予以部分采纳。

另外，涉案赃物中的狼头及狍子肉体组织，虽然被鉴定为具有重要生态、科学、社会价值的野生动物，但是并未载入国家重点保护的珍贵、濒危野生动物名录。故对此鉴定价值合计1040元，依法从涉案物品“价值”中予以扣除。

综上，本案经本院审判委员会讨论决定，依照《中华人民共和国刑法》第三百四十一条第一款、第五十二条、第五十三条、第六十一条、第六十二条、第六十四条、判决如下：

一、被告人马某文犯非法收购、运输、出售珍贵、濒危野生动物制品罪，判处有期徒刑十年，(刑期从判决执行之日起计算。判决执行以前先行羁押的，羁押一日折抵刑期一日。即自2018年7月3日起至2028年7月2日止。)；并处罚金人民币20000元（罚金限于本判决生效之日起十日内一次性缴纳)；

二、涉案赃物，珍贵、濒危野生动物制品熊掌16个、鹿鞭6根、鹿筋52个、鹿尾巴7个、麝香7个、雪豹皮1张、鹿角1个、盘羊头1个、鹿肉1小袋、狼头2个依法予以没收；

三、马鹿鹿鞭7根、马鹿鹿茸5支依法予以返还。

如不服本判决，可在接到判决书的第二日起十日内，通过本院或者直接向某自治州中级人民法院提出上诉。书面上诉的，应当提交上诉状正本一份，副本二份。

第三节　陈某强、董某师等盗掘古墓葬案评析

【案例级别】典型案例

【案例来源】2021 年最高人民法院发布的十起黄河流域生态环境司法保护典型案例之一①

【案件类型】刑事

【文书类型】裁定书

【审理程序】二审

【案　　号】(2021) 晋 08 刑终 63 号

【关 键 词】刑事；文物；盗掘古墓葬罪；窝藏罪

【典型意义】

本案系加强黄河流域文化遗址保护，依法严厉惩处破坏古文化遗址和古墓葬行为的典型案例。黄河是中华文明的发源地，黄河流域有大量的古文化遗址。案涉被盗墓葬位于全国重点文物保护单位“古魏城遗址”保护范围内，是黄河流域古魏国地域文化历史的见证。所盗文物承载着中华文明的千年底蕴，作为不可再生的文化资源，具有重要的保护价值。本案全面考虑被告人在盗掘古墓葬中所起的作用，以及盗掘行为对原墓葬结构的毁坏和遗存文物缺失的危害后果等情节，充分发挥审判职能作用，依法从重处罚、从严打击，运用好最后一道防线为黄河流域文化遗产保护、传承提供强有力的司法服务和保障，助力实现黄河文化价值弘扬延续，筑牢中华民族的根和魂。

【基本案情】

2017 年 8 月到 2018 年 4 月，被告人陈某强、董某师在罪犯任某组织下伙

---

① 《黄河流域生态环境司法保护典型案例》，载最高人民法院网站，https://www.court.gov.cn/zixun/xiangqing/333241.html，2023 年 5 月 19 日访问。

同他人多次在芮城县古魏某柴涧村某地里、在芮城县古魏某柴涧村某地、在芮城县南卫乡中庄村北某地、在芮城县南卫乡中庄村北某桃树地、在芮城县古魏某坑头村南某地、在芮城县南卫乡中庄村某耕地实施盗掘古墓葬活动，期间被告人陈某强负责放哨，被告人董某师负责接送人。共盗掘出2个青铜鼎、1个青铜盨、5件“冥器”、一些玉器及玛瑙珠子、3个青铜盘、1个长方体青铜器、3件青铜簋盆、2件青铜禾、青铜器配件10余件、1个青铜尊、1个青铜盉、3个不知名青铜器和部分玉器。其中，部分所盗文物被罪犯任某出售，获价83.2万余元，被告人陈某强、董某师各分得赃款8万元、6万元。经山西省文物交流中心鉴定，被盗墓葬皆系两周时期墓葬，位于全国重点文物保护单位“古魏城遗址”保护范围内。

后被告人陈某强和董某师被公安机关网上追逃期间，被告人陈某、董某等人明知陈某强、董某师涉嫌犯罪，协同将其送至四川省广元市，欲帮助其逃避司法机关的追究。

芮城县人民检察院以芮检检一刑诉〔2020〕35号起诉书向山西省芮城县人民法院提起公诉，指控被告人陈某强、董某师犯盗掘古墓葬罪、被告董某、陈某、黄某、冯某犯窝藏罪。一审判决支持了检察院的诉讼请求，被告人陈某强、董某师认为一审判决量刑过重，罚金过高，提出上诉。该案经山西省运城市中级人民法院二审后，终审裁定驳回上诉，维持原判。

【争议焦点】

1. 被告人董某师、陈某强是否应认定为从犯；

2. 对于被告人董某师、陈某强法院判决是否量刑过重，罚金过高。

【裁判说理】

法院生效裁判认为：

一、关于在犯罪实施中，被告人陈某强负责望风，被告人董某师负责开车送人，是否应认定为从犯的问题

《中华人民共和国刑法》第二十六条规定：“组织、领导犯罪集团进行犯罪活动的或者在共同犯罪中起主要作用的，是主犯。”第二十七条规定：“在

共同犯罪中起次要或者辅助作用的是从犯。”行为人在共同犯罪中所起作用的大小，是区分主从犯的主要标准。本案中，被告人陈某强、董某师均在罪犯任某的组织下，伙同他人多次进行盗墓活动，实际参与程度高，在盗掘古墓葬共同犯罪中相互协作、互相配合，共同完成盗墓，只是分工不同，作用相当，应认定为主犯。

二、对于被告人董某师、陈某强法院判决是否量刑过重，罚金过高

据《中华人民共和国刑法》第三百二十八条之规定，盗掘具有历史、艺术、科学价值的古文化遗址、古墓葬的，处三年以上十年以下有期徒刑，并处罚金；情节较轻的，处三年以下有期徒刑、拘役或者管制，并处罚金；有下列情形之一的，处十年以上有期徒刑或者无期徒刑，并处罚金或者没收财产：（1）盗掘确定为全国重点文物保护单位和省级文物保护单位的古文化遗址、古墓葬的；（2）盗掘古文化遗址、古墓葬集团的首要分子；（3）多次盗掘古文化遗址、古墓葬的；（4）盗掘古文化遗址、古墓葬，并盗窃珍贵文物或者造成珍贵文物严重破坏的。另据《中华人民共和国刑法》第52条之规定，判处罚金，应当根据犯罪情节决定罚金数额。在本案中，被告人陈某强、董某师未经文物主管部门批准，多次伙同他人私自挖掘全国重点文物保护单位“古魏城遗址”保护范围内的古墓葬，造成原墓葬结构的毁坏和遗存物的缺失，对两周历史文化的研究造成不可弥补的损失。符合处十年以上有期徒刑或者无期徒刑，并处罚金或者没收财产的量刑情节。且二被告在盗掘古墓葬中均非法获利。

综上所述，全面考虑被告人犯罪的事实、犯罪的性质、情节和对于社会的危害程度，法院判决被告人董某师和陈某强犯盗掘古墓葬罪，分别判处有期徒刑十三年和十二年九个月，并处罚金人民币二十万元并无不当。

【裁判结果】

山西省芮城县人民法院于2020年9月21日作出（2020）晋0830刑初66号刑事判决：

被告人董某师和陈某强犯盗掘古墓葬罪，分别判处有期徒刑十三年和十二年九个月，并处罚金人民币二十万元，对被告人董某师违法所得人民币六

万元，被告人陈某强违法所得八万元，予以追缴，上缴国库。所处罚金及违法所得，于判决生效后十日内缴纳。

四被告人董某、陈某、黄某、冯某犯窝藏罪，分别判处有期徒刑六个月、拘役五个月，缓刑八个月、拘役四个月，缓刑七个月、拘役四个月，缓刑七个月。

经原审被告人陈某强、董某师不服，提出上诉，山西省运城市中级人民法院于 2021 年 3 月 1 日作出终审裁定：驳回上诉，维持原判。

【相关规定】

《中华人民共和国刑法》第 328 条第 1 款，第 310 条第 1 款，第 25 条第 1 款，第 26 第 1 款，第 52 条，第 53 条第 1 款，第 61 条，第 64 条，第 67 条第 1 款、第 3 款，第 72 条第 1 款，第 73 条第 1 款、第 3 款

《中华人民共和国刑事诉讼法》第 201 条，第 236 条第 1 款第 1 项

案例整编人：赵林峰、施小雪

附已公开生效判决文书：

山西省运城市中级人民法院
刑 事 裁 定 书

（2021）晋 08 刑终 63 号

原公诉机关：山西省芮城县人民检察院

上诉人（原审被告人）：董某师、陈某强

原审被告人：董某宁等

芮城县人民法院审理芮城县人民检察院指控原审被告人陈某强、董某师犯盗掘古墓葬罪、原审被告人董某宁、陈某卫、黄某志、冯某犯窝藏罪一案，芮城县人民法院于 2020 年 9 月 21 日作出（2020）晋 0830 刑初 66 号刑事判

决，原审被告人陈某强、董某师不服，提出上诉。本院依法组成合议庭，经过阅卷，讯问被告人，认为事实清楚，决定不开庭审理。本案现已审理终结。

原判认定：

一、盗掘古墓葬的事实

1. 2017 年 8、9 月份的一天，被告人陈某强、董某师在罪犯任某组织下，伙同罪犯张某 1、张某 2 等人在芮城县古魏某柴涧村某地里实施盗掘古墓葬活动，被告人陈某强放哨，被告人董某师负责接送人，盗掘出一个青铜鼎、一个青铜盨、五件“冥器”、一些玉器及玛瑙珠子，罪犯任某将盗挖出的一鼎一盨以 8 万元的价格出售，被告人陈某强、董某师未分钱。当天晚上罪犯任某又组织被告人陈某强、董某师和罪犯刘某坡及刘某坡带来的 4 名河南人在芮城县南卫乡中庄村某麦地进行盗掘古墓葬，被告人陈某强负责放哨，被告人董某师负责接送人，其他人实施盗掘。盗掘出 1 个青铜盘、1 个禾、1 个簋盆、1 个长方体青铜器。次日，罪犯任某在古魏某太安村的家中将盗掘的文物出售。后罪犯任某分给被告人陈某强 2 万元、董某师 2 万元。经山西省文物交流中心鉴定，被盗两个墓葬均系两周时期墓葬，墓葬被盗造成原墓葬结构的毁坏和遗存物的缺失，对两周历史文化的研究造成不可弥补的损失，被盗墓葬位于全国重点文物保护单位“古魏城遗址”保护范围内。

2. 2017 年 10、11 月的一天，被告人陈某强、董某师在罪犯任某组织下，伙同罪犯张某 1 等人在芮城县古魏某柴涧村某地实施盗掘古墓葬活动，被告人陈某强负责放哨，被告人董某师负责接送人。盗掘出青铜盘 1 件，后罪犯任某以 22 万元的价格将盗掘的文物出售，被告人陈某强、董某师各分得 1 万元。经山西省文物交流中心鉴定，被盗墓葬系两周时期墓葬，墓葬被盗造成原墓葬结构的毁坏和遗存物的缺失，对两周历史文化的研究造成不可弥补的损失，被盗墓葬位于全国重点文物保护单位“古魏城遗址”保护范围内。涉案青铜盘已被追缴，经山西省文物鉴定站对该青铜盘进行鉴定，其为一级文物。

3. 2017 年 11 月份中旬一天中午，被告人陈某强、董某师在罪犯任某组织下伙同罪犯张某强及“三哥”、“大厨”在芮城县南卫乡中庄村北某地实施盗掘古墓葬活动，被告人陈某强负责放哨，被告人董某师负责接送人。当晚盗出两件青铜簋盆，后以 40 万元的价格出售，罪犯任某分给被告人陈某强 3 万元，分给被告人董某师 2 万元。经山西省文物交流中心鉴定，被盗墓葬系两周时期墓葬，墓葬被盗造成原墓葬结构的毁坏和遗存物的缺失，对两周历史文化的研究造成不可弥补的损失，被盗墓葬位于全国重点文物保护单位“古魏城遗址”保护范围内。

4. 2017 年 12 月份左右的一天晚上，被告人陈某强、董某师在罪犯任某组织下，伙同同案犯张某及“三哥”等人在芮城县南卫乡中庄村北某桃树地实施盗掘古墓葬活动，被告人陈某强负责放哨，被告人董某师负责接送人。当晚盗出一件青铜禾，被告人陈某强、董某师均未分得赃款。经山西省文物交流中心鉴定，被盗墓葬系两周时期墓葬，墓葬被盗造成原墓葬结构的毁坏和遗存物的缺失，对两周历史文化的研究造成不可弥补的损失，被盗墓葬位于全国重点文物保护单位“古魏城遗址”保护范围内。

5. 2017 年 12 月中旬的一天，被告人陈某强、董某师在罪犯任某组织下伙同罪犯张某2 与“三哥”“大厨”等在芮城县古魏某坑头村南某地实施盗掘古墓葬活动，被告人陈某强负责放哨，被告人董某师负责接送人。共盗出青铜器配件 10 余件，后同案犯任某将该 10 余件青铜配件以 1.2 万元的价格出售。约一周后，该团伙成员又来到坑头村南某地实施探、盗墓。被告人陈某强负责放哨，被告人董某师负责接送人。共盗挖出 7 件青铜器（包括 1 个尊、1 个鼎、1 个盘、1 个盉、3 个不知名青铜器）和部分玉器，后罪犯任某将盗出的青铜器以 12 万元的价格出售，被告人陈某强分得 2 万元，被告人董某师分得 1 万元。经山西省文物交流中心鉴定，被盗两个墓葬系两周时期墓葬，墓葬被盗造成原墓葬结构的毁坏和遗存物的缺失，对两周历史文化的研究造成不可弥补的损失，被盗墓葬位于全国重点文物保护单位“古魏城遗址”保护范围内。

6. 2018 年 4 月上旬，被告人陈某强、董某师在罪犯任某组织下伙同刘某哲、罪犯嵇某等人在芮城县南卫乡中庄村陈某耕地探寻并实施盗掘古墓葬活动，被告人陈某强放哨，被告人董某师开车接送人。经山西省文物交流中心鉴定，被盗墓葬系两周时期墓葬，墓葬被盗造成原墓葬结构的毁坏和遗存物的缺失，对两周历史文化的研究造成不可弥补的损失，被盗墓葬位于全国重点文物保护单位“古魏城遗址”保护范围内。

上述事实有公诉机关提供的书证受案登记表、户籍证明、到案经过、芮城县人民法院刑事判决书、运城市中级人民法院刑事判决书、被告人陈某强、董某师的供述与辩解、同案犯任某、张某2的供述、指认现场方位示意图、辨认现场笔录、辨认现场照片、同案犯辨认笔录、山西省文物交流中心对涉案墓葬鉴定评估报告等证据在案佐证，足以认定。

二、窝藏的事实

被告人陈某强和董某师因涉嫌盗掘古墓葬罪于2018年4月24日被某县公安局刑事拘留网上追逃。2019年4月份，被告人陈某卫、董某宁明知两人将受刑事追究，商议将被告人陈某强、董某师送至外地躲避，后找到被告人冯某、黄某志商定将被告人陈某强、董某师送至四川省广元市。被告人陈某卫驾车从运城接上被告人陈某强、董某师，被告人黄某志、董某宁、冯某驾驶一辆车，六人在风陵渡汇合后直接将被告人陈某强、董某师送至四川省广元市，被告人黄某志委托朋友给陈某强、董某师介绍工作，被告人陈某卫、董某宁为被告人董某师、陈某强购买生活用品后，被告人陈某卫、董某宁、冯某、黄某志返回运城市芮城县。经某县公安局多次询问，被告人陈某卫、董某宁均未向侦查机关提供被告人陈某强和董某师的藏匿地点，直至被告人陈某强于2020年1月16日被某市公安局抓获、董某师于2020年1月15日被某市公安局抓获，被告人陈某强、董某师供述窝藏事实。

上述事实有公诉机关提供的书证户籍证明、到案经过、被告人陈某强、董某师、董某宁、陈某卫、黄某志、冯某的供述与辩解等证据证实，六被告人及其辩护人均无异议，本院对上述事实予以认定。

另查明，被告人陈某卫、黄某志、冯某案发后主动到某县公安局投案，到案后能够如实供述犯罪事实。

又查明，被告人董某师因犯抢夺罪于1997年6月24日被广州市越秀区人民法院判处有期徒刑一年六个月。

关于被告人陈某强、董某师及其辩护人提出的起诉书指控的二被告多次犯罪事实，被告人参与的次数少的辩护意见，经查，公诉机关指控二被告人的六起犯罪事实，有公诉机关提供的证据予以证实，亦经本院及运城市中级人民法院生效的判决予以确认，故辩称理由不能成立。关于被告人辩护人提出的被告人陈某强负责望风，被告人董某师负责开车送人，应认定为从犯的辩护意见，经查，被告人陈某强、董某师均在罪犯任某的组织下，伙同他人多次进行盗墓活动，在盗墓过程中相互协作、互相配合，只是分工不同，应认定为主犯，故辩护人的辩护意见，不予采信。

据以上事实和证据，原审人民法院认为，被告人陈某强、董某师未经文物主管部门批准，多次伙同他人私自挖掘全国重点文物保护单位“古魏城遗址”保护范围内的古墓葬，造成原墓葬结构的毁坏和遗存物的缺失，二被告人行为均已构成盗掘古墓葬罪。被告人董某宁、陈某卫、黄某志、冯某明知被告人陈某强、董某师涉嫌犯罪，将被告人陈某强、董某师送至四川逃避司法机关的追究，四被告人的行为均构成窝藏罪。公诉机关指控六被告人的犯罪事实清楚，证据确实、充分，罪名成立，本院应予以惩处。被告人陈某卫、黄某志、冯某案发后主动到公安机关投案，到案后能够如实供述自己的罪行，系自首，可依法从轻处罚。被告人董某宁、陈某卫、黄某志、冯某认罪认罚，具结悔过，对被告人董某宁、陈某卫、黄某志、冯某应当适用认罪认罚从宽制度。被告人董某师有犯罪前科，可依法从重处罚。被告人陈某强、董某师违法所得予以追缴，上缴国库。全面考虑被告人犯罪的事实、犯罪的性质、情节和对于社会的危害程度，综合量刑予以判处，可依法对被告人陈某卫、黄某志、冯某依法适用缓刑。依照《中华人民共和国刑法》第三百二十八条第一款第（一）（三）（四）项、三百一十条第一款、第二十五条第一款、第二十六条第一款、第五十二条、第五十三条第一款、第六十一条、第六十四条、第六十七条第一、三款、第七十二条第一款、第七十三条第一、三款及《中华人民共和国刑事诉讼法》第二百零一条的规定，判决：一、被告人董某师犯盗掘古墓葬罪，判处有期徒刑十三年，并处罚金人民币二十万元。二、被告人陈某强犯盗掘古墓葬罪，判处有期徒刑十二年九个月，并处罚金人民币二十万元。三、被告人董某宁犯窝藏罪，判处有期徒刑六个月。四、被告人陈某卫犯窝藏罪，判处拘役五个月，缓刑八个月。五、被告人黄某志犯窝藏罪，判处拘役四个月，缓刑七个月。六、被告人冯某犯窝藏罪，判处拘役四个月，缓刑七个月。七、对被告人董某师违法所得人民币六万元，被告人陈某强违法所得八万元，予以追缴，上缴国库。以上所处罚金及违法所得，于判决生效后10日内缴纳。

原审被告人董某师上诉称，一审量刑过重，罚金过高。一、一审法院认定我为主犯认定错误，我在本案中应是从犯。一审认定我参与的六起犯罪事实都是在任某组织下，伙同其他罪犯实施盗掘古墓葬活动，我负责接送人。我未直接参加盗掘，接受任某安排接送人，起到的作用是次要的辅助作用，应认定为从犯。二、我自愿认罪认罚，恳请从轻处罚。三、一审判处我罚金20万过高。我获得利益较小，生活在农村，没有缴纳罚金能力。

原审被告人陈某强上诉称，一审量刑过重，罚金过高。一、一审法院认定我为主犯认定错误，我在本案中应是从犯。一审认定我参与的六起犯罪事实都是在任某组织下，伙同其他罪犯实施盗掘古墓葬活动，我负责放哨。我未直接参加盗掘，接受任某安排放哨，起到的作用是次要的辅助作用，应认定为从犯。二、我自愿认罪认罚，恳请从轻处罚。三、一审判处我罚金20万过高。我获得利益较小，生活在农村，没有缴纳罚金能力。

经审理查明，原审判决认定上诉人董某师、陈某强犯盗掘古墓葬罪，原审被告人董某宁、陈某卫、黄某志、冯某犯窝藏罪的犯罪事实，有经原审法院庭审举证、质证并已在原审判决书中认证的各证据证实。证据来源合法，内容客观、真实，且能够相互印证，本院予以确认。

本院认为，上诉人（原审被告人）董某师、上诉人（原审被告人）陈某强二人违反国家文物管理制度，伙同他人盗掘全国重点文物保护单位"古魏城遗址"保护范围内的古墓葬，造成原墓葬结构的毁坏和遗存物的缺失，其行为均已构成盗掘古墓葬罪。上诉人董某师和陈某强对其二人参与的六起犯罪事实均供认不讳，二审中对起诉的指控事实亦表示认罪，足以认定。

上诉人董某师、上诉人陈某强伙同他人，在多次盗墓过程中相互协作、互相配合，负责接送人和望风只是分工不同，但作用相当，故应认定为主犯，二上诉人应认定为从犯的上诉意见，本院不予采信。二上诉人在盗掘古墓葬中均非法获利，原审判处其罚金适当，上诉人所称的罚金过高的上诉请求本院不予采纳。

综上所述，原判认定事实清楚，证据充分，定罪准确，量刑适当，审判程序合法。依照《中华人民共和国刑事诉讼法》第二百三十六条第一款第（一）项之规定，裁定如下：

驳回上诉，维持原判。

本裁定为终审裁定。

第四节 水务公司与郑某甲等污染环境案评析

【案例级别】典型案例

【案例来源】2021 年最高人民法院发布的十四起人民法院服务和保障长三角一体化发展典型案例之一①

【案件类型】刑事

【文书类型】裁定书

【审理程序】二审

【案　　号】(2019) 苏 01 刑终 525 号

【关 键 词】刑事；污染环境罪；变更起诉；生态环境损害数额；禁止令

【典型意义】

没有长江就不可能形成长三角地区，更不可能会有融合长江口的江浙沪经济发展高度。推进长三角一体化发展，要把保护修复长江生态环境摆在突出位置，不断夯实长三角地区绿色发展基础。本案涉案单位违反法律规定，将未经处理的污水、污泥直接排入长江，极大的威胁了长江生态环境安全和下游饮用水、渔业、工业用水安全，性质极其恶劣，后果特别严重。人民法院对被告单位，直接责任人员、分管负责人员以及篡改监测数据的共同犯罪人员，一并追究刑事责任，依法从严惩治，运用司法震慑力，加强对长三角地区生态环境的保护，充分发挥审判职能作用，强化责任担当，为长三角一体化发展提供更加精准有力的司法服务和保障。

【基本案情】

水务公司于 2003 年 5 月成立，是一家污水处理厂、危险废物国家重点监

① 《人民法院服务和保障长三角一体化发展典型案例》，载最高人民法院网站，https://www.court.gov.cn/zixun/xiangqing/329801.html，2023 年 5 月 19 日访问。

控企业，经营范围为南京化学工业园的排污企业提供污水处理及其他相关服务（依法须经批准的项目，经相关部门批准后方可开展经营活动）。水务公司的污水处理设施分为一期工程和二期工程。一期工程又分为一期 A 工程和一期 B 工程。其中一期 A 工程设计处理满足 COD≤1000mg/L 等指标的低浓度污水，一期 B 工程设计处理满足 COD[①]≤4000mg/L 等指标的高浓度污水。

2014 年 10 月至 2017 年 4 月 18 日期间，水务公司在一期 B 高浓度废水处理系统未运行、SBR 池无法正常使用的情况下，仍多次接收排污企业（管线进水、槽罐车进水）的高浓度废水并利用暗管违法排放，共计 288235.04 立方；多次利用暗管违法排放低浓度废水；在一期、二期废水处理系统中修建暗管用于偷排有毒有害成份的污泥，约 4362.53 吨（含水率 53%）；人为篡改在线监测仪器数据，逃避环保部门监管，致使二期废水处理系统长期超标排放污水；在无危险废物处理资质情况下，于 2016 年 11 月 9 日至 2017 年 4 月 12 日期间，接收染料公司遗留在 IBC[②] 吨桶内含有 DRB[③] 相分离液、Red9 废液[④]、YellowCarbDF 废液[⑤]、金黄 71 废液等混合母液、废液调配处理后的危险废物，共计 118.48 吨，放入一期 B 事故池内，并利用暗管违法排放了 54.06 吨。

在上述事实中，被告人郑某甲作为水务公司总经理，领导了上述所有犯罪事实。被告人浦某东作为水务公司运行部经理，参与了上述所有犯罪事实。被告人高某阳、陈某、毛某作为水务公司运行部主管，被告人金某、洪某伟、谷某风、夏某作为水务公司运行部班长，安排或实施偷排高浓度废水、低浓度废水、偷排污泥，还在取水样送检过程中弄虚作假、手动篡改自动监测仪器数据等。被告人李某珍作为水务公司商务部经理，明知公司高浓度废水处理系统未运行、公司总排出水长期超标，仍进行接收高浓度废水商务洽谈活动，大量接收高浓度废水。被告人高某作为水务公司分析室主管，在制作检测台账时造假数据以应付环保部门检查；被告人赵某作为南京熊×电子设备有

---

① COD 一般指化学需氧量，下文对此不再提示。

② IBC 一般指中型散装容器，下文对此不再提示。

③ DRB（苯并咪唑）是一种 RNA 聚合酶 II 转录抑制剂，下文对此不再提示。

④ 一种危险废物，下文对此不再提示。

⑤ 一种危险废物，下文对此不再提示。

限公司第三方运营科科长，明知水务公司相关人员篡改自动监测仪器数据，违背保证环保部门在污水处理国家重点监控企业安装的自动监测设备正常运行以及上传数据真实性的职责，放任二期废水处理系统自动监测仪器数据长期被篡改。

2018年1月23日，江苏省南京市鼓楼区人民检察院向江苏省南京市玄武区人民法院提起公诉，一审判决认定被告单位水务公司、被告人郑某甲、浦某东、李某珍、高某阳等12人犯污染环境罪。原审被告单位水务公司、原审被告人郑某甲、李某认为一审认定生态环境损害数额错误等，提出上诉。该案经江苏省南京市中级人民法院二审后，终审裁定驳回上诉，维持原判。

【争议焦点】

1. 水务公司是否存在长期利用暗管实施偷排污水、污泥的行为；
2. 郑某甲是否默许、纵容浦某东等人实施偷排、篡改数据；
3. 郑某甲是否明知染料公司的高浓度废水是危险废物；
4. 高浓度废水排放数量、违法所得和生态环境损害数额认定是否正确；
5. 李某珍是否具有环境污染犯罪主观故意；
6. 上诉人郑某甲、李某珍的量刑是否过重；
7. 一审法院是否违反诉讼程序。

【裁判说理】

法院生效裁判认为：

一、关于水务公司是否存在长期利用暗管实施偷排污水、污泥问题

根据水务公司交接班日志中一期B事故池的打水（偷排污水）、停打水的记载，2014年10月至2017年4月水务公司打水记录共440个，时间共计3213小时50分钟，平均每次打水时间为10小时58分钟。水务公司的运行部操作工卓某甲证言称“案发前几天也一直在偷排污水，自己进厂上班后，单位一直这样干，也没有规律，偷排污水是要避开总排的监测”。运行部操作工桑某证言称“每次槽罐车里的水COD浓度都比管道水浓度高很多。槽罐车送来的水公司有无处理能力不知道，但是自己的班没有看到过处理这些水，都

是偷排出去的”。运行部操作工毛某甲证言称“大概 2015 年下半年开始就用临时消防管偷排污泥了，2016 年 4 月份左右建了金属管道用来偷排污泥。平均一个月就会使用这根暗管偷排污泥，自己这个班会偷排一到两次，一次开 5 个小时左右，一次大概排出 50 吨泥水混合物”。运行部操作工郭某证言称“以前排泥都是通过消防软管将一沉池里的污泥直接排到二沉池通往集水池 B 的排污口，也会直接通过软管将污泥排到公司雨排管道里，直接将污泥排往长江。大约是 2016 年上半年，公司在一沉池排泥泵出口位置接了一根暗管，暗管通到二沉池往集水池 B 的出水口位置，开关阀门就在一沉池排泥泵下面，之后就没用过消防软管排污泥了”。另外，运行部操作工吕某施、朱某甲、徐某甲等人的证言、原审被告人浦某东、金某、洪某伟等人的供述均能证实水务公司利用暗管偷排污水、污泥的行为。

二、关于郑某甲是否默许、纵容浦某东等人实施偷排、篡改数据问题

上诉人郑某甲长期从事污水处理工作，其作为水务公司总经理应当知晓环境影响报告内容、公司设备运行状况和处理废水的能力等情况。郑某甲在明知水务公司一期 B 高浓度废水处理系统未运行、SBR 池无法正常使用，不能正常处理高浓度废水的情况下，仍要求大量接收高浓度废水，主观上具有默许、纵容公司偷排高浓度废水的故意。同时，原审被告人浦某东的供述称“一期 B 的污泥浓度高，自己多次向郑某甲反映后，提出从一期 B 回流管接一根管线到可以偷排的暗管上，利用暗管将一期 B 曝气池的污泥打到集水池再到 SBR 池，同时也可以打到总排，混合后排入长江，郑某甲对此同意后，自己安排高某阳对接福德公司进行了施工”、“因为二期项目曝气池污泥浓度偏高而板框能力不够，为了减轻板框压力，经郑某甲同意修建了二期排泥暗管，通过暗管将小部分污泥打到二沉池外圈，进入二期总排池，最后进入一期二期混合池后排入长江”、“暗管修建时，自己安排陈某负责监工”、“2017 年 2 月底左右，因为二期一条生产线的刮泥板出现故障，自己跟郑某甲报告要减量维修，但他不同意，并示意自己将污水绕开系统直排到长江以减轻负荷。自己具体安排时，让陈某把二期的事故池底部的阀门打开，绕开一沉池和曝气池，用三台泵从事故池直接把污水抽到二期总排池，再排入长江。当晚，陈某、高某阳等人在现场帮忙，高某阳还拔出 pH 探头控制 pH 值，当天排入

长江的水是完全没有经过任何净化处理的污水”。浦某东的上述供述与原审被告人高某阳、陈某等人的供述能够相互印证。上述事实有原审被告人浦某东等人的供述、水务公司多名员工的证言以及往来邮件、案涉暗管的铺设情况等在案证据，足以认定被告人郑某甲明知浦某东等人实施偷排、篡改在线监测数据而予以默许、纵容。

三、关于郑某甲是否明知染料公司的高浓度废水是危险废物问题

上诉人郑某甲长期从事污水处理工作，应当具有较高的专业技术能力，对危险废物种类、来源、危险特性等知识有比较好的掌握，作为污水处理、危险废物国家重点监控企业水务公司总经理，也应当知晓水务公司不具有处置危险废物的资质。李某珍2015年12月3日发送给魏某、浦某东、尹某等人的电子邮件（抄送郑某甲），内容附有染料公司希望水务公司给予特殊处理的四种废水：（1）含磷废水；（2）含苯胺废水，COD在15000-20000ppm，等等；（3）红色废水，含蒽醌染料7%、异丙胺3%，等等；（4）高COD废水，量较大，有较多产品的母液或者蒸馏液。证人魏某的证言称“染料公司的薛总到公司的商务部协商，然后商务部李某珍把水质情况发给自己看。第一种含磷废水所含的DMF[①]比较难降解，其中二甲胺是有毒性的，这种废水主要是含磷量高，大概是危废；第二种废水所含的苯胺是有毒性的，但是COD含量不高，这种废水有可能是危废；第三种红色废水的色度很高，所含的蒽醌很难降解，大概是危废；第四种高浓度COD废水含有母液，这种废水肯定是危废。自己与李某珍曾和薛某交流过，让他控制好水质。自己问薛某高浓度废水是怎么处理的，薛某说这些是危废，应该送到有危废处理资质的第三方进行焚烧。薛某在会议交流的时候说过他们的红色废水和高磷废水是危废，对照邮件中的四种废水，第一种含磷废水和第四种高浓度废水肯定是危废，第二种含苯胺废水可能是危废，第三种红色废水如果COD超过10000mg/L，应该是高浓度废水”、“自己跟郑某甲说过这批废水以公司现有的工艺处理不了，要加一些新的工艺和设备，不记得有没有说过这批废水有可能是危废。之前染料公司多次要求帮助处理高浓度废水，因为水务公司没有处理资质，

① DMF一般指N，N-二甲基甲酰胺，下文对此不再提示。

所以都是拒绝的”、“郑某甲是一个很自信的人，他的技术能力很强，他就是要通过收高浓度废水来提高公司的收益，在多次会议上都强调要多收高浓度废水，肯定会因为利益收下这批废水。郑某甲也是专业的，他看过废水成分，肯定清楚这批废水的性质”、“对于染料公司这批废水，郑某甲和李某珍都跟自己提过要低于危废的价格进行处理，这样才有吸引力，所以自己觉得郑某甲和李某珍都知道染料公司的废水是危废”。原审被告人浦某东的供述称“在环保部门召开的水务公司接收染料公司高浓度废水的协调会上，自己曾提出染料公司委托处理的高浓度废水可能是危废，后被郑某甲制止”。证人薛某的证言称“在环保局主持召开的协调会上，水务公司参加人员有郑某甲、黄某唯和李某珍，郑某甲提出了很高的处理价格，好像是 5600 元/吨到 5800 元/吨左右，而一般正常的废水处理价格是 50 到 60 元/吨”、“经过协商之后，最终定价 2800 元/吨”。综合被告人郑某甲的职业经历、专业背景、业务能力、原审被告人浦某东的供述、证人魏某的证言、染料公司高浓度废液的水质情况和处理价格等相关证据，被告人郑某甲应当知晓染料公司运送至水务公司处理的高浓度废液属于危险废物。

四、一审判决认定高浓度废水排放数量、违法所得和生态环境损害数额是否正确问题

根据生态环境部（环境保护部）《关于虚拟治理成本法适用情形与计算方法的说明》（环办政法函〔2017〕1488 号），污染物单位治理成本的确定推荐采用收费标准法、实际调查法和成本函数法三种方法。有收费标准的，优先适用收费标准法；没有收费标准的，优先适用实际调查法。收费标准法是指对于废水和固体废物的单位治理成本，可以采用处理相同或相近污染物的园区集中式污水处理设施与危险废物处理企业最新的收费标准作为单位治理成本；实际调查法是指通过调查，获得相同或邻近地区、相同或相近生产工艺、产品类型、处理工艺的企业，治理相同或相近污染物，能够实现稳定达标排放的平均单位污染治理成本。对于水务公司一期 B 工程未经处理而直接排放的高浓度废水和危险废物，有明确的收费标准，故优先适用收费标准法，分别以水务公司与废水输送企业协议收费标准和相同园区内危险废物处置企业最新收费标准作为单位废液治理成本。水务公司自 2014 年 10 月至 2017 年 4

月期间长期按协议价接收南京化学工业园区内 20 多家企业的高浓度废水，说明水务公司的协议收费标准得到园区众多企业认可，具有合理性。对于水务公司二期工程处理后仍未达标排放的超标废水和未规范脱水且随尾水排放的污泥，无明确的收费标准，适用实际调查法，分别以水务公司单位废水治理成本和污泥压滤及处置成本确定虚拟治理成本。根据生态环境部（环境保护部）《关于虚拟治理成本法适用情形与计算方法的说明》（环办政法函〔2017〕1488 号）中“环境功能敏感系数推荐值”的规定，地表水Ⅱ类环境功能区敏感系数为 7。故水务公司违规排放污染物行为造成的生态环境损害数额为水务公司一期 B 工程违规排放高浓度废水和危险废物的虚拟治理成本与水务公司二期工程违规超标排放废水及其污泥的虚拟治理成本之和再乘以 7 倍。

通过槽罐车和小管线输送的高浓度废水水质、水量和收费明细等证据资料，经审计单位对水务公司一期 B 工程接收的高浓度废水情况进行统计，该类废水中 COD 浓度普遍高于《化学工业主要水污染物排放标准》（DB32/939-2006）一级标准（COD≤80mg/L）。虽然统计报告中小管线接入的废水包含部分低浓度废水，但由于该部分低浓度废水数量较少且与高浓度废水进行了混合，混合后向外环境排放的废水属于高浓度废水，且该部分废水的生态环境损害数额是根据各供水单位的不同水质与水务公司签订的协议价进行计算，不会因为该部分废水统计到高浓度废水而增加生态环境损害数额，故鉴定评估报告将该部分低浓度废水量计算到高浓度废水总量并无不当。《最高人民法院、最高人民检察院关于办理环境污染刑事案件适用法律若干问题的解释》规定：“本解释所称‘违法所得’，是指实施刑法第三百三十八条、第三百三十九条规定的行为所得和可得的全部违法收入”。鉴定评估报告计算水务公司的违法所得为“已接收废水收取总费用”减去“存量废水收取费用”，符合上述规定。因此，一审判决认定的不管是高浓度废水总量、违法所得数额，还是以协议收费标准和实际处理成本确定的污染物单位治理成本为基数，计算出来的生态环境损害数额均符合法律法规等规定，具有合理性，证据均经庭审质证，鉴定人张某、赵某乙也出庭接受询问，并作出了合理解释。

五、关于李某珍是否具有环境污染犯罪主观故意问题

上诉人李某珍长期在污水处理企业工作，案发期间任水务公司商务部经

理，职责为关注公司污水处理成本，制定服务销售价格；与园区内或园区外客户签署污水处理服务合同；专业回复客户需求及咨询，为客户提供良好的服务；协助总经理按时提交总部一些报告等。上诉人李某珍作为参与公司污水处理业务洽谈并负责与客户签署污水处理合同的部门经理，应当知晓公司处理污水的能力、设备的实际运行状况以及是否具备危险废物处置资质等。但是，上诉人李某珍明知公司高浓度废水处理系统未运行，公司总排出水长期超标，公司不具备危险废物处置资质的情况下，仍在上诉人郑某甲授意下从事接收高浓度废水商务洽谈活动，大量接收高浓度废水，主观上具有放任高浓度废水非法处置的故意。原水务公司总经理助理赵某甲的证言称“一期厌氧处理器和 SBR 池不能正常使用，郑某甲、浦某东、李某珍、技术部门经理魏某、安环部工程师孙某旺都知道”。李某珍 2015 年 12 月 3 日发送给魏某、浦某东、尹某等人的电子邮件（抄送郑某甲），内容附有染料公司希望水务公司给予特殊处理的四种废水：（1）含磷废水；（2）含苯胺废水，COD 在 15000-20000ppm，等等；（3）红色废水，含蒽醌染料 7%、异丙胺 3%，等等；（4）高 COD 废水，量较大，有较多产品的母液或者蒸馏液。证人魏某的证言称“对于染料公司这批废水，郑某甲和李某珍都跟自己提过要低于危废的价格进行处理，这样才有吸引力，所以自己觉得郑某甲和李某珍都知道染料公司的废水是危废”。证人薛某的证言称“在环保局主持召开的协调会上，水务公司参加人员有郑某甲、黄某唯和李某珍”。原审被告人浦某东的供述称“在环保部门召开的水务公司接收染料公司高浓度废水的协调会上，自己曾提出染料公司委托处理的高浓度废水可能是危废，后被郑某甲制止”。综合上诉人李某珍的任职情况、职业经历、专业背景、原审被告人浦某东的供述、上述证人的证言、李某珍发送的电子邮件等证据证实，上诉人李某珍应当认识到接收的高浓度废水系非正常处理，其主观上具有放任指控犯罪事实发生的犯罪故意。

六、关于上诉人郑某甲、李某珍的量刑是否过重问题

根据《最高人民法院、最高人民检察院关于办理环境污染刑事案件适用法律若干问题的解释》第三条第二项、第六项的规定，非法排放、倾倒、处置危险废物一百吨以上的，或者造成生态环境特别严重损害的，应当认定为

刑法第三百三十八条规定的“后果特别严重”。刑法第三百三十八条规定，违反国家规定，排放、倾倒或者处置有放射性的废物、含传染病病原体的废物、有毒物质或者其他有害物质，严重污染环境的，处三年以下有期徒刑或者拘役，并处或者单处罚金；后果特别严重的，处三年以上七年以下有期徒刑，并处罚金。本案中，水务公司非法排放危险废物 118.48 吨，其中排放未遂 64.42 吨。2014 年 10 月 1 日至 2017 年 4 月 18 日，水务公司因违法排放高浓度废水、危险废物、污泥和二期废水处理系统超标排放废水等造成生态环境损害数额为 255808840.77 元至 256474859.97 元。上诉人郑某甲作为水务公司总经理，应当对全部污染环境行为负责，上诉人李某珍作为商务部经理，应当对偷排高浓度废水和危险废物的污染环境行为负责。郑某甲、李某珍的犯罪行为后果特别严重，论罪应当判处三年以上七年以下有期徒刑，并处罚金。上诉人李某珍在共同犯罪中起辅助作用，系从犯，依法予以减轻处罚。原审法院根据郑某甲、李某珍在共同犯罪中的作用、犯罪情节、违法所得数额、造成损失的大小等因素，判处郑某甲有期徒刑六年，并处罚金人民币二百万元；判处李某珍有期徒刑二年六个月，并处罚金人民币二十万元，量刑并无不当。

七、关于一审法院是否违反诉讼程序问题

《人民检察院刑事诉讼规则（试行）》第四百五十八条规定，在人民法院宣告判决前，人民检察院发现被告人的真实身份或者犯罪事实与起诉书中叙述的身份或者指控犯罪事实不符的，或者事实、证据没有变化，但罪名、适用法律与起诉书不一致的，可以变更起诉；发现遗漏的同案犯罪嫌疑人或者罪行可以一并起诉和审理的，可以追加、补充起诉。原公诉机关自对水务公司、郑某甲等人犯污染环境罪提起公诉以来，随着对案情审查的深入，原公诉机关发现原审被告单位、原审被告人的犯罪事实与起诉书、变更起诉决定书中指控的犯罪事实不符，在原审法院宣告判决前，先后进行了三次变更起诉，原公诉机关的变更起诉符合上述规定，并无不当。为了说明染料公司阳离子染料、ThiazoleBlueVP 染料①生产废母液经调配处理后的废液性质，在

① 一种生产废料。

环境保护部南京环境科学研究所2017年9月作出《阳离子染料生产废母液及混合废液危险废物属性司法鉴定报告》和《ThiazoleBlueVP染料生产废母液及混合废液危险废物属性司法鉴定报告》的基础上，环境保护部南京环境科学研究所司法鉴定所2019年3月30日作出《关于水务公司接收染料公司阳离子染料、染料生产废母液及处理废液属性鉴定的补充意见》，用于证明染料公司上述经调配后废液仍然属于危险废物。该补充鉴定意见是对前述两个鉴定报告的补充，且在庭审中进行了举证、质证，上诉人郑某甲及其辩护人等人均发表了质证意见，依法保障了当事人的权利，程序合法。故上诉人郑某甲及其辩护人提出一审法院违反诉讼程序，公诉机关多次变更起诉书于法无据，庭审期间补充提交新的鉴定意见严重违法的上诉理由和辩护意见不能成立。

【裁判结果】

江苏省南京市玄武区人民法院于2019年5月17日作出（2018）苏0102刑初68号刑事判决：

一、被告单位水务公司犯污染环境罪，判处罚金人民币五千万元；被告人郑某甲犯污染环境罪，判处有期徒刑六年，并处罚金人民币二百万元；被告人浦某东、李某珍犯污染环境罪，分别判处有期徒刑二年九个月、二年六个月，并处罚金人民币二十万元；被告人高某阳、陈某、毛某犯污染环境罪，判处有期徒刑二年三个月，并处罚金人民币六万元；被告人金某、夏某犯污染环境罪，判处有期徒刑一年九个月，缓刑二年，并处罚金人民币五万元；被告人赵某犯污染环境罪，判处有期徒刑一年十个月，缓刑二年，并处罚金人民币八万元；被告人洪某伟、谷某风犯污染环境罪，判处有期徒刑二年，缓刑二年六个月，并处罚金人民币五万元；被告人高某犯污染环境罪，判处有期徒刑一年，缓刑一年六个月，并处罚金人民币五万元；

二、被告单位水务公司的违法所得予以追缴，上缴国库。禁止被告人金某、洪某伟、赵某、谷某风、夏某、高某在缓刑考验期内从事与排污或者处置危险废物有关的经营活动。

经原审被告单位水务公司、被告人郑某甲、李某珍提出上诉，江苏省南京市中级人民法院于2019年10月15日作出终审裁定：驳回上诉，维持原判。

【相关规定】

《中华人民共和国刑法》第 6 条第 1 款，第 383 条，第 346 条，第 30 条，第 31 条，第 25 条第 1 款，第 27 条，第 23 条，第 67 条第 1 款、第 3 款，第 68 条，第 52 条，第 64 条，第 72 条，第 73 条第 2 款、第 3 款［原刑法（2017 修订）第 6 条第 1 款，第 383 条，第 346 条，第 30 条，第 31 条，第 25 条第 1 款，第 27 条，第 23 条，第 67 条第 1 款、第 3 款，第 68 条，第 52 条，第 64 条，第 72 条，第 73 条第 2 款、第 3 款］

《最高人民法院、最高人民检察院关于办理环境污染刑事案件适用法律若干问题的解释》第 1 条第 8 项，第 3 条第 6 项，第 6 条第 1 款，第 11 条，第 12 条，第 13 条第 1 款，第 14 条，第 15 条第 1、4 项，第 17 条

《人民检察院刑事诉讼规则》第 423 条［原《人民检察院刑事诉讼规则（试行）》（2012 修订）第 458 条］

《中华人民共和国刑事诉讼法》第 236 条第 1 款第 1 项

案例整编人：赵林峰、施小雪

附已公开生效判决文书：

江苏省南京市中级人民法院
刑事裁定书

（2019）苏 01 刑终 525 号

原公诉机关：江苏省南京市鼓楼区人民检察院

上诉单位（原审被告单位）：水务公司

上诉人（原审被告人）：郑某甲等

南京市玄武区人民法院审理南京市鼓楼区人民检察院指控原审被告单位

水务公司、原审被告人郑某甲、浦某东、李某珍、高某阳、陈某、毛某、金某、洪某伟、赵某、谷某风、夏某、高某犯污染环境罪一案，于2019年5月17日作出（2018）苏0102刑初68号刑事判决。原审被告单位水务公司、原审被告人郑某甲、李某珍不服，提出上诉。本院依法组成合议庭，公开开庭审理了本案。江苏省南京市人民检察院指派检察员出庭履行职务。上诉单位水务公司的诉讼代表人陈某丰和水务公司的辩护人，上诉人郑某甲及其辩护人，上诉人李某珍及其辩护人，原审被告人浦某东及其辩护人到庭参加诉讼。现已审理终结。

原审法院经审理查明，水务公司于2003年5月成立，注册资本为1848万美元，股东为工业园公司和投资公司，经营范围为工业园的排污企业提供污水处理及其他相关服务（依法须经批准的项目，经相关部门批准后方可开展经营活动），属于污水处理厂、危险废物国家重点监控企业。

水务公司的污水处理设施分为一期工程和二期工程：一期工程项目主要接纳南京化学工业园区企业的生产废水（包括某山公司）等，产品主要为农药、医药中间体、染料等），设计处理能力为2.5万吨/天，尾水排放须满足COD≤80mg/L、pH6-9等指标；二期工程项目主要处理某浦公司的生产废水，设计处理能力为1.92万吨/天，尾水排放须满足COD≤80mg/L、pH6-9等指标。一期工程又分为一期A工程和一期B工程：一期A工程设计处理满足COD≤1000mg/L等指标的低浓度污水，一期B工程设计处理满足COD≤4000mg/L等指标的高浓度污水；一期B工程出于改进处理工艺以确保一期工程出水达标的目的，起初建设有SBR①/物化反应池（简称SBR池），SBR池共有5格相互独立的处理单元，每个单元容量2000立方米，废水可在其中一个单元处理后通过集水池进入另一个单元处理，SBR池处理后的出水可进入后续处理环节或在水质达标的情况下直接排入总排池继而通过管线排入长江。后因SBR池存在诸多操作问题，基本处于闲置状态，水务公司于2013年经环保部门等批准后启动了一期工程改造项目，新建深度处理混凝沉淀装置替代原SBR池深度处理功能，并将被替代的3格SBR池改造为某山公司的废水预

① 丁苯橡胶（SBR），又称聚苯乙烯丁二烯共聚物

处理装置；剩余2格被替代的SBR池全部废弃，设计可在短期内用作事故池或调节池，用于临时储存高浓度废水或作为一期高浓度废水预处理设施，但其中直接通往总排池的管道未被拆除。为满足排污口规范化整治等要求，水务公司集中设置了总排池，一期工程的排水、二期工程的排水和南京化工化工有限责任公司（简称化工公司，使用水务公司排江管线）的排水达标后分别进入总排池，一期和二期工程排水口按规定均安装COD①、PH②、污水流量计等在线监测仪器，三股排水混合后经推进器搅匀由泵提升经管线排入长江。

一期A工程的工艺技术方案是好氧流化床工艺，工艺路线为：污水—匀质调节池—好氧流化床+曝气池—二沉池—排江。因南京化学工业园区内各企业生产来水特点不确定，所有的园区内事故来水先进入一期B工程的事故池。事故池分为5格，以满足容纳事故时的低浓度污水、高浓度污水、园区内部分企业由槽罐车拉来的污水等不同需求。一期B工程高浓度废水处理原设计主要采用：预处理加生化处理工艺（好氧流化床+曝气），厌氧生化处理工艺（EGSB厌氧反应器），SBR池（后被废弃）生化或物化处理工艺。根据废水水质水量，一期B工程高浓度废水处理流程原设计分三种情况：（1）废水水质水量符合厌氧反应器设计要求，高浓度废水进入高浓度废水匀质池，在匀质池中进行混合和pH调节后提升至厌氧反应器，厌氧反应后出水可进入一期A或一期B生化系统进一步降解COD，生化出水在二沉池中进行固液分离，上清液排入总排池达标排放；（2）废水水量较大且高浓度废水匀质池液位较高时，则废水先进入事故池中存储，待高浓度废水匀质池液位正常后，由事故池提升至高浓度废水匀质池，后续处理流程如上；（3）废水水质不符合厌氧进水要求时，则先进入事故池存储，再由事故池提升至SBR池做物化或生化等预处理，根据预处理后的水质情况，分别进入低浓度废水匀质池或高浓度废水匀质池做后续处理。一期工程污水处理后产生的污泥部分回流至生化池，剩余污泥浓缩脱水后外运至有资质的危险固体废弃物处理中心安全处置。二期工程产生的脱水污泥（HW41）等属于固体废物，须外运至有资质的固废

① COD一般指化学需氧量。

② PH一般指氢离子浓度指数。

处理单位处理。

2014 年 10 月至 2017 年 4 月 18 日期间，被告单位水务公司在一期 B 高浓度废水处理系统未运行、SBR 池无法正常使用的情况下，仍多次接收排污企业（管线进水、槽罐车进水）的高浓度废水并利用暗管违法排放；多次利用暗管违法排放低浓度废水；在一期、二期废水处理系统中修建暗管用于偷排有毒有害成份的污泥；人为篡改在线监测仪器数据，逃避环保部门监管，致使二期废水处理系统长期超标排放污水；在无危险废物处理资质情况下，于 2016 年 11 月 9 日接收染料公司遗留在 IBC 吨桶内含有 DRB 相分离液、Red9 废液、YellowCarbDF 废液、金黄 71 废液等混合母液、废液调配处理后的危险废物 18.94 吨，分别于 2016 年 12 月 29 日、2017 年 1 月 12 日接收染料公司 IBC 吨桶内金黄 GL 废母液和洗液调配处理后的危险废物 17.2 吨、17.92 吨，分别于 2017 年 3 月 23 日、3 月 31 日、4 月 12 日接收染料公司 A7 车间噻唑蓝前驱体滤饼生产环节第一步废母液和洗液的混合废液调配处理后的危险废物 19.7 吨、22.12 吨、22.6 吨，水务公司接收前述危险废物共计 118.48 吨后，放入一期 B 事故池内，将前 3 次的危险废物合计 54.06 吨利用暗管违法排放，其余 64.42 吨尚未排放。

被告人郑某甲作为水务公司总经理，明知运行部经理浦某东等人实施上述污染环境行为，未加以制止或者及时采取措施，而是予以默许、纵容。被告人浦某东作为水务公司运行部经理，组织、参与实施了上述全部污染环境行为。被告人李某珍作为水务公司商务部经理，明知水务公司高浓度废水处理系统未运行、总排出水长期超标等情况，仍在被告人郑某甲授意下从事接收高浓度废水商务洽谈活动，大量接收高浓度废水。被告人高某阳、陈某、毛某作为水务公司运行部主管，被告人金某、洪某伟、谷某风、夏某作为水务公司运行部班长，存在安排或实施偷排高浓度废水、低浓度废水的行为；存在安排或实施偷排污泥的行为；存在取水样送检过程中弄虚作假、手动篡改自动监测仪器数据等行为。被告人高某作为水务公司分析室主管，在制作检测台账时存在造假数据应付环保部门检查的行为。

经统计和鉴定，2014 年 10 月 1 日至 2016 年 6 月 30 日、2017 年 1 月 1 日至 2017 年 4 月 18 日期间，水务公司违法排放高浓度废水共计 284583.04 立方，违法所得共计人民币33744505.76元，对应造成的生态环境损害数额为人民币236211540.32元；偷排污泥约4362.53吨（含水率53%），减少设备运行支出人民币71996.70元，违法所得人民币2471373.25元，对应造成的生态环境损害数额为人民币17803589.65元；二期废水处理系统超标排放废水造成减少防治污染设施运行支出共计人民币4855882.80元；违法排放54.06吨属于危险废物的混合废液违法所得人民币237933.54元，对应造成的生态环境损害数额为人民币1793710.80元至2459730.00元。前述生态环境损害数额共计人民币255808840.77元至256474859.97元。

被告人郑某甲、浦某东应当对上述全部污染环境行为造成的后果承担相应责任。被告人李某珍上述参与的污染环境行为，造成的生态环境损害数额为人民币236211540.32元。被告人高某阳、陈某、毛某、金某、洪某伟、谷某风、夏某上述参与实施的污染环境行为，造成的生态环境损害数额为人民币254015129.97元，并帮助水务公司减少防治污染设施运行支出共计人民币4855882.80元。被告人高某上述参与的污染环境行为，帮助水务公司减少防治污染设施运行支出共计人民币4855882.80元。

被告人赵某作为某公司第三方运营科科长，职责是保证环保部门在污水处理国家重点监控企业安装的自动监测设备正常运行以及上传数据的真实性，其明知水务公司相关人员篡改自动监测仪器数据，仍违反职责不加以监督和管理，放任二期废水处理系统自动监测仪器数据长期被篡改，并存在应水务公司相关人员要求向环保部门虚报监测仪器故障配合水务公司逃避监管的行为，帮助水务公司减少防治污染设施运行支出共计人民币4855882.80元。

2017年4月19日，公安机关对该案立案侦查。同日，被告人夏某主动向公安机关投案并供述其参与的犯罪事实，被告人郑某甲、浦某东、李某珍、高某阳、陈某、洪某伟、谷某风、赵某、高某被公安机关抓获归案；同年4月21日，被告人毛某被公安机关抓获归案；同年4月22日，被告人金某主动向公安机关投案并供述其参与的犯罪事实。归案后，被告人浦某东揭发了某污染防治办主任徐某滥用职权的犯罪行为，并提供重要线索协助公安机关侦破了染料公司非法处置危险废物污染环境的犯罪行为，现徐某因滥用职权等已被司法机关追究刑事责任。

另查明，被告人郑某甲、浦某东、李某珍、高某阳、陈某、毛某、金某、洪某伟、赵某、谷某风、夏某、高某2016年度的税前收入分别为1246824.74元、236075元、289010元、88013.76元、88239.52元、82518.8元、79147.76元、84822.23元、111064元、81554.5元、81650.97元、70773元，税后收入分别为767108.09元、169871.8元、210108元、71399.63元、68910.42元、64510.82元、62901.39元、67881.61元、89427.84元、64738.18元、64588.18元、59746.47元。

案件审理期间，水务公司向原审法院预交了生态环境损害赔偿金、罚金各人民币5000万元。

经被告人金某、洪某伟、赵某、谷某风、夏某、高某居住地司法行政部门调查评估，六被告人均符合社区矫正的条件。

上述事实，有以下证据予以证实：1. 营业执照、工商登记资料、环境保护部《关于印发2015年国家重点监控企业名单的通知》（环办［2014］116号）、《关于印发2016年国家重点监控企业名单的通知》（环办［2015］116号）；2. 南京市环境保护局关于工业园“污水处理厂建设项目（2.5万吨/天）环境影响报告书”的批复（宁环建［2003］95号）、水务公司废水处理二期扩建项目环境影响报告书（报批稿）及南京市环境保护局作出的批复（宁环建［2007］88号）、水务公司一期扩建项目环境影响补充报告（报批稿）及南京市环境保护局作出的批复（宁环建［2008］91号）、水务公司一期改造项目环境影响报告书（报批稿）及南京市环境保护局作出的批复（宁环建［2012］147号）；3. 水务公司董事会决议、职位说明书、组织架构图、人员名单；4. 调取证据通知书、调取证据清单、监测报告、初步认定意见；5. 刑事摄影照片、现场勘验笔录、《水务公司疑似私设暗管》现场调查专家意见；6. 地质勘查资质证书、水务公司管线探测项目成果报告；7. 南京市污染源自动监控系统截屏照片；8. 工程技术公司对水务公司的施工改造管线图、证人许某的证言；9. 水务公司第四届董事会第三次、四次会议记录、2015年度第一次董事会会议记录、2016年度第一次董事会会议运行报告、2016年度第二次董事会会议记录；10. 水务公司违规排放记录汇总表、工作记录；11. 2013年至2017年水务公司槽车运送水量及收费明细；12. 水务公司出具的2015年12月《染料公司废水临时处理方案》、2016年8月《巴斯夫TBA项目临时高浓度废水进入水务公司装置处理说明》、2017年2月《欧德油储临时高浓度废水进入水务公司装置处理说明》；13. 李某珍2015年12月3日发送给魏某、浦某东、尹某等的电子邮件（抄送郑某甲）；14. 调取证据通知书、制作说明、被告人郑某甲的往来邮件；15. 调取证据通知书、英文邮件及翻译件；16. 浦某东的多份往来邮件；17. 证人卓某甲、吕某、朱某甲、桑某、徐某甲、毛某、林某甲、郭某、胡某、韦某、汤某、赵某甲、邬某、陈某甲、朱某乙、陶某、薛某、何某、沈某、王某甲、李某、魏某、王某乙、卓某乙、朱某丙、林某乙的证言；18. 水务公司分析室褚某会、金某梅、黄某寅、姜某丽等分析员的证言；19. 水务公司财务人员吴某智、汪某、蔡某坚等的证言；20. 水务公司项目部工程师张某明的证言；21. 水务公司脱泥工张某超、钱某、郑某乙等的证言；22. 染料公司"已有项目固体废物技术评估报告"；23. 染料公司2016年3月7日向工业园区环境保护局提交的关于委托水务公司处理高浓废水的请示报告；24. 2016年3月染料公司与水务公司签订的《污水处理临时服务协议》；25. 2015年12月3日薛某发送给李某珍的邮件；26. 废水调配单；27. 染料公司A7车间工艺工程师王某的证言；28. 染料公司A7车间蒸馏组班长徐某珍的证言；29. 刑事摄影照片；30. 染料公司蒸馏组操作工张某、陈某乙、侯某、黄某、叶某等的证言；31. 废水转移单、"高浓度废水"转移现场登记表、水务公司统计的染料公司槽车运送水质水量及收费明细表、染料公司2016—2017年高浓度污水转移清单、往来邮件；32. 公安机关出具的情况说明、刑事摄影照片等证据证实；33. 被告人郑某甲、浦某东、李某珍、高某阳、陈某、毛某、金某、洪某伟、谷某风、夏某、高某的供述和辩解；34. 被告人赵某的供述；35. 江苏法院委托鉴定机构信息采集表、事业单位法人证书、环境保护部南京环境科学研究所司法鉴定所出具的情况说明、司法鉴定许可证、司法鉴定人执业证；36. 调取证据通知书、接受证据清单、司法鉴定委托书、水务公司环境影响评价报告、《水务公司疑似私设暗管》现场调查专家意见、2014年-2017年水务公司一期进口公用事业来水排放统计表、总排排放量统计表、二期排口排放量统计表、《水务公司违规排放废水情况审计报告》（南景专审［2019］第005号）、水务公司一期工程事故池、SBR池和集水池液位监控数据说明、南京化学工业园公用事业公司转运水务公司的废水数据统计、2014年-2018年水务公司工业水用量、水务公司客户来水统计报表、2014年-2018年水务公司全厂每日报表、讯问笔录、《ThiazoleBlueVP染料生产废母液及混合废液危险废物属性司法鉴定报告》《阳离子染料生产废母液及混合废液危险废物属性司法鉴定报告》、南京市公安局某分局及南京市某区人民检察院情况说明、水务公司二期工程超标排放废水情况统计、水务公司二期工程成本明细表、被羁押及取保人员的成本明细、水务公司全厂各工程水量日报表、水务公司关于二期工程出水稳定达标运行的情况说明、工业污泥利用处置情况记录表、关于二期污泥含水率的情况说明、2014年10月至2017年4月二期工程污泥产生台账、二期工程污泥压滤机更换说明、《污水处理二期工程污泥危险废物鉴别报告》、环宝物流临时仓库入库台账、二期工程污泥处置合同、关于水务公司运行使用药剂的情况说明、关于二期板框压滤设备及工作时间的情况说明、水务公司污水处理分析日报表和（南京）实验室原始记录本、南京市污染源排放统计表、《水务公司违规排放超标废水情况审计报告》（南景专审［2019］第006号）、《水务公司二期超标排放废水环境损害鉴定评估计算方法》专家咨询会意见、环境保护部南京环境科学研究所司法鉴定所出具的2份司法鉴定意见书（国南环司法鉴定所［2019］环评鉴字第2号、3号）；37. 环境保护部南京环境科学研究所司法鉴定所出具的《阳离子染料生产废母液及混合废液危险废物属性司法鉴定报告》、《ThiazoleBlueVP染料生产废母液及混合废液危险废物属性司法鉴定报告》、环境保护部南京环境科学研究所司法鉴定所出具的《关于水务公司接收染料公司阳离子染料、ThiazoleBlueVP染料生产废母液及处理废液属性鉴定的补充意见》；38.《水务公司违规排放废水情况审计报告》（南景专审［2019］第005号）、水务公司客户来水统计报表；39. 公诉机关申请的专家辅助人—南京市环境保护科学研究院固体废物研究所所长陈某森的证言；40. 原审法院聘请的专家辅助人—东南大学能源与环境学院教授吕某武的证言；41. 南京市公安局某分局出具的2份情况说明、南京市某区监察委员会立案决定书和移送函、南京市某区人民检察院逮捕决定书；42. 常住人口基本信息、护照、受案登记表、案发经过、抓获经过、台账、运输单、电子邮件、情况说明、收入证明、调取证据通知书、调取证据清单、南京市环境监测中心站提供的2014年-2016年水务公司水质监测报告、水务公司进出水示意图、扣押决定书、扣押清单、委托调查函及评估报告等书证，证人李某冰、周某、郑某乙、尹某等的证言，搜查笔录、现场勘验检查笔录、原审庭审笔录等证据。

为支持其辩护意见和否定部分指控事实，被告单位水务公司主要提交了以下证据：1.《污染环境案专家意见》；2. 环保技术研究院出具的《关于水务公司高浓废水违规排放造成生态环境损害数额量化的分析评估意见》；3. 江苏环保研究院出具的《关于危险废物认定程序和方法的分析评估意见》；4. 被告单位水务公司申请江苏环保研究院高级工程师吴某伟 、工程师陈某晨以及南京理工大学教授贺某环作为专家辅助人就专业问题发表意见。

原审法院认为，根据《中华人民共和国水污染防治法》规定，禁止私设暗管或者采取其他规避监管的方式排放水污染物；排放水污染物，不得超过国家或者地方规定的水污染物排放标准。《中华人民共和国刑法》第三百三十八条规定，违反国家规定，排放、倾倒或者处置有放射性的废物、含××病原体的废物、有毒物质或者其他有害物质，严重污染环境的，处三年以下有期徒刑或者拘役，并处或者单处罚金；后果特别严重的，处三年以上七年以下有期徒刑，并处罚金。被告单位水务公司作为工业园区污水处理企业，应明知其所负防治环境污染的社会功能，应明知其偷排等行为的违法性，应明知未经处理的污水直接排入长江对水体生态环境造成的危害，但仍长期利用暗管实施偷排，篡改在线监测仪器数据，逃避监管超标排放污水，行为性质极其恶劣。被告单位水务公司违反国家规定，排放、处置有毒物质和其他有害物质，严重污染环境，后果特别严重，其行为构成污染环境罪。在单位犯罪中，被告人郑某甲系直接负责的主管人员，被告人浦某东、李某珍、高某阳、陈某、毛某、金某、洪某伟、谷某风、夏某、高某系其他直接责任人员，应当以污染环境罪对其定罪处罚。被告人赵某明知水务公司长期篡改自动监测仪器数据超标排放污水，违反职责放任二期废水处理系统自动监测仪器数据被篡改，并主动帮助水务公司逃避环保部门的监管，致使环境保护主管部门对污染企业的监管处于失控状态，与水务公司构成共同犯罪，应当以污染环境罪追究其刑事责任。各被告人共同或分别共同故意实施污染环境犯罪，系共同犯罪。被告单位水务公司已经着手实施犯罪，但部分犯罪由于意志以外的原因而未得逞，系犯罪未遂，可以比照既遂犯减轻处罚，被告人郑某甲、浦某东涉及的该部分犯罪亦予以减轻处罚。被告人李某珍、赵某、高某在共同犯罪中起辅助作用，被告人高某阳、陈某、毛某、金某、洪某伟、谷某风、夏某在共同犯罪中起次要作用，应当认定为从犯，依法对被告人赵某、高某从轻处罚，对被告人李某珍、高某阳、陈某、毛某、金某、洪某伟、谷某风、夏某减轻处罚。被告人浦某东归案后揭发他人犯罪，经查证属实，构成立功，依法予以减轻处罚。被告人金某、夏某具有自首情节，依法予以减轻处罚。被告人浦某东、高某阳、陈某、毛某、洪某伟、谷某风、赵某、高某具有坦白情节，依法予以从轻处罚。被告人金某、洪某伟、赵某、谷某风、夏某、高某犯罪后有悔罪表现，对其适用缓刑不致再危害社会，依法可以宣告缓刑。经审判委员会讨论决定，依据《中华人民共和国刑法》第六条第一款，第三百三十八条，第三百四十六条，第三十条，第三十一条，第二十五条第一款，第二十七条，第二十三条，第六十七条第一款、第三款，第六十八条，第五十二条，第六十四条，第七十二条，第七十三条第二款、第三款，《最高人民法院、最高人民检察院关于办理环境污染刑事案件适用法律若干问题的解释》第一条第八项，第三条第六项，第六条第一款，第十一条，第十二条，第十三条第一款，第十四条，第十五条第一项、第四项，第十七条的规定，判决如下：一、被告单位水务公司犯污染环境罪，判处罚金人民币五千万元。被告人郑某甲犯污染环境罪，判处有期徒刑六年，并处罚金人民币二百万元。被告人浦某东犯污染环境罪，判处有期徒刑二年九个月，并处罚金人民币二十万元。被告人李某珍犯污染环境罪，判处有期徒刑二年六个月，并处罚金人民币二十万元。被告人高某阳犯污染环境罪，判处有期徒刑二年三个月，并处罚金人民币六万元。被告人陈某犯污染环境罪，判处有期徒刑二年三个月，并处罚金人民币六万元。被告人毛某犯污染环境罪，判处有期徒刑二年三个月，并处罚金人民币六万元。被告人金某犯污染环境罪，判处有期徒刑一年九个月，缓刑二年，并处罚金人民币五万元。被告人洪某伟犯污染环境罪，判处有期徒刑二年，缓刑二年六个月，并处罚金人民币五万元。被告人赵某犯污染环境罪，判处有期徒刑一年十个月，缓刑二年，并处罚金人民币八万元。被告人谷某风犯污染环境罪，判处有期徒刑二年，缓刑二年六个月，并处罚金人民币五万元。被告人夏某犯污染环境罪，判处有期徒刑一年九个月，缓刑二年，并处罚金人民币五万元。被告人高某犯污染环境罪，判处有期徒刑一年，缓刑一年六个月，并处罚金人民币五万元。二、被告单位水务公司的违法所得予以追缴，上缴国库。禁止被告人金某、洪某伟、赵某、谷某风、夏某、高某在缓刑考验期内从事与排污或者处置危险废物有关的经营活动。

宣判后，原审被告单位水务公司、原审被告人郑某甲、李某珍不服，提出上诉。

上诉单位水务公司的上诉理由及其辩护人的主要辩护意见：1. 一审判决认定水务公司长期利用暗管实施偷排污水、污泥和郑某甲默许、纵容浦某东实施偷排证据不足；2. 一审判决认定郑某甲应当知道染料公司高浓度废水是危险废物证据不足；3. 一审判决认定的生态环境损害数额错误：一期偷排污水以水务公司与客户协议的污水处理价格作为基数没有法律依据；二期超标排放污水的基数认定错误，鉴定报告不能作为定案证据。

上诉人郑某甲的上诉理由及其辩护人的主要辩护意见：1. 一审法院违反诉讼程序，公诉机关多次变更起诉书于法无据，庭审期间补充提交新的鉴定意见严重违法；2. 一审判决认定郑某甲明知浦某东等人实施偷排、篡改数据而默许、纵容证据不足；3. 一审判决认定郑某甲明知染料公司的废水是危险废物错误；4. 一审判决认定的高浓度废水排放数量、违法所得数额明显错误；5. 一审量刑过重。

上诉人李某珍的上诉理由及其辩护人的主要辩护意见：1. 一审判决认定上诉人李某珍具有环境污染犯罪主观故意错误；2. 一审判决认定的生态环境损害数额错误，并将其作为量刑情节适用法律错误；3. 一审量刑过重。

出庭检察员认为，一审判决认定事实清楚、定性准确、程序合法、量刑适当。建议二审法院驳回上诉，维持原判。

本院经审理查明上诉单位水务公司、上诉人郑某甲、李某珍、原审被告人浦某东、高某阳、陈某、毛某、金某、洪某伟、赵某、谷某风、夏某、高某犯污染环境罪的事实及证据与原审判决一致。本院审理期间，上诉人郑某甲当庭提交了浦某东 2014 年 12 月 12 日发送给李某珍等人并抄送郑某甲的

"二期在线合同到期续订事宜"电子邮件和魏某2014年9月24日发送给汪某辉，并抄送李某珍、郑某甲、浦某东等的"染料公司污水高级氧化中试方案-江苏先科公司"的电子邮件，分别用于证明二期在线合同到期时郑某甲没有签字以及浦某东在一审庭审时称没有高级氧化装置不属实。上诉人李某珍的辩护人提交了水务公司出具的2011年至2016年李某珍的工资收入证明，用于证明李某珍的收入并没有因参与偷排大幅度增加。以上证据均经二审庭审质证，对郑某甲提供的两份证据，因浦某东及其辩护人对该证据的证明目的不予认可，且作出了合理解释，因此本院对该证据不予采信。对上诉人李某珍的工资收入证明，因各方均无异议，本院对该证据予以采信。

本案证据均经原审和本院庭审举证、质证，来源合法，与本案相关联，且相互印证，足以证明本案事实，本院依法予以确认。

本院认为，上诉单位水务公司违反国家规定，排放、处置有毒物质和其他有害物质，并长期利用暗管实施偷排污水、污泥，篡改在线监测仪器数据，逃避监管超标排放污水，性质极其恶劣，后果特别严重，其行为构成污染环境罪。在单位犯罪中，上诉人郑某甲系直接负责的主管人员，上诉人李某珍、原审被告人浦某东、高某阳、陈某、毛某、金某、洪某伟、谷某风、夏某、高某系其他直接责任人员，应当以污染环境罪对其定罪处罚。原审被告人赵某明知水务公司长期通过篡改自动监测仪器数据超标排放污水，却违反职责放任二期废水处理系统自动监测仪器数据被篡改，并主动帮助水务公司逃避环保部门的监管，致使环境保护主管部门对污染企业的监管处于失控状态，与水务公司构成共同犯罪，应当以污染环境罪追究其刑事责任。各原审被告人共同或分别共同故意实施污染环境犯罪，系共同犯罪。上诉单位水务公司已经着手实施犯罪，但部分犯罪由于意志以外的原因而未得逞，系犯罪未遂，可以比照既遂犯减轻处罚，上诉人郑某甲、原审被告人浦某东涉及的该部分犯罪亦予以减轻处罚。上诉人李某珍、原审被告人赵某、高某在共同犯罪中起辅助作用，原审被告人高某阳、陈某、毛某、金某、洪某伟、谷某风、夏某在共同犯罪中起次要作用，应当认定为从犯，依法对被告人赵某、高某从轻处罚，对上诉人李某珍、原审被告人高某阳、陈某、毛某、金某、洪某伟、谷某风、夏某减轻处罚。原审被告人浦某东归案后揭发他人犯罪，经查证属实，构成立功，依法予以减轻处罚。原审被告人金某、夏某具有自首情节，依法予以减轻处罚。原审被告人浦某东、高某阳、陈某、毛某、洪某伟、谷某风、赵某、高某具有坦白情节，依法予以从轻处罚。原审被告人金某、洪某伟、赵某、谷某风、夏某、高某犯罪后有悔罪表现，对其适用缓刑不致再危害社会，依法可以宣告缓刑。

针对上诉单位水务公司、上诉人郑某甲、李某珍及其辩护人的上诉理由、辩护意见，本院综合评判如下：

一、水务公司是否存在长期利用暗管实施偷排污水、污泥问题

根据水务公司交接班日志中一期 B 事故池的打水（偷排污水）、停打水的记载，2014 年 10 月至 2017 年 4 月水务公司打水记录共 440 个，时间共计 3213 小时 50 分钟，平均每次打水时间为 10 小时 58 分钟。2010 年入职水务公司，运行部操作工卓某甲证言称“案发前几天也一直在偷排污水，自己进厂上班后，单位一直这样干，也没有规律，偷排污水是要避开总排的监测”。2009 年入职水务公司，运行部操作工桑某证言称“每次槽罐车里的水 COD 浓度都比管道水浓度高很多。槽罐车送来的水公司有无处理能力不知道，但是自己的班没有看到过处理这些水，都是偷排出去的”。水务公司运行部操作工毛某甲证言称，“大概 2015 年下半年开始就用临时消防管偷排污泥了，2016 年 4 月份左右建了金属管道用来偷排污泥。平均一个月就会使用这根暗管偷排污泥，自己这个班会偷排一到两次，一次开 5 个小时左右，一次大概排出 50 吨泥水混合物。”水务公司运行部操作工郭某证言称“以前排泥都是通过消防软管将一沉池里的污泥直接排到二沉池通往集水池 B 的排污口，也会直接通过软管将污泥排到公司雨排管道里，直接将污泥排往长江。大约是 2016 年上半年，公司在一沉池排泥泵出口位置接了一根暗管，暗管通到二沉池往集水池 B 的出水口位置，开关阀门就在一沉池排泥泵下面，之后就没用过消防软管排污泥了。”另外，水务公司运行部操作工吕某施、朱某甲、徐某甲等人的证言、原审被告人浦某东、金某、洪某伟等人的供述均能证实水务公司利用暗管偷排污水、污泥的行为。上述交接班书证、操作工的证人证言、原审被告人供述，充分证实水务公司存在长期利用暗管实施偷排污水、污泥的行为。因此，上诉单位水务公司及其辩护人提出一审判决认定水务公司长期

利用暗管实施偷排污水、污泥证据不足的上诉理由和辩护意见不能成立，本院不予采纳。

二、郑某甲是否默许、纵容浦某东等实施偷排、篡改数据问题

上诉人郑某甲长期从事污水处理工作，且担任污水处理企业的主要领导，其作为水务公司总经理应当知晓环境影响报告内容、公司设备运行状况和处理废水的能力等情况。郑某甲在明知水务公司一期B高浓度废水处理系统未运行、SBR池无法正常使用，不能正常处理高浓度废水的情况下，仍要求大量接收高浓度废水，主观上具有默许、纵容公司偷排高浓度废水的故意。同时，原审被告人浦某东的供述称“一期B的污泥浓度高，自己多次向郑某甲反映后，提出从一期B回流管接一根管线到可以偷排的暗管上，利用暗管将一期B曝气池的污泥打到集水池再到SBR池，同时也可以打到总排，混合后排入长江，郑某甲对此同意后，自己安排高某阳对接福德公司进行了施工”“因为二期项目曝气池污泥浓度偏高而板框能力不够，为了减轻板框压力，经郑某甲同意修建了二期排泥暗管，通过暗管将小部分污泥打到二沉池外圈，进入二期总排池，最后进入一期二期混合池后排入长江”“暗管修建时，自己安排陈某负责监工”“2017年2月底左右，因为二期一条生产线的刮泥板出现故障，自己跟郑某甲报告要减量维修，但他不同意，并示意自己将污水绕开系统直排到长江以减轻负荷。自己具体安排时，让陈某把二期的事故池底部的阀门打开，绕开一沉池和曝气池，用三台泵从事故池直接把污水抽到二期总排池，再排入长江。当晚，陈某、高某阳等人在现场帮忙，高某阳还拔出pH探头控制pH值，当天排入长江的水是完全没有经过任何净化处理的污水”。浦某东的上述供述与原审被告人高某阳、陈某等人的供述能够相互印证。上述事实有原审被告人浦某东等人的供述、水务公司多名员工的证言以及往来邮件、案涉暗管的铺设情况等在案证据，足以认定被告人郑某甲明知浦某东等人实施偷排、篡改在线监测数据而予以默许、纵容。因此，上诉单位水务公司、上诉人郑某甲及其辩护人提出一审判决认定郑某甲明知浦某东等人实施偷排、篡改数据而默许、纵容证据不足的上诉理由和辩护意见不能成立，本院不予采纳。

三、郑某甲是否明知染料公司的高浓度废水是危险废物问题

上诉人郑某甲长期从事污水处理工作，且担任污水处理、危险废物国家重点监控企业水务公司总经理，应当具有较高的专业技术能力，对危险废物种类、来源、危险特性等知识有比较好的掌握，也应当知晓水务公司不具有处置危险废物的资质。李某珍2015年12月3日发送给魏某、浦某东、尹某等人的电子邮件（抄送郑某甲），内容附有染料公司希望水务公司给予特殊处理的四种废水：（1）含磷废水；（2）含苯胺废水，COD在15000-20000ppm，等等；（3）红色废水，含蒽醌染料7%、异丙胺3%，等等；（4）高COD废水，量较大，有较多产品的母液或者蒸馏液。证人魏某的证言称“染料公司的薛总到公司的商务部协商，然后商务部李某珍把水质情况发给自己看。第一种含磷废水所含的DMF比较难降解，其中二甲胺是有毒性的，这种废水主要是含磷量高，大概是危废；第二种废水所含的苯胺是有毒性的，但是COD含量不高，这种废水有可能是危废。第三种红色废水的色度很高，所含的蒽醌很难降解，大概是危废。第四种高浓度COD废水含有母液，这种废水肯定是危废。自己与李某珍曾和薛某交流过，让他控制好水质。自己问薛某高浓度废水是怎么处理的，薛某说这些是危废，应该送到有危废处理资质的第三方进行焚烧。薛某在会议交流的时候说过他们的红色废水和高磷废水是危废，对照邮件中的四种废水，第一种含磷废水和第四种高浓度废水肯定是危废，第二种含苯胺废水可能是危废，第三种红色废水如果COD超过10000mg/L，应该是高浓度废水”“自己跟郑某甲说过这批废水以公司现有的工艺处理不了，要加一些新的工艺和设备，不记得有没有说过这批废水有可能是危废。之前染料公司多次要求帮助处理高浓度废水，因为水务公司没有处理资质，所以都是拒绝的”、“郑某甲是一个很自信的人，他的技术能力很强，他就是要通过收高浓度废水来提高公司的收益，在多次会议上都强调要多收高浓度废水，肯定会因为利益收下这批废水。郑某甲也是专业的，他看过废水成分，肯定清楚这批废水的性质”、“对于染料公司这批废水，郑某甲和李某珍都跟自己提过要低于危废的价格进行处理，这样才有吸引力，所以自己觉得郑某甲和李某珍都知道染料公司的废水是危废”。原审被告人浦某东的供述称“在环保部门召开的水务公司接收染料公司高浓度废水的协调会上，自己曾提出染料公司委托处理的高浓度废水可能是危废，后被郑某甲制止。”证人薛某的证言称“在环保局主持召开的协调会上，水务公司参加人员有郑某甲、黄某唯和李某珍，郑某甲提出了很高的处理价格，好像是5600元/吨到5800元/吨左右，而一般正常的废水处理价格是50到60元/吨”、“经过协商之后，最终定价2800元/吨”。综合上诉人郑某甲的职业经历、专业背景、业务能力、原审被告人浦某东的供述、证人魏某的证言、染料公司高浓度废液的水质情况和处理价格等相关证据，被告人郑某甲应当知晓染料公司运送至水务公司处理的高浓度废液属于危险废物。因此，上诉单位及其辩护人提出一审判决认定郑某甲应当知道染料公司高浓度废水是危险废物证据不足以及上诉人郑某甲及其辩护人提出一审判决认定郑某甲明知染料公司的废水是危险废物认定事实错误的上诉理由和辩护意见均不能成立，本院不予采纳。

四、一审判决认定高浓度废水排放数量、违法所得和生态环境损害数额是否正确问题

根据生态环境部（环境保护部）《关于虚拟治理成本法适用情形与计算方法的说明》（环办政法函〔2017〕1488号），污染物单位治理成本的确定推荐采用收费标准法、实际调查法和成本函数法三种方法。有收费标准的，优先适用收费标准法；没有收费标准的，优先适用实际调查法。收费标准法是指对于废水和固体废物的单位治理成本，可以采用处理相同或相近污染物的园区集中式污水处理设施与危险废物处理企业最新的收费标准作为单位治理成本；实际调查法是指通过调查，获得相同或邻近地区、相同或相近生产工艺、产品类型、处理工艺的企业，治理相同或相近污染物，能够实现稳定达标排放的平均单位污染治理成本。对于水务公司一期B工程未经处理而直接排放的高浓度废水和危险废物，有明确的收费标准，故优先适用收费标准法，分别以水务公司与废水输送企业协议收费标准和相同园区内危险废物处置企业最新收费标准作为单位废液治理成本。水务公司自2014年10月至2017年4月期间长期按协议价接收南京化学工业园区内20多家企业的高浓度废水，说明水务公司的协议收费标准得到园区众多企业认可，具有合理性。对于水务公司二期工程处理后仍未达标排放的超标废水和未规范脱水且随尾水排放的污泥，无明确的收费标准，适用实际调查法，分别以水务公司单位废水治理成本和污泥压滤及处置成本确定虚拟治理成本。根据生态环境部（环境保护

部）《关于虚拟治理成本法适用情形与计算方法的说明》（环办政法函〔2017〕1488号）中“环境功能敏感系数推荐值”的规定，地表水Ⅱ类环境功能区敏感系数为7水务公司违规排放污染物行为造成的生态环境损害数额为水务公司一期B工程违规排放高浓度废水和危险废物的虚拟治理成本与水务公司二期工程违规超标排放废水及其污泥的虚拟治理成本之和再乘以7倍。

通过槽罐车和小管线输送的高浓度废水水质、水量和收费明细等证据资料，经审计单位对水务公司一期B工程接收的高浓度废水情况进行统计，该类废水中COD浓度普遍高于《化学工业主要水污染物排放标准》（DB32/939-2006）一级标准（COD≤80mg/L）。虽然统计报告中小管线接入的废水包含部分低浓度废水，但由于该部分低浓度废水数量较少且与高浓度废水进行了混合，混合后向外环境排放的废水属于高浓度废水，且该部分废水的生态环境损害数额是根据各供水单位的不同水质与水务公司签订的协议价进行计算，不会因为该部分废水统计到高浓度废水而增加生态环境损害数额，故鉴定评估报告将该部分低浓度废水量计算到高浓度废水总量并无不当。《最高人民法院、最高人民检察院关于办理环境污染刑事案件适用法律若干问题的解释》规定：“本解释所称‘违法所得’，是指实施刑法第三百三十八条、第三百三十九条规定的行为所得和可得的全部违法收入。”鉴定评估报告计算水务公司的违法所得为“已接收废水收取总费用”减去“存量废水收取费用”，符合上述规定。因此，一审判决认定的不管是高浓度废水总量、违法所得数额，还是以协议收费标准和实际处理成本确定的污染物单位治理成本为基数，计算出来的生态环境损害数额均符合法律法规等规定，具有合理性，证据均经庭审质证，鉴定人张某、赵某乙也出庭接受询问，并作出了合理解释。上诉单位水务公司及其辩护人提出一审判决认定的污染对环境造成的生态环境损害数额存在错误、上诉人郑某甲及其辩护人提出一审判决认定高浓度废水排放数量、违法所得数额错误的主张均不能成立，本院不予采纳。

五、李某珍是否具有环境污染犯罪主观故意问题

上诉人李某珍长期在污水处理企业工作，案发期间任水务公司商务部经理，职责为关注公司污水处理成本，制定服务销售价格；与园区内或园区外

客户签署污水处理服务合同；专业回复客户需求及咨询，为客户提供良好的服务；协助总经理按时提交总部一些报告等。上诉人李某珍作为参与公司污水处理业务洽谈并负责与客户签署污水处理合同的部门经理，应当知晓公司处理污水的能力、设备的实际运行状况以及是否具备危险废物处置资质等。但是，上诉人李某珍明知公司高浓度废水处理系统未运行，公司总排出水长期超标，公司不具备危险废物处置资质的情况下，仍在上诉人郑某甲授意下从事接收高浓度废水商务洽谈活动，大量接收高浓度废水，主观上具有放任高浓度废水非法处置的故意。原水务公司总经理助理赵某甲的证言称"一期厌氧处理器和SBR池不能正常使用，郑某甲、浦某东、李某珍、技术部门经理魏某、安环部工程师孙某旺都知道"。李某珍2015年12月3日发送给魏某、浦某东、尹某等人的电子邮件（抄送郑某甲），内容附有染料公司希望水务公司给予特殊处理的四种废水：（1）含磷废水；（2）含苯胺废水，COD在15000-20000ppm，等等；（3）红色废水，含蒽醌染料7%、异丙胺3%，等等；（4）高COD废水，量较大，有较多产品的母液或者蒸馏液。证人魏某的证言称"对于染料公司这批废水，郑某甲和李某珍都跟自己提过要低于危废的价格进行处理，这样才有吸引力，所以自己觉得郑某甲和李某珍都知道染料公司的废水是危废"。证人薛某的证言称"在环保局主持召开的协调会上，水务公司参加人员有郑某甲、黄某唯和李某珍"。原审被告人浦某东的供述称"在环保部门召开的水务公司接收染料公司高浓度废水的协调会上，自己曾提出染料公司委托处理的高浓度废水可能是危废，后被郑某甲制止。"综合上诉人李某珍的任职情况、职业经历、专业背景、原审被告人浦某东的供述、上述证人的证言、李某珍发送的电子邮件等证据证实，上诉人李某珍应当认识到接收的高浓度废水系非正常处理，其主观上具有放任指控犯罪事实发生的犯罪故意。因此，上诉人李某珍及其辩护人提出一审判决认定上诉人李某珍具有环境污染犯罪主观故意错误的上诉理由和辩护意见不能成立，本院不予采纳。

六、上诉人郑某甲、李某珍的量刑是否过重问题

根据《最高人民法院、最高人民检察院关于办理环境污染刑事案件适用法律若干问题的解释》第三条第二项、第六项的规定，非法排放、倾倒、处置危险废物一百吨以上的，或者造成生态环境特别严重损害的，应当认定为

刑法第三百三十八条规定的“后果特别严重”。刑法第三百三十八条规定，违反国家规定，排放、倾倒或者处置有放射性的废物、含××病原体的废物、有毒物质或者其他有害物质，严重污染环境的，处三年以下有期徒刑或者拘役，并处或者单处罚金；后果特别严重的，处三年以上七年以下有期徒刑，并处罚金。水务公司非法排放危险废物118.48吨，其中排放未遂64.42吨。2014年10月1日至2017年4月18日，水务公司因违法排放高浓度废水、危险废物、污泥和二期废水处理系统超标排放废水等造成生态环境损害数额为255808840.77元至256474859.97元。上诉人郑某甲作为水务公司总经理，应当对全部污染环境行为负责，上诉人李某珍作为商务部经理，应当对偷排高浓度废水和危险废物的污染环境行为负责。郑某甲、李某珍的犯罪行为后果特别严重，论罪应当判处三年以上七年以下有期徒刑，并处罚金。上诉人李某珍在共同犯罪中起辅助作用，系从犯，依法予以减轻处罚。原审法院根据郑某甲、李某珍在共同犯罪中的作用、犯罪情节、违法所得数额、造成损失的大小等因素，判处郑某甲有期徒刑六年，并处罚金人民币二百万元；判处李某珍有期徒刑二年六个月，并处罚金人民币二十万元，量刑并无不当。因此，上诉人郑某甲、李某珍及其辩护人提出一审量刑过重的主张不能成立，本院不予采纳。

七、一审法院是否违反诉讼程序问题

上诉人郑某甲及其辩护人提出一审法院违反诉讼程序，公诉机关多次变更起诉书于法无据，庭审期间补充提交新的鉴定意见严重违法的上诉理由和辩护意见。经查，《人民检察院刑事诉讼规则（试行）》第四百五十八条规定，在人民法院宣告判决前，人民检察院发现被告人的真实身份或者犯罪事实与起诉书中叙述的身份或者指控犯罪事实不符的，或者事实、证据没有变化，但罪名、适用法律与起诉书不一致的，可以变更起诉；发现遗漏的同案犯罪嫌疑人或者罪行可以一并起诉和审理的，可以追加、补充起诉。原公诉机关自对水务公司、郑某甲等人犯污染环境罪提起公诉以来，随着对案情审查的深入，原公诉机关发现原审被告单位、原审被告人的犯罪事实与起诉书、变更起诉决定书中指控的犯罪事实不符，在原审法院宣告判决前，先后进行了三次变更起诉，原公诉机关的变更起诉符合上述规定，并无不当。为了说明染料公司阳离子染料、染料生产废母液经调配处理后的废液性质，在环境保护部南京环境科学研究所2017年9月作出《阳离子染料生产废母液及混合废液危险废物属性司法鉴定报告》和《染料生产废母液及混合废液危险废物属性司法鉴定报告》的基础上，环境保护部南京环境科学研究所司法鉴定所2019年3月30日作出《关于水务公司接收染料公司阳离子染料、染料生产废母液及处理废液属性鉴定的补充意见》，用于证明染料公司上述经调配后废液仍然属于危险废物。该补充鉴定意见是对前述两个鉴定报告的补充，且在庭审中进行了举证、质证，上诉人郑某甲及其辩护人等人均发表了质证意见，依法保障了当事人的权利，程序合法。因此，上诉人郑某甲及其辩护人提出一审法院违反诉讼程序的主张不能成立，本院不予采纳。

保护环境是我国的基本国策，一切单位和个人都有保护环境的义务。长江是中华民族的母亲河，也是中华民族发展的重要支撑。长江拥有独特的生态系统，是我国重要的生态宝库，保持长江良好的生态环境对维护我国生态安全、实现我国可持续发展有着重大战略意义。水务公司作为地处长江边上一个化工园区的污水处理企业，承载着防治长江环境污染的社会责任，应当坚持生态优先、绿色发展，把生态环境保护摆上优先地位，一切行为都要以不破坏生态环境为前提。但是，水务公司并没有依法履行好职责，违反法律规定，将未经处理的污水、污泥直接排入长江，威胁着长江生态环境安全和下游饮用水、渔业、工业用水安全，性质极其恶劣，后果特别严重，应当受到法律的惩罚。

综上所述，原审判决认定上诉单位水务公司、上诉人郑某甲、李某珍、原审被告人浦某东、高某阳、陈某、毛某、金某、洪某伟、赵某、谷某风、夏某、高某犯污染环境罪事实清楚，证据确实、充分，定性准确，量刑适当，审判程序合法，应予维持。江苏省南京市人民检察院的意见正确，本院予以采纳。依照《中华人民共和国刑事诉讼法》第二百三十六条第一款第一项的规定，裁定如下：

驳回上诉，维持原判。

本裁定为终审裁定。

第五节　赵某春、赵某喜等非法采矿案评析

【案例级别】典型案例

【案例来源】2021 年最高人民法院发布的 10 个长江流域生态环境司法保护典型案例之二①

【案件类型】刑事

【文书类型】裁定书

【审理程序】二审

【案　　号】（2017）苏 11 刑终 85 号

【关 键 词】刑事；非法采矿罪；采砂；共同犯罪

【典型意义】

本案系法院严厉打击长江河道非法采砂犯罪行为的典型案例。盗采、滥采长江河砂是对国土资源的严重破坏，不仅影响长江生态稳定，也严重影响长江航道安全和防洪安全，危害社会公共利益。本案非法采砂行为严重破坏了国家矿产资源、危害航道及防洪安全，对于六被告人非法采砂行为予以严厉的刑事打击，并依法追缴其违法所得及其收益、没收采矿犯罪的专门工具，有力震慑了非法采砂行为，有利于达到有效的警示预防和惩戒作用，增强社会公众对矿产资源的保护意识和守法意识，对促进自然资源的有序开发和合理利用有着积极的示范作用和现实意义。

【基本案情】

2013 年春节后，被告人赵某春与被告人赵某喜共谋由被告人赵某春负责

① 《长江流域生态环境司法保护典型案例》，载最高人民法院网站，https：//www.court.gov.cn/zixun/xiangqing/287891.html，2023 年 5 月 19 日访问。

在长江镇江段采砂，赵某喜以小船每船1500元、大船每船2400元的价格予以收购。后2013年3月至2014年1月间，被告人赵某春未取得河道采砂许可证，雇佣被告人李某海、李某祥在长江镇江段119号黑浮下游锚地附近水域使用吸砂船非法采砂，将江砂直接吸到被告人赵某喜的“皖利华88号”“皖利华1号”货船上，后由雇工赵某龙、徐某驾驶这两艘货船将江砂运输至赵某喜事先联系好的砂库予以销售，从中非法获利。

经鉴定，被告人赵某春、赵某喜、李某海、李某祥非法采矿381300吨，造成国家矿产资源破坏价值人民币1525200元；被告人赵某龙非法采矿226300吨，造成国家矿产资源破坏价值人民币905200元；被告人徐某非法采矿155000吨，造成国家矿产资源破坏价值人民币620000元。

2016年8月31日，江苏省镇江市金山地区人民检察院向江苏省镇江市京口区人民法院提起公诉。一审判决认定被告人赵某春、赵某喜、李某海、李某祥、赵某龙、徐某犯非法采矿罪。原审被告人赵某喜认为一审判决其构成非法采矿罪认定错误，提出上诉。该案经江苏省镇江市中级人民法院二审后，终审裁定驳回上诉，维持原判。

【争议焦点】

1. 非法采砂行为能否构成非法采矿罪，是否违反罪刑法定原则；
2. 赵某喜是否与赵某春等人构成非法采矿共同犯罪；
3. 非法采砂的性质、数量及追缴违法所得是否认定正确。

【裁判说理】

法院生效裁判认为：

一、关于非法采砂行为能否构成非法采矿罪的问题

《中华人民共和国刑法》（2015修正）第三百四十三条规定：“违反矿产资源法的规定，未取得采矿许可证擅自采矿，擅自进入国家规划矿区、对国民经济具有重要价值的矿区和他人矿区范围采矿，或者擅自开采国家规定实行保护性开采的特定矿种，情节严重的，处三年以下有期徒刑、拘役或者管制，并处或者单处罚金；情节特别严重的，处三年以上七年以下有期徒刑，

并处罚金”。《中华人民共和国水法》（2016 修正）第三十九条第一款规定：“国家对长江采砂实行采砂许可制度”。《长江河道采砂管理条例》（2017 修订）第十七条规定：“从事长江采砂活动的单位和个人应当向发放河道采砂许可证的机关缴纳长江河道砂石资源费”。本案中，赵某喜、赵某春等人在未取得采砂许可证的情况下，违反上述矿产资源法律规定在长江河道擅自采砂 381300 吨，造成国家矿产资源破坏价值人民币 1525200 元，情节特别严重，符合非法采矿罪的构成要件，原审判决不违反罪刑法定的原则。

二、关于赵某喜是否与赵某春等人构成非法采矿共同犯罪的问题

《中华人民共和国刑法》第二十五条规定：“共同犯罪是指二人以上共同故意犯罪”。赵某喜明知赵某春未取得采砂许可证，仍然与之事前共谋达成“打砂协议”，具有共同犯罪故意；后通过赵某春等人采砂，赵某喜等人运砂这样分工协作、联合作业的方式共同非法采砂，情节特别严重，共同构成非法采矿罪。因此赵某喜与赵某春等人构成非法采矿共同犯罪。

三、关于非法采砂的性质、数量及追缴违法所得是否认定正确的问题

原审法院认定本案非法采砂的性质和数量，有六原审被告人的供述、证人吉某等人的证言、收货清单、采砂记录等证据证明，与鉴定意见相互印证，且本案的鉴定报告由具有相应资质的江苏省地质环境勘查院作出，并经江苏省国土资源厅“非法采矿、破坏性采矿造成矿产资源破坏价值鉴定委员会”委托的省厅鉴定委员会专家组审核，后由江苏省国土资源厅审查，出具了江苏省矿产资源破坏价值鉴定意见，该鉴定程序符合国土资源部《非法采矿、破坏性采矿造成矿产资源破坏价值鉴定程序的规定》。另，原审判决已将 2013 年 11 月 7 日行政处罚的采砂数量予以扣减，赵某喜提出追缴非法所得应当扣除犯罪成本的主张没有法律依据。故认定相关江砂属于矿产、矿产资源破坏价值的鉴定程序不存在瑕疵，对采砂数量及追缴违法所得的数额认定无误。

【裁判结果】

江苏省镇江市京口区人民法院于 2017 年 4 月 28 日作出（2016）苏 1102 刑初 198 号刑事判决：

被告人赵某春、赵某喜犯非法采矿罪，判处有期徒刑三年六个月，并处

罚金人民币二十万元；被告人李某海、李某祥犯非法采矿罪，判处有期徒刑六个月，缓刑一年，并处罚金人民币二万元；被告人赵某龙犯非法采矿罪，判处罚金人民币一万八千元。被告人徐某犯非法采矿罪，判处罚金人民币一万六千元；被告人的违法所得 1425200 元予以追缴；扣押于镇江市公安局水上分局的吸砂船 1 只予以没收。

经原审被告人赵某喜提出上诉，江苏省镇江市中级人民法院于 2017 年 9 月 28 日作出终审裁定：驳回上诉，维持原判。

【相关规定】

《中华人民共和国刑法》第 343 条第 1 款，第 25 条第 1 款，第 26 条第 1 款、第 4 款，第 27 条，第 67 条第 1 款、第 3 款，第 72 条第 1 款、第 3 款，第 73 条第 2 款、第 3 款，第 64 条［原刑法（2015 修订）第 343 条第 1 款，第 25 条第 1 款，第 26 条第 1 款、第 4 款，第 27 条，第 67 条第 1 款、第 3 款，第 72 条第 1 款、第 3 款，第 73 条第 2 款、第 3 款，第 64 条］

《中华人民共和国水法》第 39 条

《中华人民共和国河道管理条例》第 25 条第 1 项、第 40 条、第 44 条第 4 项［原河道管理条例（2017 修订）第 25 条第 1 项、第 40 条、第 44 条第 4 项］

《长江河道采砂管理条例》第 17 条

《中华人民共和国刑事诉讼法》第 236 条第 1 款第 1 项［原刑事诉讼法（2012 修订）第 225 条第 1 款第 1 项］

案例整编人：赵林峰、施小雪

附已公开生效判决文书：

江苏省镇江市中级人民法院
刑事裁定书

（2017）苏 11 刑终 85 号

原公诉机关：镇江市金山地区人民检察院

上诉人（原审被告人）：赵某喜

原审被告人：赵某春等

镇江市京口区人民法院审理镇江市金山地区人民检察院指控原审被告人赵某春、赵某喜、李某海、李某祥、赵某龙、徐某金犯非法采矿罪一案，于2017年4月28日作出（2016）苏1102刑初198号刑事判决。原审被告人赵某喜不服，提出上诉。本院依法组成合议庭，于2017年9月21日公开开庭审理了本案。江苏省镇江市人民检察院指派检察员出庭履行职务，上诉人赵某喜及其辩护人、原审被告人赵某春、李某海、李某祥、赵某龙、徐某金出庭参加诉讼。本案现已审理终结。

原审法院经审理查明：2013年春节后，被告人赵某春与被告人赵某喜经共谋，由赵某春负责在长江镇江段采砂，赵某喜以小船每船1500元、大船每船2400元的价格予以收购。后2013年3月至2014年1月间，被告人赵某春在未办理河道采砂许可证的情况下，雇佣被告人李某海、李某祥在长江镇江段119号黑浮下游锚地附近水域使用吸砂船非法采砂，将江砂直接吸到被告人赵某喜的“皖利华88号”“皖利华1号”货船上，后分别由赵某喜的雇工被告人赵某龙等人驾驶“皖利华88号”、雇工被告人徐某金等人驾驶“皖利华1号”将江砂运输至赵某喜事先联系好的砂库予以销售。

经鉴定，被告人赵某春、赵某喜、李某海、李某祥非法采矿381300吨，造成国家矿产资源破坏价值人民币1525200元；被告人赵某龙非法采矿226300吨，造成国家矿产资源破坏价值人民币905200元；被告人徐某金非法采矿155000吨，造成国家矿产资源破坏价值人民币620000元。

另查明，2016年3月1日、3月21日、4月26日、5月5日，被告人赵某春、赵某喜、赵某龙、徐某金分别经电话通知至公安机关，均如实供述了其参与非法采矿的事实。2016年4月11日，被告人赵某喜向镇江市公安局某分局退出非法所得10万元（已上缴财政）。

认定上述事实，有下列经庭审举证、质证的证据证实，原审法院予以确认：被告人赵某春、赵某喜、李某海、李某祥、赵某龙、徐某金当庭供述，证人宋某、赵某1、余某、吉某、赵某2、周某、孙某、张某等人的证言，现场勘验笔录，非法采矿的鉴定报告及鉴定委员会专家组审核意见、江苏省矿产资源破坏价值鉴定意见，扣押物品、文件清单，照片、笔记本、非税收入一般缴款书、情况说明、行政处罚决定书、船舶所有权登记证书、收货凭证、案发抓获经过、户籍资料等证据。

原审法院认为：被告人赵某春、赵某喜、李某海、李某祥、赵某龙、徐某金违反矿产资源法的规定，未取得采矿许可证非法采矿，情节特别严重，其行为均已构成非法采矿罪。公诉机关指控被告人赵某春、赵某喜、李某海、李某祥、赵某龙、徐某金犯非法采矿罪，罪名成立。在共同犯罪中，被告人赵某春、赵某喜是主犯，被告人李某海、李某祥、赵某龙、徐某金系从犯，应当减轻处罚。案发后，被告人赵某春、赵某喜、赵某龙、徐某金自动投案，如实供述自己的罪行，是自首，均可以从轻处罚。被告人李某海、李某祥能如实供述自己的罪行，均可以从轻处罚。被告人赵某春、赵某喜的辩护人据此所提上述辩护意见可予采纳。被告人赵某春、赵某喜非法采矿情节特别严重，论罪应处三年以上七年以下有期徒刑，案发后除被告人赵某喜退出非法所得10万元外，绝大部分赃款均未能退赔，两被告人不符合适用缓刑的条件，故对被告人赵某春、赵某喜的辩护人提出建议适用缓刑的辩护意见不予采纳。

综上，原审法院依照《中华人民共和国刑法》第三百四十三条第一款，第二十五条第一款，第二十六条第一款、第四款，第二十七条，第六十七条第一款、第三款，第七十二条第一款、第三款，第七十三条第二款、第三款，第六十四条之规定，判决：一、被告人赵某春犯非法采矿罪，判处有期徒刑三年六个月，并处罚金人民币二十万元。二、被告人赵某喜犯非法采矿罪，判处有期徒刑三年六个月，并处罚金人民币二十万元。三、被告人李某海犯非法采矿罪，判处有期徒刑六个月，缓刑一年，并处罚金人民币二万元。四、被告人李某祥犯非法采矿罪，判处有期徒刑六个月，缓刑一年，并处罚金人民币二万元。五、被告人赵某龙犯非法采矿罪，判处罚金人民币一万八千元。六、被告人徐某金犯非法采矿罪，判处罚金人民币一万六千元。七、被告人的违法所得1425200元予以追缴；扣押于镇江市公安局某分局的吸砂船1只予以没收。

赵某喜不服原审判决，提起上诉称：1. 赵某喜是向赵某春买砂，不构成非法采矿共同犯罪；2. 原审判决适用法律错误，应予行政处罚，不应追究刑事责任；3. 本案中江砂不应根据专家鉴定认定为矿产；4. 追缴违法所得应当扣除成本；5. 2013年赵某春多次被行政处罚，相关行为不应再刑事处罚；6. 本案应由长江镇江河道管理处水政执法大队移交。

赵某喜辩护人提出辩护意见：赵某喜不构成非法采矿犯罪。主要理由是：1. 原审判决不符合罪刑法定原则；2. 鉴定程序存在瑕疵，无法证明赵某喜非法运输的是矿产；3. 对赵某喜的违法行为应予行政处罚，不应刑事处罚；4. 根据法不溯及既往的原则，赵某喜2013年3月至2014年1月期间的行为不构成犯罪；5. 赵某喜是买砂，没有非法采矿的故意；6. 赵某龙的签字有疑问，被行政处罚的采砂数量应扣除。

赵某春对原审查明的事实和定罪无异议，但认为量刑过重。

李某海、李某祥、赵某龙、徐某金对原审判决无异议。

出庭检察员认为：原审判决认定事实清楚，适用法律正确，上诉理由和辩护意见不能成立。“违反矿产资源法”不能理解为仅指违反《中华人民共和国矿产资源法》，关于矿产资源开发、利用、保护、管理的法律法规都是矿产资源法。《中华人民共和国水法》、《中华人民共和国河道管理条例》均对河道采砂进行了规定，赵某喜等人违反相关规定非法采砂符合非法采矿罪的要件。鉴定意见具有法律效力。记账本经过当事人质证和证人辨认，可以认定。2013年11月7日赵某春非法采砂被行政处罚，相关犯罪数额已经扣减。上诉人提出追缴非法所得应当扣减成本没有法律依据，最高人民法院《关于刑事裁判涉财产部分执行的若干规定》第十条规定对赃款赃物及其收益，人民法院应当一并追缴。追缴违法所得不需扣除成本。赵某喜与赵某春事前共谋，对非法采砂行为，二人仅是分工不同，作用不可分割，对长江砂矿的破坏是一个整体，构成非法采矿共同犯罪。

经开庭审理，赵某喜的辩护人提交国土资源部网站关于“国土资源局资源监督检测中心是否为国土资源部下属单位”的答复一份，以此对国土资源部南京矿产资源监督检测中心的检测报告提出异议。出庭检察员认为该证据与本案无关，上诉人及五原审被告人对该证据无意见。本院认证认为，该证据与本案无关联，不予确认。

本院经复核全案证据，结合开庭审理情况，对原审查明的事实予以确认。补充查明：南京市中级人民法院在审理赵某喜、周某与赵某春买卖合同纠纷一案中，发现赵某春无采砂许可证，在长江镇江段非法采砂转卖他人，涉嫌刑事犯罪，将该案移送镇江市公安局。

关于上诉人赵某喜提出的上诉理由及其辩护人提出的辩护意见，本院评判如下：

（一）关于非法采砂行为能否构成非法采矿罪的问题。《中华人民共和国刑法》第三百四十三条规定：违反矿产资源法的规定，未取得采矿许可证擅自采矿，擅自进入国家规划矿区、对国民经济具有重要价值的矿区和他人矿区范围采矿，或者擅自开采国家规定实行保护性开采的特定矿种，情节严重的，处三年以下有期徒刑、拘役或者管制，并处或者单处罚金；情节特别严重的，处三年以上七年以下有期徒刑，并处罚金。《中华人民共和国水法》第三十九条第一款规定国家对长江采砂实行采砂许可制度。《长江河道采砂管理条例》第十七条规定，从事长江采砂活动的单位和个人应当向发放河道采砂许可证的机关缴纳长江河道砂石资源费。本案中，赵某喜、赵某春等人在未取得采砂许可证的情况下，违反上述矿产资源法律规定在长江采砂381300吨，造成国家矿产资源破坏价值人民币1525200元，情节特别严重，符合非法采矿罪的构成要件。原审判决不违反罪刑法定的原则。

（二）关于赵某喜是否与赵某春等人构成非法采矿共同犯罪的问题。赵某喜明知赵某春未取得采砂许可证，仍然事前共谋达成“打砂协议”，采取不可分割、缺一不可的联合作业形式进行非法采砂，构成非法采矿共同犯罪。因此对于赵某喜及其辩护人提出赵某喜是买砂，不构成非法采矿罪的辩护意见，不予采纳。

（三）关于非法采砂的性质和数量等问题。经查，原审法院认定本案非法采砂的性质和数量，有六原审被告人的供述、证人吉某等人的证言、收货清单、采砂记录等证据证明，与鉴定意见相互印证，且原审判决已将 2013 年 11 月 7 日行政处罚的采砂数量予以扣减，故赵某喜及其辩护人认为鉴定程序存在瑕疵，不能认定相关江砂属于矿产，对采砂数量的异议，没有事实和法律依据，不予采纳。另，赵某喜提出追缴非法所得应当扣除犯罪成本，没有法律依据，不予采纳。人民法院在审理案件中发现犯罪线索，有权依法移送公安机关处理。综上，赵某喜的上诉理由及其辩护人的辩护意见没有事实和法律依据，本院不予采纳。

本院认为：赵某春、赵某喜分别雇佣李某海、李某祥、赵某龙、徐某金等人参与非法采砂。其中赵某春、赵某喜事先通谋，提供资金，组织联系，是主犯。李某海、李某祥、赵某龙、徐某金某赵某春没有采砂许可证且已被行政处罚，仍然参与联系采砂时间、地点，组织实施采砂运砂行为、记录采砂数量，系从犯。故原审判决关于六原审被告人构成非法采矿共同犯罪的定性符合法律规定。本案非法采砂行为具有严重的社会危害性：一是严重破坏国家矿产资源。赵某春等人非法采砂长达 11 个月，共采砂 300 余船，计 381300 吨，价值人民币 1525200 元，不依法缴纳长江河道砂石资源费，严重侵害国家矿产资源权益；二是危害航道及防洪安全。本案非法采砂行为破坏了长江镇江段 118 号黑浮–119 号黑浮附近江砂矿床的连续性和完整性，采砂船、运砂船在长江水道中无规律运移，严重影响过往船只的航运安全，其过度开采江砂，长此以往将引起水下地形变化，进而对长江江岸的稳定性造成严重影响。据此，对于六原审被告人非法采砂行为应依法予以严惩。综上所述，原审判决认定事实清楚，适用法律正确，量刑适当，审判程序合法，应予维持。依据《中华人民共和国刑事诉讼法》第二百二十五条第一款第(一)项的规定，裁定如下：

驳回上诉，维持原判。

本裁定为终审裁定。

图书在版编目（CIP）数据

生态环境保护典型案例评析 / 李玉华主编 .—北京：中国法制出版社，2023.8

ISBN 978-7-5216-3593-5

Ⅰ.①生… Ⅱ.①李… Ⅲ.①生态环境-环境保护法-案例-中国 Ⅳ.①D922.680.5

中国国家版本馆 CIP 数据核字（2023）第 096112 号

策划编辑：谢 雯
责任编辑：白天园 封面设计：杨鑫宇

生态环境保护典型案例评析

SHENGTAI HUANJING BAOHU DIANXING ANLI PINGXI

主编/李玉华
经销/新华书店
印刷/廊坊一二〇六印刷厂
开本/710 毫米×1000 毫米 16 开 印张/ 32.75 字数/ 425 千
版次/2023 年 8 月第 1 版 2023 年 8 月第 1 次印刷

中国法制出版社出版
书号 ISBN 978-7-5216-3593-5 定价：115.00 元

北京市西城区西便门西里甲 16 号西便门办公区
邮政编码：100053 传真：010-63141600
网址：http：//www.zgfzs.com **编辑部电话：010-63141792**
市场营销部电话：010-63141612 **印务部电话：010-63141606**

（如有印装质量问题，请与本社印务部联系。）